蒙古琿台吉達瓦齊（Dawaci），支持滿清攻打準噶爾末代大汗阿睦爾撒納。他的肖像係由乾隆皇帝委託製作，目的是為了表彰清朝的軍事盟友。 ©Source: Harvard University Press

章嘉呼圖克圖（Lcan-skya Hutukhtu）肖像，1693 年。大喇嘛左右兩側分別是黃教的創辦人宗喀巴（Tsongkhapa），以及佛祖本人釋迦牟尼。底下則是勝樂金剛（Demchog）和他的夥伴白度母（White Tara）與四頭大黑天（Mahakala）。 ©Source: Harvard University Press

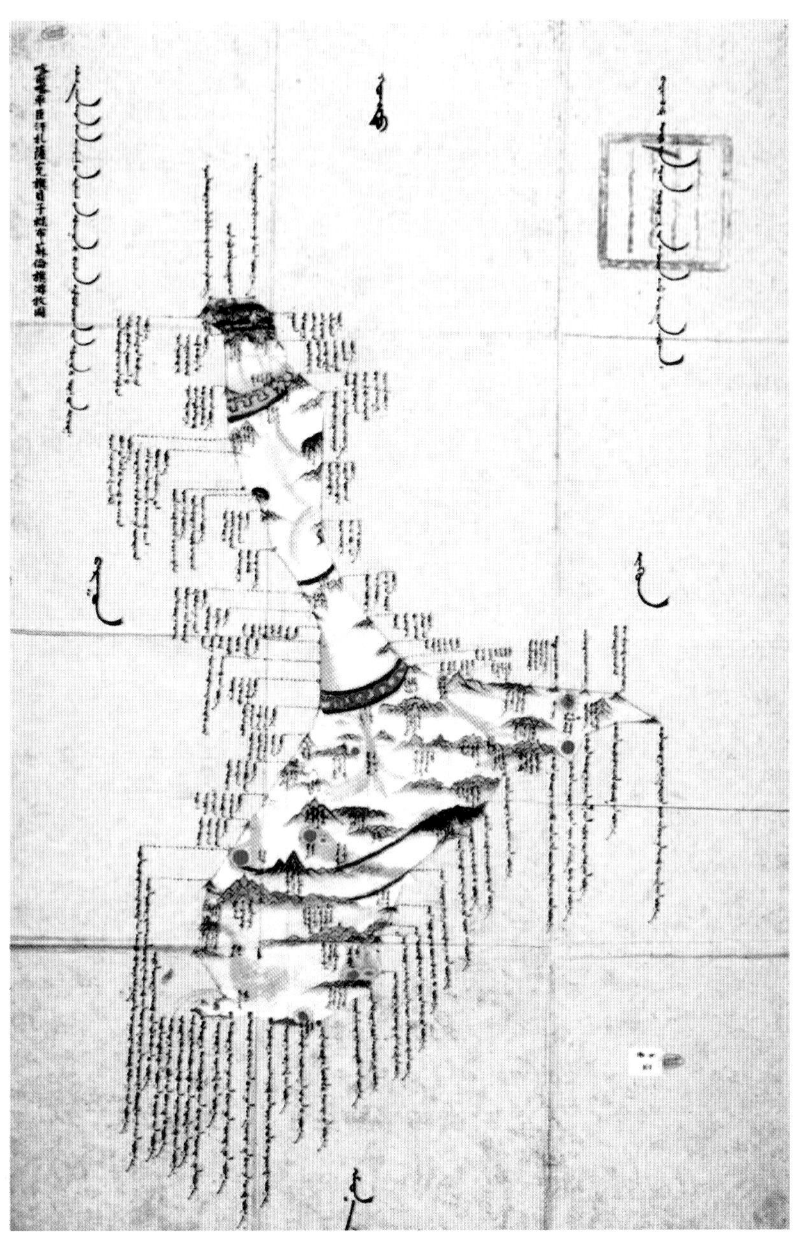

蒙古旗的地圖：車臣汗（Setsen Khan），1907 年。這個地圖清晰地界定了汗的領域，有六十一個蒙文邊界標誌，而且包括了重要的山脈、城牆與湖泊。

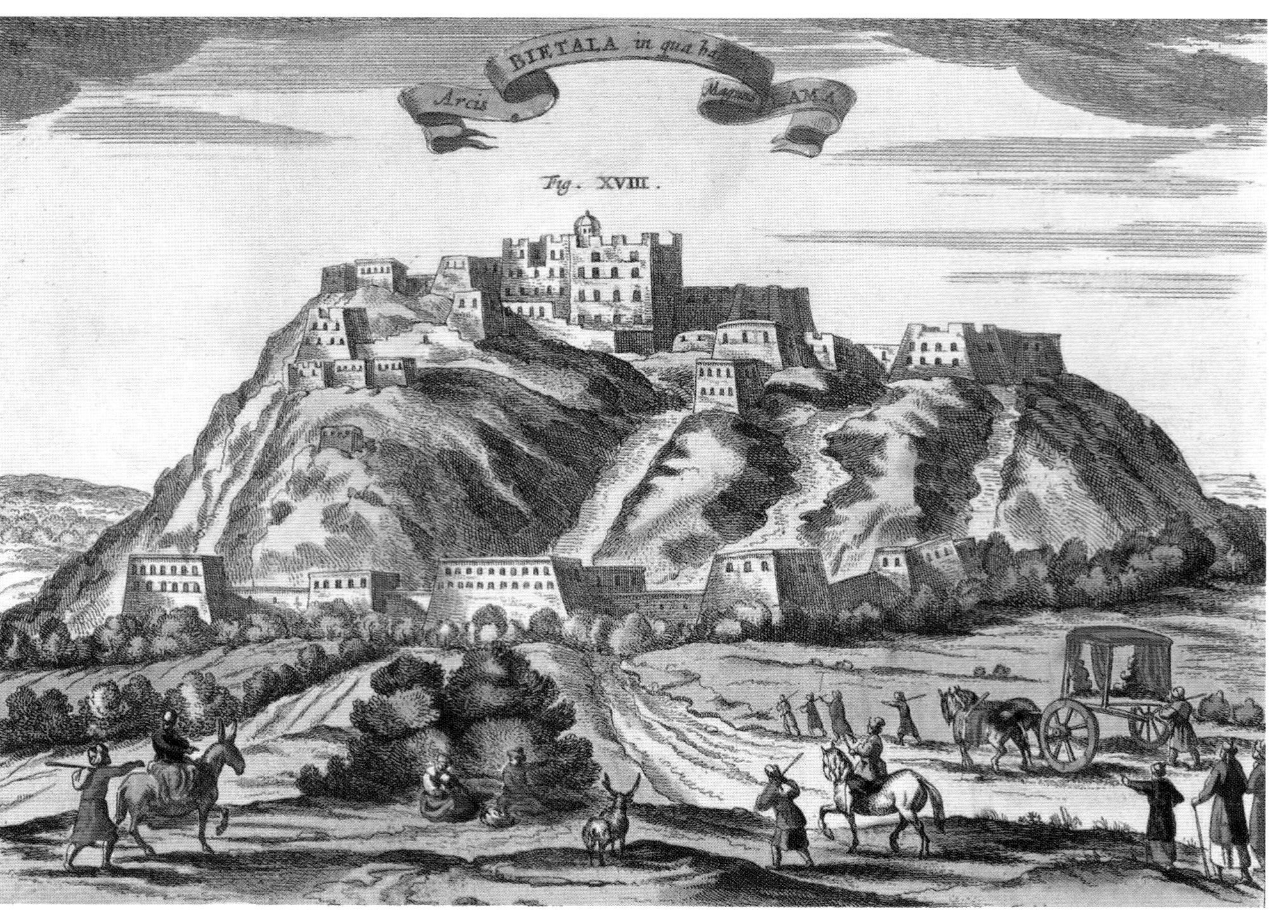

達賴喇嘛在拉薩的主寺布達拉宮（Potala）的版畫。

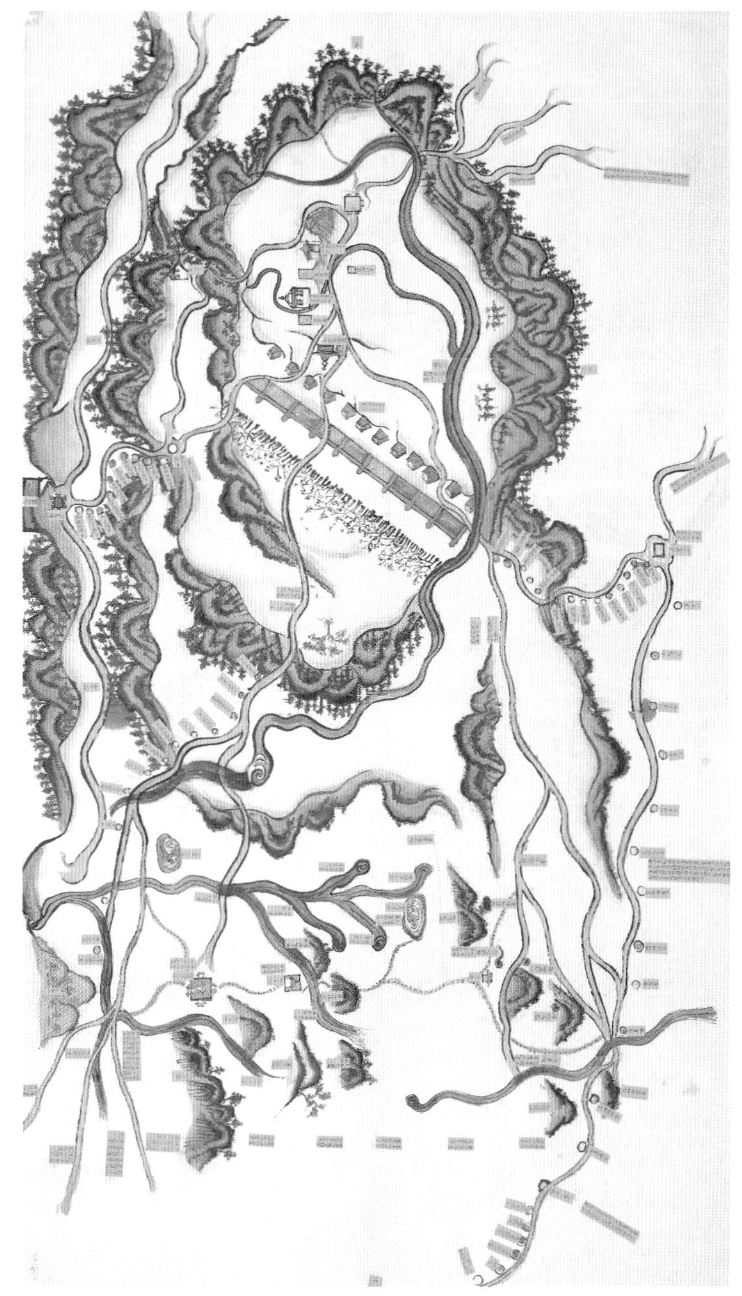

從庫倫（Urga，今烏蘭巴托）到中俄在恰克圖邊界的清輿圖。北邊在上，恰克圖在最上方的正中央。中右方的大寺廟住著蒙古大喇嘛呼圖克圖。城牆、衛兵房和柳枝柵欄，在西邊守護著城市；帶有標籤的圓圈代表瞭望塔（滿文 karun）。

©Source: 國立故宮博物院

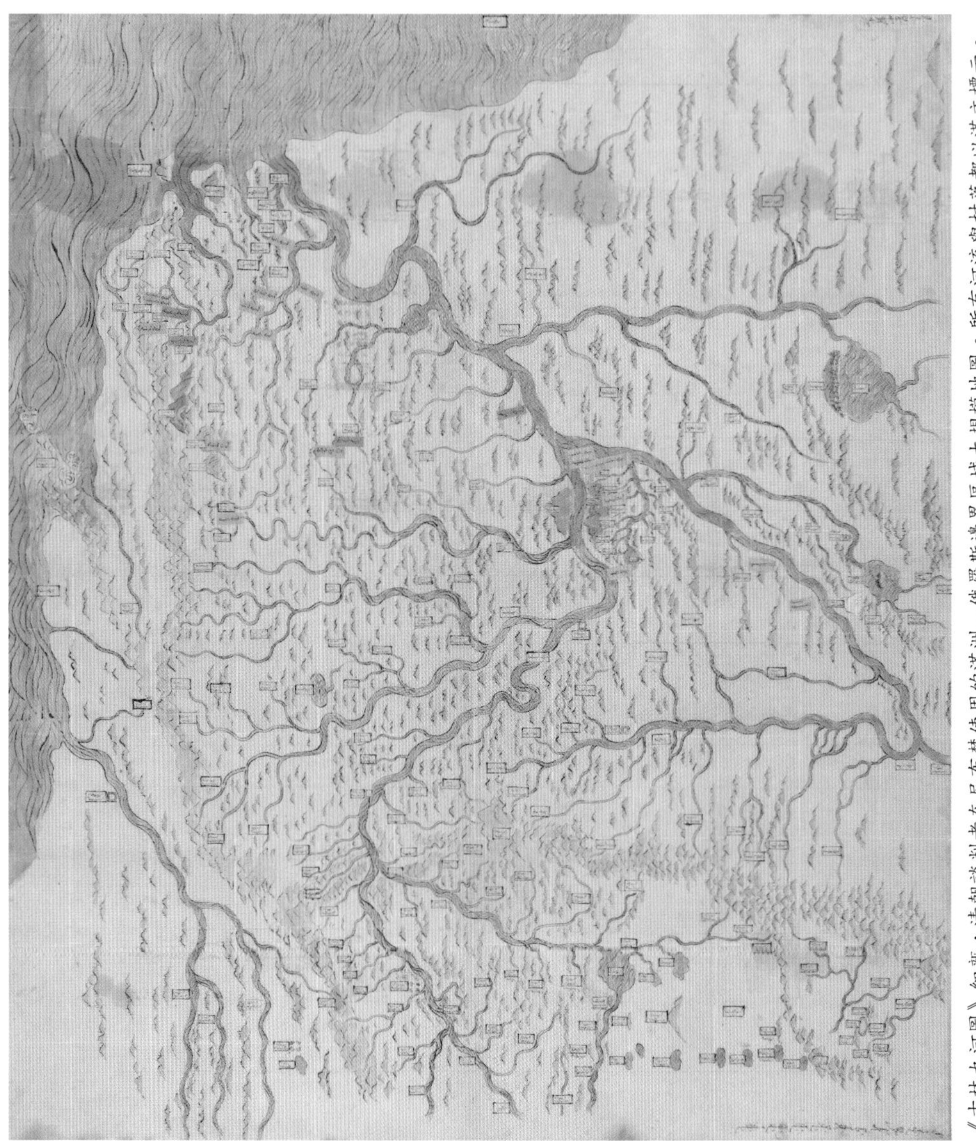

《吉林九河圖》細部，清朝談判者在尼布楚使用的滿洲—俄羅斯邊界區域大規模地圖。所有河流與村落都以滿文標示。

©Source: 國立故宮博物院 Open Data

勇敢的戰士阿玉錫（Ayuxi），是為清朝作戰的準噶爾人。他被清軍俘虜後被判處死刑，阿玉錫懇求饒他一命，宣誓效忠清朝。他有出色的騎術，而且用矛無人能敵，於是被安排指揮二十四名突厥斯坦人，擊潰了六千五百名準噶爾軍。乾隆皇帝命郎世寧用這幅肖像紀念他。

©Source: 國立故宮博物院書畫典藏資料檢索系統

滿洲將軍瑪瑺，以攻打突厥斯坦勝利而聞名。此肖像由宮廷畫家郎世寧所繪。

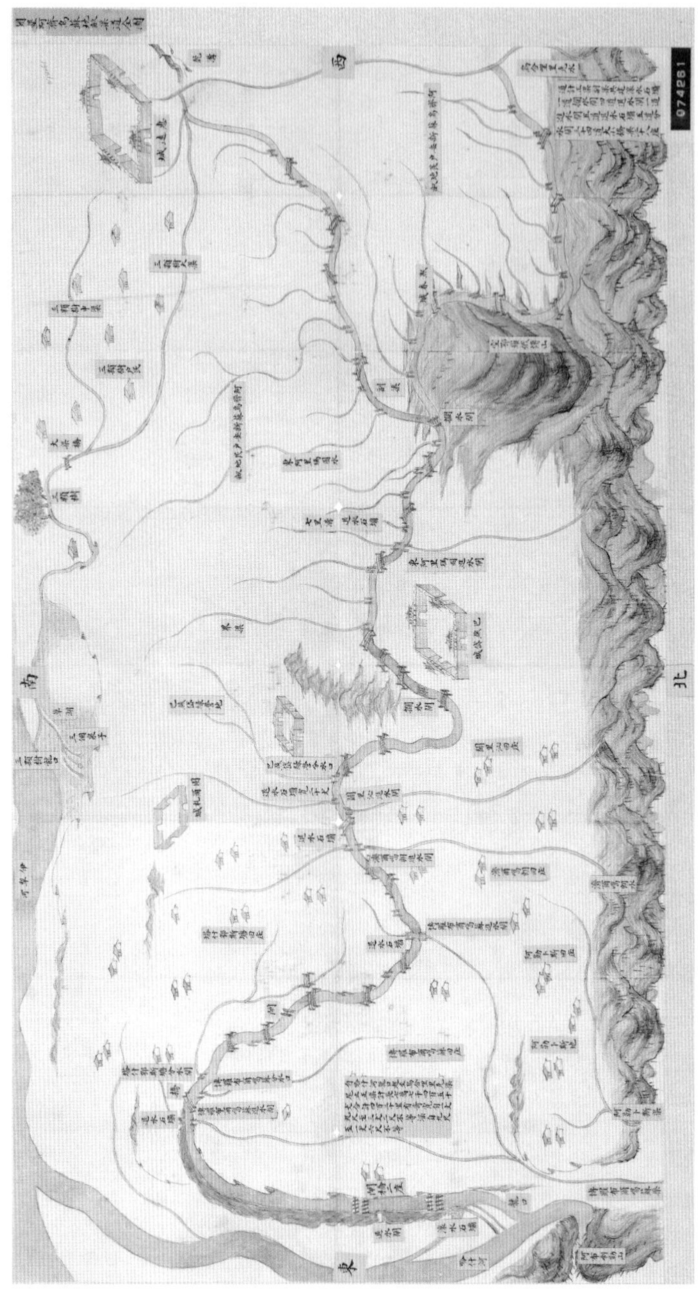

新疆聚落地圖。這些聚落就位於伊犁河北岸。南方朝上。這幅地圖特別標出了河渠以及沿著河岸修築的水堤（紅標）。右上角是惠遠城，左下角是巴燕岱城。在地圖底部（北方）有河流流經大山脈的山腳下。

©Source: 國立故宮博物院

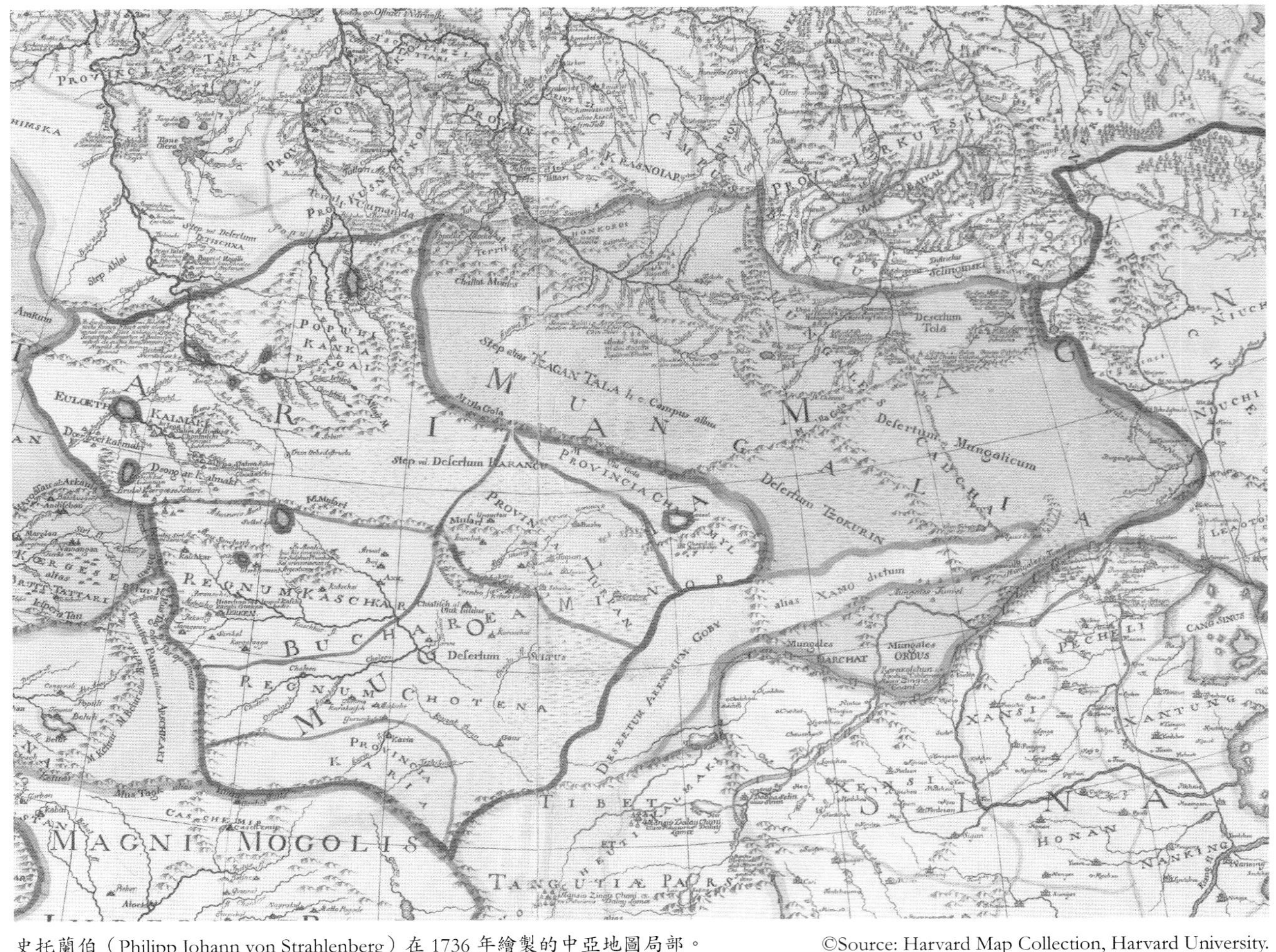

史托蘭伯（Philipp Johann von Strahlenberg）在 1736 年繪製的中亞地圖局部。 ©Source: Harvard Map Collection, Harvard University.

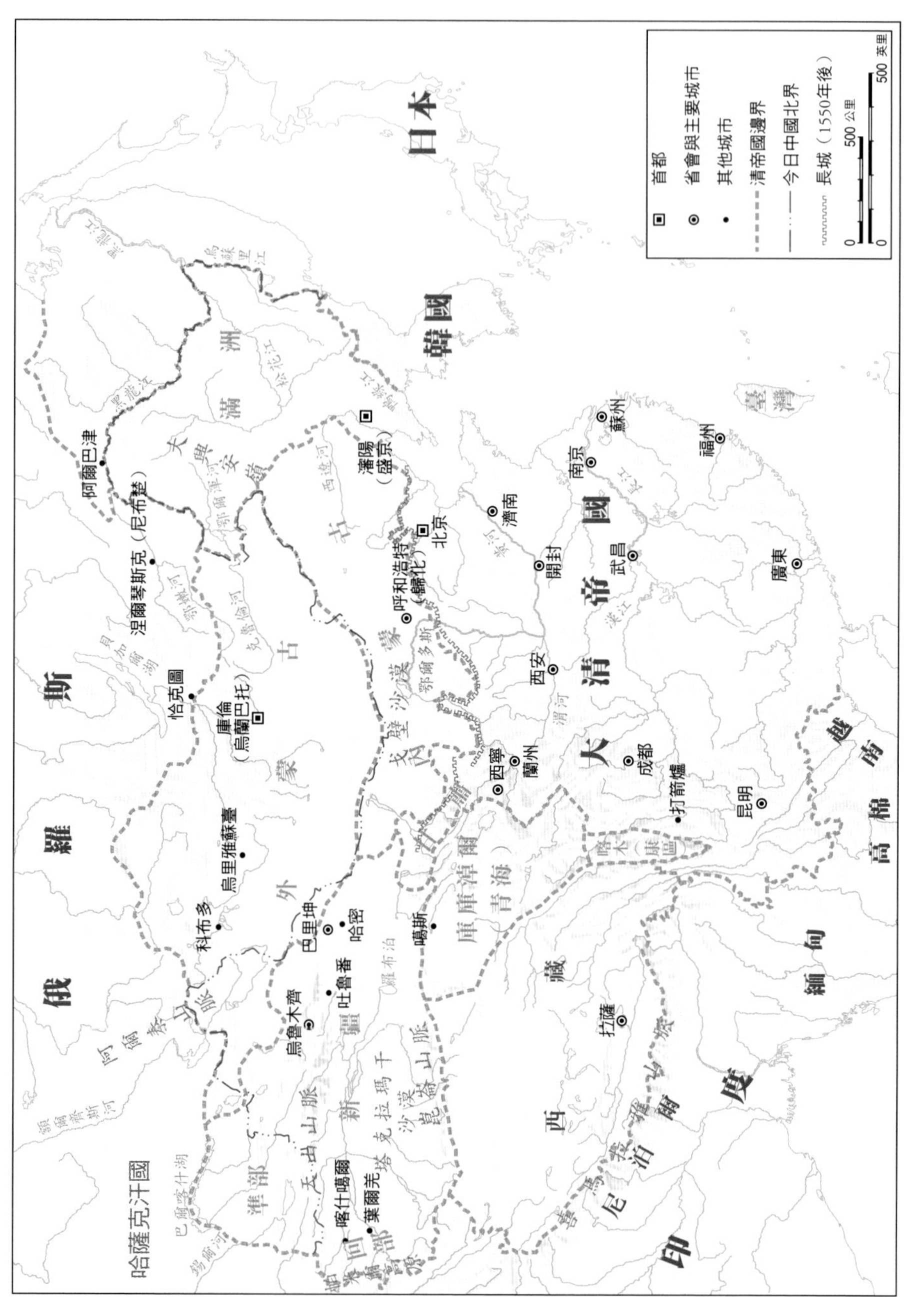

地圖 1：大清帝國，約 1800 年。

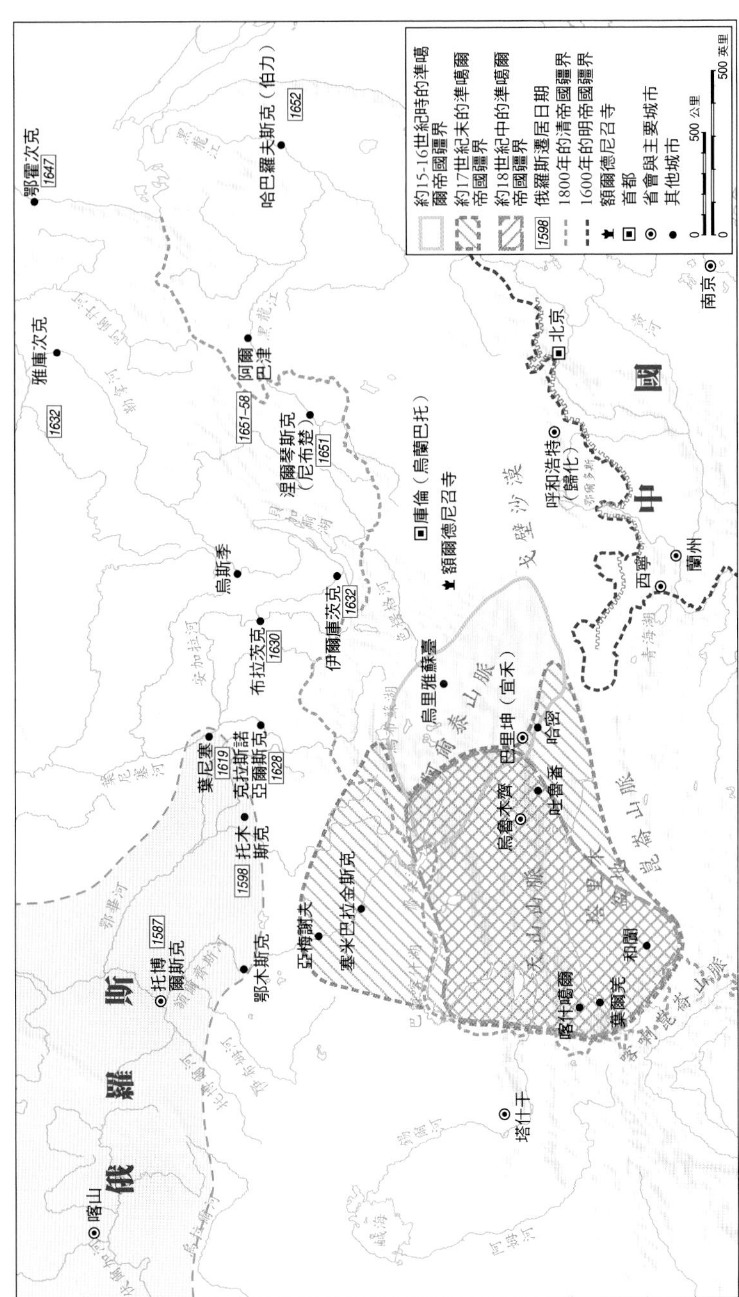
約15-16世紀時的準噶爾帝國疆界
約17世紀末的準噶爾帝國疆界
約18世紀中的準噶爾帝國疆界
1598 俄羅斯遷居日期
1800年的清帝國疆界
1600年的明帝國疆界
額爾德尼召寺
首都
省會與主要城市
其他城市
0 500 公里
0 500 英里
鄂霍次克
1647
哈巴羅夫斯克（伯力）
1652
雅庫次克
1632
阿爾巴津
1651–58
涅爾琴斯克（尼布楚）
1651
庫倫（烏蘭巴托）
額爾德尼召寺
戈壁沙漠
呼和浩特（歸化）
北京
南京
中國
蘭州
西寧
烏斯季
伊爾庫茨克
1632
布拉茨克
1630
烏里雅蘇臺
阿爾泰山脈
巴里坤（宜禾）
哈密
吐魯番
烏魯木齊
克拉斯諾亞爾斯克
1628
葉尼塞
1619
托木斯克
1598
塞米巴拉金斯克
亞梅謝夫
鄂木斯克
托博爾斯克
1587
俄羅斯
喀山
塔什干
天山山脈
崑崙山脈
和闐
喀什噶爾
葉爾羌

地圖 2：準噶爾帝國。

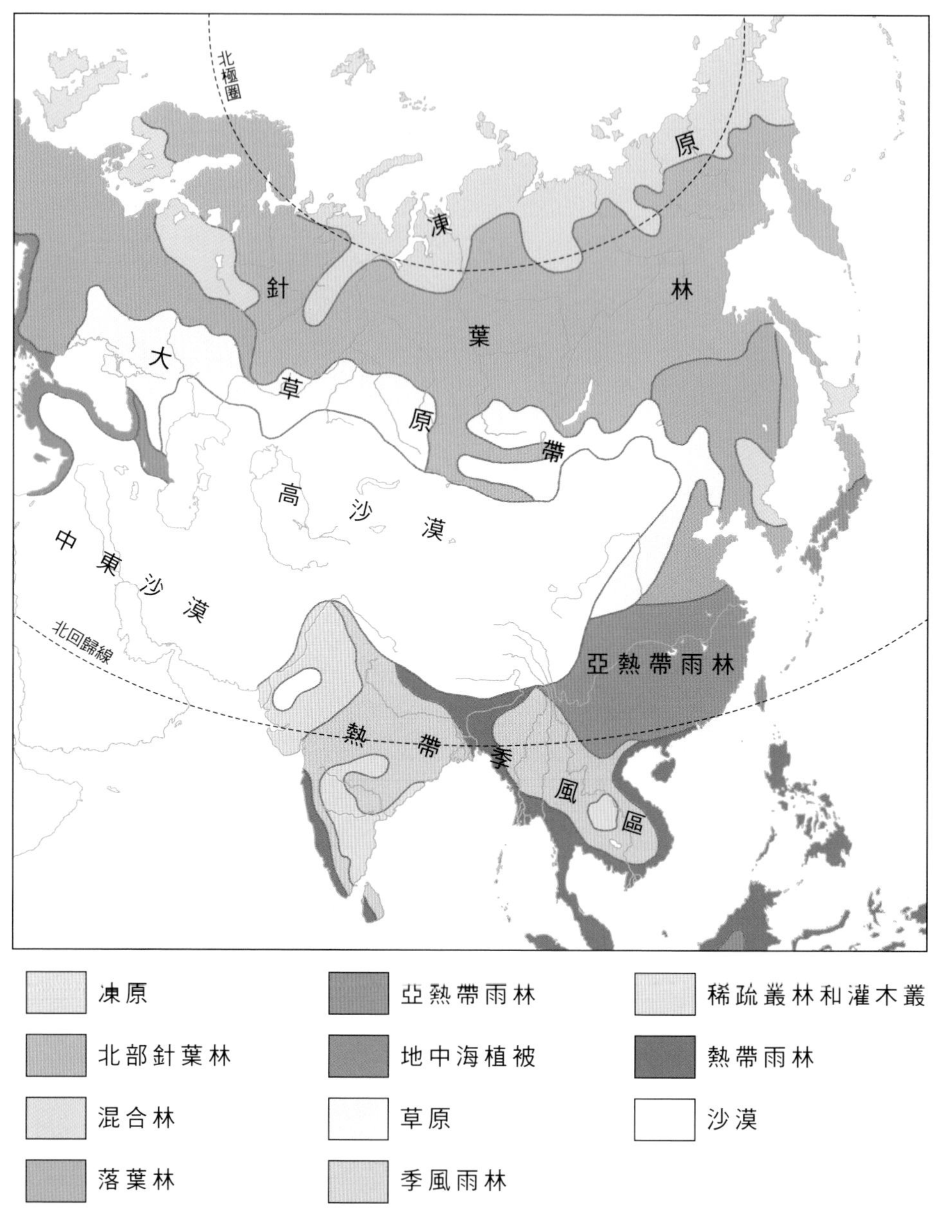
北極圈
凍原
針葉林
大草原帶
高沙漠
中東沙漠
北回歸線
亞熱帶雨林
熱帶季風區
凍原
亞熱帶雨林
稀疏叢林和灌木叢
北部針葉林
地中海植被
熱帶雨林
混合林
草原
沙漠
落葉林
季風雨林

地圖 3：歐亞生態區。

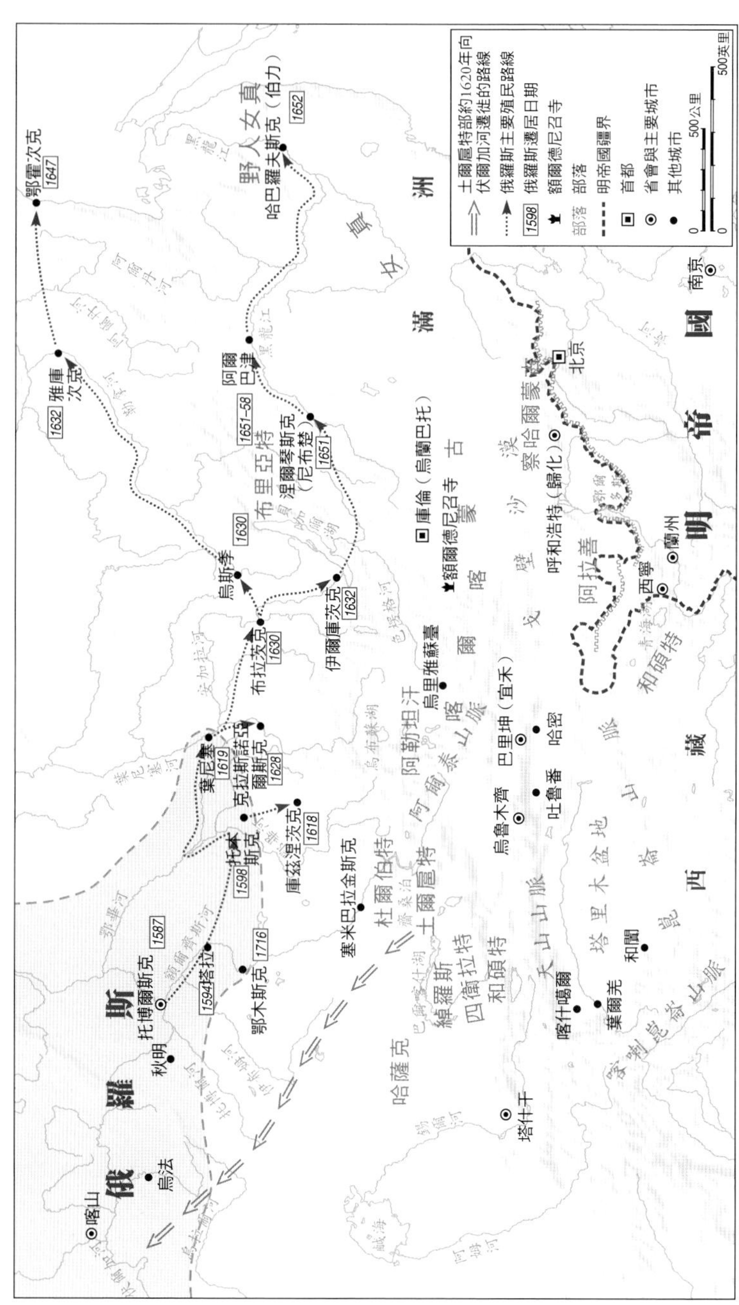

地圖 4：十六和十七世紀的部落民族和俄羅斯聚落。

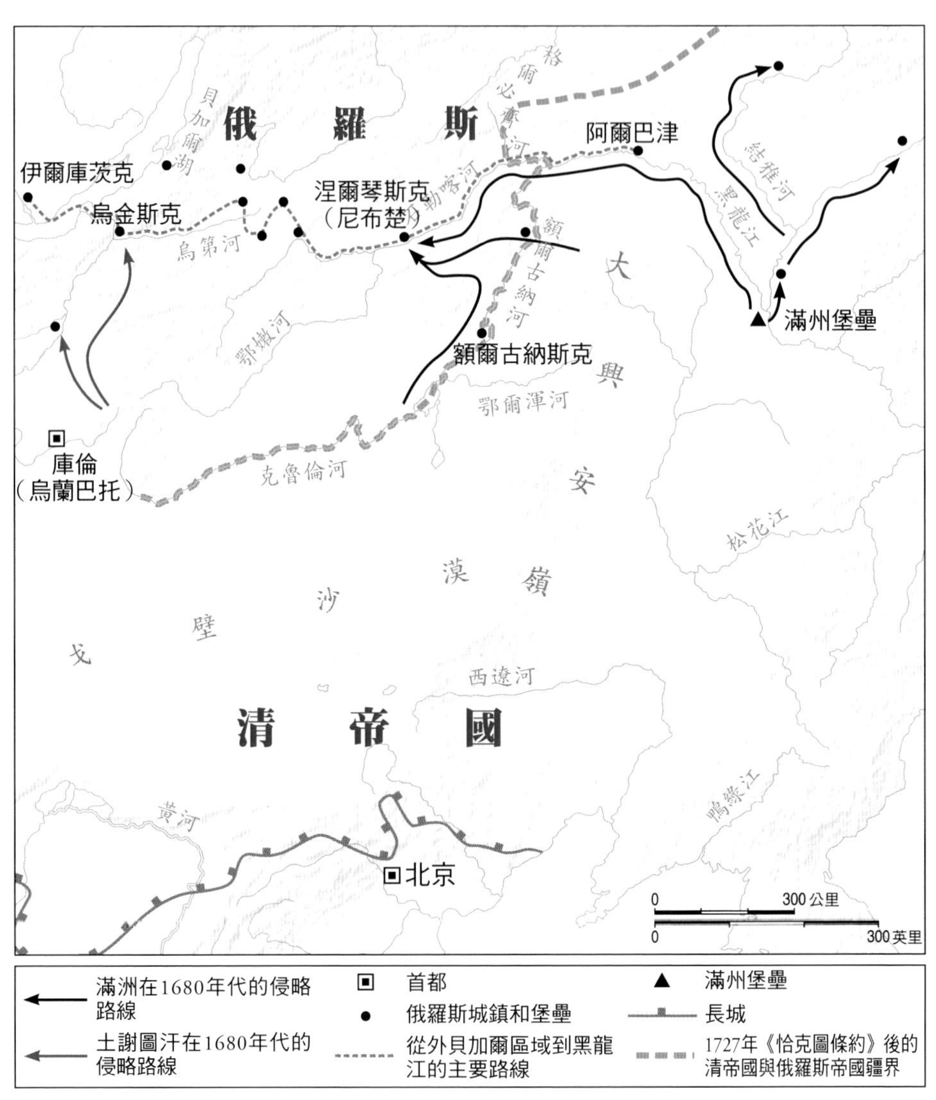
俄羅斯
清帝國
伊爾庫茨克
烏金斯克
涅爾琴斯克
（尼布楚）
阿爾巴津
額爾古納斯克
滿州堡壘
庫倫
（烏蘭巴托）
北京
貝加爾湖
格爾必齊河
烏第河
鄂嫩河
額爾古納河
鄂爾渾河
克魯倫河
黑龍江
結雅河
松花江
大興安嶺
戈壁沙漠
西遼河
黃河
鴨綠江
0 300公里
0 300英里
滿洲在1680年代的侵略路線
土謝圖汗在1680年代的侵略路線
首都
俄羅斯城鎮和堡壘
從外貝加爾區域到黑龍江的主要路線
滿州堡壘
長城
1727年《恰克圖條約》後的清帝國與俄羅斯帝國疆界

地圖 5：中俄邊界。

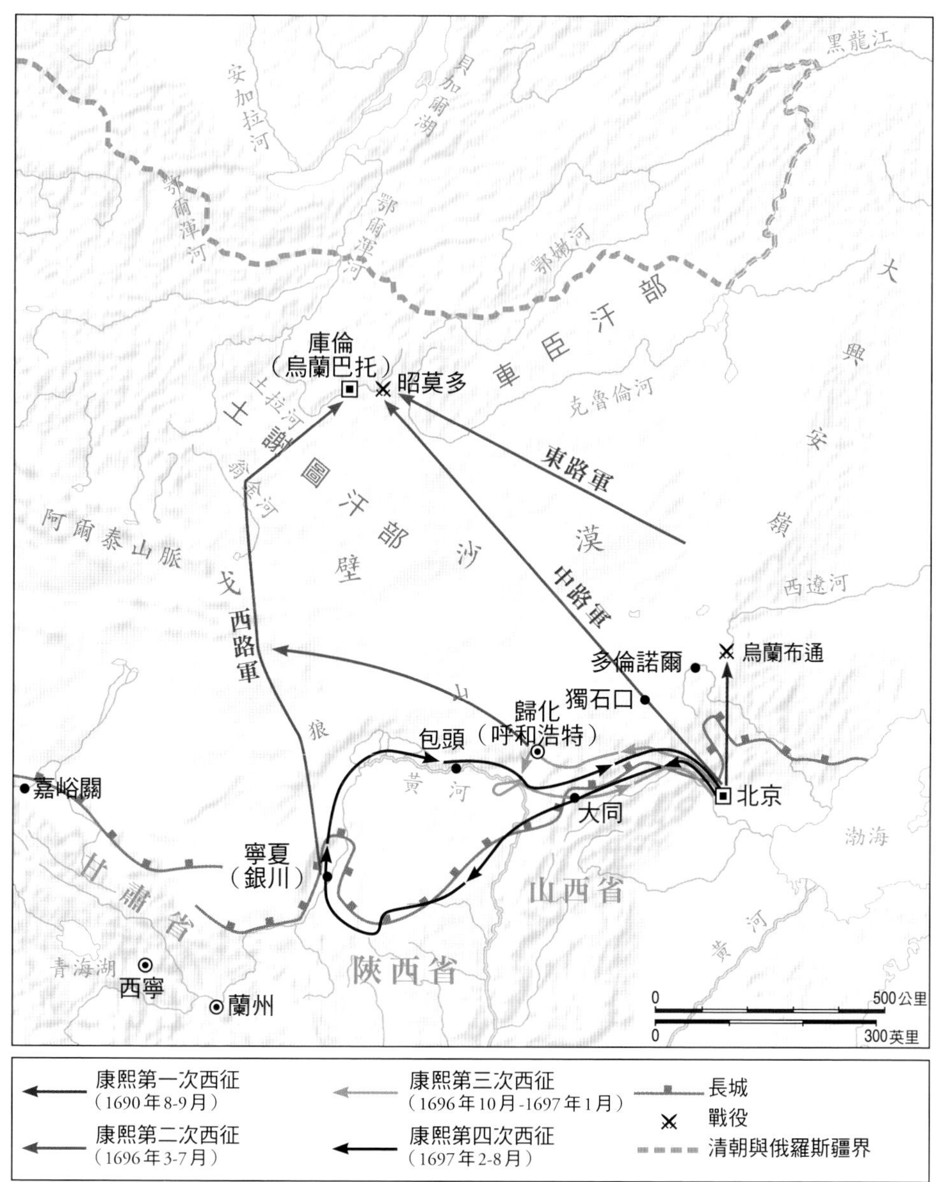

地圖 6：康熙皇帝平定準噶爾的行動，1690 至 1697 年。

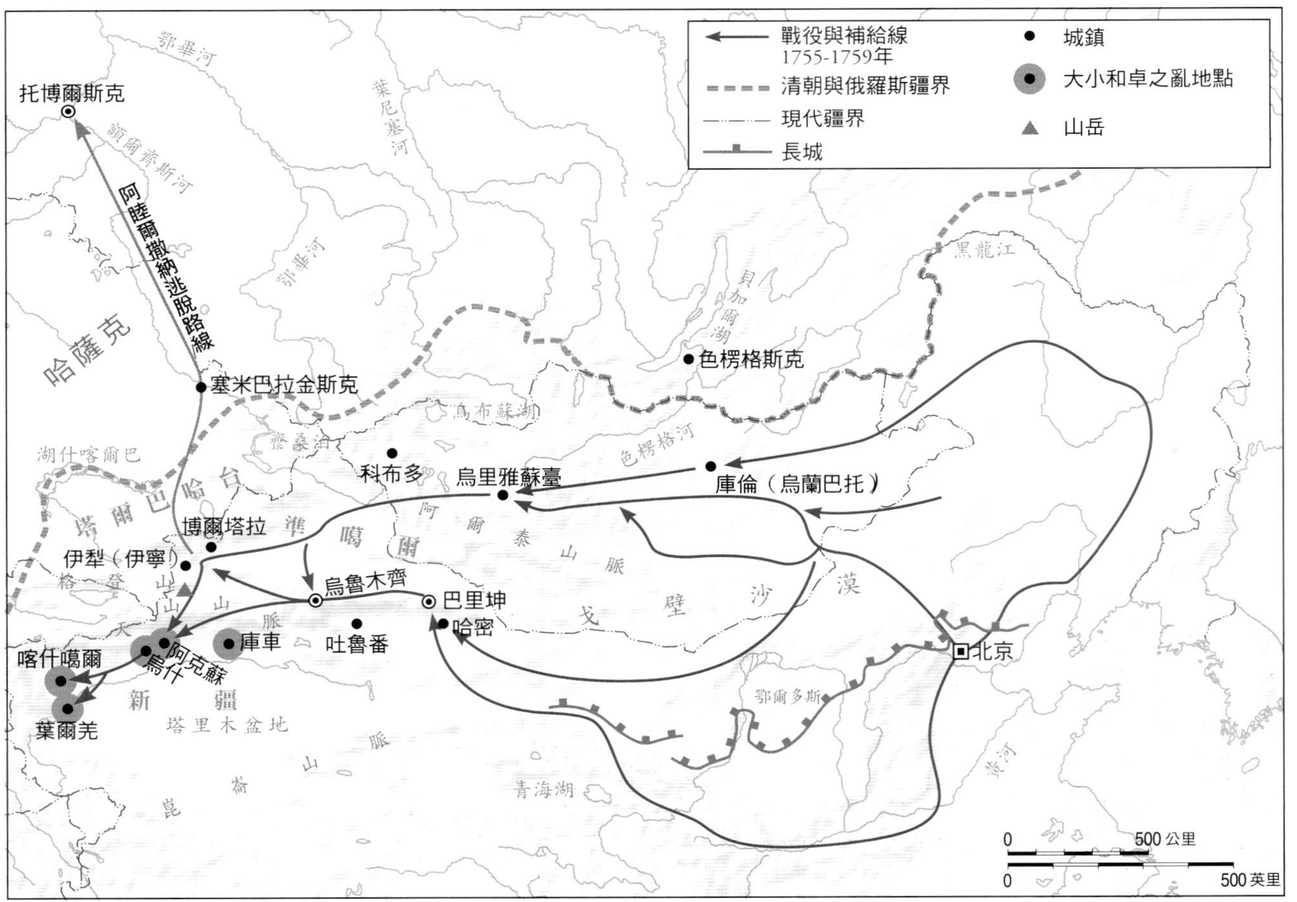

地圖 7：乾隆皇帝西征，1755 至 1760 年。

大清征服中央歐亞與蒙古帝國的最後輓歌

濮德培
PETER C. PERDUE
葉品岑、蔡偉傑、林文凱
——譯

全球好評推薦

當代學界之傑作。亞洲研究領域已經有數十年未有這種作品，從未有人以如此全面的眼光來寫形成於十八世紀的內亞。本書涵蓋兼具地域廣度與時間厚度，智識層面之淵博令人印象深刻。

——卜正民（Timothy Brook），《維梅爾的帽子》作者、古根漢學術獎得主

奠基在多種語言上的嚴謹研究，濮德培令人信服地主張大清征服中央歐亞地區對當地與全球都同等重要。本書引領讀者深入探究邊疆環境、國家成形與大眾傳播時代之前對歷史紀錄的控制等交互關聯的議題。其研究之細緻，替比較帝國史與近代認同形成研究樹立新的標竿。

——衛周安（Joanna Waley-Cohen），美國紐約大學歷史學系教授

文字優雅，論點縝密，書中所選插圖精美絕倫。

——麥克・狄倫（Michael Dillon），英國皇家亞洲學會、杜倫大學當代中國研究中心創辦人

對十八世紀的中國來說，成為帝國究竟意謂什麼？本書對此議題追根究柢，出色研究了帝國擴張與邊疆歷史。濮德培對大清帝國的擴張進行大量而詳細的研究，替近代早期中華帝國、俄羅斯帝國與鄂圖曼帝國的比較研究貢獻了重要面向。本書締造了真正傑出與一流的學術成就。

——狄宇宙（Nicola Di Cosmo），美國普林斯頓高等研究院教授

濮德培認為完善的軍事後勤是中華帝國能夠鞏固中央歐亞的關鍵因素——這種精密與完善也能在作者書寫的編排中看見。本書掌握史料之廣泛，堪稱英語世界對此一議題最完整的研究——或許沒有哪種語言能有此等研究，能夠如此廣泛地觸及當今中國與世界史上如此眾多的議題。

——貝杜維（David A. Bello），美國華盛頓與李大學東亞研究中心教授

濮德培這部重要著作，挑戰了過去史家過度側重中國與西歐列強鬥爭的做法，認為更重要的歷史事件是大清帝國、準噶爾蒙古與俄羅斯帝國對中亞統治權的爭奪。本書追溯大清如何崛起，如何建立對西藏、新疆與內蒙古的統治宣稱並延續至今：透過軍事征服與鎮壓，貿易政策、經濟發展與高效管理。濮德培拒絕屈服於陳舊的傳統思維，成功賦予這一議題新生。

——白魯恂（Lucian Pye），美國麻省理工學院教授

不只是一本深入中央歐亞政治與文化的傑作，還是一部批判性思考與糾正過去歷史寫作錯誤的典範之作。

——胡仲揚（Franklin J. Woo），《中國研究書評》

對清朝與準噶爾蒙古這場曠日廢時的百年戰爭，首次有人以西方語言進行廣泛研究。大清究竟是如何擊敗準噶爾蒙古、確保其對中央歐亞的征服成果？無論是這一領域的專家學者，或是對此一主題有興趣的學生與讀者，這本開創之書都是必讀。

——艾騖德（Christopher P. Atwood），美國印第安納大學中央歐亞學系教授

一本豐盛之書，文筆優美，圖文並茂，製作精美。光是拿著、讀著，都是一種享受。本書有個戲劇性的主題：十七至十八世紀的大清如何征服中央歐亞。作者夾敘夾議，講述的雖然是歷史故事，但又充滿現代意義。大清版圖的擴張，對當今中國、北亞、中亞的地緣政治仍舊留下巨大的影響。本書學術基礎無可挑剔，作者使用了多達七種語言的豐富史料，足堪稱為權威之作。

——黛安娜．拉里（Diana Lary），加拿大英屬哥倫比亞大學歷史系榮退教授

濮德培為了解釋大清如何征服中央歐亞，對超過百年的邊疆關係、軍事戰役、後勤與外交戰略進行研究。他以乾隆皇帝作為引子，從大清王朝的故事開始講起。但是，濮德培又不厭其煩地表明，這本書不只是大清帝國的故事，而是大清、俄羅斯與準噶爾蒙古這三個偉大帝國在十七、十八世紀的歐亞大陸中心爭權奪利的故事。濮德培巧妙地從大量各國一手史料中開闢了一條新的路徑，藉此回應了中國近代史學界許多重要課題：民族與國家認同、邊疆管理，以及中國在世界史上的地位。

——吳勞麗（Laura Newby），荷蘭萊頓大學教授

本書講述最後的游牧帝國（準噶爾蒙古）如何瓦解，如何在十七、十八世紀遭到中華帝國與俄羅斯帝國兩大強權瓜分。本書細節牢牢建立在中文、滿文、蒙古文與俄文等多種不同語言的史料基礎上。濮德培的興趣之廣令人驚嘆，幾乎涵蓋了整個歐亞大陸；而他對歐洲史與社會科學領域文獻的掌握之深也令人震驚。無怪乎讀者能信服於他的比較歷史論述，並對本書結論深信不疑：大清國的形成與歐洲國家的形成並無多大區別。這本書應該推薦給所有亞洲史與歐洲史學生與學者。本書毫無疑問是美國史學界的輝煌成就，更替未來歷史分析立下了一個難以超越的新標竿。

——金浩東（Kim Ho-dong），韓國首爾國立大學教授

這是一部了不起的巨著。在全球新舊帝國交錯的十八世紀，滿清如何向西拓展？如何與俄羅斯、準噶爾爭奪中亞控制權？中亞及周邊的國家變遷、邊境重構與族群認同趨勢如何？這不僅是形成現代中國的重要關鍵，也是理解近代歐洲與亞洲不同歷史進程的絕佳事例。過去中文學界也許習慣視之為中國開拓國家領土的歷史，但當濮德培教授利用多種語文文獻，站在不同角度描述這一過程的時候，他超越了僅僅從清王朝或中國立場觀看的局限。

——葛兆光，上海復旦大學文科資深教授

清帝國作為陸地帝國，向西征服是其締造完整版圖的最大工程。濮德培教授此書詳細講述此一過程，但並不僅著墨於軍事征服。他縱筆所及，從生態環境、經濟狀況、族群認同以迄邊疆形塑等面向切入，讓讀者不僅重新省思「何謂帝國」？「帝國如何運轉」？還能一併思考「中國」兩字的意涵。

——陳建守，中研院近史所助研究員、「說書」網站創辦人

濮德培早年以研究洞庭湖的水利與地方社會知名，日後藉由《中國西征》這本書又大受喝采。他的敘事重心是蒙古與大清的互動，但他不但把視野擴大到整個北亞，而且在剖析衝突、戰爭與政治權謀的千絲萬縷之外，更深入地從天然的生態與生計條件去探討準噶爾草原帝國的興滅。本書引領讀者離開長城以南的農業社會，有條有理地去認識盛清時代的廣大中國。

——陳國棟，中央研究院歷史語言研究所研究員

本書從全球史的脈絡，檢視滿洲的崛起及其擴張，並引導讀者認識漢族歷史上的「西域」，如何成為清帝國的「新疆」。

——葉高樹，臺灣師範大學歷史學系教授兼系主任

清朝征服西域是改變世界區域政治和文化版塊的歷史趨勢，清代中國曾不斷書寫其西師之舉，至今仍持續展現影響力；本書的多元視角已使更多讀者關注這段歷史，中譯本書名副標題加上了「蒙古帝國的最後輓歌」，更點出了此番歷史趨勢的戲劇性。

——林士鉉，臺北大學歷史學系副教授兼系主任

本書以多元文化視角分析十八世紀中國帝國擴張與邊疆歷史，提供大清征服中央歐亞地區的新視野，此征服方針亦可提供比擬同時期對於臺灣的治理，呼應一〇八社會領綱普高歷史必修課程的「依時序選擇基本課題設計主題，透過歷史資料的閱讀和分析，培養學習者發現、認識及解決問題的基本素

養。」精神。書中論及大清帝國的邊疆擴張政策與其自身的興起與衰落關聯性，透過新清史觀點反思強調本質性的中國民族主義史學論述，鏗鏘有力地呼應當下國際時局。本書十分合適作為教師設計「歷史探究」與規畫「探究與實作」的教學資料。

——陳一隆，台中一中歷史科教師

濮德培這本新清史的經典終於有翻譯本了，這是中文學界盼望已久的事。這本書不單只是清帝國如何開拓邊疆的傳統故事，更是世界史的重要課題。作者掌握了多種語言的能力，運用大量的滿文及外文文獻，採用全球史的視角，將以往常用的關注場域中亞或內亞，轉向至「中央歐亞」。清帝國、俄羅斯帝國及蒙古帝國間的複雜關係，在他的傑出敘事下，變成一幅幅精彩的故事。對於臺灣讀者而言，這不僅是清史，更是一部傑出的全球史，其中「環境史」的視角最是過往我們所忽略的研究特色。

——蔣竹山，中央大學歷史所副教授兼所長

目次

第二部　競逐權力

第三部　帝國的經濟基礎

第四部　穩固邊疆

第五部 遺產與意涵

推薦序

何謂中國？從《中國西征》反思「中國」一詞的多元可能

孔令偉　哥倫比亞大學東亞暨歷史學系博士

呈現在讀者面前的這本《中國西征》（*China Marches West*），是一部講述清朝如何將新疆納入帝國版圖的歷史著作。這部著作二〇〇五年由哈佛大學出版社在美國出版後廣受好評，二〇〇七年曾獲美國亞洲研究協會頒發列文森圖書獎（Joseph Levenson Book Prize），其學術貢獻可見一斑。本書作者濮德培（Peter Perdue）為美國著名中國史學者，目前執教於耶魯大學歷史學系，主要研究領域為明清時期中國的環境史、社會經濟史以及邊疆史。濮德培史學涵養深厚，尤其以宏觀視野與綜合論述見長，其長期耕耘清代中國史研究，並於二〇〇七年當選美國文理科學院（American Academy of Arts and Sciences）院士，研究成果廣為國際學界所認可。筆者由於從事中國與內亞史（西藏、蒙古與新疆）研究，曾有機會在學術會議等場合與濮德培多次交流並研讀其著作，故對其學術貢獻有所管窺。藉由此次《中國西征》中譯版的問世，筆者有幸為其作序，重點向臺灣乃至於華文世界的讀者引介本書的學術貢獻以及現實意義。

準確來說，《中國西征》的核心內容在於透過重構清朝征服準噶爾汗國的歷史進程，以中國史視野出發，進一步整合經濟史、環境史乃至於全球史等新興觀點，以此重新檢視歷史概念意義上的「中國」。對於多數臺灣甚至華文世界的讀者而言，與新疆相比，準噶爾可能是較為陌生的詞彙。然而在清朝於十八世紀中葉消滅準噶爾汗國以前，操蒙古語系的準噶爾人以及操突厥語系的穆斯林所占據的大片領土，並不屬於當時「中國」統治下的「新疆」。根據歷史檔案與多語文獻，清朝征服準噶爾以前不僅沒有「新疆」這個地理概念，清朝當時也並沒有將準噶爾汗國視為「中國」的一部分，反而是將其視為棘手的勁敵。換句話說，今日的新疆固然是中華人民共和國的一部分，然而當代的政治現實是否適合套用來理解十八世紀中葉以前的歷史事實，則是一個值得反思的議題。要言之，百餘年前作為「中國」代表的清朝，與今日作為「中國」代表的中華人民共和國，不僅在本質上並非完全重合的政治實體，二者所聲稱的「中國」也並非相同概念。而清朝歷史語境中所謂的「中國」，與當代中華人民共和國所聲稱的「中國」，二者之間有何異同，正是《中國西征》乃至於美國「新清史」（New Qing History）思潮所關注的史學問題，而這點或許也是臺灣乃至華文世界讀者所普遍留心的思想議題。

從歷史的縱深與地理的橫向視野來看，準噶爾與清朝的角力不僅影響了後世對「中國」的認知，同時也改變了十七至十八世紀歐亞大陸地緣政治的格局。為了解除準噶爾所帶來的地緣政治危機，清朝先後透過軍事征服與政治策略，陸續將西藏、蒙古與新疆等地納入「中國」的版圖。換句話說，清朝為了對抗準噶爾，澈底改變並擴張了「中國」的歷史格局。從這個角度來看，作為歷史概念的「中國」是一組不斷變動的符號，其文化範圍與地理疆界在不同歷史時期持續浮動增減，而非亙古不變的教條。至於本書探討清朝對準噶爾的征服過程，正體現出「中國」是如何被重構以及再詮釋的歷史過程。

如果我們進一步將視野從歐亞草原延伸至臺灣海峽，便不難發現清朝在十七、十八世紀對準噶爾所進行的軍事征服以及隨後對新疆進行的統治策略，與其在十七世紀末消滅明鄭政權後對臺灣所進行的邊疆治理，具有一定程度上的可比性。也就是說，反思清朝軍事征服與邊疆治理，不僅能將「中國」重新理解為多元而變動的歷史概念，同時亦能透過比較視野，重新觀照臺灣歷史的主體性。由這個角度出發，我們可以試著提出幾點歷史性的問題：與準噶爾人相比，被清朝納入邊疆的臺灣社會，尤其是漢人移民以外的原住民族群，他們的歷史際遇有何異同？與此同時，歷史書寫該如何透過反思清朝官方對準噶爾人以及臺灣原住民的權力敘事，進一步重新發掘強權支配下歷史失語者的低聲呢喃？所謂「中國」的歷史，究竟是屬於誰的歷史，而誰又有權力來書寫或者詮釋歷史？以上這些透過閱讀《中國西征》所衍生而出的歷史問題，不僅是有待歷史學者探討的學術課題，也是值得讀者大眾反思的思想議題。

在閱讀《中國西征》的過程中，部分讀者或許在剛開始會對各種語文的人名以及地名等陌生的專有名詞感到困惑。然而筆者在此想要強調的是，閱讀歷史的精髓在於享受思考的過程，而非記誦專有名詞。筆者在從事歷史學研究與教學工作的同時，時常會聽到有人問：「歷史事實既然已經發生了，那麼歷史學還有什麼值得研究的？」事實上，深入地學習和研究歷史，並不是像應試教育那樣為了回答是非題或者單選題而背誦年代與人名等歷史事實，而是藉由分析歷史事實去理解並詮釋多元的歷史脈絡。根據這個邏輯，讀者在閱讀《中國西征》或者其他史學著作時，與其抱持著「清朝是不是中國？」這種二分的有色眼鏡，不如採取多元的開放態度去理解作者書寫背後的問題意識，亦即反思「清朝是如何重塑中國？」而又「何謂中國？」這類開放問題。透過考察清朝對準噶爾的征服，濮德培在《中國西征》中提出了他個人的觀察與詮釋。然而這類開放問題的答案往往是多元而非單一的，就好比作為歷史概念的「中國」是一組變動的複數。而透過認知「中國」概念的多元性，也有助於當代臺灣以及華文世界的讀者進一步反思自身的國族與文化認同，進而理解並尊重蒙古、西藏與新疆當地的多元文化。

《中國西征》的英文原版出版迄今雖已逾十六年，然而其中的史學觀點仍深具參考價值。中譯本的出版，對於臺灣乃至於華文世界讀者重新理解清代「中國」概念的發展與建構過程，具有一定的借鑑意義。據片面瞭解，多年前中國大陸便曾有清史學者組織過《中國西征》的中譯工作，然而由於作者的學術觀點與中共官方所主張的歷史敘事有所出入，加之以種種因素，簡體中譯稿迄今尚未付梓。由此可見，《中國西征》所探討的課題除了歷史意義外，同樣具有現實爭議，然而過去由於各種限制，學術界象牙塔以外的一般華文讀者對於本書認識有限。此次衛城出版《中國西征》中譯版，想必將為臺灣以及華文世界的讀者進一步認識清朝與準噶爾史，乃至於反思「中國」的多元性，提供一本值得參考的歷史讀物。至於未來讀者將如何評價《中國西征》這本史學著作，則仍有待獨立思考與開放精神的檢證。

譯者序

蔡偉傑　《從馬可波羅到馬戛爾尼》作者、深圳大學歷史系助理教授

經過長時間的翻譯與審校後，《中國西征》這本書終於要與各位讀者見面了。筆者作為譯者之一，一方面感到高興跟期待，另一方面也感到不安與惶恐。雖然筆者自己以前也做過翻譯，不過作為第一本參與的集體譯作，在翻譯分工與程序上都是新的體驗。而且這本書篇幅之大、內容之廣，也讓這次的翻譯工作難度增加不少。本書翻譯過程中，筆者與作者濮德培保持聯絡，修訂了英文原版中的一些錯漏，並且請教了一些問題。藉由此次撰寫譯者序的機會，筆者也略讀了其他兩位譯者的譯文並予以初步審訂。與此同時，筆者的譯稿也由濮德培教授的學生與助理審讀，並給出修改建議。可以說，各方都付出了不少的心血與努力，希望把這本書譯好。即便如此，筆者相信這個譯本仍舊還有可以提升之處，也期待廣大讀者不吝指教。

本書探討中國、準噶爾蒙古與俄羅斯三方競逐中央歐亞霸權的歷史，主軸放在準噶爾部的興亡上。作者主張歐亞這三大相互競爭的帝國，其實和歐洲各國存在相似之處。三者都受到地緣政治競賽的驅動，並且調動資源，進行著武力、貿易和外交的對抗。[1]而此一過程影響了這三個帝國的國家構建過程。

本書自二〇〇五年出版至今，已有十六個年頭。在這段時間內激起許多書評與討論，我也在此簡單回顧。在英文學界，明代中國軍事史學者戴德（Edward L. Dreyer）從軍事史角度稱讚本書，認同本書從軍事考量與國家政策的角度來解釋歷史變遷的做法。[2]俄國史與全球史學者大衛・克里斯欽（David Christian）則稱讚本書展示了邊疆如何在歐亞史上占有一席之地，以及如何在現代世界史中定位中國。但克里斯欽也認為，本書對於中國與西方世界之官方敘述的決定論傾向有點過度反應，畢竟歐洲確實跟中國在發展歷程上有所差異。[3]賓州大學東亞系教授艾騖德（Christopher P. Atwood）則從蒙古史的角度切入，一方面稱讚本書在講述清朝一方的歷史書寫時相對詳實且可靠，但卻在論及準噶爾一方時充滿諸多省略與不準確的描述，忽略了準噶爾自身的歷史書寫傳統，更在拼寫專有名詞與蒙文詞彙上有著前後不一致的情況。[4]自從本書出版以來，已經有許多新的研究出現，各自從不同角度來探討這段歷史以降的發展。由於這部分作者濮德培教授已在他的中文版新序中提及，此處就不再贅述。

中文學界很早就針對本書有過討論。例如現任陝西師範大學西北歷史環境與經濟社會發展研究院副教授田宓，便曾在二〇〇五年十月發表一篇書評，贊同作者濮德培對中西國家形成所採用的歷史比較取向。不過她也從華南學派的地方社會視角出發，認為這本書未能探討地方菁英與屬民如何想像帝國，因此無法回答帝國如何被維繫的問題。[5]

至於本書在中文學界所引起的較大爭議之一，主要是圍繞在作者如何處理「清朝」與「中國」之間的關係。這項爭議源於作者在序言交代選用書名《中國西征》（*China Marches West*）的原因時表示，儘管清朝征服準噶爾帝國的故事被現代的中國民族國家所認可，但他仍覺得這其實是「清朝的征服」（Qing Conquest）而非「中國的征服」（Chinese Conquest），因為主要的參與者其實並不是漢人。濮德培旨在強調征服過程其實帶有「前民族」（pre-national）的特徵，因為當時尚未出現所謂的「民族國家」（nation-state），因此這些士兵與商人當時只是追逐自己的利益，心裡面並沒有民族國家這樣的概念。作者主張後人在讀這段歷史時，應當要認識到這一點。濮德培還注意到時人的行為替後來的民族主義奠定了重要的基礎，所以主張本書的主旨並不僅要批判民族主義，同時也要證明清帝國跟後來中國民族國家的延續性。[6]

濮德培的立場在本書第十四章有更為清楚的闡釋：

> 現代意義上的「蒙古人」、「滿洲人」、「中國人」、「維吾爾人」與「回人」民族，並未在這場鬥爭中一致參與同一邊，也未表達出一致的觀點。他們的所作所為，是為了要在一場不同背景的菁英聯盟追求權力的鬥爭中，保有自己城鎮、部落、家庭或個人的利益。為了要理解真正驅動清代擴張的複雜因素，我們必須深入洞察清代多族群帝國與近代中國民族主義國家之間的差異。[7]

作者前述文字是為了提醒讀者，必須認知到作為帝國的清朝跟後來作為民族國家的中國，兩者性質其實是有所差異或是不完全重合的。這種差異也反映在清代學者與現代中國大陸學者對於清朝武功的解釋上。濮德培以一九八四年中華書局發行的魏源《聖武記》點校本的〈前言〉裡，韓錫鐸與孫文良兩人對於魏源論點的批評為例。從中國大陸學者的社會主義觀點來說，魏源犯了兩個嚴重的「錯誤」。首先，他們批評魏源帶有「階級偏見」，態度上傾向鎮壓人民起義。其次，他們更質疑魏源否認中國邊界的永久性。特別是魏源認為《尼布楚條約》所畫定的中國邊界領土，有很多是新進入版圖的「不毛之地」，還有魏源主張臺灣「自古不屬中國」。韓錫鐸與孫文良堅持「這些無疑是十分錯誤的，也不符合歷史事實」。[8]

值得強調的是，濮德培並未否認清朝與中國之間存在連續性，更在書中多次使用中國（China）或清代中國（Qing China）來代稱清朝，作為可互換的詞語。[9]可以說，本書對於「清朝」跟「中國」的用法，頂多是存在前後不一或是語帶曖昧的情形，但是並未走到兩者互斥的極端立場上。

然而，中文學界卻有部分學者欲以此做文章，主張作者認為清朝不是中國。這造成了一項以偏概全的誤解：彷彿作者要把清朝「去中國化」。[10]部分學者從各方面去批判濮德培的立場，便是立基於此一誤解之上。這些學者從史料出發，在清代滿文文獻中找到中國綏服回部的滿文表述。[11]更有甚者，是將對濮德培的批評上升到「歪曲歷史」、「別有所圖」的政治批判。[12]但這其實很可能落入了稻草人謬誤，因為在筆者看來，濮德培此書對於清朝跟中國的用法以及其實際立場上，並沒有批判者所說的那麼極端。

本書在中文學界還引發了另一項爭議：我們是否能把清朝與近代歐洲的殖民帝國相提並論？最早提出這項質疑的是時任中正大學講座教授汪榮祖。他在二〇〇五年十二月的書評中，一方面讚許本書將清帝國征服中亞的歷史置於世界史的視野來觀察，另一方面卻也批評本書實際上還是從清朝視角來敘事，低估了清朝的漢化，並且認為「大清帝國無疑是漠北蒙古的宗主國。這種政策與佈局顯然與作者所謂的近代殖民主義大不相同」。[13]後來現任中研院近史所副研究員吳啟訥則從清朝的伊犁將軍與沙俄的突厥斯坦總督比較上入手，對濮德培所提出的「滿洲殖民主義」論點表示了類似的質疑。[14]由於這個問題比較複雜，筆者受篇幅所限而無法展開討論。但是這項爭議仍舊有助於我們去深入探問：清朝究竟是什麼性質的帝國？正如濮德培教授於新序中所說，歐美學界對此一問題已有更進一步的討論，此處也不再贅述。

綜上所述，筆者簡單說明了本書的翻譯與審校過程，同時也簡單整理與回顧了本書在學界的評價與引起的爭議。許多議題至今仍在學界熱烈討論。筆者也期待此書中譯本能為這些討論添磚加瓦，並提供讀者一個更全面理解本書的途徑。

二〇二〇年十二月二十三日於深圳

中文版作者序

很高興拙作《中國西征》邀請到一群優秀的學者負責翻譯。雖然本書出版於十六年前，但書中主題對於理解現代中國依舊意義重大，而且即便此後學界又出版很多以清帝國在中央歐亞為題的新研究，我由衷相信本書的基本方向仍有價值。

本書的研究起點在一九八四年，那是我首次造訪北京的清史檔案室。我當時正在為以湖南為題的第一本專書收尾，一邊尋找著下一個研究題目。我發現檔案中有大量關於帝國各地糧倉存量及糧價的量化數據，提供史學家研究農業經濟的豐富史料。於是我開始研究起清廷在甘肅的飢荒賑濟政策，算是刻意挑了一個和湖南在幾乎各方面都強烈對比的區域。甘肅比湖南要貧窮許多，歷來飽受乾旱之苦，而湖南的天災主要是洪水氾濫；甘肅的主要糧食作物為大麥、黃豆和小米，湖南則是稻米；甘肅人口除了有漢人農民，還包括穆斯林及放牧的蒙古人。比較這個帝國邊緣區域和湖南魚米之鄉在長期農業發展上的差異，似乎是個值得做的題目。

然而，我發現對湖南糧食供給影響最大的因素，其實是途經湖南前往蒙古與新疆的清朝軍隊。循著清軍移動路線進入中央歐亞，我探索起清朝擴張這個迷人的題材，而這是過去幾乎不曾被西方學者碰觸的主題。進一步挖掘史料多年後，其中包括有次到莫斯科翻閱相關檔案的經歷，我勾勒出一個更大範圍的主題，不再只局限於最初的西北糧食供應研究。我意識到，清朝擴張和清朝對這麼大片的中央歐亞疆土的占領，在中國史上是前所未見的大事，更創造出世界史上幅員數一數二遼闊的大帝國。促成這項歷史性成就的原因涵蓋經濟面、制度面和外交關係面，同時也要大量的好運氣。清朝擴張不是一個源自天命的必然結果，也不是因為中國文明高人一等，而是一個近代早期的偶然事件（contingent event）。簡單來說，有三項新興的歷史進程使擴張得以發生：中國市場經濟突飛猛進的發展；帝國制度為實現種種軍事目標而動員這個經濟體的資源；以及與中央歐亞國家的實際外交，包括俄羅斯、新疆、穆斯林首領、西藏喇嘛，和蒙古遊牧民領袖。本書篇幅確實變得比我預期要長，幸好出版社和我看法一致：我們都同意規模這麼大的題目值得詳盡深入的討論。至於這些解釋是否具有說服力，並形成一個前後連貫的敘述，就交由各位讀者自行判斷了。

自從《中國西征》出版之後，重要的相關研究仍繼續出版，我在此僅引用一些西方學者所做的主要研究（進一步的討論可參見 Perdue 2016）。

清邊疆的研究領域之所以在過去二十年蓬勃發展，背後有充分的歷史及當代理由。史學家發現了很多新的史料，而且是許多不同語言的史料。即便如今很多在中國的檔案已不再能借閱，我們還是能在中國以外的地方找到研究資料，像是俄羅斯、蒙古、韓國、臺灣、日本和越南。除了中文的文獻史料，另外諸如以藏文、維吾爾文、蒙文、韓文和俄文寫成的一手史料，還有以德文和日文寫成的二手研究，都變成了珍貴的資料來源。在我看來，今日吸引中文讀者大量關注的「新清史」不僅主張滿人的重要性，也承認清帝國和東部歐亞與中央歐亞的所有主要文化有著密切糾纏、命運與共的關係。換句話說，清帝國既不孤單，也不獨特。它甚至和其他近代早期的殖民帝國相似。很多社會科學和比較歷史的模型都能闡明這點。

舉例來說，金光明（Kim Kwangmin）主要仰賴滿族文獻，證明了清帝國透過支持中央歐亞邊疆資本家、穆斯林商人，以及與滿族官員談判以得到好交易的蒙古首領，取得其統治的合法性。謝健（Jonathan Schlesinger）展示滿族對蒙古境內如珍珠、毛皮和蕈菇等特有產品的追求，形成了清朝對「荒漠」的具體觀點。歐楊（Max Oidtmann）鉅細靡遺地證明以金瓶掣籤體制認證達賴喇嘛和清朝更廣泛戰略目標之間的緊密關聯。馬世嘉（Matthew Mosca）在調查清朝對印度與鄂圖曼帝國的認識時，鑽研起清朝邊疆政策於十九世紀演變成真正的外交政策時的典型特徵。黎安・圖姆（Rian Thum）獲獎的維吾爾文獻研究，揭示了以新疆綠洲為中心的歷史解釋傳統如何成為清代維吾爾文化及民族認同的重要元素。金家德（Judd Kinzley）和布戴維（David Brophy）用各種新角度來探究晚清與俄羅斯的交往，包括描述對礦產資源的追尋，以及維吾爾人和其他中亞民族的跨境移民。

這批年輕學者的新研究是以多語的、跨國的檔案工作為基礎，並且大量借用新的典範，例如資本主義與殖民主義史、環境史，以及近代早期帝國的宗教與儀式根基。儘管我本身的研究僅暗示了部分的可能研究方向，我很高興看到他們繼續投入這些成果豐饒的研究。

再一次，我衷心感謝本書譯者群把這些歷史取徑傳播給中文世界的讀者，同時也為他們的成果感到驕傲。

參考書目：

Brophy, D. J. (2016). *Uyghur Nation: Reform and Revolution on the Russia-China Frontier*. Cambridge, MA, Harvard University Press.

Kim, K. (2016). *Borderland Capitalism: Turkestan Produce, Qing Silver, and the Birth of an Eastern Market*. Stanford, Stanford University Press.

Kinzley, J. (2016). *Production and Power in China's Far West: Gold, Wool, and Oil in the Transformation of Xinjiang, 1893-1965*. Chicago, University of Chicago Press.

Mosca, M. W. (2013). *From Frontier Policy to Foreign Policy: The Question of India and the Origins of Modern China's Geopolitics, 1644-1860*. Stanford, Stanford University Press.

Oidtmann, M. (2018). *Forging the Golden Urn: The Qing Empire and the Politics of Reincarnation in Tibet*. New York, Columbia University Press.

Perdue, P. C. (2016). "Xinjiang Studies: The Third Wave." *Cross-Currents: East Asian History and Culture Review*. https://cross-currents.berkeley.edu 21: 138-156.

Schlesinger, J. (2017). *A World Trimmed with Fur: Wild Things, Pristine Places, and the Natural Fringes of Qing Rule*. Stanford, Stanford University Press

Thum, R. R. (2014). *The Sacred Routes of Uyghur History*. Cambridge, MA, Harvard University Press.

中國西征

此書獻給琳達（Linda）、凱伊（Kay）與艾力克斯（Alex），

以及對我父母的記憶。

前言

本書的研究始於較為和平的時代，純粹是我對世上某個罕為人知的區域有著求知的好奇心。那是一個被帝制中國史所忽略的主題。這項研究在今天引發的各種爭議戳到了敏感痛處，對中國人和我們來說都是。中華人民共和國政府已經說服了聯合國安理會，把「東突厥斯坦獨立運動」歸類為恐怖組織，與此同時還發起了「西部大開發」的願景計畫，要把「中央歐亞」（Central Eurasia）和中國內陸區拉進改革開放二十年來創造的經濟網絡。雖然我相信中國在可見的未來將持續控制這塊區域，我不做任何預測。倒是帝國征服的遺緒，仍沉重地籠罩著中華民族國家的未來。

為了學科研究之便，專家通常把這個區域一分為二。一為「內亞」（Inner Asia），傳統上包含現代（內、外）蒙古、滿洲、新疆和西藏，歷史上主要是說漢語、蒙語和滿語的省分。二為「中亞」（Central Asia），一般是指由前蘇聯界定的突厥民族地區，學術文獻大多是以俄文寫成。但我們不該用簡單的俄文、中文畫分界定一個文化區域，特別是在幾世紀以前中、俄兩國都尚不存在的近代早期。「內亞」有作為亞洲內部分區的功能，和東亞、東南亞與南亞畫清界線；但如果單純依據前述中蘇邊界畫定內亞的界線，會使人產生誤解。「亞洲」直到二十世紀前都是個歐洲概念，不為當地原住民所接受。它在東邊與南邊有頗為顯而易見的海洋邊界（忽略地位不明的澳大利亞、紐西蘭和波里尼西亞），但在西北邊則沒有明確邊界。

這些地理名詞反映了如今已消失的二元區分。我傾向使用「中央歐亞」，這個詞如今由美國國務院和美國唯一的中央歐亞研究系（印第安納大學）採用。這個用法比較罕見，但沒有其他詞彙的歷史包袱。這個詞彙提醒我們「歐洲」與「亞洲」生硬的人為區分，以及俄羅斯在此界定中的尷尬處境。我在書中大多使用「中央歐亞」，但不至愚昧地堅持前後一致，唯有在明確指涉中國這一方時才使用「內亞」。

書名是我審慎斟酌的成果。取名「中國西征」，因為這是受到當今中華民族國家認可的征服故事。不過，它其實是「大清的征服」而不是「中國的征服」，因為主要參與者大多不是漢人。至於選用「中央歐亞」而不是更常見的用語如「內亞」、「中亞」、「蒙古」或「新疆」，則是用來顯示帝國獲得疆域的幅員廣闊以及界線模糊。中國史家會喜歡的書名大概像是「蒙古與維吾爾民族統一在清朝多民族國家之下」；俄國人和蒙古人可能會選擇「好戰的滿清入侵蒙古民族」。每個選詞用字都有政治意義，沒有哪個詞彙是中性的。不過，部分詞彙仍較為超然、客觀。自始至終，我嘗試強調書中描述過程的「前」民族國家特徵。十八世紀的士兵和商人，並不會根據民族國家的框架思考；他們追求自己眼中的利益，而我們應該恢復並尊重他們的觀點。儘管如此，他們的作為替民族主義打下了必要的基礎。本研究批判民族主義，也展示帝國與國族之間的連續性。

年代的始末並不固定。我們可以從努爾哈赤誕生的一五五九年開始，或是俄羅斯首度進入西伯利亞的一五八二年、滿洲地區首度宣布建立帝國的一六一六年、對抗準噶爾大汗噶爾丹（Galdan）之役的一六九〇年。這則故事同樣也可以結束在末代準噶爾大汗阿睦爾撒納（Amursana）去世的一七五七年、清朝最後一次鎮壓突厥斯坦叛亂的一七六五年，甚或是蒙古土爾扈特部（Torghut Mongols）「回歸」清朝疆域的一七七一年，乃至延伸到俄羅斯對中央歐亞的最後征服的十九世紀中期。歷史之流連綿不斷，所有的歷史分期都必將削足以適履。我將在全文指出各個重大轉捩點。

本書無疑篇幅甚長。若能找到一本關於這個主題的可靠研究，我絕不會如此滔滔不絕。但本書遠稱不上清代中國與中央歐亞關係的全面分析，就連準噶爾戰事的分析都不夠全面。出乎意料又令我恐懼的是，這個針對「邊緣」主題看似聚焦的研究，竟迅即揭開一片由檔案、文件及二手研究組成的浩瀚汪洋。我因時間或精力不足而尚未深入研究的檔案和問題仍多不勝數。到頭來，書中有待回答的問題比得到解決的問題更多。我只希望藉由堅定主張中國西北活動的重要性，可以刺激其他人踏上這條邊陲蹊徑。

儘管本書部頭甚大、內容龐雜，但結構卻很簡單。全書在結構分析與敘事之間交替。第一部架設舞臺，檢視十七世紀之前競爭產生的生態條件，以及朝代決策形成的背景。第二部講述核心故事，從清在滿洲地區的崛起、蒙古國的建立，以及俄羅斯人在十七世紀早期的到來，直到十八世紀末權力的鞏固。第三部回到結構分析，分析征服者及其競爭對手必須克服的經濟與環境限制。第四部檢視那些將征服合理化的文化展演和象徵再現，以及其留給後世的遺緒。最後，第五部總結了可能的啟示，給予現代中國，以及研究中國與其他地方的國家建構的現代理論家。我嘗試平衡對待參與衝突的各方主要勢力與其動機，但由於史料大部分以中文寫成，無論橫看側讀，偏見仍無可避免。本書主要描繪清朝統治者以及他們所形塑的世界，但也試圖從「後世的不屑一顧」（the enormous condescension of posterity，借用史家湯普森〔E. P. Thompson〕之語）中拯救在戲裡賣力演出的其他人。對於本書所論帝國的善惡，我不採取任何立場：這種判斷並非史家的責任。但我堅信他們的征服並非歷史必然，我堅信抵抗與和解都值得娓娓道來，並堅信這個鬥爭的過程留下的痕跡至今仍未磨滅。

仔細研究的話，征服世界其實不是什麼好事，往往就是搶奪不同膚色或鼻子比我們稍扁的人。只能靠信念來救贖我們了。

——約瑟夫・康拉德（Joseph Conrad），《黑暗之心》（*Heart of Darkness*）

居馬上得之，寧可以馬上治之乎？

——陸賈（約西元前二二八至前一四〇年）言於漢高祖

導論

從十七世紀到十八世紀中葉，滿清（一六四四至一九一一）、俄羅斯（一六一三至一九一七）和準噶爾蒙古（一六七一至一七六〇）三大帝國在歐亞大陸的中心地帶競逐權力。此地距離水遠山長，溝通遲緩，軍事行動耗時又傷財，文化的疏離巨大。這場史詩對抗，可說是日後「大博弈」（The Great Game）的雛型。待對抗結束，只剩兩個帝國還屹立。[1]大清和俄羅斯沿著長的邊界對峙，各自成為世界史上最大的兩個帝國。[2]準噶爾則消失了。儘管十九世紀的時局動盪，歐亞大陸的這個二元分歧一直持續到一九九一年蘇聯解體。[3]本書檢視兩大帝國在歐亞大陸上的勢力分割，並側重清帝國對蒙古和新疆的征服（參見彩色插頁的地圖1和地圖2）。

清朝在中央歐亞的行動未曾被忽視，每本教科書都會提及。因此本書不是要還原早已被人遺忘的事件。然而，過去從未有充分全面的英語研究著作。[4]以其他語言進行的研究也有其局限。本書以多語言的一手史料為基礎，包括檔案和出版品，講述一段幾乎不為英語讀者所知的精彩故事。

本書也批評現代中國史學的一些主流典範，這些典範在中國學者的作品中最為顯著，不過也默默地被許多西方學者採用。簡言之，多數史學家在臺灣海峽兩岸盛行的民族主義意識形態的支持下，將中華民族國家當前的領土和文化界線視為理所當然。他們將中國征服蒙古和新疆視為實現民族國家的過程，最終成為二十世紀的中華民國。用中國人的說法是，多民族的中華民族國家「統一」了中央歐亞各部族。這些史學家將清朝在一八〇〇年左右擴張至巔峰的疆域視為「統一」的盡頭。那是中華帝國榮耀的巔峰，此後在十九世紀一路走下坡，直到一九四九年才重新收復該區域的大部分主權。當然，外蒙古和烏蘇里江以北的大部分滿洲地區，乃至於臺灣，至今仍不屬於中華人民共和國。在中華民族主義者的理想中，所有這些地區都應是現代民族國家的一部分。的確，中國大陸的領導人不時表示，他們仍將這些地區視為中國的一部分。他們無疑堅決認為臺灣同屬於一個中國。儘管民族主義者將滿人視為中國現代化的障礙而厭棄之，但中華民族國家對理想國界的概念卻源自於十八世紀清帝國的最大擴張版圖。如同其他民族主義者，中國人也將自身基礎建立在他們拒斥的過去之上。

從這個角度來看，征服新疆和蒙古是重要的，但還稱不上畫時代。然而，如果我們不把中國征服新疆和蒙古僅僅視為通往民族國家的必然產物呢？有沒有可能這場征服只是許多參與者意志交錯的偶然產物，參與者只有部分是漢人，而且沒有人知道現代民族主義為何物？在歷來帝國統治者的心目中，來自西北的安全威脅確實經年不絕——哪個皇帝不想擺脫那些騷擾西北邊疆的該死游牧民族呢？然而，除了蒙古統治的元朝（一二七九至一三六八年），歷朝歷代的努力皆鎩羽而歸，直到清朝在十八世紀中葉實現「最終解決方案」（final solution）。為什麼清朝能夠一勞永逸地消滅蒙古人威脅，自此支配這個地區，過去卻沒有王朝能夠成功？這將是本書的核心問題之一。

研究中亞歷史的專家普遍忽略這一時期，把蒙古帝國崩塌以來的歷史視為「衰落時代」（Époque de la Décadence）。塞諾（Denis Sinor）對該領域介紹，在三百五十頁中僅占三十頁的篇幅。他們強調語文學，更勝民族誌（在塞諾的著作中只占八頁）或其他社會科學觀點。[5]陸寬田（Luc Kwanten）對草原帝國的研究僅寫到一五〇〇年為止，因為他和許多人一樣，認為成吉思汗的蒙古帝國是草原帝國傳統的頂點，隨後是幾個世紀的衰落。[6]許多史學家都使用此一典範作為書寫架構：先是繁榮擴張的古典時代，接著進入「衰落」。研究鄂圖曼土耳其和其他帝國的史學家，對這一觀點的批評越來越強烈。[7]這套典範的主要缺陷是，錯把尾聲當開始，從蒙古帝國孱弱的時期追溯「衰落時代」的起源。與民族主義史學一樣，這套「衰落典範」的敘事阻止人們設想未行之路、關鍵決策和偶然事件，否定了行動者的能動性。我們需要在這個故事中，重新賦予中央歐亞人獨立的能動性，而非理所當然地接受其滿洲人對手的敵對觀點，或是僅僅停留在對成吉思汗時代的懷舊。

仔細研究這些事件，就能看見中國和中央歐亞主流歷史學的許多問題。最佳的西歐語言概述至今仍屬法國外交官古恆（Maurice Courant），他在一九一二年寫了《十七與十八世紀的中亞：卡爾梅克或滿洲帝國？》（*L'Asie Centrale aux 17e et 18e siècles: Empire Kalmouk ou Empire Mantchou?*）然而，此書幾乎完全仰賴一份中文史料。茲拉特金（I. Ia. Zlatkin）的《準噶爾汗國史》（*Istoriia Dzhungarskogo Khanstvo*）是最好的俄文研究，使用滿文和俄文的史料寫成，但卻沒用上中文史料。千葉宗雄（Chiba Muneo）提供了詳細的日文敘事，還有許多日本學者撰寫了相關著作。[8]中國學者已生產出龐大的二手學術文獻和一項主流見解。但這些學術傳統各個都有缺陷，這些缺陷揭示了特定的文化和民族特徵。我會在本書的最後一部分扼要回顧征服的史學史，以顯示這個主題的史學家，一如所有史學家，反映了他們所屬時代的關切。

中國近代史研究漸趨內向。早期研究關注中國的國際地位，研究清政權的滿洲人本色、軍事制度，以及對帝國中心的安全考量。[9]費正清學派的崛起，將學界的興趣轉向與海上西方列強的外交關係、清朝中央文官制度，以及思想史。施堅雅（G. William Skinner）區域系統模型的影響，使學者轉向單一省分或次區域的細緻社會經濟研究。內向的轉變帶來豐厚的學術成果，但同時也失去了一些東西：更看重個別差異的特殊性，卻失去對更廣大脈絡的掌握。在今天，我們應該把中國置於世界史的脈絡視為優先事項，而邊疆研究是將中國整合進更廣大歐亞世界的可行辦法。本書對清朝擴張的研究，提供了對世界其他邊疆研究的比較點，並質疑施堅雅的區域系統模型是否太過缺乏彈性。與其在既定的地理框架下思考區域分析，我們必須認識到政治與社會進程在軍事安全、經濟利益或文化傳播的考量下，往往跨越了區域的界線。

歷史、時間和記憶

在重塑空間概念之外，本研究也試圖調整我們對歐亞時間的看法。史學家經常以週期循環看待中國和中央歐亞的歷史。自西元前一〇四五年周朝伐商以來，朝代循環的史觀為中華帝國政權興衰提供了方便的解釋。草原帝國反覆的統一和瓦解，也激發了週期循環的解釋。儘管許多學者同時在中國和草原的國家形成中看到了重複的模式，但他們對箇中原因的看法相當分歧。我們可以粗略地將這些原因分為精神和物質兩類。精神解釋尋找人類心理變遷的本質。中國的王朝週期理論家，將帝國興衰歸因於統治者的道德特質。倘若他治理賢明，讓百姓安樂，就能獲得他人支持。倘若他驕奢淫逸，農民受苦，士兵反抗，百官便會離他而去。相比之下，王朝週期循環典範的更新版本，側重帝國統治的物質基礎，例如維護水利灌溉工程，公平的稅收，或饑荒賑濟。從這角度來看，如果這些關鍵社會制度的官僚管理未能回應社會挑戰，則大規模叛亂或外部入侵就會推翻王朝。

對草原帝國而言，主流的物質解釋則援引氣候決定論，假設乾燥週期不可避免地使游牧民離開草原家園，侵略周遭的定居社會。相較之下，偉大的伊斯蘭史學家和社會理論家伊本・赫勒敦（Ibn Khaldun）概述了一種基於社會團結的理論，「阿薩比亞」（asabiyya，或譯團結意識）。赫勒敦主張部落社會產生的集體統一創造了一種力量，使他們能征服頹廢的城市文明。征服之後，當在草原與沙漠環境中產生的道德規範，受城市生活的影響而衰敗，則部落征服者便不再團結，最終成為新入侵者的犧牲品。赫勒敦的理論與中國的王朝週期模型有驚人的相似之處，儘管他沒有把道德定義應用於「文明的」儒家君主，而是應用到游牧戰士身上。[10]

循環模型的優勢在於凸顯超越特定事件敘述的共同模式。因此，他們指向關於社會變革廣泛過程的歸納。早在西方社會學興起之前，中國和中東的社會理論家就已經在比較與分析社會的長期演變。然而，週期性推論的危險在於，它否定了人類的能動性，忽視了線性變化。堅守週期性解釋彷彿暗示人們不會從經驗中學習，注定要步上祖先後塵。但我們清楚地知道沒有任何社會進程的歷史是完全重複的。原因有二。首先，技術進步極大地改變了造成社會分裂的各種衝突形式，也改變了將社會凝聚在一起的壓力。舉例來說，新武器的發明、運輸成本的降低，或是新的通訊形式，都改變了中國歷朝歷代分合的方式。其次，中國人和游牧民族都從歷史汲取教訓。他們知道祖先立下先例，而且他們不斷利用過去經驗累積的知識，或從錯誤中學習。因此，歷史的寫作和改寫成了塑造帝國創建者、官員和一般社會互動之策略的關鍵因素。

中國與游牧互動的地理和戰略環境，創造出反覆出現的情境，但是身處其中之人仍會依據其歷史與技術資源，選擇不同的應對方式。我在後續章節中描述邊境貿易、養馬和使用火藥武器的例子，顯示滿清與準噶爾之間的衝突如何既沿著古老的道路前進，又能屢屢開創新局。

強調草原帝國創建者的創新尤其重要，因為定居世界的觀察者經常用「注定停滯不前」的眼光看待游牧民。由於游牧生活始終有著驚人的連續性，往往使人聯想到單調、重複和停滯。幾乎所有的史料，都是來自定居世界的觀察者。他們通常認為，游牧民族就像災難性一樣，闖進他們的文明世界——若用布勞岱爾的話，甚至堪比聖經中的瘟疫。[11]環境決定論的呆板論點，剝奪了中央歐亞人的任何能動性，傾向將他們簡化為僅僅依賴生物本能行動。我們將看到準噶爾人的敵人一再援引生物學與自然生態的類比，以便將他們排除在人類世界之外，並合理化對他們的滅絕。

在十九世紀的帝國主義盛期，西方人習慣將中國人描繪成自然力量的受害者，或者很可能會突然莫名其妙地訴諸暴力。他們運用簡單的決定論和對亞洲獨裁的刻板印象，解釋中國對西方入侵的持續抵制。近年來，我們對中國的看法已有很大變化。學者們紛紛拋棄了「東方專制論」的古老刻板印象。「內藤湖南假說」和「近代早期假說」都認為，中國分別在西元九到十世紀或十六世紀末期，發生了決定性的社會經濟變革。我會在本書的最後一部分支持「歐亞相似論」，認為中國帝國在直到十八世紀末之前，都與歐洲的帝國一樣具有經濟活力。[12]藉由賦予中國內在動力，一方面可與近代早期的西方作出區隔，但一方面仍可相互參照，這樣的分析才能真正把中國融入世界歷史。

就在最近，學者們也在討論游牧社會的重大歷史變遷。巴菲爾德（Thomas J. Barfield）的游牧國家建構模型承認線性演化，但他的理論使游牧國家創建者依賴中華帝國的變化，並未賦予他們太多自主的能動性。狄宇宙（Nicola Di Cosmo）對草原帝國形成的自主性提出了最有說服力的論證。狄宇宙主張，我們應該將內亞民族的研究從生物意象和機械式的因果關係中解放，並將國家構建的分期奠基於國家創建者從外部行為者獲得收入的手段上：從前二世紀到十八世紀，稅收從徵收貢品，到朝貢貿易夥伴關係，到定居與游牧民族的二元管理，到成熟的農業社會徵稅程序。[13]

讀者將能在本書所述的故事中發現，準噶爾其實也用上前述的所有方法，試圖支持自己國家的擴張。他們向鄰國徵收貢品，和清朝、俄羅斯和中央歐亞民族大量從事貿易，在突厥斯坦實行某種二元管理，並在伊犁河谷發展出某種財政結構。然而，誠如狄宇宙指出的，由於清朝和俄羅斯同時向他們進行擴張，他們缺乏統一國家所需的「喘息空間」。因此，我認為十七和十八世紀是草原與定居民族互動的關鍵轉捩點，其結果同時取決於農業帝國創建者和游牧國家創建者的行動。清朝和俄羅斯帝國同時擴張，關閉了邊界，大幅限制了兩大帝國之間的民族的生存空間。誠如巴菲爾德主張，準噶爾領導人為了支持自身國家擴張，會試圖從其強鄰俄羅斯和中國獲取外部資源，也試圖從突厥斯坦綠洲及歐亞商隊貿易開發內部資源。對環境乾旱的游牧國家來說，物質資源固然重要，但無法完全解釋其國家形成的模式。當乾旱來臨時，蒙古人除了選擇攻擊清帝國，其實也有同樣機會尋求清帝國的庇護。游牧民族如何應對乾旱，是清朝和大汗之間個人和外交談判的產物。

本書從頭到尾，都強調所有參與者都擁有多重機會，也強調結果的不確定性。清朝並非注定要征服準噶爾，準噶爾也並非注定要滅絕。某些環境因素有利於清朝，其他因素則有利於準噶爾。個人決定、意外死亡、誤解和欺騙都在這中間起到重要作用。如果天命、環境條件或國家目的論預先決定了結果，這個故事就沒戲唱了。與此相反，我會把這個故事放進最廣大的脈絡中，同時也凸顯人類決策的偶然結果。

將清朝征服看作世界史事件

有兩種相互矛盾的典範，形塑我們對中央歐亞重要性的普遍看法。許多理論家將中央歐亞描述為最不適宜邁向現代化的地區，認為中央歐亞與全球趨勢隔絕，政治與文化又破碎，更缺乏天然資源，沒有太多適合快速發展的先決條件。[14]對這些理論家而言，經濟成長、政治與社會整合，以及通訊的普遍進程，不可避免地將落後傳統的社會拉進痛苦的轉型。在這種線性前進的歷史觀中，後進社會幾乎沒有可供先進社會學習之處，只有追隨領導者腳步的份。

另一種是人稱「世界歷史」的觀點。它拒絕像現代化理論那樣，不假思索地以民族國家單位，對社會進行分類，也否認國家單位可以彼此孤立地發展。主要的文明單位往往踰越當代民族國家的界限，這些地區全都不斷進行互動。在這種觀點中，中央歐亞不是一個偏遠、孤立的地區，而是歐亞大陸的十字路口，對周圍所有的定居社會具有決定性的影響。從俄羅斯歐亞學派，到哈福德．麥金德（Halford Mackinder）和歐文．拉鐵摩爾（Owen Lattimore）的地緣政治，以及當代的世界史學家和世界體系理論家的歷史解釋趨勢，都將歐亞大陸視為歐亞世界體系的關鍵區域。[15]

在近代早期，中央歐亞確實是歐亞大陸的十字路口。各大宗教都匯聚於此。往來中國、中東、俄羅斯、印度和歐洲的貿易路線也都在此縱橫交錯。至少在十六世紀之前，沿著舊絲路的貿易商隊，在全球貿易扮演重要的角色。即使在十七和十八世紀，當舊絲路貿易衰退，俄中茶葉和毛皮貿易的重要性仍然不減。綠洲城市的特色正是宗教多樣性、語言多元化和世界主義。該地區在十九世紀被降級為落後地區，並不是因為該地區本身的特性，而主要是因為受「現代的」中華和俄羅斯帝國征服。就像批評現代化典範的學者們常指責帝國征服導致世界其他地區陷入落後，也許征服在此也有同樣的效果。至少我們可以說，大清和俄羅斯對該地區的征服，強烈影響了中央歐亞民族在十九和二十世紀的發展潛力。

因此，清朝征服在三個意義上，是重大的世界歷史事件。首先，對帝國的統治者和臣民而言，這些勝利徹底改變了他們世界的規模尺度。藉由大規模擴大國家觸及的領土，征服為墾殖、貿易、行政和文學想像開闢了新天地。其次，清朝擴張是十七和十八世紀全球進程的一部分。幾乎在所有地方，新興的中央集權、整合、軍事化國家，都藉由軍事征服將其邊界向外推，移民、傳教士和商人則緊隨其後。西歐史學家經常將這一時期描述為國家形成的「十七世紀危機」，隨之而來則是十八世紀的穩定；其他史學家則在全球各地看到類似的發展。[16]將中國的帝國擴張視為全球進程的一部分，有助我們從更寬闊的視角看待中國，而不是將其帝國經驗全都看作獨一無二的。第三，中國擴張標誌著歐亞歷史的轉捩點。蒙古帝國解體後，歐亞大陸兩端的征服者們（編按：俄國與中國）征服中央歐亞、競相建立龐大帝國。它們各自占據人口密集的腹地，利用這些地區的資源供養軍隊，再從腹地向歐亞大陸的中央地帶進逼。當這些大帝國的邊界交會時，就會制訂條約，協商出穿越大草原、沙漠和綠洲的固定界線，使邊境的流動民族再無容身之地。

從世界史的角度來看，這個邊境的閉合比弗雷德里克・傑克遜・特納（Frederick Jackson Turner）在一八九三年感嘆的著名北美邊境閉合更重要。[17]自西元前二〇〇〇年以來，游牧民族原本也是歷史舞臺上的主要參與者；然而，這次邊境閉合卻使游牧民族永遠喪失與定居農業社會競爭的機會。許多內亞研究者認為游牧戰士的衰落在十六世紀已成定局，因為火藥的傳播或中亞商隊貿易的轉移。[18]然而，最後一個大型游牧國家仍堅持抵抗外敵向大草原進逼。這些蒙古人激烈對抗滿清的軍隊。他們同樣也採用火藥武器，以回應周圍的軍事威脅；而商隊貿易則始終是競爭各方的重要收入來源。在一六八〇至一七六〇年間，世界變得越來越不利於自由的游牧生活，而清朝統治者正是導致此一重大變革的主要力量。

第一部

中央歐亞國家的形成

第一章

地理環境、國家建構和民族認同

三大理論性視角貫穿本研究：邊境環境、國家建構，以及透過歷史再現建構的民族認同與族裔認同。出於瞭解環境在形塑人類事務上的關鍵角色，許多史學家將焦點放在人類與自然的互動。然而，過往西方學者在分析亞洲歷史時，往往用某種環境決定論來解釋亞洲的衰弱。這反映了十九世紀歐洲人自認種族優越的心態。十八世紀時，孟德斯鳩（Baron de Montesquieu）用亞洲平坦單調的平原與歐洲多樣化的地景對比，來解釋亞洲專制和歐洲自由之間的差異。魏復古（Karl August Wittfogel）在《東方專制主義》（*Oriental Despotism*）的分析也採用類似手法，以國家對水利工程的控制為由，將帝制中國獨裁與共產蘇聯作連結。[1]孟德斯鳩和魏復古都使用粗糙且過度簡化的歐亞環境對比，來支持意識形態論點，保護西方自由以對抗東方的威脅。稱職的環境史研究必須擺脫這項負面傳統，不帶政治成見地看待人類與自然環境之間更加微妙的關係。

美國地理學家亨丁頓（Ellsworth Huntington），將中央歐亞環境變遷與文明演化直接連結在一起。一九〇三至一九〇六年，他旅行穿越中國突厥斯坦（編按：即今東突厥斯坦）並寫成《亞洲的脈動》

（*The Pulse of Asia*）。亨丁頓在書中指出：

> 在相對乾燥的地帶，乾旱加劇是可怕的大災難，會導致饑荒與民不聊生。這又造成了大量的戰爭與遷徙，進而引發王朝與帝國的覆滅、新民族的崛起，以及新文明的發展。相反的，倘若一個國家變得越來越不乾燥，民生條件有所改善，則繁榮與富足常在。大動干戈的誘惑減少，人們有更多餘裕專注發展較為溫和的藝術與科學，使文明更上一層樓。[2]

他發現，同樣的「氣候變遷與歷史之間的對應」，從土耳其到中國都可見到，也存在於歐洲及新世界。對亨丁頓而言，在中亞最顯而易見的「乾燥化」（desiccation）過程，反覆逼使游牧民從歐亞大陸中央出走，導致了舉凡從蠻族入侵羅馬到伊斯蘭崛起等事件，甚至差點在二十世紀引發飢餓的中國人對美國的大舉入侵。[3]

根據亨丁頓的研究成果，湯恩比（Arnold Toynbee）主張游牧民被氣候條件困在一種停滯的生活方式之中，使他們成為「沒有歷史的社會」。[4]當乾旱迫使他們侵略定居文明，唯有環境變遷能改變他們，使他們不再必然臣服於季節循環。湯恩比和他的前輩們一樣，將定居農業國度對自然的創造性掌握，與游牧民面對乾燥週期顯露出的動物性脆弱之間的對比，做為定義文明的基礎。

除去亨丁頓公開且天真的種族主義，以及近乎可笑的粗陋說法，他倒是正確地指出一項能夠界定中央歐亞的重要特徵：那就是乾旱。他在旅行中仔細觀察當地的地質，以及當地人與環境的關係，並在細膩的描述中摻雜了極度偏頗的人類特性臆測。他的分析提醒我們，一切連接人類歷史和自然歷史的嘗試，都不可避免地會受政治因素荼毒。拉鐵摩爾起初也贊同亨丁頓和魏復古的觀點，但卻在晚期作品中轉向，主張社會因素的重要性更勝地理因素。他認為「機械性解釋，像是氣候週期或逐步乾燥（用來說明）大批游牧部落『意外的』突然出現」太過粗糙，因為它們忽略了「社會群體的動力」。近期研究嘗試將歐洲和美國的發展置於更廣泛的全球脈絡，以擺脫其帝國主義的痕跡。[5]

這些新研究大部分專注在歐洲人對北美邊境的影響，以及十九世紀美國人對美國西部的影響。然而，我們應該把向西橫越北美大陸的美國擴張，視為十八和十九世紀世界各地農業邊境擴張的一部分。[6]自從十六和十七世紀開始，俄羅斯和中華帝國也分別由東、西兩方向往歐亞大陸中心地帶推進。事實上，北美和歐亞北部的自然環境有許多相似之處。兩者都包含屬於毛皮動物棲息地的溫帶森林，而當地原住民會捕捉這些毛皮動物；兩者都有游牧民族遊蕩的草場，都有沙漠和乾旱地帶，以及肥沃的農業耕作區。中國人當然沒有抵達太平洋海岸，也沒有發現金礦（不過俄羅斯人倒是在新疆南部探勘黃金），但誠如他們的美國對照組，他們也是向西移動尋找土地。俄羅斯人無法抵擋毛皮的吸引力，一路向東抵達太平洋，然後繼續前進阿拉斯加。在前述三個案例中，森林、沙漠、大草原和農業聚落環環相扣的大環境，形塑了他們的歷史。超越人類控制的自然力量，和利用環境維持人類生存的組織性嘗試，驅使著移民不斷往前。

環境史學家仔細地檢視了新邊境的聚落。舉例來說，克羅農（William Cronon）的著作，從英國移民對十七世紀麻薩諸塞州的影響，進展到以芝加哥為中心的資本主義勢力對「大西部」（Great West）的支配，再到探索阿拉斯加的採礦邊境。[7]克羅農的每一項研究，都把焦點放在本地民族、自然環境，以及來自西歐的侵略移民所造成的干擾之間的相互作用。克羅斯比（Alfred Crosby）的「哥倫布大交換」研究，也同樣地仔細探究歐洲移民對新世界造成的生態擾亂。近期對大洋洲的研究，也證明了歐洲生物相（biota）對太平洋島嶼生態系統的毀滅性影響。環境史和邊境史之間因而存在著密切連結。[8]

研究美國邊境史的學生，不可避免要參考特納關於拓荒者聚落形成美國性格的著名論文。[9]有些學者批判特納過度盎格魯中心。為了抵銷特納的偏見，這些學者打算探索在英國移民、美洲原住民、西班牙裔人和中國人到來之前，定居在美國西部的其他族群的歷史。其他人提倡獨立的西部區域史研究，不受東邊資本主義力量的影響，擁有自身的特殊認同。[10]但這個辯論的多數參與者，並沒有以比較研究的角度檢視北美邊境。在歐亞邊境，中國和俄羅斯也將他們的移墾計畫看作向荒野傳播文明，從而忽略或壓抑其他居民的自主歷史。兩國的民族歷史，和他們深入歐亞內陸擴張密切相關。不像美洲原住民，蒙古人和部分中央歐亞民族至今仍然保有民族國家，但其歷史很多卻都是從帝國擴張入侵其疆域的角度書寫。中國和俄羅斯並沒有什麼重要史家是像特納那樣，足以體現其民族性格，但這兩國的經驗顯然有助於類比北美的進程。由於距離西歐較遠，歐亞邊境遠不如美洲邊境為人所知，但它們應當被納入任何邊境移墾的比較研究。

同樣的，國家建構理論家向來致力於解釋十六世紀以降的歐洲國家崛起。[11]部分理論家明確地在分析中排除了像清朝這樣的「帝國」，將它們和「國家」這一類別區隔開來。[12]然而，準噶爾蒙古、俄羅斯、中國這三大相互競爭的歐亞農業帝國，其實和歐洲各國存在相似之處。這也是我在本書中的主張。這三大帝國同樣受到地緣政治影響，同樣調動資源相互對抗，進行戰爭、貿易和外交。為了與對手一較高下，每個政權都竭力從人民與鄰國榨取資源，增強其「國家性質」（stateness）——「自治名分、與非政府組織的區分、中央集權化、以及內部統合」。[13]這些努力帶來顯著的社會改革和制度改革。國家統治者及其官員出於自身利益，發展出官僚管理方式來徵收歐亞各地農業與商業的生產成果。由此可見，西歐的國家發展道路並非獨一無二。

蘇聯解體與東歐等地的民族主義復興，催生了一批新的民族主義和民族認同理論。[14]這些新理論論稱，國家並非自然生成，而是人為創造的「想像的共同體」。民族主義意識形態聲稱其民族深深根植於土地、語言和文化，卻又聲稱它是某種全新產物，拒絕過往令人停滯不前的遺產。這兩種立場無疑相互矛盾。當代民族主義研究凸顯這個矛盾，強調每個民族的人為、建構本質，包括中國在內。[15] 在界定現代民族國家邊界的過程中，語言和主觀認同的重要性，遠遠超過「客觀」的、近乎恆久不變的土地與種族特徵。理論家動員對過往事件的特定闡釋，作為建構新民族認同的工具。霍布斯邦（Eric Hobsbawm）就曾表示，「歷史是民族主義或族裔或基進主義思想的素材，就像罌粟是海洛因成癮者的素材。」[16] 歷史成了武器，很容易就被神話，為民族建構者和其公民服務。透過歷史記憶，人們看待過去真實事件的方式都是間接的。但歐洲不是唯一試圖打造民族主義之地，而「地緣體建構」（geobody building）也並非十九世紀才開始。[17]

史學家的職責，便是看穿神話的虛假和有效性。[18] 一旦爭奪領土的戰役結束，爭奪這段歷史詮釋權的戰役便於焉展開。對準噶爾、俄羅斯與大清來說，爭奪中央歐亞的歷史都對其各自的民族概念起到關鍵作用，但三者對此事的詮釋卻截然不同。有鑑於此，本書將從自然環境說起，然後由個別行動者接棒，最後以史學家收尾。在穿越冗長的事件細節後，我們將回頭梳理一番，檢視肇始於清帝國的神話製造，如何創造出二十世紀的民族主義歷史。本書結論會再回到本章所概述的觀點，檢視這個故事對中國史和世界史典範究竟有何啟示。

中央歐亞的無邊界狀態

歷史上的中央歐亞，不曾與如今任何國家的邊界整齊相疊。歷史上僅有蒙古帝國曾經短暫統一這塊區域。在一九九一年之前，大部分的中央歐亞都控制在中國、蒙古國和俄羅斯（或稱蘇聯）手上，其餘部分則分屬伊朗、阿富汗和鄂圖曼帝國所有。今天，這個地區大抵由八個獨立國家（五個前蘇聯的中亞共和國、俄羅斯、蒙古國和中國）瓜分。到目前為止，中央歐亞人最普遍的歷史經驗仍是「分裂」。中蘇的兩極分割，後來被證明只是個短暫的小插曲。

根據最廣泛的定義，中央歐亞西起烏克蘭大草原，東至太平洋沿海地區，北從西伯利亞森林的南緣，一路向南延伸到西藏高原。但是它的所有界線都極為模稜兩可，爭議不斷。倘若中央歐亞包括所有的草場（grasslands）和大草原（steppe），那麼它穿越整個烏克蘭，深入匈牙利平原。按照文化和語言標準，包括烏拉－阿爾泰語系，遠至芬蘭、滿洲，乃至日本和韓國，都能見到突厥人和蒙古人的蹤跡。光是大草原游牧還不足以作為決定性特徵，因為這整個區域都有游牧民和定居農民共存；而且這種說法遺漏了此區非大草原的游牧民，像是中東的游牧民，或是西伯利亞的馴鹿牧民。

幾乎每個學者對區域邊界的定義都不盡相同。布萊克（Cyril Black）把五個中亞共和國、伊朗、阿富汗、西藏、新疆和外蒙古列入「內亞」（Inner Asia）的範圍，但排除滿洲地區或內蒙古，因為中國在二十世紀主宰了這些地區。他在一九八九年估算這個區域的面積為四百九十萬平方英里（一千二百七十萬平方公里），人口為一億三千五百萬。[19]傅禮初（Joseph Fletcher）將整個區域分成「中亞特有的沙漠棲息地（一個大致包含今日阿富汗、哈薩克以外的前蘇聯中亞共和國，以及天山以南的新疆區域）」，以及「大草原棲息地」，「沿著北緯五十度線，大致覆蓋了從歐洲到滿洲地區的大片土地，主要區域是南俄羅斯大草原、哈薩克，準噶爾盆地、大部分安多地區（Amdo，今日青海省），以及蒙古北部與戈壁以南。」[20]他略過了西藏。塞諾提出的區域結構，主要以語言學為根據，包括芬烏語系、阿爾泰語系、滿語、蒙古語，以及突厥語系。[21]芬蘭人、拉普人和匈牙利人都被納入考量，但中國人、俄羅斯人、西藏人、阿拉伯人和伊朗人卻一律排除，僅以史料作者的身分被納入。費耐生（Richard Frye）的定義則局限在印度－伊朗語族。[22]

與其在這些迥異的定義之間做選擇，我寧可強調這個地帶在文化特徵與領土界線的巨大不確定性，導致不同帝國、宗教信仰和文化群體都持續競逐定義的控制權。沒有任何精心界定的簡單神話能夠框限住這個區域：沒有法國的想像六角形，沒有長得像權杖的英格蘭島，沒有在兩大洋海岸間延展的昭昭天命。廣袤平地使入侵者不會遭遇無法克服的障礙，山脈之間則保有使征服者可以率軍蜂湧穿越的空隙。大量帝國的消長令人眼花撩亂，各由不同民族統治，擁有不同的邊界和制度，顯現了這片地景了不起的可塑性。

我將專注於十七和十八世紀的征服對中國與俄羅斯帝國演變的關鍵重要性，盡量避免時序錯置地對這個區域強加源自民族主義時代的定義。本書必然會納入滿洲、蒙古和西藏的故事，但不會對伊朗和阿富汗多加著墨。在我看來，征服「新疆」的並不是「中國」，而是一個中央歐亞國家使用大量中國官僚與經濟資源進行擴張，盡其所能地將中央歐亞和中國的核心地區同時納入其統治。

事實上，本書所述故事裡的主要行動者，幾乎覆蓋了所有經典定義下的中央歐亞主要區域。從西邊的南俄羅斯大草原，也就是伏爾加河卡爾梅克人（Volga Kalmyks）安頓之處，一直到東邊的滿洲地區。北方的西伯利亞原住民，提供了吸引俄羅斯前來此地的毛皮；南邊的西藏喇嘛，則提供對準噶爾國家組建至關重要的宗教、官僚和文書專業。不同民族的貿易旅行商隊將這些領土全部連在一起。這則故事規模宏大，不受民族疆域明確的約束。游牧帝國創建者的終結，意謂著無邊界空間的終結，而後明確將該區域畫分為幾個互不相容的農業帝國，這些帝國很快將成為更加排他的民族國家。

為了擺脫國家畫分，我們最好先從生態區（ecological zones）著眼，規模由大而小（參見彩色插頁的地圖3）。中央歐亞有有森林和田野，綠洲和沙漠，草原和山川。其居民包括在草場四處漫遊的游牧民，綠洲城鎮的商人，以及他們周圍的農業人口。這個區域裡不同生態區的同質性和統一性，使它和世上其他較為破碎的地區相當不一樣。它被高山環繞，但絕大多數的土地寬闊又平坦。氣候和降雨，決定四個大水平條狀地帶的植被與動物基本特徵，勾勒出凍原、森林、大草原和沙漠的輪廓。但具有決定性的不是絕對降雨量，而是降雨與蒸發的比例。寒冷凍原的降雨量非常低，但仍培養出潮濕的土壤，而南部沙漠儘管降雨更多，卻毫無半點水氣。位於北極凍原之南的是西伯利亞森林，只有馴鹿牧民能在此維生，它與大草原的草場重疊。草場向南，逐漸變成大草原沙漠，以及一望無際的大片荒漠。[23]

中央歐亞也有變化，但外部觀察者經常忽略其跡象。一方面，不同生態區的統一性，使東西橫向移動相當容易，尤其適合在那裡繁衍茁壯的定牧和游牧民族。另一方面，各個生態區之內缺乏多樣性，限制了更進一步發展的可能性。中國和其他定居民族，吸收疆界內不同的農業與海洋生產，並利用不同生態區多樣斑斕的產物，打造複雜的文明和帝國。幾千年來，中央歐亞的民族似乎經常一成不變地重複著對單調環境的調適。放牧動物、帳篷、騎兵，以及騎兵移動性強但不安穩的生活，反覆出現在對於中央歐亞許多不同民族的描述中，從斯基泰人（Scythians）到最後的蒙古人。提供史料的「開化」作者，傾向把中央歐亞民族視為貪婪、原始又貧窮，而且幾乎把他們全都當成游牧民。這些作者忽視這個區域內的不同生活方式，並且忽視科技在此發展的可能性。他們「任憑自己假想的游牧民，掩蓋活生生的人」。[24]

氣候帶從東到西的實質統一，也導致我們無法為整個區域畫定清晰邊界。由於沒有明顯分界標誌某文明的終點及另一文明的起點，形形色色的旅人和戰士皆能來去自如地移動。對帝國建立者而言，最困難之處就決定帝國的邊界何在，以及一旦做出決定，就得沿著邊境建設安全措施。諸如河川、山脈和聚落等基本自然景觀，並不構成滴水不漏的封閉空間，而是傾向創造出離心的模式。盧德森（Justin Rudelson）寫道：「新疆綠洲的歷史焦點不是向內、朝向彼此，而是向外、跨越國界。」[25]因為完全沒有自然邊界，區域內各處的帝國及其界線不斷變化。

中央歐亞的河流多半都是內流河，或注入冰凍的北極海，因而沒能連通這個區域與周圍的世界。阿姆河（Amu Darya）和錫爾河（Syr Darya）發源於帕米爾高原和天山山脈，最終流入鹹海，兩河僅環抱出一座沙漠，而未能孕育肥沃月彎。在遙遠的西方，唯有伏爾加河（Volga）經裏海與中東相連。在東邊，滿洲地區的遼河撐起了農耕聚落。其他主要河流皆不是太有效率的運輸幹線。西伯利亞的幾條大河都向北流入北極海，如鄂畢河（Ob）、葉尼塞河（Yenisei）和勒拿河（Lena）。俄羅斯人得以循著它們的支流穿越西伯利亞，因為它們不斷朝東方和西方向外分支，但代價是要承受許多艱難的陸上運輸。湖泊儘管面積很大，卻常被隔絕在沙漠和高山之間而無法通行。但在特定河流沿線，農耕定居者能和游牧民互動。這些河流的位置，對準噶爾帝國的建造者有極大影響，因為準噶爾帝國必須從小河谷和綠洲取得農業資源。費爾干納盆地（Ferghana valley）供養許多城市，例如浩罕（Kokand）和安集延（Andijan）。更往北，伊犁河谷與巴爾喀什湖（Balkash）相連，巴爾喀什湖又連起了準噶爾大草原和吉爾吉斯—哈薩克大草原。在蒙古高原，從當代烏蘭巴托地區，鄂爾渾河（Orkhon）和色楞格河（Selengge）向北流入貝加爾湖（Baikal），克魯倫河（Kerulen）向東注入當代內蒙古的呼倫湖（Hulun）。

每個主要的大草原帝國，都把國家的政治和精神基地設在這些河谷中。[26]色楞格河和鄂爾渾河是東突厥人、回鶻帝國，和後來的衛拉特（Oirats）蒙古帝國的總部。成吉思汗之子窩闊台（Ögödei）在鄂爾渾河上的哈剌和林（Karakorum）建造蒙古帝國的中央首都。即便在首都毀壞後，這處遺址對蒙古人而言始終神聖。興建於一五八六年的額爾德尼召寺（monastery of Erdeni Zu）*，就成了蒙古重要佛教領袖的大本營。以滿洲地區為基地的契丹遼、女真金和滿清等帝國，則將核心地盤設在遼河河谷。西北的甘肅走廊（尤其是銀川附近的黃河灌溉地）則是党項（Tangut）西夏王國的基地。

這些小河谷彼此相隔十萬八千里，而且面朝不同的方向。除了成吉思汗之外，沒有任何大草原統治者曾同時控有前述全部河谷。而在滿清之前，也沒有任何定居帝國能做到。對潛在帝國創建者而言，遼河是最有前途的，因為那裡有肥沃的農地，也因為從那裡南向華北平原的有形障礙很少。距離任何定居帝國最遠的是色楞格—鄂爾渾地區。這裡的帝國受惠於與世隔絕，但除了西伯利亞的毛皮獵人，他們能從大草原之外取得的鄰近資源有限。準噶爾人以此地為據點時，必須同時朝四面八方擴張：向東和向南到滿洲地區，向北到西伯利亞，以及向西南跨越蒙古大草原，朝費爾干納前進。

費爾干納，抑或稱為古代突厥斯坦，是許許多多綠洲王國的所在地，這些王國不時被像是喀喇汗國（Qaraqanids）與帖木兒（Timur）等大草原征服者壓境。農業資源充足，旅行商隊活動盛行，費爾干納直接和東方塔里木盆地（Tarim basin）周圍的城市相連，也和西邊的伊朗與絲路相連。它當然是個吸引人的目標，準噶爾人早先曾試圖從中獲取財富。然而，清征服者在大敗準噶爾之後，拿下了東突厥的塔里木盆地城市喀什噶爾（Kashgar）和葉爾羌（Yarkand），卻未立即推進天山—帕米爾山脈，到更富

＊編註：Erdeni 於蒙古語意指珍寶，後進入滿語，十八世紀康熙封第五世班禪為額爾德尼，從此成為歷任班禪的封號。

裕的聚落，像是浩罕、費爾干納、布哈拉（Bukhara）和撒馬爾罕（Samarkand）。清軍在一八三〇年攻打浩罕，但隨後便撤退，因為在十八世紀時，清廷已做出以此為國境終點的決定。這些城市之間的古老連結，以及它們在過往帝國統治下發生的統一整合，提醒了我們：儘管東突厥斯坦和西突厥斯坦被聳立的高山隔開，中國朝這個方向的擴張沒有任何「天然」限制。滿人以及後來的中國統治者，無視高昂代價，鍥而不捨地嘗試控制新疆，但把中國的國界限制在十八世紀所訂下的界線。他們止步不是因為遇到了不可避免的地理限制，或出於本質上中國領土所有權的宣稱，而是基於偶然的政治與文化理由。

費耐生曾寫道：「〔中亞〕的歷史，主要是關於大大小小綠洲的歷史。」[27]他這番話言過其實，但綠洲的確為這個區域的定居人口供應了最重要的資源。綠洲聚落是「垂直的文明」（perpendicular civilizations）。[28]它們是定居社會，但和那些偉大的農業文明截然不同，後者的村莊居民遍布遼闊領土。突厥斯坦的綠洲城鎮是各自獨立、自給自足的單位。他們的灌溉水來自天山山脈融雪，天山山脈也有一些小牧場。在河谷從事耕作，仰賴將雪融水導引到低處的田地，高溫使農作物在此會有較長的生長季。欣欣向榮的農民能支持整個都市人口，但與外界的貿易和接觸則相當困難。唯有經過的絲路貿易商旅（迴然不同的社會），才能連結一個個綠洲社會和外界。

綠洲社會穩定但脆弱。連年旱災使河川源頭枯涸，迫使河谷居民遷居山上。旱災導致山區牧地消失，也驅使山區畜牧民（pastoralists）洗劫山腳下的城鎮。這類因畜牧—定居共生所產生的騷亂，很快使沙漠的風沙趁虛而入。沙漠到處都是突厥斯坦和準噶爾的空城，證明了綠洲社會易受政治與生態變遷的傷害。

儘管如此，這片浩瀚地景下的綠洲在仍是農業與商業財富的主要集中地，也是所有帝國（不分游牧和定居）的焦點。綠洲居民只要一有機會，就會尋求強鄰的保護與支持。東邊的吐魯番（Turfan）和哈密（Qomul〔Hami〕）是最靠近中國的主要綠洲，經常和中原帝國締結朝貢關係。吐魯番有兩座分別來自漢、唐兩代的廢棄駐軍城鎮，反映出中國歷朝有著控制該區域的帝國利益。吐魯番雖然遠在長城之外，但對歷代中國而言卻是通向大草原的門戶，也是向外擴張時彌足珍貴的國家安全資產。

其他綠洲由於距離中國更加遙遠，因此無法依賴中國的保護。它們和游牧征服者締結關係，通常是作為這些征服者的主要稅收基地和行政中心。鄰近吐魯番的高昌（Khocho），和鄰近當代烏魯木齊的別失八里（Beshbalik），兩者都被納入回鶻公國（彼時回鶻已失掉了蒙古高原的領土）。撒馬爾罕則在十五世紀時，被帖木兒帝國打造成世上最繁榮的都市活動中心。只要游牧戰士帶回征戰得來的財富並吸引商人到來，他們就能和綠洲耕種者互惠共生。但當游牧帝國規模收縮，綠洲很容易就回到與世隔絕的狀態，乃至遭到廢棄。我們鮮少得知離開綠洲家園之人的命運，但我們知道在十八世紀時，幾乎全數的吐魯番居民都逃到大清疆界內避難，長達數十載。他們最終有幸得以回到家園，但其他民族則消失在茫茫沙海之中。

對布勞岱爾（Fernand Braudel）的地中海而言，「山脈為先」（mountains come first），但中央歐亞的山脈並未決定其界線或總體氣候。[29]這整個區域與海洋距離遙遠，因而成為大陸型氣候。冬季嚴寒，夏季酷熱。降水和蒸發決定了東西向的氣候帶。山脈阻擋帶有水氣的風，創造出沙漠和綠洲的地域特色，但沒有一個山脈屏障得以勾勒整個區域的輪廓。

一連串雄偉山系由東北朝西南，從貝加爾湖和滿洲地區延伸至興都庫什山脈（Hindu Kush）。[30]雖然部分山脈高達三、四千公尺，山頂甚至超過五千公尺，山脈之間仍留有很大的縫隙。游牧民和旅行者沿著伊犁河谷不受拘束地往來，更北邊的準噶爾隘口則通向哈薩克大草原。長久以來，游牧民軍隊的移動能力使大清帝國無法成功限制或追捕他們。山岳與森林庇護游牧民，卻不阻礙他們移動。準噶爾人甚至學會利用森林，減弱清廷炮火的殺傷力。

山脈緊密界定了該區域的南部邊界，並將其分割成許多部分。巍峨的高加索山脈、伊朗北部的阿勒布爾茲山脈、帕米爾高原，以及天山，畫開南邊的大草原。更往東，天山山脈將新疆分成兩個相當獨特的部分。崑崙山脈從北方，喜馬拉亞山脈從南邊，將西藏封起來。阿爾泰山脈和薩彥嶺，把蒙古高原和南方的新疆以及北方的西伯利亞隔開。大小興安嶺（Khingan range）畫開了蒙古高原和滿洲地區。歐洲人最熟知的烏拉山脈（Urals），反而是最不重要的實際屏障，僅是因文化習慣才變成俄羅斯在歐洲與亞洲的分界線。儘管如此，上述每座山脈都有山道和隘口，印度、阿富汗和伊朗因此得以和中央歐亞民族維持著不間斷的文化連結。

裏海到蒙古的戈壁和鄂爾多斯（Ordos）是綿延不絕的沙漠區。[31]這些沙漠也把整個區域弄得支離破碎。沙漠核心極度乾燥，全然不宜人居，僅外圍一帶有聚落。塔克拉瑪干沙漠使新疆南部只有塔里木盆地邊緣的綠洲能夠生活，戈壁沙漠則把蒙古高原一分為二。然而，沙漠並非無法跨越的屏障，旅行商隊能夠跨越沙漠，串連起綠洲城鎮。但沙漠確實阻止了邊緣聚落的密切整合。

儘管並非唯一因素，但物理屏障仍舊打破了文化相似民族之間的團結。內蒙古的蒙古人，和外蒙古東部的喀爾喀人（Khalkhas），逐漸被拉進中國的勢力範圍。外蒙古西部的衛拉特人則和其他蒙古人相隔著廣大的沙漠真空地帶，無法成功再造成吉思汗的蒙古帝國。然而，決定文化團結與否的並不是地理環境，而是政治策略。滿洲邊界官員尤其精通如何有效利用蒙古人之間的分歧。藉由選擇性地將東蒙古人與中國經濟密切綑綁，他們持續促進十七到十九世紀蒙古的貿易和聚落發展。地理環境終究不敵商業滲透。

歐亞大陸北部覆蓋了六千英里長的森林，從滿洲地區綿延至西伯利亞。北方針葉林「形成世上面積最廣的林木覆蓋」。這裡屬於副北極氣候，大部分土壤都是永凍土。雖然森林裡住有駝鹿、鹿、熊、猞猁和其他大型動物，但對移居此地的俄羅斯人來說，黑貂、狐狸、白鼬、貂鼠和松鼠等小型毛皮動物才是森林裡最有價值的產品。[32]

在史前時代，大片森林區在較溫暖濕潤的氣候期，覆蓋了大部分的華北平原。但自從華北平原經歷了漢朝的森林砍伐之後，大面積森林多數時候僅局限在西伯利亞和滿洲地區。[33]森林居民從事小規模的狩獵與採集，或以原始工具農耕，而仍「處於世界史的邊緣」。主要是因為在如此寒冷的氣候，農業生產率低下。[34]山區高地上的其他森林，庇護了要在夏季帶牲口遷徙到高海拔地區的牧民。誠如綠洲民族，森林民族始終被局限在小範圍裡。他們從未建立屬於自己的大型政治結構，受害於周圍不斷擴張帝國壓力。

雖然森林民族不是這個故事的主角，但他們為爭奪歐亞大草原的國家創建者提供了資源。西伯利亞的土著民族以毛皮為貢品（iasak）*，三大貪婪帝國都受此吸引而要求他們朝貢。若沒有西伯利亞和滿

＊編註：或做 yasak，原為突厥語的「貢品」，後指俄羅斯帝國向西伯利亞原住民徵收的毛皮稅。

洲地區的毛皮動物，俄羅斯的冒險家、商人和軍事殖民者永遠不會有興趣向東擴展；而身為狩獵專家的滿人，也永遠不可能建立起自己的國家。

我們可以把大草原分成三個水平帶：最北為林木茂密的森林大草原，中間是一望無際的草場，南邊則是沙漠大草原。位於中間的草場從烏克蘭、高加索北部、烏拉南部和哈薩克，延伸至蒙古高原東部和滿洲地區，包括準噶爾的高海拔草場和伊犁河谷地。儘管氣候乾冷，連綿不絕草原帶底下的肥沃黑土仍舊提供每年重新生長的養分。草原帶使得游牧民得以暢行於千里迢遙的東西兩端之間。因此在十七世紀早期，土爾扈特部得以與西蒙古斷絕往來，朝西邊移動三千公里到伏爾加河畔，但始終未離開大草原。他們在十八世紀晚期，展開了極為艱困的回歸之旅，不過是基於政治而非環境的理由。

蒙古草原。伍爾辛（Frederick Wulsin）在 1923 年考察遠征期間拍攝的照片之一。

中央歐亞大草原上生長了超過五千種不同的植物。這些植物全都必須耐受乾燥，以及劇烈的氣候變化。它們在春初迅速地成熟，通常在夏季與冬季進入休眠。它們並非全都適合放牧動物食用。由於成熟季節十分短暫，意謂著放牧吃草大抵得要在春季完成。「牲口總是朝恆春移動」：放牧民在夏季把牲口趕到高山草地，然後在秋冬把牲口趕到較低海拔的地方。[35]雖然游牧民表面上看似自由自在，但氣候和牧草的先天限制則決定了他們僅能在有限範圍內移動。獲取牧草需要仔細觀察天氣、地理和動物的需求，還需要有良好的組織能力，以驅逐覬覦部族牧場的入侵者。被暫時閒置的牧場，很容易遭他人突襲。

草原和森林之間的界線，在史前時代隨著溫度與濕度的氣候參數變化，呈南北向移動。凍原、沙漠、草原和森林大草原在玉木冰期（Wurm glaciation，距今七萬年至四萬年）的前半段期間，主宰了中國北部和西北地區。但隨著氣候從距今四萬年至二萬五千年前起逐漸暖和，森林擴散至滿洲地區和華北平原。距今二萬五千年至一萬五千年前，乾冷氣候將森林趕走，取而代之的則是沒有林木覆蓋的乾燥大草原。距今約一萬二千年前，氣候再次暖化，闊葉林再次遍布華北。但在距今一萬一千年前後，氣候又再度乾燥，草原也再次復生，取代中國北部和西北地區的部分森林。顯然，農業是否能在邊境森林大草原蓬勃發展，泰半取決於氣候條件，也比華北平原更容易受乾旱影響。

內蒙古東部最早的農業遺址，可追溯至西元前五三〇〇年的另一個暖化期，緊接在西元前八〇〇〇年到前六〇〇〇年的寒冷之後。森林遍布遼河流域西部，隨後接連出現三個新石器時代的農業政權，一個比一個和華北地區的發展越來越相關。農具、牛骨與羊骨，最後是小米（西北地區在西元前二〇〇〇年至前一〇〇〇年左右的主要穀物）的出現，顯示此區農業在一個冬季溫和、濕潤的溫帶氣候期間達到巔峰。

約西元前一〇〇〇時，氣候變得越來越涼爽、乾燥。農業發展衰退，然後一種游牧文化取代了遼河西部的定居農民。陶器品質衰退，馬匹出現，豬隻消失。文化影響如今來自北方和西方，而不是南方和東方。狩獵和捕魚文化可能也已演變成移動狩獵和畜牧。這個區域的文化轉向，和史料提及戎狄部落的記載相符。

西元前十三世紀，亞洲游牧開始形成於阿爾泰山山脈以北的葉尼塞河上游。它從那裡向東南和西南移動到中國邊疆地區，然後跨越中央歐亞。氣候太冷或太乾燥，都不利於邊緣地區的農業發展，但有利於依賴草場與牧群維生的移動放牧者。因此，長遠來看，決定兩個截然不同文化體制的生態力量，將游牧民和定居者推進拉回。

大草原游牧民起源於大草原的邊緣，而不是它的核心。拉鐵摩爾論稱，有些游牧民可能來自貝加爾湖森林區的馴鹿牧民和種子採集者，他們向南移動，從依賴馴鹿轉變為依賴羊、牛、馬和駱駝的大草原組合。其他游牧民可能起源於在附近山區與草場狩獵的綠洲民族，最終在綠洲外緣馴化牲口。第三個人口來源是甘陝黃土地區邊緣的中國農民，他們最終放棄了耕作，轉向草原畜牧（pastoralism）。[36]

皮克（Harold Peake）和弗萊爾（Herbert Fleure）注意到北部大草原（從匈牙利延伸至滿洲東部的草原）和南部大草原（從印度西部穿越波斯和阿拉伯半島到北非）之間的對比。[37]南部大草原的居民，自史前時代起，一直都和灌溉農業與最早的都市文明有接觸。他們劫掠定居耕作者，但也頻繁地和城鎮進行商品貿易，並從城鎮接收到該區域的核心宗教觀念，尤其是對至高無上神祇的信仰。他們最重要的動物是單峰駱駝，而非馬匹。後者需要大量飲水，限制了牠們在沙漠中的分布。

相較之下，北方游牧民較少接觸定居耕作者，也不那麼頻繁和城市貿易。薩彥嶺、阿爾泰山、天山、阿勒布爾茲山、帕米爾高原和興都庫什山構成的連綿山脈，阻絕了北部大草原和古代中東地區。南方很多土地為高原地形，海拔介於五百至一千公尺。對北方的民族而言，馬比駱駝重要多了，因為牠們能夠耐寒。馬對飲水的需求，在寒冷氣候環境中也不是太大的問題。雙峰駱駝成了絲路貿易旅行商隊的主要駝獸，但不是游牧民的首要牲口。

皮克對北部與南部大草原的區分，和傳禮初的「沙漠」與「大草原」游牧棲息地區分，有幾分類似。傳禮初寫道：「沙漠游牧民瞭解農耕和都市社會。」當突厥人穿越歐亞大陸，他們循著阿拉伯人早已開闢出來的路線。他們成群結伴，以小規模一波波到來，沒有對定居社會造成太大傷害。他們迅速吸收並採信了伊斯蘭教。北部大草原的游牧民，也就是蒙古人，和定居民族井水不犯河水。地理並未統一這兩個世界，反而將其分離。在中國那端，「大草原—播種農業（steppe-sown）的一分為二，比歐亞大草原上的任何地方更加鮮明，」而且「在歷史上蒙古和中國的遭遇往往代表兩個不同的世界」。[38]相對於其他對大草原的入侵，成吉思汗的蒙古征服之所以造成極大破壞，就是因為生態層面的分隔與蒙古征服的事發突然。在歷史上，歐亞東部的游牧民和中國人多數時候相互輕蔑，視對方為牲畜。中國人對西北蠻族的稱呼帶有「豸」字旁，蒙古人征服了華北平原後則把中國農民當作理應驅逐出去的「牲群」。

更往東走，就是滿洲。該地區連結了大草原與定居世界。雖然該地區主要住著獵人和漁民，游牧民一再地征服該區，將其資源挹注到自己國家。十三世紀時，女真人將控制擴展到漢地的定居人口，以二元管理的方式將定居和游牧世界結合在一起。[39]滿清統治者明確地取用了游牧民前輩們在管理大草原和定居世界方面的經驗。

駱駝旅行商隊跨越蒙古高原。伍爾辛在1923年拍攝的照片。

總而言之，在北部草場，特別是前述焦點所在的歐亞大陸東部，大草原和播種農業截然分歧。長期以來，此地游牧民與定居耕作的城市文明頗為隔絕，雙方的主要接觸形式是掠奪。與此相對的，定居的中國農民和以城市為中心的官員則常認為游牧民徹底陌生且不懷好意。他們不把游牧民看作複雜文明結構的一部分，而是視為可以被收買、築牆隔絕，或是驅逐出去的外來威脅。滿人和他們的前輩女真人一樣，占據了兩個世界之間的關鍵橋樑。[40]

我們今天使用的「新疆」一詞，其實是晚近的發明。十八世紀的清朝西征，創造了「新疆」這個名稱。直到十九世紀末，「新疆」才成為帝國一省。如前所述，這個區域地形破碎，缺乏地理一致性。它是由不同文化、生態和民族組合而成。當地民族大多彼此獨立，適應各自的當地環境。然而，這個區域是本書故事的重心。

新疆直接橫跨大草原區的北部和南部。在天山以北的準噶爾大草原，扮演連通蒙古高原和西邊低地的門戶。阿爾泰山擋在新疆的北邊和東北，但有一條走廊向東通往戈壁沙漠以北的蒙古。準噶爾的中心是沙漠，但南北草場環繞成圈。位於盆地南端、天山北緣的烏魯木齊綠洲，如今為新疆首府。此地向來就是都市中心，只不過幾經更名。舊絲路北支從此地向東，經哈密到甘肅省酒泉，並向西穿越伊犁河谷，到固勒扎（Kuldja，今伊寧）。在西部，塔爾巴哈台山脈和準噶爾—阿拉套山脈呈東西向延伸，留下一處深入哈薩克大草原的開口。由於擁有廣闊草場和可耕作生產的綠洲城鎮，游牧帝國總是試圖占領準噶爾盆地。給盆地起名的準噶爾人，只是一連串游牧征服者的最後一個。反過來說，除非清軍有辦法進到準噶爾盆地，否則他們都無法摧毀準噶爾汗國。[41]

貿易、運輸和旅行

西元前四千年左右，人類在俄羅斯南部大草原學會馴養馬匹。[42]西元前一九五〇年，第一輛雙輪馬車出現在西亞。到了西元前一二〇〇年時，中國人開始在戰事中使用雙輪馬車。騎上馬背則花了人類更久時間。西元前九世紀時，斯基泰人和辛梅里安人（Cimmerians）才訓練出第一批騎馬戰士，並迅即入侵亞述，不過僅緩慢地朝中國和蒙古擴散。西元前第一個一千年，北伊朗、哈薩克、土庫曼、烏茲別克、塔吉克和吉爾吉斯才開始有人繁殖阿拉伯種的大型馬。但直到西元前五世紀，像是小型馬或「普氏野馬」（Przewalski）等歐亞東部戰士的基本牲口才出現在蒙古。在一個世紀裡，這些騎手已成為中國西北邊境不可忽視的存在。[43]畜牧民擁有馬匹後，得以從單純的牧者變成強大的掠奪者。他們可以掠奪定居社會、取得其他商品，或直接利用掠奪的威脅來勒索更好的貿易條件。[44]馬匹需要的牧草地面積比其他放牧動物更大；因此取得馬匹是一種對資本商品的投資，牠們透過促成對其他放牧地的征服，以及和定居社會達成更好的貿易條件，創造更多收益。

當騎馬游牧民進入沒有足夠牧草地的區域時，他們便下馬徒步。他們使用馬匹的方式，展現出對不同環境的適應力。舉例來說，跨越喀爾巴阡山後缺乏中央歐亞大片草場的匈人。西元第四和第五世紀時，他們和羅馬人的戰鬥，已變得比較像步兵會戰，而不是速度飛快的騎兵突襲。根據林德納（Rudi Lindner）的估計，匈牙利大平原（Hungarian Alföld）有四萬二千四百平方公里。假設每匹馬需要二十五英畝（十點一公頃）的牧草，至少足以養三十二萬匹馬。不過，考慮到其他放牧動物的存在，以及牧草地和林地沼澤錯綜交雜的環境，馬匹數量上限約在十五萬匹左右，足夠支撐至多一萬五千名騎馬戰士——不到兩師的蒙古部隊。誠如林德納表示：「匈牙利不是蒙古。期待匈人抵達多瑙河後，繼續保留大草原的馴養經濟，形同否認生態對歷史的影響。」因此，匈人在進入歐洲後轉為定居民族，而「喀爾巴阡山脈標記著游牧生活歷史的最西界」。[45]

馬既是游牧經濟的支柱，也是戰爭的必要元素，而定居文明無法自己繁殖以滿足其需求量。因此，馬成為連結起大草原民族和定居民族的關鍵核心。自希羅多德筆下的斯基泰人以降，史學家們發現「在戰鬥中，〔游牧民的〕馬總是讓敵人的馬落荒而逃」。[46]儘管游牧民社會理論上可以自給自足，他們卻鮮少全然依靠大草原維生。他們想要和定居民族貿易，取得奢侈商品，但他們更多時候交換的是諸如麻布、茶葉和穀物等比較常見的產品。[47]同樣的，定居民族如果願意忍受持續的掠奪，也不需要與大草原貿易。馬匹和稀有商品的貿易，對雙方似乎都是有利的。札奇斯欽（Sechin Jagchid，譯按：蒙古喀喇沁右旗人，漢名于寶衡）論稱，只要滿足游牧民的貿易需求，中國人總是有機會和游牧民和平共處，可是中國人經常「沒發現，貧窮與饑饉導致游牧民入侵中國，透過武力維繫其日常必需」。[48]不過，貿易磋商因許多因素充滿不穩定性。中國歷朝歷代一再扶持茶馬貿易市場，卻總是問題叢生。[49]首先，不僅在中國，歐洲與拜占庭帝國的評論家都認為，支付過高價格給未開化的劫掠者是種羞辱。[50]再者，對游牧民而言，穩定的貿易關係需要有能力談判和強制實施協議的領導者，以避免邊境突襲，同時確保合理的馬匹供應。[51]

中國人很早就得知馬匹供應對軍事成敗至關重要。中國使用騎兵的最早明確記載，是西元前三二〇年趙武靈王採行胡服騎射的故事。[52]中國展開第一次中央歐亞大型遠征的原因，正是為了不再仰賴與最鄰近的敵人貿易，試圖透過其他方式獲得馬匹。漢武帝在西元前一〇四年派出三萬兵力到費爾干納（譯按：時稱大宛），捕捉費爾干納谷地遠近馳名的「汗血寶馬」。此次出征出師不利，僅一至兩成的士兵得以返國。第二次出征派出六萬精銳，成功取得馬匹，不過人員和資源的損失慘重。最終歸國的士兵僅剩一萬。[53]

歷朝歷代皆嘗試在帝國內繁殖馬匹，但成果總是曇花一現。唐朝透過一項規模浩大的培育計畫，雖然足以供應七十萬匹馬，但仍須大量依靠來自撒馬爾罕的進口馬：他們拿大量絲綢和突厥人交換馬匹。[54]後來發動叛亂的節度使安祿山，他對供應部隊馬匹的貢獻遠勝唐朝中央，因為他可以挑選西北邊疆才有的精良戰馬。西元七五五年，安史之亂爆發。唐朝的西北通路遭到阻斷，導致馬匹價格不斷上揚，政府負債累累。絲路中斷也導致財政危機，使佛教在西元九世紀遭受攻擊（譯按：唐武宗滅佛），佛像被熔解鑄錢。中國人此後一直非常依賴蒙古的馬匹供應。宋、明兩朝主要使用官方監管的茶馬貿易市場，儘管從這市場得來的牲口品質不佳又價格昂貴。第三章會具體描述宋、明在邊境貿易上的困難。這些前人的經歷，使清朝決定採行大不相同的做法。

滿人很清楚前朝面對的兩難。他們刻意與東部蒙古人建立密切關係，因為西北地區的征戰迫切需要可靠的馬匹供應。清朝透過貿易、貴族頭銜和饑荒時救濟糧食等誘因，拉攏願意合作的蒙古大汗。而蒙古大汗則必須在清朝要求下，上繳馬匹、人力和物資作為回報。一七五七年東部蒙古人叛亂，就是滿清加諸於蒙古藩屬的負擔之沉重，以及蒙古盟友在征戰中至關重要的昭昭鐵證。

綿羊、山羊、駱駝和牛是不可或缺的馴養牲口，但我們對這些牲口在游牧社會的影響所知有限。牠們的地位一概不如馬，因為都不是作戰的料，但牠們的經濟重要性遠勝於馬。拉鐵摩爾在一九四〇年代發現，新疆的畜牧民擁有一千一百七十萬隻綿羊與山羊、一百五十五萬頭牛、八十七萬匹馬，以及九萬頭駱駝。[55]綿羊與山羊是維持生計的基本牲口，游牧民絲毫不浪費牠們生產的一切。牠們對草場造成沉重的負擔：一頭綿羊需要五到十公頃（十二到二十五英畝）的牧草地，消耗每英畝四十五到一百八十磅的乾物質收成。[56] 綿羊和山羊會獨占牧場，因為牠們往往把草吃得太短，馬什麼也吃不到。這使馬和羊得用不同的草場。[57]

即便騎馬戰士看起來比較瀟灑，有意增強影響力的統治者還必須注意他的綿羊。創立準噶爾汗國的巴圖爾琿台吉*（Batur Hongtaiji）因為在累積牲口上的努力，被人們稱作「飼羊王」。[58] 由於清朝的軍隊和移民者也需要綿羊，準噶爾人得以在管制市場賣出好價錢。[59] 綿羊是邊境移民與游牧民的基本肉食來源。嚴重過牧一事歷史悠久，破壞了許多內蒙古的草場。牲群的規模在準噶爾汗國和清朝軍隊在十八世紀交鋒之際開始增加。[60]

雙峰駱駝是沙漠商隊的運輸主力，也能用於軍事與外交任務。跨越戈壁沙漠的浩大商隊，對於和俄羅斯的茶葉貿易必不可少。駱駝把煤從西北地區運至北京。[61] 皇帝的軍事行動大大仰仗駱駝把補給品帶到遙遠的前哨站。然而，駱駝是壞脾氣的動物，難以控制，也難以繁殖。清軍必須雇用專業人員飼養幼畜，然後趕著牠們穿越沙漠。清朝西征是一場多文化實驗，既仰賴蒙古騎手和中國步兵，也同樣仰賴突

甘肅省某村莊的山羊。伍爾辛拍攝於 1923 年。

厥駱駝伕。駱駝的雙峰間甚至可以攜帶火炮。當駱駝席地而坐，還能作為發射槍炮的載台。十八世紀的乾隆遠征雕版畫，明確描繪了駱駝在戰事中的這項用途。到了十九世紀，駱駝仍持續在波斯、布哈拉和突厥斯坦的戰爭中服務。[62]

旅行穿越這廣袤陸地既危險又艱苦，而且還緩慢耗時。拉鐵摩爾在一九二〇年代取得了經「大絲路」（Great Road）從歸化（今呼和浩特）到古城子（就在烏魯木齊東南）的旅行速率詳細數字。這段路程距離一千八百英里，滿載商品的商隊得要花一百二十天才能走完，快速貨運九十天。就算是以強行軍速度移動的旅人，也要花上七十天，平均每日速率為十五至二十五英里。一六九〇年，康熙的軍隊以每日十五英里的速率穿越戈壁。若想跨越從歸化到包頭北邊的莫古津（Morhgujing）這段二百八十五英里的沙漠險路，則需要一百天的時間。[63]我們可以把前述這些數據，分別當作穿越中國大草原與沙漠所需的最快與最慢速率。作為沙漠領地的主要駝獸，駱駝每小時只能行走二到二點五英里。當然有可能在黃河上快速移動，就像康熙皇帝在某次軍事遠征的回程曾試過的那樣。獨特的皮筏子，亦即用充氣皮革支撐的木筏，可以從蘭州到河套運輸多達二十五噸的貨物。但黃河僅僅經過鄂爾多斯地區。其他大草原和沙漠幾乎沒有河流運輸可言。[64]

穿越沙漠時，動物顯然必須帶上自己大部分的飼料。這限制了牠們能夠攜帶的貨量，並提高了商隊的裝備成本。儘管如此，這些世上數一數二悠久的長途貿易路線仍舊持續了上千年的時間。行商若想獲利，就得在攜帶牲口與人類的補給之餘，再騰出一點空間帶上量輕價高的貿易品。中國絲綢是古絲路

＊編註：蒙古人以「台吉」一詞指稱成吉思汗的黃金家族成員，也是蒙古貴族的稱號。

（Old Silk Road）上價值連城的商品，但中國也出口瓷器、金屬製品和玉。沙漠、大草原和綠洲環境本身的生態因素，都嚴密限制了商隊貿易。三項制度對此至關重要：用以維持和平的駐屯與瞭望塔、蒙古帝國發明來確保通信便利的郵驛站，以及在綠洲內提供住宿與貿易點的商隊驛站（Caravanserai）。商隊規模通常介於六十到一百人之間，外加最少的牲口和少量的貴重商品。他們無法帶著重兵旅行，因此容易成為盜匪和游牧劫掠者的完美攻擊對象。唯有在相對承平之際，商隊才能暢行無阻。貿易盛衰消長，大大地取決於定居和游牧統治者維持基本秩序的能力，因為商隊貿易很容易就受到周遭政治環境影響。許多學者論稱，十六世紀的商隊貿易衰退是因為面臨歐洲海上貿易的競爭，但這項主張顛倒了政治與經濟的相對重要性。真正扼殺長途貿易的，是十六和十七世紀期間歐亞大陸日漸升高的政治和軍事不穩定，而非來自歐洲的競爭。事實上，貿易並未消失，而是北移至一條新的穩定管道，在俄羅斯與中國之間交換毛皮與絲綢。商業受政治影響的程度，多過政治受商業之影響。[65]

黃河上的木筏。就像康熙皇帝和很多人一樣，伍爾辛利用這種傳統的木筏順流而下。

其中一條重要的運輸路線，便是從甘肅省往西北，穿過沙漠之間的一條狹窄走廊，抵達突厥斯坦的各個綠洲。[66]這條被拉鐵摩爾稱之為「帝國高速公路」的路線，遠比旅行商隊路線更穩定。中國歷朝歷代都試圖維持這條道路，只要它們能夠控制該地區。基於國防安全的需求，清朝也維持這條重要的高速公路，將其打造成補給線，補給在邊境作戰的駐軍。相較於駱駝和驢，某些路段上更適合輪式車輛快速前進，軍需官因此從中原地區帶來了大量推車。然而，運輸成本依舊居高不下：光是從黃河西邊的甘肅農耕區河西，運送糧食到距離最近的綠洲哈密，就能讓穀價暴漲十倍。[67]道路建設有助降低運輸成本，但更有效的解決辦法便是提高綠洲本身的農業生產。陸路運輸的難度和成本，助長了當地發展農業經濟的企圖。

定居政權深入大草原的軍事遠征，自保不受游牧突襲並不困難，不過代價昂貴。與商人旅行隊恰恰相反，軍事遠征的推進速度較為緩慢，但會攜帶大量的兵力和牲口，包括替代的運輸工具與充當肉類補給的綿羊和牛隻。他們在乎的不是利潤與速度，而是兵力的數量。他們通常循著既有的貿易路線，但有時候為追擊游牧敵人會偏離主要道路，以致必須穿越環境險惡的沙漠。由於簡陋的商人驛站無法負擔供應軍隊補給的需求，因此軍隊得到別處紮營。從漢朝以降至清中葉，沒有一支中國軍隊能在大草原生存超過九十至一百天。後勤障礙從根本上限制了中國遠征行動穿越中央歐亞的能力。在清朝之前，這些侵略行動幾乎沒有一次凱旋而歸。誠如下文將看到的，游牧民的軍事戰略也利用了這項後勤限制。

在這些險惡道路上行走的，還有朝聖者、特使、間諜、外交使節和通婚伴侶（通常是為爭取游牧統治者而嫁出去的中國女性）。他們多半不是政治或經濟要角，卻常常留下有關中央歐亞的珍貴紀錄。另一種特別的大草原旅人，就是中國皇帝本人。最著名的要屬永樂皇帝（編按：中文世界較熟悉其廟號明成祖），他曾五次遠征蒙古。還有不幸的明英宗，他在一四四九年軍事行動失利後，於大同附近（譯按：土木堡）遭蒙古人俘虜。還有相較之下成就斐然的康熙皇帝。康熙在遠征時寫給兒子的家書，堪稱是中國文學史上最出眾生動的旅遊書寫。

邊境區

布勞岱爾寫道：「邊界問題是第一個會遇到的問題，所有問題都由此而生。為任何事物畫清界線，形同去定義、分析和重建它。在這個情況下，形同選擇甚或採納了某種歷史哲學。」對此，霍林格（David A. Hollinger）大概會補充：「但並非所有的排除都是壞的，時代的傳統智慧將會提醒我們，而且我們都有責任決定試著在哪裡畫下圈子，和誰一起，以及包含什麼。」[68]

介於中國核心區與遙遠游牧牧草場之間的邊疆，是邊界互動的區域，也是「中間地帶」（middle ground）。遵循截然不同生活方式的人們在此相互適應，也適應周遭環境。[69]大草原充斥著不斷移動的人群。想穿越大草原者，都必須在某種程度上採納游牧民的習慣，也就是最適合大草原生活的習慣。中國軍隊吃的肉比在家鄉時更多，也漸漸習慣了與成群動物旅行。他們必須離開衛戍堡壘，在帳篷營地過夜。他們使用馬匹和騎兵的比重遠遠勝過內地，還必須應付難以馴服的駱駝與騾子而非溫順的拉車牛。不同職業的商隊成員也依樣畫葫蘆，在邊疆改變他們的生活習慣。誠如拉鐵摩爾在一九二六至二七年橫越蒙古的旅途期間注意到的，九成旅行商隊成員是中國人，他們切斷了自己和定居田地、祖籍故土和中原風俗的連結。在旅行商隊路線上，他們敬拜火神和水神，而不是祖先的神靈；至於衣服、食物和飲料，他們也仰賴綿羊，而不是豬和雞。[70]貿易的邊境是個社會空間。在這裡，核心的族裔認同必須向嚴苛的地理條件屈服。旅行商隊中的蒙古人得忍受有限的移動力，不能像在寬闊的牧草地那樣恣意馳騁；中國人則漸漸適應比內地的定居農民同胞更漂泊遊蕩的生活。

邊境區，是文化認同融合與轉移並存的中介空間（liminal space）。人們來自不同的種族，操著相異的語言，為了共同的經濟目的而彼此互動。多數漢人官員覺得此地環境充滿敵意、令人憎惡，而且自覺格格不入。他們的滿人和蒙古人同僚則對此不感陌生。中國人入境隨俗，拋棄文明的基本要素，反而更喜歡移動生活的想法，撼動權貴階級，但對其他人倒有一種吸引力。十八世紀清帝國的故事，就是試圖畫下界線的故事。透過畫下清楚區分不同文化的分隔線，把模稜兩可且充滿威脅的邊境經驗，一勞永逸地納入空間明確的固定界線。

北美和歐洲也有類似經驗。住在模糊邊界兩邊的人，彼此的共同之處，往往還多過於各自所屬國家的心臟地帶。邊境人民的忠誠度模糊，往往都對享有政經優勢的統治中心感到憤慨。[71]特納將邊境定居看作盎格魯－撒克遜移民對無人空間的滲透，這是個再次強調典型美國拓荒者特性的過程。相比之下，美國邊境的新史學家則強調西部的特殊區域特徵、原住民面對盎格魯美國人入侵時的頑強不屈，以及依據對東邊大都會中心模稜兩可忠誠度所形成的新混合身分。中國和新世界的強大帝國都以東部大都會為根據地，並將地廣人稀的乾燥西部地帶納入統治。儘管征服者們宣稱新征服區域完全不存在開化民族，接觸卻讓帝國中心與邊疆都發生了轉變。

最能展示中國邊境區分界的，無疑非「長城」莫屬。這是一道由中國歷代在西北邊疆修築的城牆。與西方和中國的刻板印象不同，林霨（Arthur Waldron）已經證明所謂「長城」並沒有數千年的悠久歷史。一直要到十六世紀，明朝才築起第一道幾乎沒有中斷的防禦屏障。[72]不過，將大草原和定居區隔絕的目標主導了中國長達數世紀的邊疆政策。根據拉鐵摩爾的詮釋，修建長城不是為了將游牧民擋在城外，而是為了將中國人留在城內。這是「嘗試在游牧部落和定居民族的土地之間，確立一個永久的文化畫分」。[73]即便俄羅斯在十七世紀的發展有部分類似之處，但歷史上沒有任何大草原周邊的帝國，曾試圖在游牧民和農耕者之間創造如此清楚的區別。[74]事實上，綜觀中國史多數時候，這樣的嘗試在軍事上並不成功。由於中國畫分邊境的努力未曾如願，此區的局勢也不曾穩定。它總是包含過渡狀態的社會群體，像是漢化的游牧民、半蠻夷化的中國人、藏人、穆斯林和其他非漢族——商人、游牧民、綠洲定居者和農民的混合體。用拉鐵摩爾的話來說：「中國永遠無法結束邊疆史的潮起潮落，並在理想的封閉世界裡維護中國文明。」[75]

直到清中葉，當長城變得不具軍事重要性之後，這個文化標誌才在中國人和西方人之間取得重要象徵價值。[76]中國長城的歷史，凸顯了文化定義與地理在邊境的互動。清征服也仰賴象徵與生態操縱來定義其成就。隨著清朝官員清理土地、安頓農民、繪製地圖，他們既搬動了真正的沙，也畫定了沙上的界線。

即便是清朝的征服，也無法長久解決問題。邊境區的穩定從來都不長久。一六八九年的中俄條約談判，似乎在歐亞大陸上畫下了一道清楚的國界。但在十九世紀中葉與二十世紀早期，隨著中國的邊防衰弱，俄羅斯人在伊犁危機時跨越國界，並修築了一條穿越滿洲的東清鐵路*。同時，在擔心俄羅斯擴張的促動下，英國也在西藏爭取利益。戰略分析師稱這個地緣政治競賽為「大博弈」。然而，到了二十世紀初，英國人以為俄羅斯打算威脅印度的過分恐懼，似乎已經消退，於是邊界再次穩定。簽訂的條約包括一八九五年的英俄帕米爾界線協議、一九〇七年的《英俄條約》（雙方據此同意不進入西藏），以及俄羅斯於一九一一年與中國就外蒙古達成協議。根據此約，就像英國人在西藏那樣，俄羅斯人同意間接管理蒙古，而不是直接占領。[77]

然而，一九一四年到一九四五年爆發了二十世紀的「第二次三十年」戰爭，把這份協議和其他殖民協議全都破壞殆盡。當塵埃落定，中央歐亞依然被分成兩大陣營，如今分割這個區域的是冷戰。儘管歐亞曾經短暫屬於單一的共產主義集團，但一九六〇年代的中蘇決裂再度確立了一道橫亙大陸的界線——和一六八九年的國界相去不遠，除了外蒙古、部分伊犁河谷以及滿洲北部現已改屬蘇俄。這個分裂僅持續了三十年。隨著蘇聯瓦解，中央歐亞如今由俄羅斯、蒙古和五個獨立國家占據。雖然中國之於俄羅斯與中亞的邊界沒有改變，但是西藏和新疆的騷亂則讓人質疑起任何有關永久穩定的假設。不穩定、不明確和自然地理的無邊界狀態，仍然挑戰著想在靜止、固定領域與心理場域上奮力畫線並安置其人民的民族國家。

要把人民固定在特定領土上，就需要物質與組織方面的資源：軍隊、邊防警衛、護照、簽證。要穩定人民的心理，則需要知識與文化方面的資源：民族主義符號、重寫歷史。這兩種策略既質疑人類對移動、改變和進化的先天慾望，但也同樣受到人類對安全、永久和穩定的自然渴望的支持。穩定過頭可能帶來壓抑與停滯，流動過度又意謂著混亂和無政府。包括清朝和現代中國在內，所有國家都在努力尋求穩定與自由之間的適當平衡。

隔離與整合

克里斯蒂安（David Christian）概述了這些獨特的生態區及其邊界，如何塑造橫跨歐亞大陸的俄羅斯國家和社會。中央歐亞在世界史上之所以與眾不同，是因為有具有兩大地理特色：低自然生產力與「內陸性」，或者說它與海洋的距離。較高的緯度和大陸性氣候意謂著寒冷的天氣、低降雨，以及貧瘠的農業生產力。五種不同的生態適應，相繼回應了這些生態與地理特徵：狩獵、畜牧、游牧、農業專制，以

＊編註：此處做 Far Eastern Railway，實應為 Chinese Eastern Railway，中文做東清鐵路，即後來滿洲的中東鐵路。俄國的 Far Eastern Railway 並未穿越滿洲。

及計畫經濟。每個適應形式都是為了實現資源集中最大化，因為這些區域的農業與人力資源稀少，而且高度分散。每種形式皆顯現中央歐亞與周圍較富裕的定居社會截然不同，而這些社會往往視中央歐亞的原住民為異族。每個文明社會都能在中央歐亞找到他者，每個社會也都演變成另一社會的鏡像。[78]

自舊石器時代晚期的猛獁象獵人開始，邊緣地帶出現了系統性的專業化狩獵，讓早期人類開始有別於專司採集的其他先祖。和新石器時代的農業崛起相對應的，則是西元前六千年畜牧的興起。以吃草牲群為基礎的畜牧，使人口得以成長，並且需要軍事動員以護衛牲群。西元前四到三千年的庫爾干（kurgan，編按：俄語意指墳塚）文化的戰士頭目，在西元前第二個千禧年發展為成熟的游牧戰士社會。隨著游牧民控制了馬，定居社會因為無法放牧馬，必須和游牧民貿易才能取得來自大草原的馬。自西元前二六〇〇年起，就連美索不達米亞和埃及最早的農業帝國都得應付持續不輟的掠奪。[79]在西元前一〇〇〇年之後，游牧的軍事優勢一直主宰大草原直到西元一五〇〇年，靠的是迅捷的移動性和馬匹的普遍使用。

農業專制是位於大草原西部外圍的森林的產物。莫斯科大公國（Muscovy）從一介被蒙古帝國征服的臣屬，到十七世紀翻身為強大的獨立國家，端賴它如何粗暴卻有效地壓榨遍布在森林與大草原的低生產力農業系統。大草原環境，以及俄羅斯人和東邊游牧國家的持續互動，使得俄羅斯人和與之交戰的游牧民之間有許多軍事和文化上的相似性。我們將看到，他們從敵人身上獲益良多。游牧戰士征服了中國，也帶來中央歐亞的制度，和定居社會核心的制度混合。相比之下，當中原的漢族統治中國時，特別是明朝時期，既不尊重也無意學習大草原游牧民的經驗，即便這些經驗可以帶來軍事成功。這導致了人們慢慢才將俄羅斯人和游牧民區隔開來的普遍印象。相較之下，中國的特色則是漢族和非漢族的鮮明畫分。誠如寇松侯爵（Lord Curzon）的典型英式發言：「俄羅斯人的親敵做得極為到位。他沒散發那種有意識的優越感和陰鬱的倨傲，那只會給敵意火上添油，比起暴行所能引燃的，猶有過之。他也不會迴避與次等的異族有社交和家庭的往來。」[80]

如前所述，現代化典範將中央歐亞視為一個極孤立的區域。此區因為物理和文化的障礙，而和現代世界的主流趨勢隔絕。相較之下，在「古典的」近代早期觀點中，中央歐亞被當作歐亞大陸的「十字路口」，透過歷史悠久的貿易、征服，以及宗教與文化交流網絡，和周邊的所有定居社會連結在一起。我們將反覆面對這種雙重矛盾。外圍的定居文明認為中央歐亞是偏遠、特殊、敵對和具有威脅的。但在該區域內，中亞人其實和來自歐亞大陸各地的外來者接觸：旅行者、朝聖者、不同宗教的傳教士、征服者、商人，以及探險家。同樣的矛盾心態也刻畫了對中央歐亞生態學的描述：我們可以將之視為一個極孤立的區域，或是視為與整個歐亞大陸其他地區最為融合的區域之一，端看我們從什麼角度出發。

天花在中央歐亞的影響，說明了它生態地位的矛盾。根據約翰．麥克尼爾（John R. McNeill）的說法，太平洋島嶼的孤立生物相異常不穩定：也就是說，當他們與外部力量接觸時，會有遽然且不可預測的變化。太平洋島嶼生物難以抵禦歐亞大陸和北美大陸的常見掠食者；因此，新來的老鼠、鹿、蛇、牛、豬和綿羊，摧毀了現有的鳥類和植物種群。巨大變化隨著人類首次抵達島嶼而生；庫克船長（Captain Cook）一七六九年太平洋航行後開啟的時代，見證了更為戲劇化的改變。在很多地方，像是紐西蘭，來自歐洲的「生物包裹」（portmanteau biota）*幾乎徹底吞沒了原生動植物和族群；在其他島嶼上，原生族群和植物被恢復了，但得不斷和好鬥的歐洲、美洲和亞洲侵略者競爭。[81]

＊編註：指十五至十九世紀從舊大陸到新大陸的移居生物群落，包括人類、作物、家畜與病菌等。

相較之下，沒有任何海洋屏障將中央歐亞與外在世界隔絕。人類、動物和其他搭便車的生物相，數千年來都在中央歐亞的陸路路線縱橫穿梭。即便如此，將草原比作一片內陸汪洋的常見類比，在生態意義上確實有某種程度的參考性。沙漠和高山阻擋許多有機體通行，酷熱與嚴寒殺死溫帶氣候區的有機體。最值得一提的是，中央歐亞直到十八世紀之前，幾乎和歐洲與亞洲的疾病庫（disease pools）徹底隔絕。接著，就像美洲原住民和大洋洲人口在歐洲征服新世界後相繼衰減一樣，天花等疾病也使蒙古人口在與中國定居者接觸後大幅銳減。

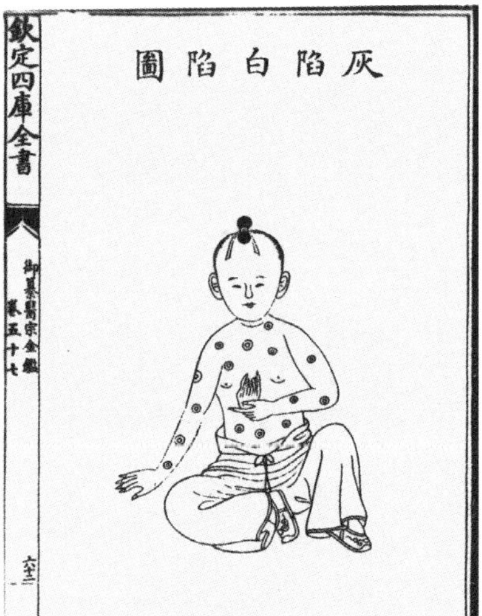

天花病人，清《御纂醫宗金鑑》的諸多疾病插圖之一。

十五世紀中葉，蒙古人知道他們可能從中國人身上感染天花，中國人也警告他們不要選離邊界太近的地方落腳，以免天花疫情擴散。明朝僅零星舉辦過幾次馬市，因為蒙古人和中國人在馬市上會與彼此交流；然後中國人為報復游牧劫掠，下令禁止邊境互市，此舉發揮了保護蒙古人免受感染的附帶結果。[82]然而，跨過長城的中國移民也可能傳播疾病，而在一五九〇年，蒙古南部有超過十萬中國移民。儘管如此，在明朝治下，感染天花的蒙古人很少。

在清朝建國之前，滿人也鮮少遇到天花，但他們知道它的危險性。沒接觸過這種疾病的蒙古人和滿人，得以豁免到北京接受繼承頭銜的義務。蒙古人和滿人對病患的主要處置是隔離。依據李心衡的記載，如果部落有人被發現得了天花，親戚就會把他遺棄在洞穴或遙遠的草原。[83]染疾者的死亡率在七〇至八〇%之間。德國旅行者帕拉斯（Peter Simon Pallas）在一七六八至一七七二年間三訪蒙古，表示天花是他們極度懼怕的唯一疾病。儘管發生機率不高，不過一旦爆發就會速迅蔓延：「倘若有人得了天花，他就會被留在帳篷裡。其他人只敢從上風處接近帳篷，提供食物。染病的孩童則以賤價賣給俄羅斯人。」[84]帕拉斯訪問的蒙古人住得離中國邊界很遠，但他們深知天花具有高度傳染性且極為致命。

漢人發現的人痘接種——一種預防接種的方法——對降低病毒攻擊的嚴重程度有極大幫助。康熙被立為皇太子，部分原因就是他的父親死於天花，而他幼年時曾出過天花。一六八七年，康熙皇帝開始對皇族施行正規預防接種，他的繼任者則將強制接種推廣至所有滿人幼童。[85]滿人採納這項中國醫療慣例，以便保護自身不受這大草原所未見之致命病毒傷害。唯有出過天花且倖存的滿人，才能被發派到蒙古大草原。住得較靠近滿人和中國邊界的蒙古人逐漸產生免疫力，但住得較遠的那些蒙古人則在十九世紀中國侵略行動增加時，蒙受慘重的人口損失。

疾病是滿人和準噶爾部衝突的重要轉捩點。滿洲人統治的第一個主要蒙古對手林丹汗（Ligdan Khan）死於天花。[86]一七四五年，當準噶爾大汗噶爾丹策零（Galdan Tseren）過世，隨後爆發的天花疫情導致準噶爾部動亂四起。有份報告指出，疫情奪走了三成的人口。[87]而在一七五〇年代，正當乾隆皇帝發動最後一次軍事行動之際，準噶爾盆地又爆發另一波疫情。在反抗滿洲統治的最後一次叛亂中，三十五歲的年輕台吉阿睦爾撒納染天花不治，打通了清軍全面征服新疆之路。在準噶爾部族消失後，魏源曾估計其約有四成人口死於天花——多過戰死沙場或逃往俄羅斯的人數。

蒙古人本身也試著盡可能避免與漢人接觸。他們顯然不曾學會人痘接種術，因此隔離是他們唯一的手段。噶爾丹策零在一七四〇年代與清廷談判互市時，憂心他的使者在通過中國領土時會染疾，於是要求使者避開西北城鎮哈密和肅州，直接去東科爾（Dongkeer）。藏人也想要避免行經中原內地：班禪喇嘛利用他對天花缺乏免疫力，當作不去北京覲見康熙皇帝的藉口。滿人往往試著配合蒙古人，以免他們為此喪命。康熙皇帝指出，住在京城的許多投誠蒙古人紛紛死於疾病。康熙皇帝對他們心生同情，因為「他們在都城水土不服」，而且他們「像囚鳥與困獸」。康熙提供他們帳篷，把他們安頓在城牆外的張家口和歸化。康熙出征時，蒙古孩童成群進到他在鄂爾多斯的軍營，他召來了一名專科醫生為他們做接種。[88]

因此，就特定病媒而言，歐亞定居政權的病原體，在十八世紀時襲擊中央歐亞，帶來破壞性衝擊。蒙古人面對天花的脆弱，正好證明他們與密集人口的細菌庫（germ pools）缺乏往來。由於蒙古人持續接觸滿人與中國人，因此他們也產生危機意識，但卻無法預防其發生。對比之下，滿人能夠針對疾病採取積極措施，擁有和中國人有更緊密的定期接觸、更豐富的醫療知識，以及更多的後天免疫力。滿人後來利用這些知識為歸降的蒙古人接種，同時讓抵抗他們的那些蒙古人遭疾病蹂躪。疾病的先天環境，對衝突的結果有顯著的影響。但病媒之所以能夠發揮作用，還是得透過人類的後天作為。

另一個引人注目的生態衝擊，是中國和俄羅斯定居農業對草場的入侵。在這裡，生態整合的結果更加模糊，既可看作依循著與疾病相反的週期，也可視為依循著類似的週期。從天花細菌的角度來看，牠們在十八世紀成功「殖民」新的人類和動物領土，當宿主最終適應並獲得免疫力，新殖民的速度跟著減緩下來——這也是典型的生長曲線（logistic curve）。從人類的角度來看，新疾病造成的嚴重人口銳減得要經過幾個世紀才開始緩慢恢復。類似邏輯，農業定居者引進的新作物相當成功，尤其是小麥和小米，大大擴張了耕墾面積，並把草場邊界向後推。小農耕種者從中獲益，人口隨之增加，放牧游牧民及其仰賴草場的牲口則遭到犧牲。但到了二十世紀，在生長曲線的末期，乾燥區域被過度墾殖，又沒有充分灌溉，使得沙漠重新回歸。剩下的草場仍然承受沉重壓力，但農業也已不再興盛。[89]

病媒傳播和農業擴散的差別在於，農業的成功總是需要大量外在補貼。在如此不利的大環境下，唯有國家更積極投入供水、種子、牲口和工具的發展才能成事。只消看一眼中央歐亞的農業發展，就已令人忍不住想到美國西部的墾殖。西經一百度的乾燥區域，絕不可能在沒有東邊政府強力補貼的情況下撐起墾殖。[90]

因此，我們可以把中央歐亞當作，另一個被歐洲生態系統入侵的偏僻險惡邊境。主要侵略始於十八世紀，不過頭號行動者是漢人，其次是俄羅斯人。那些僅聚焦在西歐和美國之文化、生態與政治帝國主義的分析，必須更加關注十八世紀，在全球各地同時推進其農業邊疆的其他擴張帝國。

簡言之，克里斯蒂安的俄羅斯分析也適用於滿人。兩者驚人相似。十六世紀晚期，俄羅斯人和滿人這兩支森林民族開始建立強大的國家，一路擴張並分割了北部大草原。在這兩個案例中，其人口弱勢必須仰賴組織與政治結構來彌補。相較於莫斯科大公國與滿洲人的腹地，西歐和滿洲以南的土地無疑更適合高密度農業墾殖。但莫斯科與滿洲仍然成功向外擴張。親族網絡使統治菁英團結一致，農奴制（或稱契約奴隸）則把農業生產者和軍事化國家綁在一起。「為了在困難重重的中央歐亞建立強大的農業國家，因此才採行了專制（autocracy）。」[91]兩個帝國都擁有比內陸游牧民更多的資源，兩者也分別位在西邊與南邊的定居農業文明的外圍。兩者都從農業生產者那裡提取資源，並利用這些資源支配大草原和農業區。兩者都有效地使用軍事貴族，聚集外圍可耕地的有限資源。借用巴菲爾德的用語，這種「滿洲解方」（Manchurian solution）在過去已由東亞的契丹人和大遼嘗試過兩次了，只是先前成效不如預期。[92]對於如何動員北方森林與田地資源以統治歐亞大陸，滿人和俄羅斯人找到了極為相似的答案。

第二章
明朝、莫斯科大公國和西伯利亞，一四〇〇至一六〇〇

本書的核心要角是滿清帝國、準噶爾蒙古汗國，以及俄羅斯帝國，他們都具有豐富的大草原經驗。儘管這三大帝國直到十七世紀才正面交鋒，但前一世紀的歷史已為日後的舞臺奠定基礎，並提供了它們從事地緣政治博弈的意識形態、物質和政治資源。本章簡要總結導致十七世紀衝突的來龍去脈，點出這些中央歐亞政權在主宰大草原時所面臨的重大問題。

所有敘事都是選擇的敘事。我首先簡短談論明朝與大草原衝突的時代背景，著重與後續分析相關的主題：軍需後勤（尤其是邊境貿易和買馬的相互關聯），攻防戰略決策，以及這些決定對國家結構和對漢蒙關係的影響。

明朝統治者承繼了早期漢族統治王朝面臨的邊防問題。明朝君主實行兩種不同的對應策略，但兩種策略都沒能維持太久，也都沒被清朝模仿。其一，明朝在十五世紀前半葉發動征討蒙古的侵略行動，最遠至鄂爾渾河、鄂嫩河（Onon，斡難河）和克魯倫河。然而，軍事行動卻以一四四九年土木堡之變也先汗（Esen）挾持英宗而難堪告終。其二，明朝統治者也在征戰的同時啟動後勤工作，為邊境駐軍取得充

分的馬匹供給。他們提倡由政府監管的茶馬互市。誠如王安石在宋朝推行的茶馬法，他們的目標是用中原的產品，交換唯一一樣漢人無法在國內生產的必須品：戰馬。但這套新制度也在一四四九年瓦解，因為軍事失利，以及破壞產茶區的生態壓力與商業壓力等內部因素。

明初的經驗顯示，清朝在向西擴張時不只將面臨同樣的問題，也可能具有同樣的優勢。對中國統治者的負面因素包括：大草原補給困難、無法信賴的蒙古盟友，以及大草原政治的持續動盪不穩。對中國人的有利之處則包括：大草原的物資匱乏使蒙古人對中國商品產生依賴、貿易關係對蒙古諸汗日趨升高的重要性，以及他們對取得中國認可其頭銜的興趣，因為這對持續發生的繼承鬥爭有幫助。蒙古人之間的分歧，是明朝統治者的最大助力。蒙古在十五世紀期間分裂為東、西二部（西部又稱Oirat，明之瓦剌，清之衛拉特），大草原因此一分為二。中國驅退邊境騷擾的能力，便仰賴精心挑撥蒙古各部之間的疑懼。

明朝和蒙古人

我們的故事從西元一四〇〇年左右說起，就在成吉思汗創立的蒙古帝國覆滅後不久。蒙古入侵者面對中國農民發起反蒙古統治的起義，未多加抵抗便逃之夭夭，於是元朝被推翻。曾經當過和尚的農民領袖朱元璋在一三六八年占領了北京，但選擇定都距離故鄉安徽省鳳陽縣（譯按：古稱濠州鍾離縣）比較近的南京。[1]

對中國與中亞來說，十五世紀早期都是關鍵的歷史轉捩點。一三九九年，燕王朱棣對他的侄子建文帝發動靖難之役。成功的軍事政變使他登上大位，是為明成祖永樂皇帝（一四〇三至一四二四年在位）。接著他就御駕親征，對蒙古發動一系列軍事行動。帖木兒在一四〇五年殂落，沒來得及展開以二十萬大軍為後盾的侵略行動，中國幸而逃過和中東一樣的命運。從此以後，中國不再面臨大一統草原帝國出現成吉思汗般野心勃勃的征服者的重大威脅。[2]中國在大草原上的競爭對手蒙古，也隨後分裂成彼此敵對的東部蒙古和西部蒙古。

對西部蒙古最早的記載，出現在波斯史家拉希德丁（Rashid ad-Din）對成吉思汗崛起的描述中，當時他們被稱為瓦剌（Oirats，亦稱斡亦剌惕〔Oyirad〕）。一二〇一年，他們在首領忽都合別乞（Khudukha-beki）的統治下，加入和鄰居乃蠻（Naiman）與蔑兒乞（Merkid）的軍事同盟，試圖對抗鐵木真（後來的成吉思汗）。瓦剌被稱為「林中百姓」（可能衍生自蒙古文的「森林」〔oi〕），住在靠近貝加爾湖的葉尼塞河上游。[3]他們主要從事打獵捕魚，而非放牧游牧。他們的北邊住著吉利吉斯族（Turkic Kirghiz，編按：即後世所謂吉爾吉斯族，此處取元代的翻譯名稱），南邊住著乃蠻。東有蒙古的蔑兒乞，西邊則是禿馬惕（Tumad）。瓦剌逐漸形成一種獨特群體，和周邊蒙古人操著不同的方言。在他們的部族裡，薩滿的政治權力尤其強大：別乞（薩滿）一詞顯示，他們的統治者忽都合別乞是主要祭司之一。[4]忽都合別乞曾試圖在一二〇一年的大戰中，運用薩滿力量召喚一場對鐵木真不利的風暴，但未能奏效：

> 斡亦剌惕的忽都合別乞〔和其他三個別乞〕……這四人〔率〕札木合（Jamugha）之兵作戰……正當兩軍短兵相接……偉大的薩滿裴祿汗（Buyirugh Khan，譯按：乃蠻的統治者，乃蠻國君專稱為太陽汗。buyiruq意為大君，是借用突厥、回鶻的汗號和官稱）以及忽都合開始召喚黑暗風暴。他們呼

風喚惡想讓我們看不見，但風暴倏忽轉向。他們的風暴沒有攻擊我軍，反而是讓他們自己人看不見了。他們的士兵掉進山邊溝壑，眼前一片漆黑，啼哭著：「天道背棄吾人！」然後他們的軍隊如鳥獸散……忽都合別乞逃回遠在失思吉思（Shisgis）的森林裡。[5]

忽都合逃回他的森林，但不久後便帶著四千戶追隨者向鐵木真投降。他在一二一七年協助成吉思汗之子朮赤（Jochi）出征，收服區域裡的其他林中百姓。忽都合因而被准予將其部族的女人嫁給成吉思汗的後代。[6]成吉思汗創造出削弱部落連結的萬戶（tümen）編制後，給了瓦剌和汪古（Ongguts）在萬戶制內維持部落隸屬關係的罕見特權。[7]

成吉思汗過世後，四位兒子掌管四大兀魯思（ulus，譯按：即封地）：拖雷（Tolui）管東南，窩闊台掌西南，察合台（Chagatai）盤踞西部，朮赤在西北。而瓦剌則因位於其交會處而占有重要的戰略地位。成吉思汗將征服領土四分，成為日後歐亞四大汗國的繼承基礎：大元、伊兒、欽察和察合台汗國。瓦剌支持阿里不哥（Arika Buga）在一二六〇至一二六四年對忽必烈的叛亂，其「瓦剌軍」（Waila）實際參與了攻打行動。[8]被忽必烈擊敗後，瓦剌從史籍消失了超過一個世紀。一三八八年，才以元朝最後一位皇帝、忽必烈嫡系的妥懽貼睦爾（Toghon Temur）的對手之姿再次出現。[9]一三九九年，一名瓦剌軍官殺死了蒙古大汗繼承者，此事件標記著東部蒙古大汗的獨立性衰退，以及瓦剌崛起支配蒙古大草原。

朱元璋雖然並未御駕親征，卻也曾發動九次軍事行動掃除中國內部的蒙古帝國殘餘勢力。朱元璋的四子就是未來的明成祖朱棣，他也參與了其中的兩次戰役。[10]朱棣是身經百戰的軍事將領，對大草原的情況相當熟悉，決心將蒙古勢力從西北徹底消除。他也深知如何對蒙古人挑撥離間對中國最有利。他在中國對抗建文帝及其擁護者的戰役期間，成功與蒙古人維持友好關係，以避免兩面作戰。他授予許多部落首領高級官階。一四〇七年，朱棣在東北蒙古人爆發饑荒時答應了他們以馬易糧的請求，開了首批邊境馬市，成為日後中國人和蒙古人之間的一項重要貿易聯繫。

蒙古人已連續陷入無政府狀態長達二十載。一四〇八年，東部蒙古的首領阿魯台（Arughtai）殺死了大汗，從別失八里召回成吉思汗的嫡系後代本雅失里（Bunyasiri），擔任東部蒙古人的新共主。握有實權的阿魯台不曾僭取大汗之名，而是以「大汗輔佐」（譯按：太師）的身分在幕後操縱國事。永樂帝起初嘗試安撫這些新首領，但他在一四〇九年和蒙古人決裂，因為大汗殺死了他派出的密使。永樂帝於是找上瓦剌，抵制正在崛起的東部蒙古勢力。他授予三名瓦剌首領中國頭銜，這三人當中最重要的是馬哈木（Mahmud）。馬哈木在永樂帝派丘福率十萬精兵攻打本雅失里時，也發動對本雅失里的攻勢。丘福輕率冒進，導致在克魯倫河遭蒙古人馬包圍。丘福被殺，中國軍隊覆滅。誓言復仇，永樂帝在他終於決定將京師北遷到北京的隔年，親自策畫了一次攻打本雅失里的大規模出征。

他為首度親征集結了至少十萬兵力（《明史》提到的五十萬應屬誇大），外加三萬運輸用的馬車，在一四一〇年三月五日從北京出師。軍隊從喀爾干（Kalgan，譯按：即張家口）西北方五十公里、臚朐河以北的興和出發。永樂帝在那兒舉辦了一場盛大閱兵，吸引瓦剌使者的注意，藉此確保他們維持中立。本雅失里想逃走，可是阿魯台不同意，於是兩位領袖分道揚鑣，各自當起不同部族的領袖，力量因此嚴重削弱。永樂帝先是攻打在東邊的本雅失里，追擊他到鄂嫩河，在那裡大敗了本雅失里的軍隊。落荒而逃的本雅失里，被瓦剌的馬哈木殺害。永樂帝接著東行，征討帶著殘兵敗將逃走的阿魯台。經過六個月的征戰，永樂終於在九月十五日凱旋回到北京。

詭計多端的阿魯台於是主動歸順並向明朝進貢，希冀永樂帝會立他為所有外夷的共主——蒙古台吉阿睦爾撒納也會在十八世紀中葉提出類似提議。永樂帝仍需要東部蒙古的支持，於是封阿魯台為和寧王，將他納為盟友。竄起的瓦剌馬哈木成為新的威脅，他推舉本雅失里之子德勒伯克（Delbek，漢文作答里巴）為新蒙古大汗，而且圍攻元朝舊都哈剌和林。一四一三年時，馬哈木擔憂中國和東部蒙古剛締結的同盟，遂派三萬精銳到克魯倫河，開始對中國發動攻擊。這波攻擊刺激永樂帝發起第二次親征。他在一四一四年四月六日離開北京，行軍至興和，循著同一條路線穿越大草原抵達克魯倫河。他繼續推進，和瓦剌在土拉河（Tula）上游交戰。中國人在這場戰役中有所革新，搬出大炮，讓蒙古人毫無招架之力。儘管永樂帝迫使馬哈木撤退，卻沒能逮住他。德勒伯克大汗和馬哈木死裡逃生，皇帝也在八月十五日班師回京。理當是永樂帝盟友的阿魯台，卻以生病為由推辭此次征討。

馬哈木兵敗求和。儘管永樂帝有所懷疑，雙方關係確實變得友好，不過接著阿魯台就在一四一六年發兵殺死了馬哈木與德勒伯克大汗。永樂帝讓馬哈木之子脫歡（Toghon）繼承父親的順寧王封號，然後試著使兩支蒙古部族和平共處。然而，蒙古政治持續搖擺不定，這很大程度上其實是中國刻意分而治之的結果。每當某個統治者勢力增強，中國就支持另一統治者，防止蒙古人團結一心，確保衝突不斷。即便如此，永樂帝取得了階段性成果。接下來六年，瓦剌不曾發動進一步攻擊。

但在永樂帝統治末年，又對同一批對手發動三次征討。如今阿魯台的勢力越來越強，開始劫掠起前往北京的旅行商隊，更在一四二二年闖進喀拉干北方的前哨堡壘興和。永樂這下備起至今最龐大的陣容，不顧重要官員敦請皇帝不要再次發兵的勸諫。就像之後清朝一樣，直言進諫官員和專擅獨行皇帝之間因為西北遠征的補給問題起了衝突。

諍臣忠言頗有見地。包括做了十六年戶部尚書的夏原吉，他「以能知帝國內任一地握有多少財糧為人稱道」；以及工部尚書吳中、兵部尚書方賓。他們主張帝國無法如此大規模供應補給。當方賓以死諫展示決心，盛怒的永樂帝不僅關押夏原吉與吳中，還抄了夏原吉的家。一四二四年永樂帝駕崩，受酷刑折磨的兩人被繼任皇帝從獄中釋放。夏原吉贏得剛正不阿的儒士之美名，雖然他最大的才華是當個能幹但了無新意的公吏（有點像中華人民共和國的陳雲）。值得一提的是，夏原吉也批評鄭和寶船的勞費無止，是廢止下西洋行動的主使。[11]

第三次出兵的供給包括三十四萬頭驢，十一萬七千五百七十三輛車，二十三萬五千一百四十六名士兵，以及三十七萬石糧食。除此之外，山東、河南和陝西提供了二十萬頭驢給官兵，對這些省分而言必定是極大的負擔。一四二二年四月十二日，永樂帝從北京御駕親征，揮軍庫倫（Kulun）。阿魯台敗逃時，中國人以大草原的傳統風格將他的營地搜刮一空。惱火的永樂帝於是將怒氣出在與阿魯台無關的三個烏梁海（Urianghai）蒙古部落身上，對他們無情地大肆劫掠。在這次不光彩的搶劫遠征後，他於九月二十三日班師回朝。最後兩次出兵大抵重複這個令人沮喪的模式，追討阿魯台徒勞未果，然後軍需供給短缺，於是強搶征途沿線的蒙古人。永樂帝在人生最後一場軍事行動中被迫半途折返，因時序即將入冬。一四二四年八月十二日，他在回朝途中崩殂。

永樂帝是明朝最後一位驍勇尚武的皇帝。後來的清朝皇帝以不甚尋常的方式重複他的經歷：發動類似的征戰，而且覆蓋更遙遠的距離。他每次都面臨嚴重的軍需供給短缺。儘管他贏得了幾次決定性戰役，敵人卻總是能脫逃再戰。事實證明蒙古盟友並不可靠，一如既往，即便歸降納貢後，還是很可能會發動突襲與掠奪。明朝歷任統治者使東、西二部蒙古勢同水火，預防了來自統一蒙古聯盟的威脅（儘管機率不高）。大規模軍事行動的開支，比他們本該阻止的間歇性劫掠還要昂貴。這些行動似乎展現更多個人復仇式的渴望，勝過出於戰略必要的理性計算。明朝人尚未發現能透過貿易來控制蒙古人。反對這些軍事行動鉅額花費的官員，儘管遠見卓識，卻在朝廷遭受嚴厲譴責。永樂帝以侵略性戰略應對邊防問題，結果甚至連短期的成效都沒有。

即便如此，永樂帝的經驗留給後繼的清朝許多重要教訓。永樂帝酷愛征戰於草原。他在征旅記載《北征錄》（類似後來康熙的家書）裡面，主張親身體驗草原頗令人振奮：「讀書者但紙上見，未若爾等今日親見之。」[12]永樂帝未能活捉阿魯台，凸顯從中國出發的單一軍隊無法追捕作戰編制靈活迅捷的蒙古人。相較之下，康熙採納了多路並進的蒙古戰術。永樂帝留給清朝的最重要遺產，就是將帝國目標放在北方和西北。自一四〇七到一四二一年，他在北京建造中國的新都城，此後迄立至今。[13]他的繼任者重修大運河以供應北京物資，財政與農業政策也著重在維持駐在華北的大型政治中樞，遠離最具農業生產力的南方。

對蒙古人而言，這是個局勢不穩的時期。沒有任何領袖能和元朝皇帝或帖木兒的聲望媲美。沒有任何蒙古部落有志於統治整個大草原。中國僅是蒙古突襲劫掠的對象，不是真正的征服目標。唯一受大肆蹂躪的中國領土是邊界前哨基地。蒙古統一需要成吉思汗世系的領袖才能服眾；因此阿魯台擁立成吉思汗的後代，然後在幕後操縱。但大汗們始終軟弱，無法團結所有蒙古人。

永樂帝死後，瓦剌成了蠢蠢欲動的一方。在新領袖脫歡殺了兩名敵對首領之後，瓦剌重歸一統，擁戴脫脫不花（Toghto-buqa）為大汗，並在一四三一年擊敗阿魯台，一四三四年將其殺害。但蒙古人的偉大新領袖是脫歡之子也先，他將領導瓦剌宰制自帖木兒以降幅員最廣的大草原。明宣宗宣德年間（一四二六至一四三五年）北疆國界太平無事，但隨著也先的崛起，八歲便即位登基的明英宗*

*編註：原文為正統帝。因其年號不只「正統」一個，此處以較為後人所知的廟號明英宗稱之。

（一四三六至一四四九年在位）面臨嚴峻挑戰。[14]

也先在一四四三年繼承父親的太師頭銜，成為大汗的軍事輔佐。他很快使成吉思汗世系的大汗脫脫不花黯然失色，脫脫不花比較傾向維繫與中國的和平。也先最初從哈密國王（編按：即卜答失里）著手，哈密國王是向來效忠中國的蒙古人。但在也先反覆的襲擊與威脅之下，加上來自中國的支持不足，他被迫在一四四八年歸順。也先隨後拿下甘肅，在那裡宣佈成立自己的地方政府。逃離甘肅的蒙古人向中國皇帝求援，卻是音信全無。也先確保後方安全無虞後，這下便可準備大舉進攻中國。他在中國東北邊境掠奪烏梁海蒙古人，迫使他們屈服。同時，他利用對中國朝貢累積經濟資源。一四四〇年代，進貢特使規模擴增至兩千多人，一四四八年甚至一度增加到三千人，儘管中國人抱怨餵養這麼多人所費不貲。當中國人拒絕朝貢使團增加人數，並控訴蒙古特使在前往北京途中的掠奪行為，這就成了也先進犯的藉口（也先其實也可合理主張在京師貿易時受到中國商人欺騙）。儘管接獲也先圖謀進犯的警告，明廷幾乎沒做準備。小皇帝徹底受宦官王振的控制。王振沒有任何軍事經驗，對個人財富的興趣勝過帝國安危。當也先終於採取行動，揮軍山西的長城重鎮大同，王振說服明英宗率五—萬大軍親征，抗擊也先。一些批判王振的資料聲稱，王振堅持皇帝親自出馬，只是為了確保皇帝會經過王振在山西的故鄉。[15]

情勢終於演變成一四四九年「荒唐的」土木堡之變。「昏庸無能的」明英宗讓自己被也先俘虜。儘管許多能幹的官員們不斷警告，缺乏足夠物資將有受困大草原的危險，明朝大軍幾乎是一出北京城就開始短缺補給。軍事將領的宦官顧問，阻止了在行軍至大同期間的充分準備。蒙古人在明軍抵達大同之際撤退，等待發動伏擊的機會。王振來到大同後才看出危險，決定班師回朝。在回途中，也先以傳統游牧戰術，首先消滅中國的後衛。飢腸轆轆的中國部隊在土木堡就地宿營。王振因為裝載個人行李的輜重車還未抵達，拒絕推進到就在附近的懷來城。於是皇帝和他飢疲交加的部隊在土木堡被包圍俘虜，王振和一干宦官則遇害。

也先未能把握此意外勝利之勢拿下北京，而是先向大同的駐軍指揮官勒索了兩萬兩，然後帶著皇帝返回大草原。此舉令人懷疑也先是否真有意重建成吉思汗的帝國，或是否真的想要征服中國。當他在兩個月後回頭圍攻北京，在英宗被俘期間攝政的戶部尚書（finance minister，譯按：史料說他是兵部尚書）于謙，已將英宗胞弟（譯按：代宗，朱祁鈺，年號景泰）推上寶座，並組織了一次頑強的抵抗。也先很快就放棄圍城，回到大草原，一年後將英宗歸還。代宗派出兩個使團，但兩個使團皆未收到任何帶英宗返國的指示，顯示新皇帝不是太急著讓胞兄回來。[16]被俘的明英宗渴望回國，保證絕不會尋求復辟。也先本人則急著將這位鼎鼎大名的俘虜脫手，因為如今他對也先已毫無用處可言。英宗（譯按：在代宗即位後，被遙尊為太上皇）回國後遭軟禁，直到一四五七年其支持者策動政變殺死了在位的代宗，才二次登基，年號天順（一四五七至一四六四年）。英宗回國後，也先的勢力短暫達到高峰，再次於一四五一年在吐魯番附近制服了東部蒙古和脫脫不花大汗。一四五二年，脫脫不花被殺。瓦剌帝國勢力在權力巔峰之際，從東邊的烏梁海和女真延伸到西邊的哈密。但也先卻犯下致命錯誤，在一四五三年自立為汗。儘管受到中國皇帝承認，蒙古人仍然只接受來自成吉思汗合法後裔的領導。麾下指揮官的叛亂迫使也先逃亡，直到一四五五年被殺。

也先與明朝的衝突很容易被錯誤解讀。牟復禮（Frederick Mote）認為，蒙古人記得他們在元朝期間的統一，而且在也先的領導下已形成新的自我意識：自視為一個「蒙古國」，也先據此訴諸所有蒙古人重建成吉思汗的帝國。[17]這個詮釋證據不足，多有不合理之處：哈密和烏梁海的蒙古首領是在武力威脅之下才百般不願地向也先投降，而且一有機會便恢復和中國人的同盟。也先可能根本不曾有征服中國的明確意圖，畢竟他沒在俘獲英宗後就立即揮師北京。相反的，他從事典型的突襲與勒索，還在發現英宗沒有利用價值後就很快將這名俘虜歸還。

也先和楊善（第二位被派去接被囚禁的英宗的特使）的對話，是大草原統治者和中國代表之間少數的直接對話之一，頗能顯露游牧統治者對中國的態度。然而，這個對話是中國單方面的記載（我們將在後文中檢視西部蒙古領袖和俄羅斯特使在十八世紀的類似談話，俄羅斯方面的記載給人的印象就與此不同）。當楊善指控也先「背盟見攻」，也先回：「奈何削我馬價，予帛多剪裂，前後使人往多不歸……」楊善責怪是也先提供的馬匹過多才導致價格降低，並稱「帛剪裂者，通事為之」。楊善指出也先的三、四千名使團中，很多「有為盜或犯他法」而不敢歸鄉。楊善警告也先，倘若再度進犯就會導致重大死傷，若他重啟互市則將獲得豐厚利潤：「今還上皇，和好如故，中國金幣日至，兩國俱樂，不亦美乎？」[18]楊善手上只有一手爛牌，畢竟明朝軍力孱弱，而且朝廷根本沒給他帶任何值錢的禮物。但也先最後仍返還太上皇，以換取明朝恢復絲綢與馬匹貿易。

中國在此一時期的政策失當，揭櫫了成功的必備條件。對「未開化的」游牧民的傲慢，對軍事後勤的疏忽怠慢，在管理與蒙古人外交聯盟上的笨拙，以及宦官把持朝貢貿易以謀利等，全都加倍促成了也先的崛起。然而，蒙古人對貿易的渴望，讓他們最終願意維持和平。日後清朝將更能有效結合貿易、外交和軍事上的壓力。

土木堡之變後，明朝統治者不再遠征塞外大草原。他們發現自己在各方面都處於守勢，不斷抵禦許多自治蒙古部落首領三番兩次的攻擊。一四五〇至一五四〇年期間，中國全面採取修築長城的防禦戰略，卻徒勞無功。即便蒙古人之間沒有任何大一統的領袖，明朝邊防將領戍邊的能力每況愈下。由於已有林霨鑽研這一時期的長城的傑出研究，在此我只想強調邊境軍事供給和游牧外交與貿易的問題。這些問題的重要性在林霨的描述中有點被小看了。[19]

林霨將明朝戰略分成三個時期：第一時期從一三六八至一四四九年，是沒有任何重大築牆活動的開放邊境時代；第二時期為一四四九至一五四〇年，是戰略上由攻轉守、猶疑轉變的爭議時代，也是主要長城據點防禦的起點；第三時期從一五四〇年至明朝覆滅，特色為加強大型堡壘的駐軍，以及完整長城建築體的竣工。

一四五五年也先過世後，瓦剌的勢力退到鄂爾渾河，但持續騷擾中國西北邊界。如今東部蒙古在孛來（Bolai）的領導下日漸壯大。孛來攻打並掠奪陝西和甘肅。一四六一年，李文將軍（譯按：陝西行都指揮使司）因升官不成懷恨在心，拒絕動員部隊，導致中國人遭敵軍大敗。[20]中國人打算建立和蒙古的朝貢貿易來換取和平，使蒙古人得以選擇想走的路線並沿路打劫。監察御史陳選就邊境指揮官的懈怠、軍需供給短缺，以及士兵遭欺凌等事，發表了令人震驚的報告，但他堅持大規模更換指揮官的建議被置之不理。[21]

更可怕的是，蒙古人在一四七〇年代開始移動到鄂爾多斯的肥沃大草原，進到黃河河套地區。河套地區是中國人控制的戰略突出部。關於鄂爾多斯防務的爭論直到十五世紀末都未曾稍歇。[22]當時最善戰的軍事指揮官王越意識到，戍守鄂爾多斯需要一支十五萬的軍隊，但在大草原供應規模如此龐大的軍隊難如登天。中國人被迫將前哨南撤，默許失去鄂爾多斯，任憑蒙古人利用此區域作為突襲南方和西方的基地。余子俊在一四七一和一四七二年兩度提議修築大型防禦工事，並在獲得王越支持與力排眾議後，於一四七四年開始執行計畫。他修築的城牆從陝西東北延伸到寧夏西北，全長六百英里，役軍四萬人，花費百萬兩。城牆也提供軍隊屯田庇護，軍屯每年能產出六萬蒲式耳（編按：約兩萬餘石）的糧食。長城在一四八二年發揮功效，幫助駐守城牆的士兵成功抵禦一波猛烈的蒙古攻勢。這個計畫使中國首度認真投入連結經濟復興與防禦戰略。相較於積極地「殲滅行動」（剿），王越支持「恢復百姓生計」（少蘇民勞）。[23]王越在一四七三年於紅鹽池（Red Salt Lake）大敗蒙古人，是睽違半世紀的捷報，但並沒有促使明朝勢力朝大草原推進，而是替余子俊爭取了將城牆蓋完的時間。王越是明朝最後一位能在西北邊疆有效供給軍需和動員軍隊的大將。許多人錯誤地認為，補給短缺和邊防將領貪腐的嚴重問題，是在一四九九年王越過世後才開始的。

只要東部蒙古和西部蒙古持續分裂，中國某種程度上仍受保護。但在一四八三年，巴圖蒙克（Batu Möngke，達延汗〔Dayan Khan〕）再度統一蒙古各部。他每年都對遼東、甘肅、大同、宣化和延綏發動突襲。敏捷的蒙古小隊將無能的中國軍官徹底打垮，但後者卻傳假捷報回朝。王鏊在一五〇一年某次朝議上稟報邊境的危局，指揮將領間爭持不下，沒人膽敢直接迎戰游牧民，官員怠惰，部隊怯戰。[24]一五一三年，巴圖蒙克開始在宣化和大同地區興建防禦軍營，然後由此發動越來越具威脅性的襲擊，規模最大時達一

俄羅斯遣使團經過長城。

萬五千名騎兵，而且越來越逼近北京。[25]在此同時，內部繼承鬥爭正逐漸撕裂哈密國。哈密是中國在對抗西部大草原時的有利緩衝。吐魯番在一五一三年征服了哈密。一五一七年巴圖蒙克朝北京推進，蒙古勢力臻於頂峰。儘管中國人在某次大戰中將他擊敗，他對明代都城的威脅持續直到一五二六年。

在十六世紀初期，收復鄂爾多斯的議題（譯按：明史紀事本末稱「議復河套」）仍主宰著明朝的軍事討論。態度強硬的官員認為，和殘暴不仁的蒙古人進行貿易或談判實屬荒唐。他們再三不切實際地倡議將游牧民趕出河套一帶。主和派的確冷靜衡量了大型軍事行動與貿易之間的優劣，但此時仍無人能積極提倡與蒙古人的貿易。修築城牆儼然是退而求其次的最佳政策，兩方儘管都不贊同，但也勉可接受。此時經濟發展和邊境防禦之間的連結變得越來越明顯。一四八七年，丘濬出版廣受好評的治國方書《大學衍義補》，當中有一章就在談鄂爾多斯問題，強調同時強化防禦與地方經濟的重要性。一五四〇年代，大力鼓吹收復鄂爾多斯和修築城牆的曾銑，以丘濬的文章為依據，主張經濟發展和軍事防禦之間實乃相互關聯。他首先在大運河周邊的臨清蓋城牆，然後是在西北。[26]

越來越脫離現實的宮廷政治削弱了明朝邊防。明武宗（一五〇六至一五二一年間在位）據稱喜好兵戎之事，經常穿蒙古服裝。他喜歡出巡邊疆，在邊疆修築一座宮殿，曾在一五一七年擊退蒙古突襲隊伍，不過未能發展出連貫的長期戰略。[27]在某種程度上，他的行為耐人尋味地令人想到日後的乾隆皇帝。他納了一名回鶻的妾，還不顧朝臣抗議耗費鉅資南巡，而且喜歡宣傳自己是勇武善戰的形象。事實上，他不曾提出認真的戰略規畫。相較之下，乾隆身邊多有能幹的輔政大臣，以及精力旺盛的滿蒙漢指揮官，因此比這位明朝前輩有更多本錢恣意忘為。

一五〇六年，楊一清開始加強邊境沿線的防禦工事，但宦官干政導致計畫實行了僅十三英里便受阻。[28]明世宗嘉靖年間（一五二二至一五六七年），朝內黨爭更劇，對蒙古人的輕蔑益深。例如官員下令文書中指「蠻夷」的夷字要寫得越小越好。一五五一年，皇帝敕令禁止一切與蒙古人的貿易，違者處死。然而，一五四〇年代針對鄂爾多斯的第二次重大辯論，成了邊疆政策的重要轉捩點。

巴圖蒙克之孫俺答汗（Altan Khan, 1507-1582）於十六世紀中葉開始掌權，成為下一個掠奪明帝國的蒙古領袖。他從未統一所有蒙古部落，但卻率領陝西和山西以北由他控制的十二支萬戶，沿邊界發動攻擊，然後要求開放朝貢貿易——這個要求幾乎總是被中國人拒絕。這個「要求，拒絕，洗劫」的反覆循環持續了四十載，直到一五七〇年。[29]明廷再次掀起一波關於防禦戰略的辯論。翁萬達建議在宣府和大同修築邊牆，擋住往來最便利的地點，並修建永久性的瞭望台。明世宗給了他六十萬兩用來修復防禦工事，以及幫助恢復地方經濟，但皇帝拒絕翁萬達提出讓俺答汗派遣貢使的建議。曾銑在一五四七至四八年上奏鉅細靡遺的報告，主張採取攻勢將蒙古人趕出鄂爾多斯，但翁萬達卻指出要在沙漠—大草原環境維持必要的龐大輜重車隊是不可能的事。

曾銑建議以三十萬大軍出擊，兵分陸路與水路並攜帶火槍，估計花費約為二百萬石糧食，以及三千銀兩。曾銑粗估的總花費超過三十萬兩，不過實際花費遠不止如此，而是高達一百三十萬兩。若包括運輸成本在內，林霨估計總花費可能飆至三百七十五萬兩。[30]兵部擔心財務困窘，呼籲當務之急應是重建邊疆經濟。曾銑卻還是展開備戰，強徵勞役，並徵用百姓的鍋具和農具熔鑄成武器，引發當地民怨。

明世宗身邊的要臣分成兩派，翁萬達與曾銑各有支持者，不過宦官都反對曾銑。一五四七年，皇帝下令斬決曾銑，形同永久拒絕收復河套的提議。[31]曾銑與夏言後來贏得愛國忠臣的美名，儘管他們的復套計畫一點也不務實。蒙古接著展開進一步突襲，儒弱的邊境指揮官認為直接向蒙古人投降並用錢財收買他們，會比抵抗更好。如今蒙古人獲得許多中國人的支持，其中包括逃兵、罪犯、難民，以及鄂爾多斯一帶的農業移民。中國籍軍事顧問向蒙古人指出明朝防禦線的弱點，以及發動攻擊的最佳地點。在這些人的影響下，俺答汗漸漸過起更偏向定居的生活，並開始造新城庫庫和屯（Köke Khota），或稱歸化（今呼和浩特）。[32]中國人譴責替蒙古效勞的叛國者，通令他們的項上人頭，但還是拒絕與蒙古人貿易。一五五一年重開馬市的嘗試，不多久就因蒙古突襲告吹。接著皇帝禁止一切與蒙古人的貿易，違者處死。

直到下一任皇帝穆宗統治期間（年號隆慶，一五六七至一五七二年），明朝才藉著一個絕妙的邊疆政策展開邊境的和談。成功政策背後的靈魂人物是陝西總督王崇古，他意識到和蒙古議和的一切要素都已到位，並獲得首輔張居正的支持。張居正熱衷邊疆事務，是明朝名聲最響亮的高階官員。[33]俺答汗想要和平的貿易關係，他只在朝貢被拒絕的情況下才發動劫掠。明朝已強化城牆，而且需要蒙古人的馬匹來維持駐軍的移動能力。中國人想討回他們的逃兵，蒙古人則願意用一定代價將他們交出。一五七〇年，議和的機會出現，俺答汗的一個孫子和首領意見不合，投奔中國人。王崇古建議接受其歸順，然後拿他交換中國的逃兵，並承諾只要俺答汗發誓不再擾邊，就和蒙古重開互市。

王崇古的報告成了日後清朝政策的雛形。他建議給特定蒙古部落首領榮譽封號及官位，管制朝貢使團進貢的時間與規模，每年至多一百五十人，然後限制邊疆馬市只能有八百名游牧民人馬，由五百人的明朝部隊監管。[34]朝廷經過一番激辯，穆宗和張居正強壓下彈劾王崇古的聲浪，接受了開啟邊疆馬市的新政策，並撤銷一五五一年以來的貿易禁令。俺答汗獲封順義王，另有其他三十六名部落首領受封頭銜。貿易被嚴格限制僅在固定日期舉辦，而且僅局限在邊境，不像其他的朝貢代表團能進入京城。商人聚集到邊境，販賣絲綢、毛皮、糧食和鍋釜給蒙古人。國家徵收商稅，並用歲入向游牧民以高價買入劣馬。

十六世紀晚期，喇嘛教在蒙古的影響力開始增加。自十三世紀以後，蒙古和藏傳佛教直到一五六六年才再次接觸。蒙古鄂爾多斯部的庫圖克台徹辰洪台吉（Khutukhtai Secen Hongtaiji, 1540-1586，譯按：明朝稱切盡黃台吉）在該年進兵吐蕃，表示願以提供保護，交換藏人臣服。徹辰洪台吉皈依佛教，並帶走了超過十萬名蒙藏漢族的皈依者。一五七六年，他建議俺答汗利用宗教鞏固自己在蒙古人之間的地位。[35]

隆慶議和後，王崇古敦促穆宗在蒙古部族間弘揚佛教，蒙古眾台吉也聘請中國工匠在蒙古高原和庫庫淖爾（Kokonor）興建佛寺。蒙古人同意把馬和駱駝捐給佛教寺院，而不是犧牲牠們來祭祖。俺答汗邀請拉薩格魯派（Gelugpa）的索南嘉措（Sodnam Gyamtsho），到庫庫淖爾修建的第一座寺廟與他會面。一五七八年，俺答汗賜給他「達賴喇嘛」的尊號，達賴喇嘛則宣稱俺答汗為忽必烈汗轉世。一五八六年，俺答汗之孫（譯按：第四世達賴喇嘛雲丹嘉措）成了第一位出任達賴喇嘛的蒙古人。

許多學者主張俺答汗的邀請，是藏傳佛教進蒙古的起點，不過司律思（Henry Serruys）已證明「所有事實都指出，蒙古南部的喇嘛傳統可以往前追溯到明初的蒙古喇嘛教，甚至可上溯至元末」。早在數世紀以前，蒙古人就開始持續與藏傳佛教機構密切聯繫，但十六世紀的情況「擴大並鞏固了未曾完全從蒙古消失，只是在等待合適機會重振的某些東西」。[36]日後清朝將嘗試切斷蒙古和西藏的聯繫，讓蒙古人專注在以北京為中心的佛教。

十六世紀晚期也是明朝修築邊界城牆的全盛期。九邊軍鎮體系的編制趨於完備周密，既有的城牆也透過磚塊和石頭強化。城牆與城牆由瞭望塔連結在一起，全都耗費大量銀兩。大部分今日所見的長城都是十六世紀的成果。從控制貿易和朝貢，護持佛教，授予頭銜，加強防禦，到投資地方經濟，這些全都成了清朝戰略政策的關鍵。

蒙古人正好相反，展現了分裂的衰退跡象。分裂中斷了他們團結對抗明朝的努力。俺答汗不未統一全蒙古。即便在俺答汗歸順之後，東北邊境各部族仍拒絕與中國和平共處，因此不同於西北的情況。即便是西北的蒙古人，也僅短暫追隨俺答汗的領導。誠如波科第洛夫（Dmitrii Pokotilov）所言：「他們只在共同利益和快速掠奪的機會存在時才願意合作，一旦得為某個台吉的利益調停，而且可能遭遇強烈抵抗，一切團結立即瓦解，甚至六親不認。」[37]直到十六世紀末葉，明朝才終於成功利用了蒙古部族間的這些分歧。如前所述，這種分而治之的戰略成為清朝政策的基石，維持西北邊境的和平直至王朝結束。明朝面對的新威脅來自中國西北和其他地區的國內社會動盪，以及東北地區崛起中的滿人國家。

於是，明朝戰略從不成功的大草原軍事入侵，轉變為昂貴的防禦邊牆和駐軍，輔以接受（偽裝成朝貢的）和部落的有限貿易。以貿易手段消除劫掠威脅的代價最低，成效也最佳。札奇斯欽主張，中國人對游牧民對貿易需求的誤解，是他們和大草原維繫和平的唯一阻礙。在他看來，一旦皇帝接受定期的貿易關係，他們幾乎不會面對軍事威脅：

> 兩千年來，貿易是中國北境游牧民與中國百姓戰和的主要決定因素。游牧民仰賴農耕中國人生產的幾項重要產品，特別是穀物和布料。當他們得以透過貿易、贈與和官方聯姻安排等途徑，和平地取得這些商品，中國邊境沿線就能維持局勢穩定，不過一旦他們獲取這些必需品的暢通管道受阻，戰爭幾乎是無可避免。[38]

然而，貿易關係本身並不一定會削弱游牧建國者的力量。挑戰中國勢力者只要雄才大略，便可利用貿易特權累積其國家資源。這是滿人國家創建者努爾哈赤早年採用的策略。為了減低威脅，中國王朝必須一邊維持和平互市，一邊努力確保大草原部落依然分裂。這意謂著蒐集情報，在游牧部落間爭取盟友，以制衡任何崛起勢力。當中國統治者能利用蒙古人「致命的個體主義」，使他們積弱不振，防禦成本就能顯著降低，因為游牧民會把心力從向外叩邊轉移到內部互鬥。明朝在十六世紀晚期對蒙古高原採行此策略，收到部分成效，不過卻忽略了東北地區滿洲勢力日益強大的重要性。

我已從明朝認識到與邊境游牧民從事貿易之價值的角度，描述了明朝策略從軍事進攻到兼行貿易與防禦的演變。然而，邊境貿易對明朝就和對游牧民同樣重要。像明朝這樣沒有控制大草原的漢人王朝，面臨和歷代漢人王朝一樣的問題：沒有能力在境內生產足夠的軍事用馬。即便在防禦戰事中，中國本土馬對抗蒙古人頑強敏捷的矮種馬仍力有未逮。利瑪竇（Matteo Ricci）在十六世紀晚期指出，多數中國軍隊的馬「體質不佳，欠缺鬥志，就連韃靼駿馬的嘶鳴聲也能讓牠們潰逃，因此牠們在戰鬥中根本是無用之物」。[39]明太祖深知這個問題，設立了兩個組織負責飼育作戰用馬：兵部的苑馬寺與太僕寺。然而，國內極度缺乏牧草地。華北的「馬戶」本該提供馬給北京的太僕寺，但到十五世紀末時政府已不得不准許他們購買替代品。幾乎所有的替代品都是向私商取得的「西馬」，這些馬是私商從西北邊境市集購買的。商人向馬戶收取高價，然後給他們幾乎無法作戰的馬匹。[40]於是，在關內供應馬匹的嘗試再次失敗。

與游牧民互市獲得馬匹就成了唯一的選擇。這需要兩個基本條件：一、漢人必須生產游牧民想要的產品。二、必須找到有游牧民願意提供作戰時可對抗其他游牧民的馬匹。外交和貿易必須雙管齊下。從一三九三到一四四九年這將近半個世紀的時間裡，「金牌信符」似乎提供瞭解決之道。中國官員認為游牧民對茶葉有迫切的需求。某位官員表示：「番人須茶最急，一日無茶則病且死。」[41]這份不實幻想，支持了大規模運茶到邊境的政策。明朝堅信能利用茶葉供給控制游牧民的攻擊。每隔三年，四川都會將一百萬斤的茶葉運到邊境的河州、洮州、西寧（均位於今日的甘肅與青海）等三大指定「茶馬市」，向獲特許的游牧民交換一萬四千匹馬。[42]河州的茶馬市規模最大。此一制度的成功，取決於中國政府對茶葉購買與茶葉市場交易的獨佔，以及指定良好游牧馬商的能力。只有少數部落首領能分得夢寐以求的四十一張金牌之一，金牌授予他們和朝廷代表互市的權力。明朝還嘗試固定馬價，最初訂在每匹馬換三十到四十斤的茶，但後來改成依據品質優劣，價格範圍從五十到一百二十斤都有。

金牌信符的壟斷制度，起初巨幅提升了茶葉生產及馬匹供給，但四川實在太過遙遠，運輸成本過高，導致茶馬市的成功難以長久為繼。明朝在一三九七年以五十萬斤的茶，換得了一萬三千五百一十八匹馬。四川的茶葉配額漲至每三年一百萬斤。但到了一四四四年時，配額已降低至四十二萬斤，直到配額制度在一四五〇年代廢止。四川茶園的重要性，隨著陝西南部的漢中府成為更有競爭力的產地而衰退。四川的產量過去曾是漢中的三倍，但漢中鄰近邊疆的地理位置使它獲得青睞，加上明廷在該區安置難民之舉，也促進了整地種茶。

儘管永樂帝的親征頗有收穫，因為茶葉專賣制度為他提供了必要的後勤支持，但隨著征戰持續進行，這一後勤需求也不斷增加。明朝軍隊的馬匹總數，從一四一五年的三十一萬零六百一十七匹，增加到一四二二年的一百二十萬匹。戰役結束時，游牧民馬商握有的金牌已因戰亂而四散佚失。一四五〇年陝西鬧饑荒，地方官不得不以茶易穀。軍事將領忙著抵禦也先的攻擊而無暇運茶，於是他們向戶部拿了一萬兩買馬。

然而，來自西部蒙古的外患，只是茶馬制度失敗的其中一項原因。來自私商的內部挑戰也同樣嚴重。明朝統治者自建國以降，受到農業自給自足的意識形態驅使，嘗試消除許多商品的私人貿易。私茶尤其具有威脅性，因為商人可能會與未經授權的馬商建立聯繫，提高低於市場價格的官方茶馬交換比例。但鑑於官方貿易的不足，永樂帝不得不倚重私商，並出高價購買馬匹（八萬斤茶才換七十匹馬）。一四五〇年後，當官員將注意力從四川轉移到陝西，終於被迫承認私人貿易的用處。他們還把茶稅從實物徵收改成貨幣徵收。十五世紀時，明朝開發出新的商人承包制度「開中法」，起初用在鹽業專賣，目的是為邊境駐軍提供糧食供給。國家給鹽商專賣許可證，以交換鹽商運輸指定數量的糧食到西北邊塞。[43]明朝在一五〇五年為回應陝西連年饑荒，以及對馬匹的需求，啟用了類似的茶商承包制度（開中茶）。為饑荒救濟供糧的商人獲得茶葉貿易的許可證，他們可以用茶在邊境換馬。他們有義務提供國家固定數量的馬匹，而且在這些管道之外的貿易是被禁止的。

此舉大幅刺激了漢中的茶葉生產，並促進遠至湖南和廣東的茶葉貿易。商人的利潤驟增：一五〇一年時，陝西已取得了九百萬斤的茶。不過，官員很快發現他們收到的馬匹數量很少，而且大都是極劣等的馬。明朝政府在一五〇三年的茶馬貿易占有三十三％份額；它付了五十萬至六十萬斤的茶葉，但僅取得一萬匹馬。廢止私有市場的聲浪再起。

負責西北馬政的楊一清詳盡分析了危急情況，建議從根本改革。[44]他提出另 個制度，名為「官商對分」。他看出茶生產在私商刺激下已迅速成長，但政府僅收到十至二〇％的總產量。私人茶商使固定的官方馬價水漲船高，但卻提供最差的馬匹濫竽充數。楊一清原則上想重振政府的獨占金牌信符制度，但他知道明令禁止私人貿易只會讓茶園工人失去生計，耗盡送往邊市的供給，更無法舒緩馬荒。為復甦茶馬互市並確保政府分得利潤，需要讓官員與商人都有誘因。他在一五〇五年提出並執行「招商買運」。*獲選商人受邀從總數五十萬至六十萬斤的茶葉中，每人認購至多一萬斤，然後以每斤五十兩

（二十五兩為生產成本，二十五兩為運輸成本）的價格，賣三十三％的茶給邊防駐屯。他們可以保留半數茶葉，做私人貿易用途。不同於先前的開中茶，新制度使政府得以控制與游牧民的茶馬互市，從固定價格中獲利，而非法走私則受到嚴格禁止。

任何熟悉過去二十年中國經濟改革開放進程的人，都會在此看到驚人的相似之處。十六世紀是中國改革開放運動的先聲：國家不可能完全放棄對戰略貿易的壟斷，但認識到提供誘因給商人和產茶者的重要性。用現代社會主義政府的話來說，國家會緊抓那些與安全需求緊密相連的經濟「制高點」（towering heights），同時促進較不具戰略性商品的私人貿易。然而，明朝這項改革的成效並不比先前幾次更好。邊境官員囤積了大量茶葉，卻苦無馬匹可買，因為商人持續從事私營的茶馬互市，把市場上所有的好馬都買光了。一五三二年，三大茶馬市共握有八十七萬斤的茶，卻無馬可買。到了十六世紀中葉，明官員試圖將商人承包的茶限制在五十萬至六十萬斤，並將合作商人的數量限制在一百五十人。時至一五八六年，漢中茶稅已經徹底改用銀兩折算。商人買下全數的地方茶葉供給，讓茶葉順漢江流至湖北北部的襄陽，彼時襄陽已成為茶葉的重要集散地。國家無法阻止私商和西北游牧民的非法貿易，但到了十六世紀末時，西北游牧民對明朝的戰略重要性已經衰退。

或許，明朝在十六世紀西北地區日益趨向防守戰略，背後最根本的因素是邊境馬匹和糧食短缺。由於開中法商人承包政策未能成功吸引充分供給到邊境，明朝允許商人在駐軍附近建立自己的商屯。[45]在這些農業墾殖地，擁有鹽引（編按：許可證）的商人雇用佃農，生產要運給邊塞駐軍的糧食。但到了十五

＊編註：另有資料作「招商買茶」。

世紀末，國家對商人無度的要求已導致他們放棄邊境商屯，返回家園。一五三〇年時，邊塞已沒有足夠商業資本繼續從事墾殖。

明朝的經驗證明，朝廷必須試著維持邊塞商業與戰略利益之間極不穩定的平衡。三種不同的茶馬貿易制度，在超過兩個世紀的時間裡演變：從十五世紀初期政府對兩項產品的完全壟斷，到十五世紀晚期的購買、運輸與銷售幾乎完全交由私商承包，再到十六世紀的官商混合承包與運輸制度。但全都未能長久，未能提供足夠數量的重要戰略物資，以滿足眼前的軍事需求。我們可以從中看出一項不變的原則：中國統治者獲得「馬和糧食」這兩大前工業時期戰爭後勤關鍵的唯一方法，就是把國家徵用與關內正在發展的商業經濟連結起來，然後設計出將物資運到西北的方法。

事實證明大草原屏障是中國擴張的主要障礙。政府控制的邊市有許多優勢。一方面，邊市讓外國商人無法進入帝國中心；降低從大草原獲取馬匹的運輸成本（但為關內生產的茶而提高）；而且邊市數量寥寥可數，並受嚴密軍事控制。另一方面，國家永遠不可能全面阻止私人貿易。十六世紀的邊境成為典型的「灰色地帶」，梭巡鬆散，大權在握的官員和將領，為自己的利益挪用茶馬供給。楊一清發現邊境的居民百姓「多會番語。各省軍民流聚鉅萬，通番買馬。雇倩土民，傳譯導引，羣附黨援，深入番境」。儘管帝國努力隔開番漢，文化交融仍持續發生，楊一清的改革管不動這些在邊境謀取暴利的當地人。[46]

十六世紀是中國各地商業關係發展的新高峰。[47]白銀先後從日本和新世界湧入，為正在發展的長途貨幣交易提供了媒介，並讓幾乎完全貨幣化的稅收制度「一條鞭法」得以在十六世紀落實。軍事防禦需求和私人貿易與稅收，對傳播白銀到帝國各個角落的重要性可謂不相上下。十六世紀晚期，北京每年派送四百萬銀兩給西北邊防駐軍，向當地農民與邊境商賈購買商品。[48]這些駐軍形成了龐大的消費帶，總是需要不斷補充糧食配給和織品。透過商人向國家承攬業務，以及透過私人網絡，他們的需求讓這一連結起西北邊塞與長江下游的貿易體系得以成長。軍事和民政分配系統因白銀給付機制而變得緊密相連。明朝邊境官員的最大挑戰，就是從此商品流中提取足夠物資，確保其駐軍衣食無缺，同時限制積極的山西商人從中攫取的利潤。由於官方未能確保糧食與布匹的供應充分及價格合理，士兵們始終吃不飽也穿不暖，促使他們在明朝末年背離崗哨。早在十五世紀初，明朝統治者們便因把西北邊防視為第一要務而停止對東南亞的海上探險，不過他們仍得仰賴東南亞的商業資源以支應西北地區的防禦城牆。

到了清朝時，茶、馬、糧食和白銀仍是邊境貿易的關鍵元素。清朝也設立邊境市集，主要是和恰克圖（Kiakhta）的俄羅斯人，出口茶葉是雙方互市的重要商品。但清人則用不同的手段解決馬荒。不同於宋明二朝，清朝並未試圖壟斷或轉包茶馬貿易。清朝政府從私人市場購買馬匹，或向歸降的蒙古人徵用馬匹。

我們該如何解釋明朝在邊境遇到的難題？黃仁宇把明朝的戰略失敗，歸咎於衛所制度的根本缺陷。[49]即便增加軍費，這些世襲軍隊總是困頓於資金不足。因為明朝的財政制度無法有效從塞內徵收歲入，然後送往邊塞。歲收管理鬆散，缺乏集中式審計。明太祖為其帝國設計的財政結構是針對小規模的鄉村經濟，無法適應十六世紀擴大且商業化的歲收需求。

雖然黃仁宇認為明朝的財政結構是罪魁禍首，但其實另有三項更為重要的因素。首先，明朝的經濟本身就限制了帝國防務。十六世紀以前，明中國的經濟體並未充分商業化，無法透過全面貨幣化來取得戰略商品。即便每年支應四百萬銀兩，仍不足以滿足西北要塞駐軍的需求。再者，統治者和治理官僚的漢族身分使他們與大草原環境相隔絕。明太祖與其繼任者，乃至文武百官，主要皆來自和邊塞相距甚遠的華南地區。相較之下，滿清統治者對蒙古人瞭若指掌。蒙古人和滿人彼此通婚，在軍事征戰中相互合作。最後，明朝欠缺像清朝那樣高度發達的交通傳播與行政管理基本工具。在生態、種族和國家結構的交互作用下，最終產生了相異的結果。

話雖如此，明朝畢竟延續了超過二百五十載，大部分時候都能和大草原建立一個穩定的防禦關係。明朝仰賴長城防禦的程度遠勝其他王朝。從此觀之，明朝可說是自西元前三世紀的秦朝以來，漢族中心戰略政策的集大成。儘管明政權最初極為重農抑商，幾度中止有助商業發展的種種活動，例如取消東南亞航海探險，打擊東南沿海的海上貿易等，卻也為了強化戰略防禦而嘗試用「開中法」與「商屯」兩項制度動員商業誘因。誠如伊懋可（Mark Elvin）指出，結合商業與防禦的嘗試儘管徒勞無功，卻給後繼者留下了寶貴的經驗，使清朝得以用明朝的後勤架構作為發展基礎。[50]

莫斯科大公國和俄羅斯擴張過程中的國家形成

現在讓我們介紹中央歐亞大博弈的第三名主要成員：擴張中的莫斯科大公國，也就是後來的俄羅斯帝國。傳統上認為俄羅斯是在十六世紀中葉後才進入大草原政治，也就是接管喀山（Kazan'）與開始遠征西伯利亞之後；但其實早在此一個世紀之前，萌生於成吉思汗帝國瓦解後的莫斯科大公國就已活躍於大草原。蒙古統治的歷史對莫斯科國家影響甚鉅，其外交和軍事政策最初皆是衍生自大草原的衝突，直到後來才出自和西歐的接觸。

欽察汗國（更為人熟知的名字是「金帳汗國」，但這卻是個時代錯誤的稱呼）是成吉思汗世系帝國的一部分，領土包含了俄羅斯大草原。它最初是成吉思汗長子朮赤的「兀魯思」（ulus）——也就是「私人封地」。十四世紀末，蒙古大汗對此封地的控制已嚴重動搖。繼任者之間的奪權鬥爭，使權力分崩離析。與此同時，東歐和俄羅斯境內接連出現新國家，對大汗的統治形成挑戰。立陶宛、莫斯科、特維爾（Tver）大公國等國家，彼此相互競爭，並和繼位大汗競逐對地方的控制。莫斯科地處戰略要地，控制著伏爾加河的主要貿易路線，占據了挑撥敵對大汗相互鬥爭的絕佳位置。帖木兒在一三六〇年代於歐亞大陸東部的竄起，更進一步削弱了諸汗控制莫斯科大公國的能力。頓斯科伊（Dmitri Donskoi）在擊退特維爾與立陶宛對莫斯科的入侵後，於一三七五年宣布成為俄羅斯東部的統治者，然後沿伏爾加河而下。一三八〇年九月八日在庫里科沃（Kulikovo）的郊野，他和蒙古統治者馬麥（Mamay）最著名的一戰，迫使馬麥敗逃。但脫脫迷失（Tokhtamysh）接掌了朮赤的汗國，在一三八二年攻打並劫掠莫斯科。直到一三九〇年代脫脫迷失和帖木兒發生衝突，莫斯科才得以再次脫離蒙古的統治。

帖木兒粉碎了脫脫迷失的獨立地位，但他在準備掃蕩城市時，並未妨礙莫斯科人對脫脫迷失的抵抗。當帖木兒在一四〇五年過世，他已透過擾亂旅行商隊路線和摧毀城市，嚴重破壞了金帳汗國的貿易，並使後來的蒙古統治者再也無法降伏新興的自治俄羅斯國家。十五世紀上半葉，「東俄羅斯實際從韃靼支配中解放，儘管尚未正式脫離。」[51]莫斯科人僅象徵性地向諸汗進貢，蒙古大汗沒有實際插手干涉莫斯科事務。當莫斯科在一四五一年擊退了來襲的韃靼人，很多韃靼人反而向莫斯科的統治者俯首稱臣。嶄露頭角的莫斯科國，因此包含了聽命於大公的俄羅斯人與韃靼人。[52]

幾世紀來，俄國史學家就蒙古人對俄羅斯的影響爭辯不休。十八世紀的史學家卡拉姆津（N. M. Karamzin）宣稱「莫斯科的偉大是拜諸汗所賜」，不僅承認莫斯科統治者受惠成吉思汗世系帝國良多，同時承認蒙古壓迫對政治自由及「道德淪喪」的嚴重後果。索洛維約夫（S. M. Solov'ev）和克柳切夫斯基（V. O. Kluchevksy）等十九世紀民族主義史學家，傾向淡化蒙古人的影響，但也有人堅信認識蒙古帝國對理解莫斯科國是必要的，特魯別茨科伊親王（Prince Nicholas Trubetskoy）就是一例。二十世紀的史學家沃爾納德斯基（George Vernadsky）論稱，韃靼人對莫斯科最大的影響，發生在與游牧汗國決裂，以及一四八〇年將蒙古人納入大公的軍隊之後。然而，奧斯特洛夫斯基（Donald Ostrowski）認為蒙古傳統在對莫斯科國的形成與邁向獨立有更為直接的影響。他主張莫斯科諸大公因大量引進蒙古政治與軍事制度，在十四世紀初期創造了「制度連續性的重大裂縫」。[53]

十四世紀莫斯科大公國的主要制度，和欽察汗國的制度非常類似。包括二元行政管理結構，由最高軍事指揮和最高財政管理者分權（欽察稱前者 為bekalribek，俄羅斯稱 tysiatskii；欽察稱後者為 vizier，俄羅斯稱 dvorskii）；在徵稅和貨幣上採用蒙古和突厥的詞彙（例如 tamga 是「商業稅」；kazna 是「財庫」；den'gi〔tengge〕是「錢」）；把傳送信函與訊息的複雜郵政系統（蒙文 jam，俄文 iam，漢文 zhan〔站〕）變得更精密；向親王請願（chelom bit'e，從漢文的磕頭經突厥文衍生而來）；以及「氏族政制」（clan polity）的誕生，亦即只有一個家族能產生執政親王，又稱沙皇（Tsar），其他領導氏族的大家長則按照嚴格的階級排位（即門第選官制，蒙文 ungu bogol，俄文 mestnichestvo system）。俄羅斯軍事制度、策略和戰術，也是源自蒙古的系統。最後是被傅禮初戲稱為「血腥選長制」（bloody tanistry）的「橫向繼承」原則，允許統治者的所有兄弟和叔伯競爭繼承權。此制時常在爆發繼承衝突時，導致腥風血雨的內鬨鬥爭。這項橫向繼承原則，和從拜占庭引進的由統治者之子接掌大位的垂直繼承，兩者並行直到一四二五年。[54]

莫斯科的軍事結構也清楚反映其大草原出身。[55]它在抵禦韃靼襲擊方面表現傑出，因為它知道蒙古的軍事編制如何運作。一旦莫斯科在一四六〇年代正式脫離蒙古統治，便成為和大草原其他繼承國互別苗頭的競爭者。這就是十六世紀中葉莫斯科大公國大舉東進，進犯喀山和阿斯特拉罕（Astrakhan），然後控制西伯利亞之前的序曲。和喀山、克里米亞等國一樣，莫斯科大公國同樣也是金帳汗國的繼承者，有效利用大草原政治屢試不爽的手段累積勢力：藉著諸汗的支持合理化統治者之地方權威，同時操縱諸汗與彼此互鬥，創造最大的自主權。[56]

如此驚人的相似性居然並存於游牧、定居這兩個截然不同的社會，證明了文化借用的力量，以及征服者對被征服社會的莫大影響。莫斯科與大草原的密切接觸，使它採納大草原制度加強統治者的力量。明代中國因為長城的防禦屏障和行禮如儀的朝貢制度，傾向將大草原封鎖在外，沒有採用這麼多的蒙古制度；但繼承明朝的滿清，也將使用類似兩百年前被莫斯科大公國採納的方法。

近年研究這段時期的史學大趨勢，正朝向比較多元文化的分析。這樣的分析不試圖對「俄羅斯」和「蒙古」元素做僵硬的分隔，而是承認文化混合在國家變革中發揮的創造性影響。多元文化分析嘗試避免民族主義史學的歐洲中心和殖民主義假設，不再僅把蒙古人視為殘暴的亞洲人或一幫盜匪。[57]蒙古人對所有歐亞國家的初步衝擊無疑具有破壞性，但在征服之後，蒙古人促進了旅行商隊貿易的復興。俄羅斯諸親王從中獲益匪淺。

蒙古人留在大草原，保存典型的游牧戰士生活，間接統治俄羅斯。但在中國和伊朗，他們占領農耕定居區，城市駐軍失去了對草原軍事紀律的投入。更重要的是，由於農業中國牧場稀缺，住在城市的戰士們漸漸融入中國的生活，蒙古軍事機器便開始從內部敗壞。間接統治俄羅斯，意謂著蒙古人在那裡宰制的時間，比在中國或伊朗長一個世紀，也意謂著蒙古對莫斯科制度的影響力比在中國或伊朗更大，哪怕蒙古大草原居民和俄羅斯定居農耕者的隔離，使蒙古和俄羅斯之間存在「更大的社會距離」。[58]

欽察汗國的蒙古人為了避免遭到同化，其解決之道就是將領土分成兩塊：一塊游牧，另一塊定居。定居區定期遭劫掠和入侵，加上透過徵收貢品有限官方交涉與介入，使定居區保有斷斷續續的平靜，游牧民則得以相對不受干擾地保持放牧生活。在中國與伊朗的蒙古人則為定居地區帶來更精密的行政管理，更緊密的征服者和被征服者接觸，但最終卻也破壞了蒙古統治的基礎。在接下來幾個世紀，滿洲人也得面對這個根本兩難——隔離，或是同化。

莫斯科大公國的向東擴張，始於十六世紀中葉征服草原國家喀山。民族主義史學普遍把這段衝突描繪成逐漸崛起的基督教莫斯科國，正努力克服由突厥和蒙古部落及伊斯蘭商人組成的「金帳汗國殘餘勢力」聯合反抗。誠如基南（Edward Keenan）和佩廉斯基（Jaroslaw Pelenski）所言，這種意識形態其實是俄羅斯正教教士的後天賦予，旨在將莫斯科的征服行動合理化為一場結合宗教和軍事目的的聖戰。[59]這種說法並未如實描繪莫斯科與大草原政體在十六世紀的關係。與其將莫斯科大公國想像成一個對抗「游牧部落殘餘勢力」的獨立國家，倒不如將莫斯科大公國連同各韃靼汗國，視為一批繼承成吉思汗帝國的國家，各自都在新條件下尋求權宜之計。

歐亞大草原經常被稱作一片「陸海」，城市就是它的港口，旅行商隊則是它的船隊。[60]但大草原的游牧居民是區分陸地和海洋的第三個關鍵要素。帖木兒在一三九〇年代摧毀其經濟基礎，是大草原重要性嚴重衰退的開端。直到一四六〇年代，權力核心開始從帖木兒轉移到外圍國家，而這些國家皆努力鞏固自身統治。接著，這些相互競爭的外圍國家（莫斯科、克里米亞、喀山、西伯利亞）在削弱大帳汗國（Great Horde）的中央權力之際，也嘗試穩定彼此之間的關係。最後是一五二〇年至一五五〇年代，汗國垮台後留下的權力真空使三個國家彼此爭奪天下。其中，莫斯科成了西部大草原的頭號勢力。

比起同時代的明朝，莫斯科大公國和大草原政治有更緊密的連結。莫斯科統治者熟諳游牧政治的遊戲，他們為了自己的利益，善用大草原政體內部的分歧。不過整體而言，他們並不想要在軍事上征服大草原。莫斯科大公國的主要戰略關切在西邊，和波蘭立陶宛聯邦相對抗。他們嘗試透過合縱連橫的策略，在東方維持和平，同時也嘗試利用大草原的商業資源充盈國庫，為西方的戰事做準備。莫斯科建國者在十六世紀的主要活動，預示了彼得大帝及其繼任者日後的發展。

喀山汗國（一四四五至一五五二年）是農耕和游牧民的聯盟，它在伏爾加河的核心人口包括韃靼人、突厥人和穆斯林。顯要氏族的親王，管理以長老為首的農民公社，這些群體被集合稱作「土地主」（Zemlia）。在他們之上的是大汗，成吉思汗世系朮赤的後代，主掌外交，指揮戰爭，從私人土地、地方貴族徵稅，以及課貿易稅，累積歲入。大汗及其宮廷和「土地主」之間的對抗，對所有突厥政體、莫斯科國和滿清帝國，都是常見的事。繼承也展現出源自突厥傳統的共通性，依循「血腥選長制」：王位首先傳給所有兄弟，然後再傳給長兄的長子。這個模式導致政局動盪頻繁，而且每當有大汗過世就發生權力鬥爭。政體內部的分裂，使敵國得以趁隙而入，支持競逐大位的不同派系，確保他們的主導性。莫斯科人在喀山汗國耍的伎倆，和十八世紀滿人在準噶爾汗國內耍的伎倆，遙相呼應，只不過後者的規模更大。

喀山嚴格來說並不是一個國家。它是金帳汗國的官方領土之一（iurt，意指帳）。然而，作為伏爾加河的主要貿易集散地，喀山從和游牧地區的水路與陸路貿易累積了豐厚歲收。穆斯林商人控制主要的伏爾加河路線，但俄羅斯人的影響力日益增加。商人和「土地主」通常偏好和平互市，大汗及其宮廷可能尋求以武力擴張領土。

這個大草原政治遊戲的其他參與者，還包括諾蓋游牧汗國（Nogai）、克里米亞汗國，以及鄂圖曼帝國。諾蓋汗國是純粹的游牧聯盟，勢力範圍從伏爾加向東延伸至西伯利亞的額爾齊斯河（Irtysh）。他們沒有固定的首都，由大親王領導的議會統治。他們才是喀山外交政策的決定性勢力，不是莫斯科大公國。對莫斯科大公國而言，諾蓋汗國最重要的作用，是作為主要的騎乘馬匹來源，莫斯科大公國則是諾蓋汗國的主要收入來源。十六世紀前往莫斯科的馬匹趕集（horse drives），每年帶三萬至四萬匹馬到首都。[61]這是明朝一般取得數量的三倍之多。莫斯科大公國和大草原關係親近，而北京與大草原疏離還有另一項指標：俄羅斯人在首都獲取他們的主要戰騎，中國人則是將馬的貿易局限在邊塞。

莫斯科親王和喀山大汗的早期接觸，務實且具合作性質。每個公國都試圖競標脫穎而出，取得大汗的敕書（iarlyk）。*[62]莫斯科的瓦西里耶維奇（Vasilii Vasilevich）獲得兀魯馬格梅特汗（Khan Ulu-Magmet）授予敕書，支持他擔任莫斯科親王。儘管兀魯馬格梅特汗後來大敗瓦西里耶維奇，雙方仍選擇議和，和平維持直到一四六二年瓦西列維奇過世。莫斯科和喀山之間的商業交流頻繁。瓦西里耶維奇的繼承者伊凡三世（Ivan III，一四六二至一五〇五年在位）把注意力集中在西邊的大敵立陶宛大公，並透過與克里米亞大汗的聯盟，竭力保持南方與東方的穩定。邊境局勢的穩定，給了他攻打西北部貿易大城諾夫哥羅德（Novgorod）的餘裕，並在一四七八年迫使該城歸降。[63]儘管不時遭到來自喀山阿赫梅德汗（Akhmed Khan）的突襲，伊凡仍與喀山保持良好關係，必要的諾蓋趕馬活動也持續進行。阿赫梅德對莫斯科孤注一擲的攻擊，以及在一四八七年的敗陣，「標誌著莫斯科大公國成為伏爾加政治動態和大草原政局的重要勢力」。[64]金帳汗國的瓦解造成權力真空，最終將使所有繼承國陷入全面衝突。

話雖如此，莫斯科透過與克里米亞結盟來制衡喀山，使穩定的局勢從一四八〇維持至一五一〇年。一五〇二年克里米亞大汗格來（Mengli Girei）占領阿斯特拉罕，徹底剷除大帳汗國最後的殘餘勢力。莫斯科和克里米亞之間的敵意隨後升高。克里米亞大汗與莫斯科分道揚鑣，轉而與立陶宛結盟。瓦西里三世（Vasilii III，一五〇五至一五三三年在位）繼承伊凡三世的大位後，違背克里米亞大汗的意願，增加了莫斯科大公國對喀山的干預。喀山汗國的繼承爭議，導致部分派系邀請莫斯科插手，其他派系則邀請克里米亞介入。「土地主」在一五二一年邀請克里米亞的候選人成為大汗，但喀山對莫斯科的侵略之舉遭到挫敗，因為喀山諸王侯在莫斯科的資助下廢黜了他們的大汗。喀山內部的政局推動著這個時期的發展，而且喀山既不聽命於莫斯科，也不是克里米亞的魁儡。時至一五四〇年代，莫斯科發兵攻打喀山，但也打算跟掌控「土地」的喀山王侯們達成和解。值得一提的是，民族主義或宗教忠誠對這些聯盟的作用不大：韃靼人、穆斯林及異教徒和莫斯科站在同一陣線，喀山人則未能取得其穆斯林同胞的支持。從來就不存在所謂的突厥穆斯林對抗正教莫斯科的統一陣線。

莫斯科在一五四五年圍攻喀山，導致喀山政治體制的瓦解。伊凡四世（Ivan IV）在一五四七年成年，被加冕為沙皇。他在一五四九年征討喀山，獲得喀山百姓的大力支持，本來正準備和平進城，不料城內特定團體反抗這次事先安排的干預。伊凡四世最終被迫對城市發動襲擊，並於一五五二年十月降伏喀山。

簡言之，喀山被推翻主要是因為內部分裂。它無法平衡游牧諸蓋、西伯利亞人和蒙古軍事貴族、穆斯林商人階級，以及莫斯科代理人的不同利益。莫斯科代理人熟諳操弄派系鬥爭從中得利之道，就好像滿人利用他們和蒙古人的親近關係，防止蒙古人形成與他們作對的統一陣線。也像滿人一樣，「莫斯科大公國參與大草原政治時，不是個外來者或入侵者，而是像朋友和兄弟那樣，亦即體系內的一名參與

＊編註：即為蒙古帝國所謂「札兒里黑」，為汗發出的法律文件或憑證。此處則指金帳汗國過去發給域內公國的統治憑證。

者，而且其政治起源和傳統深受該體系的影響。」[65] 莫斯科和清朝都源自中央歐亞的國家競爭傳統，但都學會如何盡可能利用其所統治的定居社會來調整自身制度。他們同時還利用自己的大草原知識，確保未來的競爭對手不會團結起來。在這個雙向擴張的過程中，兩者都成功地進入了定居和游牧的國度。

然而，征服喀山讓莫斯科大公國對大草原政治的積極參與暫告一段落。下個世紀的莫斯科大公國逐漸把重心轉向西邊，為日漸茁壯的帝國提供養分；並擴張至大草原北方的整個西伯利亞，尋求財富以支撐其領土和治理野心。西伯利亞對莫斯科大公國，就好像過去的俄羅斯之於蒙古：一個能夠以低成本間接統治的外圍區域，盡可能從土著人口中攫取財富，供大汗或沙皇取用。

「現在的喀山城，從一開始就是俄羅斯的土地……也永遠會是俄羅斯的一塊地。」[66]

讓我們繼續莫斯科人擴張至西伯利亞的故事，但首先看看沙皇如何正當化自己的征服。征服前留下的莫斯科與喀山關係的史料記載，和編年史家事後為征服所提供的解釋大相徑庭。誠如前文所見，外交檔案資料把莫斯科和喀山描繪成蒙古汗國世界裡共同但敵對的繼承國。兩國以務實友好的方式，和彼此發展商業和外交關係。汗國內部的分裂有時導致莫斯科出手支持某一方，但從一四五〇至一五五〇期間的大部分時間裡，喀山的主要統治者不受莫斯科影響，得以獨立行事。宗教或文化差異並非根本影響雙邊關係的主因。莫斯科最終是應喀山內部成員的邀請干預，以保護他們不受由克里米亞大汗支援的對手攻擊。

然而，俄羅斯編年史家卻描繪了一個尖銳且勢不兩立的鬥爭世界。一方是野蠻的喀山異教徒，另一方則是高尚的俄羅斯基督徒。俄羅斯史家將兩個政權徹底區隔，強調雙方的民族、文化和宗教差異。他們還聲稱莫斯科自古來便持續統治此地，為征服提供虛假的合法性。

在十六世紀末和十七世紀初，教士編年史家撰寫莫斯科與喀山雙邊關係的意識形態歷史，讓我們看到日後定居農業政權如何正當化其征服中央歐亞國家之舉辯解。首先是虛假的法律主張。這類史書宣稱，莫斯科統治者自一四八七年伊凡三世在喀山汗國王朝鬥爭時曾代替其中一方人馬進行干預，因此就確立了授銜喀山汗的權利。[67]俄羅斯統治者後來提出了第二個法律主張，宣稱喀山是莫斯科大公的祖傳財產（votchina 或 otchina〔指家產或私人土地〕，即「帳」）。莫斯科大公國還援引戰爭勝利產生的「征服權」（right of conquest），以及俄羅斯親王連續性的觀念，聲稱他們自古以來便一直統治著韃靼汗國的土地。

成書於一五九〇年代的《喀山編年史》（*Kazanskaia Istoriia*），比較像本歷史小說，而非編年歷史。此書將這些意識形態論點寫成了相當廣泛流傳的版本，而且被許多後世史學家採信為事實。[68]這種後見之明的辯詞是建立在兩大核心前提之上：強調領土（土地）與統一（俄羅斯的領土）的重要性。兩者都和征服後建立的新領土國家更相稱，勝過在那之前流動的個人關係。唯有不受《喀山編年史》影響地仔細研究其他檔案和外交文件，才能真正重建俄羅斯與大草原相遇後極為複雜的跨文化談判過程（也適用於其他文化與大草原相遇的案例）。

俄羅斯編年史中的論點與後世民族主義者對征服的正當化，以及清朝征服中央歐亞的中國民族主義詮釋，兩者之間有著引人注目的相似性。我們可以從中得出兩項重要結論：

一、用意識形態重建定居政權和中央歐亞政權的遭遇歷史，在大草原東西兩端皆展現驚人的相似性。

主義者。[69]

編年史家並未描繪出莫斯科或北京與大草原之間複雜的務實談判過程，也未寫道雙方都經常妥協並根據大草原和定居政權都熟知的規範行事。編年史家反而採用極為簡化的「文明」統治者對抗「野蠻」韃靼人（或「野蠻」游牧民族）的角度取而代之。勝利者聲稱自古以來都對剛征服的領土保有控制。一旦提出這番宣言，反抗者就能被歸類為「內部」反叛分子，而非另一自治的國家勢力。他們把國家擴張描繪成一個有機的持續過程，不斷併入本該受其支配的民族。中國和俄羅斯都以這種意識形態為基礎，制訂其現代民族政策。

俄羅斯的意識形態仍有一項明顯不同於中國之處，那就是對宗教對抗的強調。俄羅斯神職編年史家很自然地將天命（Providence）引進他們對擴張戰役的描述裡，把這些戰役描繪成上帝授意，是黑暗異教勢力和光明基督教勢力之間的衝突。他們用基督徒的罪惡和惡習來解釋俄羅斯的失敗，用上帝的恩典和出於正義的干預解釋俄羅斯的勝利。中國對征服的合理化並未援引勝利者和被征服者之間的尖銳宗教對立，因為清廷的宗教政策已將佛教容納入官方體制的一部分。儘管如此，中國史官仍認為皇帝的勝利背後是上天操縱，將對手描繪為違背天意的「匪」。

為了強化統治的正當性，中國還聲稱自己與過去曾宣稱擁有中央歐亞主權之帝國政權乃一脈相承，還把持續抵抗的自治蒙古國當作在屬於中國的領土上作亂的「內部」叛亂者。它在「生番」準噶爾和「熟番」蒙古之間畫下明確的文化界線，前者因為不屬於文明國度而被認為應該剷除，後者則是主動歸順滿人的統治。雖然中國並未將此理解成神的旨意，但中國皇帝確實聲稱其成功征服反映了宇宙的自然秩序，並將這觀點刻在帝國各地的石碑上。

當然，像這樣把軍隊、國家和人民之間原本難以預測、目的紛雜且往往奠基於務實理由的互動交流，改寫成冥冥注定的二元衝突，其實普遍見於其他國家改寫歷史的嘗試。然而，由於定居社會與中央歐亞大草原的資源不平等，導致我們很難真正回頭運用多元文化的視角來看待雙方相遇的歷史。絕大多數流傳至今的檔案與史料，都來自戰勝的中國和俄羅斯國家。透過自己寫下的史料，以及打壓非官方正統的檔案與記載，這些國家創建了自己，也建構了自身的歷史。

在占領喀山和阿斯特拉罕三十年後，俄羅斯展開了第二次的大規模東擴。[70]一五八二年，哥薩克人葉爾馬克（Ermak）擊敗了庫楚汗（Khan of Kuchum），為俄羅斯聚落開啟前往西伯利亞森林之路。俄羅斯人的堡壘一個接著一個，在主要河流建立據點，持續向東移動直到抵達太平洋，然後穿過白令海峽前往阿拉斯加。

第二次亞洲擴張的動機和過程，和第一次大不相同。沒有游牧大國的統治者擋路，也不用按照大草原的政治風格來玩錯綜複雜的外交遊戲。沙皇本人並未直接介入。毛皮貿易商（promyshlenniki）和哥薩克人不斷將邊界向前推進，然後與當地部落協商（他們是半獨立的國家代表，不完全受總督〔voevody〕節制）。擴張的主要目標並非出於安全，而是為了榨取財富。自中世紀以來，被稱為「軟黃金」的毛皮，成了莫斯科國重要的收入來源。[71]毛皮在俄羅斯鄰近地盤的枯竭，驅使他們深入東方，尋找紫貂、水獺、水貂等毛皮動物。就像刀耕火種農民，或加拿大和美國的拓荒者，俄羅斯貢品徵收者把一個區域的盈餘耗盡後，便繼續向前榨乾下一個區域。

擴張改變了新興帝國的身分認同。西伯利亞作為被殖民的豐饒之地的形象在十七和十八世紀越來越牢固，宛如俄羅斯版的「黃金之國」（El Dorado）。彼得大帝於一七二一年宣布俄羅斯如今已成為帝國，不再只是沙皇國（Tsardom）。他把俄羅斯置於歐洲的權力平衡之中，成為擁有專屬亞洲領地的擴張帝國。地理學家塔季謝夫（Vasilii Tatishchev）提出了以烏拉山脈作為俄羅斯歐洲和亞洲分野的概念，啟發了瑞典軍官史托蘭伯（Philipp Johann von Strahlenberg）的邊界繪圖定界。[72] 朝向亞洲的西伯利亞擴張，形塑了俄羅斯的命運，重要性不下俄羅斯更為人所知的西向歐洲，不過俄羅斯學術研究往往忽略了這點。

往西伯利亞擴張，最初是和俄羅斯與喀山的鬥爭有關。諾夫哥羅德公國自十二世紀以來，便從與西伯利亞的灰松鼠毛皮貿易中獲益。莫斯科在一四七一年大敗諾夫哥羅德，接管藏有毛皮資源的支流，但仍進一步朝東北擴展，以獲取更具價值的紫貂毛皮。莫斯科人在一四八三年及一四九九年向東北進攻，跨越烏拉山脈，經過秋明（Tiumen）到鄂畢河，然後收服了伊格里（Iugri）和沃古利（Voguly）部落。莫斯科將奢侈皮草（尤其是紫貂和白鼬）拿來與歐洲商人和後來的鄂圖曼商人交易。莫斯科還把毛皮作為給克里米亞大汗的外交禮物，後者因此允許莫斯科商隊穿越大草原，在黑海港口從事貿易。莫斯科的擴張目標有二：使東北部落直接臣屬並進貢紫貂，以及控制將毛皮帶到烏斯秋格（Ustiug）市場的貿易路線。當莫斯科大公國和喀山相安無事，莫斯科就放緩了東北侵略的腳步，因為它可以仰賴喀山的市場取得毛皮；當雙方敵意升高，莫斯科則向東北進逼以確保毛皮供應。東北擴張在十六世紀早期強度稍減，但莫斯科在征服了喀山後又繼續向西伯利亞進擊。西伯利亞擴張延續了莫斯科長期從東部大草原和森林區獲取經濟資源的需求，被犧牲的則是過去在該地區占主導地位的喀山和失比爾（Sibir）汗國。[73]

在十六世紀中期之前，中央歐亞都有一個汗國阻礙著俄羅斯進入西伯利亞。它由諾蓋韃靼人在十五世紀晚期創立，他們向北逃跑，遠離俄羅斯在烏拉山脈以南的擴張行動。其首都位於失比爾城鎮喀什里克（Kashlyk），靠近後來的俄羅斯城市托博爾斯克。在雅迪格爾（Ediger Taibugid）的領導下，該汗國向莫斯科稱臣納貢。但庫楚汗在一五六三年從雅迪格爾手中征服了失比爾，拒絕繼續進貢，並控制了圖拉河（Tura）、托博爾河（Tobol）和額爾齊斯河沿岸的大片土地。庫楚汗打算與莫斯科的伊凡四世建立友好關係，在一五七〇年派遣朝貢使團，但俄羅斯移民早已開始遷徙至他的領土。一五五八年，格里戈里·斯特羅加諾夫（Gregory Stroganov）已在庫馬河（Kuma）*的彼爾姆（Perm）建立了一個免稅聚落。一五七九年，格里戈里的姪子雇用哥薩克首領葉爾馬克·齊莫菲葉維奇（Ermak Timofeevich），保護其領地不受庫楚汗的突襲。此前葉爾馬克還過著四處劫掠的強盜生活，沿頓河（Don）和伏爾加河突襲旅行商隊和沙皇官員。一五八二年，葉爾馬克率領八百四十名部眾在圖拉河擊敗了庫楚汗的部隊，並迫使當地的奧斯蒂亞克（Ostiak）和沃古利部落納貢。他占領了庫楚汗的首都，大汗南逃。他把新征服的土地獻給伊凡四世，並請求沙皇赦免自己過去的罪行。他在一五八三至一五八四年來到托博爾河河口，但在一五八四或八五年遭韃靼人包圍。葉爾馬克溺斃河中，部隊於是撤退。[74]葉爾馬克既被當作盜匪，也被視為民間英雄，為俄羅斯開啟了殖民西伯利亞殖民的大門。

在鮑里斯·戈東諾夫（Boris Godunov，一五八四至一五九八年攝政，一五九八至一六〇五年沙皇在位）統治期間，俄羅斯人持續鞏固在西伯利亞的據點。第一批主要堡壘（ostrogi）於一五八六年在秋明，以及一五八七年在托博爾斯克動工。一五九四年興建的堡壘塔拉（Tara）則成為攻打庫楚汗的主要

* 編註：通稱為卡馬河（Kama），Kuma可能偏向韃靼文發音。

基地，迫使他一五九八年前往諾蓋汗國，最終死於該處。根據蘭澤夫（George Lantzeff）和皮爾斯（Richard Pierce）的研究，修建塔拉旨在確保布哈拉商人使用的貿易路線安全，「也可以被當作俄羅斯走向中亞的第一步。」[75] 堡壘一步步向東方推進：一五九六年到納里姆（Narym），一六一九年到葉尼塞斯克（Eniseisk），一六三二年到雅庫次克（Yakutsk），最終於一六四九年抵達太平洋岸。

俄羅斯的征服戰略以河流、港口和堡壘為基礎。[76] 首先派哥薩克人探索河谷，然後總督率領士兵修築堡壘，作為進一步吞併其他領土的基地。北方分布疏落的部落民族，無法進行任何有組織的抵抗，儘管他們非常厭惡不可避免的進貢勒索。沙皇主要專注在俄羅斯西邊或南邊的邊境，因此讓當地總督全權主事。[77]

由於西伯利亞森林的農產量低，所以就連要養活這些小型駐軍也不容易。原住民族可以只靠貧乏的農業資源過活，因為他們還會積極的狩獵捕魚，但是對當地資源毫無頭緒的哥薩克人無法養活自己。由於亟需糧食，他們搶奪當地村莊，尋找糧食貯藏、風乾肉品和魚。永久駐軍只能靠來自莫斯科和西部的定期補給品過活。在十七世紀初的「混亂時期」（Time of Troubles），「飢腸轆轆，等不到補給和增援，駐軍人數因死亡和逃兵逐漸

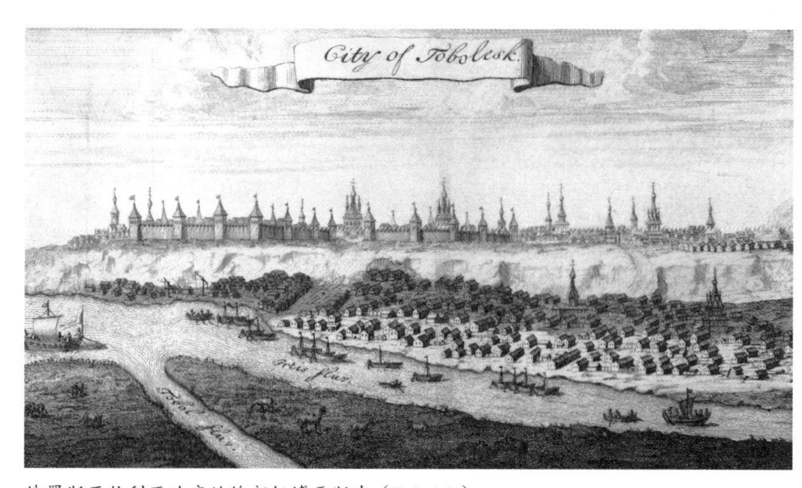

俄羅斯西伯利亞政府的總部托博爾斯克（Tobolsk）。

減少。」[78]

波亞爾科夫（Vasily Poyarkov）在一六四〇年代遠征至阿穆爾河（Amur，譯按：即黑龍江）。由於他宣稱發現有著肥沃田野的大片河谷，住著種植作物的大量人口，而且紫貂和漁獲取之不竭，引起外界極大興趣。他斗膽宣稱：「主君的戰士不會在這片土地挨餓。」[79]在發現阿穆爾河之前，他的探險隊曾度過可怕的寒冬，啃樹皮、嚼樹根過活，導致四十名手下死於飢餓。那可能要算是咎由自取，因為他們為紓解糧食短缺而掠奪了當地的達斡爾族（Daur），以至當地原住民惟恐避俄羅斯人不及而拋棄了田地。阿穆爾河有創造巨大財富的潛力，足以養活其他西伯利亞駐軍城鎮，解除從遙遠的歐陸俄羅斯進口補給的需求。

這就是哈巴羅夫（Erofei Pavlovich Khabarov）在一六五〇年於阿爾巴津（Albazin）設防的主要動機。哈巴羅夫發現當地達斡爾人向中國進貢，於是計畫在莫斯科支持下進犯中華帝國，奪取其大批金銀補給。滿洲軍隊於一六五二年來襲後又暫時撤離，使俄羅斯人相信他們可以成功占領該區。關於阿穆爾河豐饒的瘋狂謠言傳出，導致農民、毛皮貿易商和士兵們拋棄田地和駐屯，一窩蜂地湧入該地。

但俄羅斯人很快就大失所望。和中國軍隊發生進一步衝突後，探險隊隊長斯捷潘諾夫（Onufry Stepanov）通報：「至於穀糧，阿穆爾河的穀糧很少，因為博格德沙皇（Bogdoi Tsar，即中國皇帝）已禁止當地人播種，並命令他們搬遷到他的疆土。」[80]一六五八年，斯捷潘諾夫及其部眾被滿人團團包圍，潰不成軍並丟了性命。從一六五八到一六七二年，阿穆爾河成了一個無人區，莫斯科並未致力防禦。受困在莫斯科鞭長莫及的劫掠者營地，俄羅斯移民糧食短缺（因為自身的無賴行徑把原住民族都趕跑了），吃足苦頭。

等到一六八九年中俄進行涅爾琴斯克協商（Nerchinsk negotiations，譯按：簽訂《尼布楚條約》）

時，莫斯科已意識到阿穆爾河沒辦法為西伯利亞中央的毛皮貿易供給糧食而放棄該區。簡言之，西伯利亞的糧食短缺，將俄羅斯人吸引到阿穆爾河，但毛皮貿易的第一優先順位又使他們把阿穆爾河歸還給中國人。和許多記載相反，俄羅斯人並未一貫致力於領土擴張。貿易與糧食才是促使他們東進的動力，而非土地。當北方某一區的毛皮枯竭，便迫使貿易商和哥薩克人深入東方。西伯利亞擴張實由區域生態所決定。一旦陸地的毛皮貿易枯竭，毛皮活動便繼續朝太平洋推進，仰賴海獺為主供應源。當毛皮獲利在十九世紀衰減，西伯利亞的形象便從豐饒之地轉變成荒涼之地。西伯利亞曾經是商人、探險家、自然科學家和逃跑奴隸的誘人目標，如今淪為流放、冰霜和落後之地。[81]

借用伍德（Alan Wood）的話：「畢竟，最初使內陸的中世紀莫斯科沙皇國蛻變成強大俄羅斯帝國的……是十六世紀晚期和十七世紀的西伯利亞征服與殖民，其重要性勝過一切。」[82]俄羅斯最顯著的國家特徵，就是廣闊的領土範圍，而征服喀山和西伯利亞對確立此一特徵至關重要。俄羅斯的第二項特徵，便是歐洲觀察家最常提及的沙皇獨裁權力。但這個面向很容易遭到錯誤解讀。雖然從伊凡四世的時代開始，沙皇們便聲稱對其領土有著完全的權威，但實際上他們的控制權比他們宣稱的更為有限。將俄羅斯的國家建構解釋為單一的強制過程也是同樣誤導。[83]西伯利亞的征服和統治，涉及混雜的不同群體，其中沒有一個群體完全受俄羅斯國家的支配。西伯利亞征服也不是雄心勃勃的沙皇精心構思的「總體規畫」一部分。西伯利亞的許多參與者組成了「複雜共生」（complex symbiosis），包括「軍人、獵人、商人、官員、正教神職人員、逃跑農奴、企業家和毛皮貿易商、罪犯、宗教異議人士、外國戰俘、哥薩克人、工匠、冒險家和流浪者」。一個「相互依賴的錯綜複雜網絡，存在於國家和私人個體、軍人、獵人、農民、工匠、商人之間」。[84]就連受莫斯科指派的總督，也擁有很大的獨立自主權。他們幾乎都是專斷獨行，一手掌握軍事與民政權力，靠著強制收受「禮物」與向被統治的子民收賄，聚斂了龐大的私人財富。但他們也並不完全控制著此一浩瀚空間湧入的「流動人口」（俄文 guliashchie liudi，他們可能是逃跑農奴、逃兵或逍遙法外的罪犯）。大批自願逃亡者在十八世紀湧進此地，使西伯利亞的俄羅斯成年男性從一七一九年的十六萬九千名，增加到一七九二年的四十一萬二千名。

西伯利亞和中國邊境

從許多方面來看，擴展到中央歐亞的中國與俄羅斯邊境移民十分類似。兩者都面對一個陌生但並非完全不可理解的存在。他們因此不同於新世界的征服者。西歐探險家從新世界橫渡大西洋，帶著奇妙發現和「驚人財產」歸來，但西伯利亞的俄羅斯探險家則大不相同。[85] 十七世紀的莫斯科人似乎對其他民族的古怪習俗不大感興趣，也並未嘗試將他們納進自己精密的分類系統（其中某些分類還把外國人和動物放在一類）。莫斯科人的突出之處，是對追求利潤的全心奉獻，以及對傳播信仰的缺乏熱情；與西班牙人和葡萄牙人大相徑庭。此外，由於俄羅斯人和西伯利亞人之間沒有「汪洋、高山等具重要象徵意義的分隔」，因此哥薩克人只是漸進地進入該領土，此點也和西班牙征服者不同。哥薩克人「從未踏足一個新世界，因為……他們並未被送到新世界，也沒有對新世界好奇的『公眾』」。[86]

對西北邊塞的中國人而言，蒙古高原並不是什麼新世界。中國的統治者和士兵認識大草原游牧民族已經有好幾世紀。他們無疑認為游牧民是陌生的種族，而且經常明確地將游牧民拿來與動物做比較。但他們並不認為在十七世紀深入邊境是一種充滿異國情調的全新體驗。除非為了立即的安全需求，無論是沿著長城駐紮的明朝士兵，或出征的滿洲戰士，都不覺得有必要增加對大草原異國民族的知識。俄羅斯人尋求獲利，僅對有毛皮和象牙的地方感興趣；中國人則尋求安全，只關注迫在眉睫的威脅。

話雖如此，中國人經略邊塞的經驗比俄羅斯人悠久得多。中國關於大草原民族的討論，可以追溯到第一批國家形成的西元前一千年。從那時起，邊防和外交就深刻影響中國的政治哲學。俄羅斯的國家開創較晚，直到西元九世紀才發生。可以說，由於時間更長且在政治辯論中更突出，中國的邊境經驗比俄羅斯更為深刻、更有影響力；而且俄羅斯自十八世紀起對西歐的持續「凝視」，使許多史學家忽略俄羅斯同等重要的中央歐亞根源。如果考慮俄羅斯史學對此一課題的忽視，則邊境關係對俄羅斯人和對中國人堪稱同樣重要。

哥薩克人和明朝士兵都駐紮在偏遠地區的靜態堡壘，但哥薩克人更為與世隔絕。俄羅斯政府基本上任憑這些被蔓延數百英里森林隔開的堡壘自生自滅。每個堡壘各自創造自給自足的社區，以收取貢品、開墾少量可耕地，以及與當地人從事貿易為基礎。相較之下，中國要塞透過沿長城興建的崗哨和烽火臺保持接觸。從關內運來的鹽，在此交換茶。弔詭的是，中國堡壘與關內更緊密的聯繫，意謂著與大草原的融合程度較低；而西伯利亞堡壘與世隔絕的孤立，反而迫使其居住者適應新環境。與北方民族貿易是在西伯利亞生存的必要條件。因此，儘管存在壓迫性的剝削關係，俄羅斯人並不認為西伯利亞民族是完全不可理解的異族。相比之下，明朝人蓋起城牆，強化他們與陌異且危險的游牧民之間的差異。儘管這兩個帝國在擴張陸地邊界之際，與當地人之間的界線比海洋帝國更為模糊，但他們仍對此做出了不同的反應。中國人企圖有系統地將邊防地區與帝國的核心相結合，俄羅斯人則放任駐軍自立自強。

十八世紀標誌著兩個帝國的觀點轉向。在彼得大帝的統治下，啟蒙運動定義的文明思想進到了俄羅斯。彼得提倡對西伯利亞礦物、鳥類等珍稀博物的科學調查。負責對當地動植物和人群分門別類的地方官員，逐漸意識當地原住民並不屬於理性、潔淨和社交禮儀的啟蒙理想。諸如「異族」和「野人」（dikii）等用語如今進到了俄語詞彙中。隨著毛皮進貢的衰退，俄羅斯國家對該區顯露出更大的興趣，然後判定必須區分膽怯無助的納貢民族、俄羅斯中間人，以及貢品徵收者。對分類的興趣，以視原住民族為人類的觀點取代全然的貿易考量，以及透過國家控制將他們與商業的破壞性衝擊隔開，這一切都與十八世紀的中國邊政相似。把西伯利亞當作流放殖民地，也類似於中國對待新疆的方式。[87]

總之，西伯利亞和中國在中亞的殖民領地（特別是蒙古和新疆）有許多對照點。這兩個地區都混合了多種族的經濟和社會範疇。兩者享有共同的背景條件：原住民族與征服移民之間的衝突、貿易的誘惑、將流放與自由許諾相結合，還有建立被沙漠或森林之海環繞的駐軍孤島，以及建立其上的軍事統治優勢。西伯利亞的原住民族數量遠遠少於中國的中亞原住民族，而且抵抗更為零星。蒙古和突厥民族的反擊較為頑強。但兩者最終都輸給了擴張帝國的軍力和殖民者施加的壓力。

疾病在此也發揮了重要作用，削弱在兩國邊境的本土抵抗。一六三〇年代西伯利亞西部爆發天花疫情，使某當地群族的人口減少一半。疫情於一六五〇年代蔓延到葉尼塞（Yenisei）以東，消滅了八〇%的北通古斯民族（Northern Tungus）和雅庫特人（Yakuts）。到了十八世紀中葉，疫情又染指了布里亞特蒙古人（Buriat Mongols）。疾病從中國向西傳染給蒙古人的時機非常相似，而且也同樣對蒙古人造成毀滅性影響。除了武器和財富的優勢外，俄羅斯人和中國人擁有幾世紀來接觸歐亞大陸細菌庫的巨大優勢，而此細菌庫隨著海洋貿易的發展也變得越來越統一。就像美洲原住民和夏威夷人一樣，中央歐亞的孤立陸地居民也遭受嚴重的生物衝擊，還遇上了優勢武器，以及黃金、菸草和酒精的誘惑。

早在他們接觸彼此之前，征服和移墾便影響了兩個帝國的國家結構。俄羅斯人向東移動時僅遭遇極小的抵抗，所以可以輕易地用堡壘和小型駐屯控制大片區域。直到他們在十七世紀中葉和位於西南方逐漸成形的蒙古國首次接觸，才發現自己遇到了較難對付的強敵。一六一八年，西伯利亞擴張最南邊的前哨庫茲涅茨克（Kuznetsk）的興建，便是為了回應蒙古的突襲，阻止蒙古爭奪大草原吉爾吉斯哈薩克人

（Kirgiz Kazakhs）的納貢權。[88]在十八世紀期間，彼得大帝企圖讓俄羅斯統治疆域變得更有條理。俄人於是開始建立一道對抗游牧突襲的要塞防禦線，從西邊的烏斯季卡緬諾戈爾斯克（Ust-Kamenogorsk）延伸到東邊的庫茲涅茨克，每隔一百公里就有兩個編列二百士兵的防禦陣地。目的是強化所有主要河流分水嶺的防禦。庫茲涅茨克被以石材重建，以回應準噶爾國的威脅。但隨著準噶爾勢力在十八世紀中葉後衰退，其重要性也跟著減弱。這個十八世紀的大築牆行動，在各方面都重複了莫斯科大公國十七世紀防線的目標，同時也類似十六世紀明朝的防線戰略。[89]在此處的案例裡，擴張的國家藉由對緊密相連的靜態要塞據點投入大量資源，試圖抵禦來自統一游牧國家的再三突襲。從這個角度來看，俄羅斯和明朝的相似性勝過之於清朝。滿清在大草原積極展開軍事行動，希望能從源頭摧毀蒙古國家。

然而，極端自治與極端專制的奇妙結合，區隔了俄羅斯的國家建構與明清兩朝的國家建構。儘管沙皇伊凡四世因其私人維安「特轄軍」（oprichnina）的殘忍暴戾而臭名昭著，但他也指派強大的斯特羅加諾夫商賈家族為東部邊疆幾乎完全獨立的土地所有者，並默許他們雇用盜匪哥薩克首領葉爾馬克，組建自治軍隊。相較於中國的做法，這種「契約殖民主義」（contract colonialism），更近似於歐洲海洋殖民帝國。無論是默許或刻意為之，歐洲人經常把最初步的征服委託給傳教士、冒險家和貿易公司。從某種意義來說，斯特羅加諾夫家族是所有殖民企業裡最講求實際的，幾乎完全沒有將對手宗教皈依的需求。相比之下，明清中國動員商人資本開發邊疆，但總是保持對貿易許可的官方控制。當私營商人威脅茶馬互市，明朝官員便中斷貿易。因此，俄羅斯朝西伯利亞的擴張行動，結合了君主專制的西歐政權特徵，中央歐亞的政治結構，以及對（中國歷朝面對的）大草原游牧國家形成的回應。

十八世紀的蒙古家庭。女人正在為來訪的喇嘛準備一種叫做「馬奶酒」（kumyss）的發酵飲料。

靠近伏爾加河的十八世紀蒙古杜爾伯特部營地。照片前景中的紀念碑是為紀念一位在 1772 年去世的喇嘛而修建。

敖包是神聖的蒙古建築，通常是一個石頭堆和祈禱旗組成。這個紀念物是為一名過世的和碩特台吉而建。

第三章

中央歐亞互動和滿人的崛起，一六〇〇至一六七〇

隨著俄羅斯人向東移動至貝加爾湖，他們接觸到了不同的蒙古游牧民族。事實證明，蒙古人是比西伯利亞西部的北極民族更強大的對手。蒙古人上次統一是在十六世紀中葉的達延汗時期。時至十七世紀初期，他們再次分裂成眾多獨立部落，每個部落都有各自的領袖。在十七世紀初期間，俄羅斯的哥薩克人和總督，陸續由西到東接觸了一個個主要部落：先是瓦剌（衛拉特，後來的準噶爾），接著是阿爾泰山附近的歷任阿勒坦汗（Altyn Khans），然後在一六四〇年代遇到東部蒙古（喀爾喀蒙古）的領袖車臣汗、土謝圖汗（Tüsiyetü），以及札薩克圖汗（Jasaktu）。[1]（參見彩色插頁的地圖4）

在明代時期，西部蒙古又有四衛拉特（Derben Oirat）之稱（編按：明代文獻多稱「瓦剌」，此應指蒙古部落之間的情況），包括和碩特部（Khoshot）、準噶爾部、杜爾伯特部（Derbet）、土爾扈特部（Torghut），以及後來的輝特部（Khoit）和綽羅斯部（Choros）。事實上，「四衛拉特」一詞鮮少意指由這些部落組成的正式聯盟，因為他們的精力很大一部分都耗在彼此內鬥。部分衛拉特蒙古人在十六世紀西遷，歸順西伯利亞的庫楚汗。庫楚汗的領地在俄羅斯進犯之下分崩離析，引發許多中央歐亞民族

的變動，有些民族向俄羅斯人尋求保護，其他民族則打算維持獨立領地。俄羅斯堡壘向南延伸至大草原邊緣，尤其是塔拉、托博爾斯克、托木斯克（Tomsk），以及庫茲涅茨克，增加西伯利亞針葉林和大草原兩個迥異生態區之間的接觸。托博爾斯克是最常和衛拉特人有接觸的城鎮。根據記載，俄羅斯與衛拉特人的最早接觸發生在一六〇六年，發生在俄羅斯最南端的堡壘塔拉。俄羅斯為確保對貢品的壟斷，在一六〇七年出兵攻打蒙古人，將其勢力往回推。[2]

俄羅斯人很快意識到，要以少數兵力面對大草原的戰士，就必須謹慎行事。蒙古人開始派出使者，探索協商與建立關係的可能性。第一個衛拉特使團在一六〇七至〇八年抵達莫斯科，要求額爾齊斯河和鄂畢河沿岸的放牧權，以及在西伯利亞城鎮從事貿易的權利。作為交換，他們願意與俄羅斯結盟，對抗其蒙古競爭對手阿勒坦汗。第一位阿勒坦汗（一五六七至一六二七年在位）在蒙古阿爾泰山脈以南建立了強大的國家，對西部的衛拉特造成了壓力。[3]俄羅斯人同意放牧權，但拒絕和衛拉特蒙古人結盟，除非他們對沙皇宣誓效忠並納貢。這成了俄羅斯與蒙古關係的不變主旋律：蒙古人打算利用俄羅斯的支持來打擊對手，無論對手是蒙古人、滿人或漢人，並取得在俄羅斯要塞城鎮從事貿易的好處，俄羅斯人則是一步步地逼著個別部落向沙皇稱臣。

俄羅斯官員在與衛拉特的往來中，使用他們從和西部大草原的關係沿襲而來的用語。他們稱呼稱臣的宣誓為 shert'，這個用語源自突厥和阿拉伯文的 shart，意思是條約的一個條款。[4]從莫斯科觀點來看，這樣的關係並不對等，而是非基督教民族對正教沙皇的歸順。俄羅斯人稱協商提議為 chelobit'e，意思是「請願」，字面直譯是「（對著地面）敲頭」，源自經蒙古統治時代傳下來的中國用語「磕頭」。在俄羅斯的記載裡，蒙古人乞求官員「允許他們接受我沙皇的崇高照管」。[5]無論他們使用什麼字詞，蒙古人的意圖和他們的描述迥然不同。一般而言，蒙古人把俄羅斯對宣誓和納貢的要求看作暫時的應急手段，暗示兩個對等勢力的結盟，俄羅斯人則把這些忠誠的表示看作對從屬的永久承認。罕有蒙古領袖接受永遠臣服於沙皇，唯一的例外是西部蒙古的土爾扈特，他們向西遷徙數千英里，定居在伏爾加河岸。多數部落保有在大草原移動的權利，保有自由。

一六〇八年，衛拉特擊敗哈薩克，將阿勒坦汗趕到東南方，不再需要俄羅斯的保護。他們拒絕俄羅斯的歸降要求，但在托木斯克和塔拉的堡壘增加貿易活動。蒙古人在一六〇七年帶了五百五十匹馬到塔拉，交換金錢、書寫紙張和布料，就這樣確立了西伯利亞和大草原之間商業交流的必要基礎。和中國人一樣，馬匹短缺是西伯利亞人的心頭患，畢竟森林環境很難養馬。蒙古人從草原提供這些必要的運輸牲口，交換定居文明的製造商品。蒙古後來又找到了另一個收入來源：毛皮。他們把毛皮當作和俄羅斯與中國互市的籌碼加以管制。

一六一四年，俄羅斯人一度成功取得重要蒙古領袖的誠心歸順。面臨牲口死於寒冬，以及又遭阿勒坦汗強迫納貢的損失，衛拉特人受到重創。托博爾斯克的總督向備嘗艱苦的衛拉特人遞出橄欖枝，前提是他們願意向沙皇稱臣。總督並遣彼得羅夫（Ivan Petrov）和庫尼慶（Ivan Kunitsyn）率使團去和重要的蒙古諸台吉相處兩個月。四衛拉特最強的領袖達賴泰什（Dalai Taisha）稱聲願意歸順沙皇，並提供一萬名戰士為攻打諾蓋的戰爭效勞。由於達賴泰什後來違背出兵諾言，托博爾斯克總督準備出征迫使他臣服，但總督卻被莫斯科方面斥責，並命令他和蒙古人保持和平。十七世紀初，俄羅斯的國力因與波蘭人和瑞典人交戰而被削弱，因此試圖避免在東方捲入軍事行動。

在這次出使的過程中，俄羅斯特使們試圖努力瞭解名聞遐邇的中華帝國。他們探聽中國的疆土大小和人口，中國的盟友，還有中國人民的信仰。他們透過蒙古東道主取得了某些有用但誤導的資訊。蒙古人告訴他們，中國人住在大河上的磚造城市裡，他們不知道這些城市的名稱，但知道中國人的統治者名叫「大博格德汗」（Taibykankan，可能是 Da Bogda Khan 的另一種寫法。但當時中國統治者是明神宗萬曆皇帝）。根據衛拉特人表示，阿勒坦汗和中國人擁有共同的語言和信仰。顯然衛拉特人所認知的「中國」，其實是指住在靠近明朝邊境的蒙古人。[6]

準噶爾台吉哈喇忽剌（Khara Khula，卒於一六三四或一六三五年）也向俄羅斯尋求幫助。他在一六二〇年派了一支使團到莫斯科，獲得了俄羅斯沙皇給蒙古領袖的第一道詔書，詔書述說：「你，哈喇忽剌，將臣屬俄羅斯，獲得我們的保護，不受敵人攻擊。」[7]但俄羅斯和衛拉特之間的關係隨後中斷了十五年，因為哈喇忽剌開始和東邊的阿勒坦汗鄂木布額爾德尼（Ombo Erdeni）交戰。

土爾扈特蒙古人（俄羅斯人稱之為卡爾梅克）為躲避蒙古部落的內戰，開始向西遷徙，朝俄羅斯的烏法（Ufa）和秋明堡壘前進。土爾扈特也拒絕誠心歸順沙皇，但他們想在西伯利亞城鎮用馬匹交換毛皮、步槍和鐵礦。莫斯科拒絕他們的要求。一六二三年後，當他們開始突襲俄羅斯領土和向俄羅斯納貢的民族，莫斯科方面下令，只要卡爾梅克人願意和俄羅斯城鎮保持距離並停止突襲行動，就和他們重啟定期貿易。在一六三〇年代，土爾扈特人開始橫越哈薩克大草原的大遷徙，最終在伏爾加河岸邊安頓下來。[8]其他群體持續朝那裡移居，直到一六四〇年代為止，但他們和留在蒙古高原的部落成員保持聯繫。因此，一部分的衛拉特聯盟變成了俄羅斯沙皇真正意義上的附庸，其餘部落則統一在西部蒙古準噶爾部的領導之下。

土爾扈特之外，早期的阿勒坦諸汗是最積極尋求俄羅斯協助的蒙古人。俄羅斯與統治西北喀爾喀蒙古的阿勒坦汗的關係，有別於衛拉特，因為阿勒坦汗更靠近中國。一六一六年，阿勒坦汗用通往中國從事貿易的路徑（穿過他的領地約一個月路程）引誘俄羅斯使團，以交換步槍和毛皮。由佩特林（Ivashko Petlin）率領的使團是第一支前往中國的大型使團。儘管他們確實不受阻礙地通過了阿勒坦汗的領土，但當阿勒坦汗要求軍事協助以對抗其衛拉特敵人時，震怒的沙皇切斷了雙方的關係直到一六二〇年代。

俄羅斯人在此也依循一貫手法，致力自外於蒙古人的內部衝突，同時確保能夠通過蒙古領土進入中國。蒙古人方面則同樣致力於把俄羅斯人拉到他們的陣線——透過策略性地宣稱臣服沙皇。新的阿勒坦汗在一六三一年和俄羅斯恢復關係，提議願意宣誓效忠，換取俄羅斯得協助對抗他在南方的新對手。他也在一六三八年派出第一支從中國到俄羅斯的茶葉旅行商隊。然而，一六四〇年代末期時，阿勒坦汗已和崛起的滿洲人勢力結盟，而其繼承者拒絕承認過去對沙皇的宣誓。有趣的是，最後一任阿勒坦汗羅卜桑（Luvsan），在一六六〇年代希望俄羅斯能協助其在圖巴（Tuba）*的赫姆奇克河（Khemchik）興建要塞，但遭到拒絕。他在一六八一年歸順清朝，一六八二年過世，西北喀爾喀蒙古的自治勢力隨之告終。

俄羅斯人進入了蒙古大草原之際，分裂的部落首領開始在衛拉特的領導下逐漸統一。明朝衰落導致中國在該地區幾乎沒有政治影響力，但其毛皮市場的吸引力則促使俄羅斯人穩步向東移動。即使在此早期階段，就能看出俄蒙關係將會十分緊張，因為蒙古人拒絕無條件地臣服沙皇，俄羅斯人則是基本上把蒙古領土視為通往中國的中途站。與中國民族主義史學宣稱的相反，俄羅斯沙皇從未與衛拉特—準噶爾結盟對付中國。但無論俄羅斯和蒙古史學家如何主張，他們與蒙古人的關係也並非一直是和諧的。

建立準噶爾國

從十六世紀末到十七世紀，西部蒙古人遭逢明朝滅亡和俄羅斯進逼的同時，也試圖建立一個統一的國家，卻遭遇重重的困難。十六世紀晚期的衛拉特人極為支離破碎。個別部落首領與東方蒙古首領作戰失利後，紛紛被驅趕到阿爾泰山脈以西。在此同時，他們還遭到來自哈薩克斯坦和吐魯番的攻擊。到了一五九〇年代，某些衛拉特台吉為了保住牧場而被迫向哈薩克人投降。

一五八〇年代，阿勒坦汗開始對衛拉特發動一波猛烈攻勢。當他派了一支軍隊前去尋找衛拉特領袖時，卻找不到一個統一的聯盟，而是散落在額爾齊斯河沿岸的許多自治台吉。一六一六年，負責接觸衛拉特的俄羅斯特使得知他們分為四個部落：由達賴台吉（Dalai Taiji）領導的杜爾伯特部、哈喇忽刺治下的準噶爾部、拜巴噶斯（Baibagas，卒於約一六三〇年）治下的和碩特部，以及和鄂爾勒克（Kho Urluk）治下的土爾扈特部。達賴台吉是四人中最強的，但他不是大汗。和碩特部的拜巴噶斯被尊為大汗，因為他是十三世紀創立衛拉特的諸汗後裔。[9]雖然拜巴噶斯汗是部落領袖盟會（chulgan dargi，漢文「丘爾干」）的領袖，他卻沒有真正的權力。[10]各汗各自管理自己的人民。然而，為回應阿勒坦汗的威脅，拜巴噶斯汗得以集結一支由三萬名和碩特人、八千名杜爾伯特人、六千名綽羅斯人、四千名輝特人和兩千名土爾扈特人組成的聯合軍隊。[11]雖然這是邁向統一行動的第一步，衛拉特仍因部落領袖間的持續對抗而分歧，特別是拜巴噶斯汗和準噶爾領袖哈喇忽刺之間的對壘。針對牧地的內鬥及為回應外部威脅的團結嘗試，兩者之間的緊張關係將在十七世紀早期明顯加劇。

在一六一六至一六一七年的部落領袖盟會上，衛拉特同意確立內部和平，而且不幫助那些襲擊其他同胞的衛拉特人，不過部落領袖的敵對仍然持續。同時，某些部落開始與穿越西伯利亞的俄羅斯人建立關係。土爾扈特的和鄂爾勒克已於一六〇七年開始與塔拉總督進行歸順沙皇的談判。[12]一六〇八年與阿勒坦汗的大戰爆發時，多數衛拉特部落失去了對俄羅斯的興趣，因為他們暫時團結起來對抗來自東方的威脅。但哈喇忽刺和阿勒坦汗在一六二〇年代都曾派使團到莫斯科尋求援助，以對付另一方。值得一提的

＊編註：應為今之圖瓦（Tuva）共和國境內。

是，哈喇忽剌表達了他對鐵製武器的需求。誠如前文引用的詔令所提，莫斯科接受了哈喇忽剌的歸順，但拒絕為任何一方出面干預。到了一六二二年，心生不滿的哈喇忽剌和其他衛拉特人突襲庫茲涅茨克取得武器。[13]

一六二〇年代，衛拉特成功組成了結合四個部落領袖的聯盟，揮軍攻打阿勒坦汗。在統一的衛拉特軍隊中，拜巴噶斯汗指揮一萬六千人的部隊，哈喇忽剌率領六千人的部隊，另外三名領袖合計統御一萬四千人。[14]一六二三年，聯合部隊攻打阿勒坦汗，勝負懸宕難分。他們擒獲了許多俘虜，但哈喇忽剌也失去許多部下。經過後續的戰役，衛拉特終於在一六二八至一六二九年間戰勝阿勒坦汗。逃往西伯利亞堡壘尋求保護的衛拉特人，如今得以遷回他們在準噶爾和東突厥斯坦的家園。

哈喇忽剌試圖透過調解繼承糾紛來增加個人影響力，但他仍然只是衛拉特聯盟內的重要領導人之一。一六二五年，一場重大內戰將衛拉特撕裂。當某位和碩特領袖去世後，他的兄弟拜巴噶斯汗與楚琥爾（Chokur）兩人為了遺產發生爭吵。哈喇忽剌和杜爾伯特部的達賴台吉都嘗試調解，但直到楚琥爾動員萬人大軍攻打並擊敗其兄長，爭議才得以解決。[15]即便當衛拉特面臨來自阿勒坦汗的重大威脅，他們還是無法在繼承衝突上自我克制。哈喇忽剌和達賴台吉都努力強化團結，但部落結構仍不穩定。

在此同時，和鄂爾勒克與俄羅斯人展開談判，使土爾扈特族人跨越大草原到伏爾加河。[16]由於多數土爾扈特人已出發前往伏爾加河（約五萬戶家庭，二十至二十五萬人），從而排除了準噶爾地區內的一大分裂源頭。土爾扈特的外移削減了衛拉特的整體力量，但因為排除了哈喇忽剌治下最不滿的部落，反而有助於整體團結。

儘管藏傳佛教在西部蒙古的影響比東部緩慢，其仍在十七世紀後期成為一股強大的力量。拜巴噶斯被勸阻不要進寺院修行，但許多蒙古貴族都將兒子送進寺院。拜巴噶斯的養子咱雅班第達（Zaya Pandita,

1599-1662）藉由與西藏的緊密結盟，強化了西部蒙古的團結。[17] 一六一六年，他被送到西藏的一間寺院學習佛教和密宗心法，長達二十二年。他在一六三五年參加第五世達賴喇嘛十七歲的就職儀式時，班禪喇嘛交付他一項使命：翻譯藏文典籍並傳播佛教教義給蒙古百姓。一六三九年回國後，咱雅班第達先是去找了拜巴噶斯的兒子鄂齊爾圖台吉（Ochirtu Taiji，如今已成了車臣汗），但很快就收到來自其他重要蒙古領袖札薩克圖汗和土謝圖汗的邀請，並訪問包括土爾扈特首領在內的四大衛拉特領袖的牧地。他幾乎一生都在部落與部落之間穿梭，到各地主持喪葬和婚姻儀式，創立寺廟、講道、齋戒，以及翻譯藏文典籍。一六四八年，他發明了托忒文，這是蒙古文字的一種變體，專為西部蒙古方言設計。他在世時將超過一百七十七個珍貴的藏傳佛教文本翻譯成蒙古文。一六五〇年，他在一次前往西藏的旅途攜帶了十一萬銀兩。他將這筆錢捐出來，用於製作雕像及資助札什倫布寺（Tashilhunpo monastery）。他還請教了達賴喇嘛對清朝新皇帝的看法。

大汗們欽佩他深厚的藏傳佛教知識，賜予門徒、僕人和一大群馬與牛，讓他得以發揮相當的政治影響力。衛拉特左翼和右翼在一六五七年爆發內戰後，咱雅班第達成了關鍵調解人，他參加一六六〇年舉辦的大會（丘爾干），協調對立的派系。當他在一六六二年從西藏歸來的途中圓寂，弟子們帶著他的骨灰回到拉薩。他在拉薩受到紅帽與黃帽喇嘛的緬懷，而且第五世達賴喇嘛還命人製作了一尊他的大型銀雕像。咱雅班第達創立了衛拉特的文學傳統，經由馬不停蹄的旅行與講道，使蒙古大汗們彼此之間的連結不斷，而且確保了佛教在西部蒙古的支配地位。雖然未能阻止蒙古人內鬥，他仍讓相互競爭的大汗們保持聯繫，不斷地強調他們作為佛教施主的共通連繫。

十九世紀的俄羅斯探險家普熱瓦爾斯基（Nikolai Przewalski）認為，佛教在蒙古是一種「消耗活力，阻礙進步的宗教」。拉鐵摩爾所見略同，他認為佛教把最有生產力的蒙古人從草原畜牧撤出，而且還癱瘓了蒙古貴族，因為他們把領土固定在寺院聚落周圍。[18]但在十七世紀衛拉特建立自己的國家時，此地佛教並沒有導致同樣的結果。咱雅班第達為大汗們提供了一項最強大的合法化力量，超越軍事優勢以及成吉思汗世系血統的束縛。喇嘛為蒙古的部落首領提供了重要資源，賦予他們作為轉世大汗的合法性，提供他們書寫系統，並將他們彼此相連，成為一種不同於其他大草原民族或中國的文化體系。雖然明朝官員認為佛教是控制蒙古人的管用工具，但他們卻無法控制蒙古人對佛教的觀感。直到十八世紀，滿人才設計出許多方法，確保蒙古人和西藏喇嘛歸順清朝。

研究這個時期的多數學者，從十八世紀的帕拉斯到較近期的茲拉特金與若松寬（Hiroshi Wakamatsu），皆主張當哈喇忽剌於一六三五年去世時，留下了邁向統一的政治遺產，因此他的兒子巴圖爾琿台吉（一六三五至一六五三在位）才得以自命為衛拉特的唯一領袖，以及準噶爾汗國的創建者。然而，宮脇淳子對此一解釋嚴厲批評。在她看來，巴圖爾從未成為大汗，因為只有成吉思汗的父系後裔有資格獲得這個頭銜。[19]她認為衛拉特作為「汗國」的真正統一發生在一六七八年，當時噶爾丹殺死了他的岳父和對手鄂齊爾圖

西藏佛教神祇大威德金剛擁抱其配偶。蒙古人和西藏人尊敬這個佛陀化身的可怖力量。

車臣汗後，從第五世達賴喇嘛那裡獲得了博碩克圖汗（Boshoktu Khan）的頭銜。在她看來，認為準噶爾在巴圖爾大汗的統治下創造了一個「民族國家」，是一種錯誤解讀。這種想法誤信了十八世紀才創造的文獻，而沒有正視十七世紀的歷史事實。

宮脇淳子的解釋，非常吻合本書目標：重建這一時期國家形成的偶發因素。她批判人們以後見之明採用了不恰當的概念，此事亦有充分的根據。然而，儘管後人誇大巴圖爾的權力，我們至少仍能把一個未完成的國家建設計畫歸功於他。該計畫意圖建立一個更中央集權與穩定的衛拉特社會，並由準噶爾統治。

一六三〇年拜巴噶斯過世後，和碩特的領袖顧實汗（Gush Khan）握有了大汗的頭銜。顧實汗把女兒嫁給了巴圖爾琿台吉，因此兩家關係密切。但誠如宮脇淳子指出，由於他並非成吉思汗世系的直接後裔，因此巴圖爾不可能是衛拉特不具爭議的共主。他只能自稱為「琿台吉」，也就是大汗之下的第二把手。顧實汗、巴圖爾和鄂齊爾圖台吉，在一六三四至三五年間組成軍事聯盟，共同對抗哈薩克人。顧實汗還在一六三六年率領一支遠征隊前往拉薩，巴圖爾則在一六三七年陪同他遠征庫庫淖爾。[20]

我們不禁想拿巴圖爾與同時代的滿人皇太極（Hong Taiji）做比較。就像這位滿人領袖，巴圖爾也嘗試在部落首領之間集權。只不過他與皇太極不同，無法擁有大汗的最高稱號（在滿人社會，頭銜不需要成吉思汗世系的血統）。儘管他的合法性並不穩固，但形勢對他有利。來自西邊分裂的哈薩克人，以及東邊的阿勒坦汗的威脅下降。土爾扈特部的離開減少了草場的人口壓力。一六三五年，和碩特部當中的十萬人已遷徙到庫庫淖爾創建自己的國家。那些不想屈從於巴圖爾的人，選擇了出走，而非起身抵抗。巴圖爾打算誘使脫離的團體，連同東部蒙古人，一起回歸大一統的準噶爾領導，但他不能對他們發起軍事行動。

巴圖爾反倒強化了與俄羅斯人的關係，重新恢復雙方間斷十五年的外交關係。他在統治期間，派了三十三支使團到莫斯科，並接待了十九支從西伯利亞來的使團。[21]藉由安排哥薩克戰俘回歸，以及解決邊界衝突，他和阿勒坦汗競奪沙皇的青睞。他與俄羅斯的兩大衝突來源已經至少暫時得到解決：獲取鹽資源的管道，以及吉爾吉斯的忠誠。針對生活在葉尼塞河上的吉爾吉斯部落的競爭在一六四一年加劇，因為巴圖爾聲稱有權向他們徵收貢品，否認托博爾斯克總督也有權徵收的宣稱。吉爾吉斯人雖然透過承認雙重主權的巧計，避免了戰爭，卻不幸得要同時向俄羅斯人和準噶爾人納貢。[22]此時巴圖爾被允許在托博爾斯克、塔拉、秋明等地擴大免稅貿易，特別是托木斯克。托博爾斯克形成一個獨立城區，稱為韃靼聚落。貿易主要以外交贈禮的名義進行，其中準噶爾用馬、牛、羊皮和毛皮，交換了以布料、皮革、絲綢、銀、海象牙和金屬製成的手工藝品。[23]來自突厥斯坦的「布哈拉」商人擔任此新興中亞貿易的中間人而致富。俄羅斯人，如今很清楚前往中國的貿易路線會經過準噶爾領土，贊同經營與蒙古人的和平貿易關係。

巴圖爾的目標相當明確：積累貿易、農業和人口資源以增強國力。一六三八年，他要求西伯利亞總督提供豬隻和雞隻，好在新併吞的突厥斯坦地區的準噶爾農場飼養。一六三九年，他要求槍炮、裝甲和子彈。他派了一支代表團到莫斯科，因為被告知托博爾斯克不可能取得這些物品。一六五〇年，他要求托博爾斯克總督提供更多的「禮物」，以持續確保和平貿易關係。他還要求俄羅斯將工匠，包括石匠、木匠、鐵匠和武器製造者，送到準噶爾。[24]俄羅斯同意送豬和雞，但拒絕提供武器製造者，始終如一地避免武器從俄羅斯流向蒙古。然而，自一六三六到一六三八年，巴圖爾開始在亞梅什湖（Yamysh）及額爾齊斯河之間的和布克賽爾（Kubak Zar）打造首都，由一座石頭堡壘和寺廟組成。[25]這座新都最初是個只有大約三百人的小城。俄羅斯使者通報表示，該城由中國與蒙古工匠用石頭砌成，城牆長約一百公尺、高六公尺。中國人、蒙古人、布哈拉人和喇嘛分別住在不同的城區。巴圖爾引進突厥斯坦農民耕種田地。堡壘環繞著都城，配有從中國引進的四門大炮。巴圖爾琿台吉本身在約七天路程以外的地方放牧，並不時訪問都城。他要求俄羅斯人送他更多工匠，並在接下來的四年裡又建造了其他幾座城鎮。就像在他之前的俺答汗，巴圖爾已開始奠定一個定居政權的基礎，但他建造的城並未屹立太久。城市在他去世後傾頹，如今已不留一點痕跡。

這個成長中的國家還有另一項關鍵資源，那就是鹽。鹽大概是西北邊境最稀缺的基本營養素，其供應向來是明朝邊境政策的重點。西伯利亞定居者的飲食也需要鹽，可是森林區裡沒有鹽源。俄羅斯人和蒙古人自十七世紀初起，就不斷為取得鹽的管道發生衝突。一六一一年，蒙古人占據了塔拉附近的一些鹽源，迫使俄羅斯人出兵驅趕。一六一三年，西伯利亞定居者抵達了亞梅什的大鹽湖。但這座湖泊位於準噶爾統治下的一個地區。直到一六二〇年之前，俄羅斯人在這座湖泊開採大量的鹽從沒遭遇過抵抗。然後蒙古人抵達，阻礙了進一步的生產。隨著武裝衝突爆發，俄羅斯人計畫在此建造一座堡壘，不過最終放棄了這個想法，因為意識到前往此地困難重重，以及欠缺牧場與田地將阻礙駐軍供給。他們退而求其次，定期派遣軍隊根據需求前來取鹽。但兩千名蒙古人在一六三四年襲擊了俄羅斯的軍事遠征隊。巴圖爾表示願以和平貿易取代武裝衝突。沙皇在一六三五年同意蒙古人在湖上採鹽，巴圖爾則批准常規鹽礦旅行商隊，從亞梅什湖前往俄羅斯，以換取更多的貿易。亞梅什湖周遭發展出了一個商業聚落，直到一六八九年恰克圖被指定為中國貿易中心之前，都是西伯利亞地區最大的貿易中心。集市為期二到三週，吸引來自中央歐亞各地的商人。他們向俄羅斯出售馬匹、中國商品和奴隸（儘管這是被禁止的），換取金屬、紡織品和玻璃。俄羅斯人提倡民間貿易的發展，但嚴格禁止出口武器與火藥。[26]

一六四〇年的忽里台大會（khuriltai）象徵了在結構鬆散的聯盟中，嘗試將蒙古人集合起來的成果巔峰。[27]它聚集了喀爾喀蒙古、庫庫淖爾、伏爾加河的卡爾梅克大汗，以及塔爾巴哈台（Tarbaghatai）的西藏教會代表，討論避免內鬨的方法。只有已從屬於滿洲國家的察哈爾部（Chahars）被排除在外。忽里台大會商定出旨在調解爭端的一套規範，團結蒙古人炮口一致對外，同時加強了大汗和部落領袖的權力。[28]部落攻打另一個部落將遭罰款，部落必須幫助彼此抵禦外侮，每個部落領袖將保護各自的牧場，並歸還從其他部落前來尋求保護的逃亡者。藏傳佛教被宣布為蒙古人的官方宗教。[29]

多數史學家都認為是巴圖爾琿台吉和咱雅班第達促成諸大汗和部落領袖的聯盟，不過宮脇淳子卻認為喀爾喀蒙古的札薩克圖汗才是主導者，因為大會辦在喀爾喀而非衛拉特的領土。面臨崛起的滿洲勢力，札薩克圖汗首當其衝，因此最有理由組織聯盟相抗衡。然而，這部蒙古—衛拉特法典，並未成為打造新興蒙古或準噶爾國家的根本法律。就像早期的蒙古法律，它只適用於部落之間，但每個大汗在領地內仍保有自治權。[30]

一六四〇年，滿人對多數蒙古人還算不上嚴重的威脅，無法強力刺激他們形成統一戰線。儘管某些南部蒙古人已向其臣服，但滿人還忙於在滿洲建立自己的國家，並且專注於和明朝的戰爭。此法典的諸多條款也是針對內部關係。法典強化了個別大汗在其領地內解決糾紛的權力，但讓他們保有完整主權，而未朝向更大規模的邦聯邁進。正當滿人建立一個以八旗制度（banner system）為基礎的中央集權強國，而日本的統一者開始將強化的封建藩國與中央化的軍事政權結合起來，蒙古人卻只實現了部分的內部整併，就連一個鬆散的統一聯盟都沒能產生。衛拉特在一六四〇年代爆發嚴重內戰，十年後，喀爾喀蒙古人和庫庫淖爾的和碩特人都已開始和新興的大清國合作。

儘管一六四〇年的忽里台大會的確可能是蒙古邁向國家制度化發展的重要一步，但其進度卻遠遠落後於它的對手俄羅斯、滿洲和日本。近代早期的國家建構分為兩階段：首先要有一位在軍事追隨者間擁有至尊地位的地方諸侯，再來是由公認軍事領袖統帥諸侯組成的聯盟。例如在日本，德川家康結合領地內強大的地方大名，然後小心翼翼地平衡各個大名之間的勢力，以便鞏固幕府統治。滿洲領袖創造了新的組織「旗」（banners），借用了成吉思汗的萬戶概念，將部落領導權吸收到非部落的組織裡。然而，成吉思汗的蒙古接班人們生活在更為廣闊的中央歐亞空間，無法全部聯合在一位公認的領袖之下。他們保持分裂，形成幾個互相競爭的團體，頂多能加入彼此的臨時同盟，不過也同樣可能與四面八方的非蒙古鄰居結盟。

巴圖爾沒有成為大汗的資格，但他可以建造城鎮，通過貿易促進民生繁榮，並參與組建對抗清朝的聯盟。然而，當他在一六五三年去世，所有的努力土崩瓦解。在九個兒子之中，僧格（Sengge）繼承了他的統治權，但僧格的兄弟們對其控制半數曾屬於父親的人民提出了異議。他們在一六七〇年殺了僧格。被送往西藏喇嘛寺的其中一個兒子噶爾丹，在這次繼任危機期間回來收拾殘局。噶爾丹成為了蒙古人所需要的大一統領袖，將準噶爾國擴張成中央歐亞最強大的勢力。

滿人的崛起

滿洲人征服中華帝國的驚人過程，已被許多史學家形諸文字。滿洲人原是分散在中國東北邊境森林和田野的部落民族。我在此集中討論貫串全書故事的三個主題：以氏族為基礎的組織與官僚之間的鬥爭，農業基地的利用，以及滿蒙關係在形成早期滿人國家的作用。每一個主題都強調茁壯中的滿人國家與其中央歐亞鄰居（準噶爾與俄羅斯）之間的互動，同時凸顯三者所面臨挑戰的諸多相似之處。

滿人部落由氏族社會蛻變為中央集權官僚國家的轉變，向來是多數有關滿人崛起的研究主題。梅谷（Franz Michael）把這個從「封建」轉為官僚關係的變化，歸因於受中國顧問和中國典籍的影響。在他看來，滿人一如過往的征服者，為了取得成功就必須在征服前採行中國之道：「來自國外和國內的征服本質上並沒有差別……〔作為〕一個整體系統（滿人）不得不接受中國人的生活方式和中華文明。」[31]

但和後來的學者不同，梅谷主張「滿人從未被完全吸收到中華文化裡。他們始終是征服者的特權群體；保有該民族歷史上部分軍事和封建過往」。但他仍然認為「中華文明應該被視為〔滿人〕政治和意識形態的標準」。對梅谷而言，清朝的滿人特性只源自征服的早期，而沒有被嵌進國家的永久制度裡。[32]

梅谷的主要史料是一七八九年在乾隆皇帝支持下出版的《開國方略》，但這個文本經過選擇性編纂，以便創造一種儒家化清政權的虛假印象，好做為明朝的合法繼承者。此書未能帶到建國者努爾哈赤和其貴族與家族發生的衝突，且鮮少提及糾纏早期滿人國家的經濟危機。晚近研究利用《滿文老檔》中珍貴的滿文記載，描繪出一幅截然不同的景況。這些研究延續了日本學者在二十世紀初建立的清朝「阿爾泰」詮釋傳統。[33]其主張滿洲建國者在建國之際，適應中國之道並不平順。在這段痛苦的轉變過程，菁英階級存在著重大的內部衝突。來自印刷文本的中國影響力，在滿清草創初期微不足道，因為被翻譯成滿文或用滿文出版的典籍相當稀少，而且多數都不是哲學經典。相反的，國家的官僚化應該被看作征服過程中的一種務實且偶然的回應，是受到邊塞投降中國人建議的影響，但也受到蒙古盟友、滿洲貴族和跨越這三個民族文化隔閡的雙文化「越邊民人」（transfrontiersmen，引用魏斐德〔Frederic Wakeman Jr.〕之語）的影響。國家從捷報連連的軍事勝利，突然陷入嚴重的存續危機。許多受其統治的中國百姓因不滿而群起反抗，但也有中國官員支持滿人對抗明朝。繼承危機可能導致滿人政權瓦解，但中央集權最終克服了派系主義。

血腥選長制的根源，困擾著滿人國家。受到明朝的影響，滿人也可以援引長子繼承制原則，但這不是常規做法。滿人國家的創立者努爾哈赤（一五五九至一六二六年），於一五八三年和部落的幾百名精銳結盟，展開了兵戎征戰的生涯。這個聯盟包括他的長子褚英（Cuyeng）和他的弟弟舒爾哈齊（Shurhaci）。到了一六〇九年，三人已彼此鬧翻，努爾哈赤在一六一一年殺死舒爾哈齊。努爾哈赤起初覺得有義務指定褚英為繼任者，但後來否認了褚英的繼承權，並於一六一五年將他殺害。努爾哈赤在一六二六年去世時，沒有指定的繼任者。就像蒙古人及其祖先女真人，滿人很難不吵不鬧就同意由單一領袖統治。[34]

然而，軍事征服減少了內部爭吵，因為戰爭會讓更多人被納入這個軍事國家的控制，並為進一步擴張提供了人力資源。努爾哈赤的軍隊征服了東北的敵對部落，他將這些人每三百人為一單位，編成「牛彔」（niru），納入軍國編制。[35]哈達部落（Hada tribes）於一五九九年被擊敗，成為最早被納入八旗制度編制的牛彔之一。旗是滿人國家最重要的制度。旗制最早在一六〇一年便開始形成，主要源於滿人按照狩獵行動組織軍事演習的慣例。「八旗」（滿文 gûsa）在一六一五年誕生，替努爾哈赤於一六一六年稱汗的後金帝國奠定了多民族聯盟基礎。誠如歐立德（Mark Elliott）指出，八旗牛彔保持了族裔的同質性，儘管八旗將蒙古人、中國人和滿人牛彔混合在一起。因此，八旗靈活地吸收了幾個不同族裔的成員，同時又維持他們的獨特性。八旗切斷滿人內部的親屬連結，把他們綁在一個必須對指揮官徹底效忠的新興軍事和民政組織裡。[36]

八旗制度從基礎上為新國家確立了新的團結紐帶，取代滿洲地區和蒙古早期部落的親族忠誠。然而，每個旗的指揮官仍是近乎自治的，就像強大軍閥指揮著一支忠心耿耿的部隊。為了創造一個中央集權的國家，努爾哈赤還需要在頂層實現統一。一六一五年，他在設立八旗之餘，也設立了五大臣（sunja amban），將領導權交給努爾哈赤及其五個女婿。他將剩下的四個兒子任命為和碩貝勒（Hosoi Beile）。儘管努爾哈赤親自指派每個旗的統治者，這些旗人有權力選擇自己的繼承者，而且指揮官「實際上將〔旗〕當作私人財產」。[37]

隨著滿人征服遼東地區並吸納中國人進入國家，努爾哈赤利用他的新子民來限制滿洲貴族（貝勒）的權力。貝勒可能是努爾哈赤的親戚，或是在征服前的獨立部落統治者。他們有隸屬於自己的百姓和俘虜，但中國人直接從屬於作為大汗的努爾哈赤，而不是從屬於貝勒。努爾哈赤不顧反抗，不斷將首都向西、向南朝中國國界遷移，遠離貝勒的地盤。阿敦貝勒（beile Adun）大概是拒絕接受遷都，在一六二一年因煽動異議被以違抗「國家命令」（gurun i doro）之罪名斬首。努爾哈赤還挑選了八位學者作為主要治國顧問，名為巴克什（baksi）。[38]這些人，像是達海（Dahai，卒於一六三二年）和額爾德尼巴克什（Erdeni Baksi，卒於一六二三年），精通滿文、蒙文與漢文。有些人也許最早是漢人血統，但他們的祖先入境隨俗，加入了邊境的滿人氏族。他們以漢文書寫文告，並翻譯漢文經典。身為「越邊民人」，他們擁有多文化背景，不只是漢化的媒介。藉由制衡貝勒的權力，他們成為強化大汗中央權力的關鍵助力。[39]

努爾哈赤在最後的遺囑中，建議由資深貝勒行集體共治：「繼我而為君者，毋令強勢之人為之。此等人一為國君，恐倚強恃勢，獲罪於天也。且一人之識見能及眾人之智慮耶？爾八人可為八固山之王，如是同心干國，可無失矣。」[40]

然而，他的第八子皇太極（一五九二至一六四三年）由於身為鑲黃旗和正白旗的指揮官，在繼承鬥爭中占有決定性的優勢。他很可能在努爾哈赤死後以武力奪權，然後違背父親本意，迅速採取邁向專制統治的必要步驟。[41]他剷除了和父親一起治國的三大貝勒阿敏（Amin）、代善（Daisan）和莽古爾泰（Manggultai）。他以阿敏違背其命令攻打並劫掠朝鮮，然後在永平血腥屠殺中國人為由，在一六二九年將其定罪並逮捕下獄。[42]等到一六三六年時，皇太極已經擴大內閣（起源於他父親設立的八位巴克什），成立六部三院，吸收更多的中國士大夫入閣，然後將貝勒從三院免職。議政王大臣會議創立於一六二二年，起源自努爾哈赤的集體顧問團，然後在一六三七年擴編。但努爾哈赤的會議有八大貝勒參與，皇太極卻把滿人諸侯一概從會議排除。他只讓八旗的直接管理者參與。[43]

皇太極的中國顧問勸他盡快入侵中國，而且支持他集大權於一身。這些顧問主張，征服所得的新財富應當直接歸給大汗，由他分配給貝勒。他們拒絕貝勒的集體共治，也拒絕每位貝勒將掠奪戰利品自主發配給追隨者的原則。誠如一份奏章所言：「十隻羊配九個牧羊人將導致混亂與分裂。」[44]這個邁向威權主義的轉變，顯然對中國顧問有利，他們效忠大汗，盼望征服南方富饒之地，能為他們帶來可觀的物質獎賞。想要保持自主的貝勒則在此過程中被犧牲了。

簡言之，皇太極在一六四三年去世時，留下了一個看似持久的威權強國。他將滿人變成單一民族，讓自己成為貴族階級之上的最高領導者，創造新的政府機構，並宣布滿人的「歷史使命」是創造一個取代大明的新朝代「大清」。皇太極拋棄過去確立的國號「後金」，刻意中斷從明

皇太極（1627 至 1643 年在位），滿人國家的第二位統治者。

到清的延續性，也中斷自身與女真先祖之間的連續性。他公開表示：「然大明帝非宋帝之裔，我又非先金汗之後，彼一時也，此一時也。」[45]

然而，新國家仍然很脆弱。在皇太極去世後，輔政時期的繼承權之爭就有可能導致國家崩潰。從一六四三年皇太極崩殂，到一六六九年康熙皇帝正式親政，共有六個派系先後擔任這個新生國家的輔政。[46]除了順治皇帝從一六五三至六一年的親政時期，這些輔政大臣大抵以滿人的貴族八旗指揮為主。這些貴族對於採用中國治理之道或吸收中國人擔任高階官職，各有不同盤算。多爾袞（Dorgon，一六四三至五一年擔任輔政大臣）首開先例，任命中國官員為朝廷行政高官，但鰲拜（Oboi，一六六一至六九年擔任輔政大臣）提倡回歸傳統滿人治國之道，減少採納中國制度和任命中國官員。

然而，滿人的反動，並不表示貝勒重新掌權。事實上，輔政大臣們也促進中央統治者凌駕滿洲貴族，鞏固優勢地位。他們還協助新興官僚組織的制度化，無論這些組織是衍生自明朝的先例，或源自崛起國家的新開創。官僚和專制凌駕於貴族集體共治，是此時期持續的趨勢，不過這並非什麼平順的「漢化」過程。走向專制的驅動力是來自擴張國家的軍事和行政需求，而不是因為逐漸接受中華文明的優越性。對中國制度在國家裡扮演角色的態度可能會改變，但是大汗及其顧問逐漸凌駕在貝勒之上的優勢卻不容改變。

多爾袞作為五歲順治皇帝的輔政大臣，在一六四四年完成了征服北京的行動。[47]他開啟「（滿漢）二元統治」（Dyarchy）政策，讓前明朝官員和滿人官員在高階行政職務上攜手共治（「二元統治」其實是個不精確的詞，因為漢軍八旗是第三重要的官員族群，但既不屬於前明朝，也不是滿人）。他也不再指派滿人王公進到六部。當多爾袞在一六五〇年去世時，由濟爾哈朗（Jirgalang）引發的滿人輔政內部派系鬥爭，接著持續了兩年，直到順治皇帝一六五三年正式親政至一六六一年。順治非常仰賴非滿人族群以制衡濟爾哈朗，促進了皇帝和耶穌會士、佛教僧侶和宮中太監的接觸。他支持漢人有權上奏，嚴厲打擊滿人貴族菁英的腐敗。

在年輕皇帝的統治下，國家似乎朝非常中國化的方向前進，但當順治皇帝在一六六一年過世後，皇太后與滿人貴族便聯手反擊。他們把虛歲八歲的新皇帝康熙推上龍椅，但接受四名強大的滿人輔政大臣的指導：鰲拜、索尼（Soni）、蘇克薩哈（Suksaha）和遏必隆（Ebilun）。[48]他們偽造順治皇帝遺詔，強調國家需要新的德政。借他之口嚴厲抨擊非滿人的腐敗作風。輔政大臣清洗太監和佛教僧侶，對耶穌會士天文學家湯若望（Adam Schall）嚴刑拷打，並處決了許多其他基督教追隨者。他們宣稱將回歸屬於努爾哈赤和皇太極理想中尚武且純粹的滿人國家，儘管這兩位皇帝實際上都巧妙融合了多文化要素。議政王大臣會議的職能擴增但規模卻縮小，內三院、六部和都察院等明朝制度的影響力也衰退。[49]

輔政大臣因為對本地中國官員的嚴厲政策而聲名狼籍。他們支持處罰江南歲入赤字，引發學生和官員叛亂，叛亂者在一六六一年遭集中斬首。他們對地方官引進有章法的評估方式（考成制），以便根除貪汙腐敗與確保歲收及時。不過，輔政大臣並未恢復共治的原則，或地方貝勒自治，即便在滿洲地區也沒有。滿洲南部變成了一個新省分盛京，由盛京將軍治理。此外當滿洲北部受俄羅斯襲擊時，一名將軍便出面接管。只有在一個面向上，輔政大臣准許較大的自治權：他們讓吳三桂和西南與華南的藩王，擴增軍事力量和行政獨立性。在面對蒙古人、俄羅斯人或臺灣的鄭成功政權的外交政策上，他們採取較謹慎而不積極擴張的立場。

整體而言，儘管輔政時期明顯重申滿人傳統價值的權威，但並未削弱國家的穩定性。中央集權和軍事威權統治進一步加劇，但我們不大能把此一集權化歸因於中國影響。十七世紀俄羅斯的混亂時期（一六〇二至一六一三年）導致莫斯科國家崩潰，地方分封貴族大力攻擊中央集權沙皇的所有權。直到一六一三年新的羅曼諾夫王朝（Romanov dynasty）出現之前，繼承鬥爭、外國勢力入侵、農民叛亂、經濟衰退，和分封貴族自治權的主張，幾乎全都差點摧毀了這個國家。滿人也面臨上述的各種挑戰。創建大清國的皇太極和順治皇帝都是務實的軍事管理者，使用邊塞環境最有潛力的各式文化元素建國。滿人的反動失敗，是因為它打算「淨化」國家受到中國制度汙染的部分，殊不知這些元素多半是國家不可或缺的一部分，而且並不存在成功的替代模式。

值得一提的是，輔政大臣從來都不能像康熙皇帝在一六七〇年那樣，制訂一道「聖諭」，宣布皇帝治理的基本方針。聖諭詳細說明了「與普通百姓有關的儒家正統綱要」。[50]後來的版本寫滿了皇帝的格言，並經口傳將聖諭的詳細解釋遍及整個帝國的老百姓。不同於康熙皇帝，輔政大臣沒有太大信心提倡一個連貫的計畫，如此直接地處理漢族人口問題。儘管如此，輔政大臣確實提倡了建國者們的根本目標，因為他們也在環境驅使下朝向更中央集權和專制的方向邁進。

直到康熙皇帝終於在一六七〇年正式親政，他的氏族成員才被從所有行政職務上永久排除。因此，氏族和官僚之間搖擺不定的鬥爭，並非單純朝漢化直線發展，而是隨著重要人物引起的偶發事件及國家的軍事進展與經濟資源而來回擺盪。

和俄羅斯人或蒙古人的國家相比，滿人面對的地緣政治形勢比較簡單。他們始終專注於單一大敵：位在南方的明朝。他們在其他邊界需要面對西方較為親近的蒙古人，北方不具攻擊性的部落民族，和東南方相對孱弱的朝鮮國王。他們已擊敗由蘇尼特蒙古（Sunid Mongol）和喀爾喀蒙古在一六四六年結盟發動的一次叛亂。[51]俄羅斯入侵滿洲北部在一六六〇年代尚未形成嚴重威脅。專注於單一戰線，給予國家領導者一個清楚的架構和使命，而軍事擴張的需求則驅動了行政與文化改革的連貫計畫。當滿人在一六四〇年代到六〇年代向北京以南移動，其統治者們一邊持續將明朝勢力往南逼退，一邊建立地方制度，治理數量龐大的中國百姓。在兩位建國者的強勢領導之後，輔政大臣的外交政策顯得相當謹慎，遵照前朝立下的規矩行事。他們弭平地方叛亂，並撤離東南沿岸人口，以便孤立鄭成功及其在臺灣的明朝追隨者。他們擢升理藩院的地位，讓理藩院成了處理西北事務的核心機構，職權獨立於禮部之外，禮部則是負責東方和東南的藩屬。[52]這個決定將清朝的「雙重外交政策」（bifurcated foreign policy）加以制度化，同時確保了西北邊界獲得特別關注。不過，滿人推遲對多數蒙古部落的征服行動，直到他們穩固了南方情勢。對照之下，衛拉特蒙古則不停在不同戰線之間轉換，和在東邊的蒙古人，西邊的俄羅斯人與哈薩克人，以及南邊的西藏人交鋒。他們的領導階層在一六七〇年時已捲入自相殘殺的糾紛，而且沒有一人能夠取得大汗合法頭銜的所有權。滿人在兩位皇帝與輔政大臣的領導下逐漸中央化，為康熙皇帝親政後的擴張野心奠定了基礎。

然而，中央集權政權本身並無法取得支撐國家不斷擴張的足夠資源。滿洲地區的生態乍看之下頗為豐饒。從西伯利亞的森林看去，或從中央歐亞的沙漠與大草原看去，滿洲地區的河流看似充滿漁獲，毗鄰富饒的農耕地，而且森林裡有充沛的獵物、森林物產和礦物。俄羅斯移民聽聞這個區域資源豐富的傳言，於是向東穿越西伯利亞。然而，他們很快就會大失所望。當地部落看起來很窮苦，田地能為戍守駐軍提供的穀物少之又少，而且堡壘過不久就開始糧食短缺。前文已提及，俄羅斯人甚至在發現自己擅入新興滿人國家的地盤前，就已碰到糧食供給的問題。

當滿人還是四散的部落民時，實行狩獵、捕魚和小規模農業生產的混合型經濟，以維持生存的低標來說要養活自己並不大難。他們也藉由貿易森林物產累積財富，特別是賣給朝鮮人和中國人的人蔘，還有毛皮。明朝官員善用滿人對貿易的渴望，個別發放朝貢許可以使部落之間產生分歧。他們於是可利用滿人爭奪許可的機會挑撥離間。努爾哈赤為了集中權力，必須親自控制所有的許可。這意謂著其他部落被剝奪了使用朝貢資源的機會。

直到努爾哈赤開始建立（他為國家統一和最終征服中國所設計的）軍事機器之後，後勤補給的瓶頸才變得嚴重。隨著他擊敗競爭的氏族領袖並把他們吸收到八旗制度內，他也為自己招來了供給這些部隊的責任。周邊的朝鮮和遼東民族是最好的新補給來源，於是努爾哈赤的第一步就是以歷史悠久的中央歐亞風格洗劫他們。努爾哈赤在建國最初期就積極促進經濟發展，滿人使用中國工匠煉鐵，開採金銀礦，以及發展蠶絲與棉花生產。[53]但明朝的回應卻是自一六〇九年起減少朝貢收入，以及關閉有利可圖的邊界市集。直到一六一五年時，努爾哈赤早已在正式宣布創立後金之前，承認他的國家欠缺養活自己人民的充足糧食，而且無法和毗鄰的蒙古部落對抗。他呼籲清理出更多耕地，以便充實糧倉。[54]糧食供應的迫切需求，自此開始變成國家擴張過程中的一項重大因素，直至征服北京。努爾哈赤為取得更多糧食，在一六一九年征服了葉赫氏部落。他也同時鼓勵蒙古人加入征服行動，並要求他們得在攻打明朝的征途中帶上自己的糧食補給，而且不可以偷當地人的糧食。[55]

努爾哈赤在一六一六年宣布創立後金後面臨了雙重挑戰，一面要餵飽自己的百姓，一面要爭取南方遼東的中國人支持。他承諾「振窮卹貧」，縮小明朝貪官汙吏創造出的貧富差距。[56]加入滿人統治的新成員，在一六二三年得到糧食配給的保障，而且中國人和滿人具有相同配額。被征服的中國家戶則遭到整併，地位從自由人到奴隸不一而足。一六二四年，糧食產量達五到七滿人「金斗」（sin，等同九到十三石，或約八百至一千公斤）*的中國家庭，會被分配到土地和房子，但糧食少於此數者被變成了奴隸。[57]但「包衣」（boo-i niyalma）或「阿哈」（aha）並不完全相當於中國的「奴僕」（賣身的奴隸）或「壯丁」（自由人）。它是一種個體依附於主人的關係，雙方理論上關係緊密，且包衣應受平等對待。誠如大汗所言：「主家應愛護家僕，與之進同食。」[58]滿人統治者堅持大家長作風，特別是透過保障糧食供應，試圖說服遼東地區中國人相信自己的性命能獲得保障，並在新國家的治理下克服不公平的貧富差距。

不過，一六二一年征服遼東的戰役，實際上導致了更尖銳的滿漢衝突，以及更嚴峻的生計危機。中國人抵抗不公平對待的叛亂，也主攻糧食供給：滿人擔憂起新鄰居是否對井水下毒，而且在食用豬、鹽、雞、茄子及其他物產時得特別留意。[59]努爾哈赤提倡家戶合居，讓滿人與中國人共同生活工作，希望擺脫中國人對滿人的敵意，但糧食短缺與文化差異使這項實驗以失敗收場。滿人在一六二一至二二年的冬季沒有自己的存糧，為了應急，必須設法從中國人（他們試圖暗藏糧食）那邊取得糧食，並實行普遍的糧食配給。[60]他們在隔年命令平分土地，每個成年男性分得五垧（cimari，相當於三十畝），但這個要求是否曾被兌現並不清楚。擴張中的國家藉由向廣大中國人口實施新的徭役和穀稅徵收，試圖解決後勤危機，但遼東閒置土地稀缺。隨著中國人向西逃離遼西的戰事，原本稀缺的土地又更加不足。難民「沒有足夠穀物或鹽巴可食」。[61]

承受經濟壓力的滿人剝削家裡的中國人，把他們當奴隸對待，並偷取他們的財物。遼東的中國人在一六二三年公然造反，放火燒房厝，毒殺滿人同伴，並從糧倉竊取糧食。儘管叛亂被輕而易舉地鎮壓了，努爾哈赤仍不斷接獲通報，聽聞他的子民對他要求平等對待中國人的命令置若罔聞。一六二五年爆發的起義更加嚴峻，揭露了更多地方滿人官員與指揮官的濫用職權。[62]

皇太極聽取新上任的中國顧問的意見，令部分滿洲貴族感到失望。中國顧問敦促進一步集權中央，以及對中國百姓更寬容大度，說服他社會騷亂正侵蝕著大汗的權威，更使情勢有利於他難以控制的氏族貴

＊編註：或許應做「等同九到十三斗」。依據滿文辭典，一金斗相當於一斗八升，也就是一．八斗。一般以十斗為一石，作者的算法把金斗的重量放大了十倍。

族——也就是「貝子」（beise）。那些抗拒過度偏袒朝中中國顧問的人，像是阿敏，想要重返劫掠與突襲的美好往昔。阿敏在一六二七年攻打朝鮮，違抗大汗之命將朝鮮搜刮一空，並在一六二九年進到中國的永平燒殺擄掠。皇太極昭告阿敏為國家大敵，在一六三三年把他打入大牢。阿敏在一六四〇年死於獄中。

國家的社會與經濟危機，促使皇太極拋棄努爾哈赤整合滿漢族群的徒勞。他實施嚴格的隔離政策，試圖創造各自獨立但平等的領域。滿漢共居的制度被廢除，中國人被納入新組織「拖克索」（tokso，譯按：莊屯）。每十三戶為一單位，由一名頭目負責管理，所有頭目皆效力於某個滿人八旗指揮官。中國人必須徹底繳械，滿人則必須配備武裝。[63]加強對移動性的嚴格管制，包括獎勵歸還逃跑奴隸，和同時期俄羅斯國家強化農奴控制頗為異曲同工。

然而，一六二七年的滿人國家「瀕臨經濟災難的邊緣」。[64]滿人軍隊在一六二六年第一次吞下對明朝的重大敗仗，暴露出這個國家的極度脆弱。滿洲微不足道的經濟，僅能勉強支撐自己日漸增長的人口。要額外供應一支大軍，軍隊必須在打勝仗時搜刮戰利品。這就是典型大草原游牧聯邦的生態：當成功搜刮足夠戰利品獎勵其支持者時，聯邦的規模會爆炸性擴張，也會在初露敗象之際向內崩塌。一六二七年的糧食危機，是截至目前為止最嚴重的一次，穀價比起一六二三年飆漲了八倍，達到每金斗八兩（滿人的一金斗等於一．八石*），並傳出許多人吃人和搶劫的傳聞。糧倉空虛，剛投降的子民分不到任何糧食。初來乍到的中國人也分不到任何土地。[65]糧食危機在一六三五年和一六三七年再次襲來。軍隊缺乏補給，嚴重削弱了滿人的軍力。他們的馬匹疲累又虛弱，根本無法追趕敵軍。[66]在遼西提高農業生產的努力未能如願；敦促富地主施捨給窮苦人家的勸戒，一如往常地被當成耳邊風，而且滿人沒有本錢冒著疏遠地主的風險強迫他們低價出售。[67]朝鮮再次成為誘人的標靶。滿人以軍事入侵的威脅逼使朝鮮提供糧食，然後阻擋朝鮮和中國有利可圖的朝貢貿易，以便自己壟斷對中貿易。和蒙古的關係（對滿人的軍事力量至關重要），也可能因為滿人無法提供足夠糧食交換蒙古馬而惡化。他們必須防止蒙古人賣馬給中國，並抑制蒙古和中國人的祕密糧食貿易。

與傳統印象不同，滿人國家和軍隊在一六三〇年代其實處於一個相當虛弱的狀態。儘管滿洲檔案並未提供關於這段時期的詳細資訊，但從滿人反覆在一六三六到一六四四年秋收之後實施攻打中國城市並撤退的模式，顯示滿人實力還不足以執行直接征服的計畫。[68]他們正面臨恢復到昔日突襲與勒索政策的危險，而不是創造出一個切實可行的國家，遑論征服一個中國王朝。

到了一六三五年時，皇太極的王權已穩如泰山。他克服了滿洲族人的競爭，一六三六年改國號大清。在攻打察哈爾蒙古人並取得元朝玉璽之後，他已可自稱成吉思汗的合法繼承者。然而，他戰力日衰的軍隊，受到中國鎮守山海關的將領吳三桂抵制，遲遲無法突破。一六四四年的幾個偶然事件意外拯救了他：叛軍李自成攻佔北京，明朝皇帝（崇禎）之死及朝中官員四散奔逃，還有吳三桂決定離開戍守崗位攻打李自成。這些是滿人得以趁機大舉入關的原因。[69]

新興滿人國家背負重重後勤限制，在當時差點導致國家瓦解。事實上，滿人並不孤單。十六和十七世紀的所有重要農耕國家，在建國野心上都遠遠超出自己力所能及。十七世紀席捲英國、法國、俄國、德國、中國和鄂圖曼帝國等全球各國的多重危機，其根源往往也被追溯至國家和軍事機構的迅速發展，導致生產潛力有限的農業經濟體承受過重負擔。人口成長提高了加諸在西歐和中國有限農業生產系統的要求，開徵賦稅則碰到農業生產的障礙和地方菁英抵抗。明朝開徵附加稅支付軍事防禦開銷，引發了

＊編註：或許應做「一金斗等於一．八斗」。依據滿文辭典，一金斗相當於一斗八升，也就是一．八斗。一般以十斗為一石，作者的算法把金斗的重量放大了十倍。

西北叛亂，最終導致王朝垮台；而法國人對皇家稅收的抵制，同樣導致十七世紀的投石黨內戰（Fronde civil wars）與國家分裂。[70]

在這個脈絡下，中央歐亞的國家占據一個特殊的天地。一方面，他們不同於西歐國家，不受有限領土內人口不斷增長的問題煩擾。因為在大草原和俄羅斯的空曠土地之間，農民還有數不清的空間可以移動。俄羅斯建國者主要的問題是如何將農民和土地綁在一起，從他們身上榨取徭役和賦稅。另一方面，中央歐亞的農業生產率太低，扣除生存必須後僅有少數數量能上繳國庫。大規模農業生產往往伴隨著大規模的國家榨取。俄羅斯人發現西伯利亞毛皮貿易是國家歲入的第二大財源，於是剝削北方的森林民族，使他們以相對低價獲得了值錢的毛皮動物，此舉早在十二世紀的諾夫哥羅德就已開始。[71]滿人也仰賴控制區域內的森林資源，作為建國早期階段的主要基礎。事實上，努爾哈赤就是個征服其他部落同胞的森林部落首領，然後利用他們的生產力為其軍事政權打底。

但滿人與俄羅斯人在移動到人口比較稠密的定居地區時，雙雙面臨了巨大的壓力。征服這些區域需要和當地菁英進行談判，而且後者的基礎遠比西伯利亞或滿洲的森林民族更為穩固。要把波蘭—立陶宛、烏克蘭或是遼東地區等邊境納入新國家之前，還需要大型的軍事圍攻行動和精明的談判。征服者為了防止社會動亂，必須照養百姓，並避免生存危機。滿人和俄羅斯人的國家在十七世紀中葉都曾差點瓦解：滿人完全是因為明廷棄守北京才躲過失敗的命運，莫斯科大公國則是在莫斯科市民召集了一支軍隊驅逐波蘭入侵者，撲滅農民暴動並選出一名新沙皇，才度過危機。[72]到了十七世紀末，這兩個政權都從新的經濟財富來源與科技突破獲得新的擴張力量：彼得大帝果斷地朝西方發展，但以莫斯科的遺緒為基礎；清朝統治者入主中原，接手了中國南方充足的農業財富，不過也沒有拋棄他們在西北的戰略目標。相較之下，這兩個國家在十七世紀初期到中葉期間都還曾面臨能否存續的疑問。就領導能力和後勤供給的穩定性而言，俄羅斯人、滿人和蒙古人的國家可謂平分秋色。

蒙古對滿人國家的影響

滿人從草創期開始，和鄰近蒙古部落的關係便對國家鞏固至關重要。親族關係和意識形態的親近性，將他們緊緊綁在一起。努爾哈赤自一五九四年起便安排滿人與喀爾喀蒙古通婚，然後在一六〇七年從他們那裡獲得了「淑勒昆都倫汗」（Sure kündulen Han）的頭銜，取代其氏族頭銜「淑勒貝勒」（sure beile，睿智的王子），進而將權力從區區一名地方世族首領，提高到一介中央歐亞大汗的層級。一六一六年，他給了自己「覆育列國英明可汗」（Geren gurun be ujire genggiyen han）的尊號，鞏固他對蒙古領導傳統的所有權。[73]多民族統治者、或稱普世可汗（蒙文：gür qan, dalai-yin qaghan）的理想，源於佛教的「轉輪王」（chakravartin）。此概念在元朝經西藏傳到蒙古。西藏喇嘛筆下的成吉思汗與忽必烈汗帶有神聖的色彩，將他們視為強大的菩薩和護法神的化身。[74]十七世紀繼承此理想統治身分的最後一人，是察哈爾部的成吉思汗後裔林丹汗（Ligdan〔Linden〕Khan）。任何人在內亞想要繼承蒙古帝國的權力，就必須把自己與此意識形態傳統連接起來。

根據法夸爾（David Farquhar）表示，清朝的其他帝國治理概念並非來自中國，而是源自蒙古。在此早期階段，滿人尚未開始翻譯基本的中國古典文本。誠如前文提到的，努爾哈赤最早的文官顧問，是像達海和額爾德尼人等，這些人的出身都有蒙古背景。達海和額爾德尼的血緣大概是身為遼東「越邊民人」的中國人，其祖先改變了他們的文化認同身分，採用起滿人名字與文化傳統。[75]達海（一五九二至一六三二年）負責所有與朝鮮人、蒙古人和明朝的官方溝通。他在滿洲軍事行動期間與明朝將領進行了和平談判，然後在一六二九至三〇年，以漢文宣讀皇帝公告。他還將軍事書籍和大明律翻譯成滿文。額爾德尼巴克什（卒於一六二三年）自幼就識得蒙文與漢文典籍，而且能和中國人及蒙古人以母語交談。額爾德尼告訴努爾哈赤，天象的徵兆（極光，在一六一二、一六一四和一六一五年極為顯眼）預示天命很快就會改變。這個詮釋結合了中央歐亞的敬天和中國的天命觀，使努爾哈赤於一六一六年宣布建立後金。[76]

這些濡染了三種文化的人成為關鍵的中間人，從多種根源綜理出滿人國家的基本要素。他們後來被當作第一批「儒人」編進《八旗通志》的人物傳記，儘管他們出身的中央歐亞色彩多過中國。《八旗通志》中收錄的後代文人多無蒙古背景，他們的主要貢獻來自將漢文典籍翻譯成滿文。這些文化人從事一項困難而危險的文化跨界行動，這使他們很容易受到敵對勢力的攻擊。達海於一六二三年遭到解職，額爾德尼則在一六二三年因不明罪行遭處決。由於貝勒不滿他們和權勢日增的大汗關係親近，他們可能成為了謠言的受害者。[77]

「天命」的概念（滿文abka-i fulingga：滿人在一六一六年宣布的第一個年號）如果終歸是源自中國，那也是從蒙古傳播到滿洲。忽必烈汗在一二七二年宣稱他的帝國承接了這份天命。[78]滿人的貝勒結合了世襲王子和官員的角色，恰恰相當於蒙古的「那顏」（noyan）。將國家區分為世俗和宗教領域的二元性質（蒙文qoyar yosun）概念，源自十六和十七世紀蒙古的「國家本質」理論（蒙文törö sajin，滿文doro sajin）。儘管看起來與中國古典概念類似，但超越氏族領導的「更高層」的國家概念，其實是「經蒙古濾網」而來到滿洲。[79]

即使是滿人最獨特的創新「八旗制度」，其蒙古根源的色彩也和中國根源不分軒輊。梅谷主張八旗乃直接仿效明朝的衛所（世襲的衛戍部隊）而生，但原始的八旗模型與十進位制的明朝衛所組織，並沒有任何共同之處。[80]八旗由兩個格倫（geren，游牧隊）組成，每個格倫再分成四個塔坦（tatan，陣營），每個塔坦有七十五人，但每個旗還包含騎兵（uksin）與步兵（yafahan）。直到後來八旗制度才採用了比較十進位制的組織形式。無論如何，明朝的衛所本身就源於元朝的十進位制軍事結構。[81]八旗制度的其他顯著特徵也有常見的蒙古起源：例如軍事和民政管理的結合，聖旗的使用，以及世襲官員的任命。

到了一六二三年，最終形式的八旗制度建立在「牛彔」（箭）的基礎之上。牛彔起初是滿人的狩獵與作戰單位，非常類似蒙古在十三和十四世紀的「旗」（qosighun）。八旗和蒙古的旗一樣，以「部落或被視為軍隊的其他自主政治單位的健全男性」為基礎。[82]它由世襲王子統領，其官方頭銜以蒙古的頭銜為範本。因此，作為滿人征服骨幹的核心制度其根源來自蒙古。[83]

就像俄羅斯的案例，與其繼續討論八旗制度的中國或蒙古來源孰輕孰重，不如認識到滿人從其邊境位置產生的創造性融合。該地區特有的制度與個人身分流動性質，人口與生態與社會結構的混合，提供了醞釀創新社會編制的大鍋，進而創造了常勝軍的軍事和社會結構。昂格爾（Roberto Unger）認為：「蒙古人在大草原和邊境地區的經歷，以及他們作為征服菁英曾面對的困難，幫助他們成為……治國導師的角色。他們傳授的教訓包含持續動員、對既得權力和地方特權之敵意，以及堅持將（至少部分）政府權力隔絕在當地地主與要人的影響之外。」清朝採用蒙古模式，使中國不至再次陷入「倒退循環」，也就是當地地主接管農業資源的控制權，使中央政府資源匱乏，並關閉商業交易網絡。清朝的八旗制度「使征服菁英隨時能夠披掛上陣，而且防止這些人變成憂心地方利益的一群地主階級。」[84]

八旗和其他滿人制度是混合有成的例子，結合了「純」蒙古元素（例如書寫文字），和經蒙古濾器傳遞的中國元素。接下來還有純粹的中國元素，將在日後向南擴張時混合到國家裡。

與蒙古貴族世家通婚，進一步鞏固了兩個民族之間的結盟。一六一二年，努爾哈赤自己與科爾沁蒙古（Khorchin Mongols）部落首領的女兒結婚。從一六一二到一六一五年，努爾哈赤和他的兒子們一共娶了六名蒙古婦女。一六一七年後，其他滿人嫁入蒙古貴族階級，而且投降的蒙古部落被納入滿人八旗編制，提供了可觀數量的婦女與滿人菁英結婚。[85]

皇太極擴大了聯姻政策，把十二個女兒嫁給蒙古部落首領。他利用婚姻關係把二十一個南部蒙古部落大都拉進了滿人聯盟。清朝征服中國其他地區後，滿蒙的結盟變得更有系統和規範。銀子和絲綢的特別年度津貼，精心安排的葬禮，以及授予家中男性子嗣高級頭銜，全都鼓勵通婚。同時，對訪問首都的限制，使蒙古貴族不至造次。與蒙古人結婚的滿人婦女可以回到首都的家鄉，但每十年僅一次，一次最多六十天。年輕的蒙古男孩被選為公主的配偶，帶到首都接受滿人和中國人的文化教育，再送回他們的部落妥善適應新文化。乾隆和嘉慶將此制度擴充，以涵蓋滿人和蒙古人各貴族階級之間數以千計的聯姻。同時，雙方的平民遭到嚴格隔離，並且禁止與貴族通婚。

這種高度管制的大規模親屬關係創造計畫，大不相同於過去王朝偶爾利用聯姻確保與西北邊塞民族的和平（也就是可追溯至漢朝的所謂「和親」政策）。[86]漢唐的和親同盟純粹是為了抵禦邊境威脅，但滿人的目標是和其他中央歐亞同胞建立親密的聯繫——親密但不會消除兩個民族之間的界線。除了聯姻，滿人也不忘搭配其他像是禮物、薪餉、免稅、教育、取得官職的管道等方法，提供蒙古人與崛起中的滿人勢力合作的強烈誘因。一六八九年，康熙皇帝有點得意忘形地吹擂，由於他與關外蒙古人的親密關係，為西北邊境帶來了和平，消除了困擾明朝的反覆游牧突襲威脅。[87]

儘管滿蒙關係日漸親密，有位重要的蒙古領袖仍然堅決抵抗不斷增強的滿洲勢力，這人就是林丹汗。作為成吉思汗的最後後裔，他持有元朝玉璽，並自視為蒙古帝國傳統的合法代表。但在他於一六二八和一六三二年與滿人作戰失利後，滿人便接管了元璽，並將東部蒙古整個納進八旗體系裡。林丹汗在青海死於天花之後，他的兒子與滿人公主結婚。察哈爾和喀爾喀蒙古的一萬九千五百八十個家庭，共組成三百八十四個牛彔，科爾沁蒙古則是二十二萬三百零八個家庭，四百四十八個牛彔。[88]直到這次關鍵勝利之後，皇太極才得以宣布成立真正的三民族帝國。他在一六三六年將帝國取名為大清。滿人不再需要回想起他們的十二世紀女真前輩，也就是名為金朝的區域政權（一一一五至一二三四年）；現在他們可以合法地宣稱將建立一個普世帝國。

林丹汗在滿人國家裡還有另一個重要功用。他在統治期間將大型藏傳佛教經典《甘珠爾》（*Kanjur*）翻譯成蒙文。滿人便是透過這個渠道認識了藏傳佛教，鋪下了一六五二年第五世達賴喇嘛訪問北京之路。[89]

滿人在征服初期就成功吸收東部蒙古和南部蒙古，因此獲得大量的寶貴經驗，日後得以運用在更西邊較為孤立、不友善且更高度自治的蒙古部落的衝突上。在征服後的一個半世紀裡面，他們回歸到誘惑、威脅、個人關係和專制官僚管制等方式來延伸帝國觸角。這些是他們在建國最初五十年期間，曾有效運用在滿蒙關係上的技巧。

當然，蒙古人給滿人的最大禮物是蒙古文字。[90]一五九九年，努爾哈赤命令額爾德尼巴克什和噶蓋（G'ag'ai）為滿人「國語」創造書寫文字。兩人反對，認為滿人已經長期使用蒙古文字和語言，而且他們無法創造一種新的文字。努爾哈赤接著說：「漢人念漢字，學與不學者皆知，蒙古之人念蒙古字，學與不學者亦知，我國之言寫蒙古之字，則不習蒙古語者不能知矣。」[91]於是命令兩人以蒙古文字為範本，創造一種新的字母書寫體：

> 太祖〔努爾哈赤〕問：「何汝等以本國言語編字為難，以習他國之言為易耶？」噶蓋和額爾德尼對曰：「以我國之言編成文字最善，但因翻編成句，吾等不能，故難耳。」太祖曰：「寫阿字下

> 合一媽字，此非阿媽乎阿媽父也？厄字下合一脈字，此非厄脈乎厄脈母也？吾意決矣，爾等試寫可也。」於是自將蒙古字編成國語頒行。創制滿洲文字，自太祖始。[92]

噶蓋和額爾德尼於是聽從努爾哈赤的命令，設計出了新的滿文書寫系統，接著迅速著手將漢文典籍翻譯成滿文，並在頒布帝國詔令時使用滿文。一六三二年，達海增加了變音符號，區分不同的滿文母音，外加特定中國子音的額外符號；這個「尖尖的」文字就成了此後清朝的標準滿文書寫系統。

努爾哈赤顯然誤認為只要能誦讀文言文，人們就能理解內容。他的顧問抗拒推行滿文書寫系統，可能是因為熟悉蒙古帝國的語言，並希望維持與蒙古制度傳統的聯繫。從努爾哈赤前述的討論來判斷，他腦中想的是一種音節文字（像是日文的平假名與片假名），而不是實際的蒙古或滿洲文字（它們是拼音文字）。努爾哈赤考量的動機是出於政治而非語言學。他著重的是如何用口頭傳達統治者對全滿人的書面命令，無論他們識字與否。他需要一套文字系統支撐新國家，因為就像所有過往的中央歐亞統治者一樣，他需要將個人意志以突破口耳相傳局限的方式傳布。他的詔令如今可以用滿人自己的語言，大聲對所有滿人百姓宣讀，而且文本可以被翻譯成母語以便作育英才。事實上，努爾哈赤藉由創造一種獨特文字，擴大了子民的文化視野，使他們既能適應非滿人的思想，又能保持獨特的身分認同。新的書寫技術使國家擴張得以涵蓋所有滿人百姓，不過也使大量的中國古典文學透過翻譯進入滿人文化圈。這個圈子過去與蒙古和中央歐亞的佛教世界關係更密切。

簡言之，蒙古人對早期的滿人國家貢獻良多。他們提供了軍事同盟、馬匹和可追溯至成吉思汗的合法性傳統。伴隨元璽出現了一個涵括許多民族的普世帝國觀，一種理想的統治身分，遠遠超越滿人祖先女真金朝或明朝的國家。透過親屬關係的個人連結，和透過書寫文字的文學連結，將兩個民族繫在一起。努爾哈赤經常援引蒙古人和滿人的共同文化遺產來促進雙方聯盟，但其他時候則強調雙方之間的差異。並非所有蒙古人都接受年輕滿人國家的霸權地位，只有沙場上的決定性勝利才能說服他們俯首稱臣。打從建國之初，滿人國家的統治者就學會了如何設計環環相扣的戰爭、外交和經濟誘導戰略，以確保他們在西北地區的重要盟友保持忠誠。

比較滿、俄、蒙的近代國家建構

中國和俄羅斯帝國在擴展至歐亞大陸時，展現很多相同的模式。他們都有爆炸性的規模成長，在短短五十多年的時間裡，從小型部落王權擴展到支配廣大森林、田野、大草原和沙漠。蒙兀兒帝國（Mughals）、薩法維帝國（Safavids）和鄂圖曼帝國等三個中東的「火藥帝國」（gunpowder empires）也在大約同一時期擴張。儘管火藥不是主要因素，但部分以火藥武器為基礎的新軍事組織為其征服提供了極大的幫助。滿人、俄羅斯人和蒙古人，也仰賴新的軍事組織維繫國家。他們同樣擁有與大草原民族頻繁互動的基礎，並從這些民族身上學到了移動迅捷的重要性，以及對軍事後勤的審慎關注。他們從附近的定居民族身上尋求最容易的財富來源，像是綠洲、稻田或獵捕毛皮的村莊，但他們利用這些資源建立新的國家，而不只是停留在劫掠和快速榨取。

我們可以在本章看到，在滿、俄、蒙這三個國家形成的早期階段，就已經透過中央歐亞大草原而聯繫在一起。這些征服者往往會在成功建國後試圖掩蓋新國家生成時的複雜過程。俄羅斯教士編年史家創造了一種基督教和異教鬥爭的簡單二元論，合法化新興沙皇的統治；中國史學家則是把滿人放進天命繼承與漢化的正統學說裡。事實上，征服者的成功，不是因為遵循僵硬的宗教意識形態和宇宙準則，而是因為他們務實地結合了多種傳統。俄羅斯沙皇仰賴精明的大草原外交、騎術和許多蒙古文化遺產，以及東正教和對斯拉夫農民的控制。滿人將蒙古式統治、騎術和語言，和中國文言文典籍和滿人親屬關係結合在一起。準噶爾蒙古把藏傳佛教習俗根據蒙古氏族關係和綠洲文化做調整。

鄂圖曼帝國提供了這種創意結合的另一個例子。史學家長期以來將鄂圖曼帝國的崛起，歸功於一群為伊斯蘭奮戰的正義之士，他們生活在拜占庭帝國和突厥帝國邊緣。然而，卡發達（Cemal Kafadar）最近證明，早期鄂圖曼帝國其實誕生在一個身分認同和忠誠對象不斷改變的邊境環境。林德納也指出游牧民族在鄂圖曼建國初期的重要作用。鄂圖曼人後來在十七世紀時，還受到被稱為「捷拉利」（celali，盜匪）的武裝團體挑戰。許多史學家把捷拉利看作鄂圖曼帝國的公然反對者，但巴基（Karen Barkey）已證明他們其實是鄂圖曼政權的產物，主要是一群想在國家內尋求更高地位的退伍士兵。鄂圖曼帝國再次成功地在邊境競爭不休的情況下，與多個武裝團體進行談判，維繫國家命脈。[93]鄂圖曼帝國之所以存在這麼久，就是因為其統治者懂得如何和政體內的不同群體進行談判。

如果我們個別檢視每一個帝國，往往只會看到它們最創新的明顯特徵。但只要同時觀察三、四個帝國的崛起，就能看出這些帝國在許多方面上都具有極大的相似之處：從游牧民族扮演的角色，到國家中央集權與地方貴族之間的關係，再到與其他建國競爭對手進行協商談判。這些技術有些是從鄰居那裡借來的，有的則是對類似邊境環境的共通回應。但我們能在這三個國家的例子中看到，國家創建者都與中央歐亞有所連結，並且都留下了永久的遺產。

第二部

競逐權力

第四章

滿人、蒙古人和俄羅斯人的三方衝突，一六七〇至一六九〇

十七世紀晚期，一位積極進取的年輕中國統治者果斷擴張新帝國，他就是我們熟知的康熙皇帝。康熙親政不過短短三十載，就已成功強加個人意志於輔政大臣（也就是他的叔伯）、控有西南方的將軍（編按：三藩），以及臺灣原住民。但最叫人刮目相看的，還是康熙降伏了原本自由的蒙古游牧軍事領袖。到了十八世紀，似乎已無人能夠反抗帝國控制。這些成就皆非注定，勝券也從不曾在握。康熙得克服來自親信顧問的反對聲浪，其部隊也得持續克服艱巨的人為與自然障礙。儘管大清新興的國家結構（包含中亞元素）支撐起康熙聲勢浩大的軍事行動，我們也不能忽略堪稱形塑此段時期的關鍵力量：康熙皇帝的個人意志。康熙精力旺盛的介入，將清朝的擴張霸業從有前景但受限，提升至史無前例的高度。最能代表清朝已搖身一變，成為世界上舉足輕重的中央歐亞帝國的事件，就是出兵蒙古。

康熙皇帝

愛新覺羅玄燁（一六五四至一七二二年）是順治皇帝福臨的第三子。他在父親因天花命在旦夕時，被祖母和四位滿人輔政選中繼任皇位，年號康熙。[1]對天花的恐懼在立玄燁為皇太子的選擇上扮演重要角色，因為他小時候曾出過天花。天花對滿人和蒙古人都是致命的疾病。一六三〇年代時，滿人將軍深信蒙古地盤是天花肆虐的危險之處，因此努力確保唯有已出過天花的將官才能率領遠征軍穿越蒙古。[2]

新皇帝集三個統治民族的血脈於一身：他只有不到一半的滿人血統，因為他父親和父系祖父都是蒙古公主所生。他從母親那邊繼承了四分之一的漢人血統，儘管她是滿人皇族的一員。[3]康熙以八歲之幼齡繼位後，便在伯叔們的指導照料下長大。他在一六六七年滿十四歲時受一位中國監察御史敦促而親政。[4]儘管他在那年正式親政，但他直到一六六九年六月才積極反抗輔政施加的限制，鉅細彌遺地條列首席輔政大臣鰲拜的罪狀並將其下獄治罪。鰲拜不久後便死於獄中。新皇帝接著清洗六部尚書與主要的八旗首領，奠定不容置疑的權力基礎。

康熙的當務之急是消除治理最高層的派系紛爭，他相信派系導致了明朝的覆亡，更是輔政時期的一大煩擾。康熙得減輕滿漢之間因鰲拜的滿洲本位主義而導致的嚴重對立，並說服中國的文人階級相信唯有他的統治才能帶來和平。他還需要實現軍事征服臺灣和西南中國的未竟之志。新皇帝大刀闊斧地鎮壓三藩之亂（一六三七至一六七八年），展示他不再採納輔政大臣小心翼翼、猶豫不決的治理政策。康熙的個人意識為清朝的擴張主義注入了嶄新活力，復興了建國之初的尚武精神。

漢將孔有德、尚可喜、耿仲明，以及最重要的吳三桂，是滿人征服中國的重大助力。這些漢人官員和將軍背叛祖國加入滿人陣營，對於擊敗抗戰到底的南明政權至關重要。為獎勵他們的歸順，這些將領

康熙皇帝（1662至1722年在位）的文人裝扮。

獲得華南和西南地區近乎百分之百的自治權。一六六〇年時，尚可喜統領廣東，耿繼茂控有福建，吳三桂治理雲南。[5]吳三桂是當中實力最強大者，麾下部隊有六萬五千強，並受封貴族。中央政府花費九百萬兩在他的軍隊上，達順治年間國家歲入的五分之二。[6]輔政大臣並未挑戰三藩日漸增長的獨立性，也並未擴張本身的八旗勢力作為制衡。反觀康熙則在一六六七至一六七五年間新增一百七十九個牛彔，使牛彔總數達到七百九十九。

南明棄守華南後，清朝便不再需要三藩的軍力，但三藩顯然打算維護自己的權力根基。吳三桂為了測試康熙心意，遂在一六六七年向其表達退休之意；但康熙還沒準備好挑戰吳三桂，遂將其慰留。當尚可喜也在一六七三年表達退休意願時，康熙才迎來真正的考驗。關鍵在於清廷是否想讓這些領土成為這些開國功臣的家族世襲領地。議政王大臣會議（The Deliberative Council）同意尚可喜退休，但不允許其子繼承兵權。當吳三桂和耿繼茂表示想引退時，絕大多數康熙的大臣們都建議不要接受，因為清廷尚未準備與這些地方強權爆發軍事衝突。然而，康熙卻不顧大臣們反對，接受了吳三桂的請辭，進而引發吳三桂在一六七三年十二月起兵反抗。尚可喜和耿繼茂的兒子耿精忠響應吳三桂的起義，意謂著華南群起叛亂。康熙最終贏得這場硬仗的原因很多：三藩沒能有效合作、吳三桂則因為曾和滿人合作過而喪失了作為漢人利益捍衛者的聲譽。此外，康熙擴增的八旗部隊仍然是帝國內最強大的軍力。吳三桂在一六七八年的偶然過世，迅速終結了本來有可能持續很久的衝突。

康熙成功壓制西南分離主義者，影響了清朝控制帝國其他領土的態度。後來的統治者再也不允許任何區域擁有像三藩一般的自治度。儘管在清朝平定三藩後，其他邊疆區域仍維持獨特且相對自治的地方行政權，但滿人透過控制頭銜，控制權力、土地和賦稅的繼承權，確保這些地方不易脫離中央。

康熙鎮壓三藩的軍事行動，立下日後西北用兵的基調。從這個時期開始，康熙便長期猜疑達賴喇嘛。康熙為了鎮壓三藩而想獲得達賴喇嘛的支持，但他知道地盤與西藏相鄰的吳三桂也在長期接觸達賴喇嘛。儘管達賴喇嘛最終拒絕支持吳三桂，仍無法取得康熙的信任。康熙在此役得到察哈爾蒙古人的大力幫助，奠定日後出征時一併動員蒙古降軍的基礎。但整體來說，康熙對前線將領的表現十分不滿，認為將軍們謹慎過頭且回報不實。

到了一六七八年，康熙已有理由懷疑噶爾丹率領的西部蒙古，不會像東部蒙古各部一樣溫順地屈從滿人統治。但康熙在一六八〇年代經略西北的主要目標，仍是擊退俄羅斯人對滿北地區越來越多的滲透。一六八四年和一六八六年，康熙派兵攻打阿爾巴津要塞，促成一六八九年清、俄進行《尼布楚條約》的談判。康熙簽訂此約的主要動機之一，便是避免俄羅斯人資助勢力日漸增強的西部蒙古。

時至一六八四或一六八九年，康熙鞏固滿人權力的任務算是告一段落。[7]他贏得中國文人菁英支持其統治，也成功透過一六七九年的博學鴻儒考試吸收了幾乎所有的明朝菁英。他已穩固所有邊疆，擊潰

穿戴盔甲的康熙皇帝。

明朝忠臣鄭成功在臺灣的據點、西伯利亞地區的要塞指揮官，以及控制西南地區的強大藩鎮勢力。康熙已確保皇權凌駕於相互競爭的滿洲權貴之上，確立了穩定的官僚制度。那麼，為何穩坐大位的他卻在十年後再次不顧群臣反對而發起另一波風險極高的擴張作戰，甚至御駕親征？就戰略上來說，清帝國並沒有急於進一步擴張的必要：其版圖在一六七八年已經超越明帝國，而且準噶爾蒙古人對中國統治核心並不構成嚴重威脅。我們將在下文探討，康熙對抗噶爾丹的戰役是如何從俄羅斯人、蒙古人、滿人、藏人等不同角色在大草原變動環境下的偶然互動中衍生而來。

噶爾丹和康熙的關係起初友好，維持著噶爾丹歷代祖先立下的先例。顧實汗在一六五三年獲准派朝貢使團到北京，獲得了順治皇帝給的御印和榮銜。鄂齊爾圖汗（Ochirtu Khan）、車臣與土謝圖汗，以及其他駐紮在甘肅邊界的蒙古人也都被納為朝貢藩屬。一六七七年，清朝接受噶爾丹的進貢請求。清廷對噶爾丹的個性略知一二：他「殘暴、詭計多端，而且好戰」，他藉由實現替手足僧格復仇的誓言而成為領袖，而且很快就支配許多西部蒙古的部族。[8]他從小頭目竄起成為琿台吉，使他有資格以和其他大汗平起平坐的身分進貢。清朝將紛擾的蒙古部落視為藩屬，確保他們能維持和平：既可能蒙受皇帝恩澤，也可能遭受皇帝盛怒之殃。一六五五年，八名喀爾喀蒙古領袖受封「札薩克」（Jasak）[*]，並獲得固定的朝貢補貼。他們每年必須交出八匹白馬和一頭白駱駝——史稱「九白」，並獲得銀、茶、錦緞和其他織品作為回報——都是有利可圖的貿易品。[9]這些關外的蒙古人唯有透過嚴格管制的朝貢使團才能進到清帝國。

然而，噶爾丹勢力的坐大破壞了清朝所維持的藩屬和平，也妨礙了將其隔絕於關外的目標。到了一六七七年末，被噶爾丹打敗的厄魯特（Ölöd，西部蒙古）領袖們已開始非法跨越邊界，偷竊邊防和當地居民的馬匹。[10]額爾德尼和碩齊（Erdeni Qosuuci）是其中實力最強大者，兵力超過一萬帳；墨爾根阿喇奈多爾濟（Morgen Alana Dorji）則握有數千帳兵力。受寒冬饑饉的威脅，這些入侵者跨越國界，為糧食和牲口殺戮擄掠。康熙發現他們的越界是出於絕望，於是下令邊界部隊不得將其趕盡殺絕，只是嘗試將他們趕走。最重要的是，康熙偏好防禦政策：加強邊界衛戍的警覺性，先發制人，防止蒙古人跨越國界。

一六七六或一六七七年，噶爾丹打敗並殺害岳父和碩特領袖鄂齊爾圖汗。他試圖延攬鄂齊爾圖汗的人馬，但多數人都逃跑了。[11] 一六七八年初，鄂爾多斯地區傳出許多蒙古人遭鄂齊爾圖汗殘部侵擾的消息。在此同時，效忠清朝的蒙古人則驚惶失措地回報，傳聞噶爾丹計畫親自攻打大清疆界。這些蒙古人聲稱，噶爾丹以距離嘉峪關行軍只要兩個月的金山為總部，號召鄂爾多斯地區的蒙古人集會以便策畫一場侵略行動。[12] 與此同時，額爾德尼和碩齊則持續在整個一六七九年四處掠奪，康熙則試著讓額爾德尼所臣服的達賴巴圖爾台吉（Dalai Batur Taiji）和墨爾根台吉（Morgen Taiji）管好他。康熙此時正專注於三藩之亂，因此仍需要噶爾丹協助解決邊界紛擾。他於是請噶爾丹追捕額爾德尼和碩齊之部眾。噶爾丹則回覆說：額爾德尼如今「與野獸同行」，無從尋覓。康熙對此則表示，噶爾丹務必俘獲額爾德尼並歸還其劫掠之物，否則清廷將自行採取其他措施。[13] 到了一六七九年秋，噶爾丹已有一萬兵力準備入侵吐魯番，而且還派遣偵察使再往東到哈密，距離甘肅省肅州的清朝駐軍不過十天行軍路程的五百二十五公里。儘管如此，清將張勇仍認為關於噶爾丹意圖的消息不實，並派人到嘉峪關進行調查。[14]

噶爾丹確實拿下了哈密和吐魯番，更征服了東突厥斯坦的綠洲城鎮。一六七九年十月，張勇接獲來

＊編註：此處的「札薩克」是指官名，容易與作為汗號的「札薩克圖汗」混淆，還請讀者留意。

自噶爾丹的消息，以及要呈給康熙皇帝當禮物的馬匹和毛皮。噶爾丹指出：「我已徹底掌控西北地區。只剩當年由你我祖先各據一方西海（青海）地區，如今卻為你單方面掌控，因此我想將它拿回來。」張勇的蒙古間諜探聽到了噶爾丹這人的底細：他在一六四四年出生，因此如今三十六歲；他「殘暴邪惡，嗜酒縱慾」。去年他曾興兵侵略西海，派兵朝青海方向行軍十一天，接著就解散了這些部隊。他還曾派兵到突厥斯坦（「纏回地盤」）。只不過尚未膽敢挑戰駐守邊界的清帝國部隊。[15]

對於噶爾丹，我們只有（不利於他的）中國史料記載。但即便在此版本中，噶爾丹也只是想要爭取沿明朝國界分割大草原的權利。明朝統治者從不曾控有蒙古高原或青海，而且僅沿著長城朝甘肅延伸出一條狹長領土。噶爾丹並未親自威脅清朝疆界，主要是其他敗逃的蒙古人想到關內避難。張勇推斷噶爾丹無意入侵，因此無需擔心甘肅。

噶爾丹利用康熙專注西南之際，擴大自身實力規模。他在達賴喇嘛的同意之下，獲得博碩克圖汗（Bushuktu Khan）之名號。博碩克圖源自蒙古文「Boshugh」（天的裁決、天數、命運、命令之意），和中國的「天命」觀有著非常類似的含義。[16]一六七九年十月，噶爾丹派遣特使帶著貢禮去北京，順道宣布他的新名號。清朝的理藩院指出，過去從沒有蒙古大汗在未事先取得帝國認可和御印之前，就對中國皇帝宣布新的名號。不過在這個案例中，理藩院建議清廷接受噶爾丹的大使，因為他似乎是臣服大清的。然而，噶爾丹顯然不同於其他大汗。他並不打算先向清朝皇帝請求御印後才啟用名號，他決意要在行動上更為自主。

康熙的蒙古政策，是鼓勵藩屬自己維持治安，以減少清廷對邊疆的干涉。他拒絕了喀爾喀人提出增加清朝邊哨站守衛的要求，反而敦促喀爾喀人管理好其追隨者，防止他們在邊疆擄掠。[17]在一六八一年弭平三藩之亂後，康熙召喚蒙古特使赴宴，然後囑咐他們有關蒙古政策的通則。特使們帶著帝國詔令與厚禮，呼籲蒙古人彼此要和平共處。所有不會說蒙古語的官員，都要讓舌人通譯他們的討論，而且所有討論都應當被記載。官員應當尊重蒙古習俗，不要太過執著於中國禮法。他們務必管好自己的使團成員，避免和蒙古人起紛爭。清朝統治者為了和所有蒙古大汗建立默契關係，而在方方面面上都做出了努力。

為了回應噶爾丹的進貢請求，康熙也派了一支使團前往噶爾丹處。一六八三年秋，使團回報北京已成功抵達。噶爾丹過去未曾接待過帝國特使，因此聽聞他們到來時不勝欣悅。他堅持挑選良辰吉日聽詔，而且考慮依循正確的禮節。誠如他所言：「中國禮繁，我國禮簡而易。中國部臣受之上奏，一月後方行賜宴。我國雖無部院，而有寨桑，若使寨桑接受，是行中國之禮也。如我國之禮，則使臣以勅書并賞賚諸物親授我汗。」他決定直接收禮和接勅書。他問特使說：「吾聞中國有冦亂遲至數年始滅，其信然乎？」特使回覆：「比年曾有冦盜竊，發我天子仁慈，恐用兵擾民。故漸次收服者，有之。剿滅者，有之。今已盡皆底定矣。」噶爾丹也對清廷派說藏語的特使到西藏（譯按：時稱唐古特）感到欽佩。他讓特使團觀喇嘛作儺舞，聽喇嘛講經，展示他和西藏的連結。他幾度設筵款待使團，然後讓他們帶著豐厚禮物回國，包括貢馬四百匹、駱駝六十頭、貂皮三百、銀鼠五百，以及相當有趣的「厄魯特鳥鎗四桿」。特使與噶爾丹定議，噶爾丹應盡可能收捕巴圖爾和額爾德尼和碩齊，而且雙方都會在一六八五年四月前監看此兩人的動向。噶爾丹向特使承諾，即便未能將此二人收捕治罪，也會防止他們進犯清朝邊境。[18]

這支被派去見噶爾丹的使團，顯示出雙方的靈活彈性，以及雙方對於維繫友好關係的共同目標。雙方都瞭解彼此間的文化差異，也都不想要讓繁文縟節干擾溝通。使團認為噶爾丹比俄羅斯人更友善，而且在維持對其他擾邊的弱小蒙古部落的控制上可為清朝所用。一如過去許多朝代所為，中國皇帝幫助一位大草原領袖取得優勢，期待能贏得對方和自己建立穩定的朝貢關係。[19]

朝貢是利用經濟誘因穩固邊界的一項靈活手段。清朝特使要求噶爾丹加強約束他的貢使，因為有很多自稱是噶爾丹的特使來到中國，卻沒攜帶任何官方文書。噶爾丹指出，他派遣的特使全都帶有他的御印，但杜爾伯特部、土爾扈特部、和碩特部等等同盟的部落卻因為住的太遠，所以沒有拿到官方文書。噶爾丹自己的男性親屬跨越國界時，也沒攜帶任何文件。蒙古大汗較為寬鬆的控制，和中國官僚主義的文書作業要求產生衝突。當清朝特使堅稱：「汝母與弟及子姪等若無汝符驗，則不准入關，汝知之乎？」噶爾丹回道：「准入關與否，一惟上裁。」[20]

短短兩個月後，康熙皇帝就對噶爾丹貢使團的濫權採取更加嚴厲的管控。由於使團的規模變得越來越大（達數千人之譜），且使團成員在前往都城途中違法亂紀。「他們劫掠關外的蒙古馬，進到關內後又恣意牧馬，踐踏田地，強搶民財。」[21]康熙本來沒有給噶爾丹的使團設人數限制，但如今將規模限定在二百人以內。其他人只得在邊城從事貿易。可靠的頭目應當仔細監督所有入關者的一舉一動。儘管康熙赦免了先前使團的罪行，卻也明令日後任何在關內觸法之人，都將受到中國的法律制裁。治外法權，也就是外國人被依據自家法條規範審理的權利，不是康熙皇帝打算給這些代表團的特權。

儘管如此，隔年噶爾丹仍派了一支三千人的使團來測試康熙的命令。結果只有兩百人得以入關，其餘全都在邊界被請回。[22]噶爾丹對康熙帝的限制提出異議，主張自古以來和厄魯特的互市都依循著固定的規範，其中並不包括限制使團規模。但理藩院回覆表示規則已改變，拒絕噶爾丹「照傳統提出的要求」。噶爾丹和許多游牧國家創建者一樣，顯然需要透過朝貢貿易取得資源，而康熙皇帝左手支持噶爾丹在西部蒙古維持優勢地位，右手又利用朝貢的手段抑制其要求。這是促使噶爾丹在三年後東進挑釁的原因之一。但清朝並沒有切斷噶爾丹進京的所有管道。事實上，清廷還在一六八六年替他的獨家權利背書，宣稱唯有噶爾丹和喀爾喀四大王公有權在京師從事貿易。其他人都只能在邊境互市。[23]

貿易限制對噶爾丹的權威造成壓力。他的男性親屬不怨懟康熙，反而責怪噶爾丹讓他們失去個別貿易的機會。[24]清朝要求所有西部蒙古貿易者向噶爾丹申請許可印章，讓噶爾丹成為派遣使團進京的唯一管道，反而間接製造蒙古部落的內部對立，讓清朝能夠插手挑撥離間。

隨著噶爾丹勢力擴張，其他西部蒙古部落的領袖為求生存，只得被迫進犯中國邊疆。噶爾丹殺死鄂齊爾圖汗後，接管了他的財產與領土，但鄂齊爾圖汗之子羅卜臧滾卜阿拉卜灘（Lobzang Gumbu Labdan）及其侄子巴圖爾額爾克濟農（Batur Erke Jinong）則出逃尋求達賴喇嘛庇護。達賴喇嘛幫他們在阿喇克山（Alake Shan）找了一處地方安頓。一六八三年，鄂爾多斯首領通報噶爾丹，巴圖爾正沿黃河河岸逐水草而牧。噶爾丹遂要求將巴圖爾送回到他的部落地盤。康熙寫了封信給噶爾丹：「此〔巴圖爾〕為你厄魯特之人也。如果你想要讓他回去，就來取人；否則我們將另行處置。」噶爾丹則回覆表示自己後年會再處理巴圖爾一事。康熙直言清廷絕不可能收下巴圖爾，儘管他聽說噶爾丹的人民極為窮困，「只要有一匹馬的人，在那兒都被視為極富貴之人。」康熙預期噶爾丹的統治很快就會爆發內部分裂，決定伺機而動。[25]

沿著邊境四處遊蕩的，還有祖父遭到噶爾丹殺害的憨都台吉（Prince Gandu）。一六八四年，巴圖爾、額爾德尼、憨都三人請求康熙皇帝赦免，發誓效忠大清。[26]康熙皇帝直言不諱，表示自己大可派兵將他們當作罪犯剿滅，但看在鄂齊爾圖汗長期向清朝進貢的份上予以赦免。康熙決定將巴圖爾和羅卜臧滾卜的人民安頓就近安置，藉此凸顯噶爾丹拒絕接受巴圖爾之民。他對著眾札薩克、眾喇嘛，以及達賴喇嘛的代表們，宣告自己的仁慈之舉：「爾喇嘛素以惻隱之心度此眾生。凡厄魯特諸貝子皆供奉喇嘛，信崇爾法。朕思羅卜臧滾卜阿拉卜灘、巴圖爾額爾克濟農皆鄂齊爾圖汗之苗裔也，鄂齊爾圖汗於喇嘛為護法久矣。何忍默視其子孫宗族至於困窮！」[27]

康熙發起了一波有效的政治宣傳，說服喇嘛在皇帝的保護下，安頓巴圖爾和羅卜臧的子民。這些人成了第一批尋求清廷保護的西部蒙古人。隨後的談判確立了他們聚落的清楚界線。誠如康熙皇帝所言，皇帝擁有部落的生殺大權，但反倒因此博得仁慈的美名。這在未來將對康熙有利，他對佛教喇嘛訴求與清廷之間的共同價值，也朝著離間藏傳佛教與蒙古的目標邁進了一步。

噶爾丹的干預

讓噶爾丹與康熙雙雙捲入衝突的，是東部蒙古兩「翼」的重大分裂。蒙古「右」（西部）翼是札薩克圖汗與阿勒坦汗，蒙古「左」（東部）翼則是土謝圖汗與車臣汗。[28]雙方的爭議要回溯至一六六二年，也就是康熙皇帝在位第一年的「羅卜臧事件」。當時屬於阿勒坦汗家系的羅卜臧，殺害了札薩克圖汗旺舒克（Wanshuke）。[29]康熙皇帝訓斥了羅卜臧侵犯清朝藩屬之舉。左翼的土謝圖汗出手援助札薩克圖汗並擊敗羅卜臧，於是羅卜臧逃亡並穿越了俄羅斯邊界。札薩克圖汗的政權得以倖免，但許多族人在混亂期間已逃向土謝圖汗的土地並定居下來。當土謝圖汗在一六七〇年正式任命旺舒克之弟成袞（Chengun）為札薩克圖汗之後，他的領地再度恢復和平，但土謝圖汗拒絕把當初逃難到自己地盤尋求保護的札薩克圖汗子民遣返。噶爾丹以調停者的身分參與了紛爭，試圖拉攏達賴喇嘛支持札薩克圖汗。

時至一六八四年，札薩克圖汗仍持續要求土謝圖汗歸還他的族人，但始終未果，於是他訴請康熙皇帝和達賴喇嘛的幫助。康熙傾向讓達賴喇嘛出馬解決：

> 爾喇嘛慈悲濟眾……無不欽其高行而讚頌之者，喀爾喀諸汗貝子皆供奉爾喇嘛，信爾之教，而尊

> 其道法，爾於本朝亦誠心敬慎。札薩克圖汗人民離散未得完聚，朕心大為軫惻〔……〕生事互殺，交相戰爭，兵戎一起，姑不論人民困苦，即兩汗亦豈能並存？爾俱當遣使往諭，將札薩克圖汗離散人民給還，俾兩翼永歸於好，既副朕一視同仁之至意〔……〕爾喇嘛其遣大喇嘛一人與朕行人會於喀爾喀境內，定期而遣之。

但達賴喇嘛的代表未能在那年讓雙方達成任何協議。札薩克圖汗過世後，康熙確認了他的繼承者。時至一六八六年，他聽說左右兩翼間已爆發戰局，「兄弟族屬互攻」，子民在左翼與右翼之間相互逃竄。[30]

康熙的使者阿爾尼（Arni）在庫楞巴齊爾（Kuleng Barqir，蒙文Küriyen belciger），和左右翼的諸大汗貝子及達賴喇嘛的使者一干人等會面，勸說交戰的喀爾喀人和好。在場的還有土謝圖汗的兄弟，也就是哲布尊丹巴呼圖克圖（Jebzongdanba Khutukhtu），自稱是與西藏達賴喇嘛地位對等且各自獨立的蒙古佛教領袖。阿爾尼傳達上命：「爾等同根同源。爾若攻伐不止，終將滅絕。和平於朕無利；交戰於朕有利。」皇帝言下之意是，儘管他和清朝其實可以從喀爾喀人的分裂中得利，但他真正希望看到的是團結和平的蒙古人民。對康熙和達賴喇嘛的努力，蒙古諸汗與台吉紛紛表達了謝意，但也指出「吾輩議好與否，端看吾等兩汗」。一六八六年十月十日，在哲布尊丹巴呼圖克圖和達賴喇嘛眾使者和佛祖畫像的面前，諸汗、諸台吉，以及超過六十名臣子，誓言維持永久和平，承諾回到各自的土地。[31]

日後康熙的史官們會在編纂康熙親征官史時對此段歷史留下評論，而這些評論凸顯了一七〇八年編纂史書時的觀點與清朝當年原本的觀點之間實有出入。康熙的史官們指出，「立國者」最大的威脅是內釁，其次才是外侮。因為厄魯特與喀爾喀是近鄰，若喀爾喀人衰弱將導致弱肉強食，「強隣洊食」。當喀爾喀人兄弟鬩牆，「根本先撥，而望枝葉之無害，難矣」，將讓喀爾喀有滅亡之虞。[32]在史料編纂者看來，正是康熙皇帝從中干預，才說服了喀爾喀人在被噶爾丹侵略之前重修舊好。但康熙在當年根本隻字未提噶爾丹，也並未暗示噶爾丹對喀爾喀或清朝任一方是一大威脅。康熙當時仍將噶爾丹視為西部蒙古的官方朝貢貿易代表。康熙的邊境政策持續採守勢，旨在透過維繫喀爾喀人的和平來防止難民穿越清朝邊境。直到戰勝噶爾丹之後，歷史才被重寫，彷彿他一直是清朝的死敵。

翌年，康熙皇帝以御印確認了車臣汗和土謝圖汗的繼承權，並祝賀他們和好如初。然而，康熙卻在二月時收到噶爾丹的一封信，抱怨一六八六年的會議違反了禮節規範。理藩院表示，黃帽喇嘛派與達賴喇嘛派的禮節都被適當地遵守了，因而認為此事已成定局。但噶爾丹對此窮追不捨。他去信阿爾尼、哲布尊丹巴呼圖克圖和土謝圖汗，細數他的不滿：在庫楞巴齊爾的會議上，達賴喇嘛的下屬哲布尊丹巴呼圖克圖，直接坐在達賴喇嘛代表的對面，噶爾丹認為此舉違反了神職階級。

一六八七年七月，噶爾丹將根據地從阿爾泰東遷，並召集札薩克圖汗的追隨者會面。土謝圖汗擔心戰事在即，但康熙沒有迅速回應。到了十月，土謝圖汗已掌握確鑿的證據，顯示噶爾丹打算由兩條路線發動攻擊。土謝圖汗的追隨者都呼籲他和噶爾丹一決高下。康熙皇帝只是繼續敦促雙方維持和平，然後對噶爾丹頒布了一道態度相當緩和的聖旨。康熙再次重申，他希望所有藩屬都能和平共處，並決定將噶爾丹正在準備攻擊的消息當作不實謠言。「爾，噶爾丹博碩克圖汗，累世恭順，職貢有年。如果舉此大事無不奏聞於朕者，因路遠地遙，真偽難明，朕尚未之深信，或不逞之徒兩地搆煽，亦未可定。」[33]他拒絕放行定居大清領土的蒙古逃亡領袖巴圖爾額爾克，不讓其率人馬行最短路線去支援土謝圖汗。

時至一六八七年底，土謝圖汗侵略札薩克圖汗的領土並殺死了大汗，使其子民四散。噶爾丹之弟親率四百部眾對抗土謝圖汗，卻也在襲擊中喪命。為報殺弟之仇，噶爾丹的部隊將土謝圖汗打得落花流水，並侵犯明朝期間在元朝舊都哈剌和林興建的額爾德尼召寺。[34]噶爾丹待在後方，坐視自己的六千兵力洗劫額爾德尼召地區，摧毀哲布尊丹巴呼圖克圖的寺廟和經文之際。這就是他對哲布尊丹巴輕慢達賴喇嘛的報復。

噶爾丹的攻擊粉碎了喀爾喀聯盟。誠如中國編年史所描繪的，喀爾喀「通國各棄其廬、帳、器物、馬、駝、牛、羊等，紛紛南竄，晝夜不絕」。[35]其他喀爾喀部落向北逃亡。他們團團圍住色楞格斯克（Selenginsk）的新任俄國特使費岳多（Fedor Alekseevich Golovin），直到被他趕走為止。幾位部落首長表示願宣誓效忠俄羅斯統治，以換取不受噶爾丹攻擊的保護。費岳多要的是對沙皇「永遠忠誠」，但蒙古人只是想尋求暫時的同盟。他們當中有些人拒絕了俄羅斯的要求，轉而加入崛起中的噶爾丹，其他人則保持與俄羅斯聯繫直到噶爾丹被打敗。喀爾喀人的部落在遭受攻擊時並未團結在一起，反而四分五裂，投靠了俄羅斯人、中國人和準噶爾人。[36]

噶爾丹發動這些攻擊背後的動機是什麼？大多數中國史學家都認為，達賴喇嘛的禮數問題只是他摧毀土謝圖汗計畫的藉口。但自幼在藏族喇嘛門下長大的噶爾丹，非常在乎是否適當地向達賴喇嘛表示敬意。清代對朝貢貿易機會的緊縮，也迫使他採取關鍵行動。喀爾喀人若真的和樂融融，應該可以阻止噶爾丹向東擴張，並挫敗他統治所有蒙古人的雄心壯志——倘若他真有這樣的野心。最後，還有為弟之死進行報復的欲望，導致噶爾丹下令破壞敵人的寺廟。我們無須假設噶爾丹激烈的行動背後必然有什麼通盤計畫，因為這不過是種種經濟、文化和個人冒犯積累而成的後果。

立場親滿的東部蒙古人兼八旗指揮官羅密（Lomi），在一七三二至一七三五年撰寫了〈成吉思汗本家〉《蒙古博爾濟吉忒氏族譜》（*Mongghol borjigid obogh-un teüke*）。他根據當代材料，認為噶爾丹攻擊喀爾喀人的動機純粹是為報殺弟之仇。陪同康熙皇帝親征的耶穌會士張誠（Jean-François Gerbillon,

1654-1707）同意此觀點。他們的觀點和日後的記載有所出入——後世記載給噶爾丹加諸了更多雄心勃勃的目標。倘若羅密的敘述反映了「他那個時代的一般理解」，這大概最能代表噶爾丹入侵當下的觀點。[37]

針對噶爾丹的入侵，康熙起初採取守勢。他派二千五百名兵力到邊境，結果他們很快就被迫抵擋起試圖逃進關內的喀爾喀敗軍。土謝圖汗和哲布尊丹巴呼圖克圖先是逃到了車臣汗的領土，但即便車臣汗供養難民，他們的人民繼續向南逃亡，穿越蘇尼特邊哨（Sunite）的清朝邊境。根據清朝探子回報，絕望地尋求中國庇護者總計達兩萬人，包含六百名喇嘛與兩千個家庭。[38]康熙皇帝召開議政王大臣會議，商議是要將喀爾喀人趕出邊境，抑或保護他們免受噶爾丹的追擊。議政王大臣會議上奏表示，把絕望的難民趕出去是不可能的，但如果他們在該地區長時間停留，又將破壞當地的牧草供應。康熙猶豫不決，決定再等一個月觀望情勢。

噶爾丹於此時送來一封信，解釋自己是出於土謝圖汗與呼圖克圖沒有給達賴喇嘛應有的尊重而懲罰他們：「我於此仗達賴喇嘛之靈、來毀其居。」[39]他要求清朝統治者拒絕呼圖克圖的歸降並將其逮捕。康熙再次表現出極為模糊的態度，拒絕責怪噶爾丹、土謝圖汗或呼圖克圖。但到了下個月，越來越多喀爾喀人敗逃，增加了邊境地區的壓力，清朝不得不派兵保護呼圖克圖。噶爾丹如今已抵達呼倫貝爾（Hulunbeir，蒙文 Külün bayir），離邊境僅有七到八天的路程。康熙準備了十個八旗牛彔防禦邊境，共一萬名兵士，由科爾沁土謝圖親王沙津（Shajin）指揮。[40]被派往噶爾丹之境的使者聽到他說：「我若與土謝圖汗和，則吾弟多爾濟扎卜（Dorjizhabu）之命，其誰償之。我盡力征討五六年，必滅喀爾喀，必擒哲布尊丹巴也。」[41]然而，當噶爾丹撤離清朝邊境去追擊土謝圖汗時，康熙並沒有出兵追擊。接著，當土謝圖汗絕望地請求清朝支援對抗噶爾丹時，康熙更開出了條件：土謝圖汗可以保有頭銜，不過必須向清朝投降，並同意在清廷的監督下重新安頓。一六八八年八月二十八日，土謝圖汗和噶爾丹展開了為期三天的會戰，慘遭噶爾丹擊敗。孤立又虛弱的他，穿越沙漠逃往哲布尊丹巴呼圖克圖的領土。康熙採取進一步防禦措施，派出二千部隊守衛鄂爾多斯。

兩個月後，康熙皇帝下令局部撤兵。邊境部隊缺乏衣物度過即將來臨的冬季，兵疲馬困，糧草即將罄竭。大部分邊糧都已被分發給土謝圖汗的難民。[42] 時至一六八九年春，已有超過兩萬名飢餓的喀爾喀人尋求救濟，補給就要用盡。康熙如今傾向採信噶爾丹：認定是土謝圖汗背棄和平盟誓，殺害札薩克圖汗與噶爾丹之弟，而且率先侵略蒙古領土。土謝圖汗是「自取滅亡」，而非噶爾丹之過。[43] 張誠也認為土謝圖汗之弟哲布尊丹巴呼圖克圖，以其「傲慢毀了他的家族，因為他把自己擺到與西藏大喇嘛平起平坐的位置」。[44] 康熙皇帝甚至不大責備噶爾丹摧毀喀爾喀之境的佛教寺廟和佛像。儘管如此，康熙還是赦免了土謝圖汗的罪行，拒絕把他和呼圖克圖交給噶爾丹處置。康熙再次敦促達賴喇嘛出面干預，好讓各方能達成和平。他稱讚達賴喇嘛無私的仁慈：「原無樂他人之敗亡以為己利之意。朕為天下主，來歸之人，不為收養，其誰收養之。爰納其降。喀爾喀等如往歸爾喇嘛，決不忍其死亡，亦必如此愛養之也。朕意欲使厄魯特喀爾喀盡釋前怨，仍前協和。爾喇嘛若遣使往諭，務令兩國嗣後永息兵戎。」[45] 與此同時，康熙也威脅噶爾丹，倘若其不放棄復仇誓言，就將切斷他的所有朝貢特權。

當噶爾丹往外向東干涉喀爾喀事務時，衝突卻已悄悄在準噶爾內部醞釀。被暗殺的僧格之子策妄阿喇布坦（Tsewang Rabdan）如今已成年，也成了噶爾丹的威脅。噶爾丹曾試圖在一六八八年將他剷除。策妄阿喇布坦逃脫了，但他的弟弟（譯按：索諾布阿喇布坦）卻被殺害。策妄阿喇布坦趁噶爾丹征討喀爾喀時，率自己的人馬攻擊了哈密。這迫使噶爾丹調頭與策妄阿喇布坦交戰，也減緩了噶爾丹對東部蒙古的壓力，使清軍得以將部隊數量減半。阿爾尼在一六八九年秋與噶爾丹的面談顯示，這位蒙古領袖為弟弟之死報仇的心意依然堅決，即使他的子民正受饑荒所苦，被迫「食人肉」，而且還要打一場硬仗。[46]噶爾丹還暗示他懷疑清朝想和俄羅斯與喀爾喀結盟，聯手對付他，因為阿爾尼剛從色楞格斯克帶著兩千名士兵回來。阿爾尼向他保證，他只是與俄羅斯人談判邊界問題，隨行的軍隊不會被用來支援喀爾喀人。康熙在年底給達賴喇嘛的詔書顯示，他得知噶爾丹已被策妄阿喇布坦擊敗並深陷絕望之中。他提議噶爾丹向清朝投降，並尋求達賴喇嘛的確認。從康熙的角度看來，不到一年時間，噶爾丹的部隊已經從嚴重的軍事威脅，淪為飢腸轆轆且令人同情的敗將殘兵。

清朝官員開始將喀爾喀人編入旗制，並暫時將他們安置在邊境。皇帝對喀爾喀人說他們欠缺法度，需要強力監督以防作鳥獸散。他任命幾位札薩克（總督）負責召集殘餘的蒙古人，將他們分配給八旗，並分派固定的牧場。不過康熙也承諾，他們可以在厄魯特衝突解決後回到故鄉。

一六八九至九〇年的冬天，噶爾丹留在科布多（Khobdo）阻止策妄阿喇布坦的叛亂，同時聚集準備東進對抗喀爾喀人的部隊。雖然他有幾千名追隨者，但許多人都考慮要依附策妄阿喇布坦，除非攻擊喀爾喀人有機會獲得可觀的戰利品。[47]康熙繼續採取防禦措施，派遣小股分隊到邊境：五百人到歸化，一千五百人到鄂爾多斯。他同時也與策妄阿喇布坦聯繫，瞭解他造反的原因。車臣汗承諾只要得到康熙皇帝的支持，就用一萬大軍攻擊噶爾丹。康熙皇帝如今首次允許向喀爾喀人販售清軍用品。他將朝土拉河開拔的兵力增加了一倍，並吩咐他們應該攜帶大炮。[48]

相比之下，達賴喇嘛似乎和大清皇帝有著不同目標。西藏最高級等的官員第巴（藏文sDe-pa，即攝政）告訴皇帝特使，清朝必須逮捕土謝圖汗與哲布尊丹巴呼圖克圖，並將他們帶去給噶爾丹。這份對噶爾丹的支持，讓康熙懷疑起達賴喇嘛。但康熙不知道的是，第五世達賴喇嘛已於一六八二年滅度，真正的世俗權力因而落入第巴之手。第巴拒絕宣布達賴喇嘛之死，或正式任命新的達賴喇嘛。第巴是噶爾丹戰役的積極支持者，也是在西藏有影響力的和碩特諸台吉，以及喀爾喀人的敵人。然而，康熙持續懇請達賴喇嘛作他維繫蒙古人內部和平的盟友。[49]

一六九〇年六月九日，噶爾丹率領三萬大軍橫渡烏爾加河（Urja），攻擊昆都侖汗（Kundulun Khan）、車臣汗和土謝圖汗。[50]由於有情報指出噶爾丹打算與支持他的俄羅斯部隊會面，人在尼布楚的滿人特使索額圖（Songgotu）迅速聯繫上俄國人，宣稱噶爾丹受內部反抗的威脅，軍隊缺糧，因此敦請俄羅斯人不該干預。清朝將領朝邊境派出更多的部隊與大炮，而俄羅斯人則拒絕了噶爾丹借調兩萬兵力的要求。[51]

康熙皇帝初次親征

一六九〇年七月二十七日，康熙皇帝宣布將親自率兵討伐噶爾丹。康熙的初次御駕親征於焉展開。三路大軍將朝噶爾丹的陣營匯集：一路由皇兄裕親王福全率領，從古北口出發；另一路由恭親王常寧帶領，從西峰口出兵；最後一路則由康熙皇帝本人統御。康熙邀請耶穌會士張誠和徐日昇（Thomas Pereira）伴他同行。可能有六萬名士兵參加了這次作戰。[52]我們至今仍然找不到理由，解釋康熙當時何以突然從守勢轉向御駕親征。顯然，我們不能像後來的史學家那樣，將其解釋成回應噶爾丹的崛起與逐漸增加的威脅，因為康熙分明知道噶爾丹已陷入困獸之鬥。噶爾丹這回向東進軍，主要是掠奪行動，以便支撐他飢腸轆轆的部隊。雖然他率領一支大軍，但如果這些士兵拿不到戰利品，許多人很快就會棄他而去，更不用說其後方仍有策妄阿喇布坦的威脅。到了第五個月的尾聲，噶爾丹一眾在克魯倫河下游紮營，此時支持者的人數已減少到一萬人。他們的糧食就要見底，而且為了存活下去開始被迫吃起馬匹。

即便如此，康熙仍未輕舉妄動。他並未預期漫長的作戰，只發放了四個月的糧餉給軍隊。他們隨身攜帶一半，其餘糧餉則在途中購買。[53]但他命令先遣部隊等待有著充足大炮和人力的主力部隊，竭盡所能避免交戰。根據逃難喀爾喀人的其他通報，噶爾丹的大軍有四萬人（誇大的數字），但沒有人知道他究竟在哪。康熙命令他的蒙古盟友動員一萬名科爾沁旗人。

相較之下，噶爾丹仍然相信有與清朝和平共處的可能，並試圖將衝突局限在蒙古內部事務。他會見幾位蒙古旗人後對他們說：「我等同一部落，何甲而待我乎，惟喀爾喀我仇也。」換言之，他只想針對喀爾喀人，而不是清朝的蒙古旗人。負責指揮部隊的是噶爾丹另外一位弟弟，他向清朝保證不會讓部隊越過邊界。但此時康熙已經準備發動全面作戰。他將主力部隊從北京出發的日期設定在一六九〇年八月八日，皇帝本人則在兩天後動身。他特別要軍隊配備大炮。在給噶爾丹的詔令中，康熙控訴他侵犯帝國邊界，拒絕讓帝國使節回國，並聲稱清軍出兵純粹是基於防禦目的。當然，覲見噶爾丹的使節不會透露皇帝和親王們現正御駕親征。事實上，康熙只在給邊境軍隊的祕密指示中，才表明他消滅噶爾丹的意圖：「一人率筆帖式馳赴諸軍，密諭之曰：『上遣我等羈遲其前行，大兵不日至矣，其各集兵增備，姑勿與戰，以待。而每夜輒張兩翼，嚴巡儆防其夜襲。如噶爾丹見勅諭而退兵，則止之，令勿退。其或不止，則令諸軍疾發擊之。』」換句話說，康熙的目標是不讓噶爾丹逃跑，同時在主力大軍抵達前避免交戰。[54]

軍事行動很少按計畫進行。當噶爾丹繼續沿著喀爾喀河追捕車臣汗與土謝圖汗的人馬時，奉命近距離監視但不實際作戰的清軍指揮官阿爾尼，在烏爾會河（Urhui）偶然遇見噶爾丹並捲入戰鬥。阿爾尼麾下有二百名精銳蒙古人與五百名喀爾喀突襲隊，但無法抵擋噶爾丹麾下排列成作戰陣型的二萬大軍。噶爾丹不只有鳥鎗，還有大炮，而阿爾尼的大炮還在路上。準噶爾的攻擊迫使清軍狼狽撤退。

康熙這下子不得不設法挽救阿爾尼失誤所導致的頹勢。他首先革除阿爾尼的指揮官職務，並將他降了四級。康熙接著試圖說服噶爾丹，自己從來不打算攻擊蒙古領袖，並把所有責任歸咎於阿爾尼的非法行為。他在詔令中心口不一的強調準噶爾和大清的共同利益，還有清朝純粹是出於防禦才動員，並且迴避了噶爾丹的主要要求：引渡土謝圖汗和哲布尊丹巴呼圖克圖。傳旨給噶爾丹的特使再一次語帶含糊地表示清軍正在前往邊境，只不過隱瞞了皇帝和親王們的存在。[55]

到了第七個月，關外部隊已經出現補給問題。報告指出馬匹體力透支，羊隻匱乏，口糧稀少，需要更多糧食運輸。清朝的戰略方針依然是緩慢推進，等待大軍到來。清人擔心噶爾丹見到如此龐大的軍隊後會直接撤退，如此便無法在戰鬥中擊敗他。由於預計十天內前鋒兵力就會抵達，眼下清軍必須以虛假的和平談判拖住噶爾丹，於是清朝「如此往復遣使以羈留之，大兵可俟」。噶爾丹對和平談判顯露出真心誠意。他聲稱自己從不打算侵犯中國邊境，只想報復那些害死弟弟的人。康熙在答覆中嚴厲譴責噶爾丹對清朝邊防哨站的突襲，但願意在達賴喇嘛的主持下議和。康熙再次聲稱自己正在組建龐大軍隊，「非討汝也，欲定議耳。」他援引最近與俄羅斯人談判的經驗：在和平談判的過程中，軍隊被調度到邊境以確保

用於征服噶爾丹戰役中的大炮，鑄造於1690年，上頭刻有滿漢銘文。大炮被取名為「神威無敵大將軍」。由於它的體積小（約一公尺長）和輪式運輸，可以在長征時隨軍攜帶。

談判順利進行，並在條約締結時撤回。他略過不提對阿爾巴津要塞的圍攻和破壞。[56]

儘管噶爾丹如今移動到了北方，御駕親征的康熙皇帝決定鍥而不捨的窮追猛討。康熙似乎正在尋找面對批評聲浪時繼續親征的理由，他並未稱這趟出征是為了滿足對抗噶爾丹的個人欲望，而是聲稱他需要隨軍同行，以消除喀爾喀人之間的騷亂。[57]儘管受到康熙的嚴厲批評，但科爾沁王公由於供給耗盡而不得不放棄追捕噶爾丹，並回到自己的牧場。由於噶爾丹持續表示對和談的興趣，康熙於是與底下商討：「噶爾丹處應作何羈縻，以待盛京烏喇科爾沁之兵？」[58]他於是送羊給噶爾丹，並訂下會談的時間地點。

然而，就在這緊要關頭的八月下旬，康熙皇帝卻在朝臣的催促下被迫回京。「炎熱的天氣」阻止他長期待在關外，也很可能是康熙整個九月都在生病的原因。康熙的朝臣擔心，若南方的中國人得知皇帝離開都城會引起動亂。[59]在此同時，噶爾丹在達賴喇嘛特使的支持下，要求在烏蘭布通（Ulan Butong，北京以北三百五十公里）舉行會議，討論土謝圖汗和哲布尊丹巴呼圖克圖的引渡問題。他和清軍距離不過四十里（二十三公里）。

裕親王福全隨後傳來大敗噶爾丹的消息。一六九〇年九月三日正午時分，裕親王殺進烏蘭布通的噶爾丹陣營，和敵人一決勝負。清朝鳴射「鹿角大炮」，下令進攻。準噶爾部隊在山腳下的森林裡尋找掩護，並用他們的駱駝抵禦炮火。誠如福全的軍官馬思喀（Maska）所描述，敵人「以橐駝萬千，縛其足使臥於地，背加箱垛，氈漬水蓋其上，排列如柵以自蔽，謂之『駝城』。於柵隙注矢發槍」。[60]清軍的左翼成功包圍並重創山上的蒙古軍隊，但被大沼澤擋住的右翼清軍卻不得不在夜幕降臨時撤回原來的位置。儘管福全通報噶爾丹陣營傷亡慘重，但他其實還沒把噶爾丹趕跑，也知道噶爾丹在隔天將加倍頑抗。張誠並未親眼見證這場戰鬥，不過仍在第一時間就接獲消息。雖然他形容噶爾丹在這場戰鬥中「落敗」，但他也明白清軍在頭一天交戰後就撤回營地，而且雙方都沒準備好進一步作戰。噶爾丹陣營的俄羅斯特使基比列夫（Kibirev），並沒有把這場戰役視為清朝的勝利。[61]然而，康熙皇帝仍舊非常樂觀，首次公布了他的「最終解決方案」：「此後當何以窮其根株，平其餘黨，熟籌始末，一舉永清。」[62]

他的樂觀為時過早。福全和噶爾丹都知道清朝可能會再下一城，不過勝負仍然難以預料。清軍在補給方面遭遇重重困難，噶爾丹則失去了許多士兵和馬匹，可是仍牢牢紮營在森林裡。由於蒙古人有駱駝和樹木的保護，清軍炮火無法保障勝利。九月七日，當噶爾丹遣使來和談時，戰地指揮官認為最好暫停攻擊。噶爾丹如今在主要議題上讓步：他不要求立即歸還土謝圖汗和呼圖克圖，只希望呼圖克圖能被送到他的上級達賴喇嘛那裡接受調查。清將將領們則告訴噶爾丹，他必須遠離清朝邊界並承諾永遠不再襲擊邊境，否則清軍已準備好進擊並剿除噶爾丹。對清軍指揮官來說，應該避免不必要的戰鬥進一步消耗兵力。噶爾丹或許會撤退到某個偏遠的地區，如果他留在附近，他們就可以夥同再四到五天抵達的大軍，給予噶爾丹致命一擊。

康熙對狡詐的噶爾丹多所猜忌，敦促將軍們儘速追擊。但他默默接受了邊疆的後勤限制，讓兒子胤禵先行回京，因為他認定短時間內不會再有攻勢。在此同時，噶爾丹的拖延戰術奏效，在夜色的掩護下逃往北方。清軍將領想要展開追擊，但「馬力不能〔使他們〕前進」。按照計畫，清軍於九月九日先和盛京烏喇諸部落的兵力會合；大軍仍在百里（五十八公里）之外。承諾取得噶爾丹效忠宣誓的噶爾丹特使，被派去尋找噶爾丹拿書面承諾。噶爾丹在逃跑的過程中，掠奪了二萬隻綿羊和一千多匹馬補充軍隊所需，但將軍們繼續靜候他的回答。儘管康熙竭力主張迅速推進，但也意識到「王等親在軍中，事皆目擊」。[63]

時至九月中旬，清軍已開始撤退至防禦陣地。邊境駐軍負責供養這些缺糧食和馬匹的回防部隊。噶爾丹的正式宣誓於九月二十日抵達。他在大本營立起了一尊佛像，並在佛像面前俛首，請求原諒他的罪行。他承諾遠離清朝邊境，尋找一個「水草善，地無人之處」。康熙皇帝對此依然存疑，但在與議政王大臣會議討論後接受了噶爾丹宣誓。他再度宣稱自己和達賴喇嘛都希望準噶爾和喀爾喀之間能維繫和平，宣稱噶爾丹踏進清朝領土、掠奪邊疆的蒙古部落之舉，是違背了達賴喇嘛的教誨。因此清廷應當為了追捕他而「翻越險嶺，至於遙遠邊境」*，並以叛亂罪名將他處決。康熙特別指出諸王眾臣都主張再戰，幸有賴他個人力排眾議（事實正好相反，是康熙不顧將軍們的反對而力主再戰。不過康熙可藉由歪曲事實，扮演起和事佬的角色）。作為回報，噶爾丹不僅必須撤離邊境，還要切斷與其他蒙古部落的聯繫。如果他違背誓言，皇帝承諾將毫不留情地摧毀他。[64]

即便考慮到外交上常見的兩面手法，康熙皇帝的狡詐無疑仍超越了噶爾丹。事實上，康熙對噶爾丹逃脫一事怒不可遏，而且把怒氣都出在底下將軍身上。但距離、糧食和馬匹等殘酷事實，使他無法達成最渴望的目標，也就是消滅一位自主的蒙古領袖。

該年年底，清廷審判了未能摧毀噶爾丹的眾將軍。康熙的兄長福全，因缺乏戰鬥經驗得獲赦免。雖然其他位居高位的滿人控訴福全的過失，但是康熙的兒子不願批評伯父在戰鬥時的表現。福全最終被拔除官職，而且被迫留在邊境數月。其他軍官則被處判鞭刑和監禁，特別是把一座重炮拋棄在戰場上的幾名炮兵隊長。[65]

此次作戰失敗清楚揭露清軍有著嚴重的補給難題，且打從動員第一天就始終困擾著清軍。直到清軍在十八世紀中葉克服補給限制之前，這個模式都將一再重演：無庸置疑的大勝，接著就是棄守邊境，使游牧對手得以重整旗鼓。一旦噶爾丹逃到不見蹤影，清軍就開始撤退。第一批撤退的部隊甚至連馬匹都沒有。滿載糧食補給的駱駝被派去和飢腸轆轆的士兵在歸途中會合。[66]綽克託（Duke Zhuoketuo）和戶部侍郎阿喇密（Alami）違反規定，非法預支盛京官兵兩個月的俸糧與五個月的薪津，因為他們知道官配口糧無法滿足這些即將往復沙場士兵的迫切需要。[67]皇帝赦免了這些官員，因為他們是有感於部隊的貧困與飢餓而動搖。在噶爾丹脫逃兩個月後，部隊仍在邊境等待噶爾丹歸順的誓言，但這支軍隊亟需四百頭裝載物資的駱駝補給以維持生計。但康熙卻下令全面撤回邊哨，包括大炮在內，僅留四百士兵。顯然在取得噶爾丹的正式歸降之前，清軍就已無法支撐昂貴的塞外作戰。

補給問題從最初就困擾著遠征軍。從北京出發的滿人將軍馬思喀把隨軍經歷寫成日記，生動描述了塞外的極端氣候。[68]從張家口越過長城後，士兵們首先得從陡峭懸崖下的狹窄通道，冒著滂沱冷雨，穿越達巴干山脈（Dabaghan mountain range）。翻山越嶺之後，就來到了大草原。這裡非常乾燥，士兵不得不掘井找水，儘管他們遭到冰雹痛擊，「雨雹大如桃」。待進入戈壁沙漠後，他們唯一找著的水源卻因檉柳根的寄生蟲感染而散發「腐肉臭」，使士兵們紛紛嘔吐。除了小型土撥鼠，根本找不著任何動物或鳥類。[69]安全的飲用水位於沙地下五英尺深處。好不容易跨越沙漠之後，士兵們再度被暴雨襲擊，差點和馬匹一起淹死。行軍至此，眾人的糧食也已耗盡，使他們無法前進。士兵和馬匹被氣候折磨得筋疲力盡，只能如爬行般緩慢移動。他們花了十二天才穿過三百公里長的戈壁沙漠。他們唯有先與其他軍隊會合，才可能進入與噶爾丹戰鬥的狀態。

馬匹的購置和飼養成本很高。康熙親征之前，便因為把馬價訂在每匹十二至二十兩而在北京引發

＊編註：史料原文做「我朝用兵，越險阻踰山海，以闢疆土，抗拒者誅之而已」。與作者翻譯有所出入，存之供讀者備查。

一波暴亂。可能是因為價格過低，導致官員得從當地人手中奪取馬匹，包括位居要津的士人。[70]在備戰期間，每位隊長都負責放牧十匹馬，等到牠們長得又壯又胖時便轉交給兵部。然而，督察員卻經常通報邊境駐軍的馬又瘦又餓。[71]沒有單位能夠在同一地點長期停留，否則馬匹與士兵的供給就會快速消耗殆盡。康熙皇帝本來預期軍事行動只會持續短短兩個月，不過自從公布皇帝準備御駕親征的那一刻起，他卻開始聽聞部隊和馬匹筋疲力盡的消息。疲倦之人只能牛步前行，被迫仰賴當地居民的「幫助」，才能取得物資補給。康熙不得不禁止士兵把武器賣給蒙古人換取糧食和馬。部隊隨身攜帶糧食和銀子，但銀兩的消費導致當地市場的價格上漲。更不用說有許多士兵並不願意（或沒有辦法）將兩個月的口糧背在身上。儘管大發雷霆的康熙皇帝想要懲罰那些撤退的將軍，但他也認識到部隊正受到嚴重的供給短缺之苦，強調「中國之徵兵籌餉一日不息」。[72]

即便是戰役結束之後，供給花費也以沉重債務的形式，讓清廷付出代價。如前所述，康熙並未懲罰違例借公款給負載累累士兵的兩位官員。當負債士兵在京師聚眾鬧事，有幾個人甚至試圖強闖宮殿。康熙宣布將擔起他們的債務，總計一千六百萬兩。[73]

儘管最初並無此意，但清朝官員不僅要供養自己的軍隊，還得供應蒙古盟友的軍隊。有好一段時間，清朝官員都拒絕接受科爾沁王公主動提供的軍事援助，直到科爾沁王公承諾提供糧食和馬匹。即使在雙方結盟之後，清朝起初也拒絕讓他在當地市場購買物資，但最終還是讓步。次月，科爾沁王公因為供給用罄，不得不打道回府。儘管他的背叛「罪該萬死」，康熙還是原諒了他。[74]然而，當喀爾喀蒙古難民逃過邊境時，清朝只得立即為兩萬多名饑民提供必需品。費揚古（Fiyanggû）指揮官變賣他的茶葉和布匹存貨，並用銀兩購置動物與足夠支應幾個月的糧食給他們。[75]難民對維持生計的要求，迫使康熙皇帝嘗試一勞永逸地解決噶爾丹。

即便官方戰史的編纂者盛讚康熙皇帝免除了軍事行動對百姓的重擔，清帝國的物資需求仍然大幅損耗地方經濟和中央資源。陳鋒估計第一次平定準噶爾的總成本為三百萬兩，即一年國庫財產的六%。[76]清軍已證明他們有能力在大草原迎戰並驅逐蒙古軍隊，但卻發現這樣征戰的後勤成本很高，而且經濟負擔沉重。噶爾丹失去許多士兵和馬匹，但留得青山在。消滅敵國需要的遠不止是軍事計畫的雄心壯志，清朝統治者還需要盟友——蒙古和俄羅斯盟友都需要——更需要發展經濟以支應軍事動員。

《尼布楚條約》和被排除的中間地帶

沒有俄羅斯人的默許，中國皇帝不可能成功攻打噶爾丹。中國和俄羅斯先後於一六八九年與一七二七年簽訂了《尼布楚條約》與《恰克圖條約》。這些條約對中央歐亞的權力關係產生了決定性的影響。它們最重要的作用是消除未在地圖上標明的區域，減少邊境的模糊性。許多人夾在兩個不斷擴大的農業帝國之間，只得透過改變效忠對象與利用這個區域的流動性來保護自己的身分認同。一六八九年之後，難民、逃兵和部落族人，就此被固定成俄羅斯或中國的子民。地圖、勘測員、邊防守衛和民族誌學家，開始決定這些人的身分和行蹤。這些條約從內政和外務上都是為兩個帝國的利益服務：一方面穩定跨境流動，另一方面壓制那些不符合帝國對空間定義的群體。

許多學者都曾研究過促成這些條約的外交談判，不過他們大多聚焦於中俄雙邊關係。然而，這些邊境協商的成敗其實取決於四組人馬：俄羅斯人、蒙古人、滿人和耶穌會士，而每一方都有各自不同的利益。我將在本節中重點介紹蒙古之於俄羅斯人和滿人的重要性。在十七世紀，這兩個帝國跨越廣袤的人煙稀少之地，逐漸朝彼此的方向摸索前進。雙方先是意識到彼此在鞏固邊境部落民族的忠誠上有著共通利益，後來又意識到他們需要避免彼此與敵對的西邊蒙古國結盟。與富裕的中國市場貿易的誘惑，將俄羅斯人拉向清朝，而俄羅斯人對東北邊境的控制，則吸引了清朝。蒙古人試圖尋找盟友只是徒勞。[77]

隨著俄羅斯定居者向東遷移到西伯利亞，他們很快就意識到中國的富裕。西伯利亞「無窮盡供應俄羅斯市場的主要商品，亦即毛皮動物，像是白鼬、黑狐和銀狐、河狸、水獺、水貂，還有最棒的紫貂。簡直就是俄羅斯的黃金」。[78]皮草為莫斯科提供了可觀的國家歲入，北京則是他們最好的市場。俄羅斯人對中華帝國的瞭解很少，但打從一開始就認為這是一個有利可圖的交易機會。舉例來說，俄羅斯在一六〇八年試圖以旅行隊前往北京未果後，便得知「〔中國人〕使用火槍，而且四方之民紛紛前去與他們貿易。他們穿金色長袍，而且人們從許多國家帶各種寶石和其他東西給他〔皇帝〕」。[79]

一六一八至一六一九年，由佩特林和馬多夫

尼布楚（涅爾琴斯克），1689 年中俄協商簽訂條約的地方。

（Ondrushka Mundoff）率領的外交使團成為「現代第一個成功抵達北京並安全歸返歐洲的使團」，但沙皇無從得知太多訊息。因為他們沒有貢禮進獻，使者無法取得謁見中國皇帝的機會（他們接獲來自萬曆皇帝的一封信，邀請他們進貢呈禮，但在一六七五年之前並沒有人懂得該如何翻譯）。[80] 俄羅斯人很瞭解長城，因為他們已經沿著它走了十天，但卻不得其門而入北京的宮廷。相較於滿人和中國人，俄羅斯人在這個地區更常與與蒙古人接觸，特別是阿勒坦汗。直到一六四四年於阿穆爾河遭遇滿人之前，他們對滿人建立的強國其實一無所知。

一六三二年，俄羅斯哥薩克人進入阿穆爾河流域，建立了雅庫次克堡壘。但波亞爾科夫於一六四三至一六四六年率領的探險隊，則是該區域資源詳細資訊的最早來源。波亞爾科夫的到來讓滿人意識到擴張中的俄羅斯，刺激滿人採取防禦措施。哈巴羅夫在一六五〇年第二次探險的歸途上，擊敗了附庸於滿人的部落，但他對一六五二年滿人軍隊的到來感到出乎意料。滿人當時並不曉得哈巴羅夫代表俄羅斯有殖民的企圖，因此並未試圖摧毀哥薩克勢力，而是選擇撤退。滿人部隊在一六五四年和一六五八年大挫哥薩克人，並將他們逐出阿穆爾河一帶，退回尼布楚。然而，清朝後續並沒有跟進這一行動，所以亡命之徒和哥薩克盜匪又向東滲透。一六六〇年代，一名波蘭流亡者和一些哥薩克罪犯在阿爾巴津造了一座堡壘，後來人口漸增至三百。[81]

在此同時，俄羅斯的大使繼續追求和北京貿易的機會。一六五三年，巴伊科夫（Fedor Isakovich Baykov）的使團直接帶著商業目的前往北京，因為俄羅斯人已迫不及待想發展毛皮貿易。巴伊科夫的貢禮被拒，因為他拒絕磕頭，但他仍然蒐集到了重要訊息。一六五八年和一六六八年，巴伊科夫派出布哈拉人阿勃林（Setkul Ablin）進行毛皮貿易，證明了在北京出售毛皮極有利可圖。一六七二年，阿勃林以四千五百盧布的投資，帶著一萬八千七百盧布的利潤返回俄羅斯。[82] 由於阿勃林只是被委任為巴伊科夫的

「信使」，而不是官方特使，他可以避免朝貢禮節的限制，專注於貿易。如今毛皮已成為中俄貿易間不可或缺的商品，在北京主要用於交換絲綢和其他織品。俄羅斯對利潤的期待也越來越高。

然而，中俄雙方對阿穆爾河谷地區部落的效忠爭奪，卻阻礙了接下來二十年的貿易關係。通古斯人酋長根忒木爾（Gantimur）脫離滿人的控制而成為俄羅斯臣屬，體現了在邊界確定之前曾經存在過的各種機會。[83] 根忒木爾的背叛，導致兩個帝國之間的激烈外交衝突，但最終使雙方都意識到建立一條明確界定的邊界才是共同利益。根忒木爾逃離他在西伯利亞的故鄉，以免除俄羅斯在一六五三年提出的納貢要求。一六五四年，俄羅斯指揮官哈巴羅夫在根忒木爾的地盤上建造了尼布楚堡壘。根忒木爾獲得了中國政府的官銜，並率領部隊對抗俄羅斯人。但他隨後又在一六六六至一六六七年回到俄羅斯的控制之下。俄羅斯人藉由提供軍事保護和糧食供應，吸引當地部落到阿爾巴津；滿洲人則是命令通古斯部落首領們離開邊界，更靠近清朝的控制。

對雙方來說，根忒木爾和他強大的戰士是深具吸引力的資產。康熙皇帝要求交還根忒木爾，擔心其他部落會效仿他，但俄羅斯總督卻要求清朝皇帝宣布自己是沙皇的附庸。即便轉譯自俄文，這放肆的要求還是太令人震驚了。幸好俄羅斯沙皇決心促進毛皮貿易，於是在一六七五年派出一支由尼果賴（Nikolai Milescu Spathary）率領的使團，前往北京協商外交關係與貿易。尼果賴的使團失敗了，主要因為他拒絕送還根忒木爾。清朝擔心根忒木爾會幫助正在襲擊邊境的西伯利亞哥薩克人，俄羅斯人則擔心將他送還會鼓勵其他部落拒絕納貢。俄羅斯人仰賴貢禮支撐駐軍。然而，雙方都從這次遭遇獲得了寶貴情報。康熙意識到可以透過向遠方的沙皇提供貿易機會來停止邊境的襲擊，俄羅斯人則證實了新王朝的實力與中國市場的吸引力。

雙方現在都同意，若要維持邊境貿易的安全，就得釐清模棱兩可的國界。時至一六八〇年代，他們已準備好進行談判。康熙剛在一六七八年鎮壓了三藩之亂，並於一六八三年拿下臺灣。他在一六八三年五月發了兩封信，表示若俄羅斯撤出阿爾巴津堡壘，清朝願意進行協商。但是當這些信件於一六八五年十一月抵達莫斯科時，清軍早已摧毀了這座堡壘，並在一六八六年俄羅斯重新占領後，再次將堡壘團團包圍。作為回應，沙皇於一六八六年一月從莫斯科派出費岳多擔任全權大使，進行畫定邊境界線以及建立商業關係的談判。費岳多於一六八七年十月抵達色楞格斯克，他本來打算邀請蒙古的呼圖克圖擔任俄羅斯和中國之間的協調人，但他後來收到了直接與康熙皇帝通信的邀請。康熙原本同意與俄羅斯代表在一六八八年於色楞格斯克會晤，但噶爾丹卻也在同一年展開對喀爾喀的攻擊，清朝官員於是只得取消這次會面。

隨著噶爾丹的勢力茁壯，清朝的主要關注變成阻止俄羅斯人支持噶爾丹。俄羅斯方面也開始意識到，蒙古地區的動盪正威脅到與中國邊界衝突的決議。噶爾丹驅使喀爾喀人朝南北四散奔逃。有些喀爾喀人逃入清朝邊界尋求庇護，其他人則向北移動到色楞格斯克，將費岳多包圍在堡壘裡，接著迫使他逃往烏金斯克（Udinsk）。一六八九年三月，費岳多已擊敗了這些蒙古人，並收復色楞格斯克。清朝官員如今同意他的建議，在更東邊的尼布楚會面，比較不受噶爾丹的擾亂。雙方特使於一六八九年七月抵達尼布楚。費岳多帶著約一千名隨行人員，與索額圖率領的七位清朝大使，以及包括兩名耶穌會士張誠和徐日昇、軍事兵團和佛教神職人員在內的至少一萬人隨行輔佐會面。[84]清朝的代表都是滿人高官，包括康熙皇帝的舅舅佟國綱，以及率兵摧毀了阿爾巴津的薩布素（Sabsu，譯按：首任黑龍江將軍）與郎坦（Langdan）。

沒有任何蒙古部落領袖出席尼布楚會議。蒙古人雖然不在場，卻影響了談判時的兩項關鍵議題：溝通方式與邊界畫分。中俄雙方代表們首先得選擇要用何種語言進行討論。雙方都無法使用母語，因為維持對等的假象是談判成功的重要前提。雙方並排搭起開放式帳篷，帳篷內的人數相當。清朝官員其實有俄語傳譯，不過並沒有派他們上場。作為滿人高官，他們不讓任何中國人參與邊界談判。佟國綱曾在一六八八年主張讓中國人出席，不過提議遭拒。俄羅斯人曾試圖從他們的達斡爾藩屬中找滿語傳譯，但卻找不到能夠勝任的人選。然而，俄羅斯人和滿人都非常熟悉蒙古語。在這個邊境區域裡，蒙古語是不同民族間最常用的溝通語言。不過，《尼布楚條約》的第一語言並不是蒙文，而是拉丁文。懂拉丁文的只有一二名俄羅斯代表，以及為清朝服務的兩名耶穌會士。

由於耶穌會士讓自己成為了重要的調解者，他們得以決定條件與雙方溝通的語言。在八月二十二日的第一天會談上，特使們原則上同意以拉丁文溝通。[85]根據費岳多的報告，他們認為蒙古語傳譯人數不足，而且不夠可靠，所以雙方一致認為使用耶穌會士的拉丁文比較「客觀」。貝洛博茨基（Pole Andrei Belobotskii）擔任俄羅斯人的拉丁文傳譯。然而，討論很快就圍繞著該在哪兒畫界的問題打轉（參見彩色插頁的地圖5）。起初，滿人基於這一帶所有蒙古部落都曾向元帝國稱臣的事實，聲稱直至貝加爾湖的所有領土都歸他們所有。俄羅斯人堅持保留阿爾巴津和尼布楚，建議沿阿穆爾河畫下國界。接著，俄羅斯人卻聽到滿人威脅若不立即讓步，就要發動軍事攻擊。他們很快就發現是耶穌會士在翻譯中「加油添醋」，因此要求和清朝特使以蒙古語溝通。清朝特使之間以滿語進行一段漫長的討論之後回覆，他們「僅指示耶穌會士就邊界問題發言，並沒有要他們談軍事事務」。[86]

每當討論陷入僵局，俄羅斯人都試圖使用蒙古語翻譯直接與滿人溝通，但耶穌會士也都以翻譯人員能力不足為由予以反對。耶穌會士還要求俄羅斯人不得在會議期間私下與滿人交談，更告誡自己的口譯和滿洲官員的助理（jargochi），絕不要單獨與俄羅人以蒙古語交談。[87]蒙古語無疑可以和拉丁語一樣，輕而易舉地成為替雙方搭橋的語言。耶穌會士排除蒙古語，是為了讓自己爭取到更好的傳教條件。他們假裝勸阻康熙皇帝排除戰爭的選項，誘使俄羅斯人承諾來自沙皇的有利待遇。他們還將條約協商的功勞攬到身上，藉此在一六九二年獲得康熙頒發的《容教詔令》（Edict of Toleration）。在有力調解人的悠久傳統裡（從古時候到今日的季辛吉），調解人總是堅決排除自己以外的溝通管道。[88]他們壟斷語言，也壟斷雙方彼此接觸的管道，成功地將一切蒙古利益排除在談判之外。

最終解決雙方繪製邊界線衝突的因素有二，一是武力威脅，二是蒙古人在兩大帝國之間的模糊忠誠。第二天，費岳多同意沿額爾古納河（Argun）的一條小支流貝斯特雷河（Bystry，或稱布雷河〔Burei River〕）畫界，前提是清朝願意賠償破壞阿爾巴津堡壘的費用。索額圖接著提出應該沿著石勒喀河（Shilka）畫界，隨著它匯入阿穆爾河的路線。這條界線將俄羅斯在額爾古納斯克（Argunsk）的堡壘留在清朝境內，還有一座珍貴的鹽湖及數個礦井。索額圖建議暫時休會，直到雙方都呈交概述彼此要求的信件給各自的皇帝，費岳多拒絕了這個提議，懷疑滿人只想拖延時間趁機把軍隊調到邊境。費岳多還試圖爭取耶穌會士的支持，承諾會在西伯利亞提供宣教的優惠待遇。

費岳多後來得知，清朝在尼布楚附近勸說至少兩千名曾向俄羅斯人納貢的布里亞特蒙古人（Buriat Mongols）和汪古蒙古人加入清朝。索額圖提出將邊界畫在石勒喀河以南的格爾必齊河（Gorbitsa），如果俄羅斯人同意和喀爾喀人以色楞格河為界。由於喀爾喀蒙古尚未臣服於清，費岳多拒絕將決定邊界的權力讓給清朝。索額圖接著動員了一支一萬二千人的軍隊包圍尼布楚，外加布里亞特和汪古叛逃者。費岳多和他的一千五百名手下則準備背水一戰。兩天後，費岳多明白自身立場希望渺茫，只得對清朝的大部分要求讓步。考慮到格爾必齊河和阿爾巴津之間的聚落和毛皮動物都很少，而且有越來越多蒙古藩屬投奔敵營，費岳多放棄了對阿爾巴津所有權的要求，但保留了通往額爾古納河以北的鹽湖與礦場的權利。根據條約的最後條件，額爾古納斯克的堡壘將被移至河北側的俄羅斯境內；清朝不會為阿爾巴津支付任何賠償，但會准許貿易者前往該區域。雙方同意沿阿穆爾河以北最靠近的山脈畫界，以石頭界標做記號。額爾古納河口的一塊石碑以俄文、漢文、滿文、蒙文和拉丁文題寫了條約內容。其他部分的邊界將在日後畫定。

費岳多因此屈從於滿人精明的軍事威脅和利誘手法，失去了他的蒙古藩屬，可能使他幾乎完全喪失對外貝加爾區域（Transbaikal region）的控制權。但他以放棄阿爾巴津為代價，起碼保留了進入額爾古納河以北土地的權利，而且繼續控制那些仍然臣服於俄羅斯的藩屬。清朝則放棄了本來就不曾領有之領土的宣稱，而且還藉由提供貿易機會，確保俄羅斯人不會支持噶爾丹。今天的中、俄民族主義史學家，都認為對方得到了更好的條件。他們將條約簡化為中俄的兩極對抗，忽視受談判影響的其他兩方的重要性。

由《尼布楚條約》決定的中俄邊界標誌。俄羅斯東正教的十字架位於左邊標誌的頂端；右邊的滿文寫道說「邊界」。

俄羅斯和清朝官員並不僅是根據對另一方的影響而盤算他們的立場，還考慮到了所有參與大草原權力鬥爭者的後果。從尼布楚談判獲得最大收穫的顯然是耶穌會士，康熙對他們讚譽有加，還允許他們自由傳教。耶穌會士早已獲得康熙皇帝的信任，提供他武器、教他幾何學、為他增廣世界見聞。他們如今也展示了外交技巧。然而，他們最終未曾成功使滿人或中國人皈依基督，而且在康熙去世後就喪失了影響力。清朝統治者利用耶穌會士達成自己的目標，然後就把他們擱到一旁。損失最為慘重的則是蒙古人，無論是噶爾丹還是邊境部落，因為談判結果將他們綁定在邊界的單一側，剝奪了他們尋找盟友的機會。

噶爾丹立刻就發現了《尼布楚條約》的影響。一六九〇年初，他派一名特使到伊爾庫茨克（Irkutsk）去見費岳多，尋求俄羅斯支持他襲擊喀爾喀的計畫。[89]由於俄羅斯人本身也受到土謝圖汗的攻擊，噶爾丹期待與他們結盟對抗共同敵人。費岳多答覆說，自己曾試圖在一六八八年聯繫噶爾丹討論結盟一事，不過他的傳信者卻未能達成使命，如今他已無法與噶爾丹攜手合作。然而，他確實派了一名特使去探查噶爾丹的兵力，以及釐清噶爾丹的地盤上有多少俄羅斯商人。和滿清簽訂條約後，費岳多不再對與準噶爾結盟感興趣。他真正關心的是保護噶爾丹境內的俄羅斯人，還有防止向沙皇稱臣納貢的蒙古部落變節。費岳多的特使要噶爾丹准許在伊爾庫茨克進行自由貿易，以及把阿勒坦汗的兄弟遣返。阿勒坦汗的兄弟拒絕履行向沙皇納貢的義務，投奔噶爾丹尋求庇護。

康熙皇帝一聽說噶爾丹找上俄羅斯人，便立刻提醒俄羅斯人，若協助攻擊滿清臣屬喀爾喀人將違背《尼布楚條約》。[90]尼布楚如今成為界定邊界義務的範本，而清朝已規定了各種條件。噶爾丹晚了一步。他在接下來的十年裡繼續向西伯利亞的俄羅斯人遣使，但尋求莫斯科方面支援之舉卻被拒絕。到頭來，對中貿易的吸引力，遠勝過任何在準噶爾領土上探勘黃金的機會。清朝在尼布楚的最大收穫，就是讓準噶爾失去與人結盟的機會。

清朝在尼布楚和恰克圖簽下了與西方強權的第一批條約，這也是兩個世紀以來唯一在相對平等基礎上協商而來的條約。然而，兩個帝國的統治者都不相信主權國家之間的對等談判。雙方都是依據「朝貢、藩屬與恭敬」的重要順位在行禮如儀。如果雙方對協商的理解如此矛盾，條約又是怎麼談成的呢？

正是因為有另外兩方扮演重要的文化調解者，談判才得以成功。準噶爾蒙古國的存在難以忽視，導致兩個帝國調整傳統的外交禮節。而在被正式的國與國接觸取代之前，耶穌會士及其拉丁文則成了逐漸消失的邊境地區裡，流動的跨文化交流中的最後倖存者。為了取得壟斷地位，耶穌會士不得不排除對造以蒙古語溝通的能力。

不同於馬戛爾尼（George Marcartney）在十八世紀晚期的經歷，向皇帝叩頭的問題這回並沒有導致談判破局。誠如日後和其他歐洲列強的談判，雙方的目標截然不同。俄羅斯人想要貿易，而中國人想要安全。同樣不同於十九世紀的「不平等條約」，這回雙方的需求都獲得滿足，而且沒有為對方帶來不可接受的成本。

兩方都覺得另一方在文化上既熟悉又陌生。幾個世紀以來，中國和俄羅斯人都已經習慣與中央歐亞人的外交模式。在多數情況下，他們交手的對象都是軍事強大但制度不穩定的游牧部落聯盟。他們如今得面對彼此：一個龐大且穩固的帝國競爭對手，因此外交禮節的規範勢必改變。俄羅斯人對邊境擴張採取了務實觀點：他們不是為了榮耀才深入西伯利亞，而是為了利潤。相較於促進毛皮貿易，領土和帝國榮譽可以退居次要。清朝這邊則選擇在禮節上妥協，以確保俄羅斯在接下來滿清與準噶爾發生衝突時保持中立。

民族主義和當代政治嚴重影響了詮釋《尼布楚條約》和《恰克圖條約》的方式。[91]在中蘇於一九六〇年代鬧分裂之前，俄羅斯和中國史學家都把這些條約解釋為一九五〇年代「兄弟之盟」的根源，是中國與西方世界唯一成功的平等條約。然而，自一九六〇年代以來，俄羅斯人開始把它們視為「不平等」條約，是侵略擴張的滿人強行加諸到國力孱弱的俄羅斯帝國身上。中國史學家則把俄羅斯人視為陰險的帝國主義者，在簽署條約後仍繼續提供蒙古人大量援助。近來中國的民族主義者聲稱條約本身「不公」

且不利於中國的地位，因為條約讓中國放棄了對東部西伯利亞大部分地區的宣稱權，而這些地方據稱是由「中國民族」（即通古斯人）所有。雙方都把彼此描繪成「侵略成性」且根深柢固，以便支撐自己缺乏安全感的民族共同體。一如軍事戰役，外交史也成為民族主義者操弄意識形態的工具。

第五章

噶雪：噶爾丹走向滅亡，一六九〇至一六九七

在第一次和第二次出征之間的六年，康熙皇帝加強了防禦，同時計畫將噶爾丹與潛在盟友隔離開來。噶爾丹這方的目標則是贏回已向康熙投降的喀爾喀人，在遠離邊界之處恢復自身實力，同時確保達賴喇嘛的支持。西藏於是成為雙方對抗的主要焦點。康熙皇帝試圖切斷噶爾丹和西藏之間經哈密和西寧連通的交流路線。噶爾丹則是試圖切斷康熙與策妄阿喇布坦之間的聯繫，因為康熙打算利用噶爾丹的這位侄子從後方牽制他。兩位統治者皆公開表示致力於維持和平，但其實私下盤算如何打擊對方。

康熙開始認識到補給方面的難題，使他無法對噶爾丹直搗黃龍。他發誓「剿除噶爾丹的根基與分支」，可是卻無法追到遙遠的科布多。他只能先採取守勢，直到後勤基礎更加穩固，抑或把噶爾丹引出巢穴再就近打擊。日後乾隆於一七五〇年代出征時臻於最佳狀態的龐大後勤網絡，就是從這一時期開始初步累積。同樣的，準噶爾和喀爾喀蒙古之間與準噶爾內部本身的分裂——又稱「致命的個體主義」（fatal individualism），使準噶爾無法組織任何對抗滿清政權的聯合勢力。[1] 這些分裂始於一六九〇年代，最終造成了準噶爾人在十八世紀中葉的毀滅。

多倫諾爾會盟

康熙皇帝雖然對噶爾丹逃跑感到憤怒，但卻意識到此事使他有機會將影響力延伸至所有喀爾喀部落。在烏蘭布通大捷後不久，他就計畫在喀爾喀人之間確立「規矩和法度」。[2]他召開大會，將喀爾喀諸汗編組到旗制裡，就像他們被編到四十九旗的車臣蒙古同胞，並且將他們永久地安頓在指定領土。眾臣再次反對康熙皇帝到危險的塞外出巡。[3]監察御史沈愷曾基於天候惡劣和健康風險，敦請推遲大會，不過康熙堅持這些重大問題唯有他親自出馬才能解決。一六九一年五月九日，康熙離開北京並先進行一次大規模狩獵，安排得有如一場軍事行動，然後才朝多倫諾爾（Dolon Nor）出發。

康熙知道喀爾喀蒙古騷亂的主要原因是大汗之間的內戰，源自長久累積的私人恩怨。這些相互競爭的各方把噶爾丹和滿清捲入干預喀爾喀事務的渾水中，可是清朝從決定性軍事勝利已獲得足夠威信，足以根據滿洲規則一勞永逸地解決這些爭端。

康熙在會議前確定了大汗之間的明確優先順序，將哲布尊丹巴呼圖克圖、土謝圖汗、札薩克圖汗之弟策旺札布（Tsewang Jabu）和車臣汗排在最高等級，並把其餘貴族分成七個級等依序排列。超過五百五十名蒙古貴族成員獲封頭銜。每個大汗都執行特定的儀式，包括三跪九叩，而且都在盛宴上配得一席座位。

會盟於一六九一年五月二十九日至六月三日在多倫諾爾舉行。多倫諾爾是大草原邊緣的小聚落，位於北京以北二百五十公里處。皇帝盛宴款待喀爾喀諸汗，隨後安排閱兵表演，希望讓他們對帝國的實力留下深刻印象。大炮射擊和火槍展示使他們諸汗「畏懼無不駭愕讚美」。[4]總共有六十四座小型大炮、八座大型大炮，以及八座迫擊炮，全都展示在來訪蒙古人的營地。皇帝本人騎在馬上，身穿甲冑，率領了七十件槍炮的展演。他向張誠詢問歐洲國王是否也會遠巡，並抱怨滿人經耶穌會取得的槍支品質低劣。[5]會盟時，康熙公開宣稱土謝圖汗與哲布尊丹巴呼圖克圖有罪在身。土謝圖汗本人一手促成噶爾丹的入侵，導致自己的國家毀滅，家人喪命。康熙皇帝出於仁慈，才拯救了大汗的子民。土謝圖汗等人乞求饒恕，康熙於是赦免他們。相較之下，札薩克圖汗的遭遇值得同情，因為他無故受害。土謝圖汗和哲布尊丹巴都獲得了封地和滿洲的貴族頭銜，而且都發誓保持和平。難民將被送回他們的老家。

在康熙皇帝看來，喀爾喀人「漫無紀律」且需要「法度」。將他們編到旗制裡，確保他們的領土不重疊，避免了牧場衝突。每個大汗都保有頭銜；被謀殺的札薩克圖汗，其汗位由其弟繼承，頭銜也獲得清朝批准。清朝官員握有授予喀爾喀領導階層頭銜的最終決定權。[6]

喀爾喀人從臣屬中獲得實質的收穫。清朝提供糧食與牲口，減輕了他們的苦難。他們還獲得了新頭銜，權威也獲得清朝的認可。但作為交換，他們得放棄隨心所欲移動的權利。被編列到旗制裡，意謂著他們在牧場與牧場之間的一舉一動都受到滿洲官員的嚴格監督。並非所有喀爾喀領袖都接受這種條件。儘管參加了清朝的多倫諾爾會盟，巴圖爾額爾克濟農拒絕這項安排，堅持自己保有改變牧場的權利。

多倫諾爾會盟還為清朝在與達賴喇嘛競爭對蒙古的影響上，獲得更大威信。一名特使被派往西藏告知達賴喇嘛，清朝皇帝成功地為喀爾喀帶來和平。[7]特使還警告說，噶爾丹與其食不果腹的追隨者，可能會向達賴喇嘛尋求援助。倘若他違背不攻擊喀爾喀人的宣誓，皇帝發誓絕對會剿滅噶爾丹。然而，要斷絕西藏對噶爾丹的支持，除了威逼，還需要利誘。在衝突期間，清廷曾對清藏邊界的邊城打箭爐（Dajianlu，藏文Dar-rTse-mDo，位於今之四川）實施了貿易禁令。如今和平再度降臨，禁令被解除。

儘管清軍與噶爾丹的部隊都面臨嚴重的物資短缺，但後者顯然處於更加疲憊的狀態。更有甚者，噶爾丹缺乏安全的避難之處。他先是帶兵北逃，打算奪取喀爾喀部落的牲口，為他垂死的子民補充精力。

當這些努力失敗時，他只好繼續步行。[8]噶爾丹接著向西前進鄂爾多斯地區。清軍無法阻止他在黃河以外的行動，因為他們自己也欠缺補給，不過他們可以建立防禦陣地，把噶爾丹擋在鄂爾多斯之外。噶爾丹最終撤至科布多，遠在清軍無法抵達的蒙古地區。主張大規模遠征噶爾丹的提議被駁回，因為他的所在地難以接近。[9]噶爾丹的勢力可能威脅哈密。哈密是重要的供給中心，住著親近噶爾丹的穆斯林人口。由於距離甘肅走廊太遠，清軍無法在哈密駐紮重兵。不過只要清軍在甘州有部隊留守，噶爾丹就不敢攻擊。

清朝最擔心的是，噶爾丹能透過蒙古高原牧場與中亞綠洲人口的糧食生產，獲取重建實力的資源。作戰失利之後，噶爾丹幾乎失去了所有牛羊，其子民被迫耕田乃至捕魚維生。假使準噶爾能建立獨立的糧食來源，他們有可能恢復銳不可當的力量。因此，清朝官員建議沒收哈密穆斯林的存糧，並下令嘉峪關的駐軍將他們扣留。

儘管感到焦慮，清軍無法立即展開另一波大型作戰。他們眼下的主要考量是縮減邊境駐軍規模，節約供給。[10]要將小股軍事單位調到關外要塞的部署，一再遭遇糧食與馬匹供給有限的問題。此外，新加入滿清的蒙古盟友需要糧食賑濟，因為很多都是逃離戰場的絕望難民。[11]在控制蒙古人的競賽中，糧食是個有用的武器。不過即使是龐大的中國農業經濟，也只能輸送有限數量的糧食到邊疆。

清朝為進一步孤立並包圍噶爾丹，遂聯繫他的族屬和敵人策妄阿喇布坦。策妄阿喇布坦在一六九〇年的叛亂，幾乎迫使噶爾丹放棄對喀爾喀蒙古的干預。清朝使節在一六九一年送禮給策妄阿喇布坦，期待能利用他們之間的分裂。清朝使節希望策妄阿喇布坦轉告噶爾丹，「你的牲口都沒了，你什麼都沒得吃。百姓匱乏之至，只能垂死掙扎」，如果他願意臣服，皇帝可以在他和策妄阿喇布坦之間建立和平。這個策略旨在複製清朝擔任喀爾喀部族調解者的成功模式，不過噶爾丹拒絕了。在哈密，噶爾丹的一名下屬殺死了被派去見策妄阿喇布坦的清朝特使馬迪（Madi）。[12]儘管噶爾丹否認殺人的指控，皇帝仍直指他的不是，威逼利誘想勸他投降。策妄阿喇布坦發給康熙皇帝一個祕密奏章，外加上呈貢禮，並在馬迪死後與清廷保持聯繫。清朝政策在分離喀爾喀人，爭取達賴喇嘛和俄羅斯的中立，以及分裂準噶爾家園都有顯著成果。即便如此，清朝官員仍不得不放棄全力推進科布多追捕殺害馬迪的兇手的想法。噶爾丹仍然遙不可及。

噶爾丹打算爭取盟友，無論來自何方。他於是接觸了俄羅斯人，並試圖勸降科爾沁台吉畢立克圖（Biliketu）。[13]但清朝攔截了噶爾丹給畢立克圖的信函，並在調查後洗清畢立克圖的嫌疑，並贏得他對清朝的歸順。畢立克圖在康熙皇帝誕辰日獻禮祝壽。[14]誠如前文所述，俄羅斯人為了維護《尼布楚條約》，同樣拒絕了噶爾丹的試探。

爭取對西藏的關係，就成了雙方的關鍵。在烏蘭布通之戰前，康熙非常尊重達賴喇嘛及其使節，不斷強調喀爾喀部落的和平是雙方的共同利益。在喀爾喀人於多倫諾爾會盟歸降後，北京頒布的詔令態度不變，不過增加了一點威脅的口吻：達賴喇嘛不得回應噶爾丹對物質援助的請求，否則清朝將切斷與西藏的貿易關係。康熙對西藏與噶爾丹通敵合作的懷疑漸增，他在一六九一年十一月接到達賴喇嘛的和平呼籲後強勢回應：「但爾近侍與濟隆庫圖克圖等皆有私意，不體朕與爾之心，濟隆庫圖克圖身在噶爾丹營中並不說和，噶爾丹藉追喀爾喀為名，闌入邊汛劫掠烏朱穆秦諸地……爾喇嘛之旨，亦不行傳諭，爾近侍之人通同貪利，而欺蔽汝，徇庇噶爾丹。」康熙認定噶爾丹勾結達賴喇嘛的特使濟隆庫圖克圖（Jilong Khutukhtu），因為濟隆庫圖克圖在作戰結束後提議談判，使噶爾丹有時間逃脫。[15]

到了一六九二年時，噶爾丹已縮減了他的要求。相較於之前的三項要求，他現在僅保留一項，而且受到達賴喇嘛的支持：七旗喀爾喀回到他們原來的土地。這當然意謂著將他們從旗制的束縛解放出來，使喀爾喀更容易受制於噶爾丹。康熙不得不拒絕這一要求，可是他也強烈警告達賴喇嘛，不要再繼續提供噶爾丹任何資助。康熙沒有向藏族喇嘛揭露他剿滅噶爾丹的目標，而是繼續強調雙方共同的好生之心——他供養飢餓的喀爾喀人就是證據。但康熙透露的訊息中，可以看到孤立噶爾丹的意圖越來越嚴厲。

一六九三年十二月，第巴透露自己才是在這段時間內管理西藏事務的人，而不是達賴喇嘛。他同意康熙拒絕噶爾丹的三項要求，同時要求清廷提供御印，也獲得批准。他還請求康熙不要剝奪噶爾丹和策妄阿喇布坦的大汗頭銜。康熙則拒絕此一要求，並回應「外藩」無權為中國皇帝決策。[16]

在成功拒絕達賴喇嘛調解的鼓舞下，康熙皇帝堅持要求噶爾丹投降。噶爾丹不停地為自己無禮的言語道歉，但要求清廷發放五萬到六萬兩的帝國補助。康熙則堅持唯有噶爾丹親自謁見，才有可能收取帝國賞賜。他完全不期待噶爾丹會接受，不過這也是引誘噶爾丹更靠近北京以便討伐的整體策略的一環。

在此同時，康熙皇帝越來越懷疑噶爾丹正在壯大自己在新疆穆斯林中的盟友。由於噶爾丹每次遣使到清朝都使用穆斯林信使，皇帝指控噶爾丹派穆斯林間諜到中國。熟悉游牧和中國貿易的哈密和吐魯番穆斯林綠洲居民，無疑是理所當然的調解人，可是康熙皇帝想要移除清朝和蒙古人之間的中間人。到了一六九五年，他甚至確信噶爾丹本人已皈依伊斯蘭教。[17]要理解這份奇妙妄想，我們或許只能試圖從大清皇帝的角度來解釋。當時康熙已經吸收了中亞所有民族，成功贏得他們歸降，或至少不干預。如果噶爾丹還是拒絕達賴喇嘛、蒙古人以及滿清，那他想必屬於唯一不在清朝控制之內的族群：中央歐亞的穆斯林。

噶爾丹東移離開科布多的消息，刺激了新一波的清軍動員。清軍帶來一百頭有特殊糧食補給的駱駝，以搬運重型大炮。[18]康熙預期噶爾丹試圖經庫庫淖爾，南遷到西藏。為阻止這一行動，他下令預備焦土作戰，燒毀庫庫淖爾以北、額濟納河沿岸（Ejina）的所有草場。[19]但徹底摧毀噶爾丹的作戰能否成功，端視清朝能否將噶爾丹的兵力引誘到蒙古再戰一場。

一六九五年九月，皇帝概述了引誘噶爾丹參戰的最終計畫。曾被懷疑與噶爾丹合謀的科爾沁台吉畢立克圖，獲得了一些噶爾丹的遺棄文件，包括一封參加會議的邀請函。畢立克圖將派遣一名特使去見噶爾丹，告訴他有十旗的科爾沁人想向他稱臣，並邀請他向東推進。康熙發誓「朕親統大軍風馳電擊，彼不及遠遁，斷可滅矣」。[20]康熙現在知道，噶爾丹並沒有對帝國發動任何新攻勢的準備。但康熙已下定決心消滅這個頑強的對手。他準備在一六九六年四月一日展開第二次親征。

昭莫多之戰

關於第二次出征的討論首先聚焦在確定噶爾丹的意圖。後勤是關鍵：馬匹、大炮和穀物的供應。除非能夠將噶爾丹引誘得更近，否則上述一切都必須從中國北部和西北部，搬運數千英里到蒙古高原。康熙擔心噶爾丹會再次像烏蘭布通之戰那樣逃脫。

一六九五年八月，噶爾丹似乎正離開科布多朝清朝邊境前進，但情勢到了九月時逐漸明朗：噶爾丹不會再更靠近了。他留在克魯倫河—土拉河地區，等待冬雪過去。引誘他更靠近的嘗試不會成功。[21]密探通報稱克魯倫河沿岸有大量軍隊聚集，「蹤跡甚眾」，估計噶爾丹部隊的兵力為五至六千。[22]雖然他的羊很少，不過卻擁有大量的馬和駱駝。儘管噶爾丹欠缺侵略意圖，使清朝更難接觸到他，但清朝已擁有供給一支龐大軍隊的時間。

透過噶爾丹上呈給康熙皇帝的奏章，我們看不出噶爾丹察覺康熙已計畫動武的跡象。噶爾丹仍主動提議解決懸而未決的爭端，期望在兩個帝國之間建立明確的界線。[23]

然而，謹慎、「懦弱」的朝廷官員，對長途跋涉穿越沙漠的計畫並不大熱衷。許多官員建議等待噶爾丹靠得更近。倘若按照康熙皇帝之意即刻開拔至克魯倫河，就將冒著冬天行軍與在春草萌芽之前抵達的風險。官員們清楚明白馬匹若沒有充足的牧草，就將成為軍隊移動力的一大限制。[24]但康熙對噶爾丹在烏蘭布通逃跑實在太過氣憤，因而堅持立即備戰。即使動員令已下達，反對皇帝御駕親征的聲音仍持續不歇。議政大臣敦促皇帝不要冒傷著「玉體」的風險，應該要信賴麾下部隊的英勇。他們無疑憂心出征的龐大花費，以及皇帝離開時國內政局動盪的風險。在此早期階段，康熙還沒有對他的漢族官員「不願意勞心軍務」感到憤怒，只提到先前因為病重無法親自坐鎮烏蘭布通之戰導致狡猾的噶爾丹逃脫，所以這次他認為有必要親自出馬；朝政可由長子留京處理。[25]

唯一熱情擁護這次軍事行動的是西路軍的指揮官費揚古，但就連他都勸皇帝最好不要在冬天出征，應該等到隔年春天開拔。如此清軍才有時間在冬季把馬養肥，維持機動力，然後在早春趁噶爾丹能用春草餵養馬匹之前將其捉拿。[26]三路大軍出發：費揚古率領三萬西路軍，薩布素率領一萬東路軍，皇帝則親率三萬二千九百七十名的中路軍自盛京出發（參見彩色插頁的地圖6）。薩布素的軍隊會駐紮在喀爾喀河畔以阻止蒙古人向東移動，所以只有兩支軍隊參與直接追擊。孫思克將會領導另一支軍隊，兵力一萬，從寧夏出發與費揚古會合。費揚古的目標是封鎖噶爾丹的逃脫路線，所以他必須趕在中路軍攻擊克魯倫河的噶爾丹營地前就先抵達土拉河。西路軍將從歸化出發，從此處到噶爾丹在巴顏烏蘭（Bayan Ulan）的營地，距離是二千里（一一六〇公里），從京城到歸化又要再加一千里（五八〇公里）。西路軍將於三月二十二日左右離開，攜帶八十天的物資，另有五十天的物資隨後送達。[27]直隸、山東和河南將共同提供一千三百三十三輛車，每輛車載六石糧食。每省總督都會提供輜重車和護送部隊。華北各省都擔起這次作戰的補給任務，但主要負責糧食供應的人是直隸省總督于成龍。他造了六千輛輜重車，用來運送物資到邊境。中央撥給各省省長額外配額，幫當地人減輕部分負擔。[28]

影響這次戰役成敗的關鍵因素就是糧食添購。從事糧食供應的人，將獲得與參戰士兵同等的軍事榮譽。[29] 然而，對貧困的西北省分來說，要支應軍隊需求仍然十分困難。西北各省每年收穫僅一作，乾旱頻仍。儘管在部隊和官員離開首都之前就先分發口糧，能夠減輕地方糧食市場的壓力，但要士兵隨身攜帶所有補給仍是太大的負擔。陝西軍隊五個月需要二萬二千四百石，遠超過所能攜帶的量。用牛隻代替一個月的口糧，並讓每位士兵自己攜帶〇．〇五石，可以稍微減少總量，不過他們仍需要攜帶銀子才能在甘肅的市場上購買補給。每人都配有銀兩，從將軍的每月二十銀兩，到一般士兵的二銀兩。[30] 商人會於部隊行軍時隨隊在後，在不同的營地進行交易。由於軍隊裡許多人來自西北，對當地市場瞭如指掌，殷化行將軍發錢讓他們購買自己的糧食。[31]

第二項關鍵元素就是馬。馬匹無法從中原取得，清朝幾乎只能徹底依賴其蒙古盟友。早在一六九五年八月，官員就向喀爾喀人購買馬匹。他們在歸化的主要馬市購入一千匹，然後向鄂爾多斯的六旗和科爾沁的十旗各收購兩千匹；其他部落提供的數量較少。即便是在首都，要養馬過冬也並非易事。位於北京以北的奉天縣為這次作戰貢獻了三十萬捆牧草，好用來餵養八千匹馬。[32]

但蒙古盟友並不可靠。清朝得祭出嚴厲的紀律管控，才能避免蒙古人與中國部隊私下進行馬匹交易。喀爾喀人「素善盜馬」。兩名喀爾喀人被發現試圖盜馬後，被處以斷手斷腳與割耳斷頸的懲罰。[33] 然而，蒙古部隊對這次作戰至關重要，尤其是負責快速追擊的精銳部隊。每個部落酋長都必須提供部隊，而且這些部隊必須是最勇武、最有經驗的士兵，來自富裕的菁英家族。[34] 如何避免蒙古人自亂陣腳也同樣重要，特別是有些蒙古人擔心清軍通過自家領土並不只是為了懲罰噶爾丹。與噶爾丹分裂的準噶爾領袖策妄阿喇布坦，此時就成了清朝相當有力的盟友。他可以向其他蒙古人保證噶爾丹是清軍唯一的目標，從而削弱了噶爾丹號召所有蒙古人團結對抗滿人與漢人的努力。[35]策妄阿喇布坦獲准將朝貢使團的規模從二百人增加到三百人，從而增加了貿易利潤，外加織錦、銀、茶和毛皮等禮物；康熙還承諾會把在作戰期間在噶爾丹地盤上俘獲的穆斯林商人都送給他。[36]

第三項關鍵元素是火藥武器。康熙為了確保清軍能大獲全勝，遂將大炮分配給每個旗並訓令說：「軍器之中無猛於鳥鎗火礮者，其勢甚烈，其力甚大，誠戰陣之利器也。剿滅噶爾丹當以火器為要。」[37]此前的例外是三藩之亂，當時使用火藥武器的敵軍未能取得優勢，反而大清軍隊沒用上大炮就贏得幾乎所有的戰鬥。相較之下，這次軍隊將獲得源源不絕的火炮供應。在多倫諾爾會盟上，「礮火之聲響震山谷」，給蒙古人留下了深刻印象。軍隊攜帶至少二百三十五門重達八千至一萬斤（五千公斤）的重型大炮，以及一百零四門重達一百至八百斤的輕型大炮。各種大炮齊備，包括「西洋銅礮」和「臺灣解到小銅礮」。當各旗在一次軍事校閱中接連發射大炮，觀看的噶爾丹軍逃兵「駭甚戰慄」，並預測「噶爾丹不日殄滅矣」。[38]出了歸化，大炮就必須放到駝背上運輸。當年帶到烏蘭布通的大炮太過笨重，因此這次使用了比較輕的大炮，但如此長距離運輸火器仍會大大減緩軍隊移動的速度——差點讓費揚古錯過了防止噶爾丹逃跑的預定會合時間。

康熙預定中路軍於一六九六年三月二十六日寅時從北京出發，西路軍則於三月二十日巳時從歸化開拔。孫思克在寧夏集結一萬士兵，於三月二十四日開拔。[39]中路軍可以分四段行軍至北京西北邊一百五十公里處的獨石口，不需額外馬匹；越過獨石口之後，他們每段的平均速度達六十里，總長約六十段。每段都有中繼站，提供四十匹馬換班。

出征路上的部隊紀律森嚴，每天必須在寅時起床。為了能夠儘速拔營，早飯不許生火。軍官若因疏忽而沒讓士兵早點移動，就會受到懲處。水、糧食、牧草和馬是首要考量。早春時節，大多數池塘和泉水仍然凍結。每一段行軍過程都必須靠鑿冰掘井。士兵們在某處挖了七十五口井，挖出了四十五座池塘。從凍泉裡突然湧出的水，往往被視為非常好的預兆。[40]馬匹很容易死於過勞：行軍時的大量出汗與突然停下來休息，往往使牠們體力透支；接著牠們又得被策御奔馳，好暖和身子。牠們在停止流汗之前還不能喝水。除此之外，部隊必須小心避開有毒的水井和牧草。[41]

軍隊後面跟著一千三百輛車。這些載有補給的車輛彼此緊密串連，以防敵襲。當輜重物資抵達時，走在糧車前的康熙皇帝與將士們都鬆了一口氣。于成龍的補給車隊一直出狀況，很快就沒能跟上大部隊了。雨水和泥濘拖延了進度，許多牛隻死亡。為了穿越大沙丘，士兵們不得不用柳條和泥土修路。當輜重隊進到沙漠時，他們將部分物資留在彈藥倉，以便回程補給之用。[42]

康熙策軍繼續向前。他會在耶穌會士張誠和徐日昇的陪同下，定期觀看北極星，好確定自己所在的緯度。[43]他向風雨之靈祈禱旅程平穩。康熙帶著六個兒子隨行出征，但長子胤礽留在北京掌理國政。康熙在給胤礽的家書中描述了沿途景觀、軍事行動的進展，以及他自己的健康狀況。這些滿文信件堪稱中國文學最出色的旅遊紀錄之一，讓我們得以洞悉康熙的性格，幾乎是每天記錄下皇帝變化多端的心情。皇帝的信心隨著新情報或物資的到達（或未能如期抵達）而起伏著。他鉅細靡遺地描述部隊通過的地形，注意不同種類的花草，數不盡的土撥鼠洞穴、水源，以及各種類型的沙漠。他還會送植物回京讓兒子照養。當大軍困在一個「只有沙岩」的地方時，他仍繼續蒐集彩色寶石作為送給在北京家人的禮物。[44]這些家書生動道出軍事行動的艱辛與樂趣，我將在下一章提出進一步分析。

儘管遠征軍出發後沒多久就遇上一場嚴重的暴風雪，但康熙皇帝在多數情況下仍然覺得途經的環境頗為討喜。隨著天氣變暖，水草補給的取得變得更容易，馬匹也能保持健康。不過，康熙也曾有一度懷疑上天是否已背棄他，當時他們在方圓四十至五十里都找不到水草。好在是日深夜就在山頂發現了一座清泉，恰巧足夠補充停留一夜之所需。[45]五月十四日，他經過永樂皇帝在十五世紀初遠征期間留下的石碑。[46]康熙對雨雪不止感到憂心，但蒙古人卻欣喜無比。他們讚頌康熙，感謝他在馬羊經過漫長寒冬變得極為虛弱時，為四月與初春帶來豐美牧草。[47]

不是每個人都像康熙一樣有信心。聽聞噶爾丹得到六萬俄羅斯軍隊支持後，議政大臣索額圖、伊桑阿和佟國維籲請皇帝回京。[48]這一回預見災難的不是漢人文官，而是兩位滿人高官兼重要顧問。但康熙對此大發雷霆：「〔朕〕曲盡籌畫，告祭天地宗廟社稷……自兵丁以至厮役，無不思滅噶爾丹者。而大臣內有怯懦，不實心勇往向前之人……乃不奮勇前往，退後朕必誅之。」經過這場戲劇化的衝突後，大臣們在皇帝跟前下跪祈求原諒，並紛紛同意皇帝計畫的正確性。噶爾丹聰明運用假情報，差點就中止了清朝遠征。官員們後來才得知，噶爾丹的確有尋求俄羅斯援助，並曾與二十名俄羅斯特使商討至少一千兵力和大炮援助。不過俄羅斯人最終沒有做出明確承諾。[49]

然而，滿人顧問的主要擔憂不是中路軍，而是費揚古的西路軍。儘管噶爾丹尚不曉得清朝正領著一支大軍前來，但想必他會在發現此事後向西撤退。如果費揚古無法趕在那之前到達指定作戰地點，噶爾丹將再次逃脫，整場戰役也將宣告失敗。費揚古的初步回報聽來振奮人心：他在四月十四日抵達了清朝邊哨，預計將於五月三日抵達翁金（Onggin），五月二十四日到達土拉，五月二十七日到達噶爾丹大本營巴彥烏蘭。為了保持行軍速度，他沒法等待輜重車隊跟上。[50]接著就是一整個月的杳無音訊，然後費揚古才回報雪和泥濘使他陷入困境。由於大炮難以搬運，他已將大部分大炮都留在邊境，只能用駱駝繼續搬運五十九門大炮前進。他只能帶著十五天的口糧到翁金，二十天的口糧到土拉。他快馬加鞭，預計能在五月三十日與孫思克會合。費揚古希望能在六月二日趕到土拉，六月六日到巴彥烏蘭。[51]

聽聞此一消息，中路軍頓時面臨一大難題：前進，還是等待？等待會耗盡珍貴的糧草，推進太快又有讓噶爾丹在費揚古就定位前逃跑的風險。康熙召開軍事會議，討論手頭上的選項。[52]有些人主張盡速推進，因為認為噶爾丹將挺身作戰，可是許多人都擔心他會逃跑。眼下距離噶爾丹的營地還需要九天，這讓他有足夠時間逃到遠方。軍隊決定冒著噶爾丹察覺清軍來襲的風險原地等待數日，直到五月二十三日。接著糧食到達了：三百頭駱駝和一百七十三輛車，帶著一千石的糧食（三百噸）。補給「積米如山」，數量之多令喀爾喀軍隊大感震驚。但大軍已消耗了六十天份的總配給口糧，還需要後方配送更多口糧。于成龍還是無法將所有車帶上。部隊如今在某處「只有沙岩」之地紮營。[53]

消息指稱噶爾丹有一萬名士兵、一萬名武裝僕役和七千名傭兵，還有大量供給與牲口。後來證實此一消息誇大不實。[54]費揚古正率領一萬士兵朝克魯倫推進，但他兵疲馬睏，不得不拋下許多士兵。孫思克的軍隊人數也減少到僅剩兩千名中國兵，而且多數精疲力竭無法再行軍。殷化行將軍表示：「遠道馳至，既不及養馬……及度戈必，馬畜遂相繼斃。更前常苦乏水而草未盡芽。會大風雨，連數日夜，兵寒且飢，人馬顛仆營間及道中者相枕籍。」[55]當他們好不容易到達翁金，已因寒冷天氣失去幾乎所有的馬匹，物資也僅剩下一個月。孫思克為了節省物資，決定只留下最強壯的士兵繼續與費揚古一起向前線推進，其餘則全數遣回。五月二十六日，康熙決定執行第三項計畫：遣使到噶爾丹的陣營提議談判。使節帶了幾名準噶爾俘虜同行，他們將被釋放回噶爾丹的大軍。透過與噶爾丹談判，清軍能再拖延一段時間，好讓費揚古有機會堵住他的退路。[56]康熙再次不坦率地欺瞞，聲稱他只在乎邊界太平，說他完全無意消滅噶爾丹。他已幫助逃離噶爾丹攻擊的喀爾喀人免於飢餓，因此現在想要親自與噶爾丹會面，共組同盟。「朕與汝等覲而定議指示地界，爾照舊貢獻貿易……斷不誘人而破滅之。」[57]

清朝使節告訴噶爾丹的侄子丹濟拉（Danjila），康熙皇帝正前來與噶爾丹談判。當他們（虛假地）

知會他不可能脫逃，因為費揚古已抵達土拉河，丹濟拉發出了「痛苦哀嚎」。第二天，大清帝國的所有部隊集合列陣，「彌山遍野不見涯際……甲冑火器刀鎗日中晃耀奪目」。[58] 康熙相信這般壯盛軍容將重挫噶爾丹的銳氣。他預計費揚古此時應已抵達土拉河，因此並不擔心噶爾丹遁逃，儘管他希望能與噶爾丹正面對決。六月七日，他率軍抵達克魯倫。[59] 河流流經陡峭山丘，水量稀少。準噶爾的巡邏部隊看著清軍前進，但沒有多做抵抗。噶爾丹的部隊不見蹤影，只發現他紮營留下的痕跡。顯然他前腳才剛離開。皇帝呵叱噶爾丹懦弱，發誓要繼續追捕他。他只帶上十六門大炮，其餘全數留下，並遣使先行去勸噶爾丹投降。被俘虜的士兵通報，稱噶爾丹已逃至巴彥烏蘭的森林。費揚古是否已先他一步到達了呢？

清軍在克魯倫發現了被噶爾丹遺棄的疲馬，也發現當地正遭受嚴重的乾旱。草地還沒發芽。被留下的老人形容準噶爾人「驚惶」奔逃。噶爾丹的部分軍隊爆發內訌，攻擊彼此，婦孺則紛紛自盡。消息傳來，稱費揚古已於六月六日按計畫到達土拉河。儘管有這些吉兆，清軍如今卻面臨嚴重的糧草短缺。他們耗盡了隨身攜帶的口糧，而于成龍的儲備補給卻尚未送達。就連皇帝本人，都只剩下羊肉可吃。康熙不情願地意識到，他必須帶主力部隊一起回頭找糧車。六月十二日，康熙終於調頭，「凱旋回朝」。他派馬思喀率領小股騎兵和輕型火炮繼續追擊。雖然康熙預期捷報，不過他也知道西路軍缺乏糧食補給。他在家書中透露抑鬱的心情，並描述了一幅「千里無善地」的景觀。他希望兒子從京師寄衣物前來，表達出對兒子的思念之情。[60]

翌日，眾人久候多時的費揚古報告終於抵達。費揚古已得知噶爾丹在克魯倫，但他的兵力太過疲弱而無法迅速推進。西路軍的口糧已在六月三日至六月十日之間告罄。于成龍只能以每日二十至三十里的速度，拖拉補給車穿越沙丘，而且時不時得因強風而停止前進。五月三十一日，噶爾丹已領先費揚古十天路程，而且他還把數英里內的牧草都燒光了。噶爾丹前往克魯倫，期待能找到俄羅斯派來的火槍手和重炮。六月二日，費揚古得以率一萬四千名兵力擋住噶爾丹的去路。六月十二日，兩軍在名為「昭莫多」的沙漠惡地交戰。昭莫多的蒙文為「Jaghun Modu」，意思是「一百棵樹」。這是一座小山谷，山丘環繞，谷底有河流穿過。[61]費揚古的士兵無法攜帶太多物資，已經連續行軍了十一天。他們就像游牧民族一樣，只能靠吃馬肉和駱駝肉維生。噶爾丹只有配備二千鳥鎗的五千士兵。即便已是日暮時分，清將殷化行仍然力主占領山丘。為爬上山丘，他的士兵必須激戰蒙古神射手。當軍隊終於在山丘紮營，便獲得了居高臨下的戰略優勢。滿人軍隊一邊發射大炮，一邊躲在木製路障後方推進，以棉襯甲冑保護軀幹。當他們推進到離敵人僅十步之遙時，「矢下如雨」。此時康熙本陣即將到來的消息，嚇得許多蒙古士兵棄械逃跑。噶爾丹失去對部隊的控制，陣形大亂，做鳥獸散。他的親族阿拉布灘（Arabdan）*試圖抵抗，但卻被隨後出現的滿人騎兵殺得傷亡慘重，數千士兵死亡。清軍捕獲了兩萬多頭牛和四萬隻羊，噶爾丹和丹濟拉只得帶著四五十人脫逃。[62]

康熙在七月三日越過長城之前接獲費揚古的捷報，他在四天後返抵北京。康熙取得一次大勝，證明他深入大草原的鐵血意志是有道理的。他這場長達九十八天、來回克魯倫二千餘公里的遠征，成功「熄滅」了噶爾丹的氣焰。康熙回京後舉辦了一場盛大的慶功活動。儘管康熙將勝利視為天命（噶爾丹本人可能也這麼想），這其實是一次險勝。皇帝對天意的恩謝，反映他對奇蹟式勝利的無比寬慰。

由於噶爾丹麾下頭號將領哈什哈（Qasiqa）投降，清朝得以知曉噶爾丹原本的戰略計畫——完全就是典型游牧策略。[63]噶爾丹本來以為，他可以靠著留在克魯倫和土拉地區來實現蒙古統一「大業」（amba baita）。他很後悔先前推進到烏蘭布通，因此本來計畫若滿清大軍前來，就要一路撤退直到耗盡清軍的糧食和銀子。但蒙古人聽說康熙皇帝御駕親征就銳氣盡失。噶爾丹原本想在森林裡大戰清軍，可是卻無法阻止他的部隊潰散。他原本準備單挑西路軍，但康熙朝克魯倫派出三路大軍的軍事壯舉，使他陣中將士驚恐惶懼，難以控制。

雙方都已面臨物資補給的極限，但清軍主要依靠來自中原的糧食，蒙古人則仍然擁有大批牛羊。沒有水草，蒙古人就無法在一個地方停留太久，但他們可以四處移動。若不是費揚古恰好擋在正確位置，噶爾丹本來有機會逃脫。費揚古不得不向西行到很遠的地方找水，這段路程幾乎耗盡了他所有的牲口。費揚古拋棄許多補給，因為早已沒有能夠攜帶補給的牲口。根據張誠的描述，當費揚古抵達土拉時手下士兵已達「最後極限」。如果噶爾丹沒來與他們交戰，他們肯定將全部餓死。俘獲噶爾丹留下的豐富補給救了他們一命。[64]諷刺的是，噶爾丹本可以退回克魯倫，拯救自己，然後任憑費揚古的軍隊挨餓，但他卻高估了自己的力量，選擇迎戰虛弱的中國軍隊。結果滿人和漢人放手一搏，因為深知自己無處可去，情勢也不會比現在更慘了。

噶爾丹也被他的準噶爾同胞背叛了。當他傳信給在巴顏烏蘭的親族阿拉布灘，告知康熙正在前來的路上，阿拉布灘則回覆：「你的土地沒有婦孺，沒有牛，我的土地有婦孺，也有牛。難道你不知道滿人是什麼樣的民族？我不會和滿人作戰。」[65]阿拉布灘棄噶爾丹於不顧，儘管他後來在昭莫多之戰現身。

漢人官員、滿人酋長，以及蒙古大汗與札薩克們，紛紛盛讚康熙的大捷。他們感激皇帝為他們除去噶爾丹掠奪之患。蒙古人將康熙視為具有神力的大汗，可以為他所經之處帶來水草（儘管所有鑿井和找井的工作其實都是蒙古人自己完成的）。康熙的回應之道，就是吸收更多蒙古人成為大清親屬：「朕先以喀倫之內視為一家，今土喇克魯倫以內皆為一家矣。」一位蒙古旗的官員（錯誤地）通報說，噶爾丹

＊編註：對照史料出處，阿拉布灘與丹濟拉應為不同人，惟皆是噶爾丹身邊親近之人。或謂實錄上的「丹津阿拉布坦」。

在聽聞清朝大軍來襲時殺了他的妻小。[66]

康熙皇帝改寫歷史

歷史的重新詮釋已如火如荼展開。康熙皇帝和大臣們立刻就把這場勝利擺進悠久的歷史脈絡裡。他們把這次出征比擬殷高宗（伐鬼方）及周宣王（伐玁狁）的軍事行動，前者花了三年，後者行了千里：

> 皇上六龍時邁直泝漠北，從萬難進兵之地冞入，其阻計程約三千餘里，為時僅八十日……從來蒙古鳥集獸散靡有定居，倏去倏來蹤跡飄忽，故剿滅最難。今合諸道之兵，環至夾攻，一舉而盡殲之……聖武天授非人力所及，自此沙漠永清，邊圉孔固。駿烈之奮揚，聲靈之赫濯，信為史冊之所稀聞，詩書之所罕載。而漢於匈奴，唐於突厥，非所論矣。[67]

雖然噶爾丹還倖存，而且邊境威脅並沒有停止，不過清朝的勝利已被載入史籍，成為超越史上最偉大帝王的成就。無論如何，認為清朝完成並超越過去歷朝成就的想法已開始成形，將清朝置於日益擴張的領土征服發展史裡。軍事編年史《親征平定朔漠方略》的編纂者指出：「按古來，出塞征蒙古者，徒糜糧餉，疲士馬。」[68]這一回，上天決定徹底消滅蒙古威脅。藉由將好結果歸諸於天，滿洲統治者將偶然的歷史事故納進了更寬闊的歷史觀點。反對出征者並未看出種種吉兆。很多滿漢官員都曾勸諫皇帝放棄親征，或推遲出征的時間，也希望他能放棄追捕在逃的噶爾丹。不過康熙拒絕了他們的建議，因此「邊塞鞏固，中外永寧」。這種事後寫下的歷史編纂，將明察天命的能力歸給皇帝，稱他將聖賢智慧與天意融入戰略思想。康熙不僅遵循過往統治者的儀禮規定，就像他和永樂皇帝一樣在邊疆遠征後對天地獻祭，更藉由有效利用「天時」來超過過往的統治者們。[69]他的「聖武」讓他能夠「潰敵如折腐枝」。一八四二年，魏源的名著《聖武記》將這些源於征服行動的天命一統、軍事勝利和聖賢治理的概念融於一爐。[70]

戰爭勝利後，清官方運用包容和排除的雙重策略打造了歷史神話。[71]當新歸降的蒙古人被包容進清朝的大家庭時，噶爾丹及其追隨者則被排除在外。然而，邊境還有許多民族的忠誠對象尚未確定，有必要將他們與噶爾丹區隔開來。康熙皇帝為庫庫淖爾的蒙古諸台吉印製了數百份傳單，敦促他們捕獲噶爾丹家族的餘黨。他強調噶爾丹入侵清朝邊境之舉已違背了達賴喇嘛的意願，噶爾丹聲稱獲得庫庫淖爾台吉、俄羅斯人和「中國回子」的支持，是為了要在征服中國後另立一名穆斯林為其統治者。[72]康熙一度相信噶爾丹已皈依伊斯蘭，而且他擔心噶爾丹在哈密和吐魯番綠洲使用穆斯林間諜。康熙還意識到要在庫庫淖爾徵用穆斯林軍隊來對抗突厥人並非易事。顯然該地區的穆斯林並不可靠，儘管哈密酋長主動表示願意幫忙捉拿噶爾丹。康熙的主要策略是贏得蒙古人的支持，說服他們相信噶爾丹違背了對達賴喇嘛的誓言，從而把自己排除在宗喀巴的佛陀之道外。康熙把注意力轉到庫庫淖爾諸台吉身上，意謂著清朝開始對西藏達賴喇嘛與蒙古人之間的關係有著更深的涉入。

西藏是另一個模棱兩可的藩屬，而且清朝統治者對西藏所知甚少。昭莫多大捷之後，投降的準噶爾人告訴他達賴喇嘛已在九年前去世，這令康熙大感震驚。事實上，第五世達賴喇嘛早在一六八二年圓寂，攝政第巴接著掌權。康熙後來才從策妄阿喇布坦那裡得知達賴喇嘛過世的真正日期。發生在西藏的事件顯然相當晦暗複雜。康熙認為第巴奪權與掩蓋達賴喇嘛之死，是為了要與準噶爾建立更強大的反清聯盟。學者阿赫邁德（Zahiruddin Ahmad）根據西藏文獻，主張清朝誤解了西藏權力關係的本質，更故意宣傳有關奪權和隱瞞的故事以凸顯噶爾丹和第巴的變節背叛。[73]與清朝觀點相反，第巴並非在達賴喇嘛死後非法篡奪權力的「輔官」，而是達賴喇嘛的資深顧問，在一六七九年被委以世俗職責。達賴喇嘛本人就在不久之後退隱冥想。基於星象理由，推遲喇嘛死亡的公告並不罕見。阿赫邁德認為，第巴沒有故意欺騙康熙皇帝，是中國人無法理解西藏的轉世觀。第巴可能認為，第五世達賴喇嘛只是離開他的身體進入冥想，而後將在他的第六次轉世中歸來。

話雖如此，西藏政策在第五世達賴喇嘛去世後的轉變顯而易見。第巴試圖調解康熙和準噶爾之間的衝突，也試圖阻止軍事行動，更積極提倡更加同情噶爾丹的看法。第巴這下子成了康熙皇帝眼中的噶爾丹同夥，而且庫庫淖爾蒙古人對西藏喇嘛的服從，更可能導致其與清朝疏遠。庫庫淖爾眾台吉宣稱自己對雙方平等效忠：「東方有大清聖上，西方有達賴喇嘛。」[74]康熙選擇冒著疏遠他們的風險和第巴作對。在過去，達賴喇嘛派來的使者會被安置在城外的獨立住宅內，但如今第巴派來的使者卻因與噶爾丹合作而被捕。[75]兩個月後，由於始終未能逮到噶爾丹，康熙皇帝痛指第巴指使噶爾丹叛亂：

> 爾第巴原係達賴喇嘛下司事之人，因爾不違達賴喇嘛之旨，輔助道法，朕是以優封爾為土伯特國王，今觀爾陽則奉宗喀巴之教，陰則專與噶爾丹比欺達賴喇嘛班禪庫圖克圖，而壞宗喀巴之教，先是爾以久故之達賴喇嘛詐稱尚存，遣濟隆庫圖克圖至噶爾丹所，烏蘭布通之役為噶爾丹誦經且擇戰日，及噶爾丹敗，又以講和為辭貽誤我軍，使噶爾丹得以遠遁，朕為眾生遣人往召班禪庫圖克圖，爾又誑嚇班禪庫圖克圖，謂噶爾丹將要殺之而不遣行，青海博碩克圖濟農潛與噶爾丹結姻往來通使，而爾又不舉發，如噶爾丹博碩克圖濟農無爾之言，有相與為姻者乎，噶爾丹信爾唆誘之言。[76]

根據一名準噶爾俘虜的說法，噶爾丹在戰敗後告訴追隨者：「我來此克魯倫非吾意欲深入也，奉達賴喇嘛之旨，云南征元吉，大有慶也，我是以深入，蓋達賴喇嘛殺我，而我殺爾眾矣。」康熙從這份報告中推論第巴應該要背負最大責任：達賴喇嘛若還在世，顯然不會贊同噶爾丹的軍事入侵。康熙發誓要「發雲南四川陝西等處大兵。如破噶爾丹之例，（或）朕親行討汝」。[77]

此時噶爾丹仍然下落不明。有消息指稱，噶爾丹的頭號副手丹濟拉和阿拉布灘在博爾塔拉河（Bortala）會面，雙方分頭尋找噶爾丹。沒人知道他的下落。他不大可能前往宿敵策妄阿喇布坦控制的哈密。[78]土爾扈特部的阿玉氣汗（Ayuki Khan）距離太遠，而且也對噶爾丹並不友善。俄羅斯人只對貿易感興趣，無意庇護戰敗的大汗。因此同情他的西藏攝政第巴，似乎就是噶爾丹唯一的選擇。但噶爾丹也或許會試圖攻打哈密的策妄阿喇布坦，或前往阿爾泰山。清朝的目標是阻止噶爾丹穿越庫庫淖爾，吸收穆斯林追隨者，然後平安抵達拉薩接受第巴的保護。康熙興起第三次攻打噶爾丹的念頭，旨在徹底消滅這匹「孤狼」。[79]

左右噶爾丹命運的最後戰役

一六九六年的條件其實不利於第三次遠征。西路軍仍極度缺糧，他們的馬匹已筋疲力盡，運輸車也都壞去，而中路軍的紓困糧食還尚未抵達。[80]噶爾丹儘管缺乏牲口，但也是聚集了五千多名士兵。他先前往翁金，從那裡可以選擇攻擊哈密或前往西藏。費揚古獲命親自前往邊境封鎖噶爾丹，燒光所有多餘的糧食供應，以免落入敵人之手，並且將他的大炮送回首都。時間，是眼下最重要的關鍵。

清朝再次從敵人的分裂得漁翁之利。噶爾丹和丹濟拉與阿拉布灘會合，但他們三人沒有戰略共識。

噶爾丹想在翁金奪取穀物後出征哈密，[81]丹濟拉傾向前往阿爾泰山，阿拉布灘則想要掠奪俄羅斯地區。由於噶爾丹未獲多數支持，計畫遂懸而未決。阿拉布灘與噶爾丹分道揚鑣，帶著兩千人離開。噶爾丹和丹濟拉至多僅剩一千名士兵，沒有帳篷，沒有衣服，也沒有食物。他的人「從彼以死而已，盍於未寒之先，覓一有國土之地」。[82]他們前往塔米爾（Tamir），劫掠該區，然後往沙漠更深處移動。時到如今，噶爾丹只剩下一兩匹馬，一頭牛羊也沒有。他的追隨者拋棄了他，向策妄阿喇布坦或康熙皇帝投降，以免淪為挨餓之人。

隨著噶爾丹的追隨者逐漸凋零，康熙皇帝獲得了新的僕人，包括來訪京城的葉爾羌「回回國王阿卜杜里希特（Abdulishite）」。他的父親在一六八二年在伊犁被噶爾丹綁架，直到現在他才得以返鄉。回回國王發誓要在葉爾羌用他的兩萬大軍逮捕噶爾丹，或從吐魯番派兵活捉阿拉布灘。策妄阿喇布坦的忠心也受到讚賞，康熙下令若噶爾丹出現在哈密便要將他擒拿斬首：「不可留於人世……今或流行爾屬下厄魯特地方，或奔往哈密地方，如生擒噶爾丹，則擒之來殺之，則以其首來，如此則爾向來恭順之心益著。」[83]

康熙皇帝接著向達賴喇嘛傳達指示，此舉旨在爭取他的支持，並將他與第巴的親噶爾丹政策分隔開來。康熙聲稱是第巴協助噶爾丹在烏蘭布通之戰脫逃，換作是達賴喇嘛顯然不會這樣做，康熙聲稱他相信那是冒達賴喇嘛之名的第巴所為。[84]第巴被命令將濟隆庫圖克圖移交給康熙，改由班禪喇嘛掌控西藏的信仰，再將他和噶爾丹的女兒一起送到中國。[85]達賴喇嘛、第巴和噶爾丹之間的藏文或蒙文通信，全都將被攔截或沒收。清朝官員幸運地攔截了噶爾丹經西寧前往西藏的使節，獲得的信函顯示噶爾丹希望得到西藏支持。[86]噶爾丹在這些信件裡通報了他在戰鬥中的損失，並請求達賴喇嘛援助。他希望西藏寺廟的誦經可以幫助他脫離困境。

到了十月，康熙皇帝已是萬事俱備。他對費揚古抵制積極追捕噶爾丹之事漸感不耐，指責費揚古未能在前次作戰如期到達會合點，才使得噶爾丹得以逃脫。康熙相信他們當時仍然可以追捕並大敗噶爾丹。如今噶爾丹挨餓受凍，「此大機會有上天眷佑授我之象」，絕不能錯過。于成龍回到首都，運送了二萬七千石糧食，發配了一萬八千石，然後將餘數存放到糧倉。糧食供給似乎充足無虞。康熙皇帝於是宣布，他將於一六九六年十月十四日從首都出發往鄂爾多斯進行「狩獵遠征」。[87]

這次遠征不是為了捉捕下落不明的噶爾丹，其真正目標是向該地區的蒙古人展示大清的富裕，希冀能誘使所有噶爾丹的支持者投降。不同於前一次出征，康熙現在擁有大量的西部蒙古盟友。他在該區主要喇嘛的招待下，帶著十萬隻羊以悠閒的節奏向前行進。經過歸化後，他於十一月二十二日來到黃河岸邊。此地有個大型米倉，裝有七萬石的稻米。清軍在此發放二十天的供給。翌日，康熙運用耶穌會給他的測量儀器，丈量了河流的寬度，並表示那裡的草「之高，馬不得見」。一個禮拜後，他和補給車隊穿過冰凍的黃河，進入鄂爾多斯地區。[88]

此時費揚古捎來訊息，告知已於翁金（位於翁金河）重挫嘗試劫掠糧食儲備的丹濟拉。[89]清軍已燒毀了該區的大部分儲糧，使丹濟拉幾乎無以為繼。康熙在給兒子的家書中說，丹濟拉的初衷不是要在翁金偷糧，但他的追隨者聲稱發動攻擊好過挨餓至死。

由於這次襲擊失敗，噶爾丹要獲取糧食就僅剩下攻擊哈密一途，而這可能為清軍再次創造打敗他的機會。但噶爾丹也可能希望在他的札薩克圖汗領土內的營地撐過冬天，而那距離清邊境約為四十天的路程。康熙猶豫不決：為何要選在這時浪費兵馬試圖粉碎噶爾丹，特別是明知不可能在冬季前往他的營地？他下令費揚古回頭，要他們把馬兒養壯，靜候春天到來，然後再追捕噶爾丹。清朝在這段時間內可以吸引更多準噶爾追隨者投降，並將他們派往散落各地的牧場。[90]

鄂爾多斯水草富饒，有良草可供馬食用，而且頗有機會捕獲獵物。康熙在家書中稱讚新鮮空氣令人精神煥發，羊肉滋味美妙，以及蒙古馬鞍的精細做工。[91]蒙古人則是對滿人帶來的大量牛群印象深刻。蒙古人得知一旗有一萬六千頭牛和七萬隻羊後表示：「自我祖宗以至於今，但有牛一二千頭遂稱極富，從來未聞有至萬頭者。」[92]

當費揚古帶著疲憊的西路軍隊抵達時，康熙稱讚他們的堅忍不拔，並舉辦了一場慶祝盛宴。費揚古這下有足夠的物資供給，但他的部隊仍需休息。最簡單的策略是在鄂爾多斯靜待，讓噶爾丹自己餓死在他與世隔絕的營地內。噶爾丹就像頭困獸，被敵人團團包圍，每天都流失支持者。[93]儘管如此，康熙皇帝仍急於進軍哈密。費揚古以距離太遠為由反對，而且他手下士兵都餓得營養不良。嘉峪關還有一千公里遠，然後從長城盡頭的嘉峪關還要再行軍二十天才會到五百公里外的哈密。孫思克的部隊無法出到嘉峪關附近的肅州以外，因為他缺乏足夠口糧。康熙則認為至少該推進至寧夏，直到他在十二月十九日遇到了從遠方大草原返回的飢餓將士，才瞭解他的軍隊真的已經力竭難支。接著，康熙就收到了費揚古通報噶爾丹特使格壘沽英（Geleiguying）前來討論投降條件的消息。[94]

這可能是個圈套。費揚古因此建議綁架格壘沽英，不要放他回去。但格壘沽英向皇帝叩頭，發誓準噶爾人真心認罪，而且希望能投降：「我厄魯特（準噶爾）無知。但貪得喀爾喀子女財物。今聖上闡發大義大理，始知天意無私及我厄魯特之罪矣。現有沙克朱木諾爾布等人皆近日來降，較在我國時更加榮顯，誰不願歸洪仁之內，吾主亦不日與喀爾喀同列矣。」康熙皇帝笑答：「此言甚公，雖外國之人亦知理也。噶爾丹雖昏迷無知，不從仁化，特自取其死而已。」[95]他提供了寬容大度的條件。準噶爾貴族將被授封官位，其他人則被分配到旗制裡，被俘的婦女和家庭也將被送還。康熙聲稱自己不同於過往的統治者，不只滿足於軍事勝利，更以總以和平為念而自豪。即使是最奸詐的反叛者，傳統漢人概念中的「脅從」也為赦免他們提供了基礎。清朝預期只要能主動提供財富和榮譽，就連頑固的噶爾丹也會被說服。噶爾丹交由格壘沽英帶給康熙的信，明確地證實了他的佛教信仰與採取軍事行動的正當性：

佛陀教我們，人類無法清楚預言事件，但所有統一世界的大汗都像我們一樣，崇拜達賴喇嘛的三寶。這就是為什麼自俺答汗以來，喀爾喀七旗一直是達賴喇嘛的施主。自顧實汗以來，我們四厄魯特也一直是達賴喇嘛的施主。我們各自在自己的土地上和平獨立地生活。我們沒有對哲布尊丹巴呼圖克圖或札薩克圖汗發動戰爭。他們對達賴喇嘛代表的不敬，造成巨大騷動。我的理由是公正的，不過我將遵從皇帝的恩典。[96]

由於承受來自輔臣和追隨者的巨大壓力，噶爾丹不得不屈服於康熙。雖然他自己的信裡幾乎沒有任何愧疚之意，但格壘沽英給皇帝的報告仍顯示準噶爾陣中有極大痛苦。從噶爾丹的角度來看，投降談判很有可能只是在爭取時間與安撫人民，是一項讓他們有力量撐過冬天的策略。他依然希望達賴喇嘛和庫倬爾諸汗會出手相助。

十二月二十一日，康熙決定接受噶爾丹的投降。他將格壘沽英送回噶爾丹處，限定七十天內回覆。他將留在鄂爾多斯狩獵，等待回音。如果沒有得到回覆，他將率大軍推進。

就在這個時候，包衣大達都虎（Dadaduhu）稟奏軍隊幾乎耗盡了物資，因此必須回頭。勃然大怒的康熙皇帝指責大達都虎煽動軍心，遂下令將他處死。康熙再次誓言：「如糧盡，則取湖灘河朔之米可也，何慮之有。糧雖盡，朕必嚙雪窮追噶爾丹，斷不回師。」[97]大達都虎錯就錯在，他形同在噶爾丹特使面前揭露清軍的後勤弱點。清朝將領一路尾隨格壘沽英，直到他遠離營地時，康熙才宣布軍隊將返回首都。諸軍都很高興。

噶爾丹和康熙皇帝都面臨嚴峻的情況，儘管噶爾丹的情況遠比康熙糟糕太多。兩人都面臨高階將領逐漸升高的異議，也都不願意退讓。經過幾輪拚搏後的戰士們已十分疲憊，不得不暫時休兵重建實力與供給。鄂爾多斯在富裕，也沒辦法支撐一支龐大軍隊過冬。天氣轉冷，皇帝想念他的兒子們。反正他在接下來的七十天裡不會得到噶爾丹的回覆，因此儘管他對格壘沽英發誓會留下狩獵，但他仍於一六九七年一月十二日回到首都。第三次遠征持續了九十一天。即使沒有決定性的戰鬥，也已經降伏了數千名準噶爾人，成功向已歸降的蒙古人展示清朝的財富和力量。這場遠征阻止噶爾丹逃向庫庫淖爾或西藏，但尚未替康熙消除這位不屈不撓的敵人。

康熙幾乎不曾期望噶爾丹會真的投降，但他也知道要再發動遠征會需要更多時間來策畫。反對意見再度出現。御史周士皇反對皇帝再度親征，認為底下官兵可以輕易制服這微不足道的盜匪，可是皇帝卻答覆務必追捕噶爾丹到底。康熙引用二十年前吳三桂起義的重大影響，當時騷亂甚至蔓延到了西北邊塞。[98]儘管如此，他仍猶豫了好一段時間，直到哈密的伯克（beg，編按：中央歐亞常見的世俗官僚或地方統治者頭銜）通報逮到噶爾丹十四歲的兒子塞卜騰巴爾珠爾（Sebteng Baljur）。[99]這是清朝的「天賜」。這意謂著噶爾丹被拋棄，孤立無援，而且沒了子嗣。這是向西北再次發兵，對抗陷入孤立的噶爾丹的強烈誘因。他只剩下五六百部眾，許多人在面臨強大軍事力量時會拋棄他。[100]

噶爾丹現在紮營在寧夏往西北一千六百多公里處的阿爾泰山，從嘉峪關向北行軍要二十九天的時間。由於噶爾丹勢力孱弱，清軍可以輕裝快速挺進。清朝派出兩支部隊各帶三千兵力，一支從寧夏出發，一支從嘉峪關出發。遠征開始的時間定於一六九七年二月二十七日。由於先前的經驗，官員制定了比前幾次行動更為仔細謹慎的補給計畫。唯有擁有足夠馬匹的蒙古盟友才能參戰。少即是多。通往寧夏的路線已是眾所周知，而且康熙皇帝蓄勢待發。他向喀爾喀蒙古人蒐集了這條路線的情報。他在前一次遠征穿過長城直奔庫庫和屯，但這一次將沿著長城內直到榆林，藉此機會考察陝西地景。康熙的四百人小隊掙扎著穿越崎嶇山脈、溝壑和沙丘。明朝的正德帝（一五〇六至一五二一年在位）曾在西北遠征期間到訪此地，不過康熙在家書中對兒子提及，他的旅行足以媲美甚或超越那位不幸的皇帝。雖然康熙並不像那位腐敗的明朝統治者只是個對軍事排場感興趣的拙劣戰士，但這次出征的象徵意義仍舊多過軍事意義。歷史先例在皇帝的腦海中迴響。[101]

三月二十六日，皇帝在黃河與陝西長城之間的神木縣接見噶爾丹的兒子塞卜騰巴爾珠爾，試圖一探他父親投降的可能。驚恐的男孩無法給出明確答案，只能期盼父親會屈服於帝國威勢。康熙認為這個男孩缺乏父親的勇氣，「其身甚短小，人亦庸下」。但張誠卻覺得他的體格不錯，「悲傷而驚恐」，並認為他面對皇帝質問時表現良好。康熙將男孩送往北京，[102]打算在京城將他與父親一起處決。

先前逮捕並交付塞卜騰巴爾珠爾的哈密伯克，開始擔心策妄阿喇布坦會對他們進行報復。誠如所料，策妄阿喇布坦確實很快就要求對男孩的監管權，因為這是他對付噶爾丹的最大武器。當哈密伯克請求清朝的保護時，這座綠洲就此被正式納進了清政權。大清管轄範圍如今迎來了第一座突厥綠洲的加入。[103]庫庫淖爾眾台吉也在不久之後歸降。除了元朝時期，庫庫淖爾過去從未接受過任何帝國統治。根據前朝歷史記載，這是「外夷」對帝國統治史無前例的歸降。[104]對於不耗一兵一卒取得這些強大地方統治者的歸順，康熙在給兒子的信中表達「極大的喜悅」。他甚至誇大其辭地聲稱策妄阿喇布坦也是自己的藩屬。實際上，策妄阿喇布坦不過是個權宜盟友，只是為了擊敗噶爾丹才配合行動，而不是永久歸順的藩屬。[105]

難以到達的西藏依然不在清朝掌控之內。但噶爾丹的失敗和其他盟友的變節，動搖了攝政第巴的決心。[106]「驚惶的」第巴如今否認自己曾支持過「逆寇」噶爾丹，他將康熙皇帝比作文殊菩薩，並發誓對皇帝封他為「土伯特國王」感激不盡。第巴確實嘗試阻止如今人在西藏的班禪喇嘛和噶爾丹之女被傳喚到京師，不過這項請求仍被康熙皇帝拒絕。第巴如今終於確認第五世達賴喇嘛的死亡發生在一六八二年。他的說法是，達賴喇嘛去世前曾向喇嘛們保證將在隔年轉世，但要求他們保守他死亡的祕密，直到繼任者年滿十六歲。[107]第巴承諾，現任達賴喇嘛（此時十五歲）的身分將在年底前揭曉（出定）。他請求康熙皇帝在十月之前隱瞞此一事實，但其實策妄阿喇布坦早已得知新達賴喇嘛的身分了。憤怒的康熙皇帝拒絕配合圓謊，反而向所有內蒙古旗人宣布了這項消息。[108]揭曉新任達賴喇嘛的身分實際上對康熙有利，因為噶爾丹這段時間以來一直聲稱自己是按達賴喇嘛的合法命令行事，如今被披露原來只是依靠篡奪權力的攝政。[109]攝政的第巴放棄支持噶爾丹，因為預期噶爾丹將被打敗，也為了討好崛起的清朝。

康熙皇帝如今勝券在握，因此表現得寬宏大度。他赦免攝政第巴的罪，並在所有蒙古人之間尋求和平：

> 朕閱經史，塞外蒙古多與中國抗衡。自漢唐宋以至於明，歷代俱被其害……令歸心如我朝者未之有也。夫兵者凶器，聖人不得已而用之。譬之人身生瘡瘍方用針灸，若肌膚無恙而妄尋痛楚，可乎。治天下之道亦如是：亂則聲討，治則撫綏，此理之自然也，且自古以來好勤遠略者，國家元氣罔不虧損。是以，朕意惟以不生事為貴。[110]

確保了西藏、庫庫淖爾和策妄阿喇布坦的暫時順從後，皇帝繼續追捕噶爾丹的行動。從榆林到寧夏，沿著城牆一路穿越鄂爾多斯沙漠南部。不同於先前進入黃河附近富饒地區的短程旅途，穿越鄂爾多斯的路線沿途都是鹽磧和沙土荒原，水源稀少。河套以內的這個地區從明朝時就是戰略策畫者的一大麻煩與辯論課題，長城正坐落在此處。[111]蒙古部落不斷對長城發動攻擊，進到城牆內劫掠，明朝官員卻遲遲無法確定究竟是要發動昂貴但無用的軍事作戰，還是羞辱般地採取長期駐軍的防禦戰術。康熙認同將長城延伸穿越鄂爾多斯是明智之舉，否則此地根本無法防禦。他喜歡讓輔佐們辯論與寧夏距離的不同計算方法。他逐漸明白，穿越庫庫和屯城牆以外的路線，會比直接穿越沙漠地路線帶來更多水草。

當地農民為了到達城牆外的耕地，就從城牆挖穿了幾個通道。這些通道僅由夯土和岩石堆積組成，高十五英尺，頂寬六至七英尺。間隔的塔樓每座都能容納三到四名守衛與點營火的士兵。這種防禦顯然無法阻止騎兵的猛烈攻擊，但不同於明朝時期，噶爾丹和其他蒙古人如今已無法構成任何挑戰。[112]康熙皇帝宣稱將放棄「不重要」的狩獵，以便專注於追捕人類獵物。蒙古人越是衰弱，就越接近滿人眼中的動物位階。[113]

四月十七日，清軍在長途跋涉五十一天後，終於抵達距北京一千四百公里的寧夏。[114]寧夏地區風景秀麗，物產富饒，有廉價的糧食供給和充足灌溉。康熙希望能夠避免對該地區人口過度稽徵，於是他召集地方菁英，鼓勵他們在不造成農民負擔的情況下援助軍隊。于成龍安排將糧食運往阿爾泰山區。他可以用船舶運輸三千石糧食沿黃河上至西北彎處，然後將物資轉移到駱駝和輜重車輛。儘管要到一千二百里外位於南阿爾泰山的郭多里巴爾哈孫（Godoli Balaghasun）的集結地還要很長時間，但到了六月時，于成龍已送達大量糧食——每名士兵擁有多達四十五天的補給。他的部隊建造了六英尺高的牆，九英尺深的壕溝，以保護龐大的糧食儲備。于成龍對戰勝噶爾丹有著重大貢獻。根據魏源的說法，噶爾丹死後曾有一名清朝將領告訴噶爾丹麾下的大將丹濟拉：「『此運米滅爾國，都察院左都御史于成龍也。』〔丹〕吉喇俯首欠身，殊覺踧踖慚懼。」[115]

康熙在寧夏待了十九天，為龐大的後勤做足準備。從前線指揮官到補給隊長的身分轉換令他相當受挫。他向兒子抱怨自己的時間精力都花在為部隊張羅銀兩和糧食。[116]到了五月十九日，康熙完成了所有準備工作，然後登船順流而下到黃河拐彎處的白塔。寧夏城民團團圍住康熙的部隊，乞求他們留下；當地商人靠著供給軍隊大發利市。[117]康熙在離開寧夏之前再次呼籲噶爾丹投降，鼓勵策妄阿喇布坦幫忙打敗他的準噶爾對手，並為大軍設定了朝噶爾丹陣營開拔的日期。[118]接著，康熙看著軍隊從白塔出發。

康熙放棄了先前的誓言，不再執著於行軍二十天穿越沙漠追捕噶爾丹。他繼續從白塔順流返回首都，這次走穿過大草原的較短路線。儘管商人們很高興，但帝國人馬的到來其實對貧困的西北地區來說仍是沉重負擔。皇帝已經離開京師超過七十天了。一封家書透露出他越來越不信任兒子的「冷漠」，預示後來對自己的繼承人嚴重喪失信心，最終導致日後的繼承危機。[119]一六九七年七月四日，皇帝在一百二十九天的旅程後歸來，這是他歷時最長的一次旅行。他大部分的時間不是花在大草原上，而是花在城牆內的城鎮或黃河之上。

康熙不可能知道，這一切狂熱準備都因為噶爾丹早已死去而頓失意義——早在康熙抵達寧夏之前。當康熙抵達寧夏後不久，被派去與噶爾丹商討投降條件的特使帶回了噶爾丹陣營內部存在嚴重分歧的消息。當噶爾丹與眾將一起在帳篷裡喝酒時，丹濟拉和另一名準噶爾領袖吳爾占紮布（Urjanjab）首先發難。他們譴責噶爾丹替國家帶來毀滅，而且未能捍衛「佛陀之道」：「我輩從汝自始至終……今不能忍，道路分成兩條」，若不投降就是自取滅亡。其他人責備吳爾占紮布在順遂時讚美大汗，遇到逆境就拋棄大汗。噶爾丹身邊只剩下三百人，許多人只剩下一匹瘦弱的馬，其他人則快餓死。但噶爾丹拒絕投降。丹濟拉邀請特使到他的帳篷，表示若康熙能不計前嫌就願意投降。另一名噶爾丹的貴族追隨者諾顏格隆（Noyan Gelong）稱讚康熙宛如活佛。[120]康熙的諭令顯示，噶爾丹如今已是四面楚歌。倘使他能信賴康熙皇帝，就能保住性命，保住他的大汗頭銜，而且他和追隨者們將變得富有。噶爾丹的手下們得知了康熙紮營在鄂爾多斯，擁有豐富糧食和牛群供給。丹濟拉顯然被說動而起了投降之心，但他無法說動噶爾丹。使節們於是離開。噶爾丹的特使格壘沽英決定拋棄營地，跟著使節一同離去。

不久後，難民們報告在噶爾丹營地附近聽聞炮擊聲。他們得知噶爾丹又更深入西北，進到了阿爾泰山。噶爾丹已和丹濟拉分道揚鑣，只帶著一百人入山。一六九七年四月四日，噶爾丹突然神祕地死於哈爾烏蘇湖（Kara Usu）和科布多之間的阿察阿穆塔臺（Aca Amtatai）。直到五十九天後的六月二日晚上，康熙皇帝才在包頭休息的回程途中聽聞噶爾丹的死訊。費揚古的部隊碰上了丹濟拉的使節，他們說噶爾丹某天早上生了病，當晚就去世了。他們不知道噶爾丹生的是什麼病。費揚古詢問為何沒有早點報告此事，他們則聲稱丹濟拉的手下和馬匹太過虛弱而無法移動。噶爾丹臨死之前曾說：「我向以折滾噶爾（編按：準噶爾）為良善之國，不意無信如此。」[121]

康熙直覺懷疑有人下毒。他告訴兒子，噶爾丹若不是服毒自殺，就是被追隨者毒害了。真相得等到審問完噶爾丹的醫生先布善布（Cembu Sangbu）才會大白。先布善布備受噶爾丹信任，他甚至不讓噶爾丹食用丹濟拉提供的食物。[122]但康熙在隔天與費揚古會談，以及隨後的所有聲明中，都決定採納噶爾丹自殺的說法。康熙曾與大臣們經常預言，由於上天眷顧清朝，走投無路的噶爾丹終有一天只能自我了斷。這些預測又一次成真了。

事實上，沒有任何證據顯示頑固至極的噶爾丹有任何自殺的意圖。身為一個活佛和轉世高僧，他的佛教戒律禁止他這樣做。誠如有些學者以為，噶爾丹有可能是死於突發的自然疾病（例如腦部癲癇發作）。[123]這種病肯定不是像天花那種緩慢病變，天花是蒙古人接觸外界後最常見也令他們害怕的死因。然而，有鑑於康熙的特使曾說噶爾丹死於與丹濟拉和其他親信的激烈會談後不久、噶爾丹陣營內對投降與否的嚴重分歧，以及噶爾丹對最忠誠親信的明顯不信任，筆者認為康熙的直覺是正確的：噶爾丹被其中一名追隨者（最有可能是丹濟拉）毒害了。此人認為只要能攜來噶爾丹的屍體，就能獲得清朝信任並拯救自己。

但這結果和清帝國的神話歷史並不相稱。歷史編纂者很快就改寫了這個故事，使其能巧妙符合大清皇帝奉天承運的論點。噶爾丹的死亡日期被往後挪了一個月到閏三月十三（五月三日），而不是三月十三日（四月四日）。如此一來這趟遠征就不會是白忙一場。[124]康熙在隨後給兒子的家書和對軍隊的宣告中，都堅稱他對丹濟拉使者的訊問證實了噶爾丹自盡說。後世評論者寫道：「皇上一聞厄魯特情形之報，即有噶爾丹已無所歸必然自盡或擒或降之旨，今噶爾丹果爾自盡恰符諭旨，皇上先事如見料敵如神。」[125]

康熙的說法獲得漢文版的《清實錄》支持（滿文版則不然），同時也獲得後來幾乎所有的史家贊同。然而，《親征平定朔漠方略》記載的報告，以及康熙給兒子的家書原稿，都頑固地保留著與帝國神話相悖的事實。

七月四日，閱兵大典慶祝皇帝回師。旗人、商人、長者和婦女在京城街道上排成一列，高舉香火，跪拜遊行隊伍。大學士娓娓道來皇帝的壯舉——打敗察哈爾蒙古人的叛亂，鎮壓三藩之亂，征服臺灣並將其作為海外領土「入版圖」，獲得歷史上不曾接觸中國的俄羅斯進貢，如今又錦上添花地「終除」蒙古威脅。他們吹噓說：「自古帝王無能比。」盛大儀式在太和殿舉辦，慶祝剿滅噶爾丹。遣官祭告天壇、地壇、太廟、社稷，以及諸先皇之陵。[126]

清朝官員致敬噶爾丹的軍事雄才，宣稱他已征服西部地區達一千二百座城鎮，包括穆斯林綠洲、布哈拉、吐魯番和哈薩克，而且還打敗了數十萬喀爾喀旗人。雖然這番對噶爾丹的致敬有損他僅是一介

「逆寇」的概念，但卻是必要的。唯有將噶爾丹打造成一名偉大的軍事領袖，才能合理化代價昂貴的御駕親征。

慶典後接著就是獎懲。康熙幾乎赦免了所有被判死刑的官員和罪犯（除了被判為「十大罪人」者）。數千名士兵獲得為期三年的賞金，每年可領五至六兩。伊拉古克三（Ilagukesan）被判處凌遲之刑——他是噶爾丹的大喇嘛顧問，並在戰鬥前為噶爾丹誦經。不過和噶爾丹有接觸的其他二百多名喇嘛都獲得赦免。甚至連當初達賴喇嘛派來調停卻力勸準噶爾開戰的濟隆庫圖克圖，都在班禪喇嘛為他求情後得以逃過一死。投降的準噶爾部隊被納入察哈爾蒙古旗。[127]與噶爾丹聯手合作的穆斯林也倖免於難。中國官員，例如于成龍，本來預計會因延誤糧食運輸而受懲，如今都被赦免並得升官獎勵。費揚古受封一等侯。曾經因為未能俘虜伊拉古克三而被革職的馬思喀將軍，如今也被復官至較低的級別。在戰爭時對過錯予以「緩刑」，有助於官員們在勝利之前戰戰兢兢，但現在是展現上位者寬大仁慈的時候。[128]

在蒙古諸汗面前展示大清軍事實力仍是必須的。軍隊於是行經辦給庫庫淖爾諸汗的盛宴，鎗炮聲轟雷掣電，「聲震山谷」。這些大汗是準噶爾和西藏之間的重要橋梁，如今他們來貢，似乎降服於皇帝的恩威和「神謨妙略」。儘管展示帝國火藥具有強大象徵意義，但誠如未來雍正皇帝很快就會發現，這些蒙古大汗並沒有那麼信服。[129]

然而，寬恕並不適用於噶爾丹本人的軀體。清朝將噶爾丹從人間除去還不夠，還必須盡毀其屍。清朝打算用上對待吳三桂的方式處理：焚屍並展示在京城刑場、舂碎其骨並灑在街道四處、將首級吊掛在城牆上示眾，再傳首於已向清朝投降的四十九旗喀爾喀眾部落。如此一來，才能徹底掃除噶爾丹之靈的汙染。他的兒子也將遭受同樣對待。[130]

但蒙古人另有其他想法。丹濟拉已焚燒噶爾丹屍身，但保留了首級和骨灰。丹濟拉本來決意將噶爾丹的遺體帶到西藏，呈送達賴喇嘛，但卻被策妄阿喇布坦逮捕，噶爾丹的遺體也被扣留。康熙皇帝的特使要求策妄阿喇布坦將遺體送歸北京，並要求他交出手上握有的噶爾丹妻子與兒女。清朝打算在噶爾丹的骨灰送達後，將其妻小連同已被清朝監禁的兒子塞卜騰巴爾珠爾一起處決。但策妄阿喇布坦卻拒絕了康熙皇帝，宣稱蒙古習俗「不雠無用之女子」，而且他對噶爾丹的家人沒有任何敵意。噶爾丹的孩子和他的骨灰不是復仇的對象。更何況將屍體託付給其他民族更是禁忌。[131] 策妄阿喇布坦打算把骨灰扔進水裡或撒到田野。不過他倒是交出了大喇嘛伊拉古克三供滿清處決。

然而，誠如清朝使節所表明的：中國習俗「大凡叛人不存其後，不留其尸，必窮究掃除」。[132] 在清朝看來，如果策妄阿喇布坦拒絕交出遺體，就證明他與清朝的朝貢關係，以及他早先發誓要幫助消滅噶爾丹的誓言，都不過是謊言。清朝將斷絕策妄阿喇布坦與中國的所有通商管道。策妄阿喇布坦同意清朝的部分觀點，他認為噶爾丹對雙方都曾構成威脅，他也拒絕承認第巴在西藏的奪權。但在如何處理噶爾丹的後事上，策妄阿喇布坦已暗示其獨立的立場。在清帝國的嚴厲指責下，策妄阿喇布坦同意交出噶爾丹的遺體，但仍請求康熙皇帝饒過噶爾丹家人，還要求保留噶爾丹的舊部，因為他需要借助他們的力量攻打西邊的哈薩克。理藩院堅持不能讓這些人留在蒙古，但康熙的態度稍微放緩。他允許噶爾丹的手下留在蒙古，但堅持要策妄阿喇布坦歸還噶爾丹的妻小。

雙方最後達成共識。一六九八年秋，滿人、蒙古人和漢人聚集在北京的軍事訓練場，觀看噶爾丹的骨頭被粉碎，隨風飄散。塞卜騰巴爾珠爾獲得赦免，還被賜予一名妻子和一等禁衛軍的職銜。一七〇一年，噶爾丹之女抵達北京，與她的兄弟同住。[133]

這場儀式糾紛對我們理解滿清與蒙古的衝突有什麼幫助？誠如羅友枝（Evelyn Rawski）所言，清朝的合法性在很大程度上仰賴反覆從事規儀。[134] 這些儀式兼具公共與私人性質，結合了儒家、薩滿教和藏傳佛教的習俗。例如朝廷會經常訪問城裡的寺廟，好確保豐收與民心安定。但羅友枝獨漏了一種儀式：處決。處決也是一種非常引人注目的表演，王朝透過其來展示權威。就像魯迅在《阿Q正傳》中指出的，受害者和劊子手都被期待舉止得宜。

從絞刑到凌遲，普通罪犯的極刑往往遵循刑法界定出的等級。然而，重大叛亂分子的罪行嚴重程度遠遠超出一般的違法。事實上，如果噶爾丹被視為敵對勢力，他的行為根本就不構成犯罪，因為他本來就會按照不同的規矩行事。清朝必須承認噶爾丹的行為是出於自身國家安全和自治的利益考量，而不是只想破壞社會秩序。在戰爭勝利之前，這種地緣政治觀點符合清朝官員的外交利益；但在擊敗蒙古軍隊之後，就不符合清帝國的意識形態了。噶爾丹因此必須被貶為一個普通罪犯，但又得接受比普通叛亂分子更極端的懲罰。凌遲處死是為了確保受害者的靈魂無法存續，但將骨頭粉碎灑向閱兵場的程度又更進一步。此種毀滅程度不曾存在於法典之中：代表帝國從人類和宇宙之境抹滅一個敵人的最終極實現。康熙皇帝對收回噶爾丹屍體的頑固堅持，只能解釋成意欲徹底掃除噶爾丹存在的強烈決心。十八世紀中期，乾隆皇帝也將對準噶爾抵抗運動的最後代表阿睦爾撒納如法炮製。

在這一層面上，策妄阿喇布坦也表現出清朝能夠理解的文化價值觀：不與親族為敵。對他而言，噶爾丹是家人。倘若噶爾丹持續存在，哪怕只是象徵性的存在，準噶爾國就有可能再次崛起。康熙皇帝不得不消除噶爾丹的家族身分，將他貶為與罪犯同類。唯有取回、粉碎噶爾丹的骨頭，透過儀式將其從人界乃至物質界驅逐之後，才能永久消滅他的幽魂。

但對噶爾丹的追隨者而言，家族原則仍舊勝出。「脅從」原則允許康熙皇帝對最高領導者之外的幾乎所有人寬容為懷。農民叛亂和游牧襲擊的支持者通常都會獲得赦免，因為他們被認為是受狡猾操縱者欺騙的無辜之人。就連噶爾丹的得力助手也獲得赦免，有些還受封官職。噶爾丹的妻小也得到赦免。他們的行為被與噶爾丹本人的邪惡區分開來。包容與徹底排除互為表裡，缺一不可。一旦噶爾丹本人的身體和靈魂被實質消滅，消除任何潛在汙染，所有與他有關的人都會被淨化，得以重新融入人界。

清王朝替偉大的噶爾丹戰役畫下句點，並藉此確立了自身在中國帝制歷史上的地位。若沒有擊敗噶爾丹，清王朝便無法確定自身國格，甚至就連國祚能否長久延續都不大確定：清朝會成為中國的偉大時代之一並持續好幾世紀，還是會像後金的女真一樣（西元一一一五至一二三四年）淪為一個相對短暫的外來征服政權，被另一個更強大的蒙古政權給推翻？清朝的統治範圍是否會包含對塞外廣大地區的永久支配，抑或變得像明朝一樣僅能短暫涉足大草原後就退回中原採取守勢？消滅準噶爾領導人，似乎就暗示著清朝能夠相對穩定和永久控制。康熙皇帝於是展開了一項偉大計畫：將整個帝國領土範圍繪製成地圖。我將在下一章討論此事的重要性。這份釐清清朝領土的心血結晶就是《皇輿全覽圖》，或稱「耶穌會士圖集」（Jesuit Atlas）。從一七一七至一七二一年間，這份地圖出版了幾個版本。之所以會用耶穌會士從事繪測，和清朝始於一七〇〇年的戰略擔憂有關。隨著頭號死敵在十七世紀末遭到淘汰，清朝統治者終於可以為領土畫下明確界線。

同樣的，康熙皇帝為了使自己的偉大征服名留青史而編纂了出征官史《親征平定朔漠方略》。在幾位高官和翰林院學士的監督下，這部著作於一六九九年開始編纂，然後在一七〇八年出版。稍後我將詳細分析清朝的歷史敘事和其對帝國疆土的地圖繪製如何互為表裡。在這兩個案例中，清朝皇帝和他所贊助的文人學者迅速制定了一套在時間與空間上皆為選擇性的有限視角，排除任何替代版本，而且意圖存續到千秋萬世。

然而，西北的故事並未止於十七世紀末的征服行動。康熙晚年以及他兒子雍正皇帝的不尋常統治，顯示對其權威的重大挑戰仍未停止，而且清朝動員的重大根本限制仍有待克服。誠如接下來第六章和第七章所述，準噶爾並不完全順服清廷對西北的控制，並在康熙皇帝勝利後仍持續抵抗了半個多世紀。他的繼任者以他的成就為基礎，不過以後見之明的角度來看，那些成就都只是暫時的。

第六章

過度擴張的清帝國和奮力求存的準噶爾，一七〇〇至一七三一

噶爾丹之死並未終結準噶爾國的勢力。正好相反。在噶爾丹的侄子兼繼任者策妄阿喇布坦（一六七七至一七二七年在位）的統治之下，準噶爾人的勢力達到了頂峰。策妄阿喇布坦之子噶爾丹策零（一七二七至一七四五年在位）不僅一肩撐起了準噶爾帝國，還成功伏擊了一支清朝大軍，令清軍羞辱而歸。然而，在噶爾丹策零去世後僅短短十五年內，準噶爾帝國及其人民便徹底消失了。內部領導權的鬥爭破壞了準噶爾的團結，而年輕的乾隆皇帝抓住機會將他們一舉消滅。雖然乾隆的勝利事出突然，但絕非命中注定。在十八世紀上半葉，三大帝國維持著不穩定的共存狀態，其間的貿易互動仍多過於戰爭。

從一七〇〇年到一七二二年康熙去世，突厥斯坦的邊境保持相對穩定。然而，清朝對西藏事務的干預，卻開啟了一個嶄新的競爭舞臺。一七二二年康熙皇帝駕崩，一七二五年彼得大帝病逝，以及一七二七年策妄阿喇布坦死亡，標誌著一七二〇年代對三個國家來說都是過渡時期。新任統治者打算繼續貫徹前任統治者的政策，不過力量卻大不如前。在三位接班人當中，噶爾丹策零的統治時間最長，也

獲得最大的成功。雍正皇帝起初謹慎又嚴厲，但卻在蒙古高原發動了一次招致慘敗的魯莽攻擊。他不情願地接受休兵，轉而對對中央歐亞民族施加經濟壓力。俄羅斯人獲得期待已久的機會，得以進入中國市場，因為中國在一七二七年開放了邊城恰克圖。但與中國的貿易成果卻令俄羅斯人失望。噶爾丹策零保持國家團結，聚集商業資源，維持住夾在兩大帝國之間的位置。

現代的中國史學家在討論這一時期的歷史時，往往顯露頗具諷刺的曖昧立場。儘管他們必須將準噶爾描繪成破壞中國各民族團結的「分裂主義者」，但他們卻也讚揚策妄阿喇布坦抵抗俄羅斯「侵略我族」——我族顯然包括蒙古人。俄羅斯史學家則反過來認為策妄阿喇布坦抵擋了滿清的擴張主義。事實上，我們很難替這三個政權安上「單方面擴張」的罪名。民族主義對統一的看重，以及對二元博弈所採取的零和觀點，模糊了不同競爭民族之間的多重互動。這段時期的歷史其實充滿驚喜與意外。

策妄阿喇布坦的崛起

策妄阿喇布坦是僧格之子。當初就是僧格被暗殺，才導致其弟噶爾丹從西藏趕回準噶爾。早在二十多歲時，策妄阿喇布坦就敵視叔叔噶爾丹，因為噶爾丹綁架了與自己訂婚的公主，並曾派刺客想對他不利。為逃避噶爾丹的追擊，策妄阿喇布坦逃到博爾塔拉山谷，並在一場激戰中成功擋住噶爾丹的攻勢。[1]當噶爾丹於一六九〇年東移，干預喀爾喀人的內部鬥爭時，策妄阿喇布坦趁著叔叔不在的機會，將勢力拓展到噶爾丹後方的科布多。噶爾丹的實力在烏蘭布通之戰受到重創，而策妄阿喇布坦則變得更為強大，不過他分割準噶爾帝國的提議遭到拒絕。[2]在噶爾丹為一六九六年與清朝的下一場戰鬥做準備時，策妄阿喇布坦則與清朝展開祕密接觸，承諾捉捕並交出噶爾丹。作為回報，他要求清朝送還所有從噶爾丹陣營逃到清朝國內的穆斯林商人。他獲准向北京派遣多達三百人的朝貢使團，這為他提供了珍貴的貿易商品。

隨著噶爾丹於一六九七年去世，策妄阿喇布坦正式取得對國家無庸置疑的控制權。由於缺乏成吉思汗世系血統，策妄阿喇布坦無法順理成章地自稱為準噶爾「大汗」。他在一六九四年從達賴喇嘛那裡獲得了「額爾德尼左立克圖琿台吉」（Erdeni Zoriqtu Hongtaiji）的頭銜。俄羅斯人稱他為「孔台沙（Kontaisha）」。[3]他沒有試圖對抗勢如中天的滿人，而是專注於打擊西邊的哈薩克人。一六九八至九九年，他對額爾齊斯河和錫爾河下游的哈薩克人發動了一連串攻勢。[4]雖然他的宣戰藉口是哈薩克人阻擋了準噶爾貿易使團，但攻擊背後的原因卻不僅如此。噶爾丹的敗仗使準噶爾人失去了大片牧場，而且康熙拒絕將這片草場歸還。準噶爾人進入西部的通道又為哈薩克人阻擋，而沿著西伯利亞地區河流而上的俄羅斯聚落又可能進一步限制了他們的動線。[5]

比起叔叔噶爾丹致力於爭取其他蒙古部落的效忠，策妄阿喇布坦必須把大部分精力放在維護領土與貿易路線之暢通。他越來越不像無拘無束的游牧征服者，而是被其他國家團團包圍且領土固定的君主。界定準噶爾的邊界，帶來較穩定的生活，有助於聚落成長。策妄阿喇布坦利用來自突厥斯坦、俄羅斯乃至瑞典的俘虜，發展農業、手工藝和工業生產。他發放土地給穆斯林領主，換取給國家的實物支付，藉以維持對突厥斯坦的控制。他還與遷居到伏爾加河的遙遠土爾扈特部（卡爾梅克人）發展更密切的聯繫。清朝也派出圖理琛（Tulisen）遠行，試圖爭取土爾扈特部的阿玉氣汗支持，組成對抗策妄阿喇布坦的聯盟。當阿玉氣之子桑札布（Sanjib）離開伏爾加河，帶著一萬至一萬五千戶前往策妄阿喇布坦的地盤時，反而因此讓策妄阿喇布坦獲得了一大群士兵與牛隻。桑札布已脫離了他的父親，起初他是打算返回蒙古奪取策妄阿喇布坦的王位。不料策妄阿喇布坦打敗了桑札布，將他遣返回國，並將他麾下的可用之兵據為己有。[6]

直到一七一五年之前，準噶爾最嚴重的外患並非滿清，而是俄羅斯。俄羅斯人在十八世紀早期開始遷徙至克拉斯諾亞爾斯克（Krasnoyarsk）以南，引發了來自準噶爾軍隊的攻擊。雙方爭奪著當地西伯利亞部落的毛皮進貢。一七一〇年，準噶爾人摧毀了位於比亞河（Biya）與哈屯河（Katun）之間的俄羅斯堡壘巴瞰（Bakan），襲擊了巴拉巴（Baraba）和庫茲涅茨克，並迫使巴拉賓斯克（Barabinsk）的居民納貢。[7]彼得一世於一七一三年命令西伯利亞總督噶噶林（Matvei Gagarin）去談判，試圖終止這些衝突。然而，策妄阿喇布坦始終拒絕承認俄羅斯人對這塊領土的所有權，並命令他們放棄克拉斯諾亞爾斯克、庫茲涅茨克和托木斯克的堡壘。直到準噶爾國滅亡之前，雙重納貢一直是俄羅斯人和準噶爾人之間的問題。在他們的蒙古鄰居被清朝剿滅之前，俄羅斯人都無法在西伯利亞行使無可爭議的專屬歲入徵收權。

一七一三年，雙方對立情勢加劇，因為準噶爾發現金礦的消息傳到俄羅斯沙皇耳中。[8]噶噶林總督向「布哈拉人」（Bukharans，即突厥商人）購買黃金樣品，得知阿姆河畔的「埃斯克爾」（Eskel）有豐富礦藏（很可能其實是指葉爾羌，葉爾羌不在阿姆河邊）。彼得大帝迫切希望能替與瑞典的大北方戰爭（Great Northern War）籌措財源，他的座右銘是「黃金即是國家的心臟」。他命令一支探險隊從額爾齊斯河溯游而上，進入準噶爾的心臟地帶，並沿著此河河畔、巴爾喀什湖、亞梅什湖和齋桑泊（Zaisang）建造堡壘。這支探險隊由前俄羅斯衛隊隊長布赫霍爾茨（Ivan Buchholz）中校帶領，將嘗試奪下葉爾羌，調查該區的黃金來源。二千大軍於一七一五年七月自托博爾斯克啟程，於十月抵達亞梅什湖，在那裡建造第一座堡壘。俄人帶著一支瑞典炮兵和採礦工程師小隊隨行，其中包括雷納特（J. G. Renat）中尉。此人日後將被準噶爾俘虜，並替準噶爾的經濟發展作出重大貢獻。[9]噶噶林向策妄阿喇布坦保證，俄羅斯人是心存善意前來，只要不受干涉就會支持策妄阿喇布坦。但策妄阿喇布坦的回覆是派遣其兄弟暨同族最優秀的大將策凌敦多布（Tsering Dondub）率一萬大軍圍攻俄羅斯人，他們在一七一六年二月九日猛攻並摧毀了堡壘。受飢餓和瘟疫打擊的不幸俄羅斯人，不得不朝額爾齊斯河上游撤退，並在那裡建造了防禦更完善的鄂木斯克堡壘（Omsk）。

在此同時，另一名俄羅斯特使回到了聖彼得堡，帶著在「藍湖」（庫庫淖爾）周邊收集的黃金樣本，進一步激發了俄羅斯的貪婪。俄羅斯人不停地向東探索並建造堡壘。他們重建亞梅什的堡壘，並於一七一八年打造塞米巴拉金斯克（Semipalatinsk）。俄羅斯人無視策妄阿喇布坦的反對，因為他們知道他正忙著抵禦吉爾吉斯與哈薩克人的攻擊，還得要支撐哈密與吐魯番的綠洲抵抗來自中國的壓力。一七一九年，利哈列夫少校（Ivan Mikhailovich Likharev）再次穿越了準噶爾的地盤，在齋桑泊建造了一座堡壘。準噶爾軍隊一開始擔心俄中聯手，所以不打算進攻。但當準噶爾人得知中俄雙方並沒有結盟時，便出動兩萬大軍展開攻擊。利哈列夫的小部隊使用重炮擋住了準噶爾大軍，直到雙方達成休戰協議。策妄阿喇布坦在哈密和吐魯番的失利，以及他在西藏的潰敗，意謂著他此時不能冒險與俄羅斯全面交戰。由於擔心清朝入侵，他必須放任俄羅斯人建造斯季卡緬諾戈爾斯克的堡壘，以換取俄羅斯撤軍與幫忙對抗滿人的承諾。[10]俄羅斯的黃金探險隊最終沒繳出任何成果：想在突厥斯坦發現「黃金之國」的誘惑，證明只是個不切實際的幻想（直到二十世紀在此發現石油為止）。但由於當時仍有發現黃金的可能，準噶爾人再次有了爭取俄羅斯人加入其陣營的機會。

為了爭取盟友來對抗滿清，策妄阿喇布坦接受俄羅斯修築防禦工事。可是他卻沒有足以媲美北京皮草貿易的礦藏資源。滿洲特使圖理琛成功說服俄羅斯人不要支持策妄阿喇布坦；而策妄阿喇布坦則拒絕以附庸姿態歸順中國或俄羅斯。終其在位期間，策妄阿喇布坦頑強但成功地維護了準噶爾人的自治權。

當多數軍事行動暫告停止，外交活動便蓬勃發展。對付噶爾丹的艱困軍事行動已耗盡了清朝的資源，清朝皇帝也無意立即發動新的征戰。策妄阿喇布坦打算藉黃金探勘換取俄羅斯軍事援助的機會，以在此平靜時期增強自身防禦。當俄羅斯與清朝在一六八九年穩定邊界後，俄羅斯從往後二十年的西伯利亞到北京的皮草旅行商隊中獲得豐厚的利潤。俄羅斯預期一七二七年簽訂的《恰克圖條約》將帶來更多利潤。[11]三方都對彼此相互監視、試探和探索。

三位中央歐亞旅人

三位不同國籍的旅人各自留下了精彩記述，為我們照亮這段跨文化交涉的時期。中國史學家最熟知的是滿洲特使圖理琛（一六六七至一七四一年），他自一七一二至一七一五年被派去見土爾扈特部的阿玉氣汗。他以滿文寫下出使報告，後來又出現了一個稍微不同的漢文版本。第二位旅人是蘇格蘭人貝爾（John Bell），他受沙皇之命從西向東跨越中央歐亞展開任務。第三位則是俄羅斯人溫科夫斯基（Ivan Unkovskii），他在一七二二至一七二四年展開出訪策妄阿喇布坦大本營的任務。除了提供珍貴的地理資訊之外，這些記述也顯示出三名中央歐亞人（分別是俄羅斯人、蒙古人和俄國沙皇的外國僕人）是如何看待大清國。

每位旅人都兼具私人和官方身分。貝爾隨伊思邁羅夫（Leon Vasilievich Izmailov）率領的俄羅斯使團出行，旨在獲取有關中國軍事能力和商業交流可能性的情報。圖理琛的表面任務是促成阿玉氣侄子阿喇布珠爾（Arabjur）從中國邊境返回伏爾加河畔的新土爾扈特家園。他預期阿玉氣汗會提議組成對抗準噶爾國的聯合遠征，但他卻被指示要一概拒絕這種聯盟。阿玉氣的確對屈從俄羅斯感到不滿，他告訴圖理琛，自己和滿洲統治者比和俄羅斯人更親近，並要求清朝協助自己改善與俄羅斯和蒙古人的關係。圖理琛還趁穿越俄羅斯領土的機會，查看該帝國的商業與戰略資源，並為可能受邀覲見沙皇預作準備。圖理琛和貝爾在色楞格斯克相遇，後來圖理琛護送貝爾從邊境抵達北京。兩位特使來自歐亞大陸兩端，彼此有許多共同之處。兩人都代表即將形成偉大新帝國的民族，皆因促進帝國利益而展開成功的生涯。[12]

對照之下，溫科夫斯基的出使則代表俄羅斯人嘗試與準噶爾蒙古人聯手對抗清帝國。策妄阿喇布坦考慮像阿玉氣一樣成為沙皇附庸，他讓俄羅斯人進入突厥斯坦尋找沙漠中的可能金沙，以換取俄羅斯人的二萬人軍隊和武器支援，保護他不受清朝的攻擊。

這三份文本各自代表了國家利益與個人對中央歐亞逐漸增長的大清勢力的不同回應方式。每份奏報都混合了旅遊、諜報和外交文獻，結合了探險、地理繪測、情蒐、外交會面，以及對所見景觀的個人反應。這三份文本用四種不同的語言（滿文、漢文、俄文和英文），對中國在西北邊疆擴張的性質，提供了四種不同的觀點。圖理琛和溫科夫斯基的寫作偽裝成官方報告，以便呈給各自的君主，可是文本本身又帶有私人日記的特徵。貝爾的《從俄國聖彼得堡到亞洲各處遊記》（*Travels [from St. Petersburg in Russia to various parts of Asia]*）是私人記述，直到他回國近五十年後才付梓。

十七世紀初期，土爾扈特人已穿越大草原遷徙了數千英里到伏爾加河下游，並在那裡被接納，為俄羅斯沙皇效勞。[13]他們與準噶爾保持親族聯繫，但從未同意接受後者支配。土爾扈特人與俄羅斯人維持沉重的關係。沙皇豁免他們的稅，但迫使他們參加軍事行動。在所有蒙古人中，他們遷移了最遠的距離，尋找不受限制的生活空間。但就連他們也無法逃過周圍農業帝國勢力的影響。土爾扈特人與西藏保持聯繫，保有他們的佛教信仰。他們如今被稱為卡爾梅克人，是俄羅斯聯邦內的一個自治共和國。他們是佛教觸及的歐亞大陸最西端。

圖理琛出使的理由，和清朝與準噶爾、俄羅斯和西藏之間日益增長的聯繫密切相關。[14]伏爾加河畔土爾扈特部大汗阿玉氣（一六七三至一七二四年在位）的侄子阿喇布珠爾，曾在一六九八至一七〇三年間前往西藏朝聖，但卻因阿玉氣與策妄阿喇布坦之間爆發戰爭而無法返回伏爾加河。康熙皇帝提供他庇護，允許他在西北放牧。後來，阿玉氣在一七一二年俄羅斯旅行商隊正準備從北京出發之際，要求交還阿喇布珠爾。這是清朝皇帝利用俄羅斯人脈與遠方土爾扈特人建立聯繫的大好機會，於是康熙要求俄羅斯人護送五名帝國特使帶話給阿玉氣，討論阿喇布珠爾的返還問題。圖理琛不是該使團的團長，但他是唯一將出使形諸筆墨的人。他的著作成為有關中央歐亞篇幅最長的滿文書寫之一，揭露出清朝對該地區政策的關鍵面向。然而，阿喇布珠爾沒有加入使團，而且最終不曾被遣返回國。清朝的目標遠不止是將一個蒙古人送還他的部落。

清帝國給圖理琛的指令，堪稱清朝掩飾其意識形態意圖的代表作。康熙對阿玉氣下了一道特別諭令，諭令中既回應他的誠心進貢，也表達皇帝想讓阿喇布珠爾與叔叔團聚的心願。然而，康熙深知阿玉氣和策妄阿喇布坦關係不睦，也預期阿玉氣會提議聯手對抗策妄阿喇布坦，於是給了圖理琛如何應對的具體指令：

> 如果阿玉氣說：「讓我們聯合起來，想辦法兩面夾擊策妄阿喇布坦。」你絕對什麼都不能回。就說：「策妄阿喇布坦與大汗〔康熙〕的關係〔非常〕好。他一直以來派了無數使者向大汗問安。大汗也感動地回予恩寵。雖然有人可能認為他的實力很弱，認為他需要幫助，或者認為他已筋疲力竭，不過無論如何，我們的賢君都不會攻擊他。但這是好事。身為特使，我們若考慮這項提議是不

對的。雖然你要求我們告知我們的賢君，但我們知道主君只會說：『願天下蒼生和睦安康。』我們可以強烈保證，皇帝完全無意攪擾策妄阿喇布坦。」[15]

換句話說，使節們得聲稱康熙無意摧毀策妄阿喇布坦，並且拒絕了對他不利的明確結盟。儘管康熙一再呼籲剿滅噶爾丹及其準噶爾國，他如今卻改口聲稱自己放棄了干預遙遠大草原的野心。土爾扈特部方面對這支使團的看法截然不同。

同時，特使們被指示正面回應任何覲見俄羅斯沙皇的邀請。他們還被告知，務必保持彈性以適應俄羅斯風俗：

> 〔如果沙皇送來一名特使〕按照其國家行為規範會見他是可以的。對沙皇派遣的人說：「過去貴國的尼果賴來到我國時，表現得很糟糕。我們可不像尼果賴……」在你覲見沙皇之後，倘若他問說：「你們國家重視什麼？」就答：「我們的生活方式，忠誠、孝順、仁愛、禮義和誠信為重。我們在修身與治國兩個層面，都嚴格遵守這些原則。死生無所懼。我們只會說，『若我們死亡』……因為我們的國家把像是忠誠〔等等〕的原則擺在優先，我們沒有戰爭，沒有重刑。多年來，我們的生活和樂安康。」[16]

這個使團為康熙皇帝提供了一個機會，將他理想中的治理形象透過帝國擴張傳播給接觸到的新民族。在對外宣傳上，帝國統治代表著和平、忠誠和仁慈。皇帝沒有向俄羅斯人誇耀其軍事征服，不像他對自己臣民所做的那樣，也沒有大談外交結盟或貿易。但他對和平的渴望，也包括了回應威脅的承諾：

「如果俄羅斯派遣部隊至邊界，我們可能會起疑並也派出我們的部隊。我們兩國長期以來相處和睦。我們打算保持這種關係。然而，『一旦部隊被派往邊境備戰，他們必將上陣。千萬不要懷疑。』」不過，他也要求使者們應當強調任何重大武裝衝突的艱難：

> 我相信俄羅斯人肯定會問起我們有什麼類型的大炮。如果他們確實問起，就說：「由於距離很遠，要把它們帶到邊境是非常困難的。沿途有很多山嶺、懸崖、樹林、密林，險阻和窄道。我們絕對沒辦法把它們運到那裡。我們不認為有使用大炮的需要，而且攜帶大炮是非常困難的。因此，按照我國的行為規範，這種事情絕不能在邊境發生。我們的禁令非常嚴格。即使我們的賢君下令如此，他也絕對無法取得成果。」[17]

特使還被告知，由於俄羅斯的習俗墮落腐敗，他們應避免任何過度飲酒或失序行為。大多數帝國指令旨在向那些不諳世事者呈現愛好和平、紀律嚴明的形象。與此同時，使者們將在穿越該國時一併收集各種相關資訊。圖理琛回國後為皇帝準備的西伯利亞地圖，其詳細程度幾乎可以媲美俄羅斯和西方繪測師製作的地圖。[18]

圖理琛提供了他對俄羅斯態度的有趣個人見解。在他的記載中，西伯利亞總督噶噶林稱讚康熙的仁慈，並拿康熙和他效忠的沙皇做厚彼薄此的比較：

> 〔噶噶林〕接著說：「你們的中國皇帝確實是極為優秀、神聖的一號人物；他忙於促進帝國富強，以及維護四方和平，諸位閣下則無疑愉快且不受干擾地追求你們的理想……在這個帝國，當已

> 故察罕汗（Chahan Khan〔彼得一世〕）*仍在世時，我們無需勞動，也不用小心翼翼。在他的統治下，所有人無論地位高低都得以安息……但是後來，在過去二十年裡，我們的帝國持續參與不間斷的戰爭；甚至直到今天，我們仍不得喘息地持續戰鬥與競爭……中國是目前唯一享有和平與安寧的帝國。我們的現任察罕汗，即使還只是個孩子時，也總是和作他玩伴的孩子們打鬥和競爭。那些孩子如今成為了他陣中的將軍。如果他當初追尋父親的腳步，我們現在應該仍處於休息狀態。」[19]

噶噶林的意思是，彼得大帝幼時確實曾參加軍事練習，不該被拿來與康熙相比。康熙有遠見的仁慈，不用發動軍事攻擊就實現了和平。究竟這是離莫斯科天高皇帝遠的西伯利亞總督的真誠看法，還是圖理琛曲解了他的原話？噶噶林很可能認為，彼得大帝因為忙於歐洲戰事而無法專心捍衛西伯利亞，並與中國談判有利條件。畢竟，中國透過購買西伯利亞毛皮，為俄羅斯國庫帶來的財富更多於歐洲國家。儘管圖理琛以完全正統的清代修辭表達噶噶林的觀點，但圖理琛和西伯利亞總督觀點趨於一致也並不是全無可能。但噶噶林似乎不大可能在圖理琛面前公開批評沙皇。無論如何，一如貝爾，圖理琛也利用俄羅斯的證詞來支持大清皇帝宅心仁厚、愛好和平的形象。

圖理琛回到色楞格斯克之後，給噶噶林捎了一封訊息截然不同的信。策妄阿喇布坦那時已開始進攻哈密。這封信解釋說，策妄阿喇布坦曾是忠誠的藩屬，受到「極大善意與同情」，但「策妄阿喇布坦生性誑騙虛假〔滿文：banitai koimali holo〕。他的本性如此，且絕對不會改變。在調查策妄阿喇布坦的罪行時，我們已派遣一支軍隊與他作戰」。[20]倘若策妄阿喇布坦及其追隨者為了躲避清軍攻擊而越過邊界尋求庇護，圖理琛敦促俄羅斯人務必將其逮捕。[21]

在清朝眼中，策妄阿喇布坦拒絕帝國的仁慈，因此已不再可能得到任何赦免，應該被消滅。漢文文本使用「征剿」（正義的消滅作戰）這個詞彙稱呼清朝行動，滿文文本只使用了「dailambi」（進行戰爭）。[22]「消滅」是清朝統治者面對堅持自治的準噶爾領導人時反覆使用的詞彙。康熙用了「斬草除根」來比喻消滅準噶爾人，乾隆則是喋喋不休地談論消滅準噶爾國最後殘餘的必要性。精心雕琢的中國仁慈形象，被用來說服俄羅斯人拒絕提供逃難蒙古人庇護。

圖理琛也準備回答阿玉氣汗的問題。大汗問了許多關於清朝的問題，尤其是滿洲統治者的舉措。阿玉氣汗知道皇帝經常在首都北方狩獵，在熱河另有行宮，然後在盛京有個行政中心。他還知道滿文書寫體來自蒙文。阿玉氣的結論是滿人和蒙古人居然如此相似，他們一定曾是「同源」（滿文 emu adali）。阿玉氣想知道兩者後來是如何分開來的。圖理琛承諾回國後將從皇帝那裡取得更多資訊。在圖理琛的報告中，阿玉氣指出儘管土爾扈特是「外國之人」（滿文 turlergi gurun-i niyalma），但在習俗和服裝服方面卻與中國（滿文 dulimba-i gurun）之人非常相似，與俄羅斯人則截然不同。[23]當他強調兩個民族之間的相似處時，阿玉氣顯然想的是滿人，而不是漢人。清朝統治者還可以提供阿玉氣與西藏更緊密的聯繫，因為達賴喇嘛經常會派使節到清朝。阿玉氣對從西藏獲得藥物特別感興趣，其取得管道如今被俄羅斯人擋住了。因此，圖理琛可以有效利用清朝的多元文化影響力，包括藏人、滿人和蒙古人，吸引另一個蒙古大汗到他所屬陣營。

圖理琛的報告最初以滿文寫成，標題為《關於我被派往的〔帝國之外〕偏遠邊疆地方的隨筆》（*Lakcaha Jecende takūraha ejehe bithe*），在一七二三年以漢文出版，名為《異域錄》。其內容令人著

＊編註：Peter I 為作者所加。察罕汗即蒙古人對沙皇的稱呼。作者文後定現任察罕汗為彼得一世，抑圖理琛出使時間（1712-14）為彼得一世在位時期。

迷，歐洲人很快將其翻譯成多種語言。一七二六年出現了法文譯本，十八世紀世紀晚期出現了德文譯本和兩種俄文譯本，還有一八二一年斯當東爵士（Sir George Staunton）（相當不精準）的英文譯本。當時和現在的歐洲觀察家都將圖理琛出使視為一個非凡事件，因為中國（在他們看來）幾乎不曾將其官方代表派到帝國之外。他們偏狹的焦點，使他們看不到在清帝國早在遭遇歐洲人之前就有過許多異國接觸。在中央歐亞的脈絡下，圖理琛的使團只是探索遠征隊悠久傳統的一員：包括漢武帝為獲得費爾干納汗血寶馬的遠征，張騫在西元前二世紀通西域的任務，或唐朝皇帝先後派遣僧侶到印度。獲取關於中央歐亞民族的情報，特別是出現在邊界的新部落，向來是那些面向西北的帝國（像是漢唐）的重要目標。清朝使團出發的時候，諸如英國與俄羅斯等世界性的帝國也派遣使節、商人和旅人展開探索任務。和同時代人一樣，清朝使節結合了戰略、地理和商業的目標。

我們仍不清楚使團的確切目標。康熙皇帝是否希望與阿玉氣締結軍事同盟，共抗策妄阿喇布坦？由於清朝先前曾與策妄阿喇布坦結盟對抗噶爾丹，因此完全可以合理猜想他們想再次嘗試以夷制夷。儘管帝國指令要求圖理琛一開始要拒絕阿玉氣的提議，但這只是最開場時的談判立場。如果阿玉氣真能貢獻軍事力量，康熙便有可能改變觀點。清朝曾與策妄阿喇布坦同盟的事實，則被巧妙的隱藏起來。土爾扈特人這方將與清朝同盟視為這次任務的目的，而圖理琛派往北京的特使，可能在他要求交還阿喇布珠爾時，提出這樣的聯盟。[24] 一七三〇年，俄羅斯特使格拉祖諾夫（Glazunov）認為康熙的目標是勸說土爾扈特人回到大清領土。但在一七一二年，策妄阿喇布坦尚未攻擊清朝領土，康熙也無意發動軍隊攻打他。土爾扈特人確實在日後的一七七〇年代回到了清朝邊境，但當年圖理琛來訪時他們並沒有做出這樣的承諾。而誠如我們將看到的，是否接受這些離去已久的蒙古人回歸，則成了乾隆在位時期一項爭議問題。

比起建立直接聯盟，更重要的是蒐集情報。在圖理琛的報告中，俄羅斯和東部蒙古比阿玉氣汗本人更為重要。清廷願意對俄羅斯習俗做出許多讓步，以便獲得和沙皇會面的機會。圖理琛還向清廷提供了關於西伯利亞的寶貴資訊。他這份報告是該時代旅行文學的重要著作，提供了對地理、自然環境和社會風俗的精闢觀察。它既是帝國民族誌，也是用於指導外交政策的情報文件，並對清朝統治者介紹其國際環境。對俄羅斯和準噶爾意圖的戰略擔憂，促成了這次遙遠的探險行動，報告本身則拓展了滿人菁英的視野。在一七一六至一七二〇年向東跨越中央歐亞的貝爾，也為他的俄羅斯主子完成了類似的工作。

貝爾（一六九一至一七八〇年）於一七一四年離家，為俄羅斯沙皇效力，就像他許多蘇格蘭同胞一樣。一七一九年，他從聖彼得堡出發前往北京，途經西伯利亞，以及布里亞特與喀爾喀蒙古人的地盤。許多年後，他在一七六三年出版了《從俄國彼得堡到亞洲各處遊記》。某位評論家在一八一七年形容這本書「可能是最棒的英文旅遊書寫範本」。[25]貝爾這本書的一部分內容，即「從聖彼得堡到北京之旅」，始於他離開俄羅斯首都，結束於他抵達清廷之時。他鉅細靡遺地描述橫越中央歐亞時一路上所見的地形、動植物群和民族，結合了個人日記、政治與自然歷史的討論。

除了對所經之處的習俗和當地歷史感到好奇，貝爾非常敏銳地洞察了軍需後勤對主宰大草原的重要性。俄羅斯人是他的主要資訊來源。他對大草原民族的認識大多「來自一位別出心裁、富有洞察力的紳士，他在此地〔托博爾斯克〕擔任公職，被已故西伯利亞總督多次邀請後雇用」。[26]然而，他對清朝與蒙古人之間關係的評論，也密切反映了清朝的官方觀點。

在一七二〇年五月二十九日抵達色楞格斯克後，貝爾指出：

蒙古民族人數眾多，占地甚廣，從此地延伸到喀爾干（譯按：張家口），那意謂著永恆之牆，或稱中國長城……我們很容易想像，根據蒙古人占據的大片土地，他們一定人數眾多；特別是考慮到他們生活在健康的氣候中，並且沒有參與任何戰爭，因為他們被征服了，一部分由西方的俄羅斯人，一部分由東方的中國人；對俄羅斯人和中國人而言，這些部落如今都是藩屬。在過去，蒙古人是令中國人困擾的鄰居，建長城就是為了抵抗他們入侵。

中國現任皇帝康熙是制服這些強壯韃靼人的第一人。由於這些人是自由的強烈愛好者，康熙皇帝以仁慈作風和人道對待他們，更甚於用劍對待。俄羅斯人對他們的臣民，也採取了同樣溫和的對待。在兩個強大皇帝的保護下，他們承認自己享有更多的自由，而且比過去受他們的君長統治過得更加自在。[27]

貝爾筆下的「蒙古人」是指喀爾喀人，或東部蒙古人，特別是受土謝圖汗領導的那些人。喀爾喀人對康熙的感激之情，源自後者干預了札薩克圖汗和土謝圖汗之間的爭端，這場爭端導致噶爾丹的入侵。康熙的「仁慈作風」最初是指為蒙古內鬥的難民在中國境內提供庇護，並賑濟飢餓的蒙古人。但作為回報，喀爾喀人被編進旗制，牧場被仔細畫界，大汗和其他貴族的繼承權受清朝監督，而且他們必須提供馬匹支持清軍作戰。俄羅斯對臣屬蒙古人的統治沒有那麼制度化，但卻更加繁重。西伯利亞總督和哥薩克人的徵貢更為任性，但蒙古的「自由」並沒有太過受制。蒙古人的「新自由」，其實是指不受戰爭危險的自由，但他們卻失去了過去習慣的隨心所欲遷徙和放牧的自由。俄中之間簽訂的邊界條約，阻止他們逃離模糊畫分的邊界，躲避一方或另一方的過度徵索。有些人，比如根忒木爾和土爾扈特人，避開了這些限制，但多數人都受其約束。

貝爾的評論反映了定居帝國與特定蒙古菁英如何看待蒙古與中國、蒙古與俄羅斯的關係，但這並不是故事的全貌。他在一七一九至一七二〇年寫下這些紀錄時正值康熙皇帝的晚年，當時康熙似乎實現了透過「仁慈作風」解決蒙古爭端的目標。畢竟他竭力除去準噶爾國如今已是二十年前的往事了。貝爾同時掌握了俄羅斯對和平商業關係的渴望，也掌握了清朝自認是仁慈公正仲裁者、希冀不同民族和睦共處的自我形象。貝爾還評論清朝和策妄阿喇布坦的戰爭。在寫下他於一七一九年十二月十六日抵達托博爾斯克後，貝爾寫道：

> 前些時候，中國皇帝為了一些邊城和孔台沙交戰，因為後者占領了這些城鎮，並以大軍維持對城鎮的所有權。皇帝派遣了一支三十萬人的軍隊去對付他，由皇帝的第十四子指揮，他被認為是皇帝所有兒子當中最好的將軍。儘管中國人在數量上有優勢，但孔台沙在幾次作戰中擊敗了他們。皇帝認為最好接受彼此的分歧，於是雙方同意維持和平。[28]

這段敘述指的是策妄阿喇布坦在一七一五年試圖入侵哈密。[29]康熙皇帝的第十四子胤禵被指定為撫遠大將軍，率領一支龐大的軍隊（但沒有三十萬）前往甘肅和蒙古，征討策妄阿喇布坦。雙方沒有發生重大戰鬥，但清朝確實收復了哈密和吐魯番，後來雙方又達成停戰協議。貝爾版本的資料來源不清，但「孔台沙」（衍生自「琿台吉」）是俄羅斯人對準噶爾統治者的習慣稱呼。這大概是托博爾斯克的俄羅斯官員給貝爾的描述，反映了他們對清朝與準噶爾之間關係的理解。後面將討論的文本也暗示，俄羅斯人傾向認為清軍素質不佳，但他們也承認清朝皇帝是有遠見且仁慈的。為北京政權打造出相對弱小但仁慈為懷的形象，符合俄羅斯建立主要以貿易為基礎之外交關係的目標。

貝爾進一步指出：

必須說，中國人由於必須通過艱難的長途跋涉，穿越長城西邊的荒蕪貧瘠之地；又受到大炮和裝載整支軍隊遠征補給品的沉重運輸車的阻礙；在和敵人交鋒之前，力量就已被大大減弱了。另一方面，孔台沙得知中國派出大軍前來對他不利，在他自己的邊境耐心地等待，直到敵人出現在距離他營地幾天路程的距離之內，才派出輕騎分隊放火燒牧草，將當地化為焦土。他日以繼夜地騷擾，使中國軍隊無法專注目標，再加上缺乏物資補給，最終導致他們損失慘重地撤兵。[30]

這個評論一定是指一七一八年十月五日，滿洲指揮官色楞（Seleng）和額倫特（Elunte）與策妄阿喇布坦部隊於哈爾烏蘇河的戰役。清軍由二千綠營兵、一萬當地「土司」軍，以及少數滿人部隊組成，卻被包圍而後重挫。[31]直到這次令人驚訝的潰敗後，康熙才指定他的第十四個兒子領導軍隊。貝爾的觀察非常敏銳，察覺清朝及其游牧對手之間的戰爭性質，或說一般定居農業政權與游牧民族之間的戰爭本質。類似的撤退和焦土戰術，也被克里米亞韃靼人用來對抗俄羅斯帝國的向南擴張，也被安息人（Parthians）拿來對付羅馬帝國。貝爾評論說：「這種透過焦土從事戰爭的方式，是非常古老的韃靼人傳統，並且為從多瑙河以東的所有韃靼人實踐。這形勢使他們成為一般部隊的大敵，因為他們將因此欠缺所有生存必須品，反觀韃靼人總有許多多餘的馬匹能殺來吃，完全不會因此欠缺補給。」[32]誠如前述討論康熙征討噶爾丹時所指出的，俄羅斯人和中國人都必須解決大草原這項根本後勤補給問題。俄羅斯軍隊在克里米亞的製造了大量的「移動堡壘」（tabory），即由防禦部隊包圍的糧車，在韃靼人撤退時緩緩向前推進。[33]直到十八世紀中葉，中國人才得以在更廣闊的地形上，創建出從甘肅邊界延伸到新疆的一連串彈藥庫要塞。貝爾認知到大草原後勤的普遍問題，以及游牧民族在作戰時有效利用後勤特性的攻擊方式。

炮兵隊長溫科夫斯基在一七二二至一七二四年間的準噶爾任務，是俄羅斯誘使準噶爾大汗屈服的最後一次徒勞嘗試。儘管布赫霍爾茨和利哈列夫探險隊失敗了，沙皇彼得還是想在準噶爾尋找金礦。策妄阿喇布坦已驅逐了兩支俄羅斯軍隊，不過他仍表示有興趣與俄羅斯結盟對抗中國。溫科夫斯基被派去繼續談判。他在一七二二年二月離開莫斯科，不過直到十一月才抵達策妄阿喇布坦的營地，恰好在康熙駕崩後。策妄阿喇布坦此時對俄羅斯採取了比較強硬的立場，對哈薩克人發動進一步攻擊，而且重申俄羅斯人放棄堡壘的要求。溫科夫斯基於一七二三年九月離開時並未完成任務。然而，他確實收集了大量有關準噶爾的寶貴資訊。他的日誌極具啟發性，提供了幾乎難得一見的和中央歐亞統治者的個人對話。34

一七二二年十二月十一日，一名高級貴族從策妄阿喇布坦陣營前來與溫科夫斯基會面，並帶了一系列來自大汗的提問。日記列出了策妄阿喇布坦的大臣（宰桑）們提出的問題，以及溫科夫斯基的答覆。這次交流的有趣之處，在於提供了雙方看待中國的差異觀點：

宰桑： 切拉多夫（Cheredov）曾經告訴〔大汗〕，堡壘城鎮〔gorody〕是俄羅斯沿額爾齊斯建造的，以便沙皇對中國發動戰爭。

溫科夫斯基： 切拉多夫沒被授權那麼說；這些城鎮不是為戰爭而造，是為了尋找礦石……

宰桑： 切拉多夫談到尋找金礦。

溫科夫斯基：我則是被命令〔就此次搜索〕尋求孔台沙的許可。若探勘金銀有成，你們會有很大收穫，誠如我對孔台沙〔策妄阿喇布坦〕的詳細說明。

宰桑：孔台沙請求讓蒙古人接受沙皇陛下的仁慈保護，像阿玉氣汗那樣，我們將為此歡欣，我們還要一支二萬人的軍隊支援，〔用來〕對抗中國大汗。此外別無所求。

溫科夫斯基：關於這點我向孔台沙詳細解釋過，只要他像阿玉氣汗一樣拿出書面協議，沙皇陛下就會把你們當他的臣民來保護，不受你的敵人傷害；不過，他首先會以他的旨意嘗試說服中國大汗不要傷害你們，假使中國大汗不從，那麼他會想辦法給你幫助。35

這番對話的「直來直往」令人耳目一新，罕見於官方的外交談話。準噶爾人顯然期待自己對沙皇的臣服，能換到俄羅斯提供對抗中國的軍事援助。他們甚至要求俄羅斯人幫忙制服喀爾喀蒙古人，就像俄羅斯曾幫助阿玉氣取得對其鄰國的支配。準噶爾人提起與前任特使切拉多夫（Ivan Cheredov）的口頭討論，藉此試圖迫使俄羅斯人提供明確的援助承諾。然而，溫科夫斯基避免給予直接支持的承諾，將問題推給進一步談判。

策妄阿喇布坦並不知道阿玉氣對屈從俄羅斯的不滿（阿玉氣曾向圖理琛透露此事），也不知道阿玉氣和清朝結盟的提議。策妄阿喇布坦最終拒絕成為俄羅斯藩屬，因為他得知康熙皇帝去世的消息，也意識到讓俄羅斯軍隊進入準噶爾的土地將削弱自身地位。他告訴溫科夫斯基，自己曾接待過雍正皇帝前來議和的使節，還接見過來自喀爾喀蒙古與和碩特的使團，而他覺得中國的地位已開始衰弱。策妄阿喇布坦在一七一八年對清軍的勝利，以及一七二二年對清朝達誠的休兵協議，或許都使他高估了自身實力，更誤解了他的孤立程度。36

儘管如此，策妄阿喇布坦依舊對整個歐亞大陸的地緣政治關係展現出好奇心。他一再對溫科夫斯基詢問彼得大帝的艦隊、他與突厥人和瑞典人的戰爭、俄羅斯宗教信仰的本質，以及俄國人喝不喝茶。在與溫科夫斯基的第二次私人對話中，他試著理解中國的實力：

> **孔台沙：**中國人吹噓說，沒有民族比他們更強大、更勇敢，而且所有民族都向他們進貢（俄文 *dan'*）。
>
> **溫科夫斯基：**我希望我接下來說的話，不會讓你會錯意，但沙皇陛下命令我帶各式各樣的東西給你：你認為它們是貢品嗎？還是別的東西？他〔策妄阿喇布坦〕回答說，沙皇贈禮是感謝他的仁慈，而不是作為貢品。我說，中國大汗的情況也一樣，各民族送的是禮物（俄文 *podarki*），不是貢品。
>
> **孔台沙：**你認為土耳其蘇丹和中國大汗誰比較強大？
>
> **溫科夫斯基：**我們認為土耳其人比中國人更有膽量，中國人在軍事方面表現得很差。在那之後，我告訴他〔策妄阿喇布坦〕，在所有民族中都有不好的人〔帶來我們不該相信的不可靠消息〕。[37]

這種有關一國獻禮給另一國的討論，讓人想起該世紀末馬戛爾尼所面臨的難題。提供給他國的物品是否應被視為「貢品」，表明贈送者主動臣服於收受者，抑或作為「禮物」，表示一種友誼的單純展現？這個問題在中央歐亞特別複雜，因為俄羅斯人、蒙古人和中國人之間存在著三方關係。伊思邁羅夫到北京的使團（貝爾是成員之一），按照清朝儀式進行了磕頭，而且沒有公開反對清朝將中俄貿易描述成「朝貢」。儘管俄羅斯人與中國簽訂了以朝貢為名目的商品交換條約，但並不想讓準噶爾蒙古人以為他們自認是中國的下屬。若顯示自己與中國有著緊密關係，將危及俄羅斯人希望在準噶爾找到金沙的機會。他們因此將自身以及其他國家與中國的關係，一概粉飾為友好的「禮物」交換，而非朝貢的階級關係。

俄羅斯特使也不忘貶低中國的軍事力量。策妄阿喇布坦顯然從噶爾丹的經歷瞭解中國的軍事力量，可能也知道中國摧毀了阿爾巴津的俄羅斯堡壘，因此俄羅斯人不想讓人懷疑他們缺乏在必要時面對中國的能力或意願。一方面，策妄阿喇布坦可能很高興聽到俄羅斯不認為中國非常強大。另一方面，他可能也因此被誤導，對自己獨立面對中國的生存機會變得過度自信。他最近才對清軍贏得了一場軍事勝利，加上康熙皇帝過世可能導致清朝採取較不積極的策略，策妄阿喇布坦因此拒絕成為俄羅斯臣民。這一決定實際上斷絕了獲得任何俄羅斯軍事援助的機會。俄羅斯人最終做出了正確的經濟選擇：與北京的毛皮交易。這證明比突厥斯坦虛幻的金沙更有利可圖。

派駐準噶爾的十個月期間，溫科夫斯基經常與大汗及其宰桑們接觸，並被邀請參加宗教儀式和騎馬比賽。儘管沙皇和準噶爾大汗的利益相互衝突，特使卻可以和策妄阿喇布坦妥協在「中間地帶」——根據懷特（Richard White）的說法，這是一個「有共同聯繫和共同意義的世界」，雙方對彼此的好奇心和地緣政治利益在此啟發兩個文化更深入認識彼此。[38]像圖理琛和貝爾一樣，溫科夫斯基向他的君主報告了有助國家利益的真確資訊，但他的日記卻提供給後世遠遠超出外交禮儀限制的詳細個人敘述。歷史上曾有過這個短暫時刻，俄羅斯面向東方的程度就和面向西方相當，而清朝則放寬對中間地帶的主導。透過促進這一廣闊空間內的資訊交流，三位特使幫助歐亞世界構建了一幅共同的圖像。

深入突厥斯坦與西藏

在康熙統治的最後幾年間，清朝對準噶爾和西藏採取大規模軍事行動，將帝國疆域向更西邊延伸。這次擴張以一七二〇年的拉薩遠征告終。清朝對西藏的干預，往往被獨立看待成與西藏內部政治有關，但它其實與消滅準噶爾國家的目標密切相關。它源自康熙消滅噶爾丹繼任者策妄阿喇布坦的失敗嘗試。康熙失敗是因為策妄阿喇布坦離得太遠，但他在西藏則因西藏內鬥而獲得了成功，也因為清朝可以從庫庫淖爾進入西藏。

策妄阿喇布坦避免與清朝公開衝突，直到西藏發生由庫庫淖爾（青海）和碩特蒙古拉藏汗（Lazang Khan, 1656?-1717）煽動的分裂。拉藏（藏文Lha bzang）是藏族喇嘛偉大施主顧實汗的孫子，他在一七〇〇年殺死了哥哥，並奪下大汗領導權。拉藏汗在中國的支持下，意欲在噶爾丹失敗後恢復和碩特部對西藏的控制權。西藏成為這些敵對蒙古領導人之間的廣闊競逐地，但鷸蚌相爭最終使清朝漁翁得利。[39]

長期以來，西藏國的權力就在不同教派的寺院佛教徒之間分配著，而每一個教派都非常依賴蒙古施主的支持。國家的最高階層是由達賴喇嘛、他的蒙古施主和世俗管理者第巴三方分權，世俗管理者還會在歷任達賴喇嘛起步時擔任攝政。十七世紀中葉，「格魯派」（藏文dGe-lugs-pa，或稱「黃帽喇嘛」）在和碩特蒙古的顧實汗的護持之下於拉薩掌權，勝過了敵對的「噶瑪巴派」（Karmapa，或稱「紅帽喇嘛」）。*[40] 顧實汗（Gusri Khan，為Gush Khan的異寫）支持達賴喇嘛鎮壓反抗其權力的叛亂，允許他在

* 編註：紅帽噶瑪巴是對噶舉派夏瑪巴（Shamarpa）法王的稱呼，有別於他的老師黑帽噶瑪巴。第一任夏瑪巴是從第三任噶瑪巴手中接受紅寶冠之後開始自己的轉世傳承。

寺院執行紀律，並對納稅人口進行普查。顧實汗去世後，第五世達賴喇嘛阿旺羅桑嘉措（Nag-dban-blo-bzan）變得更強大，因為顧實汗的繼任者實力不足。達賴喇嘛從世俗權威引退，將權力讓給他的兒子兼西藏攝政桑結嘉措（藏文Sangs-rgyas-rgya-mts'o）。

誠如前文所說，第巴桑結嘉措對清朝隱瞞了達賴喇嘛死於一六八二年的消息，自己統治西藏直至噶爾丹落敗。第巴打算建立一個「真正專制的政府」，中央集權並將西藏對外開放。許多外國遊客，包括印度人、中國人、蒙古人和穆斯林，帶來了金、銀、布匹和其他貿易產品，刺激了經濟成長。第巴利用這筆收入修建道路和橋樑，並支持學術研究。[41]就在第巴轉而面向外界之際，康熙譴責他與噶爾丹結盟，而且違抗達賴喇嘛的指示。一六九七年，第巴被迫透過正式服從於第六世達賴喇嘛倉央嘉措（Tshangs-dbyangs-rgya-mtsho），好安撫憤怒的中國皇帝。[42]事實上，攝政保有他的權力，並讓年輕的喇嘛淪為「放蕩青年，沉迷於每一項惡習，徹底墮落」（源自耶穌會士德西德里〔Ippolito Desideri〕的形容），縱情酒、女人和寫情詩。[43]第巴還抵制了和碩特與喀爾喀蒙古人想控制拉薩的嘗試，他們是噶爾丹的主要競爭對手。

然而就在一七〇五年，拉藏汗在康熙的支持下入侵拉薩，殺死了第巴攝政並自立為西藏中部的主要統治者，同時還將幾個周遭小王國統一在拉薩的中央政權之下。在拉藏汗的領導下，西藏似乎正重拾統一與自治。一如康熙皇帝，拉藏汗歡迎外國傳教士來到宮廷，暗示他可能皈依基督教，並以他的世故、慷慨和好奇心讓耶穌會士德西德里留下極為深刻的印象。[44]同樣令人印象深刻的是，康熙授予拉藏「翊法恭順汗」的稱號。康熙將西藏的一切混亂怪罪到篡權的第巴頭上，擔心第六世達賴喇嘛會成功聯絡上策妄阿喇布坦，再次延續準噶爾與藏人的聯盟。

康熙支持拉藏驅逐第六世達賴喇嘛，希望藉此根除準噶爾在西藏的影響力。康熙下令拉藏抓住

「假」（第六世）達賴喇嘛，把他送到清廷治罪，但第六世達賴喇嘛在戒護下途經庫庫淖爾時卻去世了。雖然他可能是因病去世，卻始終有謠言暗示他是被拉藏的人給謀殺了。[45]拉藏汗把自己的人選推上達賴喇嘛的寶座，但西藏人仍忠於他們先前的宗教領袖，他曾預言自己死後將轉世於庫庫淖爾。很快消息就傳來，有個小孩真的在一七〇六年於康區（Kham）東部邊境的理塘出生，而且還是個「呼畢勒罕」（Khubilghan，譯按：蒙古語的「自在轉生」、「再來人」等意），也就是前達賴喇嘛的轉世活佛。拉藏和他的僧侶副手否認這孩子展現出真正的轉世徵兆，禁止他到拉薩；中國人則配合地以「保護」之名將這名男孩監禁在西寧一座要塞裡（和今天西藏的班禪喇嘛鬧雙胞，有不可思議的相似之處）*。

此時策妄阿喇布坦開始對西藏事務產生興趣，以回應中國對拉藏汗的支持與黃帽喇嘛的籲請——黃帽喇嘛討厭拉藏汗的統治。他在一七一五年攻擊哈密，是為了施壓中國人與和碩特蒙古人不要染指西藏，但這也讓康熙警覺到中國西北邊界有被侵占的危險。當清朝開始準備一支大軍來驅逐策妄阿喇布坦，卻得到一次意外的勝利：穆斯林伯克和大約二百名清軍將策妄阿喇布坦的二千部眾驅逐出哈密。伯克得到清朝戶部一萬五千兩的獎賞。清朝如今將統治權擴展到綠洲穆斯林以及東部蒙古。[46]康熙立即開始準備下一次軍事遠征，意欲像對噶爾丹一樣「剿滅」策妄阿喇布坦，以「除惡殆盡，長治久安」。[47]這次出征的費用估計約為三百萬至四百萬兩，可支持三支各一萬人的軍隊，長途跋涉至西部蒙古的策妄阿喇布坦大本營。據報策妄阿喇布坦約有四萬兵力，加上一萬名從阿玉氣汗之子那裡俘虜而來的土爾扈特

---

* 編註：此指發生在一九九五年的第十一世班禪喇嘛之爭。當年第十世班禪喇嘛過世，達賴喇嘛認定一幼童為班禪轉世，但該名孩童卻遭中華人民共和國當局關押，從此下落不明。中華人民共和國當局隨後宣布另立人選繼任班禪喇嘛，但不受達賴喇嘛承認。此爭議延續至今，美國國務院在二〇二〇年五月仍在呼籲中國當局交代十一世班禪喇嘛的下落。

人。清朝這邊除了滿漢蒙旗人之外，還從喀爾喀蒙古盟友那裡吸收了一萬五千兵力。

儘管此次遠征試圖複製征討噶爾丹的模式，但各方條件都已有很大的變化。康熙如今年事已高、病痛纏身，不能親自率軍出征。自從康熙以行為不檢為由廢黜皇太子胤礽以來，他就在一七〇八年和一七一二年兩度罹患重病。他的手抖得無法提筆寫字，而且受昏厥之苦而無法好好決策。由於無法決定繼任者，他反覆指示兒子們不要密謀加害彼此，卻無濟於事。民政和軍事管理的素質也逐漸下降。腐敗高官向小吏強索資金，後者於是對百姓施壓，引發武裝反抗。在遠征行動期間，負責為部隊提供糧餉戶部侍郎色爾圖（Seertu）盜用公款，對滿蒙漢士兵人等的糧餉偷工減料。[48]

和先前一樣，康熙試圖以議和引誘策妄阿喇布坦靠近北京，然後威脅若其逃脫將懲罰相關人等。如今已經六十多歲的康熙，不斷回憶二十年前鼎盛時期的大膽決定和豐功偉業。[49]然而，這一次，距離和後勤供應的問題遠遠勝過征剿噶爾丹之時。哈密遠在烏蘭布通以西近一千二百公里、肅州西北五百多公里外的絲路上。肅州是最近的主要軍事供應基地，也是長城盡頭嘉峪關的駐軍基地。由忠於清朝的伯克統治的哈密，只是策妄阿喇布坦王國的東部邊界。在最雄心壯志的計畫中，真正的目標是往西邊再五百公里的烏魯木齊，甚至是遠在阿爾泰山脈的伊犁河和額爾齊斯河。康熙鼓勵將領的擴張野心，使他們策畫出超乎想像的後勤與軍事工程。實際上，他們距離實現夢想還很遠，不過他們確實卓有成果地加強了補給路線、商業活動，以及進入該地區的管道。這些行動開啟了清朝對大突厥與蒙古地區的滲透，這個區域就是後來為人熟知的新疆。

他們首先在哈密以北一百公里處的巴里坤（Barköl）建立補給站，作為進一步向西推進的基地。頭兩萬石的糧食將以馬車運輸，用三千輛車、分十二階段載運物資從嘉峪關到哈密。但到了一七一六年三月，這些補給物資顯然無法支撐駐軍，五千部隊不得不返回甘肅。席柱將軍因沒顧好補給而被解僱，儘管他抗議說「我但統領兵丁，運米之事與我無涉」。[50]

各族裔在先前的作戰中各自分攤了不同責任：漢人將領負責後勤支援，滿蒙將領則負責率領部隊，但如今這種角色分際已然模糊。滿人將軍得學習糧食運輸的乏味細節，也有好幾名漢人展現出顯著的軍事天賦。特別是漢軍鑲黃旗的年羹堯，作為四川總督，他在監督補給供應方面非常出色，這使他被拔擢為負責四川軍務的總督。負責新疆作戰行動的滿洲將軍富寧安（Funingga），獲益於過去擔任糧倉監督的經歷。[51]清軍也同時在前進過程中一邊燒毀草場，使策妄阿喇布坦的騎兵缺乏補給。誠如貝爾所指出的，這殘忍手段被蒙古高原到克里米亞的游牧戰士採用，但現在清朝和俄羅斯人都學會了如何還以顏色。[52]幾年之內，兵部侍郎李先復已可自誇其手下對運送物資到偏遠駐軍非常熟悉。過去與世隔絕的沙漠綠洲，現在部隊可定期到達；從哈密到巴里坤的道路已成了一條「高速公路」。[53]李先復受到稱讚，他是學會無懼於供給邊境部隊困難的「漢人」。在這案例中，軍事合作促進了滿漢團結。

其他官員繼續批評出征的花費和風險，可是康熙皇帝不容許任何反對。劉蔭樞多次警告不要以邊境運輸折磨士兵與馬匹。他聲稱從贛州到巴里坤的路線積雪三到四英尺深，但卻因能力不足遭革職，皇帝聲稱這些困難是他編造的謊言。[54]劉蔭樞被皇帝多次責難並遭判處死刑之後，後來得到赦免並被送到邊境在軍事監督下屯墾。師懿德提督在被赦免之前，也因聲稱花二十五萬兩供給這些駐地是浪費錢財而面臨死罪。康熙對此評論道：「〔他〕不知朕於軍機事務並不惜錢糧，已動用過數百萬兩。」[55]

儘管做了很多規畫，惡劣環境的限制迫使清軍一再延遲大戰。由於將軍們專注於在巴里坤累積物資，一七一五年的行動被取消了。由於擔心策妄阿喇布坦再次襲擊哈密，他們加強防禦。隔年，他們又再推遲進展，因為許多人表示運輸困難。[56]康熙皇帝日漸沮喪，但就連他也不得不承認後勤的障礙尚未克服。

隨著軍隊西征，清朝對其自然邊界的認知也不斷擴張。哈密自從擊退過策妄阿喇布坦的攻擊並要塞化後，如今已被認為「與中原沒有不同」。到了一七一七年四月，在巴里坤的八千五百名士兵已準備出發奪取吐魯番，希望將這個位於突厥斯坦東部邊緣的重要綠洲，一勞永逸地「納入國家版圖」。即便如此，勝券並非在握，而且有令人不安的消息稱「小人如偽造浮言搖動眾心」。[57]另一個比較溫和的替代方案是先不控制吐魯番，而是以軍力對策妄阿喇布坦的支持者發出警告，希望能引誘他的蒙古盟友來降。第二支軍隊將抱著類似目標前往烏魯木齊。這個計畫呼應康熙的鄂爾多斯遠征，當年康熙雖然沒有直接實現軍事目標，但仍給當地蒙古人留下了深刻印象。然而，不同於鄂爾多斯，吐魯番和烏魯木齊是哈密以西三百五十至五百公里外的沙漠綠洲，附近並沒有能夠爭取支持的牧民。[58]

兩支軍隊都推進得夠遠，足以遇見準噶爾巡邏隊，他們在木壘（Mulei）和辟展（Pizhan）綠洲東邊的兩場戰役擊敗了這些巡邏隊。康熙聞訊大樂，起初敦促富寧安繼續西進，追蹤所有能找到的準噶爾人。指揮官傅爾丹甚至打算全面朝策妄阿喇布坦的大本營前進直到伊犁河或額爾齊斯河。但在吐魯番以東，卻有三百名準噶爾人展開反擊。他們發射鳥鎗，並在撤逃前殺死了一名重要的蒙古王公。此時有消息傳來，策妄阿喇布坦正準備入侵西藏，新疆遠征於是被取消。和征討噶爾丹的戰役一樣，比起占領幾個偏遠的綠洲，打敗蒙古領袖本人更加重要。[59]

雖然將軍們擬定了明年再繼續「正義剿滅」的計畫，但中央的戰略重心已轉移到了庫庫淖爾和西藏，使計畫難以實現。兩年後，富寧安終於在兩次小型衝突中擊敗準噶爾人，占領了辟展，並率軍開拔至吐魯番，收降穆斯林伯克。進一步深入新疆的行動被取消了。清軍現已將帝國的觸角延伸到長城以外的突厥穆斯林地區。千年以來，首次有來自東北和華北的軍隊征服了突厥斯坦的一座主要綠洲城市。在吐魯番之外，漢唐留下的高昌和交河軍事要塞依然屹立至今，提醒著他們前人的成就。[60]

野心勃勃的移民實邊計畫是衍生自供給軍事行動之需求。自漢朝以來，軍事屯田一直是歷史悠久的做法。[61]耕種的部隊可使駐軍自給自足，同時又在邊境常駐。占領哈密後不久，軍方便提出在肅州、巴里坤和哈密發展受軍事監督的屯墾計畫。遭流放者和士兵將成為第一批來自中原的屯墾者。[62]高級官員因促進整地而得到獎賞。一七一七年，傅爾丹將軍報告，他已播下種子並開挖渠道，各類新作物都正在萌發。在乾隆於十八世紀征服突厥斯坦後，這個整地屯墾的計畫將被更大規模地發展。

清朝將領還打算在科布多、烏蘭古木（Ulan Gumu）與其他喀爾喀地盤的大草原上興建帶有城牆的要塞。流放者也將被安排在此整地。這些軍事聚落透過轉驛站與內地相連。[63]蒙古高原上的定居聚落，始於十六世紀蒙古人皈依藏傳佛教。第一批城鎮建立在寺院周邊，包括始建於一五五五年的呼和浩特，以及十七世紀初以來蒙古主要佛教僧侶總部烏爾嘎（Urga，今烏蘭巴托）。[64]清軍的駐屯規模介於二百至一千名士兵，如今成為放牧之地的第二大聚落中心。指揮官在廣闊平原上尋找鄰近的充足水源、牧草和木材的戰略位址。這些聚落守衛著通往阿爾泰山和外蒙古的路線，並充作糧食和武器倉庫的基地。這些聚落占地相當於二千間（jian），建有大型的木製圍籬，由內地派來的工人在此停留至少一年建造而成。這些營地逐漸從軍事和流放殖民地，演變為平民聚落。

在庫庫淖爾，清軍開始在蒙古牧民附近建造城牆堡壘。他們在選好了整地位址後，就將剩下的牧草留給蒙古部落，並「畫下一條不可跨越的明確界線」，將屯墾者與當地牧民分開。[65]忠於清朝皇帝的庫庫淖爾蒙古人，並沒有跟新來的定居者計較這些面積不大的土地，但無情的滲透過程已經開始。

清朝在大草原建造堡壘，令人想起先前的俄羅斯進軍西伯利亞，只不過兩者的滲透過程大相逕庭。在兩個案例中，駐軍都建造了散落在異鄉領土的小型防禦單位，軍事占領為更大規模的平民農業聚落和商業聚落事先鋪路。然而，俄羅斯人首先在森林區域擴散，避開草原和沙漠，並且在進入滿人領土之前沒遭遇強大阻力。他們幾乎沒遭遇什麼武裝衝突就從部落民族手中榨取毛皮。相比之下，清朝首先得面對軍事力量龐大的草原蒙古人，然後才透過一個由堡壘和屯墾者組成的網絡成功進駐該區域。當他們開始安頓時，周遭民族似乎既溫和又忠誠。不過日後歷史上的反叛和衝突，顯示清朝對放牧地區的滲透仍然相當脆弱。

清朝統治者在西藏的影響力，如今取決於他們扶持的拉藏汗。拉藏汗在拉薩任命了自己的達賴喇嘛。清朝還留著西寧的新呼畢勒罕以防萬一，但沒有自作主張解決分裂的信仰領導權，而是靜觀策妄阿喇布坦會採取什麼行動。一七一六年，清朝統治者擊退策妄阿喇布坦對哈密的進攻後開始將部隊調往西寧。[66]儘管策妄阿喇布坦應該很快就會進入西藏，但他究竟會成為拉藏汗的盟友或敵人仍屬未知。拉藏汗之子娶了策妄阿喇布坦之女，策妄阿喇布坦也曾承諾軍事上支持拉藏換取黃金，幫助他保衛準噶爾國對抗俄羅斯人和哈薩克人。[67]但是拉藏汗也接受了清朝授予的頭銜及支持。他是否會與策妄阿喇布坦聯手攻擊庫庫淖爾，或代表清朝守護庫庫淖爾？康熙警告拉藏汗關於策妄阿喇布坦的背叛行為，不過無論發生哪個情況，清軍都距離拉薩太遠無法提供支援。許多朝臣建議採觀望態度。

一七一七年夏天，策妄阿喇布坦派出陣中最優秀大將策凌敦多布，率領一萬名部下對抗拉藏汗。策凌敦多布率領部隊從「絕對的不毛之地」翻越「世上最高的路線」，歷盡艱辛地朝拉薩開征，迫使拉藏汗躲在布達拉宮（Potala，宮殿繪畫參見彩色插頁）。[68]策凌敦多布入侵時人正好住在拉薩的耶穌會士德里西里，稱其「熱情、專業，而且自豪、大膽、勇敢且好戰」，甚至拿他與亞歷山大大帝相提並論。[69]師懿德指出策妄阿喇布坦的將軍率領了三千士兵從葉爾羌和喀什噶爾進到西藏，翻越「三大雪山……在一年當中長征一萬里。兵士們食狗肉，而且沒有任何後援部隊或供給。在每人僅有一匹馬的情況下跋涉到西藏攻打拉藏汗」。準噶爾軍隊的壯舉嚇到了師懿德，他「不可置信」（滿文ferguweme giyangname）地通報這些士兵的堅忍卓絕。康熙皇帝拒絕退讓，為達消滅策妄阿喇布坦的終極目標，不計任何代價。[70]

然而，四川和西寧的近十萬清軍並未移動。他們預計策凌敦多布的士兵們會被大雪折磨到疲憊不堪，因此抵達拉薩時將虛弱無力，即使他們前來的途中可能會造成很大的破壞。[71]直到拉藏汗絕望地請求帝國援助，清朝才動員起來。拉藏聲稱倘若他失去拉薩，整個黃教（編按：格魯派黃帽喇嘛）將被消滅。康熙命令滿洲將軍額倫特（滿文Erentei）帶著七千士兵（主要是漢人和穆斯林），從西寧穿越沙漠取道北路前往拉薩，並派出那木扎爾（Namujar）將軍則率一萬唐古特軍取道四川西部打箭爐這條較遠但較安全的路線出征。在他們出發之前，收到了準噶爾軍劫掠和屠殺的可怕消息。一七一七年十一月三十日，策凌敦多布下令洗劫城市與寺院，將財寶搜刮殆盡。策凌敦多布曾是隸屬敵對寺院札什倫布寺（Shigatze monastery）的僧侶，如今在兇殘軍隊的幫忙下報復了拉薩的特權喇嘛。三天後，他攻打布達拉宮，殺死了拉藏汗，並抓住了達賴喇嘛和班禪喇嘛。

走北路的清朝援軍前進至喀喇烏蘇（Kela Usu），位於距西寧一千多公里的薩爾溫江（Salween）河畔。準噶爾人在那裡將他們包圍，殺死了額倫特，對糧食供給將盡的他們進行圍攻。一七一八年九月，整支援軍全軍覆滅。富寧安本人沒收到關於這次慘敗的消息，只得徒勞無功地向一名策妄阿喇布坦的特使詢問最新消息。[72]康熙隨後指定他的第十四子胤禵擔任撫遠大將軍，從西北帶領三支大軍進西藏。[73]藉由這次軍事任命，年邁的皇帝暗示如果胤禵在戰鬥中嶄露頭角，就可能成為新的皇位繼承者。

當胤禵在西寧集結三十萬大軍之際，深知地形艱難的四川總督年羹堯主張，策凌敦多布說不定會向清朝投降。根據清朝的情報，策凌敦多布與副將關係不睦，擔心被生性善妒的策妄阿喇布坦報復。年羹堯提議與策凌敦多布祕密談判，不過提議遭拒。[74]新活佛（呼畢勒罕，或他的代理人）也擔心清軍可能對他的國家造成破壞，即使他還要靠清軍護送回到拉薩。庫庫淖爾的蒙古眾台吉仍害怕遭策妄阿喇布坦報復，同時又擔心會過度依賴清朝。多數滿人與漢人重臣皆主張只要衛戍四川和庫庫淖爾的邊界就好，但康熙對這些擔憂全都置之不理。他認為西藏的騷亂顯然會影響到四川邊民，因為他們是「一類」。他堅持發動全面作戰，同時打擊在突厥斯坦的策妄阿喇布坦，以及他在西藏的將領策凌敦多布。呼畢勒罕獲得了新頭銜「弘法覺眾第六世達賴喇嘛」*，預計會在庫庫淖爾眾台吉的支持與軍隊護送下，登上拉薩的寶座。在康熙看來，眼前局勢就像烏蘭布通戰役重演：非常時期唯有獨斷才能成事，膽怯和優柔寡斷只會破壞他的大膽出擊。[75]

一七二〇年二月，康熙之侄延信與將領噶爾弼（Galbi）率軍離開西寧，胤禵則留在西寧爭取和碩特部的支持與保護達賴喇嘛。新任達賴喇嘛在五月跟進。清軍在一七二〇年九月二十四日奪下拉薩，因為準噶爾人早已逃跑。支持準噶爾干預的五個大喇嘛遭處決，達賴喇嘛也進駐布達拉宮。西藏人簇擁士兵，彈奏音樂，拜倒在地，宣稱：「自從準噶爾人搶劫蹂躪以來，我們以為再也看不到陽光了。」[76] 過去長期以來西藏神職人員與中央歐亞統治者之間維持的典型「喇嘛—施主」關係即將轉變，因為清朝已成為「該區的支配軍事力量」。[77]

但清軍不能久留。由於補給幾乎告罄，馬匹也疲憊不堪，年羹堯只得以最短路線率領勝利之師回國。年羹堯與胤禵在此次西藏行動中建立的緊密關係，將在康熙皇帝去世後的神祕繼承政治中發揮重要作用：兩人從此受到雍正皇帝猜疑。雍正甫即位，胤禵就被召回首都軟禁，直到一七三五年雍正去世才被釋放。[78]

在官方史料的描繪下，和碩特蒙古人與清軍建立團結的聯盟，以排山倒海之姿進入西藏，驅逐了野蠻的作亂準噶爾人；西藏人民高興不已，迎接來自外部干預的解放。然而，其他史料（例如胤禵被封鎖的奏章）則呈現了一幅截然不同的景象。這些史料顯示，過去與準噶爾關係良好的和碩特蒙古人，其實是很不情願地加入遠征。多年來和碩特都未能按照清朝的命令與清軍合作。年羹堯通報了（被康熙皇帝譴責的）和碩特部之間的分歧。一七一九年七月一日，皇帝向和碩特要求一萬士兵，羅卜藏丹津（Lobzang Danjin）雖然渴望支持清朝，卻羞於承認他的兄弟們不會派兵。[79]

胤禵的奏章還透露了西藏游擊隊在此役中所發揮的作用，他們是被康臣（Khangchen）首領康濟鼐（Kancennas，本名鎮南結布〔Sonam Gyapo〕）動員而來。康濟鼐領數千名戰士伏擊了準噶爾巡邏隊，並成功阻擋了準噶爾的撤退路線。康濟鼐在一場宴會上殺死了六十五名準噶爾使節，還因此得到康熙皇帝稱讚。

再一次，和《平定準噶爾方略》留給後世的印象相反，準噶爾軍隊其實早在清軍抵達之前就已開始從拉薩撤退。準噶爾部隊已遭受重大打擊，部分是因為康濟鼐的游擊行動凸顯當地居民對他們抱持敵意；還有許多人生了病（可能是高原反應）。當準噶爾人聽說有支介於十萬到一百萬人的和碩特與清朝聯軍即將帶著庫庫淖爾的達賴喇嘛到來，而且回家的路還被封死，頓時陷入絕望境地。「一名準噶爾士兵正在西藏丹津的家裡喝酒哭泣。丹津問他：『你哭是因為想家了嗎？』他回答：『你應該能夠理解我的苦。』現在在阿里（Gari）的康濟鼐〔等人〕率領三千名士兵，擋住了我們回家的路。我們無法撤退。而且康熙的兒子兼大將軍正率領數十萬部隊前來，庫庫淖爾的部隊也打算把達賴喇嘛送回王位。我們少少的士兵怎麼抵禦得了這樣一支大軍？』」[80]最後只有四分之一的準噶爾人成功逃回家鄉。

因此，清朝成功出征西藏是綜合多方參與者各自複雜動機的結果，包括分裂的藏人、爭吵的和碩特

＊編註：按實際算法應為第七世達賴喇嘛，因此時清朝尚不承認原本的第六世達賴喇嘛。

人、絕望的準噶爾人，以及由皇帝兒子領導的紀律嚴明的滿蒙漢軍隊。

為了紀念征服武功，清朝隔年便在拉薩設立一座石碑，講述簡化過後的故事。它描述自第五世達賴喇嘛逝世以來發生在拉薩的重大歷史事件：包括攝政第巴奪權，以及他十六年來沒將達賴喇嘛死亡的消息通報清朝。接著拉藏汗在和碩特人的支持下消滅了攝政，並「復興佛法」（興法）。策妄阿喇布坦則是來此掠奪和摧毀寺廟，並且屠殺喇嘛。雖然策妄阿喇布坦也聲稱「復興佛法」，但他其實是在「摧毀佛法」（所有爭奪西藏權力者都辯稱其軍事行動是為了「興法」）。康熙皇帝隨後派了數千人的滿蒙漢部隊，勇敢穿越瘴癘的叢林來到西藏。他們殺死敵人，「平定」西藏，而後（真工地）振興法教。根據石碑銘文，這些古所未聞的成就超越歷朝歷代，眾蒙古及西藏人皆稱讚皇帝的英明神武。[81]

在寫給清朝皇帝的書信中，策妄阿喇布坦本人也聲稱自己抱持許多相同的理想。他也希望西藏和平，出兵干預只是為了阻止與黃教作對的僧侶從事異端邪教，以及終止拉藏汗的壓迫。他「摧毀了偏離法道的紅帽教派」，並抓住了拉藏汗的妻兒。[82]策妄阿喇布坦表示願意與清朝皇帝合作，就像噶爾丹在世時那樣——前提是康熙不會積極干預蒙古或西藏。但如今康熙皇帝心中已有了更宏大的計畫。

石碑扼要地總結了清帝國想傳達給新征服地區的訊息：是清朝的力量恢復西藏人尊崇的教法，證明了清朝皇帝的神聖使命。康熙超越了過去所有統治者，在蒙古人、滿人和漢人之外，還接納西藏的宗教等級制度。皇子胤禵協調聯盟成員的技巧被輕描淡寫，現在一切功勞都歸功於皇帝本人的勇武。清帝國每一場軍事勝利背後的衝突與偶然，都離不開皇帝全知全能的法眼掌握。

清朝在西藏的成功激發了更雄心勃勃的計畫。富寧安提議立即帶著來自巴里坤的一萬七千士兵展開為期三個月的行動，永久消滅準噶爾基地，預計花費將超過三十五萬兩。胤禵和大將軍傅爾丹與富寧安等於京師共商剿滅準噶爾國之大計。胤禵熱切贊成立即入侵。康熙起初同意，不過隨後將攻擊行動推遲了一年，認定要在遙遠的伊犁捕獲策妄阿喇布坦是不可能的任務。[83]謠言陸續傳來，傳言策妄阿喇布坦已死，或謂準噶爾已陷入嚴重分裂。一名落網的準噶爾士兵在拷問下表示，策妄阿喇布坦已監禁了女婿噶爾丹丹津（Galdan Danjin），準噶爾人正遭到西邊的布魯特人（Burut，譯按：即吉爾吉斯人）與哈薩克人攻擊而損失慘重，更有許多牛隻死於疾病。準噶爾人紛紛感慨：「中國人肯定對我們施加了詛咒。」那名落網的士兵承認自己的同胞「不分老少皆悲傷地對彼此說：『漢人肯定已遣使給俄羅斯人、哈薩克人和布魯特人，現在他們將聯手對我們發動攻擊。一旦他們攻來，我們該如何自保？我們的牧地會是如何下場？』」[84]

康熙決定派蒙古的主要佛教領袖哲布尊丹巴呼圖克圖，去會見策妄阿喇布坦，邀請他向清朝歸降。策妄阿喇布坦將必須交出受其庇護的拉藏汗*，並承諾永遠不再打擾清朝的邊界。倘若策妄阿喇布坦拒絕談判，清朝將展開軍事行動。

這一回，清朝諸將有自信可以擊敗敵人，因為準噶爾人只有有限的火藥和大炮供應，而且缺乏紀律。清朝大將們對火藥武器左右勝敗的力量越來越有信心。他們還認為可以藉由派遣多股騎兵包夾攻擊，克服游牧民的軍事優勢。[85]然而，他們仍然擔憂巴里坤的軍隊補給問題。這個以吐魯番為中心的綠洲地區，糧食收成非常有限。軍隊停留的時間越長，就越有必要在突厥斯坦建立軍事聚落。巴里坤和吐魯番的部隊和相關人員總數超過三萬三千人，每月耗糧六千六百九十石，加上阿爾泰山地區的二萬五千士兵每月所需的五千石，每年總共需要十四萬二百八十石。而巴里坤的收穫只有二萬石，吐魯番更少。[86]補

＊編註：原文疑有誤。拉藏汗已被策妄阿喇布坦殺害，此處所指應為反抗清朝並尋求準噶爾庇護的羅卜藏丹津（後文會再提到此人），他是拉藏汗的叔叔。

給吃緊意謂部隊必須迅速推進，抑或在行動之前先致力於儲備補給。因此，當胤禵從邊境返回時清朝仍沒下定決心出兵。

一七二二年十二月二十一日，胤禵突然被召回首都。消息傳來，其父親康熙皇帝駕崩，而且兄長胤禛已登基，是為雍正皇帝（一七二三至一七三五年在位）。胤禵在康熙去世前關鍵的最後幾天不在京師，使得胤禛得以在九門提督隆科多（Lungkodo）支持下登上大位。隆科多編造康熙遺命，假傳遺詔由雍正繼位。史學家自此便對雍正繼位的合法性爭辯不休。[87]

康熙皇帝曾兩度廢黜行為不檢的二子胤礽，但卻未能指定該由誰繼人。由於他許多兒子都組黨結派爭奪繼承權，邊疆戰役便左右老皇帝傾向由誰出線，因為康熙認為軍功是評估是否適宜統治的關鍵。即使在一七一二年第二次遭廢黜之後，胤礽也想辦法讓自己被任命為西北邊疆軍隊的大將軍，以便重獲父親青睞。[88]陪伴父親三次出征的長子胤禔原本極被看好，直到他被指控從事巫術對胤礽下咒。第八子胤禩的聲勢也不小，因為他曾陪伴父親參加一六九六年的噶爾丹征討。當胤禩因從事密謀被拔除爵位，胤禵身為西北征戰大軍的總指揮，「被許多人認為是皇帝心目中繼承王位的真正人選」。[89]

胤禵的哥哥胤禛則從未率軍作戰，只有過在北京練兵的經驗。康熙皇帝也視儀禮為成功統治者的另一項技能，而胤禛在代表康熙主持朝儀方面表現極佳。他參加了二十二場儀式，是所有皇子之最，還積極參與京師的朝議。馮爾康認為胤禛不是一個不被看好的篡位者，而是和胤禵同樣合情合理的王位候選人。[90]事實上，胤禛是最高等級的宗室王子（親王），相較之下，胤禵最初只是個貝子，後來才成為第二等級的宗室王子（郡王）。然而，許曾重則強調自從滿清征服明朝以來，軍功向來是統治的最重要資格，因此胤禵在軍事上的成功，顯然使他成為下一任皇帝的最佳選擇。在（九子）奪嫡的最後一次政治鬥爭中，經常在外征戰的活躍軍人，輸給了從未離開首都的文職禮儀與政策專家。[91]

有些人認為胤禵被送離首都是刻意安排，是胤禛繼承陰謀的其中一環。其他人則爭辯說，皇帝召胤禵回京，就是為了防止他在邊境取得成功，從而加強他繼承王位的正當性。儘管對誰該繼承一事有著許多自相矛盾的謠言，但我認為胤禵在邊境有合理的任務待執行：幫助老皇帝康熙再次策畫對抗準噶爾人的滅絕行動。皇帝駕崩時他不在京師完全是偶然。雍正繼位後聲稱胤禵失職且缺乏軍事經驗，而且誠如前文所述地試圖抹滅胤禵在西藏的軍事成就。究竟康熙皇帝最後指名由誰繼任，甚或有無指名繼承人，用黃培的話來說，大概將永遠是個「無解之謎」。不過很顯然的，邊境擴張同時改變了王位繼承和清史書寫。[92]

雍正皇帝改變策略

雍正皇帝繼位，讓清朝擴張進入一個目標矛盾混雜的新階段。在突厥斯坦，雍正繼續他父親當初對策妄阿喇布坦採取的姿態，鼓勵他穩定邊界，並向北京派朝貢使團。一七二三年，享年九十歲的哲布尊丹巴呼圖克圖去世。他作為蒙古黃教的最高領導人，一直是清朝的忠實支持者，曾在噶爾丹叛亂時帶領喀爾喀人歸降滿清。他也是清朝與西部蒙古部落之間的寶貴聯繫。哲布尊丹巴呼圖克圖去世後，雍正皇帝直接和策妄阿喇布坦的使節往來，並向他們保證清朝「無意於殄滅爾國也」。雍正只要求交還叛賊拉藏汗*。但雍正皇帝也警告使節們：「如欲廣我聖祖皇考之仁恩，惟爾台吉，欲振我聖祖皇考之武烈，亦惟爾台吉。」[93]

---

* 編註：應為拉藏汗的叔叔羅卜藏丹津（後文會再提到此人）。

著朝服的雍正皇帝（1723 至 1735 年在位）。

雍正持續威脅策妄阿喇布坦，若拒絕其慷慨提議就將受懲罰。儘管如此，雍正卻也暗示自己對刪減軍事冒險預算更感興趣，開始計畫從遙遠邊境撤軍。起初雍正宣布庫庫淖爾根本不需要駐軍，因此打算將軍隊集中在巴里坤。一七二三年爆發的羅卜藏丹津叛亂破壞了這一目標，但雍正仍持續將部隊合併，集中至數量較少、較靠近內地的要塞。雍正自有他的考量：長時間駐軍使部隊筋疲力盡，應當安排他們定期輪流回到內地，同時也降低當地居民承受供應駐軍需求的過度負擔。精簡軍事規模的背後，是雍正內政緊縮和制度改革的計畫。[94]他於一七二三年四月將部隊撤出西藏，集中至西寧和四川。直到年羹堯抗議後，他才同意在打箭爐以西的路上建造小型防衛堡壘。[95]

當新皇帝決定和談時，富寧安顯然相當沮喪。他在康熙在位的最後幾年積極率軍攻打準噶爾。這位直言不諱的將軍，本來因出色的軍事能力受到稱讚，肯定是在回歸首都時冒犯到雍正，因為他很快就被派到陝西一處不重要的據點。富寧安在一七二八年被剝奪了貴族爵位，原因不明。[96]

此時年羹堯開始在突厥斯坦施行新的防禦戰略：仰賴靜態防禦，減少兵力，促進軍屯。巴里坤只留下二千兵力，吐魯番一千五百，哈密二千。年羹堯在布隆吉爾（Bulongjir，距離嘉峪關五百里）建造了能容納五千兵力的新堡壘。這個大型要塞在一七二五年成為安西鎮。[97]當雍正鎮壓了西藏羅卜藏丹津的叛亂後，同樣帝拒絕了年羹堯要求在打箭爐以西增加六千名士兵的要求。清朝僅靠著西藏主要貴族的支持與拉薩的一支小規模駐軍來控制西藏。

吐魯番的穆斯林此時成為清朝與準噶爾這兩個敵對國家激烈爭奪的對象，因為策妄阿喇布坦試圖將他們向北遷，而雍正則試圖讓他們向南移。對雍正皇帝來說，吐魯番與其說是戰略資產，倒更像是戰略負擔：糧食供應太稀少，無法支應大型駐軍加上當地人口。要塞化的軍事城鎮巴里坤或許是更適合的戰略據點。當準噶爾人於一七三一年重啟突襲時，岳鍾琪將軍要求部隊增援，但卻被雍正斥責其組織資源失敗，被勒令將防禦集中在甘肅。吐魯番問題是令雍正苦惱的肉中刺，他想撤回軍隊，降低開支。雍正寧願把人遷回，更勝派兵出去。[98]

儘管有違初衷，但新的內部衝突很快便迫使雍正皇帝勉強同意對西藏進行第二次大規模軍事干預。清軍曾於一七二〇年在拉薩設立了軍政府，並受到西藏人歡迎——他們很高興看到殘暴的準噶爾軍被趕走。達賴喇嘛的布達拉宮被準噶爾人劫掠，在清帝國的支持下得以重新修繕。攝政的職位被廢除，而新的第七世達賴喇嘛（年僅十二歲的男孩）則成為主要西藏貴族統治的傀儡。最強大的貴族有二，一位是康濟鼐，另一位則是西部西藏頗拉（Polha）的首領瑣南多結（Sonam Stöbgyal，以頗羅鼐〔Polhanas〕之名為人所知）。[99] 兩人都曾組織民眾抵抗準噶爾人。[100] 三名滿洲侍郎（Asahan Amba）* 以三千駐兵監督政府。但在區域統治者無法創造出堪用的中央議會

平時的雍正皇帝。

* 編註：Asahan Amba 經查滿文字典，應指侍郎（ashan i amban）一詞。

（編按：此指噶廈）下，政局依然不穩定。

中國占領軍對藏人來說是個沉重負擔。儘管清朝花大把銀兩從數千公里外的內地運輸糧食至此，仍舊導致當地市場糧價上漲。年羹堯將軍和康熙之侄延信皆贊成康熙在世時的看法，認為應儘速縮減在拉薩的軍隊。[101]而雍正為了實現財政緊縮的計畫，也以維持與準噶爾和平與減輕百姓負擔為由下令立刻全面撤軍。康濟鼐在軍隊開拔離境時敦促皇帝三思。

自顧實汗時代以來，和碩特台吉已習慣實質影響西藏。然而清朝在干預後又突然撤離，使他們頓失對西藏的影響力。在沒有攝政或和碩特蒙古保護者的情況下，西藏人本身得治理西藏。這打破了原本蒙古人作為軍事保護者、達賴喇嘛作為精神領袖，以及攝政作為世俗管理者的古老三方平衡。如今三方失去了兩角，不穩定和混亂隨之而來。幾名和碩特人決定邀請策妄阿喇布坦介入，期望能恢復自己對西藏的影響力。[102]他們認為清朝背叛了康熙當初的承諾，沒有讓和碩特蒙古人成為西藏大汗。

羅卜藏丹津台吉（藏文Blo-bzan-bstan-dsin）乃顧實汗之孫。顧實汗是強大的庫庫淖爾首領，曾支持中國干預拉薩。[103]顧實汗的主要競爭對手，是另一個來自不同家系的孫子察罕丹津（Chaghan Danjin）。在雍正的支持下，察罕丹津似乎擴張其領土至羅卜藏的地盤。一七二三年七月，羅卜藏攻擊了三名和碩特台吉，也都是顧實汗的孫子，其中包括敗逃後請求清朝保護的額爾德尼額爾克托克托鼐（Erdeni Erke Toghtonai）。年羹堯建議清朝不要介入：「如果〔庫庫淖爾台吉〕如今忘記他們對我國的感激之情，殺死自己的親族，那與我們無關。」他很清楚清軍推進「只會浪費我們部隊的力量，蒙古人則是騎著他們肥壯的馬兒逃到不見蹤影」，一如在游牧戰事中經常發生的情況。[104]但新皇帝駁回年羹堯的建議，命令他保護額爾德尼額爾克——如果他逃到清朝領土的話。清朝對逃離蒙古的難民的支持，和當初康熙被捲進喀爾喀和準噶爾內部糾紛的過程極為類似。羅卜藏丹津將獲得懺悔並臣服清朝的機會，但若拒絕清朝就將派出一支正義的征剿大軍對付他。不出所料，羅卜藏拒絕了清朝出面斡旋和平協議的好意。清朝特使常授通報，羅卜藏意圖擊敗察罕丹津，然後召集庫庫淖爾的所有台吉稱他為大汗。準噶爾人很快就會進入庫庫淖爾的謠言四起。[105]

年羹堯和雍正隨後達成了一項祕密計畫，以「定」庫庫淖爾。[106]他們最害怕不滿的台吉們可能結盟反對清朝統治，並正面回應策妄阿喇布坦的呼籲。雍正以親王頭銜（和羅卜藏同級）授予察罕丹津，以鼓勵他和羅卜藏分裂。誠如所料，清朝改變支持對象的舉動，促使羅卜藏於一七二三年九月十六日攻擊察罕丹津。羅卜藏自稱達賴琿台吉，有意像在顧實汗時代那樣統一所有的和碩特蒙古人。這為清朝的軍事干預提供了口實。年羹堯的態度依然謹慎，相信察罕丹津可能會抵抗羅卜藏，但雍正命令他即刻出師。一七二三年十一月十六日，清軍在塔爾寺（Kumbum monastery，距今日西寧二十公里）外與羅卜藏交戰並將其擊退。十一月二十七日，羅卜藏試圖圍攻新城（Xingcheng）堡壘，攻擊甘肅走廊沿線的甘州和涼州駐軍，不過很快就被打敗。戰爭在一個月內結束。

準噶爾對羅卜藏的援助從未抵達，因為策妄阿喇布坦正忙著抵擋俄羅斯人和哈薩克人。他從來就無意支持庫庫淖爾的諸台吉，但當羅卜藏逃來避難時，他確實庇護了羅卜藏汗。

雍正曾在清軍出兵之前下令軍隊切莫騷擾當地居民，不該強姦婦女，侵犯墳墓，搶劫投降者的財產，或是摧毀房舍、寺廟和寺院。[107]然而清軍卻在征服之後對曾支持諸台吉抵抗的喇嘛和村民挾怨報復。他們的終極目標是摧毀羅卜藏丹津及其全數追隨者。他們殺死了數百名手無寸鐵之民，燒毀了一百五十座村莊，而且無情地摧殘羅卜藏盟友章嘉呼圖克圖（lCan-skya Khutukhtu，可參見彩色插頁）的大本營郭隆寺

（Gonlun monastery），殺死六千名僧侶並放火燒寺。[108]

慶祝這次軍事勝利的盛大儀式在首都舉辦，盛大程度與平定三藩之亂和剿滅噶爾丹相當。[109]官員正式向京城周圍的十一座寺廟通報這場勝利，包括天壇、地壇、太廟、社稷，以及諸先皇之陵。國子監刻下一塊石碑，將羅卜藏丹津描繪成邪惡的反叛者，「狼心梟性」，稱讚年羹堯殺死其「狂悖」的追隨者，並在如此短的時間內使數十萬人投降。[110]儘管這次行動比起攻打噶爾丹或鎮壓三藩之亂為期更短，難度也較低，但雍正可以光明正大地宣稱，清朝再度取得對另一片廣大領土的永久控制。庫庫淖爾諸台吉再也不能享有不受清朝干預的真正自治。

鎮壓庫庫淖爾之後，官員嚴格推行已在蒙古實行的旗制和札薩克管理制度。在年羹堯的監督下，整併和重建該領土的詳細計畫於焉展開。諸台吉現在成了札薩克，也就是旗的指揮官，受到清軍人員的監督。他們被允許每年朝貢三次。庫庫淖爾的喀爾喀蒙古人被編入不同旗制之下，使他們不再從屬於和碩特人，讓清朝得以藉此平衡和碩特蒙古人。誠如年羹堯的建議，這塊領土現在成為「內地」的一部分。當地藏人（番）將由受清朝駐軍監督的土司治理。他們與達賴喇嘛的關係將被切斷，不再能向庫庫淖爾的藏人徵稅，但每年將獲得五千斤的茶葉作為補償。而被年羹堯形容是「藏垢納汙之藪」的寺廟，原本是接受追隨者納貢的自治機構。除了進行宗教活動，也用於儲藏武器

庫庫淖爾的塔爾寺。伍爾辛拍攝於 1923 年。

糧食。如今官方限制寺廟規模不得超過二百間，喇嘛至多三百名，而且每年稽察兩次。[111]

清朝對羅卜藏丹津開戰的理由始終備受爭議，但我們顯然不該像雍正和其將領一樣逕自認定這是對清朝統治的「叛亂」。「叛亂」一詞為清朝和當代中國史學家使用，暗示曾經「忠誠」的一群人拒絕了帝國恩典，然後直接挑戰皇帝的權威。[112]但在一七二三年之前，和碩特蒙古人儘管曾與清帝國有過短暫聯盟，實際上向來不受清朝權威的影響，擁有很高的自主性。他們當中許多人加入了拉薩的遠征，儘管有些人其實非常不情願。加藤直人主張，庫庫淖爾諸台吉當中分成了擁清派和反清派，而羅卜藏丹津對察罕丹津的攻擊，代表了這兩派之間的鬥爭。但石濱裕美子的論點更為有力：她認為爭鬥的台吉間沒有明確派系之分，而且眾台吉差點一度在準噶爾的支持下組成對抗清朝的聯盟。[113]雍正皇帝看到台吉間的分裂，利用這項弱點發動軍事行動，意圖將整個庫庫淖爾置於清朝的控制之下。清朝鎮壓羅卜藏勢力，永久消滅了庫庫淖爾台吉的自治權，並拔除他們對西藏的影響力。清朝採取行動主要是因為擔心這些台吉及其追隨者可能與準噶爾人結盟，或遷移到準噶爾的領土。羅卜藏不曾想將一支清朝大軍捲入，他的對手察罕丹津過去曾支持準噶爾入侵西藏，也不是清朝之友。但由於兩人的內部衝突，讓雍正皇帝得以抓住機會，在清軍於西寧基地的附近迅速得勝。

雍正皇帝在此案例中強行貫徹其侵略政策，不顧年羹堯和岳鍾琪將軍的謹慎反對。不過，一旦授命出征之後，年羹堯和岳鍾琪便展現出了不起的果斷、鐵血和成功。雍正起初在告敕中大讚年羹堯，稱讚任何擴張軍事政策都得仰賴這位堅決的漢人武將。不過年羹堯很快就失寵。一七二六年，他因九十二條瀆職、貪污和陰謀叛國的大罪被判死罪後賜死。岳鍾琪幫忙提供了「罪證」。年羹堯的迅速垮台，和他掌握了雍正繼承王位不可告人的情況密切相關，他可觀的軍事成就使他既不可或缺又充滿危險。沒有了年羹堯，雍正便發現自己無法再進一步擴張。此事超出其力所能及，以致慘敗。[114]

清朝對庫庫淖爾的控制仍不穩定。一七二七年的西藏騷亂差點蔓延到庫庫淖爾蒙古，但沒有爆發任何公開叛亂。然而，羅卜藏還躲在伊犁，仍可以從那裡施展吸引力。由於策妄阿喇布坦的繼任者噶爾丹策零也拒絕將其交還，清廷擔心部分庫庫淖爾蒙古人會拋下他們對清朝的義務，試圖遷徙到準噶爾地區。庫庫淖爾諸旗現在積欠清軍馬匹：這些馬匹本該被以市價購買，但地方官員卻施加了額外的稅賦負擔。當和碩特台吉拉察卜（Rajab）試圖遷移牧場以避開沉重馬稅，他被命令掉頭返回，雍正還下令當地官員徹查。一七三一年，被派去防禦準噶爾入侵庫庫淖爾的台吉諾爾卜（Norbu）反抗清朝，掠奪十天後向西奔逃，卻很快就落網。[115] 多數庫庫淖爾王公都積極支持清朝鎮壓此一叛亂。然而，雍正仍然擔憂庫庫淖爾諸王公的忠誠，並給他們發去一道長篇詔令，提醒他們不要忘記自己是曾接受清朝許多恩惠的顧實汗的後代。而且清朝支持黃教，準噶爾人則是信仰破壞者，絕對是為了惹事生非而來。雍正告訴王公們，如果他們試圖逃離或加入羅卜藏，「路途如許遙遠，馬畜必致疲斃，彼豈能為……準噶爾四面皆成讎敵，終歲爭戰不休。凡用兵之處必置爾等於前，虐使任意。豈若各守祖父基業，永享太平之為得乎？」[116] 雖然和碩特諸王台吉原本只是從準噶爾地區遷徙至庫庫淖爾的蒙古人，但雍正鼓勵他們將庫庫淖爾視為祖居地。只要他們願意放棄遷徙自由，雍正保證讓他們在清朝治下過著和平安定的日子。

叛亂結束後，清朝恢復撤軍計畫。原先做為替軍事行動籌措財源的捐納制度，如今則被取消了。[117]

然而，西藏很快就因西藏貴族間分歧日增，再度成為衝突的舞臺。[118] 能幹的康濟鼐是清朝倚重的反準噶爾總督，他在其他大臣間引發越來越強烈的敵意，最終在一七二七年八月五口被謀殺。[119] 滿洲副都統頴齊（General Oci）要求立即增援鎮壓。同時，頗羅鼐迅速動員部隊消滅他的競爭對手阿爾布巴（Napodpa）。左都御史查郎阿（Jalangga）和副都統邁祿，組織了一萬五千名來自陝西、四川和雲南的軍隊進入西藏，於一七二八年六月十三日從西寧開跋。七月三日，頗羅鼐在清軍抵達之前占領拉薩，並逮捕了阿爾布巴和其他反抗者。[120]他持續對清朝皇帝通報他的活動，很快便在內戰中贏得清朝的支持。清軍迅速穿過庫庫淖爾，其解決後勤需求問題的方式，便是讓每名士兵隨身攜帶兩個月的糧食，加上購買更多糧食用的四兩銀子。[121]當查郎阿於一七二八年九月抵達拉薩時，他和頗羅鼐以謀殺康濟鼐的罪名審判阿爾布巴等人。西藏史料記載，叛逆的大臣們自我辯護並指控康濟鼐和準噶爾人暗通款曲。[122]但滿人法官不以為然，決定支持頗羅鼐，並判處反叛大臣們凌遲之刑。頗羅鼐被任命為東部和西部西藏的總督，並獲得皇帝厚賞。查郎阿撤軍時一併將無能的達賴喇嘛從拉薩帶走。他在拉薩留下了兩名滿人的昂邦（amban，駐劄大臣）和兩千駐軍，因為雍正明白一支龐大部隊的後勤補給對貧困的藏人來說是沉重負擔。

西藏內戰時的競爭雙方都試圖將內亂連結到準噶爾人。誠如魏源的《聖武記》所載，清朝的官方說法便是指控準噶爾人與西藏叛亂分子勾結。[123]但誠如畢達克（Luciano Petech）的結論（該說得到《親征平定朔漠方略》裡對當年的記載證實），這場反叛其實是西藏的內部事務，並非意圖拒絕當清朝的保護國。準噶爾參與其中的指控其實是事後才提出，以便為清朝的干預辯護。直到一七二九年，當雍正皇帝實施更具侵略性的反準噶爾政策時，才試圖暗示準噶爾人有參與西藏戰爭。在第二次軍事干預成功之後，雍正對自己「找到永遠解決西藏事務之道」感到自豪。[124]然而，他在蒙古事務上可就沒那麼幸運了。

一七二七年，策妄阿喇布坦去世，他的兒子噶爾丹策零接掌權力。與清朝相對和平的關係僅維持了一年，雙方都小心翼翼地摸索和對方的新關係。清朝以一七二七年的《恰克圖條約》確定了與俄羅斯的邊界，終於解決了一六八九年《尼布楚條約》以來的爭議。俄羅斯人受到對中貿易特許權誘惑，不會支持準噶爾人，還將控制西伯利亞和滿洲之間的游牧民族，把他們固定在一處。《恰克圖條約》同時也確定了西伯利亞和（如今屬清朝控制的）喀爾喀蒙古人之間的邊界，延伸長達二千六百英里。任一方都不會庇護難民或罪犯，然後以界石標誌邊境。俄羅斯特使弗拉季斯拉維奇（Sava Vladislavich）稱這條邊界是「兩大帝國之間永恆的分界線」。[125]

如果噶爾丹策零同意與清朝確定邊界，他同樣也能定期派遣朝貢貿易使團到中國。他在一七二八年派遣一支準噶爾使團訪問北京。但清朝卻開出了兩項嚴格條件，限制了和平的可能性：一是清朝切斷準噶爾與西藏任何正式關係的決心，二是將羅卜藏丹津交由清朝監管。當噶爾丹策零請求准許派人為拉薩的僧侶舉行奉茶儀式（稱為煎茶或熬茶）以幫助傳播佛教信仰，卻遭到雍正皇帝輕蔑地拒絕：「準噶爾乃西北隅一小部落耳，釋教之廣行與否，豈關爾之煎茶設供耶？」[126]這些禮儀使團、隨行的貿易商隊與喇嘛，是所有蒙古人與西藏的重要精神連結與商業連結。當年在策妄阿喇布坦統治期間，清朝也曾剝奪一位蒙古札薩克的爵位，因為他讓策妄阿喇布坦的特使穿越地盤到西藏煎茶。[127]清朝的政策如今旨在維持穩定，但同時也要孤立準噶爾國，將他們同蒙古人和藏人等文化上最親近的鄰居隔離開來，並阻止他們尋求俄羅斯的潛在援助。交出羅卜藏丹津，就能消除庫庫淖爾蒙古人效忠對象不明的問題，更加孤立準噶爾人。但也正是基於同樣原因，噶爾丹策零不願意切斷自己和庫庫淖爾與西藏的脆弱連結。

一七二九年，雍正放棄了和平政策，決意以侵略行動消滅準噶爾國。他回顧準噶爾人自噶爾丹時代以來犯下的滔天大罪，試圖解釋自己的新決定。雍正認為，所有蒙古人如今都已歸順清朝，只有準噶爾人頑固拒降。康熙皇帝當初戰勝噶爾丹之後，本來已打算消滅準噶爾人，是因為擔心被批評「窮兵黷武」而作罷。直到後來康熙提供策妄阿喇布坦赦免卻被拒後，便誓言要將其消滅。雍正也提出要赦免策妄阿喇布坦的罪，但後者對哈密的襲擊與對西藏的干預，顯示他對清朝帶有敵意。噶爾丹策零現在說，他希望與清朝和平共處，但雍正指控他追隨父親的腳步，提出了他和西藏叛民相互勾結的新指控。儘管賢能的君主會試著避免窮兵黷武，總是把動武視為最後手段，但是雍正皇帝發誓要完成康熙的未竟之志。消滅這些偏遠部落不會為清朝帶來軍事榮耀，可是允許他們活著就將對國家安全造成嚴重危害。[128]

雍正援引康熙來替自己的出征辯解，但他的語氣比較提防，出於憤怒而非自信。若從清帝國的角度來看，激發頑固蒙古人由衷感謝並促進其民生昌盛的仁慈政策，只換來了暴力以對。準噶爾這般反覆不守承諾的舉動，讓清朝逐漸自我證成對其採取極端暴力的回應手段。和明朝不同，清朝認為蒙古人是可以為自己的決定負責的行動者。明朝統治者則把蒙古人看作受貪婪和暴力驅使的野獸，因而無法受帝國控制。弔詭的是，明朝與蒙古人的疏離，以及相信他們沒有人性的觀點，反而導致明朝採取偏向防禦的政策。由於蒙古人被視為更像是不屬於人類社會的自然力量，因此明朝統治者也不會極力消滅這些游牧民。因為試圖消滅他們就好比想消滅狼群或洪水一樣，只會徒勞無功。相比之下，清朝實現天下太平的目標，卻導致清朝傾向於消滅那些頑固且拒絕屈服於帝國之人。在清人眼中，那些選擇抵抗清朝開出條件的人仍然是人類，但他們必須為自己的選擇付出代價：被「征剿」，旨在為世界恢復理性秩序。[129]

然而，天下太平與仁慈的概念，和支持暴力鎮壓頗為扞格。相較於康熙在位時期，這兩種性格的緊張關係在雍正朝更為凸出。雍正一再提及「窮兵黷武」，顯示他深知儒家的賢明統治者應該以德服人，而非以武力征服。相較之下，康熙更親近中央歐亞的傳統，這種傳統重視戰場上的個人英勇，以及有效的管理和道德權威。這三個價值在他當政時較為連貫的結合在一起，讓他的統治擴張帶來相對較穩定的和平，以及對滿清政權的較積極支持。雍正則面臨較大的緊張局勢，清帝國如今瀕臨行政與後勤資源的極限。雍正對此最常見的反應是緊縮開支，仔細管理資源，以及從事長時間的謹慎準備。透過撤軍和合併部隊，來達成減輕國庫和當地人民負擔的主要目標。軍事介入羅卜藏丹津與庫庫淖爾只是短暫例外，而且成果顯著。但準噶爾國的持續存在就像個開放性傷口，持續侵蝕清帝國的統一感。只要有任何傳統上屬於蒙古、西藏、穆斯林和滿人等中央歐亞世界的成員仍然堅持拒絕滿清對天下的主權，清帝國統治者就無法心滿意足。雍正對準噶爾人的態度表現出明顯矛盾，既蔑視他們是「西北隅一小部落」，又將他們視為對整體社稷安全的一大威脅。他在一七二九年的新一波侵略行動並非立基於傳統戰略邏輯，其自負野心是源於清帝國的新興意識形態，這種意識形態認為必須將和平落實到帝國全境。當然，清朝不是唯一會把小國視為重大國安威脅的帝國。[130]儘管如此，雍正皇帝對發動新一波遠征仍舊感到猶豫不決，因為除了要求歸還羅卜藏丹津之外，他並沒有正當理由。[131]

一七二九年四月，傅爾丹被任命為靖逆大將軍，負責北路軍。岳鍾琪則被任命為寧遠大將軍，率領西路軍三百二十四名軍官和二萬六千五百名士兵。兩軍分別在六、七月出發，各自朝噶爾丹策零在伊犁的基地前進。[132]一七二九年六月，北京舉行了一次大型閱兵。結果雍正皇帝和他的兄弟突然都患上了流感，後者於一七三〇年六月十八日去世。雍正皇帝失去一位兄弟兼重要顧問（編按：其弟胤祥）。[133]然後噶爾丹策零派出一名特使前來，承諾交出羅卜藏丹津。[134]雍正抓住這次和談機會，將兩位大將軍召回京師，並延遲發兵一年。傅爾丹和岳鍾琪於一七三一年一月返抵首都。

就在他們返抵京師時，準噶爾的小部隊已開始劫掠庫庫淖爾和巴里坤的邊境要塞，搶走大量馬匹。他們被從吐魯番驅逐後，轉而包圍庫庫淖爾的戰略通道噶斯（Gas）。岳鍾琪堅持派出五千名士兵增援邊境駐軍，但雍正並沒有採取任何侵略行動。他堅持把主力部隊留在甘肅走廊和西寧，而不派大軍到塞外。他遺憾地拒絕了岳鍾琪增強前線駐軍的十六項提議，表示他尊重岳鍾琪想消滅偷走這麼多馬的敵人的激憤之情，不過承認「目前並非進剿之時」。他其實覺得岳鍾琪支持吐魯番「沒道理」，而且「竟無一可採取之處」。[135]幸運的是，吐魯番的駐軍成功擊退了準噶爾人並收回了被盜的馬匹，而蒙古札薩克也成功守住了庫庫淖爾。這和康熙當年與指揮官的關係形成了鮮明對比：現在是謹慎的皇帝，拉住積極侵略的邊境將領。雍正說：「我無法下定決心……此刻根據天意和局勢，我們只能靜靜等待。」[136]

春天的到來使雍正和將軍們重拾信心。時至一七三一年三月，河川和道路上所有的冰都已融化，使交通運輸更加便利。聽聞噶爾丹策零前去攻擊哈喇沙爾（Halashar，位於吐魯番西南二百公里處的小型穆斯林聚落），岳鍾琪再次請命發動進攻，可是皇帝要他留在巴里坤，做好防禦準備。[137]

雍正此時對軍隊補給政策非常敏感，有批評認為軍隊的補給政策導致陝西當地市場價格上漲。雍正偏執地把這些民怨歸咎於宿敵胤禩、年羹堯和延信，幻想他們「造作妖言暗中煽動」。他公開表示：「未來，我們對軍事供給的需求將更大，價格將不可避免上升。*」他譴責「愚民無知，惑於邪說，溺於私情」，看不見這次軍事行動帶來的更大利益。再一次，雍正的冗長自我辯解和對批評的恐懼，和康熙兇惡鎮壓異議人士形成鮮明對比。他並沒有拔除任何異議者的官職，而是派官員到陝西「化導」人民接受供給軍需的負擔，同時也警告當地官員皇帝將會懲罰任何對百姓的勒索。[138]

面對準噶爾持續騷擾吐魯番，雍正終於允許岳鍾琪攻打烏魯木齊（位於吐魯番西北一百七十公里），並在那裡修築堡壘，徹底消滅敵人的「巢穴」。[139]占領烏魯木齊這個更大的綠洲，也可能解決吐魯番無法支持大軍糧草供應的難題。皇帝現在聽從岳鍾琪對當地情況的理解，表示：「朕在數千里之外，你必須在現場做決定。**」雍正和康熙不同，完全沒有御駕親征的興趣。但他同時也暗示自己對岳鍾琪能否同時進攻烏魯木齊與防禦吐魯番表示懷疑：「殊失朕信任倚賴。」[140]

傅爾丹的北路軍此時已推進至科布多，並開始在那裡建造堡壘。這是所有曾西進蒙古的清軍當中推進得最遠的一支軍隊。據說噶爾丹策零有一萬名士兵守衛著與哈薩克人的邊界，同時也派出策凌敦多布父子這兩員忠誠大將率三萬大軍攻打清軍。另一位將領羅卜藏策凌則與噶爾丹策零分道揚鑣，帶領他自

* 編註：史料做「將來軍餉較前未免繁多，又特加添運價」，其文意與作者翻譯有出入。存之供讀者備查。

** 編註：史料原文「豈能洞悉地方情形與臨事機宜預先一一計算而指示之乎」，本文為譯者意譯，存原文供讀者參考。

己的三千戶向南前往與庫庫淖爾接壤的邊界。傅爾丹認為這次分裂為清朝提供絕佳的進攻機會，他派出三個師共計一萬兵力去與準噶爾交戰，留下七千三百名士兵戍守科布多。有消息指出小策凌敦多布只率領一小支部隊，就在行軍三天的距離以外。一七三一年七月二十日，傅爾丹發現敵兵兩千，於是便用自己的三千兵力向前將其擊退。

傅爾丹其實正走進陷阱。準噶爾部隊分成小股，採用騷擾突擊的方式誘使清軍前進，自己的主力則躲在山裡。七月二十三日，準噶爾人從山頭一湧而出，在和通泊（Hoton Nor，科布多西邊二百一十公里處的一處小湖泊）以二萬大軍將清軍團團包圍。[141]傅爾丹在激戰後得以在七月二十七日突圍，率部退回科布多。第一批消息傳回首都，通報傅爾丹失去整支部隊，後來的消息則說他顯然受到重挫。只有兩千人返抵科布多。[142]高達八成的清軍消失了，更失去幾乎所有蒙古盟軍。

傅爾丹坦承自己推進過於輕率，極力懇求雍正判他死刑。雍正斥責傅爾丹，但免他一死，稱讚他領導了一次成功的撤退，然後執意要他專注防禦科布多。傅爾丹開始積極興築科布多的防禦工事，規畫一座周長七公里、牆高近五公尺、能夠容納一萬六千人駐軍的大型堡壘。由於這座堡壘位於最近的清朝基地察罕蘇爾（Chahan Sor，靠近烏里雅蘇臺〔Uliyasutai〕）以西一千五百里（八百七十公里）處，補給困難且距離太遠，難以立即支援，軍機處最後決定放棄這座堡壘，將部隊撤回更容易戍守的察罕蘇爾防線。[143]

唯一值得雍正些許欣慰的，便是岳鍾琪對烏魯木齊的成功襲擊。傅爾丹遭遇大批準噶爾部隊的消息一傳來，岳鍾琪即刻朝烏魯木齊開拔，希望此舉會迫使準噶爾人分兵救援。但傅爾丹潰敗得太快，這招佯攻來不及發揮效果。岳鍾琪無法留在烏魯木齊，不久就退回巴里坤。

一七三一年的軍事形勢逆轉使雍正皇帝陷入絕望。在給岳鍾琪的一道特殊敕令裡，他傾吐了萬般痛苦，這也是歷任清朝統治者寫過最激昂、最自我揭露的文件之一。一切全都不如預期。他的軍隊違反了最基本的軍事戰略原則，導致慘敗之災。雍正最終不得不承擔責任。誠如他自己所言：「朕誠慌誠恐，痛自省責，一一皆我君臣自取之咎。」（參見附錄B）至高無上的天子發現自己被難以捉摸的敵人困惑，被殘酷的天命遺棄。天下似乎一片混亂。眼下只有岳鍾琪和雍正皇帝掌握了災難的全貌，但他們需要制訂更長遠的計畫。雍正考慮徹底放棄征討準噶爾的行動，但這意謂著放棄他祖父展開的偉大事業：徹底終止游牧威脅。他決定堅持下去，不過態度更加謹慎，靜待更有利的時機到來。吐魯番可以放棄，但需要先經過一戰。除了盡可能殺死越多準噶爾人越好這項邏輯，雍正皇帝已別無其他策略。

噶爾丹策零在勝利的鼓舞下，派軍前去掠奪科布多東南方的地區，希望削弱清朝和喀爾喀的抵抗。他還呼籲喀爾喀人，身為成吉思汗的共同後裔，應該要和他一起對抗滿人。他給喀爾喀人的信宣稱：「爾等系成吉思汗之後裔。並非人之屬下。何不將游牧、仍移於阿爾泰。與我會居一處。共享安樂。以聯舊好。如有兵戎。協力相距。」[144]但喀爾喀人拒絕，而且在靠近額爾德尼召寺（蒙古最高等級活佛的所在地）之處，加入對抗準噶爾人的戰役。喀爾喀的領袖策棱（Tsereng）是成吉思汗的後裔，他在一七二五年被任命為新汗國三音諾顏（Sayin Noyan）的統治者，作為效忠清朝的獎勵。是役超過一萬名準噶爾人被殺，但殘軍逃到了阿爾泰山以西。[145]雍正心懷感激，任命策棱為烏里雅蘇臺的軍事長官，還為他造了一座有宮殿的城市，更在他去世後讓他成為史上第一位在太廟立有紀念碑的蒙古人（歷史上僅兩人有過此一殊榮）。因為戰鬥主力是雍正的喀爾喀盟友，因此他不能對這場勝利居功。但如今雙方戰得筋疲力盡，準備進行談判。

雍正的侵略野心招致了軍事大災難，這是清軍對準噶爾人的第一次重大挫敗。在超越父親豐功偉業的野心驅使下，雍正違背了自己謹慎縮編的直覺。游牧戰術又一次通過時間的考驗，成功引誘中國軍隊深入補給不及之地，再將其一舉摧毀。縮編和穩定邊界，因而成為往後二十年清政策的主要口號。

第七章

最後一擊，一七三四至一七七一

新皇帝乾隆繼位後，與準噶爾持續了十多年的短暫和平。清朝的戰術轉向貿易和朝貢，使用漢朝和匈奴時代的經典「五餌」戰術來改造準噶爾人，或削弱他們以利征服。新皇帝從未放棄消滅敵國的目標，只是在等待更有利的時機。同時，準噶爾領袖們竭力從北京、拉薩、中央歐亞商人和俄羅斯尋找盟友和資源，以維繫他們脆弱的國家。但繼承危機於一七四五年爆發，有派系趁機邀請清軍進到準噶爾地區，最終導致準噶爾國和其人民的滅絕。致命的個體主義，確實致命。

透過貿易馴服蠻夷

一七三四年九月，雍正派大臣到準噶爾和談，商議喀爾喀和準噶爾地盤的分界。談判沒有結果，因為噶爾丹策零偏好在杭愛山脈（Khanggai Mountains）畫界，清朝使節則主張沿著阿爾泰山脈和額爾齊斯河畫界。[1] 儘管未能簽署和約，雍正仍下令製作邊境地圖，並立即開始減少駐紮在邊境的部隊數量。

一七三五年，噶爾丹策零派遣他的第一個朝貢使團前往北京，但雍正皇帝就在那年去世。雍正的繼承者乾隆皇帝弘曆（一七三六至一七九五年在位）拒絕了第一個使團，但他最終決定繼續實施休戰政策。清帝國在雍正治下花費超過五千萬到六千萬兩在與準噶爾的戰爭上，但卻未能將他們剿滅。[2]西北經濟也受到戰爭嚴重摧殘，三分之二的準噶爾人沒有牲口。[3]和平、邊境穩定和貿易關係，對雙方都有相當大的吸引力。然而，商業貿易從來都不能和國家安全利益徹底分割。

在十七世紀時，噶爾丹也曾推動更密切的貿易關係。他在一六七一年派出了第一個貿易使團，雙方交易量隨著使團接連不斷而持續上升至一六八八年。[4]由於準噶爾與喀爾喀人的衝突日益加劇，康熙皇帝限制多數貿易僅能在邊境進行，隨著噶爾丹入侵喀爾喀領土，貿易也全數隨之中斷。策妄阿喇布坦也曾申請前往北京的商業許可，但他這番努力也在入侵西藏後付諸東流。

乾隆利用準噶爾從事貿易的強烈慾望，作為議定最終邊界的籌碼。雙方在一七三九年達成休戰協議，並建立起常規貿易關係。[5]接下來十五年裡，清朝和準噶爾的經濟緊密相連。從清朝的角度來看，這種官方管制的「貢品」貿易允許三種類型的使團：前往首都的使團，在甘肅西部肅州的邊境貿易，以及途經西寧提供給西藏喇嘛的「熬茶」。大量的檔案史料，讓我們得以詳細調查這些貿易路線。雖然它僅持續不到二十年的時間，不過這些貿易能幫助我們認識清朝與所有邊境（無論是西北或其他地方）「蠻夷」貿易關係的本質。[6]

誠如清朝總督慶復所言，貿易的目標是藉由提供內地商品換取和平關係來「向化」（編按：使歸順服從）蠻夷之邦。[7]準噶爾人獲准每四年派遣一次使團，分別是一七三八年，一七四二年，一七四六年，一七五〇年，依此類推；並在一七四〇年，一七四四年，一七四八年，一七五二年在邊境互市，以此類推。基本規則和俄羅斯貿易商隊依循的原則相同，不過前往首都的使團會和俄羅斯人前來的年份錯開。

準噶爾人出售的主要商品是牲口（馬、羊、牛和駱駝）、毛皮、特定藥品（鹵砂和羚羊角）以及突厥斯坦的葡萄乾（參見表1）。清朝則提供織錦、茶、大黃作為交換，並在必要時提供銀子。邊界互市的使團規模限制在一百人內，到首都的使團規模則介於二百至三百人之間；商人可在邊境停留至多八十天以完成業務，使團人數和貨物數量必須事先提出。火藥、金屬和武器禁止出口。[8]

在乾隆皇帝的命令下，官員們非常努力地確保貿易順利進行，以及使團受到良好對待。他們為在首都生病的蒙古人提供醫療服務——這是一項重要的服務，因為眾所皆知游牧民易患天花和其他城市疾病。[9]儘管兩個社會才剛結束將近五十年的戰爭，他們都沒為了磕頭和禮節先例爭吵。蒙古人和滿人瞭解彼此，而且乾隆皇帝把準噶爾視為疆域的一部分，並將準噶爾人視為撫綏的對象。

然而，肅州貿易成長迅速，超出預期，挑戰官方的極限（參見表2）。從一七三八年的一萬兩，躍升至一七四一年的十萬五千兩。此外，這些數字省略了官方呈報貿易以外的可觀私人貿易。準噶爾商人不斷要求放寬貿易限制，要求每年朝貢，也希望前往首都的使團能獲准在邊界販賣貢品之外的商品。邊界官員很意外看到大群牲口和大批人群出現在要塞前，使原本僅是堪用的地方牧場不堪承受。他們並未承擔起將這些人擋在邊界的責任，反而准許在休市之年也進行貿易。如圖表所示，儘管有官方限制，但在一七三八到一七五四年間每年都有貿易進行，只有一年例外，而且有時商人一年還來兩次。官訂年份的貿易量較高，而且在進貢首都的那些年最高，但每年的貿易量都相當可觀。當準噶爾人要求到肅州西北八百七十五公里處的哈密貿易時，官員們為了緩解壓力而不情願地同意了。[10]商人為牲口開了高價，導致官員們討價還價了好幾週，他們延長在邊界的時間，等待更多貨物到達。[11]

到北京的第二次朝貢，生動地描繪出朝貢商人給邊防官員的壓力。[12]噶爾丹策零的親戚吹納木喀（Chuinamuke），率領四十二人的旅行商隊，六百三十四包袱的貨物，以及五千隻羊，在一七四二年提

表1：清朝與準噶爾之間貿易：在北京和哈密的朝貢貿易

年份	商人數量	商品	銀兩（單位：兩）
1735	22	各種獸皮	14,197
1735-36	26	羊（344頭）、馬（237匹）、駱駝（113頭）	N/A
1736-38	24	各種動物、葡萄乾、鹵砂、羚羊角	17,111
1738-39	42	馬（428匹）、駱駝（145頭）	40,000+
1739-40	65	羊（3,000頭）、馬（701匹）、駱駝（388頭）、葡萄乾（1700斤）、鹵砂（10,000+斤）、羚羊角（5,000+個）	53,000+
1742/2-7月	42	羊（5,000頭）、馬（484匹）、駱駝（715頭）、葡萄乾（174包）、鹵砂（86包）、羚羊角、獸皮	N/A
1742/9月	26	羊（5,629頭）、馬（146匹）、駱駝（114頭）	N/A
1743-44		羊（545頭）、馬（84匹）、駱駝（42頭）	N/A
1744-45	38	牛（378頭）、羊（7,669頭）、馬（543匹）、駱駝（191頭）、獸皮、葡萄乾、羚羊角	N/A
1745-46	28	牛（28頭）、羊（945頭）、馬（290匹）、駱駝（95頭）	N/A
1746-47	46	牛（690頭）、羊（13,700+頭）、馬（913匹）、駱駝（217頭）、獸皮	N/A
1748	28	羊（1,267頭）、馬（407匹）、駱駝（87頭）、獸皮	N/A
1749-50	47	牛（129頭）、羊（2,585頭）、馬（678匹）、駱駝（181頭）	10,200+
1750-51	52	牛（156頭）、羊（3,600-3,700頭）、馬（957匹）、駱駝（346頭）	10,500+
1751-52			9,000+
1754	33	各種動物、獸皮	8175

資料來源：Zhungar Shilue Bianxiezu, Zhungar Shilue (Beijing: Renmin Chubanshe, 1985), pp. 134-137

早來到了邊界。吹納木喀立即請求准許到哈密或肅州販賣牲口，此舉違反了朝貢規定。安西的軍事指揮官永常決定寬大為懷，遵循皇帝「懷柔遠人」的政策。絕大多數的使團成員、動物和五百多個包袱都留在肅州，由清朝支付其住宿，然後一個十五人的小團上北京進貢。永常提供他們穀物、茶和菸草，並於三月三日送他們啟程。乾隆皇帝同意補償朝貢商人任何在進貢途中死掉的牲口。

然而在一個月後，尹繼善總督決定採取更強硬的立場。他認為朝貢商人是「心性狡詐」的野蠻人，拿「無用之出產，易中國之貨財」，並密謀窺探內地的情況。一七三九年，陝甘的地方官員購買了一萬七千斤的葡萄乾。由於缺乏需求，他們最終只得以原購買價的三分之一拋售，致使國庫損失一萬兩。尹繼善同意官員們應該「權衡重輕」，但也要堅定控制商人的「無厭之求」。商人們去年就曾以向西藏呈熬茶為由，帶了大量商品到西寧，然後就掉頭回家去了，壓根沒進西藏。他們顯然「反覆無常」，不可信任。然而，當代表團從北京歸來，總督最終在進一步討價還價後同意收購未售出的商品，並要商人前來協商特價拍賣。當朝貢商人回到他們的「巢穴」時，尹繼善顯然鬆了一口氣。他再次發洩憤怒情緒：「夷人詭計百出。」他抱怨道，對待他們的唯一方法就是秉持「於寬厚之中仍寓節制之道」。[13]一七四八年旅行商隊抵達邊境，上演一場憤怒官員和不坦率商人之間得有趣談判，這則故事被以白話文記載了下來（參見附錄C）。再一次，狡猾的旅行商隊成員帶了額外人員隨行，據稱是「醫生、廚師和簿記」，試圖以不合理的天價兜售多餘商品，請求官員幫忙銷毀生病的牲口，並對皇帝的仁慈恩惠表達由衷感激。暴躁的官員最終屈服於多數請求，朝貢商人則承諾不再違規。[14]

當年還發生另一起事件，表示貿易關係在準噶爾領土確實產生了更廣泛的影響。[15]來自吐魯番的兩名年輕突厥斯坦人阿濟把爾第（Ajibardi）和尼牙斯（Niyasi），騎著偷來的馬奔向邊境，懇求庇護。小時候被準噶爾人俘虜的他們，被主人奴役，並遭毆打。他們發誓：「與其回去死在準噶爾裏頭，不如死

表2：哈密和肅州的貿易

年份	商人數量	商品	哈密（單位：兩）	肅州（單位：兩）	總計（單位：兩）
1743-44	122	牛（260頭）、羊（26,800頭）、馬（545匹）、駱駝（726頭）	9,790	41,000	50,790
1746	213	牛（2,642頭）、羊（40,615頭）、馬（1,628匹）、駱駝（726頭）	13,130	95,923	109,053
1748	136	牛（402頭）、羊（71,505頭）、馬（984匹）、駱駝（585頭）	12,744	74,000	86,744
1750	301	牛（2,200頭）、羊（156,900頭）、馬（1,900+匹）、駱駝（1,000+頭）	7,868	186,200	194,067
1752	200	牛（1,200頭）、羊（77,000頭）、馬（1,279+匹）、駱駝（588頭）	N/A	N/A	N/A

資料來源：Zhungar Shilue Bianxiezu, Zhungar Shilue, pp. 134-137.

表3：到西藏的熬茶使團

年份	商人數量	商品	銀兩（單位：兩）
1741	300	牛（400頭）、羊（7392頭）、馬（1716匹）、駱駝（2080頭）、鹵砂（19,000+斤）、羚羊角（82,700個）、葡萄乾、獸皮	105,476
1743	312	羊（2,800+頭）、馬（2,300+匹）、駱駝（1,700+頭）、獸皮、葡萄乾、羚羊角	78,000
1747	300	羊（3,000頭）、馬（3,000+匹）、駱駝（2,000+頭）、獸皮	164,350

資料來源：Zhungar Shilue Bianxiezu, *Zhungar Shilue*, pp. 134-137.

在中國做鬼也到好處了。」阿濟把爾第的雙親被發現還活在瓜州*，於是被移交給吐魯番的伯克額敏和卓（Emin Khoja），尼牙斯則被送往首都。幾個月後，又有一位三十歲的準噶爾人逃離奴役，聽說他可以在清朝統治下「過好日子」。官員雖然有些懷疑這些叛逃者的動機，卻也發現這些人是有用的情報來源，而且給他們庇護有助宣揚皇帝寬容大度的聲譽。和平的貿易關係似乎真的削弱了準噶爾帝國的支持。儘管官方明令禁止，士兵和商人仍在邊界進行私人交易。[16] 儘管邊界貿易令人惱火，但卻能替清朝帶來更大的政治收穫，只要中國內地的財富能夠引誘準噶爾百姓拋棄政權。

邊界貿易不僅改變了準噶爾的內部關係，也開始改變與邊境商人的關係。邊界官員意識到商人比政府更能掌握價格，於是決定與他們合作。他們建立了「商辦而官為總攝照看」的制度。[17] 十九世紀的自強運動倡導者，後來稱這種制度為「官督商辦」。準噶爾人帶到邊界的商品數量，超過了當地市場的承受量。葡萄乾，以及從突厥斯坦的礦區和蒙古牧場取得的罕見藥品，如鹵砂和羚羊角，在沒有人能負責經銷的情況下，在倉庫裡堆積成山。牛羊比較符合當地需求，因為牠們可用來養活駐軍。即便如此，這些牲群也超過了地方需求。此外，準噶爾人經常堅持收白銀，因此有可能導致大量白銀外流。邊界官員手邊沒有太多的茶與布，如果什麼都用銀子購買，只會耗盡財庫。乾隆皇帝決意控制帝國境內的白銀，以維持貨幣穩定。找商人出面，就能夠解決需求有限、白銀外流和朝貢使團堅持貿易的問題。

事實上，「準噶爾」使團裡多是經驗豐富的中亞商人，他們沿古絲路移動大宗商品和貨幣。例如一七四八年，使團全員一百三十六人中有四十六名蒙古人，以及九十名突厥穆斯林（纏頭回）。旅行商隊的四名首領有三名是突厥人。[18] 旅行商隊的成員混合了外交使節、準噶爾官員、牧民、商人，當然也有一如清朝所懷疑的間諜。這些成員追求共同的目標：為準噶爾國創造收入，重振遭破壞的放牧經濟，以及蒐集強大鄰國的情報。清朝的政策旨在盡可能減少跨文化接觸，藉由限制逗留與軍隊護送，防止準噶爾人遭遇任何喀爾喀蒙古人。但貿易規模日漸擴大，迫使官員引入其他參與者，他們有著不同於國家利益的私人利益。

然而，西北商人很少有足夠資金經營大量商品的生意。商人需要至少十萬兩來從事這門生意，但軍隊復員動搖了肅州經濟的主要來源。甘肅幾乎沒有富商，而絕大多數的陝西商人經營分布在全省各地的小當舖。然而，李永祚於一七四四年從西安抵達，接手邊界貿易。總督借給他二萬八千七百四十一兩，補充其資本，期望他明年償還。此後，政府不得不繼續提供誘因吸引來自內地的貿易商。包括資助他們運輸費用，並提供過去用於軍事補給的推車。當商人抱怨無法預期準噶爾人帶來的商品數量，官員會同意借錢給他們補足差價。[19]當「無用的」高價藥品只能以賤價拋售，導致商人賠錢，官員也會出面補償他們的損失。

甘肅巡撫黃廷桂主張，擴大市場需求至關重要，因為這樁貿易是「國家公事」，帝國各地都不得置身事外。他將經銷處理商品的責任，主要發配給西北各省——甘肅三〇％，陝西七〇％——不過他敦促直隸、河南、山東和山西等省分也動員他們的市場。這些省分擁有密集人口和豐厚商業資本，不像西北地區在「天末之窮邊」。[20]他們有責任替西北紓解供過於求的過剩商品。倘若在華北地區賣不掉，都該在帝都的主門崇文門出售。

貿易漸漸變得更有系統，以滿足準噶爾貿易商的需求。當他們指定所需的布料和茶葉種類時，邊界官員會招募商人並出借資本，再到江南取得所需商品。[21]這些無息貸款確保準噶爾人能夠快速脫手商品，

＊編註：據《史料旬刊》「準噶爾夷人貿易案・李繩武摺」，阿濟把爾第雙親已於瓜洲亡故，健在的是他的兄弟。

同時讓商人有足夠資金支付他們。然而，這往往導致戶部在貿易季結束後損失資金。

對白銀外流的擔憂，促使國家本身積極參與商業交易。白銀在一七三八年僅占出口總額的六%，但其占比逐年上升。一七四三年，準噶爾商人接受了以白銀支付的半數毛皮款項，黃廷桂總督卻認為這樣太過分了。他認為準噶爾人應該是要「給其所無，並非利其所有」，也就是用羊交換日常用品，而不是用葡萄換白銀。[22] 一七四六年，準噶爾人要求四〇%的白銀支付，經過一番討價還價後接受了二〇%。[23] 黃廷桂等各省總督試圖將與準噶爾人的貿易導向易貨貿易。簡言之，藉由提供商人資金，清朝向內地經濟注入白銀，以便支撐邊界的易貨貿易。這就是受到許多歐洲政治家支持的重商主義，或稱「金銀通貨主義」（bullionism）。

一七五〇年，準噶爾人帶來了價值十八萬六千兩的貨物，是有史以來最大宗。他們交換了價值十六萬七千三百兩的布和茶，餘額為銀。憂心財富損失的尹繼善總督，再次敦促嚴格限制貿易。乾隆皇帝如今一改前念，轉而認為損失的白銀和貿易帶來的政治利益相比，影響不足掛齒。[24] 儘管如此，清廷仍決定將其削減至一七四八年的水準，即八萬兩。但一七四五年噶爾丹策零去世後，準噶爾的內部動盪已開始損害商業。一七五〇年的大量貿易，發生在噶爾丹策零的繼任者遭暗殺之後，可能代表準噶爾國領導權競爭者們極力試圖累積歲入。貿易商在邊界告訴清朝官員，繼位的策妄多爾濟那木扎爾（Tsewang Dorji Namjal）「發了瘋」，直到好轉前權力都由他哥哥喇嘛達爾扎（Lama Darja）掌握。[25] 後來當大權落到達瓦齊（Dawaci，參見彩色插頁）身上時，清朝便在一七五三年關閉一切貿易，引誘他屈服。清朝認為達瓦齊的貿易使團請求是為了蒐集情報。一七五四是最後的貿易年份，清軍就在隔年占領伊犁，終結統一的準噶爾國。

準噶爾和西藏的「熬茶」貿易（參見表3）比邊界貿易更觸動清朝的敏感神經，因為它給了準噶爾人進到西藏寺院的直接管道。[26]廣義來說，熬茶意謂著一群朝聖者帶著蒙古人的宗教捐獻給西藏喇嘛，並於沿途從事貿易。[27]清朝在休戰期間允許準噶爾前往西藏的三大使團通過其領土，但由於雙方目標不同，每次使團都造成憤怒的爭議。對於準噶爾人而言，與西藏貿易既能和佛教神職人員及庫庫淖爾的和碩特蒙古人重建聯盟，也是賺取商業利潤的機會。對清朝而言，這種偽裝成儀式表演的貿易，可能使蒙古人在藏傳佛教的教會組織之下團結起來，但後者卻是清朝護持的對象。這項貿易清楚展現了佛教護持和商業如何深受安全問題的影響。

經過西寧的熬茶貿易路線，早在一六四二至一六四三年就已確立。當時和碩特蒙古人入侵拉薩，支持達賴喇嘛所屬的黃教，給了蒙古人比翻越崑崙山脈更安全的進藏路線。[28]當清朝終於在一七二〇年代控制了庫庫淖爾的和碩特蒙古人，所有貿易使團都得通過其管轄範圍。噶爾丹策零在準噶爾地區掌權後，在一七二八年向雍正皇帝要求派遣熬茶使團到西藏的許可，以表達他對達賴喇嘛的支持。誠如前文所提，雍正輕蔑地拒絕了他的請求，因為羅卜藏丹津還在準噶爾的手裡。拉薩當時仍處於內戰之中，而雍正懷疑反清派背後受到準噶爾的支持。

到了乾隆時期，在雙方於一七三九年協議休兵後，噶爾丹策零再次請求允許派遣使團到西藏。這一次，乾隆有條件的同意了。使團上限三百人（起初乾隆試圖將規模限制在一百人內，但卻在準噶爾人稱這樣的人數不足時心軟），必須先行經哈密和肅州，才能到達西寧郊外的東科爾寺，並被允許在東科爾寺互市。使團將受嚴密的軍事護送，並得避免與和碩特蒙古人有任何接觸，後者也被從使團途經路線上撤離。[29]五百名士兵獲得三萬兩的運費和糧食費，負責陪同使團前進。噶爾丹策零聲稱他的人對天花沒有抵抗力，可能在駐軍城鎮遭感染，因此試圖將使團直接派至西寧，避免經過哈密和肅州，但被乾隆不滿地拒絕。最終，使團在一七四一年抵達東科爾，帶來了牲口、毛皮和葡萄乾。在那裡，商人以總值十萬零五千四百七十六兩的價格賣出商品，其中八萬兩是以白銀支付。[30]然而，當他們想到附近的拉卜楞寺（Labrang monastery）和塔爾寺進行供養時，卻遭到拒絕。這些寺院是和碩特部的重要集會處，塔爾寺則是羅卜藏丹津當初的叛亂據點。諾爾卜在一七三一年的叛亂顯示，受清朝控制的庫庫淖爾蒙古人依然躁動不安，因此清朝不希望準噶爾人和這些地方扯上關係。

到了一七四一年八月，準噶爾使團做完生意後要求不要前往西藏，直接返家，聲稱西藏的天候太熱，或太冷。使團於一七四二年抵達邊界時，永常將軍斥責商人背叛皇帝信任。他強烈懷疑熬茶使團掉頭的原因純粹是他們認為到西藏從事貿易沒有利潤。盛怒的乾隆皇帝譴責他們違反帝國命令，發誓未來再也不放行任何使團。[31]假設使團的目標是與庫庫淖爾的喇嘛寺院與和碩特部落建立聯繫，他們如今已意識到清朝緊密嚴防這種情況發生。他們的出使達成了商業目標，但認為外交任務沒有前景。

儘管有過此一風波，第二支使團仍舊在清朝嚴格戒護下於一七四三年交易了價值高達十萬兩的商品。[32]一七四三年出團的旅行商隊確實抵達拉薩，並為達賴喇嘛獻上大量禮物。支持清朝的西藏統治者頗羅鼐，對殺害拉藏汗的準噶爾人沒有好感，但他仍接受了這個使團，但同時也派出軍隊在首都以防萬一。[33]這次出使任務使清朝獲得一項意外收穫，就是逮住了行蹤成謎的羅卜藏丹津。羅卜藏本想趁機陪同使團從準噶爾地區返鄉，但卻被逮捕後遣送北京。

第三次使團在一七四七年出發。那是噶爾丹策零去世後，由繼任者策妄多爾濟那木扎爾派來代表已故領袖參拜。此次商人交易了價值十六萬四千三百五十兩的商品，清官員撥了十六萬兩做護送費用。[34]一七四八年初，他們在拉薩舉辦一場盛宴，獻給達賴喇嘛一大塊黃金。清朝官員擔心準噶爾人從事間諜活動，可能會建立起西藏和四川西部的金川叛民之間的聯繫，西藏人則抱怨這些使團的開銷高昂。乾隆皇帝宣布他將不再准許準噶爾跟西藏接觸，這項聯繫最終也在一七五〇年代西藏和準噶爾的內部混亂中結束。

儘管存在相互猜疑，雙方仍有理由繼續貿易。如果噶爾單策零召回第一支使團的理由是出於清朝的嚴格限制，那他顯然不僅考慮商業目標。與庫庫淖爾和拉薩的喇嘛寺院定期接觸，顯然是他國家的重要支柱。他也可能擔心清軍正在回到科布多地區，所以需要鞏固自己的勢力。[35]噶爾丹策零夠精明，並不指望和平關係天長地久。他利用貿易漏洞延伸與藏人的連結，而清朝則努力限制其與不可靠屬民的接觸。清朝的預防措施便是仰賴頗羅鼐（他們在西藏的盟友）對準噶爾人的敵意，加上大型軍事護送。如果準噶爾人利用使團偵察西藏的情況，清朝護送者也可以展現他們對西藏統治者的支持，同時鼓勵西藏在嚴格控制下與內地發展經濟聯繫。馬林認為，儘管熬茶使團「有助發展我們的多民族國家團結」，但它們規模有限而無法產生太大的經濟影響。[36]然而，此一貿易確實實現了清朝的戰略目標：將西藏和庫庫淖爾共同置於西藏佛教寺院的保護下，展示了天子護持的力量。

準噶爾國被消滅後，熬茶使團仍以較小的規模持續到十八世紀和十九世紀。[37]使團若少於十人則不需要官方許可，但中央政府仍批准和碩特和土爾扈特蒙古人派出更大規模的隊伍定期到西藏向喇嘛致敬。這些隊伍多數是由喇嘛組織的，而不是世俗貴族。貿易和宗教朝聖仍舊相互關聯，但關聯已不若以往緊密，因為如今已沒有與清朝競爭的中央集權國家利用它們來實現自身目的。清帝國增加與西藏的交流，確實開始將邊疆地區聯繫在一起。而皇帝也透過支持僧團貴族來平衡世俗領主的勢力，並強化其控制。分而治之的原則，有效地破壞了任何潛在的反對勢力。

清朝的態度並未真的因為與準噶爾維持和平而軟化。儘管清朝認為這些野蠻人貪婪、暴力，而且不值得信任，但也相信皇帝的恩典會使這些人變得溫和，以致願意適應帝國的統治。蠻夷天生就有「無厭之情」，而且「貪利無恥」，但藉由控制其行為並「懷柔」以待，清朝可以馴服他們。[38]清朝以貿易聯繫將準噶爾菁英與內地綁在一起，降低他們攻擊邊境的可能性。[39]這種「羈縻」政策是處理西北游牧民的手段，歷史悠久。邊境貿易因而是一種「國家安全」事務，帝國各地都該為此貢獻心力，即使經濟收益微不足道。然而，商業問題並非無關緊要：邊境官員應限制白銀外流，並與內地商人合作提供準噶爾人想購買的商品，同時確保準噶爾商品分銷到內地市場。

官員們不斷將這貿易關係描述為「貢」，但這個詞其實有各式各樣的含義。[40]若我們使用費正清（John K.Fairbank）概括所有清朝貿易關係的「朝貢體系」（tributary system）一詞來理解，很可能會有誤導嫌疑，即便從字面上來看是正確的。誠如米華健（James Millward）等人指出，「貢」這個詞在明清兩朝都涵蓋了許多不同種類的貿易和權力關係。[41]

準噶爾人的角色在這種關係下顯得相當曖昧而模糊不清。一方面，他們顯然不像歐洲人或俄羅斯人是新出現的陌生民族。滿人統治者很清楚蒙古游牧民的習慣，而且清朝的一部分治理聯盟也包括他們。準噶爾人也不是日本和越南那樣的忠誠藩屬國，以身為廣大東亞網絡的一份子參與朝貢貿易。[42]滿人不同於明朝，如今已控制了大草原並贏得數量可觀的蒙古部落支持，因此沒有給游牧入侵者鉅額保護金以暫時免受襲擊侵擾的必要。戶部的確在這項貿易中損失了一些錢，另外還有護送費用，但其淨經濟成本其實很低。

另一方面，準噶爾人並非大清忠誠的蒙古子民，即使它們被視為「內地」的一部分。邊境貿易更像一種試驗，用來檢驗準噶爾人是否值得清帝國保護，以及他們是否能與偉大的滿清帝國共存。誠如巴菲爾德所說，大型游牧聯盟經常與中央集權帝國政權同步崛起，透過掠奪或貿易將後者作為收入來源。[43]北京的統治者有意保持游牧聯盟的統一，因為經由單一統治者疏通商品比較容易——前提是其權力不要過大。狄宇宙主張匈奴襲擊漢朝是匈奴部落酋長無法控其貴族的結果。[44]明朝統治者在西北邊境遭受經濟損失，既是因為蒙古部落不統一，也是因為他們的防禦性堡壘無法保護邊境不受襲擊。清朝的解決辦法就是在大草原畫出一條明確界線，透過貿易促進休戰來達成短期的穩定關係。準噶爾人或已成為一個依賴清朝但維持部分自治的國家，經由貿易和佛教護持而與清朝和其他蒙古人相連。但只要準噶爾人一出現分裂跡象，滿清統治者已準備好採取軍事選項，回到他們剿滅準噶爾國及其人民的初衷。

準噶爾國的喪鐘

一七四五年噶爾丹策零的死，導致準噶爾國陷入內部分裂與走向毀滅。在他去世的五年內，內部衝突使國家分崩離析，鬥爭落敗的一方轉而尋求清朝支持。噶爾丹策零有三子一女，次子策妄多爾濟那木扎爾在一七四六年繼位，成為琿台吉。策妄多爾濟那木扎爾為人兇暴、乖張、偏執，據說只對喝酒和殺狗感興趣。[45]他把試圖約束自己行為的姐姐烏蘭巴雅爾（Ulan Bayar）關起來，擔心其他人試圖奪權。他的擔憂不虛。他那位更受擁戴的哥哥喇嘛達爾扎與烏蘭巴雅爾的丈夫賽音伯勒克（Sayin Bolek）密謀，打算在策妄多爾濟那木扎爾於一七五〇年打獵時暗殺他。結果事跡敗露，策妄多爾濟那木扎爾率兵攻打兄長卻反遭擊敗。他的眼睛被弄瞎，並和弟弟達什達瓦（Dashi Dawa）一起被關押在阿克蘇（Aksu）。達什達瓦的追隨者隨後降清，被安置在察哈爾。

清官員密切關注準噶爾地區的事態發展。他們帶著疑慮，允許策妄多爾濟那木扎爾遣使到西藏舉辦紀念父親的法事。一七四七年西藏的頗羅鼐過世，差點就使西藏再次陷入混亂。幸而準噶爾使節最終毫髮無傷地返國。西藏隨後爆發叛亂，清朝將領班第（General Bandi）不得不帶軍到拉薩，任命一個可靠的繼任者。清廷拒絕喇嘛達爾扎與西藏接觸，切斷準噶爾地區與其精神根源的聯繫。

與此同時，喇嘛達爾扎正與兩位頭號戰將爆發衝突：一位是準噶爾貴族達瓦齊，他是準噶爾最著名的大將暨大策凌敦多布之孫，另一位則是輝特部台吉阿睦爾撒納，他是拉藏汗之孫和策妄阿喇布坦的後裔。達瓦齊以塔爾巴哈台為基地，拒絕喇嘛達爾扎追捕達什達瓦部眾到清朝領土的命令，甚至也決定歸降清朝。達瓦齊與阿睦爾撒納逃過喇嘛達爾扎的追捕，逃往哈薩克領土，然後一同回到塔爾巴哈台和喇嘛達爾扎正面對決。一七五二年十二月，喇嘛達爾扎被自己揭竿起義的部下殺害，達瓦齊被推舉為準噶爾「大台吉」，並殺死所有喇嘛達爾扎的手下。但掌權後的達瓦齊成了醉漢和野人，逐漸仇視阿睦爾撒納。由於阿睦爾撒納不屬於準噶爾貴族，因此仰賴達瓦齊的地位來維持自己對準噶爾人的影響力。但他透過聯姻和談判，逐漸在和碩特人、杜爾伯特人和輝特人之間獲得影響力。他向達瓦齊提議，由他倆瓜分準噶爾土地。達瓦齊拒絕並襲擊了阿睦爾撒納，迫使他向東逃。在九月或十月時，阿睦爾撒納抵達科布多，並和清朝訂下致命的浮士德交易：如果清朝願意任命他為準噶爾國元首，他和五千名手下將臣服於清朝。

其他準噶爾領導人也從內鬥逃離，希望得到清朝庇護。他們得到了大方款待，受封王公頭銜，並得以到乾隆皇帝在承德的避暑山莊享用盛宴。但所有來自蒙古的難民都被安置到清朝境內，並受嚴密控制。阿睦爾撒納是在清軍支持下返回準噶爾地區的第一人。乾隆皇帝抓住這個機會，在一位主要權力角逐者的邀請下直接干預邊界之外的準噶爾事務。到了一七五四年底，乾隆已決定派遣兩支部隊共計兩萬五千人對抗達瓦齊：北路軍經由烏里雅蘇臺，西路軍則從巴里坤出發。[46]班第將軍率領北路軍，以阿睦爾撒納為副手；永常和薩拉爾（Salar）率領西路軍。一七五五年三月，部隊帶著兩個月的口糧開拔，預計在博爾塔拉會師（參見彩色插頁的地圖7）。

乾隆為出征之舉提出了詳盡理由。他援引康熙攻打噶爾丹的親征，但讚揚噶爾丹策零對邊界的信守與進貢。他聲稱達瓦齊只是一介篡位者，其暴力導致許多準噶爾人出逃，迫使清朝供養他們。他還擔心長期和平削弱了滿人戰鬥的意志：「我滿洲舊俗尚義急公，一聞用兵，無論老壯咸以不得與為恥，承平日久，習於晏安，擐甲執兵，衝鋒陷陣，不免視為畏途。」[47] 如今清朝不得不抓住這個機會，以保護喀爾喀人，並確保邊界安全。乾隆將這場軍事行動視為鞏固蒙古邊境之道，也是維持日漸安逸文靜的旗人其作戰士氣的手段。

這場十八世紀「大博弈」正上演到最終幕，所有演員如今皆動員各自支持者。清朝施壓其喀爾喀盟友支持即將到來的戰役，準噶爾人則向俄羅斯尋求援助。初登場的哈薩克人則同時收到來自清朝和準噶爾使節的請求。俄羅斯人只有少數士兵散布在幾個偏遠堡壘，深知自己面對清朝大軍處於弱勢。他們拒絕接受準噶爾難民，並試圖讓準噶爾人和平共處。他們接受人民同時向俄羅斯和準噶爾納貢，但拒絕喇嘛達爾扎摧毀額爾齊斯河和鄂畢河畔堡壘的請求。[48]

哈薩克中帳（譯按：中玉茲，玉茲指地區）領袖阿布賚（Ablai）曾經保護達瓦齊和阿睦爾撒納不受喇嘛達爾扎追擊。然而，當阿睦爾撒納和達瓦齊反目成仇時，他也和清朝一樣抓住機會奪取準噶爾國破裂的領土和牲群。

這場戰役很快就分出勝負。達瓦齊喪失盟友還被左右夾攻，無法有效回應清軍進逼。他的支持者分裂成許多不協調的小團體，他自己多數時候都酩酊大醉。[49] 到了一七五五年中，達瓦齊底下許多宰桑都已經降清。西路軍經過烏魯木齊，與阿睦爾撒納和北路軍會合，並於一七五五年六月抵達博爾塔拉。聽聞清軍到來，達瓦齊逃到了伊犁西南一百八十里處的格登山（Gedengshan），並率一萬兵力與清軍最後一搏。一七五五年七月二日，達瓦齊人馬被一支小型巡邏隊夜襲後潰散，迫使他越過天山向南逃，最終被烏什（Ush）的伯克霍集斯（Hakim Beg Hojis）俘虜，被押赴北京。結果達瓦齊被封為親王，並與皇室結成親家。

清朝的成功來得很快，但對軍隊的支持不可能太長久。將軍們趕緊撤軍，只在伊犁留下五百士兵。據說乾隆起初不願動武，但現在卻吹噓自己永久解決了游牧民的安全威脅，暗示他在康熙和雍正失敗之處取得了成功。他稱讚傅恒支持出征，認為反對出征計畫者皆過於膽怯。他強調準噶爾問題需要長期處理，但也指出這次行動的花費相較過去幾次更低。

消滅一名準噶爾領導人，只會再次製造新的問題。阿睦爾撒納恭賀皇帝的勝利，並以清朝支持者的身分獲得將軍頭銜（儘管他其實沒有實際參與戰鬥）。他現在希望能夠獲得唯一有意義的準噶爾人頭銜：也就是大汗。阿睦爾撒納早在西征結束前便已提出了這一要求，但乾隆沒有立即答覆，因為分而治之才是他的真實目的。他只願意讓阿睦爾撒納當輝特部的汗，與其他三汗地位相等。阿睦爾撒納拒絕了這項提議，主張準噶爾人只需要一位統治者。他拒絕使用清朝賜予的官印和衣服，而是使用噶爾丹策零的國璽，也就是最後一位官方認可的全準噶爾領袖。統一蒙古國的幽靈，再次籠罩大草原。[50]

由於阿睦爾撒納一邊聚集更多兵馬，一邊推遲正式臣服，許多令人不安的謠言開始蔓延。有人宣稱阿睦爾撒納已受到五萬哈薩克人的支持，這是錯誤情報；但阿睦爾撒納確實拿錢給西藏喇嘛，換取喇嘛支持他統率全準噶爾人的主張。另有消息指出，阿睦爾撒納試圖與布魯特人、葉爾羌和喀什噶爾結盟。儘管懷疑情緒日增，乾隆皇帝卻猶豫不決。他邀請阿睦爾撒納到承德面見，與其他三汗一起接受頭銜，但卻遭到阿睦爾撒納拒絕。也許是擔心過度依賴盟友，乾隆起初拒絕了喀爾喀蒙古人額磷沁多爾濟（Erinchindorj）將阿睦爾撒納強行抓到皇帝跟前的提議，但後來同意讓額磷沁多爾濟護送阿睦爾撒納到承德。一七五五年八月二十日，乾隆下令班第捉拿阿睦爾撒納，但阿睦爾撒納早已先一步預料。阿睦爾撒納逃離額磷沁多爾濟的監護，並在班第到達前逃往額爾齊斯河。

清軍四散在伊犁，尚未準備好面對重大叛亂。班第試圖占領伊犁，卻在反遭包圍後自盡身亡。永常迅速從伊犁撤退，並請求增援。他未能守住烏魯木齊，只得退回巴里坤。乾隆將永常革職，用策楞（Tseleng）取而代之。乾隆宣布阿睦爾撒納的部隊必須被俘虜與消滅，向協助追捕行動的蒙古部落酋長懸賞，並堅持要哈薩克的阿布賚在阿睦爾撒納出現時將其拿下。乾隆發布焦土政策的命令，摧毀了所有反叛游牧民的牧場。

在阿睦爾撒納叛亂期間，喀爾喀王公青滾雜卜（Chingünjav，遙遠的蒙古西北地區和托輝特〔Khotogoits〕統治者兼清朝的重要盟友）拒絕了清廷命令並棄守崗位。[51] 一七五六年夏天到一七五七年一月，青滾雜卜發動的叛亂堪稱清朝史上最嚴重的喀爾喀蒙古人反叛。青滾雜卜的反抗，反映了滿人緊抓控制所導致的緊張局勢，也顯示出清朝要求支持攻打準噶爾的行動對外蒙古人造成多麼沉重的負擔。清朝將領不得不放棄對付阿睦爾撒納，轉調多數兵力回頭確保喀爾喀部的穩定。清朝在喀爾喀的控制十分脆弱，而且許多蒙古人正受到貧窮折磨與官方壓迫。然而，青滾雜卜的叛亂也凸顯喀爾喀蒙古人無法有效團結對抗清朝宰制，就像他們的準噶爾同胞。

喀爾喀蒙古人自從一六九一年在多倫諾爾會盟上臣服清朝後就被納入「旗」制，這項制度讓清朝得以強化行政控制與強化他們的軍事組織，並得以在強調他們對王朝的忠誠時一併削弱他們的力量。然而，這些旗制的功能完全不同於創造清朝征服菁英的滿漢蒙八旗制度。[52] 每旗（蒙文khushuu）都由一名王公或札薩克為首，其職位需要皇帝的確認。傳統上喀爾喀蒙古人擁有三個艾馬克（aimaq，譯按：即「部落」），並在徹辰汗、土謝圖汗和札薩克圖汗的氏族聯盟統治下宣稱擁有共同祖先。如今他們被分成許多旗，而不是個別氏族。起初有七個旗，但札薩克的數量很快增加。到了一七五五年，四個喀爾喀艾馬克共計有八十多個札薩克（清朝在一七二五年創立了另一個艾馬克的三音諾顏）。這些新札薩克的權力來自清朝，破壞了艾馬克大汗的世襲繼承權。艾馬克已經變成領土單位，而不是從屬於汗的聯盟。透過津貼、印璽，儀式義務和朝覲的要求，朝廷密切監視這些名義上獨立的統治者，同時確認他們對其氏族的權威。蒙古人從此不能在部落內自由移動，被限制在固定領土，受到密切監視。

清朝設在烏爾嘎的地方官僚機構增加了蒙古人的負擔，迫使他們在守衛崗哨和郵政轉驛站服徭役，並將他們的牲畜賣給官員以供軍事行動之用。地方官員經常以低於市價購買牲口，迫使蒙古人向中國放貸人借錢養活自己。誠如過去曾在內蒙古所做的那樣，中國商人滲透喀爾喀領土，利用蒙古人對布匹、茶葉等商品需求，將他們與債務合同綁在一起。固定邊界、徭役義務，以及放牧清帝國的馬匹等要求，加上靜態寺院據點的興起，增加草場的壓力，也減少了可用於飼養牲群的人力。

從康熙晚期到雍正期間，清朝和準噶爾人的戰爭進一步摧毀了經濟。根據一項估計，在一七一五到一七三五年間，清朝向喀爾喀人徵用了四百萬頭牲口，每隻羊卻僅支付七兩銀。[53]為了支應準噶爾難民，讓草場的承載力增加更多壓力。一七五一年，乾隆禁止喀爾喀人和準噶爾人之間在邊境貿易。為了清償債務，喀爾喀被迫進一步向中國商人借貸，然後又為了償還中國債務而不得不賤價出售牲口換取白銀。因此，原本來去自如的喀爾喀游牧民在十八世紀上半葉見證了經濟被中國資本強行貨幣化，草場承受供應清軍出征的牲畜需求的壓力，其活動範圍被嚴密的官僚被限制在僵固的行政邊界之內。

青滾雜卜並不情願當個順從且定居的新理想游牧民。身為成吉思汗的合法後裔，他繼承了父親對和托輝特部的控制權並得到清朝承認。儘管在地方政府中升至高位，他多次與清朝官員發生衝突，被指責為怠忽職守。作為札薩克圖汗艾馬克的札薩克貝勒，他因「懶惰」而遭到彈劾，後來更被皇帝抨擊，因違抗不可與準噶爾人從事邊境貿易的禁令而被降級。青滾雜卜的桀驁不馴激怒了滿洲人上級，但我們似乎頗有理由將這位蒙古官員的行徑視為羨慕「真游牧民」（拉鐵摩爾語）的自由。[54]來自喀爾喀最偏遠的區域，他重視自己的獨立遠勝於官僚規定。

青滾雜卜不情不願地加入阿睦爾撒納的行列，揮軍攻打達瓦齊，但一七五五年冬天的酷寒使他的喀爾喀族人難以提供任何物資。額磷沁多爾濟遭到清廷處決，則成為壓垮駱駝的最後一根稻草。他是哲布尊丹巴呼圖克圖的哥哥，曾經負責押送阿睦爾撒納，但被人懷疑刻意讓阿睦爾撒納逃脫。青滾雜卜最初也受到懷疑，他被拔除官職並被逮捕了三次，但最終洗刷清白。清朝還需要他的效忠，但也需要代罪羔羊。朝廷於是緊抓額磷沁多爾濟不放。根據部分記載，一七五六年五月，青滾雜卜和哲布尊丹巴呼圖克圖被迫在北京觀看額磷沁多爾濟的公開處刑（後來的說法聲稱額磷沁多爾濟獲准自殺）。

一七五六年七月，青滾雜卜拒絕了清朝追捕阿睦爾撒納之令並返回牧地。不久之後，邊境沿線的喀爾喀人全逃離了哨所，於是清廷宣布青滾雜卜謀反，敦促喀爾喀貴族保持忠誠。青滾雜卜細數自己的不滿：清朝奪取喀爾喀人的馬和牛，壓迫喀爾喀人，而且還處決了額磷沁多爾濟——他是所有喀爾喀人之先祖成吉思汗的後裔。[55]乾隆否認他的軍事行動壓迫了喀爾喀人：他的人用白銀購買牲口。乾隆也堅持無論一個人的血統家系多麼崇高，都不能因此豁免於懲罰。但乾隆也知道青滾雜卜的反抗可能會吸引所有心懷不滿的喀爾喀貴族。經過一番猶豫，乾隆決定先嚴厲鎮壓喀爾喀人，然後再終結阿睦爾撒納。他從追捕阿睦爾撒納的軍隊調兵遣將，授命另一位喀爾喀蒙古人成袞札布（Tsengünjav）負責弭平騷亂。由於蒙古暴徒在守衛崗哨和轉驛站劫掠中國商店，滿人地方官員和札薩克於是請求朝廷恢復秩序。

青滾雜卜未能成功利用不滿情緒。雖然他以蒙古人同為成吉思汗後裔為訴求呼籲推翻滿清統治，卻少有貴族加入他的行列。他也未能與阿睦爾撒納協調搭配。雖然他找色楞格斯克的俄羅斯總督求助，俄羅斯人卻採取謹慎的觀望態度，認為遵守一七二七年與清朝簽訂的條約會比支持無望的起義更有利。反叛能否成功的關鍵，仰賴蒙古主要佛教僧侶哲布尊丹巴呼圖克圖的動向，因為他最受蒙古人民愛戴。哲布尊丹巴呼圖克圖起初搖擺不定，不確定是否該呼籲俄羅斯援助，還是充當青滾雜卜和清廷之間的調解人，但他最終被清朝的權力所震懾。他對喀爾喀諸領袖說：「在我看來，當我們被噶爾丹博碩克圖逼到窘迫境地時，是皇帝憐憫我們，並向我們喀爾喀人伸出援手，而且年年施予各種重要恩惠。」並敦促他們回到戍守的崗哨。[56]在一七五六年冬天的關鍵幾個月，青滾雜卜只能吸引不到兩千名支持者。一七五七年一月，他的部隊在清軍的猛烈攻勢下潰不成軍，自己也被俘虜，並連同其家屬遭到處決。與此同時，乾隆皇帝也做出關鍵的退讓，宣布不會使用任何喀爾喀軍隊鎮壓阿睦爾撒納。清朝結合小恩小惠和嚴厲懲罰，成功撐過了這個「不受控的事件」。這場叛亂最後已變成一系列思慮不周的擅離職守和搶劫行為，而不是有組織的抵抗活動。[57]

這次反叛最重大的長遠結果，是清朝宣布哲布尊丹巴呼圖克圖日後轉世時的化身，只能現身於西藏而非蒙古。誠如乾隆日後對西藏的做法，藉由不讓地方喇嘛參與大喇嘛的挑選儀式來控制佛教階級。

現代蒙古史學家將青滾雜卜的反抗視為蒙古民族對抗清朝壓迫的英勇民族抵抗運動，而中國史學家卻罕有提到這起事件，或者只將它視為一場盜匪之亂。西方和日本學者的評估則是介於兩者之間，認為的確有證據顯示經濟和行政剝削造成蒙古人對清朝統治的普遍憤慨，但也認為蒙古人再次受害於「致命的個體主義」，其效忠對象是部落和重要領袖，程度遠遠勝過民族統一。[58]正如我們將看到的，這兩種完全相反的解釋是現代民族主義時代錯置的產物，也反映了後來史學家對整場準噶爾戰役的扭曲。蒙古人對外侮的反抗在自身的內部分裂下瓦解，導致社會門戶洞開並任憑中國商人滲透。諷刺的是，這也預示了十九世紀中國的命運。

乾隆在追捕阿睦爾撒納期間，一再對他的戰地指揮官感到失望：若非攻勢不夠猛烈使難以捉摸的敵人逃脫，就是找藉口避免危險的正面交鋒，或是未能相互照應，讓敵人從他們協調不佳的部隊之間溜走。從未帶兵踏出北京宮殿的乾隆習慣紙上談兵，對戰地大將們實際上面臨的限制幾乎沒有什麼理解或同情。阿睦爾撒納從伊犁成功逃跑，使清軍將領招致來自北京的嚴斥重罰。

玉保將軍成為第一個受害者，他被指責讓阿睦爾撒納逃脫。[59] 玉保表示他僅有少少的兩千兵力，研判駐軍在僅剩下四五天口糧與幾匹馬的情況下缺乏火速追捕的資源，所以才掉頭回伊犁。乾隆懷疑玉保有所掩飾，遂將其解職，但允許他留軍中將功贖罪，展示戰時的「權宜倫理」。玉保在次月獲赦免與降級，但又在下一個月後被押送京師接受處罰。

皇帝的怒火很快就轉向玉保的同僚策楞，他在阿睦爾撒納從伊犁逃跑時擔任定西將軍。策楞宣稱部隊缺乏補給，違抗了迅速追擊逃跑的阿睦爾撒納的命令，但乾隆卻譴責他個人：「部隊將領應與部隊同甘共苦，而不是縱情鋪張浪費。」對比之下，達爾黨阿（Dardanga）因積極投入而升官。達爾黨阿率兵深入哈薩克領土，策楞卻坐在營地等待新的物資抵達。然而，乾隆卻把所有新物資都送給了鬥志更堅決的達爾黨阿。得知阿睦爾撒納僅帶著極少數人逃離時，他斥責策楞的增援請求。策楞想在伊犁留五百士兵後才推進，並撤回他已派出的小隊。策楞面對供給問題的謹慎態度或許沒錯，不過乾隆認為他「拘泥辦理」的行為令人惱火。策楞在撤回玉保的部隊並讓他們去牧馬後，接著也下令達爾黨阿撤軍。他因軍事上缺乏作為而遭受彈劾。「從來用兵之道，有進無退。」乾隆皇帝訓斥：「此次追擒叛逆，在庸懦無識之人。」策楞豈可聲稱補給不足阻止推進，甚至需要撤回已前進的部隊？難道將人馬來回調度不會耗費更多補給嗎？[60] 走西路的策楞明明比達爾黨阿早二十天到達營地，但達爾黨阿還有餘糧時策楞卻已耗盡。策楞行軍途中還曾停下腳步向附近的蒙古部落購買牲口，而不是採用從巴里坤送來的牲口。策楞和玉保被捕，雙雙送往首都治罪。兩位不幸的將軍在被押送回京的途中遭到準噶爾人攻擊與殺害。

相較之下，違抗上司命令的達爾黨阿，則因為採取積極乃至魯莽的主動攻勢而獲得極大讚譽。乾隆支持他的不服從與好鬥，於是將本屬於策楞的最高統帥職位作為獎勵。儘管達爾黨阿因為殺死和俘虜許多哈薩克人而得到讚揚，但倘若他也未能抓到阿睦爾撒納，他很快也就會成為皇帝對大草原戰事不切實際期望的犧牲品。冬天的來臨迫使乾隆不情願地同意撤軍。哈薩克首領阿布賚否認知道阿睦爾撒納的下落，卻也可疑地拒絕提供相關證據。乾隆強烈威脅阿布賚，若他不交出阿睦爾撒納，大軍將在明年春天返回後徹底剿滅他的部落。達爾黨阿眼下別無選擇，只能在沒達成任務的情況下撤退。

即便是達爾黨阿，在乾隆眼中也開始顯露不作為的跡象。達爾黨阿派遣一名特使與阿布賚談判，並將兩名哈薩克人留做人質，但哈薩克人卻因看守不牢而逃脫。一七五六年十一月，達爾黨阿和指揮官哈達哈（Hadaha）把軍隊聚在一起過冬，但未能協調好他們追捕阿睦爾撒納的責任。他們因為這個錯誤丟了烏紗帽。乾隆皇帝展示了策楞先前未能推進的另一個動機：比起表示自己無力追捕阿睦爾撒納，大力追捕卻失敗反而更可能招罪。這正是達爾黨阿的命運。

清廷只要指責玉保和策楞是出於懦弱才讓阿睦爾撒納逃跑，就能避免面對大草原的現實限制。從清朝的角度來看，若是能由對的將領負責，那麼光靠意志力也能克服最艱困的條件。如此一來失敗就是因為「心存畛域」，而非物質限制。[61]乾隆接受部隊每年都因冬季天候惡劣而不得不撤軍，儘管接受得極不情願。他每年都希望殲滅敵人，都想把征戰期危險地向冬天延伸。

到頭來，達爾黨阿和哈達哈其實也不比前人更成功。兩人都未能捕獲阿睦爾撒納，而且還讓背信棄義的阿布賚逃脫。乾隆痛批他們「為賊所愚」，後來更發現達爾黨阿的軍隊離阿睦爾撒納只有一兩里，相距之短「不及駝載」。但由於不知道阿睦爾撒納的確切下落，達爾黨阿選擇原地等待阿布賚將阿睦爾撒納擒來。哈達哈實際上還碰見了阿布賚，但卻沒有將他以變節之名逮捕。清軍捕獲阿睦爾撒納的侄子，並拷問出這兩名將軍其實和抓住阿睦爾撒納的機會擦身而過。阿睦爾撒納知道大軍預計在冬天撤軍，於是尾隨著他們撤回他的老地盤。事實上，比起全副武裝的清軍，他在大草原上行動的速度更快。達爾黨阿布賚當初碰上僅三十名部隊時就投降了。若再多努力一些，可能早在一年之前就能逮到他。達爾黨阿和哈達哈一如他們之前的將軍們，在組織行動上協調不良。達爾黨阿被譴責「糊塗無能」，哈達哈被批評議而不決，雙雙接受軍事審判並被痛斥「玷辱滿洲」。他們被革職，發往熱河「披甲效力」。[62]

乾隆皇帝決意在明年出征時把軍隊推進到更「偏遠、險峻」的哈薩克地盤，遠比當年策楞更加深入。[63]新任指揮官兆惠和富德必須彼此合作，絕不能重蹈策楞和玉保不願承擔責任的覆轍。

一七五六年剛開始時，兩位最有影響力的蒙古領導人阿睦爾撒納和青滾雜卜同時發動對清政權的叛亂。兩人都威脅動員更多支持者。阿睦爾撒納起初否認有任何反叛意圖，聲稱他只是想回到噶爾丹策零時代建立的和平。這項不坦率的訴求是為了爭取更多的蒙古盟友。後來阿睦爾撒納的大本營博爾塔拉爆發天花疫情，迫使他逃往哈薩克領土，並在那裡尋求盟友。乾隆下令全面搜查，同時對阿睦爾撒納拋下的牧地採行焦土戰略。他最擔心的是阿睦爾撒納有可能與哈薩克結盟，哈薩克是他所知最遙遠、也因此最難恫嚇的游牧部落。清朝統治者比較希望爭取哈薩克成為盟友，但在實際上採行恩威並濟的策略：如果哈薩克人俘虜並遣返阿睦爾撒納就能獲得豐厚獎勵，如果不照做則會被大軍消滅。

乾隆在一七五六冬天到一七五七年初時十分沮喪。他的軍隊擁有從華北平原到新疆大草原的巨大補給供應鏈支持，成功將阿睦爾撒納的人馬趕到哈薩克大草原，讓他們被迫拆散成許多小隊伍逃進山裡，還俘獲與納降了數千名阿睦爾撒納的追隨者。然而，反抗的大汗仍然在逃。乾隆對阿睦爾撒納的背叛憤怒不已，拒絕對其追隨者從寬發落，因為此等敏感地區已是兩度叛亂。他下令屠殺所有準噶爾俘虜：

「此等賊人斷不宜稍示姑息，惟老幼羸弱之人，或可酌量存留，另籌安插，前此兩次進兵皆不免過於姑容，今若仍照前辦理，則大兵撤回，伊等復滋生事端。」他在另一份諭令中說：「如果擒賊自效，率眾歸誠，必其人親至軍營叩顙籲請，今並未見其人，而但遣人來往，其為緩兵之計無疑，著傳諭成袞扎布等帶兵前進時，應將此等詭稱擒獻賊人先行斬戮，慎勿輕信賊言。」[64]

乾隆顯然已經克服當地軍事指揮官對屠殺的抗拒，從他多次下達重複命令，一再使用「勦」這一字眼可以看得出來。兆惠將軍因通報屠殺受到稱讚，還因此加官封爵。唐喀祿（Tangkelu）也是如此，他抓住了輝特部策卜登多爾濟（Chebudeng Dorji）並「將其屬人勦滅」。唐喀祿被允許將敵人的家族和牲口納入自己的部落。然而，哈達哈和阿桂等其他指揮官，則因僅占領準噶爾牧場但讓準噶爾人逃跑而受到懲罰。阿睦爾撒納的殘黨就算逃到俄羅斯領土，也躲不過追勦。[65]

乾隆皇帝刻意屠殺青壯，以便摧毀準噶爾民族。當策布登扎布將軍捕獲一群輝特人時，本來打算將這些人賞給忠誠的喀爾喀人。但乾隆卻下令要策布登扎布把「將丁壯人等悉行誅滅，其婦女酌量分賞喀爾喀」。[66]就連在部落長老戰敗後選擇投降的準噶爾青年也不得倖免，因為「伊等祖父世為頭目」。他們必須被處決，或成為征服者的僕役。[67]清廷曾在一七五六年建議用糧食、茶葉和牲口等食物賑濟投降之人，以贏得準噶爾民心，如今乾隆皇帝暗示採用飢餓策略：「勦滅叛賊很容易，因為他們已耗盡了必需品。」[68]老人、孩子和女人得以倖免，但他們將失去部族身分，被送給其他蒙古部落和滿洲旗人做僕役。他們不能保留部落（otoq，編按：史料稱鄂拓克）的名字或頭銜，例如宰桑。清朝任命值得信賴的蒙古人監督這些殘餘勢力，並封以總管和副總管等中國官稱。[69]

頒布這些聖旨後，很快就有消息指出清軍正在追捕亂黨，成千上萬地大肆屠殺。帝國諭令堅持這些俘虜不能按照一般處理匪徒的規則對待：「豈尋常偷竊牲畜賊匪可比。理宜一經拏獲，即行正法，又何必分別首從？但此部落內盜賊甚多；若不剿滅淨盡，於蒙古商人等，亦屬不便。」清朝的目標不僅僅是弭平叛亂，而是對準噶爾抵抗勢力「以絕根株」。[70]西伯利亞的俄羅斯總督聽說滿人軍隊屠殺了男人、女人和孩童，一個也不放過。[71]

直到一七五七年中，清朝才開始逐漸轉向寬容政策。因為此時阿睦爾撒納統一準噶爾的嘗試顯然已徹底失敗，再也無法構成重大威脅。此外突厥斯坦的大小和卓（編按：清朝稱回部）的叛亂也迫在眉睫，意謂著清朝必須避免將更多準噶爾人推向突厥斯坦的陣營。[72]儘管大批準噶爾人正在向清朝投誠，但清朝對他們仍有很大疑慮。那些看起來「毫無可疑」之人，被准許在一七五七年九月之後遷徙至內地牧場，但只要稍有不忠跡象就得被剿除。乾隆皇帝澄清道，他「從前本無如此辦理〔剿滅準噶爾的〕之心。因伊等叛服無常不得不除惡務盡也」。[73]儘管如此，兆惠和舒赫德（Shuhede）將軍在同一個月內仍因為沒有熱心投入征剿叛賊而被皇帝批評。儘管不斷受到乾隆催促，他們顯然迴避了大規模屠殺。

有別於對準噶爾人的政策，乾隆皇帝對徹底消滅黃教的西藏喇嘛有所猶豫。他對喇嘛頗為生氣，認為他們煽動蒙古人反抗。他命令成袞札布剷除在伊犁發現的那些喇嘛。但到了一七五七年七月，四個準噶爾部都已投降，朝廷擔心屠殺喇嘛會造成準噶爾人不必要的驚慌。反叛的尼瑪（Nima）試圖宣傳滿清「正在消滅黃教」來激起其他蒙古人的憤怒之情。乾隆很快就宣布涉入尼瑪叛亂的喇嘛都可能被處死，不過目前拖延才是上策。[74]戰術性地暫緩全面屠殺行動，只是為了贏得潛在蒙古盟友的支持，並未根本改變清朝的基本目標：消除蒙古自主與抵抗的一切可能性。

現代學者幾乎完全忽視了清朝刻意採取的大屠殺手段。[75]大屠殺政策明顯不同於先前清朝處理蒙古關係的方法。截至目前為止，清朝統治者主要採用歷史悠久的「以夷制夷」外交手段，輪流支持不同的游牧民族派系彼此作對，或者處決個別的叛亂元凶。但他們先前從未嘗試種族滅絕。[76]透過此一政策，清朝成功對（持續了大約一個世紀的）中國西北邊疆問題強制施行「最終解決方案」。準噶爾人的國家與民族就此消失，準噶爾的大草原從此也幾乎杳無人跡。魏源估計準噶爾人口約為六十萬，他在清軍出征史《聖武記》中指出：「計數十萬戶中，先痘死者十之四，繼竄入俄羅斯哈薩克者十之二，卒殲於大兵者十之三，除婦孺充賞外，至今惟來降受屯之厄魯特若干戶。」[77]準噶爾成了一片空白區域，等著被數百萬漢人農民、滿洲旗人、突厥斯坦綠洲移民、回族和其他人，經由國家支持的墾殖運動將此地再次填滿。

無論是此前或之後，以大屠殺進行種族滅絕都不是典型的清朝政策。「剿」字在過去曾被用來描述對非漢族野蠻人的適當行動。當然，滿人也曾在長江下游對中國城市使用恐怖策略作為警告手段，一六五四年在揚州為期十天的大屠殺是最惡名昭彰的例子。[78]後來鎮壓國內叛亂也讓很多人丟了項上人頭，但多半都是在經過審訊和司法程序之後。一般狀況下皆奉行區分主犯和「被脅迫的追隨者」的原則，旨在盡量減少處死人數。許多人的判決在秋審覆查後獲得赦免。

相較之下，中央歐亞過去比較常有大規模屠殺敵對部落的習慣。但即便如此，多數殺戮也只針對反抗的年輕男性戰士。如果一個部落投降，它的人民通常會被納入勝利者的部落，因為游牧征服者需要戰士。許多人會成為奴隸或僕役，但他們有機會保有部落身分，或與勝利者通婚。很少有一個部落的目標是剷除敵人的所有生產勞動人口。在人煙稀少的大草原上，戰鬥者稀缺且寶貴。每次征服後，婦女、孩童和年長男性往往也不會被消滅。

然而，對待準噶爾人不能像對待其他國內反叛分子（特別不能像對待漢人反叛者）。清軍不需要更多的中央歐亞戰士，因為已經有了滿人和溫順的喀爾喀蒙古人。準噶爾不再遙不可及，不再受後勤限制所保護。康熙把準噶爾的桀敖不馴當作他和準噶爾領袖噶爾丹之間的個人鬥爭，並把所有精力都專注於消滅他這號人物，鍾情於在大草原展開個人對決（當然雙方的距離沒有近到面對面）。相反的，留在首都的乾隆指揮著遠方戰地的將軍。他於是想到用一套非常井然有序的官僚主義方案來解決難以控制的大草原：消滅一切活物，創造一片空白。

不同於東部蒙古人，準噶爾人是中央歐亞諸民族當中，唯一堅持保有自治權不受中國統治的民族。東部蒙古將權利讓予清朝，讓清朝分配牧場、分發賑濟糧食、解決糾紛，並向他們徵用戰爭所需的軍隊和動物。他們允許中國移民滲透其領土，並為此付出代價：漢族商人腐化了貴族，漢族移民引入天花等疾病造成人口大幅減少，但他們的民族因而得以保全，並在二十世紀成為獨立國家（編按：指蒙古國）。相反的，準噶爾人完全消失了。唯有民間記憶保存了他們的奮鬥過程。

最後的這場大屠殺，使乾隆皇帝露出了猙獰的真面目。他聲稱自己是一視同仁的統治者，意圖在和諧之國內包容不同的民族。但抵抗帝國懷抱的那些人卻得面臨滅絕。乾隆在這個時期頒布的詔令，暴露了清朝中葉存在於仁慈理想和鎮壓現實之間的緊張關係。他以極度防衛的語氣為自己辯護，對抗認為出征既浪費錢又殘酷的無名批評者。他斷言「貪殘好亂反覆狡詐固屬準夷常性」，但卻也堅持「夫準噶爾夷眾本非勁旅」，只需要幾天時間就能將他們平息：

特外間無識之人又不免妄生議論，必謂此事原不當辦，即經辦矣，仍復生變，何如不辦之為愈，殊不思準噶爾之為西北邊患，自有明迄今垂四百餘年，我皇祖皇考當噶爾丹噶爾丹策零等簵簵完固兵力強盛之時，尚且屢申撻伐，以為邊陲久安之計，朕仰承鴻緒上荷天庥，適值該夷部落攜離人心渙散之後，既已機有可乘而乃安坐失之？豈不貽笑於天下後世？亦何以上對皇祖皇考在天之靈耶？此所以熟籌審計，實有萬不得已之苦心，非一時之好大喜功開邊釁而勤遠略也。[79]

皇帝在乎個人尊嚴和流傳後世的聲譽，試圖確保會獲得他人讚譽，因為他做的是長期戰略規畫，而不僅僅是出於對榮耀的熱愛。他還捍衛剿滅政策，視之為保護「我們的喀爾喀部落」不受攻擊，主張他原來只打算使用典型的「羈縻」政策，讓邊境部落保有高度自治權，但阿睦爾撒納與「無知的」追隨者拒絕接受和平，為自己招致毀滅並違背乾隆的「本懷」。最後，他主張不能因為撤軍而拋棄在邊境的重大勝利，然後讓游牧威脅死灰復燃。他還指出戰役總成本僅為一千七百萬兩，遠低於雍正時期花費的五千萬至六千萬兩。他最後總結道：自己致力於這個行動「並非舍逸而好勞，實出於事勢之不可已」，因為「人君日理萬幾國計民瘼，實深乾惕」。[80]在對軍事計畫的詳細辯護中，皇帝懇求認為昂貴的邊境遠征毫無用處之人的同情。藉由把自己擺進康熙以降的征服者陣容中並強調不斷拓展的成就，乾隆承諾將為持續了幾個世紀的安全問題畫下句點。他藉此證成徹底消滅擋路者的正當性。

到了一七五六年十月，清軍已戰勝支持阿睦爾撒納的哈薩克人，並抓住了他底下一名宰桑。阿睦爾撒納西逃，仍然受到哈薩克的阿布賚的保護。到了十一月，冬天的寒冷迫使清軍撤離，等待明年到來。哈薩克人對阿睦爾撒納保持模稜兩可的模糊態度。阿布賚一方面向清朝進貢，承諾擒拿阿穆爾薩納，但另一方面落網的阿睦爾撒納宰桑卻表示阿布賚也支援反叛分子。[81]一七五六年夏天，阿布賚曾短暫庇護了阿睦爾撒納，提供他一點人馬以便抗清。但當意識到他沒有任何勝算後，很快就將他逐出哈薩克領土。當阿布賚向兆惠臣服時，他聲稱曾試圖捉捕阿睦爾撒納，但阿睦爾撒納卻偷他的馬逃跑了。他對清朝的援助表示感激，承諾所有哈薩克人對清朝的歸順。不到一個禮拜後，哈薩克的尼瑪被捕，而其他哈薩克人一聽說阿布賚的歸順就投降了。

失去一切盟友的阿睦爾撒納，如今表示若沙皇能在額爾齊斯河和齋桑泊之間為他建造一座堡壘作為攻擊清朝的基地的話，就願意臣服於俄羅斯。沙皇拒絕採取任何可能導致戰爭的行動，然後表示阿睦爾撒納若同意重新安頓在伏爾加河並與其他卡爾梅克人一起生活，他願意提供保護。

一七五七年初，兆惠稟報阿睦爾撒納從俄羅斯邊境掉頭回來。阿睦爾撒納尚不知道青滾雜卜的下場，於是孤注一擲地盼望能向東與青滾雜卜聯手。儘管冬季嚴寒，但乾隆認為現在是捕獲阿睦爾撒納的絕佳機會，兩支軍隊應竭力將他逮捕。由於中俄有條約協議，他假定阿睦爾撒納無法逃向俄羅斯。清軍兵分四路，搜索阿睦爾撒納蹤跡。七月，阿睦爾撒納出現在俄羅斯的塞米巴拉金斯克堡壘，並向俄羅斯指揮官投降。俄羅斯人發現他患有天花且病重將死，趕緊將他送到托博爾斯克，並將他隔離在城外。阿睦爾撒納在一七五七年九月二十一日過世，享年三十五。

俄羅斯人隱瞞了阿睦爾撒納來逃和死亡的事實，希望以持有其屍身作為籌碼。他們告訴清朝使節，阿睦爾撒納在橫渡額爾齊斯河時溺斃。[82]清朝官員在河裡打撈了一個月卻一無所獲。他們開始懷疑俄羅斯人。一七五七年十月，兆惠確信阿睦爾撒納已逃往俄羅斯領土，而俄羅斯人謊報他的死亡。事實上，俄人已將他埋葬在色楞格斯克。中國人再三要求歸還阿睦爾撒納未果。直到一七五八年二月，俄羅斯代表才承認阿睦爾撒納已死於天花，並邀中國人到色楞格斯克的堡壘或恰克圖邊境見屍。

儘管阿睦爾撒納的屍體此時可能已腐爛得無法辨認，而且俄羅斯人完全沒提到和阿睦爾撒納一起被捕的其他追隨者，乾隆仍決定派兩名代表前往邊境。不僅是為了認屍，還要將屍體帶回。在收到俄羅斯消息的兩天後，乾隆終於有信心宣布阿睦爾撒納之死。可是俄羅斯人拒絕歸還屍體，而乾隆堅持一定要取得阿睦爾撒納的屍體：「況國家之所期必獲者，不過一阿睦爾撒納耳，今其人已死，其尸已得，準噶爾全局自可以告厥成功。」[83]

與俄羅斯人爭奪阿睦爾撒納的屍體歸還，造成持續多年的重大外交衝突。清朝多次致函聖彼得堡要求歸還屍體，俄羅斯人則認為雙方實在沒有必要為了腐爛骨頭破壞友好關係。清朝對俄羅斯施壓，將東正教修士軟禁在北京，禁止他們與漢人接觸，並威脅要切斷貿易。清朝聲稱，根據一七二七年的《恰克圖條約》，俄羅斯有義務遣返任何逃過邊境的難民；但從俄羅斯的觀點來看，一七二七年尚未確定與準噶爾的邊界，阿睦爾撒納及其追隨者也不算是「難民」。俄羅斯採取如此頑固的態度，是為了保護自己在其他中央歐亞人民眼中的帝國形象。他們密切關注兩個帝國之間的勢力平衡。顯然，乾隆皇帝最終沒能取回阿睦爾撒納的屍體。[84]不同於祖父康熙能夠驕傲地展示噶爾丹的人頭，並在北京的閱兵場上粉碎他的骨灰，乾隆只能接受沒有最終結果的勝利。

中國史學家如今聲稱，俄羅斯人是想利用阿睦爾撒納（無論死活），將他們的控制權擴張到準噶爾地區。他們將阿睦爾撒納的叛亂主要歸咎於俄羅斯人，因為俄羅斯人曾試圖分裂「自古團結」的中國蒙古民族。在他們看來，阿睦爾撒納應得到「徹底的負面歷史評價」，因為他讓蒙古人變得更加分裂。相比之下，俄羅斯史學家則認為阿睦爾撒納的行動是蒙古民族在中亞抵抗清朝侵略擴張主義的英勇之舉。[85]再一次，雙方的民族主義頗為異曲同工。中俄都把蒙古人視為本質上統一的民族，並將衝突歸咎於外來陰謀。中國指控俄羅斯侵略，俄羅斯則反控清朝擴張主義。誠如清朝最後一位準噶爾對手的命運即便在去世後仍含糊不清，後人對他反抗的最後歲月的歷史詮釋也始終沒得到解決。

征服突厥斯坦

清朝的戰事並未隨準噶爾國的毀滅而結束。另外還有一項更深入中央歐亞的軍事行動，到了天山山脈以南的綠洲。我只能簡要描述這些行動，但它們是帝國持續擴張的頂點，將大量突厥裔的綠洲居民納入清朝控制。[86]

南部突厥斯坦的綠洲向來擁戴瑪哈圖木阿雜木後裔的和卓（Makhdūmzāda Khojas），此家族聲稱擁有十五和十六世紀蘇菲兄弟會著名且神聖的謝赫（shaykhs）血統。準噶爾統治者認可他們對突厥斯坦的控制，而且非常仰賴他們的食物供應，但密切監控他們。策妄阿喇布坦曾宣布瑪罕木特和卓（Khoja Mahmut）是全突厥斯坦領袖，但噶爾單策零卻把他監禁在伊犁。在瑪罕木特去世和一七五五年的第一次伊犁入侵後，清軍釋放了他的兒子波羅泥都（Burhān ad-Dīn）和霍集占（Khoja Jihān），將大和卓波羅泥都送回葉爾羌，但把小和卓霍集占留在伊犁。小和卓霍集占後來加入阿睦爾撒納的叛亂，但為躲避清軍追捕逃往葉爾羌，並鼓吹哥哥掀起反抗：

> 如果聽清廷之令歸順，我們將被關押在北京，就像準噶爾人一樣。我的祖先好幾世代都受人控制。如今機會偶然，強大的〔準噶爾〕國家瓦解，沒有人壓迫我們。如果我們不抓住這個機會創建獨立國家，我們將永遠成為奴隸。那將是一大災難。中國現在已拿下了準噶爾地區，但還未決定〔對突厥斯坦〕的政策。它的軍隊無法來到這裡，而且就算他們來了，我們將抵抗直到他們的補給耗盡。我們可以不費一兵一卒就擊潰他們。[87]

和準噶爾國創建者一樣，霍集占同樣表達了自治的渴望，以及仰賴地處偏遠和補給不易的地理優勢。他的戰略盤算幾乎都是對的。大和卓同意，發動一場由當地伯克和阿訇（ahunds，伊斯蘭要人）掀起的反叛。大小和卓集結了一支大軍，並在庫車（Kucha）設防，庫車是東方進入該區域的重鎮。乾隆任命雅爾哈善為靖逆將軍，給他一萬人圍攻庫車。雅爾哈善期待能輕鬆得勝，沒有會遭遇反擊的心理準備，還把時間都花在下棋。一七五八年七月二十八日夜裡，突厥軍隊從庫車城衝出並向西突圍。皇帝召回雅爾哈善，將他處死。

然而，大小和卓並沒有獲得阿克蘇穆斯林的支持，當地的伯克曾幫清朝捕獲達瓦齊。他們只好繼續向西，占領了葉爾羌和喀什噶爾。他們修牆整地，摧毀周圍土地，將當地居民趕往城裡，確保敵軍抵達時得不到任何資源。如今乾隆派出他最好的邊將兆惠（曾經成功鎮壓準噶爾人），向南推進到東突厥斯坦邊緣，圍攻叛亂分子。但在葉爾羌外的黑水營地一役，小和卓的軍隊以四比一的優勢包圍兆惠的清軍，並讓他們經歷了長達三個月的絕望圍城。所幸清軍可以掘水，還發現埋在地下的穀物儲存坑，才能撐到烏魯木齊的援軍抵達。

此時大和卓的據點喀什噶爾遭到吉爾吉斯人的攻擊。喀什噶爾的前阿奇木伯克（hakim beg，編按：突厥斯坦階位最高的伯克）和什克（Khwush Kipäk），幫兆惠建議了最佳入侵路線。[88] 大小和卓逃往巴達克山（Badakhshan），在那裡被俘並被殺

乾隆皇帝委託製作慶祝其軍事勝利的法國版畫之一，描繪在北京午門展示和處決金川之戰捕獲俘虜的畫面。跪在最左邊的那群人正將小和卓霍集占（Khoja Jihān）的頭呈給皇帝，皇帝坐在右邊的高台上。*

害。再次，清朝將領與巴達克山的統治者素勒坦沙（Sultan Shah）吵著要取回兩個叛賊的屍體。[89]經過進一步威脅，他們終於取得小和卓霍集占的頭顱和大和卓波羅泥都的屍體，運回北京。一七五九年十二月十三日，乾隆皇帝宣布平定準噶爾，昭告「中外臣民」，隨著準噶爾地區「入版圖」，加上取得了叛賊大小和卓的首級，他已實現了「邊陲寧謐各部落永慶安全」。[90]

突厥斯坦戰役成為了長達一世紀準噶爾事業的縮影。大小和卓試圖建立一個自治的統一國家，地處偏遠而不受清朝勢力侵擾，但卻滅亡於綠洲社群之間的內部分歧，以及清軍軍需官的驚人後勤成就。同樣與現代民族主義者的主張相反，並不存在統一的「維吾爾」民族認同，遑論其是否渴望一致抗清或加入大清。儘管清朝迅速取勝，但部分將領的表現極為無能，像是雅爾哈善。兆惠雖然打得艱苦，但主要是運氣不佳而非領導無方。清軍是貨真價實的多族部隊，包括滿、蒙大將，漢人軍需指揮官，甚至部分投降的準噶爾部隊。雖然清軍現在已有遠征邊境行動的豐富經驗，乾隆再次表現得「急於宣布勝利然後撤退」。[91]他仍試圖將邊境成本降至最低，即使可能冒著讓小型部隊被消滅的風險。也許對阿睦爾撒納的輕鬆勝利，讓乾隆皇帝與諸將認為在條件大不相同的天山以南地區也能輕鬆應對。

中央歐亞爆發的最後一次起義表示，此地邊界仍不完全平靜，預示著十九世紀將出現更大的麻煩。[92]一七六五年，位於回部（六城，Altishahr）南部、擁有近百萬人口的城市的烏什爆發叛亂。此地先前的伯克曾捉住達瓦齊，並拒絕援助大小和卓，但乾隆皇帝還是懷疑他的忠誠，用哈密的外來官員取代了他。新伯克勒索穀物，侵犯前任伯克的妻妾，酒醉的軍事指揮官卻沒出面制止。二百四十名突厥斯

＊編註：這張版畫的確是為平定金川（約在今日四川西部）戰事而作，但霍集占參與的是大小和卓之亂（約在今日新疆境內），原圖說恐有誤植之處，特此說明。

坦搬運工拒絕徭役壓迫，開始反抗。他們聚集了地方支持者，帶領二千至三千名叛亂分子與地方部隊作戰，還擊敗東方一百公里處阿克蘇派來的增援部隊。乾隆擔心浩罕的伯克可能趁機介入，於是下令從伊犁和喀什噶爾調派更大規模的部隊。清軍徵用流放罪犯，試圖爬上圍城烏什的牆。伊犁和喀什噶爾的指揮官未能相互合作，推延圍城，致使許多叛賊逃脫，但該城最終在一七六五年九月投降。清軍指揮官殺死了三百多名叛民，並將數萬人遣送伊犁。然後他們從頭開始重建這座城市，對阿奇木伯克的濫權嚴加管制，並試圖落實漢人和穆斯林人口的嚴格隔離。

與青滾雜卜的蒙古人一樣，烏什叛亂分子既不滿清朝加諸的徭役，也討厭濫權的漢族官員和極盡剝削能事的商人。兩者都試圖獲得更廣泛的支持，但鄰近的城鎮或部落大多拒絕合作。無情鎮壓在蒙古和新疆都導致更嚴格的管控，但騷亂在新疆一觸即發。醉酒的犯罪流亡者在一七六八年引發了昌吉之亂；十九世紀初的張格爾（Jahangir）從新疆以西帶來了一支新的叛軍。來自浩罕的鴉片走私，給當地官員帶來了同樣困擾南部沿海各省的鎮壓行動。[93] 突厥斯坦加入清帝國是平定準噶爾的副產品，但消滅準噶爾本身並不保證能牢牢控制該區域。

土爾扈特的回歸

德昆西（Thomas De Quincey）在十九世紀早期觀察到：

> 在現代歷史上，或許甚至可以說是所有的歷史上，從最早有記載以來，沒有任何一個偉大的事件，比一支主要韃靼民族在上個世紀的下半葉，向東逃亡，穿越無盡亞洲大草原，更不為人知，或

者更超乎想像……從它驟然開始，疾速進行，我們看到從事遷徙者的粗野性格。連結無數意志的統一目標，以及盲目但準確無誤地瞄準一個如此遙遠的地方，不禁讓人想起那些驅使燕子和旅鼠遷徙和蝗蟲過境的至高本能。[94]

德昆西根據土爾扈特蒙古人從伏爾加河畔回到蒙古故土的史詩長征，創作了一部英國文學的冷門經典。這本歷史小說在戲劇性場景、生動角色，以及誇張衝突方面都和司各特爵士（Sir Walter Scott）的作品不相上下。事實上，並非所有德昆西的描述都是虛構。他仰賴的文本是貝爾格曼（Benjamin Bergmann）的《卡爾梅克的游牧入侵》（*Nomadische Streifereien unter den Kalmuken*），此書參考了不在官方記載中的俄羅斯和蒙古口述史料。尚未有人充分使用蒙古文、滿文、俄文、中文和西方文件來寫成土爾扈特的完整歷史，此處也沒有足夠篇幅敘說。[95]我只能強調土爾扈特對清帝國不斷演進的願景，以及對歐亞最後一個自治蒙古部落之終結的重要性。

現代中國史學家往往把土爾扈特的遷徙形容成清帝國一支失落的民族，在俄羅斯壓迫下「回歸」投入皇帝的仁慈擁抱。伏爾加河上的土爾扈特人確實受到俄羅斯軍事負擔和其他定居者侵犯之苦，但他們在悲慘旅程之後被納入清朝卻並非注定。事實上，有部分土爾扈特人至今仍留再原地。他們被稱為「卡爾梅克人」，居住在俄羅斯境內一個自治的共和國裡。在一七七一年抵達清朝邊境的那些人，並未得到一致的熱烈歡迎。土爾扈特人在俄羅斯支配下的經歷，已有考達爾考夫斯基（Michael Khodarkovsky）的詳細描述。我在此只會詳述他們剛抵達清朝邊境時，曾引起是否准予進入帝國的辯論。辯論透露這些遷徙游牧民最初地位的不確定性，以及清朝、俄羅斯和準噶爾三方互動的遺緒，如何影響清朝決定是否接納「亞洲史上最後一批大出走的游牧民族」的殘餘勢力。[96]

土爾扈特的和鄂爾勒克當初會帶領人民離開蒙古西部，是為了躲避十七世紀早期大草原的動盪，並找到他們可以自由生活的牧場。雖然沙皇伊凡已征服了阿斯特拉罕和喀山，俄羅斯仍未完全控制伏爾加河下游。就像頓河的哥薩克人，土爾扈特人（或俄羅斯人口中的卡爾梅克人）在首領領導下形成近乎自治自主的社群。雖然他們宣誓效忠沙皇，但其地位比起附庸，更像是獨立盟友。他們在最偉大的領袖阿玉氣汗（一六六九至一七二四年）領導下，控制了裏海以北的大草原，領土更從三十萬增至四十萬平方英里。

他們在這個時期與蒙古和清朝都保持聯繫。他們派出朝貢使團，也獲准加入到庫庫淖爾的「熬茶」使團。一六九八年，阿玉氣汗的兒子阿喇布珠爾在清廷許可下，帶了五千人到拉薩。一七一二年，圖理琛出使阿玉氣，表面上是為了促成阿喇布珠爾的歸返，但看在土爾扈特人眼中則是清朝尋求支持以對抗策妄阿喇布坦的努力，不過土爾扈特人不願承諾結盟。他們不時探索返回故土的可能性，但只要準噶爾勢力仍然強大，而且和清朝與哈薩克交戰，大草原的情況就動盪到難以遷徙。在十七和十八世紀，俄羅斯政府日益侵蝕土爾扈特的自治權，軍事徵召需求與干預地方行政之事不斷增加。俄羅斯對大草原的滲透，就和清朝滲透蒙古類似：每當有俄羅斯人或漢人移民進入蒙古領土，蒙古酋長就發現自己受到的限制與日俱增。俄羅斯人雖然沒有嚴厲束縛的清朝旗制，土爾扈特人也能更自由地移動，但俄羅斯向附庸國榨取大量的軍事服務。在這方面，土爾扈特人和哥薩克人等大草原邊境的流動人口並沒有不同。

土爾扈特人一七七〇年離開伏爾加河的決定，源自社會逐漸累積的壓力和一個偶然的機會。考達爾考夫斯基發現「俄羅斯對卡爾梅克行政事務的控制越來越強，對卡爾梅克騎兵的過分徵用，上等牧場因軍事和農業殖民地擴大而喪失，以及對強制協議和脅迫的恐懼，都是造成卡爾梅克人決定啟程往準噶爾的關鍵因素」。[97]一七六二年，俄皇凱瑟琳大帝（Catherine II）宣布土爾扈特大汗不再能自由選擇顧問委員會，必須獲得沙皇批准。而要求卡爾梅克騎兵在一七六八年為另一場與鄂圖曼人的戰爭效勞，則成為壓倒土爾扈特人的最後一根稻草。凱瑟琳大帝傲慢地要求總人口才四萬一千五百二十三帳的卡爾梅克人必須派出二萬騎兵，無視卡爾梅克人還需要保護自己免受來自鄰近哈薩克人和庫班地區（Kuban）之襲擊。[98]只有一萬名卡爾梅克人加入一七六九年的作戰，而且他們抗命並提前在九月回家，以便照顧牲群過冬。

土爾扈特內部的權力鬥爭也有影響。卡爾梅克貴族策伯克多爾濟太師（Tsebek Dorji Tayishi）認為自己有權繼承汗國，但卡爾梅克人在俄羅斯的壓力下選擇了年輕又優柔寡斷的渥巴錫（Ubashi）。策伯克多爾濟為了報復俄羅斯人，並希望在俄羅斯境外建立自己的政權，他拉攏渥巴錫一併策畫大膽逃脫行動。策伯克多爾濟在卡爾梅克貴族的重要會議上宣布：

> 在所有方面，您的權利受到俄羅斯人的限制。他們的官員不僅未善待卡爾梅克人，而且其政府似乎打算將這些獨立的草原人民變成定居農民。烏拉河兩岸到處都是哥薩克堡壘；北部邊界住著移民的德國人，很快，您將被迫從頓河和捷列克河（Terek）、庫馬河和伏爾加河搬走；您的游牧生活將被限制在沒有水源的區域，您的牧群將被摧毀。未來，在奴役的枷鎖下，您若不屈從，就得迅速離開俄羅斯帝國，以免被消滅。您做出的決定，將決定您的命運。[99]

渥巴錫汗計畫在一七七一年初大出走，因為此時俄羅斯士兵尚未全數從鄂圖曼戰役歸來。他想等待伏爾加河凍結，以便西岸的卡爾梅克人也可以一道加入。但計畫卻被俄羅斯總督發現，他只得被迫提前出發。一七七一年一月五日，超過三萬帳土爾扈特人（大約十五萬至十七萬人）朝準噶爾地區出發。渥巴錫汗帶走了將近四分之三的游牧民。儘管渥巴錫汗告訴清朝官員自己不得不拋下一萬三千帳，因為伏爾加河沒來得及凍結；但留下來的人主要是杜爾伯特部或輝特部的族人，而他們並不同意大遷徙。[100]到了一七七一年六月，移居隊伍已抵達巴爾喀什湖，成功逃離俄羅斯的追捕，但受盡寒冬霜凍、飢餓、疾病和哈薩克突擊之折磨。當他們兵疲馬困地在巴爾喀什湖停下來整頓時，卻遭到哈薩克人包圍與重創。等到渥巴錫汗和駐伊犁的官員聯繫上時，他只剩下一萬五千帳的約七萬名族人。[101]

在這史詩般的長征中，渥巴錫汗已失去了至少十萬人，他想自由自在放牧的夢想也已被粉碎。誠如巴克曼（C. D. Barkman）指出：「很明顯，土爾扈特人並無意向中國人投降，而是期盼能在準噶爾地區獨立生存。」[102]直到抵達巴爾喀什湖附近的古老衛拉特牧場，他們才意識到大草原上已沒有多餘空間。清軍已消滅了準噶爾國，並勸說哈薩克人向清朝進貢，同時俄羅斯的堡壘在西伯利亞各地邊界矗立。「卡爾梅克人逃過俄羅斯的魔爪，最後卻陷入中國人的魔爪。」[103]

然而，清朝邊境指揮官非常抗拒讓這些消失已久的游牧民跨越邊界。滿文文件中有一份討論土爾扈特人的特別檔案，透露出強烈的懷疑和抗拒。[104]科布多的滿人指揮官伊勒圖（Iletu），最早在提到在一七七一年六月十四日，從俄羅斯收到有關土爾扈特動向的通報，指出哈薩克人阻擋土爾扈特前往邊界。俄羅斯人要求清朝不要接受這些「無賴和叛徒」，他們是逃避從軍的俄羅斯子民。[105]根據《恰克圖條約》，越過邊境的難民、逃兵或罪犯應當被遣返。伊勒圖猶豫不決。若以強硬手段遣返土爾扈特人，勢必引發一場新的戰爭，但又難以在伊犁附近安置他們。於是伊勒圖提議把他們送往更東邊的察哈爾地盤。乾隆皇帝立刻斥責伊勒圖對邊境情勢的無知，認為他居然沒看出把土爾扈特人和其他西部蒙古的衛拉特部族混在一起會有什麼問題。乾隆派出曾鎮壓烏什叛亂的舒赫德，接管伊犁並限縮伊勒圖的職責至地方防禦。[106]

籲請清朝援助的，還有正在與土爾扈特人交戰的哈薩克人。他們誇大土爾扈特的實力，宣稱其有八萬到九萬帳，並期待作為清朝藩屬國而獲得軍事支持，因為土爾扈特人已掠奪了成千上萬的哈薩克牲口。阿布賚巧妙地援引最近與大小和卓的戰爭，呼籲迅速採取軍事行動，以防叛亂分子逃向鞭長莫及的大草原深處，屆時將不得不派出龐大部隊追捕他們。[107]

清朝還需要考慮到舍楞台吉（Prince Shereng）也是土爾扈特的移民之一。舍楞曾加入阿睦爾撒納的反抗，失敗後逃亡。如今，他陪同渥巴錫汗，作為土爾扈特兀魯思的其中一位領導者回歸。他宣稱想要臣服，但清朝該信任他嗎？伊勒圖抱持懷疑態度，他認為舍楞拒絕承認罪行。乾隆不理會這層擔憂，認為舍楞是真心投誠。

乾隆很快就得出結論，認為土爾扈特人身為準噶爾的最後殘餘，既然如今已被接納為「我們的蒙古人」，就應讓他們在帝國內避難。乾隆拒絕了俄羅斯的要求，理由是俄羅斯曾拒絕歸還舍楞和其他阿睦爾撒納的支持者。[108]儘管土爾扈特人是在一個多世紀前離開，但乾隆認為他們並不是難民，而是清朝的屬民。乾隆將清朝透過軍事確立的邊界回溯，將歷史上所有蒙古人都納入勢力範圍。他知道「如果伊犁空著，土爾扈特人可能會想恢復他們過去的牧場」，但現在伊犁到處有軍隊駐紮和防禦城市，他們知道自己別無選擇只能讓清朝幫忙決定落腳之處。[109]他也拒絕了哈薩克的求援，建議阿布賚不要趁危「漁利」。雖然他認為九成的土爾扈特人是忠誠的，但承認有必要防止那一成不忠之人造成破壞。然而，當巴圖濟爾噶朗（Batu Jirgelang）指揮官想徵用二萬士兵戍守邊界，乾隆卻以要求太過而拒絕。他認為一萬人以內就綽綽有餘。邊防指揮官多半記得青滾雜卜的叛亂，因此特別擔心來自喀爾喀部落的戰士，乾隆於是停止徵召喀爾喀人。[110]

一七七一年七月二十九日，乾隆已決議將土爾扈特人安置在帝國境內。他下令官員安排渥巴錫汗到承德覲見，並尋找安置他們的土地。他派人從安西、巴里坤和烏魯木齊送二十萬銀兩，支付賑濟物資和旅費。對土爾扈特有利的論點進一步表示他們和正教俄羅斯格格不入，而且皇帝宣稱，俄羅斯不允許他們派使團到西藏。相反的，清朝會允許土爾扈特人在通知理藩院後，自行選擇派熬茶使團到西藏的時間。當準噶爾人擁有獨立國家時，對熬茶使團的控制，是限制他們和拉薩接觸的關鍵工具；如今，卻被用來引誘土爾扈特人更靠近內地，遠離不確定的邊界。在清朝看來，既然現在西藏已「入版圖」，黃教就不再會讓蒙古人與帝國疏離，反而能將他們結合得更緊密。[111]

儘管邊境官員奉命行事，他們並非全都被說服。一七七七年，滿人七十一寫下邊務記述（譯按：《西域聞見錄》），展現對土爾扈特人忠誠的深刻懷疑。他的紀錄替後人留下一種有別於「帝國凝視」採取的仁慈觀點：比較以動盪邊境的地方經驗為依據，而不是來自首都一味安撫人心的陳腔濫調。我將在後面的章節探討他的看法。

清朝至少立下三座紀念碑頌揚土爾扈特人的回歸：一座位於伊犁，兩座位於承德（朝廷位於北京以北的夏宮）的小布達拉宮入口。[112]小布達拉宮的兩座以滿、漢、藏、蒙四種語言寫成，不過滿文似是該文本的首要語言。翰林學士于敏中奉承但正確地表示：「皇上發現了一種深奧的藝術，以很少的文字涵括許多事實，並賦予這些文字極為寬廣又深刻的含義。」[113]于敏中同時也是乾隆的親信與御製詩校刊。紀念碑題名為《土爾扈特全部歸順記》，碑文簡明扼要描述了土爾扈特人來到邊境的故事，以及皇帝力排眾異接納他們。據說乾隆只花了一刻鐘就完成這篇文章，但精闢捕捉了事件精髓。銘文坦率地談論了對反叛者舍楞的疑慮，前線指揮官要求更多部隊，以及皇帝相信只要提供物資並小心觀察，土爾扈特人不會造成傷害。碑文將土爾扈特出乎意料和完全自願的「歸順」（滿文 jihe bahaha），當作天命對仁慈皇帝的贊同。我將在後面的章節詳細討論，這類石碑如何透露清帝國對自身歷史定位的認識。清人終於完成從康熙時代征討噶爾丹以降的偉大計畫，康熙的孫子現在可以令人信服地聲稱「西域已被鞏固，而且將蓬勃發展」。乾隆期待邊境永久和平，因為「在所有蒙古部落中，沒有一個不是大清的臣民」。[114]

誠如俄羅斯人所言，土爾扈特的回歸成了納入清朝懷抱的最後「民族集合」，寫下定居帝國與大草原間千年鬥爭的第二個結局：一支民族被徹底消滅，另一支復活並重返老家。復興發生在消滅之後，對帝國大業而言是令人滿意的結果。未來的民族主義者將反覆引用「回歸」的概念，作為描述各民族統一在新興民族國家之下的隱喻。帝國和民族國家將歷史視為出走後回歸的循環，合法化其支配多個民族的主張。

不同於帝國呈現的形象，土爾扈特人長遠來看過得並不順遂。渥巴錫到承德覲見皇帝時享受了豐富盛宴，收到皇帝賜與的許多禮物，而且保留了大汗頭銜，不過不再能控制他的人民。為了確保這些蒙古人永遠不會聯合起來挑戰帝國，他們被拆成四盟十旗分散在新疆北部的數百公里。[115]舍楞底下的兩個旗在科布多附近定居，另外四個旗在焉耆（Karashahr）以南定居。清官員強迫他們當中的許多人從事農耕，以便防止他們增加人數。七十一在一七七七年發現，很多男人當起盜

「寶吉騮」。土爾扈特部蒙古人從俄羅斯東返故土後，將這匹駿馬獻給乾隆皇帝，來自捷克的耶穌會士兼宮廷畫家艾啟蒙（Ignatius Sickeltart）繪此圖於1773年。

匪，婦女則從事賣淫。

事後看來，離開伏爾加河究竟是不是個好選擇？與留下來的同胞相比，土爾扈特人真的獲得了更大的「自由來過游牧生活，保存習俗，以及實踐佛教信仰」嗎？[116]一九四七年，中國境內約有五萬七千名重新安置的土爾扈特人；但在中華人民共和國的統治下，他們被納入一般的蒙古民族，失去了自己的族裔身分。[117]相較之下，一萬三千名留在伏爾加河的卡爾梅克人如今在俄羅斯擁有自己的自治共和國，二〇〇四年人口為三十萬。[118]我們可以論辯他們的選擇是否明智，但顯然當這最後一批自由的游牧民也進入周圍大型農業帝國的統治之下，大草原時代就告終結，也終結了世界歷史的一頁偉大篇章。

第三部

帝國的經濟基礎

第八章

駱駝背上的火炮：生態結構與經濟局勢

如前所述，後勤限制屢次束縛了清朝的將軍，讓他們無法施展身手。例如，假如費揚古在烏蘭布通沒有幸運碰上了撤退的噶爾丹軍隊，那麼他的軍隊很可能就餓死了。邊疆的遙遠、荒涼與貧瘠也保護了游牧民，並阻擋了歷代企圖在該區域施加影響力的中國政權。[1]

然而游牧民也要面對補給的限制。雖然他們可以在草地上自給自足（中國軍隊做不到這點），但是當冬季大風雪將草地覆蓋時，則會致使他們的畜群倒斃。草地也限制了大型游牧軍隊的規模與行動能力，他們仰賴快速突襲與撤退，且避免長期而靜態的防禦。如噶爾丹在烏蘭布通學到的，在清朝首都附近開戰是一大失策，但他仍然能夠往西邊脫逃。然而，康熙在後來的戰役中，展現出他能領軍直達色楞格河與土拉河，而那裡已經接近蒙古勢力心臟地帶。距離不再是保護游牧民的屏障了，千年以來對中國勢力的結構性限制已經開始瓦解。

戰略上的考量迫使雙方改變自然環境。就在清朝開始深入西北的同時，準噶爾也開始開發他們的領地。許多新疆開發的記述都忽略了從牧業經濟到定居經濟的重要轉變，但是準噶爾部也如同許多他們的前人一般，仰賴牧業、農業、商業與礦業資源來建立其國家。

巴圖爾琿台吉在基布克賽爾（Kibaksarai，或作和布克賽爾〔Kobuk Saur〕）附近建立都城，農田則環繞周邊。[2]一六四四年，他建立了三座磚造城市，包括寺院在內，並且向沙皇請求提供雞、小豬、閹豬、木匠、石匠與商人。由於他切斷與中國和東蒙古的關係，依賴突厥斯坦和俄國提供糧食和勞動力，而「布哈拉人」（從突厥斯坦擄來的戰俘）則作為農業勞力與關鍵的中亞貿易連結為其效力。[3]前往莫斯科的商隊從貿易中獲利甚豐，直到一六四七年俄國人叫停為止。一六七〇年代，僧格擴大利用俄國人從事貿易，並用更多突厥斯坦俘虜來耕田。準噶爾軍隊要求俄國軍隊得先跟他們貿易，才能進入鹽湖。[4]一六七七年準噶爾跟清朝恢復外交關係後，噶爾丹增加了前往北京的貿易使團。他一年派遣兩批進貢使團以便用毛皮與馬匹換取絲綢、棉布與金錢。一六八三年，清朝將進貢使團的人數從數千人縮減至兩百人，並強制其餘的人留在邊境貿易。北京對貿易使團的限制也讓噶爾丹心懷不滿，成為他於一六八八年進攻喀爾喀的理由之一。噶爾丹有理由相信，北京給予喀爾喀人更緊密的商業聯繫只為了拉攏他們。

建國者噶爾丹

明遺民經世學者梁份在西北遊歷了將近十年，探究了噶爾丹早年如何努力建立他的經濟基礎。[5]梁份在《秦邊紀略》（約成書於一六八七年）中描述了噶爾丹如何為軍隊獲取礦產與火藥：「於是富庶甲於西域，……嘎爾旦取沙油汁，煮土成硫磺，取瀉鹵土煎硝，色白於雪。銅、鉛、鑌鐵之屬出地中。磧岸產金珠，則屏而不用。馬駿而番庶，四方莫或過之。」（如本段所言，他似乎已經透過聯絡東突厥斯坦而掌握了波斯的煉鐵技術。）

梁份也提到：

資用極備，不取給遠方，乃悉巧思，精堅其器械。做小連環瑣瑣甲，輕便如衣。射可穿，則殺工匠。又使回回〔包含俄國人與突厥斯坦人〕教火器，教戰，先鳥炮，次射，次擊刺。令甲士持鳥炮短槍，腰弓矢佩刀。橐駝馱大炮，……遠近聞之咸慴服。[6*]

「駱駝背上的火炮」（橐駝馱大炮）顯示噶爾丹已經超越了搶掠，為其軍隊裝備了用來進行永久征服的重武器。他在游牧民軍隊的機動性上增加了強大的軍事威力，從而征服了突厥斯坦與俄羅斯的領地。根據梁份的記載，噶爾丹也建立了一套初步的稅收體系，派遣一名轉運使（譯按：名之為「圈頭」）向邊疆部落抽取馬、牛與羊等賦稅（譯按：即「添巴」），並且對收支進行密切控管。這個「圈頭」，「或曰是嘎爾旦耳目所寄；或曰為網羅人物。」[7]

為了確保平時收入，噶爾丹要求每年定居人口的三分之一須輪番服勞役，並且限制其屬下蒙古部落的移動。在突厥斯坦南部，他要求自治的和卓頭目納貢，但禁止販賣奴隸，因為此舉會剝奪其人力。[8]

策妄阿喇布坦繼承了噶爾丹的國家富強計畫，增加地方經濟的生產資源，並且推動貿易，但是他也因此更加倚仗清朝。如前面的章節所言，就在康熙皇帝威脅要切斷商隊貿易後，他將噶爾丹的骨灰送往北京。雖然與俄國之間就貢品征收、逃人以及俄國軍力向南擴張等問題上不時產生矛盾，但是準噶爾商隊仍頻繁穿梭於塞米巴拉金斯克、托博爾斯克與亞梅謝夫（Yamyshev），並在西伯利亞市場占有一席之地（參見表4）。[9]

策妄阿喇布坦與噶爾丹策零也發展農業。他們在伊犁、額爾濟斯河與烏魯木齊引入突厥系的綠洲居民（塔蘭奇，Taranchi），這些人掌握了高產量的灌溉農業技術。根據一位於一七三一年被策妄阿喇布坦俘虜的清朝士兵報告，他見到了廣闊的農田與園圃，甚至有部分準噶爾人自己也開始務農，模仿清朝所實行的屯田。[10]

最後，討論準噶爾建立自身的經濟與技術基礎時，不能忽略炮兵軍官雷納特准尉及他的瑞典同僚們非凡的曲折旅程。[11]在一七一一年前，已有八百餘瑞典人（他們在兩年前的波爾塔瓦會戰（Battle of Poltava）中被俄國人俘虜）分散在西伯利亞各地。他們提供了沙皇有益的資訊，並且特別擅於繪製地圖。[12]雷納特後來加入了布赫霍爾茨前往亞梅什湖的淘金探險隊，他跟其他的瑞典人在那裡於一七一六年被俘。他直到十七年後才回到瑞典。

準噶爾的俘虜中有許多民族。他們包括了俄國人、瑞典人、滿洲人與漢人，可能還包括了一些在康熙命令下由耶穌會士所派出的調查員。[13]策妄阿喇布坦用他們建工廠生產天鵝絨、布匹與紙張；雷納特則被分派去進行軍事生產。在他停留

＊譯註：作者此處少引了一句「出師則三分國人相更番」，導致把「遠近聞之咸懾服」當作是人們聽到炮聲而嚇怕屈服。

表4：準噶爾與西伯利亞間的貿易（經亞梅什與塞米巴拉金斯克至托博爾斯克）

年份	自準噶爾出口（單位：盧布）	進口至準噶爾（單位：盧布）
1724	3633	4446
1725	3621	3691
1726	16203	4837
1727	11679	4041
1728	12223	18413
總計	47371	35430

資料來源：I. Ia. Zlatkin, *Istoriia Dzhungarskogo Khanstvo, 1635–1758* (History of the Zunghar Khanate, 1635–1758) (Moscow: Nauka, 1964), p. 381.

駱駝背上的火炮。雖然火炮不易負載，而且在戰鬥中的價值有限，清朝與準噶爾雙方都高度重視這些武器，並聘請外國專家鑄造之。

的時間裡，他監督當地的勞役工人，生產了至少十五座火炮以及二十座迫擊炮。他也教導蒙古人如何煉鐵製造子彈、開採金銀，還有如何印書。

雷納特也支援了攻打魯克沁（Lukchun，吐魯番近郊）的五千名準噶爾軍隊，在阿爾泰山地區對抗清軍，在準噶爾人擊敗傅爾丹的勝利中出了一臂之力。俄國派往噶爾丹策零處的使者烏格里莫夫（Major L. Ugrimov）提過雷納特也照塔蘭奇突厥人的方式種植自己的園圃，裡面有果樹，外有磚牆圍繞。[14]

更重要的是，雷納特幫噶爾丹策零繪製了第一份準噶爾地圖（噶爾丹策零一點也不像是個原始的游牧首領，據說他帶著一百頭駱駝扛書）。[15]雷納特回到瑞典時帶著兩幅地圖，上面有蒙文地名，如今被收藏在烏普薩拉大學圖書館。[16]其中之一似乎是一幅原創的蒙文地圖，由噶爾丹策零本人繪製。而第二幅則是在巴里坤或吐魯番從中國那邊繳獲的地圖副本。這些是首幅中央歐亞的蒙文地圖，其準確與細節超越任何一幅十八世紀的俄國或中國中央歐亞地圖。雖然學界仍在爭辯這些地圖受到中國與俄國的影響有多大，但它們是獨特的混合文化物品，結合了瑞典製圖術、中國地圖形式與蒙古地方知識。它們展示了製圖術對於軍事策畫者的重要性，以及他們透過訊問當地人所獲得的極度準確知識。[17]

總而言之，與清朝競爭迫使準噶爾朝「自強」邁出了重要的步伐。就像許多過去的游牧帝國，它們建立城市、發展農業、扶持貿易而且帶來稅收，但是其原初動機並非要「同化」入「定居社會」的風俗，而是動員資源以做防衛之用。然而，一七四五年噶爾丹策零過世後的內部動亂刪滅了這方面的投資。遲至一七四八年，隨著準噶爾人恢復四處搶掠與自相殘殺，金屬工廠就因為無用而廢棄了。[18]十年之內，清軍就趁著準噶爾內部失序，而將其一舉消滅。

年羹堯與併吞青海

就在準噶爾的領袖徵調各路資源維繫脆弱的國家之時，他們的對手清朝也在強化對新獲領地的控制。在蒙古之後、庫庫淖爾（即青海）成為下一個清朝意圖併吞的對象。有別於對蒙古的逐步併吞，對庫庫淖爾的系統計畫顯示了清朝將邊疆併入帝國的重要方式。

瑞典炮兵軍官雷納特或準噶爾統治者噶爾丹策零（1727 至 1745 年在位）繪製的準噶爾地圖。注意大量的蒙古文河流標註。南方在圖的頂端，這是中國的傳統。巴爾喀什湖位於右方（數字由後來的英國註解者巴德利〔John Baddeley〕所添加）。

如前所述，當庫庫淖爾的和碩特蒙古人威脅要統一在羅卜藏丹津的旗下，並且要恢復對西藏的控制，雍正皇帝任命年羹堯為撫遠大將軍以平定這場「叛亂」。年羹堯在一七二四年痛擊羅卜藏丹津的軍隊後，草擬了一份計畫重建庫庫淖爾並納入帝國版圖。條文羅列了有關軍事安全、經濟發展以及行政改革諸項，用意是確保庫庫淖爾由過去蒙古部族所統治的自治領，變成清朝的永久領土。[19]年羹堯的提案如同清帝國形成過程的典型案例，故值得仔細討論。他首先強調和碩特人世代受清帝的恩惠，使得清朝有權將羅卜藏丹津屬下所有部眾（同類）視為清朝的屬民。首要任務是定功罪而行賞罰。羅卜藏丹津本人脫逃。三名協助清朝平叛的王公獲得晉封。被羅卜藏丹津脅從者免罪，但在叛亂中主動協助的領袖則應處決。年羹堯向和碩特諸王清楚解釋了清朝的決定，詳述了不該被赦免的八人之罪狀。然後將這八人拖至諸王會盟前斬首，「以正國家之法」。[20]

接著，他畫定了蒙古部落的領地。在他看來，因為明朝並未控制該地，當地的蒙古與西藏世系頭人向來維持自治，導致了持續不斷的搶掠與衝突。如今這些叛賊已經被消滅，對待當地蒙古人應該仿效內札薩克蒙古，分隸佐領（牛彔）。而游牧草地則應畫定分界，而蒙古諸首領則立為札薩克：而各旗長則由清廷任命。每個部落各自分有自己的游牧地，不得互相侵擾。依照傳統，每年盟長需主持和碩特會盟。羅卜藏丹津利用他世襲盟長的地位來鞏固他的支持度，但是年羹堯決心防止另一個統一者的出現。如今由清朝官員來挑選盟長。

分類是第三種有效的控制技巧。年羹堯利用畫分蒙古以達成帝國的一統。部分喀爾喀蒙古並未於一六九〇年多倫諾爾會盟時歸順清朝，而是往南逃到了和碩特部處乞求保護。如今清朝已經控制了這個區域，這些喀爾喀人有機會接受清朝統治以便脫離和碩特人的控制。他們的首領會變成札薩克，他們還可以占據從羅卜藏丹津的叛逆同黨手中沒收的領地。年羹堯清楚表示：「不惟可分西海之勢，而喀爾喀等之台吉永免為西海奴隸之恥，且樂於自成部落。」[21]這些喀爾喀人清楚地被定義為新的部落，而且與庫庫淖爾的和碩特人分居。如此一來，清朝建構新的民族群體以便分而治之，就如同其對外政策「以夷制夷」一般，以此夷治彼夷。

類似的區分也用在庫庫淖爾的藏人（西番）身上，這些人被年羹堯視為當地的原住民。他們「蜂起」抗清，並稱「止知有蒙古，而不知有廳衛。」但如今，年羹堯聲稱他們已然「皆我百姓……西番之地皆我田疇，彼西番各台吉何為而得役屬之耶？」[22]這些西番土著必須與喇嘛廟和蒙古王公斷絕關係，以變成直接為皇朝效力的順民。他們成為這個區域裡另一批被界定的人。藉此，年羹堯意圖挑出原先對不同上級負有義務的多種人群，而將他們定義為僅服從於單一至高權力的各個群體。

強化對當地西番的控制也意謂著，利用分割西藏的領土邊界來挑戰達賴喇嘛的宗主權。年羹堯再度以歷史來將這次分割的舉動正當化。在唐古特四大部落中，衛、藏兩部在西藏的西部，屬於達賴喇嘛管轄範圍，但是位於西藏東部的庫庫淖爾（西海）與康區（喀木），因為它們過去受顧實汗所統治，所以應當得到特殊分類。[23]在羅卜藏丹津失敗後，康區就依附於鄰接的雲南和四川內地省分。年羹堯並不認為這樣的重新安排是從達賴喇嘛手中奪走領地；其西邊的「香火田地」仍舊在其掌控之下，不過，清朝確實將這些人移出達賴喇嘛的管轄，以「救十數萬之番民使出水火之中」。[24]為了補償達賴喇嘛的稅收損失，清朝將每年給予賞賜，並且允許他在四川邊境的打箭爐進行貿易。清朝畫分西藏文化區域的方式，與中華人民共和國現今的行政邊界相當接近。

為了進一步控制庫庫淖爾，喇嘛寺院的權力需要嚴格限制。這些寺院在整個西藏地區是最大的幾個機構，擁有高達三千名喇嘛及互相連結的建築。[25]它們是重要的權力中心，受當地西番納租所支持。就年羹堯看來，這些喇嘛寺院並非真正的宗教機構，因為它們收容了許多「奸徒」，潛藏兵器，而且支持叛亂。「勢不得不火其居而戮其人。」嗣後應當限制喇嘛寺院規模，喇嘛不得超過三百名，所有人都必須要在官府登記，而且須每年稽查兩次。番人納租不得直接歸於寺院，而須繳給地方官後再分配給寺院。

總而言之，在消滅了一小股「叛軍」後，清朝官員將這些倖存的「被脅從者」組織為固定的「部落」，並且畫定其領地與行政單位，其頭人則由政府任命。他們與不同群體混雜在一起以便互相制衡，區分「土著」與後來者，並且將多線的忠誠以對單一權威的效忠取代。

在這些邊疆，清朝統治者面對著與其他歐亞帝國相同的挑戰，並且運用著相同的手段。俄羅斯與鄂圖曼帝國也在十八世紀時畫定了穩定的邊界，並且加強了對不同民族的分類，而大英帝國則在十九世紀對印度實行了同樣的措施。[26] 它們都對新領地進行了民族誌調查，確認身分以便徵稅與維持地方秩序。[27] 他們以固定、以階序決定的官方職位，取代了自治的游牧社會中不時波動的聯盟。然而，這種國家意圖廓清、看見其民族的驅力，並未抹除所有的差異。官僚結構必須適應邊疆的情勢；它並未複製內地制度的統一性。札薩克既非穿著蒙古服裝的縣令，亦非滿洲旗人（後面我會以更多例子來討論清朝在新疆的行政多樣性）。

在同一時間，年羹堯也鼓勵移民，以建立和內地的連結，並且創造一個更為和平的定居社會。他提議遣送一萬個滿洲與漢人移民家庭到庫庫淖爾以「稀釋」蒙古人的勢力，並且引導他們從事定居農業。這些政策部分與政府極力主張簡化的做法有所衝突。一方面，地方官員在有秩序的行政架構上，創造分隔的領地與親屬實體來消解部落連結；然而，另一方面，他們藉由添加可能與原住民爆發衝突的新民族，而將更複雜的多樣性引入這個區域。年羹堯在庫庫淖爾的政策，具體而微地包含了某種向外極大擴張後維繫帝國的張力。

年羹堯同樣也推展貿易以便結合邊疆與中心。就年羹堯看來，在征服之前，蒙古人可以任意貿易，

「以無用之皮毛易我有用之茶布。」「漢人貪其利，使入內地習焉。不察習則玩，玩則奸心生矣。」*[28]自由的貿易關係也讓羅卜藏丹津得以在叛亂以前窺探內地虛實。因此邊疆貿易應當受到管制。蒙古人應當分為三班；每班三年一次輪流入貢北京貿易。過了九年，則所有人都得到了貿易機會。一般的邊市貿易則一年開放兩次。軍隊應當巡查市場以確保無人在未經許可的情況下跨越邊界。

這些中央歐亞的先例為其他條約設定了模式。年羹堯在一七二四年的提案預示了清朝與俄羅斯於一七二七年協商的種種貿易規定，當中規定邊界貿易被限制在恰克圖，而前往首都的進貢使團僅有在官方許可下才能進行。十八世紀末處理西方商人的廣州貿易體系也體現了相同的原則。如傅禮初所表明的，中國的第一個「不平等條約」租界是一八三五年和浩罕可汗談判的結果。其條文中關於治外法權、商人自治，與常駐政治代表都同樣應用於一八四二年鴉片戰爭之後的英國。[29]年羹堯的提議展現了稍早時期的情況也相同：在庫庫淖爾受管制的貿易安排設定了俄羅斯與英國條約協議的架構。

最後，年羹堯提議沿著庫庫淖爾的北界，建造大型的設防邊牆。他設想有一系列連結的堡壘，而這座堡壘實際上能夠將長城的防禦線延伸到甘肅走廊之外，直達甘州與安西，並切斷庫庫淖爾與北方準噶爾的聯絡。他會清除這塊區域的蒙古人並且引進大量的移民以充實駐軍城鎮。如年羹堯所言以及像清朝後來在新疆所發現的，因罪遭流放充軍的罪犯是最理想的耕種者。

年羹堯的宏大理想並未全數實現。清朝並未建造無必要的邊牆，而移民庫庫淖爾的速度也相當緩

---

* 譯註：此處作者原文理解有誤。英文原文為「Han traders in search of profit headed for the territory, creating a "spirit of wickedness" (jianxin).」但經查原摺，應指漢人貪圖與蒙古人貿易之利，允許蒙古人進入內地，久而久之，導致這些蒙古人漸生奸心。所以我這裡決定整句直接引述原摺。

慢。然而他的提案冥冥中預示了清朝、民國與人民共和國政府控制邊疆的基本手段。鎮壓、拓殖、國家簡化、移民與商業整合總結了這三個政權的政策。然而清帝國並未完全貫徹這些手段，因此顯得較為仁慈。清朝鎮壓庫庫淖爾的叛亂雖然殘酷，但並非肆無忌憚。大型喇嘛寺院遭到解體而且在有規模受限的情況下重建，其影響力也隨之縮減，但是它們並未被消滅。與後繼的國民黨和共產黨相比，帝國意識形態對藏傳佛教本身並不具有敵意；它在意的是其制度本身具有創造抵抗中心的潛力。在適當的限制下，只要將皇帝放在這個階序的頂端，這些僧侶便能促進帝國的控制。

我們也許會注意到庫庫淖爾的情況與當下西藏的情況出奇的相似。[30] 兩者都存在敵對的轉世喇嘛，一個由正統的僧侶集團所支持，另一個則由中國所支持；利用強行介入對拉薩施行解決方案；避免國家控制成為抵抗的焦點。但是清朝從未針對西藏的宗教進行全面的意識形態運動；毛澤東對達賴喇嘛所說，那句惡名昭彰的（或偽造的？）「宗教是毒藥」的言論永遠不會出自任何一個清朝皇帝的口中。在文化大革命期間，數以千計的寺院被紅衛兵摧毀，而且許多僧侶遭到羞辱與殺害。滿洲人僅對抵抗的喇嘛進行嚴厲粗暴的打擊，在此之後他們仍舊容許這個制度繼續存在。除了在七至九世紀藏人擁有本身武力獨霸的帝國以外，他們總是處在一個不幸的位置：在不盡滿意、暴虐或冷淡的保護者之間做選擇。十六至十七世紀間，蒙古施主確實協助了達賴喇嘛建立中央集權的政府；但是十八世紀準噶爾介入其內部紛爭，給藏人留下了唯一的保護人選項：即北京的清朝皇帝。然而在一七二〇年代後，西藏、蒙古與庫庫淖爾在清朝鬆散的宗主權下仍舊維持著和平。直至二十世紀，革命黨人的動亂才給清朝治下的藏人與蒙古人帶來新的威脅。

清朝統治者消滅了敵對的蒙古國家，因此在西北地區增添了廣大的領土。他們要花上一整個世紀才能消化新的土地與民族。其中許多的土地被歸入甘肅省既有的行省行政體系內。在西北的宏觀區域（macro-region）中，甘肅是最為邊緣的部分。而西北的宏觀區域在施堅雅（G. William Skinner）的定義下包括了甘肅、陝西、山西西部與四川的一部分。它成為連結核心區的一般行政結構與邊疆地區的新需求之間的樞紐。帝國的穀物供應、稅收與軍事政策都必須針對這個邊疆的特殊情況進行調適，而且當更遠方的西北異域被納入帝國，這些政策也跟著向外延伸。但是這些在甘肅超出官僚常規的變通做法，為新疆更大的實驗提供了範本。我在這一節將探討西北地區（特別是甘肅）在帝國整體當中的位置，以及這個行政擴張與經濟變遷的過程如何將新疆拉近內地。[31]

隨著帝國擴張，官員創造了新的行政單位，並且重新改組舊的行政單位以適應新的需求。他們除了利用物品流動，也藉著改變地域行政的結構來重新導向官僚資源。施堅雅與羅茲曼（Gilbert Rozman）都曾經利用行政層級分布與城市階序的關係，來分析清帝國的制度結構。[32]特別是施堅雅，他已經說明官僚職位正式任命的許多方面都依照兩個重要功能來分配：即稅收徵集與軍事防禦。然而，施堅雅的模型是一種靜態分析，基本反映的是一八九三年的帝國結構，雖然有部分估計是一八四三年的資料。我們也需要檢視官僚職位如何改變，以回應領土與經濟活動的擴張。

總督為中國本部行政階序的頂端，這個位置在清代首次成為常設職。[33]他通常監督兩個或更多的省分，並且同時擔任其中之一的巡撫。自清朝肇建至一七六〇年間，總督的數量與轄區經常改變，直到固定在總額為九名為止（八名在中國本部，一名在東北）。如表5所示，西北地區是特別不穩定的。在清初，甘肅與陝西被放在一起稱為陝西三邊，在此同時四川總督的轄區包括了湖廣[33]一六五三年，四川與湖廣分開，併進陝西與甘肅，但一六六一年它又再度被分出來，並且有了自己的總督。山西則短暫併入到陝西與甘肅，而四川又再度包含湖廣。但到了一六七四年，山西並沒有總督，陝西與甘肅放在一起，而四川則與湖廣分開。這最終會是個穩定的配置，但是在未來八十六年中，轄區則一再改變，四川有時會加入陝西與甘肅，而有時則分開。在征服新疆的最後幾年間，甘肅短暫有了自己的總督，但在一七六○年，責任的畫分最後分解為三個不同的總督：陝甘、四川與湖廣。西北這個高度易變的分區顯示了這個地區總督責任的改變。

此處總督因負有軍事責任，故得以支配較為弱勢的巡撫。出於同樣的原因，直到十八世紀中葉只有滿洲人能夠出任山西、陝西與甘肅各省的巡撫。[34]變化的邊界清楚反映了西北軍事需求的改變，諸如一七四九年在四川的征討大小金川之戰以及一七五○年的入侵新疆。在這段時期後，甘肅省就沒有巡撫了。總督任所移至蘭州，並且掌握了主要的軍事與經濟功能：沿甘肅走廊輸送物資至中央歐亞邊疆。在長達一個世紀的動亂後，大多數的行政邊界都依照十八世紀中葉的決定固定下來。

總督的分布揭示，清朝最高行政層級如何回應自然地理限制。一七六○年以後，大多數中國本部（東北除外）之八名總督轄區的邊界，與施堅雅所描述的八個自然地理宏觀區域密切相符（參見表6）。[35]可以確定的是，一如施堅雅所堅持的立場，在任何層級的市場階序中，行政邊界永遠不會完全符合自然地理區域。兩者間最不相符的情形是直隸與兩江總督的轄區。直隸總督並未統轄整個華北平原，儘管山西、河南與山東完全未設置總督。兩江總督轄區仍包括了江蘇、安徽與江西，即便江蘇和安徽北部屬於華北平原，而江西屬於長江中游宏觀區域（或自成一個宏觀區域）。然而大抵來說，一七六○年後其他的總督轄區都與既存的自然地理區域相符，而那些最相符的轄區都位於帝國邊緣。由於總督的主

表5：清代西北與華中的總督（僅列出重要改變）

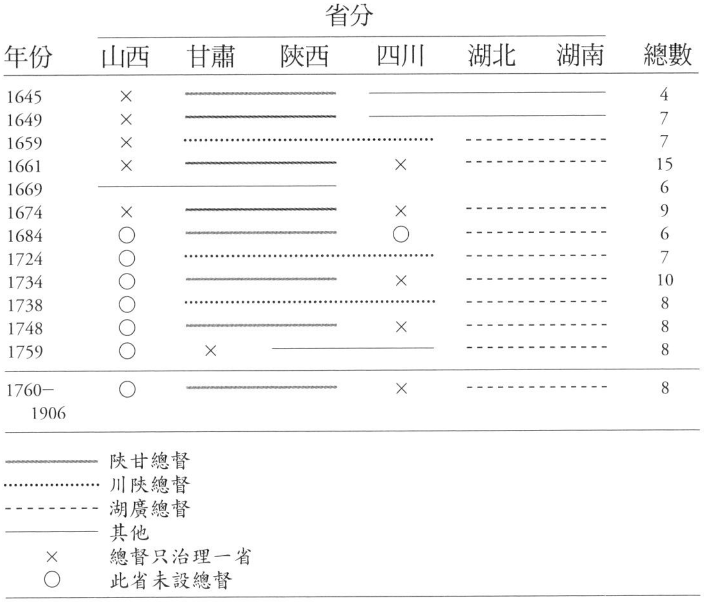

年份	山西	甘肅	陝西	四川	湖北	湖南	總數
	省分						
1645	×	═══	═══	———	———	———	4
1649	×	═══	═══	———	———	———	7
1659	×	······	······	······	- - -	- - -	7
1661	×	═══	═══	×	- - -	- - -	15
1669	———	———	———				6
1674	×	═══	═══	×	- - -	- - -	9
1684	○	═══	═══	○	- - -	- - -	6
1724	○	······	······	······	- - -	- - -	7
1734	○	═══	═══	×	- - -	- - -	10
1738	○	······	······	······	- - -	- - -	8
1748	○	═══	═══	×	- - -	- - -	8
1759	○	×	———	———	- - -	- - -	8
1760–1906	○	═══	═══	×	- - -	- - -	8

═══ 陝甘總督
······ 川陝總督
- - - 湖廣總督
——— 其他
× 總督只治理一省
○ 此省未設總督

此處僅顯示清代中國的八個省分中的六省。總數指的是所有省分的總督總數。資料來源：錢實甫編，《清代職官年表》，4冊（北京：中華書局，1980），2:1510-11。

表6：1760年後的總督轄區與宏觀區域的重合

總督轄區	宏觀區域	重合程度
雲貴	雲貴	高
兩廣	嶺南	高
閩浙	東南沿海	中
湖廣	長江中游	高
四川	長江上游	高
陝甘	西北	高
兩江	長江下游	低
直隸	華北	低

資料來源：G. William Skinner, ed., *The City in Late Imperial China* (Stanford: Stanford University Press, 1977), pp. 214-215; G. William Skinner, “Presidential Address: The Structure of Chinese History,” *Journal of Asian Studies* 44, no. 2 (1985): 271-292.

要功能在統整協調軍事與後勤，因此這些人對帝國在邊疆的擴張特別珍貴，因為他們能有效分配資源。

然而在清初，當職位時常調動顯示領土擴張所產生的不穩定壓力時，這些單位並不會與自然地理的宏觀區域密切重合。要經過一個世紀的邊界改動後，才能將經濟結構與行政階序達成大致相符的情況。自一六六一至一七六〇年，總督的名額最多達十五名，最少為六名（參見表5）。值得一提的是，清初每個皇帝在位期間都會試驗不同的配置：康熙短暫增加了總督的職位達十五個，而雍正則將其減少至九個。乾隆則將總額控制在八個，但是將四川總督來回更動，並且曾短暫將雲南與貴州的總督分立。

針對西北總督職位的爭議表明，邊界的決定時常受到相互衝突的邏輯拉扯。一七五九年陝甘總督楊應琚上奏要求調整西北的軍事負擔。[36]他主張征服西部區域一事已經使其職責過重，因此他提議僅任命其為甘肅總督即可，並且將陝西歸於四川總督之下，改變許多軍事單位的轄區。楊應琚希望在跨省調度上能確保協調更加密切，事權更為集中。他堅持在各省之間的溝通應當由總督經手，排除各省巡撫之間的平行通訊，並且所有的軍需財務事項都應該得到陝西總督的批准。[37]

議政王大臣會議否決了楊應琚的提案；戰爭還在持續中，而議政王大臣會議的成員們並不想製造紛擾。固原提督張接天提議讓新的甘肅總督駐於肅州，該地位於甘肅省的極西端，因此能確保對西域進行更密切的監控。但是皇帝認為此議「甚屬冒昧」，並且更偏好讓官方總部維持在東部人口聚集之處：「恐以涼州地近腹裏，商賈雲集，居處樂就便。安若肅州，地在千里之外，較此殊為窵遠，因而騰其口說，該鎮為其所慫恿，即據以入告。……此又武途之習氣所不能免者。殊不知就甘肅內地而論，則涼州固為適中，若就統馭新附各部落而言，則肅州猶為近地，而涼州則相距轉遙。但徇庸眾私情，豈能遠計國家大體。」[38]實際上，皇帝拒絕了這些僅僅基於軍事安全考量所做出的論斷，而更加偏好從東部人口較為密集之處徵收更多稅收。他跟高級官員都知道稅收與安全是行政邊界的主要決定因素，但是它們的規則常常互相牴觸。在階序的最高層與最低層中，清朝時常對行政邊界與職位進行調整，以便回應這兩種需求。

回到省級行政上，我檢視了甘肅省的變化，以說明清朝在十八世紀如何建立一套邊疆行省結構，這次經驗又如何為十八世紀末合併新疆這個更大的任務提供範本。甘肅省原屬明代陝西布政使司管轄，清初陝西分設左右布政使司；右布政使司在一六六七年以後成為甘肅省。[39]甘肅省下設四個府，軍事單位的結構也沿襲明代的衛所系統，沿著西北邊疆設置一系列獨立自主的駐軍指揮部。清朝逐漸將這些單位納入民政體系中。在明代陝西西部地區有四十九個衛所。順治年間裁撤了十二個，康熙初年又裁撤了四個。雍正朝則進行了規模最大的縮編，共裁撤三十一個衛所，這些衛所後來都被併入民政體系（參見表7）。衛所的縮編呼應了雍正的政策：將更多領地改由文官控制以縮減軍費。[40]

清代地域行政的兩個關鍵要素為「管轄幅度」（span of control）與職位的策略任命。管轄幅度指的是上級單位所管理的下級單位數量。編註：此處借用了管理學的概念，原指管理者能有效控制的受雇者人數，這裡用來指行政體系中上級單位控制的下級單位數量。施堅雅使用這個詞僅指稱府之下的縣級區畫數量，但是它可以使用在任何層級上。[41]在清朝，中央的管轄幅度

表7：在甘肅軍事單位被併入民政體系的情況

年號	被裁撤的衛所數量
順治（1644-1661）	12
康熙（1622-1722）	4
雍正（1723-1735）	31*
乾隆（1736-1795）	2**
總數	49

資料來源：牛平漢，《清代政區沿革綜表》（北京：中國地圖出版社，1990），頁473-477。註：1718至1724年間曾經成立六個新的衛所，但於1759年被取消。

* 譯註：英文原文為32，但與內文31不符，經核對牛平漢一書後，改為31。

** 譯註：乾隆所裁衛所數應為2。

（總督或行省的數量）就總督的數量而言從九到十五，而就行省的數量而言則是從十五到廿二。在這個階序中的每個層級裡都有數種不同的職位，每個職位都有其特殊的功能（參見表8）。在任何層級要創設新的單位都會增加上級單位的管轄幅度，但是也會在官僚體系中增添額外的官員並且縮減下一個層級的管轄幅度。因此，創設新的行省（例如一八八四年設立新疆省或一八八五年設立臺灣省）都會增加了首都的管轄幅度（因為巡撫增加了），但縮減了省的管轄幅度（因為省管轄的府變少了）。設立新的府則會增加省的管轄幅度，但縮減了每個府所管轄的縣級區畫。增加有薪俸的官員之數額是中國各朝代都不情願做的舉措，因為這會增加其財政負擔。但是縮減管轄幅度可以增進安全，因為每個官員所負責的所屬單位變少了。再一次，財政與安全考量互相牴觸，難以兩全其美。

帝國官僚的行政單位在最基層非常穩定，但是在高層則相當易變。縣級區畫的數量改變很少：三世紀的秦帝國有大約一千個縣，而今日的中國有著更加廣大的疆域與人口，則有二千一百四十三個縣級區畫，其中有許多縣的邊界幾乎一模一樣。[42]然而像清朝這樣一個擴張的朝代，必須將更多的領土納入民政體系中，因此它將軍事統治的地區轉為新的民政單位。這個過程在最高層級中以一八八四年新疆建省和一八八五年臺灣建省而達到頂點，但是在較低的層級中，類似的改變自十八世紀起就已經開始發生了。

跟設立新行政單位相比，改變行政單位的層級更為常見且更有吸引力，因為即便官員品級跟薪俸可能因此改變，但官員數量不會增加。此舉的動機常常是為了加強監管戰略要地。當縣改成直隸州或直隸廳就直屬於巡撫，無須中間再隔著一個知府。而直隸州廳的長官會由巡撫指派特別有經驗的人來擔任。

根據施堅雅所言，職位任命與管轄幅度隨著地區不同而有所改變，而這與帝國的兩大考量息息相關：徵稅與防禦。管轄幅度在區域核心必須要大，在邊陲則必須要小，以便能在最富庶的地區徵到最多稅收，並且在邊陲的戰略要地進行最高度的官方監控。直隸州與廳集中在邊陲地帶，因為它們直屬於巡

表8：清朝的行政階序

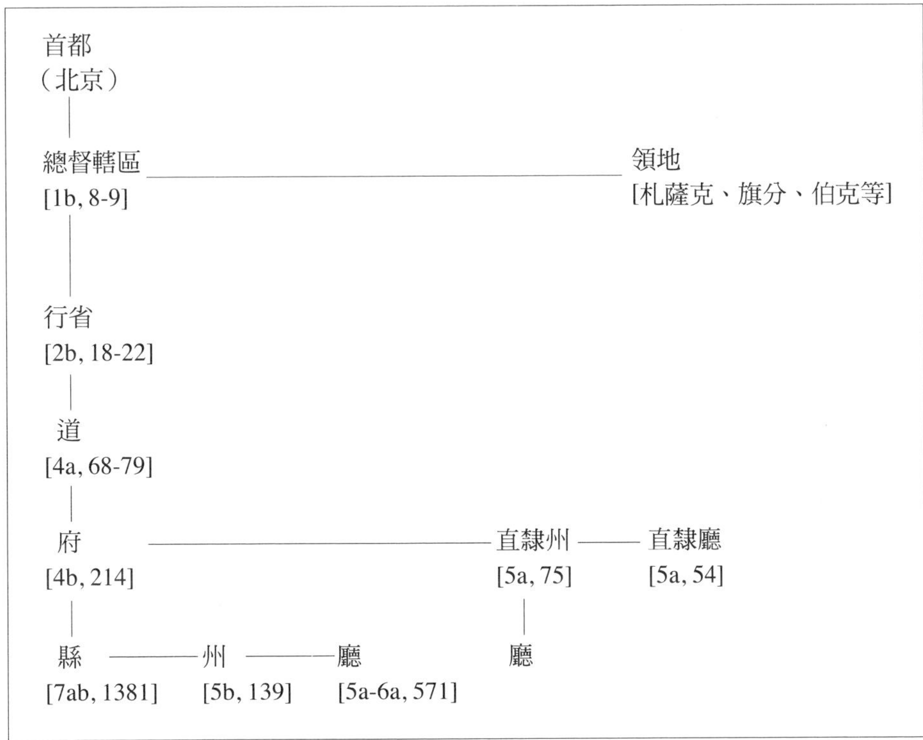

方框中是官員的品級，隨後是單位總數，這個數字在整個朝代中會有所變動。本圖表是根據布倫納特（Brunnert）的研究繪製，反映了一九〇七年左右的情形；賀凱（Hucker）與施堅雅則給出了些許不同的數字。就縣而言，一般的英語對譯為district或county。州與廳一般被譯為independent subprefectures。資料來源：I. S. Brunnert and V. V. Hagelstrom, *Present Day Political Organization of China* (Taibei: Book World Co., 1911), pp. 395-438; Charles O. Hucker, *A Dictionary of Official Titles in Imperial China* (Stanford: Stanford University Press, 1985); G. William Skinner, ed., *The City in Late Imperial China* (Stanford: Stanford University Press, 1977), pp. 301-307.

撫，具有特殊地位。

然而，當甘肅於一六六七年從陝西省被畫出成為獨立一省時，一點也不符合這個模式（參見表9）。它是帝國最邊陲的省分，但是擁有四個府與卅七個縣。平均每個府管轄幅度高達九．二五，這個數值相當高。[43]它完全沒有州或廳。實際上，其行政分為兩個平行的階序：軍事單位的衛所與民政系統。施堅雅的概括更適用於十九世紀晚期的「正常化」帝國，此時帝國已經消化了新獲得的領土，而這要歸功於早期的清帝國。在十七世紀，像甘肅這種新的省分仍舊十分異常，但是隨著時間過去，其行政單位逐漸調適並且更加接近正常的結構。這些調整在中國西北部特別常見。

在清代，直至清末以前，短暫的雍正朝也許是重構行政單位最為密集的時期。在甘肅，雍正從原先的駐軍中設立了四個新的府，並且將四個下級的州提升為直隸州。在陝西，雍正也將九個州提升為直隸州，而且新設了兩個府。[44]

而在階序的較低層級中，設立新的府級區畫可能有兩種動機：安保或徵稅。甘肅的新行政單位就屬於這兩種範疇。即便甘肅整體只是西北宏觀區域的邊陲，這個省本身也根據不同的市場密度而分層。東部的三個直隸州——涇州、秦州與階州——都明顯位於更具生產力的地區。階州事實上是最具生產力的府級區畫，有最佳的降雨量、位於該省的最南端，完全不屬於西北宏觀區域，而屬於長江上游宏觀區域。設立這三個行政區增加了巡撫的管轄幅度，也提升了他們在這些富有生產力區域徵稅的便利性。平均每個直隸州控制了四．三個縣級區畫。

然而，設在西部的五個直隸州則是出於戰略考量，從軍事單位改組而來。每個直隸州平均控制三．六個縣級區畫，而且包括了全省五個廳當中的三個。寧夏府則居於中間，控制了四個縣級區畫，合併了兩種考量。黃河的支流為田地提供了大量灌溉用水，但是這個府的邊界基本上是沿著長城而畫定的，與蒙古相鄰。它不僅經常為其他縣提供穀物，也同時供給了大量的軍隊。

之後從十八世紀初葉至中葉，甚至在最後消滅準噶爾汗國以前，清朝的行政結構就如同一條大蟒蛇，開始消化其新獲得的領土。大多數的新獲領土都保持在正常的民政體系之外，但是有部分已經開始從軍事區轉變為縣級區畫，而在這個新的西北省分中新設的府也在稅收與安全需求中保持平衡。許多其他的行政與社會變遷在地方層級中接踵發生，例如建築城牆、城市發展，以及官方與半官方職位的增加。在清朝向西北擴張的初期的甘肅經驗，已經為該世紀末吞併新疆的重要任務做好了準備。

表9：甘肅地域行政（1777年後）

府級區畫	創建時間	位置	廳數	縣數
蘭州府	1667	東	2/1	4
平涼府	1667	東	2	3
慶陽府	1667	東	1	4
鞏昌府	1667	東	1/1	7
涇州直隸州	1777（自平涼分出）	東	1	3
秦州直隸州	1729（自鞏昌分出）	東	1	5
階州直隸州	1729（自鞏昌分出）	東	1	2
寧夏府	1724	東	1/0	4
西寧府	1724	西	0/1	3
涼州府	1724	西	0/1	5
甘州府	1724	西	0/1	2
肅州直隸州	1729	西	1/0	1
安西直隸州	1773	西	1/0	2
總數			12/5	45

資料來源：牛平漢，《清代政區沿革綜表》（北京：中國地圖出版社，1990），頁462-477。

第九章
拓殖與屯田

年羹堯主張把軍人與平民移民到庫庫淖爾的提案，繼承了長久以來的帝國傳統。原則上，屯田有許多好處。當士兵輪流進行開墾與防守時，屯田在經濟上就可自給自足，故能節省開支。一旦他們帶上家人一起，這些軍人移民就構成了常設性屯墾的核心。商人隨之而來，將這些駐軍與內地的貿易網絡連結起來。然後，農民到來，減輕了貧困內地省分的人口壓力，減少了饑荒或叛亂的可能性，而且使非漢民族與來自內地更加忠誠的移民雜處。若用中文來說的話，屯田是個一舉兩得的政策。

事實上，常設性屯田面對極大的困難。在西元二世紀時，漢朝（以及唐朝和其他朝代）在長城外設立了屯田，但是要維持這些屯田相當耗費金錢。在西元八十一年的鹽鐵大辯論中，文士所攻擊的鹽鐵專賣政策，便是為了支付漢朝在西北邊疆屯田的花費而設。[1]

位於吐魯番的交河與高昌駐軍城遺跡，留下這些帝國在殖民上短暫努力的明證。[2]交河在唐代最高時人口達五千人。其故城如今位於吐魯番西邊高聳的山崖頂，南北長達一千七百公尺，而東西長達三百公尺。高昌則更為廣大，起初也是漢朝的駐軍城，而且到了七世紀時擴張為一個大型的佛教社群，在九世紀時成為哈喇和卓（KaraKhoja）回鶻王國的中心。十四世紀，蒙古入侵摧毀了這兩座城市。二十世紀在德國考古學者格倫威德爾（Albert Grünwedel）與勒柯克（Albert von Le Coq）重新發掘後，高昌為這些現代冒險家與盜匪出產了大量的寫本、馬賽克畫、壁畫與雕塑。附近的柏孜克里克（Bezeklik）千佛洞中之著名畫作的命運——被勒柯克帶回柏林且部分毀於二次大戰中的美軍轟炸——可以做為這些失落的中央歐亞城市脆弱性的縮影。

明朝皇帝與官員為了發展大規模的屯田而費心盡力。不過他們很快就失敗了。[3]明朝開國皇帝朱元璋把屯田擴展到前所未有的規模，特別是在西北與遼東。在他在位的末期，三萬三千五百名士兵開墾了超過一萬六千頃（約為四百平方英里）的甘肅省土地。朱元璋吹噓他養兵百萬，不費百姓一粒米。在陝西，三分之二的士兵被下令開墾田地，其餘的則執行戰備任務。但是軍隊養出來的都是拙劣的農夫。到了一三九二年，三分之二的人都逃走了。邊疆土地的低產量、農業勞動的辛苦以及官員侵占資金使從軍變得非常不具吸引力，而且造成無望生產足夠的糧食以供軍隊食用。在十五與十六世紀，改革者一再提議革新，以便恢復生產並減少腐敗，但是都未能奏效。如林霨所指出的：「屯田就是辦不起來。」[4]

屯田無法自給自足，官僚需要提出創新的商業政策。商人支持的屯田能帶來移民以及銀兩流入邊疆，讓軍隊得以購買穀物。結果明朝官僚建立了一支昂貴的雇傭常備軍，而非開國者所設想的，自給自足且預算低廉的勤奮自耕農軍隊。他們從草原上的有利據點撤離，建立了長城以屏障殖民者，並且靠著來自內地的商業補給線支持。這與漢唐兩代孤懸在外的駐軍恰恰相反。著名的改革派內閣首輔張居正試圖在十六世紀中葉復興屯田。至一五八二年，他已經增加了名目上的區域達六十萬頃，或是一萬五千平方英里。[5]然而到了十七世紀初期，這個系統已經完全崩潰——游牧民族入侵趕走耕種者，許多政府土地與水池被改為私用，加上不公平的稅賦與差役負擔迫使士兵逃走。私營耕種者比屯田士兵獲利來得更高，特別是當那些指揮官自己將駐軍用地租給土地投機商人時更是如此。明朝的防禦戰略對內受困於獲利的動機，對外則受擾於經常性的搶掠，因此從未在帝國傳統的先例中找到真正的解決辦法。

不過，清朝屯田的努力規模更大，時間也更長。早在一六九二年，康熙皇帝已經堅持要駐在長城以外的軍隊開墾土地以自給，以免造成當地人民的負擔。[6]他首度討論過屯田一事在一七一五年，清朝綏服喀爾喀蒙古之後。得到喀爾喀諸汗的同意後，清軍在東蒙古調查最適合農業開墾的地方。他宣稱這些屯田「不特省輓輸，兼可盡地利。使虜離居就貧破之勢，而我過師有枕席之安。」再一次，這些屯田結合了經濟發展與安全的目標。它們甚至可以在有需要的時候，提供穀物給蒙古盟友。像在烏蘭古木與科布多等地，一千人左右的小型駐軍一開始需要從內地運輸大量的穀物，直至他們能夠靠著自己的田地自給自足為止。[7]

而被發配充軍的罪犯（無論其地位高低）都是前往邊疆的極佳非自願移民。[8]例如貴州巡撫劉蔭樞反對皇帝對突厥斯坦用兵，雖然免去一死，但卻被發配蒙古去墾荒。[9]

到了一七二〇年，將軍傅爾丹報告，在開鑿灌溉水渠、清理田地以及種植作物上，都有持續進展。土地相當肥沃，產量較原先播種的數額增長了二十倍，但是他急需鐵犁來清理土地。[10]在像烏蘭古木、察罕廋爾，以及科布多以南的地區，都有豐富的水與木材，清朝的將軍們可以在蒙古進行大規模的築城計畫。這些堡壘能夠容納數以千計的軍隊，他們可以屯田並擔任守衛任務。[11]

前已提及，清朝的築城計畫與俄羅斯入侵西伯利亞在某些層面上相似：透過哨兵將這些駐軍連結在一起，軍隊就能以相對較少的人力而控制一大片地區；而透過開墾田地，它們能夠減輕自內地輸送補給的負擔。然而俄羅斯人面對著較為簡單的經濟條件以及較弱小的土著人民。他們從西伯利亞土著部落徵收毛皮貢賦而獲利，而這些毛皮能夠送往北京的市場上銷售。清朝在蒙古並未取得經濟上的利益；喀爾

吐魯番近郊的交河故城。

喀蒙古雖然至少是暫時臣服的盟友，但是不安全感依舊持續，而且蒙古的草地與零星散布之森林與農地資源的豐沛程度也遠遠遜於西伯利亞森林。

雍正年間，另一個屯田的主要標的則是從甘肅走廊延伸到東突厥斯坦的綠洲，從嘉峪關遠至哈密（Qomul）、吐魯番與巴里坤。雍正提倡屯田支持了帝國安全政策的大轉向：軍隊在重要據點的集中防禦、建立堡壘、軍力強化以及降低開支。這些前哨基地極為脆弱，經常遭到策妄阿喇布坦的軍隊劫掠，而且缺乏足夠的補給支撐主要部隊在此集結。清朝的主要軍事基地巴里坤，位於吐魯番東方三百公里處，那裡有足夠的補給，且新開墾的土地收成可期，但是軍隊並不必然能及時抵達吐魯番以擊退敵人的強烈攻擊。[12]有個解決提案是透過廣泛開墾，以建立吐魯番的農業資源。

在甘肅走廊內，肅州、沙州、瓜州、敦煌與安西都易於發現可耕地；主要的任務在於促進移民。一七二二至一七二四年間，這些城鎮各自有三至四千名官兵被送往當地（在安西則有五千人），以便振興這些被遺棄的屯田。然而，官方更偏好從陝西與甘肅這些西北省分來的農民移民，因為他們有在旱地務農的經驗，而且他們是自願前來的。[13]

就大多數情況而言，這些早期的殖民努力並未吸引私營商人前來，因此政府對穀物市場仍維持嚴密控制。但是已經有商業利益的跡象出現了。將軍查郎阿就曾擔心，安西「口內囤戶奸民興販射利」，會買入多餘的補給米穀，因此他下令屯田耕種者只能把米穀賣給政府官員。皇帝批准了這個政策，但強烈要求官員只能以市價購入，而且將餘糧儲藏在穀倉裡。即便在這麼遙遠的綠洲，都有一個穀物市場，吸引了對價格信號作出反應的內地商人們。[14]

一位來自吐魯番，著傳統裝束的穆斯林老先生。

撤出吐魯番

以屯田為基礎在東突厥斯坦建立一道防線的努力遇到了巨大的困難。有關最大的綠洲吐魯番的辯論說明了突厥斯坦在軍事補給與防禦上的嚴酷限制。[15]如第六章所言，一七一五年策妄阿喇布坦對哈密與吐魯番的襲擊開啟了新的衝突時期。一七二〇年清朝對綠洲的征服代表自唐朝以來首次有中華帝國的管轄能擴張到突厥斯坦。

但事實證明要維持這些領土相當困難。萬一策妄阿喇布坦變得具有敵意的話，雍正的撤軍將會使吐魯番面對襲擊時特別難以防守。皇帝的政策仰賴的前提是：即如果清朝給他們機會經喀爾喀的土地派遣貿易與進貢代表團，那麼準噶爾就會維持合作。但是準噶爾持續襲擊吐魯番，同時也清楚顯示吐魯番無法生產足夠的糧食來支持當地的人口與實質駐軍。一七二二年，當軍隊自己的糧食補給耗盡時，他們尚需要向當地人借糧補給。

同時，策妄阿喇布坦企圖把吐魯番人遷往哈喇沙爾，因為這些農民對他的政府而言是寶貴的穀物生產者。[16]許多吐魯番人反而向東逃去，尋求清朝的庇護。當策妄阿喇布坦隔年撤軍後，清朝的將軍們在經過幾番商議後，決定不在吐魯番設立大規模駐軍。而是在六至七天路程以外的巴里坤維持駐軍。但是補給在巴里坤依舊吃緊，而這些軍隊無法在吐魯番人的牲畜遭到劫掠時及時抵達。[17]

在種種考量下，有人提案將吐魯番的穆斯林遷移到更靠近中國邊界的地方。他們提議在安西與肅州附近安置四至五千人（約吐魯番半數人口）；安西離長城盡頭之外仍有二百二十五公里之遙，但是已經從邊界向內靠近了六百六十五公里。康熙歡迎他們前來，並稱之為「我民」，誓言要保護他們免受準噶爾侵擾，但是繼任的新皇帝並不願意花大量軍事資源在遙遠的綠洲上。[18]事實上，僅有極少數的吐魯番人接受遷移。即便清軍的撤離使得他們更加脆弱，但只有六五〇人離開綠洲，前來新的家園。這些移居肅州的人苦於收成不佳以及地方官員的苛政，這使得他們負債累累。然而在一七三一年，當準噶爾恢復劫掠時，在吐魯番發生了更大規模的動盪。駐軍如今有三千人，但它無法自給自足，而且官員還必須發放救濟品給當地人。[19]

為了達成對東突厥斯坦進行大型軍事占領，岳鍾琪概述了極具雄心的十六條建言。[20]首先他極力主張派遣大軍對烏魯木齊發動一場全面性的攻擊，只留一小股駐軍在吐魯番。如果他成功了，他可以將邊疆的防衛線向西推一七五公里遠，減輕吐魯番的補給負擔，並且摧毀準噶爾的軍隊。然而皇帝對他能否成功抱持懷疑的態度。最終，雍正決定授權給岳鍾琪進行這個計畫。

之後岳鍾琪要求增加軍力、擴大屯田，以及從內地輸送物資。在巴里坤所集結之準備進行軍事遠征的三萬軍隊將移往吐魯番，而來自寧夏與鄂爾多斯的一萬八千餘人將會取而代之；兩萬人將會從吐魯番進攻烏魯木齊，而一萬人將會從巴里坤進擊。若是得勝，將有一萬八千人駐守在烏魯木齊守衛該城。岳鍾琪為如此大規模的軍隊所需的補給提供了詳細的預估。他預期憑藉吐魯番所開墾的地畝能支持一萬大軍，而該地區較小的城鎮則至少能支持五千人以上。以當時在吐魯番、巴里坤、塔爾納沁（Tarnaqin）的收成總額為大麥五萬石，僅能磨粉製麵，但是大麥對軍隊而言不易消化。每年需要從肅州另外運送口糧小米三萬石以跟大麥混合。這支擴編的軍隊還需要馬匹總數六萬匹，包括戰馬與駝獸。巴里坤有四萬匹可用，八千匹可從直隸、河南與山西購得，而其餘所需馬匹可要求蒙古盟友提供。進攻的軍隊將會需要三萬四千頭駱駝以運送六萬石糧食，以及二十萬頭羊，另外每個士兵自己還得背負兩個月的糧草。[21]

岳鍾琪的精心估算表明了要打一場決定性的戰役所需的大規模準備。他瞭解一場認真的軍事努力需要至少花上三至四年，而且將會將這些蒙古人從它們遙遠的老巢徹底根除，同時又能在綠洲留下足夠的軍隊以便抵禦襲擊。但令人遺憾的是皇帝拒絕了岳鍾琪的請求。他理解岳鍾琪的駐軍面對游牧民的襲擊只能維持防禦態勢是多麼的不體面，但現今並非打一場決定性戰役的正確時機。[22]岳鍾琪後來確實對烏魯木齊發動了一場突擊，但是他未能守住該城。

就在這個緊要關頭，吐魯番的首領額敏和卓（Imin Kwaja）遭受準噶爾的圍攻，急需清朝援救，故他開始從吐魯番組織一場大規模遷徙。在趕走準噶爾的軍隊後，他率領將近一萬人於一七三三至一七三四年間踏上一場跨越七百公里向內地進發的長征，最後落腳在新瓜州，其位置就在安西鎮的西邊。為了獎勵其努力，他被封為札薩克輔國公，而其屬民則被編為一旗，而額敏則擔任旗札薩克，他也是獲此榮勳的首名回人。之後二十年間，這些住在當地的吐魯番人貧困交迫，如同住在難民營，在此同時，他們的家園則受到戰火的摧殘。他們於一七五四年獲准遷回家園，與此同時，清朝正準備對分崩離析的準噶爾進行最後一擊。當他們遷回吐魯番後，他們留下了二萬畝耕地以及他們所建的四千八百所小屋。由於他們的回歸，發生了進一步的衝突。另一位吐魯番的清朝旗札薩克，莽噶里克（Mangalik Bek）支持準噶爾，反抗清朝給予額敏和卓在綠洲跟他同等的權力。當莽噶里克伯克的反抗遭到鎮壓後，額敏和卓作為旗札薩克王公，成為吐魯番不受挑戰的統治者。吐魯番維持了此一特殊體制，成為唯一具有札薩克旗組織的突厥斯坦綠洲，這是肇因於它在準噶爾戰爭中的高度參與。

就額敏的屬民選擇保護自身免受準噶爾攻擊而放棄其家園而言，吐魯番人可以算是「自願」向邊界遷徙的。但是在他們的決定當中的重要因素乃是清朝拒絕保證為綠洲抵禦攻擊。對於突厥斯坦綠洲的大型駐軍而言，補給的限制意謂著軍隊無法長期停留在一處；他們必須勇猛出擊，或是撤退。長久之計是建設突厥斯坦的生產資源，如此一來便能夠同時支撐增長的人口與軍事機器。在十八世紀中期後，這種發展才因為清朝在新疆大力提倡屯田而出現。[23]大多數清朝在新疆的屯田研究都從後期開始研究，但是早年在吐魯番屯田的經驗卻相當具有啟發性。再一次，它顯示了這個地區的自然資源有多麼不穩定，這對積極擴張又造成了多少的限制，又對當地的安全與經濟生計造成多少困難。

這個半自願的人口移動僅是清朝所推動的諸多遷徙計畫之一。透過強制性與物質性的鼓勵，當清朝的統治者們逐漸將越來越多的領地併入國家時，他們不僅調動軍隊，也調動了帝國周邊數以千計的農業移民。從原先一個十七世紀初位於滿洲地區的「掠奪性國家」開始，清朝就已經利用驅趕以及大規模擄掠來建立其人力資源基礎。一如皇太極於一六四三年所言：「財帛雖多不足喜，惟多得人奴可喜也。」[24]如今清朝勸誘移民遷往帝國的邊界，以便將更多的民族納入擴張中的帝國。這些十八世紀初期的協商為此後積極深入突厥斯坦作好了準備。

在消滅準噶爾後，清朝開始更加積極地推動在突厥斯坦的殖民。[25]這個殖民計畫已經被中國學者詳細研究過了，而且英文也有一些短篇著述，特別是由米華健（James Millward）所作的優秀研究。這裡我聚焦於清朝的殖民計畫如何導致了帝國的文化多樣性，並且改變了這個地區的生態。[26]

研究新疆拓殖的現代學者，延續了從魏源的《聖武記》以降到其他十九世紀作品當中的傳統。他們強調清朝政策對帝國整合的貢獻以及對該地區經濟發展的正面效益，主張現代中國形成「多民族國家」的認同，是從這些「統一」計畫中順利產生的。

中華民國與中華人民共和國時期的學者都採取非常相似的取向。在陳祖源的博士論文（一九三二年完成於法國）中，一開頭就提到孫逸仙預言要派出一千萬名的士兵與移民到新疆與蒙古：「這是清代在本省的土地開墾如此重要的原因：它可以為中國政府未來如何利用這塊土地提供有用的資訊。」[27]他討論了地方政府組織、土地拓殖的勞力來源、聚落的地點與數量、通訊與運輸路線的發展、稅收，以及新疆建省後的經濟與政治後果。許多後來的研究都採用同樣的模式。

採用這個模式的中國歷史學者，就如同特納看待美國西部拓荒一般，視新疆拓荒為「邊疆開發」。漢人移民帶著國家提供的補助，提升了土地的生產力，這些土地原本是荒地或是僅用於產量較低的活動，例如放牧。就像新世界的北美移民一般，現代歷史學家與其清代先人都把密集農業取代放牧一事看作是社會經濟發展的進步。[28]固定的聚落、稠密的人口以及高農業產出吸引了商人。愈發密集的商業道路將新的殖民地區與內地更加緊密地連結起來。從中國民族主義的觀點看來，殖民對於將中國的少數民族整合為中華民族有所貢獻。

這些歷史學者所描述的拓殖過程大抵正確，但是敘述背後的預設則是問題重重。他們將新疆「自然地」屬於中國政府統治一事視為理所當然，而從「反叛的」準噶爾手中收復新疆則滿足了事先存在的國家領土定義。對他們而言，帝國擴張將現代新疆完整建構為「多民族」且有清晰邊界的自治區。他們把清朝描繪成一個發展中的國家，它致力於促進其全體屬民的經濟生計，並且將他們統一在漢民族的領導下。

身處在後民族主義與後殖民時代，為這個迷人的主題帶來了新的視角，引入族群與政治多樣性、生態限制，以及殖民主義的社會緊張等主題。清朝僅是十八世紀在歐亞大陸上數個擴張的殖民帝國之一。[29]此外，由於新疆僅是清朝擴張的數個邊疆之一，我們需要從整體觀點來看待清朝的邊疆政策。皇帝、軍機處、以及大半生涯效力邊陲的特殊官員群體定義了潛藏的目標。許多官員的生平，諸如阿桂、那彥成、陳宏謀、年羹堯和松筠，都值得更進一步的分析。[30]由於他們的共同興趣與天份，使得他們不同於那些在內地供職的官員，他們為帝國的計畫提供了一貫性。雖然並沒有通用於整個帝國的單一政策，但邊疆面對的問題舉世皆同。這種清朝作為統一帝國的特殊視野需要仔細檢視。

不同於現代歷史學者的是，清朝的統治菁英並未設想為一個由民族主義意識形態所定義的統一民族，他們也並未宣稱新疆自古就屬於中國。他們相當清楚這些征服前所未有，而殖民則需要新的政策。清朝真正的動機其實更加簡單：安全與自給自足。主要目標是讓這個地區能財政自立，包括能支撐常設的大型駐軍。部分學者宣稱從這些新開墾的地畝所得的收益已經足夠，但正如米華健指出，光是糧食補給遠不足以滿足所有的軍事成本。大量的銀兩從內地運入新疆以便支付薪俸、用具、服裝以及建設成本。即便開採了金礦與玉礦，新疆從未具備經濟上的合理性，而且經濟發展也從未成為首要目標。

由於新疆是如此仰賴內地的大量援助，以至於防務支出總是充滿爭議。內地的江南士人批評在新獲領土上花費大量金錢時，總會遭遇皇帝的嚴厲訓斥。而比皇帝的敵意更令人驚訝的事實是：這些批評者的聲音如此公開與有影響力，這表示他們獲得廣泛的支持。有關新疆價值的爭議，事實上是在討論何謂適當的帝國邊界與認同。對清代的議論者而言，征服並非顯而易見——持續擴張至固定邊界——的結果。邊界在征服的過程中被建構，而且需要持續合理化。

歷史提供了一種將征服正當化的手段。如同今日，歷史學者描繪了一個從漢唐駐軍至今持續有漢人居住於綠洲的景象。現代地圖（例如譚其驤的《中國歷史地圖集》）藉由繪製帝國領土管轄的清晰界線，而使這個神話永存不朽。這個歷史地圖集作為另一個民族建構的重要成分，支持了一個方便的虛構：即民族國家作為一個地理上的固定實體，具有清晰、連續且長存的邊界。透過一塊地方一種顏色，這些地圖隱藏了國家對邊疆領土的有限控制、行政管理的不同類型，以及帝國與貿易路線的遷移，如何造就城市的繁榮然後傾頹化作廢墟。[31]一如赫定（Sven Hedin）與其他人所發現的，在這個廣大的地區裡，不穩定而隔絕的聚落相當常見，而清代始建並留存至今的常設軍事與民政體制，事實上是前所未有的，並非是早先擴張的線性發展結果。

與其將殖民新疆放在從漢朝到現代國家的歷史長河當中，不如問問是什麼原因讓清朝得以突破那些讓早期帝國努力受挫的種種限制。雖說軍事、制度、外交與文化的變遷都使這個突破成為可能，但是十八世紀的經濟仍舊是帝國控制的基礎。

對於內地而言，清初財政結算的條件使得政府沒有可能清楚知道地方的農業狀態。在十七世紀初期，為了贏得漢人菁英的支持，滿洲征服者同意保留大部分的明朝財政體系，取消了大部分繁重的苛捐雜稅，並且他們也放棄了早先打算進行的全國土地清查計畫。[32]政府以銀兩計算所徵收的定額稅賦，而這個額度則是基於十六世紀末所設定的土地配額而來。理論上新開墾的土地應該要上報以便課稅，但是菁英與地方官員串通，幾乎成功地隱藏所有的新墾土地。從一七五三至一九一〇年間，即便已開墾的耕地約成長了三十三%，但中國有登記的土地卻幾乎沒有增長。[33]即便一再譴責，但是頂層官員極少能得知這些被隱藏的新墾土地。只有在某些明目張膽的例子，例如某地的河口沙洲造成某個重要城市的洪患威脅，那麼北京才有可能注意到這些情況。[34]這種財政安排雖然讓經濟史家感到挫折，但對於帝國統治卻有益處。這不僅確保了大量而穩定的稅收，使它足以支撐一個薪俸低廉的官僚體系、一支龐大的常備軍，以及一個豪奢的皇帝家族，統治者還仰賴更多地方菁英的合作以確保地方秩序。

但邊疆的情況則有所不同。一方面，當地並沒有根基穩固的士人阻撓國家鞏固權力。另一方面，當地的建制派菁英絕少同情帝國官員，而且他們通常都有著不同的文化背景。因為不再受限於深層的社會結構，軍事與民政官員便有空間能嘗試新的控制方式。對於這些先行的邊疆官吏來說，被征服的準噶爾地區就像一塊白板一樣。[35]他們的經驗顯示了官僚在擺脫社會限制之後所能有的抱負。我們可以從新的角度來觀察殖民計畫，不是僅僅視其為軍隊的經濟支持，或是國家建構計畫的高峰，而是殖民者得以在開放的邊疆實現其夢想。簡單來說，它與全球的帝國創建者的計畫同步進行。學者已經開始從比較觀點來考察「帝國張力」在亞洲與非洲的情況，聚焦於英國、法國與印尼的經驗。清帝國也應當被加入該名單中。[36]

一如其名，新疆即「新的邊疆」是帝國想像下的產物。然而新疆僅是十八世紀被納入清朝控制的諸多區域之一。一六八三至一七六〇年間，新疆、臺灣、西南各省、蒙古、庫庫淖爾以及西藏都成為清朝所獲得的永久領土。這個短暫卻具有爆發性的擴張時期開啟了對帝國性質的新思維。我們不能孤立考慮任何一處而忽視其他地區，因為邊疆統治的問題也是單一論述的一部份。

清朝統治者對於他們的新領土究竟有什麼理想？有些學者將清朝的計畫稱為「文明化使命」

（civilizing mission），可跟法蘭西帝國的目標相類比。[37]從這個觀點來看，帝國官員遵循傳統儒家的責任，企圖化蠻夷為文明人，以便創造一個統一而規整的階序。但是清朝的目標並不僅僅是那麼簡單。這種「化」只是一個目標，它被另一個同樣強烈的責任所抵銷：即保護原始民族不因跟文明接觸而受到腐化。[38]此外，這個從中央或高級官員產生的理想，總是在施行的過程中因為極度不同的地方情況而遇到阻礙。這些不一致的理想與地方行政實務操作之間的落差，則是帝國另一個主要張力的來源。

帝國計畫本身就內生差異，既是因為這種想像並不認可統一性，也是由於地方抗拒理性化。同時，官僚效率的驅力又推動行政常規的標準化。滿人作為少數統治者而治理多數漢人帝國的特殊地位，使得他們對於抹除差異一事特別敏感。一個完全理性化與開化，而且一體對待所有臣民的帝國將會抹去滿洲身分的所有標誌。認可清朝「漢化論點」的學者就如此宣稱：滿人完全被漢文化所同化，而其統治正當性則完全仰賴於創建秩序以及遵循天命上。[39]但是這個論點忽略了清朝統治的許多重要面向。它忽視滿洲菁英所關切的是維持他們與多數漢人的分別，這表現在其通婚政策、住居分離、宗教儀式，特別是旗制，這是滿人控制的基礎。[40]除此之外，漢化論點，就如教化使命論點一般，忽略了清朝持續在其所屬人群的一致性當中重新刻畫差異。差異性與一致性之間的張力雖同樣適用於漢人與非漢人群，但是在邊疆特別明顯。在此，文化多樣性並非透過繼承，而是建構而來。

一七六〇年，清朝把整個新疆設為一個軍營，由駐於寧遠（後遷惠遠）的伊犁將軍，以及駐於辟展—吐魯番、庫爾喀喇烏蘇（清水城）、塔爾巴哈台（綏靖城）、烏什與喀什噶爾的辦事大臣統轄。[41]這個事實本身就把新疆與帝國的其他地方給區分開來了。作為一個完全由迅速的軍事征服所取得的地區，它引人注目之處就在於受到軍隊的控制。蒙古加入清帝國乃是一個談判投誠與軍事征伐的漸進過程，時段則從滿洲興起至一七六〇年為止。在西藏與庫庫淖爾，清軍進行了短暫的突襲並且留下了小股的駐軍，但是仍舊仰賴地方上的西藏與蒙古菁英來統治。在臺灣與西南中國，明代大量的漢人移民早於清軍的到來。在新疆，除了哈密與失敗的吐魯番屯田，在一七六〇年以前，極少有漢人進入這個地區。這些駐軍的人數從一萬至二萬三千人之眾，駐紮在新疆各地，他們本身就引入了相當程度的多元性。這些人包括了八旗滿洲、八旗漢軍與八旗蒙古、察哈爾蒙古人、倖存的準噶爾人、從伏爾加河回歸的土爾扈特人、錫伯（Xibo）與達斡爾（Daghurs）等滿洲部落，還有來自甘肅與陝西的綠營兵丁。

除了軍事指揮官以外，還有數種不同的民政體系，於一七五九至一七七三年間經常改組。一七五九年由甘肅的安西府管轄新設的哈密與巴里坤直隸廳，到了一七七一至七二年間，辟展（吐魯番）與奇台（Qitai）也被納入安西府轄下。烏魯木齊與鎮西於一七五九至一七六〇年間成為直隸廳，一七六四年伊犁也成為直隸廳。他們都是甘肅布政使司的官方轄區，直到一七七三年，巴里坤被升級為鎮西府，統轄哈密、辟展與奇台，而安西被降格為直隸州時為止。迪化直隸州則是設置來管轄烏魯木齊與新設的縣，如昌吉、阜康及綏來等。在一八八二年以前，一般民政體系在新疆東部僅包括了一府與一直隸州，以及伊犁直隸廳。廣大的領土則落在這些轄區之外。

即便在新疆東部也存在著多種的管轄區域。哈密與吐魯番的穆斯林被非常態地編入旗，而其首領則被任命為札薩克，對其屬民有自治管轄權。其他在這個地區的蒙古部落也受札薩克管轄。此外，屯田士兵則受各旗或綠營長官所控制，而民人（漢人與塔蘭奇人）以及被流放的犯人則支撐了駐軍，並且受各自的民政長官所管轄。

在六城地區，即環繞塔里木盆地的諸多綠洲城市，則是由伯克獨立統治，而受當地駐箚大臣監督。

在此地，清朝將軍隊集中在小型的兵營中，而與土著人群隔絕，並且經常輪調以避免永久定居。他們也盡可能不讓移民和漢商進入此地。地方行政則由突厥斯坦人掌管，而司法審判則採用伊斯蘭教法審理。然而，清朝的影響仍舊顯而易見。伯克本身不再是世襲貴族，服從清朝的迴避制度，他們也蓄辮，著漢服。他們會像縣官一樣濫用權力，包括了收受賄賂、操縱價格與債務束縛，不過隨著他們一起的則是宗教體制的興盛，而且清朝不會插手。庫庫淖爾的情況則構成了難以想像的對比，例如在當地喇嘛佛寺就遭到刻意拆除。

簡而言之，在這個區域從東到西存在一種行政結構的坡度，變得跟內地民政體系越來越不相似，而隨著漢人在當地越來越少，中央歐亞慣例變得越來越占優勢。有三種不同的民政體系——郡縣、札薩克與伯克——每種都起源自不同的文化傳統（漢人、蒙古與突厥）。在民政體系的頂端則是軍事駐防，集中在北部的伊犁，在那裡有將近十萬人的軍隊及其眷屬，在哈密—吐魯番—巴里坤一帶也有重要佈防，而在南部最少，在當地並無常駐軍隊。軍事結構則分為八旗與綠營，八旗自身則吸納了眼花撩亂的多種族群。當清朝統治者在這塊大地上佈署有限的軍隊時，這種不同的土著、民人與軍事行政體系能夠彼此平衡。這並未反映單一文明化計畫或是民族主義式的兼併，而更像是官僚、強制力與當地環境之間的多方協商。[42]

稅負義務與財產權也反映了這個區域的多樣性。屯田的漢人仔細調查其耕地，評估收成量，將其收成穀物上交給國家以交換薪餉。相比之下，旗人更像自耕農。他們的八旗組織理論上以集體名義擁有土地，但是在十九世紀旗地改為私有。他們理應靠自己的生產度日，雖然實際他們將其耕種權租給移入的漢人農民或商人以便得到定額租金。被發遣到此的屯田犯人並無耕地所有權；其所有的拓墾區都歸其所屬的軍屯所有。他們所分得的田地比士兵來得少，通常較為貧瘠，而且所有收成歸官員所有。戶屯（漢人屯戶）每戶平均可分得三〇畝地（約五英畝），並且隸屬於跟內地相同的里甲徵稅體系。他們理論上必須償還開始屯田時所借貸的種子、工具與牲畜。即便在剛開始的前六年內，他們不需繳稅，但是穀價低下的結果很快就導致他們拖欠這筆債務。最終政府減少或豁免了他們的債務款項。通常他們的稅率跟甘肅相同，這些人也大多來自甘肅。相較之下，穆斯林屯墾民的收成並非以每塊耕地的產量來計算，而是以收成與播種的種子數量的比值來計算的。這種計算收成的方式是傳統穆斯林農業的特徵，是對產出低而採粗放耕作地區的適應方式。[43]

那些討論這些稅捐體系的官員們對於能提升農業產量的動機予以持續關注。許多地方官員試圖為每個團體設計適當的稅捐政策，而這將能確保耕作者的動機以增加生產並且增加盈餘以便上交給國家。清朝政府原先在穆斯林的土地上，拿走四〇%的穀物實物稅，因為這些土地被認為是國有土地。欽差大臣阿桂主張把稅捐改為定額租金以方便徵收並且能提升生產動機。在兵屯的土地上，全部剩餘均歸國有，定居者則附屬於土地。收成產量被仔細計量，而獎賞與薪俸則被發放給軍官與士兵以增加產量。一七七六年阿桂主張增加獎賞給那些將產量提升高於平均值的士兵們。

相比之下，旗人集體擁有自己的田地，這些田地則作為其駐軍的一部分。但是在一八〇〇年代初期清朝實行了一次土地改革計畫，給予八旗兵丁世襲的地權。如同松筠在一八〇四年的報告指出，集體所有權導致「懶惰」，所以他建議分配土地而且期待每個人都能自給自足。他相信這會刺激每個耕種者生產更多超過其家庭所需的盈餘，並提供賑濟窮人的穀倉所需的穀物。事實上，滿洲旗人一開始就從未對農耕感興趣，他們很快就將土地出租給漢人與塔蘭奇佃農了。私人的與商業性的土地關係因此發展起來，包括有利息與抵押品的借貸。

漢人與塔蘭奇移民也負擔在城市建築工程與修路的勞役。突厥斯坦移民是屬於國家的農民，對國家有繳稅與服勞役的義務，也沒有離開其土地的自由。相較之下，漢人移民的組成比較多樣，有從被發遣的罪犯（完全沒有自由）到完全獨立的地主，甚至還有商人地主。在準噶爾地區，清朝並未建立單一且統一的土地權體系。這些屯墾區的多樣性反映在對每個團體的分別安排上。

在東突厥斯坦與南疆，遠在清朝征服以前就已經存在行之有年的土地體系。地方的伯克們乃是大型的世襲地主。那些背叛清朝的伯克們失去了他們的土地，但是那些忠於清朝的人手上的土地則有所增長，包括了這些土地上的農民，這些都是透過沒收而得來的。伯克們也被納入行政體系。就像其他清朝官員一樣，他們也能支取「養廉銀」的補助，但是是以土地和人民的形式，而非現金。在這裡農民的地位近乎奴隸。新的統治者將他們自身安插在舊有的階序頂端，承認大多數地方統治者的權利，而讓農民關係維持原貌。

殖民與屯墾

我們現在回到農業生產的物質細節上。清朝推動軍事殖民的規模遠遠超過前人。鼓勵殖民的決定乃直接出自於官員體認到在戰場上補給軍隊的困難所致。中央歐亞的殖民實際上在十八世紀最終征服這個地區之前的半個世紀就已經開始了。這兩大基本動機來自於在綠洲聚落增加穀物生產以提供軍隊穩定的補給，以及減輕中國西北部最貧窮的地區之人口壓力，救濟受到乾旱侵襲的農民並且避免社會動盪。第三種通常不大公開表明的動機則是透過在當地建立新的移民社會，以確保帝國對這個區域的永久控制，並建立與內地移民混合的社會。

殖民一開始純粹由軍隊所支持，而定居的士兵則是首批屯墾的耕作者，但是民人很快就跟上他們的腳步。隨著時間過去，民人的人口增長了，而士兵則開始將他們的土地非法出租給這些投資的民人，創造事實上的平民化與私有化之趨勢。清朝官員鼓勵這種轉向，相信給予小農土地權會鼓勵更多的密集耕作。但是軍事控制衰微的最終結果削弱了帝國對這個地區的控制。十八世紀由於拓墾造成的社會緊張在軍事行政占優勢時還能得到抑制，但是到了十九世紀，隨著軍力的衰微，許多在上個世紀所建立的新結構崩潰了，這使得新疆變成持續動盪不安的來源。

清朝也欣然接受許多邊疆移墾的多種形態，包括了軍人與平民。出於不同的原因，它將不同的軍事單位帶入了新疆，而且後來又把充軍的罪犯送到此地接受軍事監管。移民過來的平民大多數是來自西北的漢人農民，在不同形式的農業制度下工作，其範圍從近似農奴制到完全獨立的所有權都有。此外，突厥系的移民則從南疆被遷徙到北疆，並且帶來他們自己獨特的結構與地方領袖。因此清朝在新疆北部建構了一個新的社會，遠較過去來得多元複雜許多。這種逐漸演化的殖民計畫在早先的民族與結構上疊上了新的一層民族與結構，造就具有多層制度與社會群體地複合體。

在攻打噶爾丹時，運輸糧食的高昂成本激起康熙皇帝對於軍屯歷史的興趣。一七〇〇年他告訴下屬，深入研究漢代將軍趙充國的經驗，趙充國是最早在邊疆實行屯田的人。[44] 一七一五年後，他開始積極設立屯田，地點在東方的吐魯番、哈密、安西與巴里坤以及北方的科布多、其他鄰近額爾濟斯河之處、鄂爾渾，以及土拉河等地。北方屯田的目標在於保護清朝的喀爾喀盟友對抗策妄阿喇布坦的報復。在東方，每次想利用士兵來屯墾的企圖都僅能短期維持而已。巴里坤，作為對抗策妄阿喇布坦的主要軍隊集結點，於一七一六年建立了一個約五百人的小型軍屯，但是該軍屯於一七二六年被廢棄。一七二九年恢復該軍屯以後，岳鍾琪隨即提出以五千人整理出十萬畝地的建議，但是皇帝拒絕了這個提案，而且大多數的軍隊於一七三四年被撤離。清軍於一七一五年占領吐魯番並且於一七二二年派遣了五千名移民前往該地，但是一七二五年除了留下一千人在當地以外，其餘的所有人都移駐巴里坤。他們曾於一七二九年短暫回歸，但是清軍無法牢固掌控綠洲。相反地，如前所述，吐魯番人則被遷移到內地。比較靠近邊界的哈密與安西則維持較久，但即便年羹堯建議應該投資擴大屯墾區，到了一七四二年它們仍舊遭到廢棄，原因是收成不佳。

在早期，當士兵準備作戰時，他們在開闢土地時僅能暫時地支援主要駐軍。在準噶爾戰爭期間，軍隊的基本目標在於盡最大可能地將軍力用於作戰。讓士兵分心去從事農業工作則是次要目標。即便這個區域之生產的經濟收穫能夠有效降低運輸成本，康熙與雍正皇帝兩人都選擇不要投入必須性的長期投資。具急迫性的戰略考量比岳鍾琪與年羹堯的遠見來得重要。

自一七五八年起，清朝官員開始認真而持續地推動密集的農業拓墾。各種屯墾形式都有特殊的財政與農業特點。

在征服的進行期間與完成之後，有五種不同的移民進入新疆。首先登場的是兩種殖民者，即滿洲旗人與漢人綠營。第一批主要的軍屯建立於烏魯木齊；它們向西擴張，屯田士兵達到了總數一萬三千四百人的規模。[45]在更加西邊的伊犁，叛亂迫使清朝放棄了它早先的努力，但是從一七六一至一七七二年間，它逐步建立越來越多的殖民地。再強調一次，軍事殖民並非中國（或清朝）所獨有。十九世紀初期，俄羅斯沙皇亞歷山大一世（Alexander I）及其將軍阿拉克切耶夫（Alexis Arakcheev）那惡名昭彰的殘酷殖民計畫，則是歐洲最引人注目的例證。[46]儘管如此，清朝在新疆的殖民地仍舊比過去的中國朝代以及其他的帝國政府更為成功：它們維持了更久，逃跑的士兵較少，而且它們發展為永久性的聚落。雖然它們從未自給自足，但也沒有讓國庫破產。

第三個登場的是被發遣的罪犯。一五八七年之後，清朝開始經常把犯人送到這個新征服的地區。一般的犯人會變成漢人駐軍兵丁的奴僕。被免職的官員則可免於繁重的勞動並且與平民分別居住，但是在其暫時的流放期間，他們通常得擔任地方上的行政職位。衛周安（Joanna Waley-Cohen）已經敘述過發遣制度的法律、政治與象徵功能。[47]犯屯對於土地拓墾僅有非常小的直接影響，因為犯人的數量並不多。然而他們是來自中國不同社會階層所混合的一群人。抗稅者、祕密結社成員、逃兵、腐敗的官員，以及在政治風波中受牽連的幹練官員都共享著邊疆的嚴酷環境，至少是暫時性的。在這些士人中，這種共通經驗足以鍛造忠誠的紐帶，在他們回到內地後仍舊會影響他們的活動。如此一來，流放創造了跨越地區、文化與階級邊界的網絡。

第四批是從一七六一年後開始屯墾的漢人平民。這個屯墾計畫由國家贊助，主要對象則是甘肅的貧困小農。甘肅為頻繁的旱災所苦；農業產量在中國內地省分中也最低；稅收基礎非常低；而小農則經常得面臨飢餓的威脅。[48]這個屯墾計畫的設計是透過鼓勵最貧窮的小農移居烏魯木齊，來做為甘肅的安全閥。到了一七八一年已經遷居將近二萬戶。他們獲得了官方在各方面的支持，諸如運輸支出、牲畜、農具、種子與房舍。官方在一七八一年以後就停止組織拓墾，但是其他的漢人農民持續自力前往邊疆。

第五批則是從南疆來的穆斯林移民。清朝官員理解到當地艱困的農業條件需要特殊專門技術，徵集了在南疆（六城）綠洲城市的突厥語穆斯林居民，將他們遷至北疆已開闢新的土地。他們在乾旱土地上灌溉的專長別具價值。這些被稱作塔蘭奇的人建立了個別的回屯，特別在伊犁。他們不僅帶著它們的農業技術，也帶著他們當地的政治體系來到當地。他們的世襲穆斯林領袖（即伯克）被清朝承認為具有品級的官方社群代表。雖然他們來自南疆，他們還是移民，跟滿兵與漢民一樣。唯一的「土著」準噶爾人已經被消滅殆盡。穆斯林的宗教、語言、地方領袖、稅捐義務與財產權都與漢人和滿人移民大相逕庭。

這樣的行政與文化多樣性對帝國的統治提出了嚴峻的挑戰。清朝的問題跟各地的帝國大同小異：如何說服極度多樣的民族團體服從單一權威。正是帝國的擴張首先造成了這個問題。軍事力量與能幹的民政官員能夠遏制張力，但他們也需要其他的技術。

隨著甘肅、哈密與巴里坤的土地得到收復，兵屯的屯墾工作於一七五七年開始，其後於一七七〇年代在烏魯木齊與伊犁谷地又有新的開墾區。[49]這些士兵來自於駐紮西北由漢人組成的綠營兵丁。

這裡的基本聚落單位為屯，其標誌為以夯土牆建成的城堡，能容納十五至二五〇人。這個城堡包括了供士兵及其家屬住的房間、農具間、穀倉，以及地方公署。它不僅是一個防衛據點，還是一個完整的行政與生產「單位」（unit），就像現代中國的「單位」一樣（編按：「單位」是中國組織機構的代稱，如「機構單位」、「企業單位」）。每個屯田地區都由一名屯田大臣管理，並向烏魯木齊都統回報情況。平均每個士兵會分得二〇畝地，加上牲畜、工具，以及種子。他沒有土地的所有權，也無法選擇自己想種的作物。國家僅給這些殖民者土地使用權，而且規定種植何種作物。主要的作物為小麥，還有少部分的大麥、小米和芝麻。盈餘將會以兩種方式分配。在安西，作物由國家與殖民者對半均分。在其他的殖民地，耕種者繳給國家定額的作物，而剩下的則可留下供其家人所需。一般而言，後者提供了較大的動機來增加產量。在烏魯木齊，標準定額為十二石，但是能上繳十五石以上給國家的耕種者與官員則可得到獎賞。一七八四年福康安（Fukangan）駁回了提高烏魯木齊上繳定額的提案。他主張勞力供給已經相當吃緊，而索要更多穀物將會使人從軍事職責分心；這將會導致他們擴大軍事用地，並干擾私人生產。他認為現有的土地已經提供了足夠的糧食給駐軍兵丁。軍隊所需為三萬石，前一年的收成為九萬石，而且仍有八十萬石存糧。在當時的時間點上似乎屯墾的運作相當成功。[50]

烏魯木齊與伊犁城也有特別的糧倉供軍事使用。如《三州輯略》所記載：「顧內地之倉以濟民食為主，而新疆之倉以裕軍糈為要。」[51]唯一的非軍事用途則主要是分配種子給新的屯田移民。穀物盈餘可以在市場上出售以賺取收入；但是不像內地的民人糧倉，這些糧倉並非用來平衡糧價或用來賑濟饑荒的。[52]我們對於民人的糧倉體系運作有充分的資訊，但是對於軍用糧倉的規模與用途仍舊不大清楚。研究烏魯木齊的軍用糧倉將有助於我們闡明這個平行的體系。

十九世紀，軍屯與其穀倉的效力衰微。一八二〇年代軍隊撤離了這個地區以應付內地的逐漸緊迫的軍事需求，而許多的軍事用地則改為民用。[53]雖然穀倉的存糧在一七八〇年代相當豐富，但是許多穀物在後來的數十年內都霉爛了。隨著種植的規模減低，軍隊對於市場售賣的糧食依賴加深了，但是民人的移入也使市場價格降低。到了十九世紀初期，伊犁有二十萬平民，開墾了一八〇萬畝地。[54]吳達善於一七六六年曾經做過計算，一支六百人的駐軍，如果不計入其家人，每五年與其他軍隊輪調一次，才有辦法自給自足而且有穀物盈餘供儲藏，但是他的估算有賴於一個條件：即能將多餘穀物以每石一．六兩銀的高價賣出。這是一七六二年的市價，但是到了一七七〇年，這個價格已經降到小麥每石〇．五至〇．七兩銀。以這個價格，個別的軍隊無法維持下去。由平民家庭或是重新定居的士兵從事農耕的情形正是意識到此一虧損所造成的。在另一層意義上，軍屯的「衰微」是清朝在這個地區促進經濟發展的成功證據，因為它從一個軍事駐軍區變成了由私家農夫所主導的市民化經濟。

其他士兵則出於其他的原因而來到新疆。旗屯的建立是用來保全八旗軍隊的士氣與軍力。旗人以滿人和蒙古人為主，他們也是過去征服軍隊的主力。[55]在征服之後，西北的八旗軍隊疏於軍事演練，並且受到周圍的民人生活影響而變得更加「腐化」。由於旗人薪餉不足以自給，他們變得更加貧窮，而且他們還被禁止從事農業與商業。旗人問題在整個十八世紀引起朝廷的關注，但是如今也擴散到那些離西北邊疆最近的旗人身上。新疆原先被視為相對受損程度較輕的地區，還可以保存旗人的士氣。在一七六四至一七七四年間，約有十一萬五百名軍人被送到當地。起初，他們並未下田耕種；而是領取實物支付的薪餉度日。這些收入來自位於烏魯木齊的國營錢莊。清朝官員因此利用繁盛的商業經濟資源來支撐這些純正（如果不是窮困的話）旗人的固有美德。然而到了嘉慶朝，高漲的生活成本使得這些收入左支右絀，而旗人則被下令要下田耕作以自力更生。到了該世紀末，他們在惠遠與惠寧開闢了十二萬畝地。突厥耕作者提供他們種子，而國家則大量投資於挖掘灌溉渠道以使這些土地適合生產。

與兵屯不同的是，旗人本身從不耕地。這些工作由餘丁來進行，即旗人家中未能繼承其父親職位的兒子。而對於這些產出的所有權也有所不同。首先，這些土地都是集體耕作。所有的穀物都需上繳國家，然後才透過八旗指揮部來進行分配。在離主要駐軍較近之處，耕種者努力工作，視他們自己為駐軍福祉一部分；但是在其他較遠的土地上，他們就忽略這些耕地，僅僅視其為國家的土地。一八〇四年，伊犁將軍*松筠將惠遠八萬畝與惠寧四萬畝集體用地轉為私有土地，取消了對旗屯屯丁的補助，同時建立了特別的國家糧倉來收購他們的生產營餘。他主張將土地占有權改為私有能夠提升工作的動力：「若仍令其夥種，將所穫糧石分贍八旗，未免視為官產，久而生懈，……況滿營旗人意以地如種成，將來必有奏請裁汰口糧者，因此相習趦趄。今再三開導，乃皆欣然領地耕作。」[56]

在這個反集體主義的農業改革下（讓人聯想到一九七九年以後的中國），邊疆官員的目標從原先的維持集體的八旗身分，轉向為確保每個士兵都能以私有地主自力更生。事實上，八旗耕作者自己也非法招徠佃農來為他們耕地，到一八三〇年，土地出佃的禁令已遭廢止。[57]到了十九世紀中葉，清朝實際上已經在這個區域創造了一群土地菁英，一群仰賴漢佃的滿人與蒙古階層。

另一個不同的屯田士兵群體也進入了這個區域：來自張家口與滿洲地區的索倫、察哈爾、錫伯與衛拉特駐軍。就像滿洲與蒙古旗屯的殖民者一樣，他們也能得到薪俸，雖然待遇低了點，而且他們當中的某部分人也持續成為獨立的地主。錫伯駐軍的成員是其中最成功的一群。直至清末，他們逐漸取得經濟力量，擴張土地占有，維持他們特別的繁榮屯墾區。他們也是今日唯一維持使用滿語為母語的少數民族。[58]

被流放的犯人則組成了另一批非自願的移民。雖然過往的朝代再次提供了先例，但是清朝手上有著更大的領土。前往新疆的遣犯來自帝國的各個地方，其社會階級也五花八門。學者王希隆曾經列舉了六十六個面臨發遣的犯人作為例子，以下簡單列出幾類：包括了偽造銅錢者、武裝搶劫者、殺害因非法性關係所生之子女的父母、以藥迷人圖財者、械鬥的宗族成員、綁架者、縱火者、誣告者，以及逃避兵役者。[59]在秋審期間，許多干犯死罪者都被改為發遣。遭彈劾與獲罪的官員則是另一個不同的群體。一般來說，被發遣者一開始都成為駐軍兵丁的奴僕，而非農業勞動者，但是自一七一六年起他們可以選擇去種地。勞動力短缺提供了運用這些遣犯從事生產的強大動機。根據一項估計，一七五八至一九一一年間，約有十六萬名遣犯前往新疆。[60]就像這些屯田的士兵與民人一樣，他們也可獲得農具、種子，以及高達三十畝的田地來安身，但是由於他們能擁有土地的機會很小，他們的生產量明顯較低。[61]

打從一開始，這些遣犯就進行反擊了：他們於一七六八年發動了新疆的第一場主要動亂。一名屯田官員為他的幾位遣犯友人舉辦了一場慶祝宴會；他提供了許多烈酒，並且找了許多男男女女一起聚會。當這名醉酒的官員強迫女人唱歌時，他們的丈夫怒不可遏，引發了一場暴亂，這名官員被殺，並且搶了軍械庫的武器，占領了這座城。有了一千人的兵力，它們出城對抗一批僅有一五〇人、從烏魯木齊派來的接防部隊，但是當雙方交火時，遣犯一方的馬匹未經訓練而逃跑了。所有的叛軍都被殺了。[62]

＊譯註：此處英文原文僅寫governor，有誤。經查松筠此時任伊犁將軍。

遣犯們有時會賄賂士兵讓他們逃跑。在這場暴亂顯示出管理的鬆散後，官員加強了管控。在犯人臉上刺上罪名與流放地使得偵查容易許多，而那些逃跑的人則會面臨就地正法的處罰。[63]然而在經過五年的農地勞動，隨後接著八至十年的開礦勞動後，罪犯能夠加入平民。很少有人能夠完成這個艱鉅的目標，但是政府確實提供資金給這些遣犯的家人讓他們能夠團聚，以此來鼓勵他們定居。有些能夠加入軍隊，如果他們能在戰役中獲得特別的功勳，他們則能夠被釋放回到家鄉。然而，幾乎所有的遣犯一輩子都留在這個地區。

第二種的流人雖未犯下如此的滔天大罪，但是最終也捲入了新疆的地方騷亂。官員們將在湖北危害地方的吳姓大族近百人，以及意圖逃往越南的一千名位處西南邊疆的礦工發遣新疆。[64]這些屯田者成群來到了新疆，然後分散在新疆各地；他們由民政官員負責管理，不屬軍隊管轄，並且表現與屯田民人無異。他們只是許多開墾荒地之不同群體的另一群人罷了。

許多被貶謫的官員也被流放到新疆，但是他們並不從事農耕。有超過五十名涉入一七八一年甘肅冒賑案的官員被流放到新疆，十三年後才得復歸。[65]著名學者洪亮吉在一七九九年直言批評乾隆皇帝後，雖免獲死刑，但仍被發遣伊犁，三個月後才得到赦免。無法免於赤字、管理外國人失當，或是部屬犯事等罪名都足以讓官員惹上麻煩。一七五八至一八二〇年間有超過十％的總督曾被流放新疆。[66]從最高至最低的所有文武官員最終都可能免不了被流放到這裡的命運。新疆因此也成了來自內地之中國社會縮影的樣本，而且還要加上早已在當地的突厥斯坦土著、軍事長官以及游牧民。

民屯成為移入新疆的新移民的大多數。在征服新疆之前，官員已經開始在甘肅西部鼓勵移民。在此地，在確定一種提供最大的私人動機來增加生產的方式以前，清朝也在試驗數種不同的土地分配。在甘肅西部，官員有一度曾經建立某種佃耕制，這種制度將總收成在新移民和政府之間五五分帳或四六分帳。[67]雍正年間，甘肅移民提供了許多穀物給那些仍在新疆戰場上的軍隊。然而，到了一七三六年，由於收成欠佳，這種佃耕制被取消了，而這些移民的地畝變成了私有地，而他們則向政府付固定的賦稅。在甘肅西部，如今它已安全地成為內地的一部分，新的農民則被同化為常住人口。國營農場則由傭工來經營，在安西開墾了約五萬畝地——這是第二種試驗——但四年後就終止了。

最成功的計畫仰賴於一種契約勞役，它很類似開墾新世界的方式。移民會得到旅費、衣物、食物、種子、器具、牲口、創業貸款，以及三〇畝地。他們必須在那塊地上工作五年，但是無須繳稅。五年後，當他們開始繳稅，他們便成為獨立的地主。在伊犁，他們在三年後每畝徵銀一錢直到他們還清債務，此後每畝徵銀五分。[68]這種制度特別吸引西北的貧窮小農們，他們缺乏資本來開墾自己的土地。一七二六年，岳鍾琪宣稱已經在甘肅沙州移入了三千三百個貧戶。自一七六〇年代起，大量貧戶從甘肅西部移入新疆。[69]最早的移民是單身漢或無地的勞工，但是很快地大多數移民帶著他們的家人一起過來，特別是在官員大肆宣傳鼓勵移民之後。到了一八〇三年，超過十五萬五千名民人在巴里坤和烏魯木齊開墾了一〇一萬四千八百七十九畝地。到了一八二〇年，包括伊犁在內，得到開墾的農地總計超過一〇八萬畝。[70]

這種由國家支持的移民計畫吸引了許多其他來自內地的人口，他們蜂擁至新疆，渴望改善他們的生活。陝甘總督文綬於一七七三年遊歷了這個地區，熱切詳述了商鋪聚集的景象：「城關內外，烟戶比櫛而居，商賈畢集」，而小農則忙於在肥沃的土地上耕作。在他看來，新疆是一片「樂土」，提供這些新來的人許多的機會，而且他極力主張政府應鼓勵進一步的開墾。[71]來到此地的傭工也滿足於高工資——每月可得銀一至二兩——而且糧價甚低，因此他們可以節省金錢而且不久後就能購買土地。

帶來大量資本的商人可以立即投資土地，並且聘僱傭工來開墾這些土地，而且此舉得到了官方的支持。這些商戶組成了另一群重要的民屯。當中有些人掌握了大量的土地，例如在伊犁，卅二名商人擁有總計三萬九千六百畝的土地。一七七八年在烏魯木齊，有一千一百三六個商戶即便他們自身並不真的從事耕作，但還是獲得了跟小農移民一樣的土地和種子貸款。杜曼（Lazar Duman）主張，這些商業資本家的存在使得新疆變成一個高度階層化的社會，而且由地主—官員菁英所主宰，但是大多數商戶開墾的地畝並不如伊犁一般廣大；平均數額似乎為每人五〇畝地。[72]總督文綬並不害怕從內地蜂擁而至的商賈，而是提供他們投資機會，以便使他們成為定居的地主階級。

除了這些商人以銀兩繳稅以外，幾乎所有的移民都以實物繳稅。文綬所訂的稅率為每畝納細糧八升，或是每塊地平均納糧二．四石。考慮到他們有五年時間能夠讓自己自立，這對大多數的耕種者而言是個合理的數額。一旦它們成為納稅者，他們就享有所有定居農民的完整財產權。

突厥農民則是支持清朝征服的最後一群貢獻者。[73]他們是唯一一群經驗豐富，熟悉特殊形式的新疆綠洲灌溉農業的耕作者。他們被稱為「塔蘭奇」（Taranchi），這個字源自突厥語，而清朝則借自蒙古語的「農夫」（tariyaci，衛拉特語tarän）一詞。[74]如前所述，當準噶爾人占領了伊犁河谷時，他們從南方的綠洲帶來許多塔蘭奇人，以便展開他們的開墾計畫。在準噶爾人帶往北疆的兩到三萬人當中，塔蘭奇人構成了重要的一部分。[75]當他們於一六八〇年拿下葉爾羌時，它們將大多數的當地人遣送到北方做為奴僕，為準噶爾國從事生產工作。

就在同時，其他的塔蘭奇人則協助清朝。在一七一八年清軍將準噶爾掠奪者逐出哈密後，哈密的伯克就推行開墾地畝。清朝官員幫助他挖掘灌溉渠道。一七一九年他送了六〇八石穀物給巴里坤駐軍。一七三〇年，他報告說在四至五百名新移民的工作下，收穫了三千至四千石的穀物；而一七三〇至一七三六年間，他送了總計二萬七千五百石的穀物給清朝駐軍。清朝為他提供給駐軍的穀物每石支付一兩銀。第二個回屯則始於一七三九年，地點在蔡把什湖（Caibash），但是清朝自一七四二年起就停止支付銀兩，而這些地畝則被改為回民屯，每年收成需繳納四成給清廷。到了一七五三年，由於收成不佳，溝渠淤積，因此兩處屯田都遭到廢棄。

在吐魯番，清朝官員和地方伯克意圖照哈密之例設立屯田，直到一七三一年全部人口移入內地為止。一七三三年，超過八千名吐魯番人遷到了甘肅瓜州。清朝官員為了安置他們而建立了五堡，並且給了他們八千石種子以種植四萬畝地，此外還蠲免（即免除、減免）他們的賦稅與勞役。但是收成不佳使得他們無法償還債務，因此一七三八年他們的債務最終被豁免。一七五五年他們回到了吐魯番，而清朝則徵集了其他農民前來接管這些熟地。

在清朝征服新疆後，在清廷的支持下，伊犁成為回屯的主要地區。在伊犁，塔蘭奇人是最大群的耕種者（參見表10）。戰爭幾乎將這個地區的人口一掃殆盡，但是將軍兆惠在此建立了一千戶的塔蘭奇回屯以便供給其四五千人的駐軍。移民則來自南邊阿克蘇、喀什噶爾、烏什、沙雅爾（Shayar）、葉爾羌、和闐（Khotan）和賽哩木（Sailimu），以及東邊的吐魯番和哈密。到了一七六八年，六千三百八十三個塔蘭奇回戶提供了大量駐軍所需的穀物。清朝官員體認到需要給這些耕種者鼓勵以便使地盡其利。例如，阿桂奏請將地租從過去的比例制改成定額制，他說道：

> 若將伊等耕種所得米穀每歲收取，但照種地兵丁支給口糧，則雖收獲甚豐，伊等不能多得利益，或致廢棄田功，即嚴行督察，而人眾地多，不能周遍，且恐耕種時既潛行侵蝕，收獲後復私自存留。若額定每歲交穀數目，將盈餘者聽其自取，不但事無煩擾，伊等亦知力勤耕種，生計日優。[76]

因為收取定額地租在荒年時會有造成上繳穀物不足額的情形，阿奇木伯克建立了義倉以便農民有需求的時候能夠貸給穀物。在作物尚未萌芽時的初春所借出的穀物，可以從秋季的收成中以增收十%的方式償還。

官員也支持試驗地，採用不同的種植方式試圖增加產量。在伊犁，將軍明瑞就從辟展帶來了特別優良的穀種進行試驗。他發現越粗放的播種能夠帶來越高的產量：在每畝下種二升五合的情況下，種地四十三畝，收獲五十五石三升；另一塊地，在每畝下種一升五合的情況下，種地六十六畝，收獲一百零一石。在認識到新疆的農業條件和內地大為不同的情況下，他建議將這些種植方法推廣到其他地方。[77]

伊犁的產出超過其所需的數量。每個伊犁的耕種者會得到三十畝地以及一．五石的種子，當中有小麥和黍，並且應交十六石給當地駐軍。[78] 在豐年時，一．五石的種子能夠產出四十石的穀物，因此這些移民要繳納其收成的四成三給軍隊——這比哈密的四成比例要來得高。駐紮在惠遠與惠寧的兩萬四千名士兵與官員總共需要十六萬六千六百石的穀物，其中塔蘭奇提供了十萬三千石，即所需穀物總額的六十二%。察哈爾、厄魯特、索倫和錫伯駐軍需自力更生，綠營軍隊須自產一半的糧食，但滿人軍隊則完全仰賴回屯。一七八二年，穀倉中存有五十萬石，但是到了嘉慶年間（一七九六—一八二〇），其庫存降至二十八萬二千石。

雖然塔蘭奇人不被允許離開，而且有些人因為逃跑而受罰，但

表10：伊犁的耕種者形態

	塔蘭奇	綠營	民人	八旗	遣犯	總計
人口（單位：人）	30415	2500	1085	5073	117	39190
地（單位：畝）	180000a	50000	66211	40584	1611	338406

資料來源：王希隆，《清代西北屯田研究》（蘭州：蘭州大學出版社，1990），第214頁；吳元豐，〈清乾隆年間伊犁屯田述略〉，《民族研究》期5（1987）：第96頁。註：民人和遣犯的數字可能指的是戶數，而非人數。a. 吳元豐給出的數字為90000；本數字則是依據王希隆的研究而得。

是許多其他的佃農從南邊蜂擁到伊犁來耕作當地的沃土。與統治南方的伯克任意反覆徵收的小額地租相比，他們更偏好清朝的定額地租。前面討論過的一七六五年烏什之亂就是導因於這些地方伯克的濫權，而清朝官員無法約束這些伯克。

在伊犁，清朝官員加強了當地的社會階序以確保穩定和生產，並且保留了由當地伯克治理的既有體系。和吐魯番不同的是，伊犁伯克未能確保其世襲地位；每次的承襲都必須得到清朝高級官員的批准。在這個階序頂端的阿奇木伯克監督其他級別的十三名屬下，總共有八十七名官員。每名伯克，就同內地的文官一般，會得到一筆「養廉銀」，阿奇木伯克有五百兩，其下的伯克則依次按比例減少之。阿奇木伯克及其下屬也獲得大筆土地：二百帕特曼（*patman*）的土地，並搭配一百人來耕種。[79]

間接地，清朝移民墳新疆的政策也讓帝國邊界以外的中央歐亞地區得到發展。到了十九世紀中期，對於屯墾的控制減弱了。阿奇木伯克及其屬下向其人民索要更多地租；他們把地界擴張到官地和民地；他們也疏於保養灌溉渠道。許多的移民因此逃跑。太平天國之亂期間爆發的伊犁暴動導致不穩定加劇。俄羅斯人於一八七一年占領了伊犁長達十年之久，並且在撤出時帶走了十萬名塔蘭奇人和漢人穆斯林。中國的歷史學者宣稱俄羅斯人強制帶走了這批人，但實際上他們是要逃離左宗棠軍隊的殘酷鎮壓。這批所謂的「東干人」（Dongans），七萬個使用漢語的穆斯林民促成了今日哈薩克斯坦與吉爾吉斯斯坦的族群混合。[80]

經濟發展

新疆的征服者很快就創立了一套完整的經濟發展計畫，超出原先軍事支援的狹隘目標。民人伴隨著軍屯，在政府的支持下擴展了他們的屯墾區。這些增加的農業人口依次吸引了商人，而他們又刺激了城鎮的成長以及和內地的商業連結。除了土地開墾以外的其他政府計畫也支持了這些發展。馬市、礦區與城鎮使得經濟圖像趨於完整。

軍隊也許要靠吃飽肚子行軍，但是他們的糧秣得靠馬背運輸。在作戰期間，所有將軍的首要考量都是馬匹的供應。由於在中國本部缺乏草場，因此每個王朝都需要和游牧民交易馬匹。在鑑定馬匹上，游牧民總是比一般中國文官具有更大的優勢。與自外於草原的明朝相較，與中央歐亞連結較強的唐朝，可以拿到較佳的交易條件並且有更多的馬匹供應。不過馬匹供應對於一個帝國的生存而言總是至關重要，而且會占去其預算中的一大部分。明朝的統治者建立了最有系統的邊市，並且以茶和布來交易馬匹。但是他們的防禦政策相當昂貴，並且使他們高度依賴蒙古人。

滿洲人設立了太僕寺以提供朝廷所需的牲畜，而且他們在滿洲地區還有其他的草場。但是當康熙的軍事行動深入蒙古，這種遠距離使得供給馬匹的成本變得過高。陝西與甘肅無法提供足夠的馬匹以符合所需，而從歸化運馬過去又極為昂貴。青海的蒙古人與藏人所提供的牝馬每匹要價八兩銀，而種馬每匹則要價十二兩銀，這是極高的價格。[81]如同前面所述，在作戰中，馬匹的高死亡率意謂著需要補充大量馬匹，而在補給耗盡之前，作戰只能持續有限的一段時間。

一七三六年首度在甘肅的甘州、涼州、西寧與肅州設立馬廠，牝、牡馬共有一千二百匹。到了十九世紀初期，這些馬匹已經增加到二萬匹。但是一七五〇年代的戰爭所需馬匹數量遠較此數為多。一支五萬人的軍隊，每名兵丁配備三匹馬，一開始就最少需要十五萬匹馬，而在一場耗時四年的戰爭中需要提供超過二十萬匹馬以備補充。清朝的將軍如今有了蒙古人作為同盟，從他們那邊可以徵用牲畜，但是如我們所見，過度徵用會導致蒙古人叛變。只有在一七六〇年，新疆的伊犁、巴里坤、塔爾巴哈台與烏魯木齊才設立了大型馬廠。最大的中心伊犁每三年必須達成九千五百二十四匹馬的定額。到了一八二六年，伊犁已經養了五萬匹馬。嗣後，清朝官員建立了羊、牛與駱駝的牧廠。到了一八二六年，伊犁有一萬頭牛、數千頭駱駝以及約四萬兩千隻羊。[82]

除了向蒙古人購買以外，新疆的官員如今還有一個新的牲畜來源：即哈薩克人所控制的廣大草場，當時哈薩克人已經成為清朝的藩屬。在烏魯木齊，中國人提供錦緞、棉布、茶葉、金屬器皿、藥品以及瓷器——絲路上的典型貿易貨品——以交易牛馬。伊犁很快就超越了烏魯木齊，而來自哈薩克的牲畜也使得牲畜的價格大為降低，牡馬、牝馬與騸馬的價格降到每匹二・四七兩銀，而每頭牛的價格則降到一・五兩銀。正如某位官員所言，邊疆的牲畜價格與內地大為不同：在哈薩克人的價格，內地一頭牛的價格值邊疆的四匹馬，而一頭驢則值兩匹馬。[83]當哈薩克人跨越邊界時，他們也得為其畜群付一％的稅，而哈薩克的朝貢使團則會向皇帝獻上特別的寶馬。

馬廠受到了緊格的軍事控制，由一名主官負責監督士兵，每名士兵負責照料廿四頭以上的牲畜。並給這些牲畜進行小心的計數和篩揀檢查：伊犁馬廠必須每三年繁殖相當於馬匹總數三分之一的新馬，以及每四年繁殖相當於牛隻總數八成的新牛。這種對馬廠的繁重要求是出於馬匹在邊疆的多重需求。最密集的需求來自軍屯和軍台，在軍台每年需要撥補三成的馬匹和一成五的牛。正規軍不像農務那麼密集使用牲畜，每年大約只會損耗一成七。礦區也需要馬匹，在游牧民遇到災荒時馬匹也會做為賑災物資發放。一場大型軍事作戰，特別是一八二六年征討張格爾一役，意謂著突然從西北草場需要五萬匹馬。在大多數情況下，這些馬廠能滿足日常需求，有時候甚至能有盈餘，如一七八二年，多餘的馬匹以每匹三・三兩銀售出。

直到一八五〇年代，馬場似乎解決了對於所有帝國軍隊而言最持久的問題之一。然而，一八五〇年以後，這些馬廠也受到了這些地區廣泛動亂的影響。就像當地所有其他的新制度一樣，當官方監督鬆懈後，它們很快就衰落了。沒有了三年一次的檢查，畜群很快地就衰微了。到了一八五三年，伊犁的十萬匹馬當中有四萬匹死於疾病。隨著軍隊撤出，草場被改為耕地。在這個世紀末試圖恢復馬廠的努力僅僅得到了有限的成功；到了一八九〇年代，巴里坤和伊犁總計只有一萬匹馬。[84]

由清朝引進的密集農業對農具產生了新的需求，因此官員投資鐵礦以生產工具和武器。原先從內地進口的庫存很快就耗盡了。如同馬匹，在當地生產補充品已被證明是較為廉價的。自一七七三年起，伊犁官員開採了鐵礦，同時其他的礦場生產鉛和銅，以製作貨幣、子彈和武器。所有的礦場都由軍方經營。

在大多數情況下，突厥系農民使用木製農具，但漢人農民一般掘土更深，而且耕作較為密集，需要鐵製的犁、鋤、鐮刀與收割機。他們的需求是持續不變的，每年會耗損三成的農具。綠營兵丁最早進行繁重的挖礦工作。從內地帶來的金屬工匠會得到優渥的工資，每名日給傭銀二錢，日糧一斤，因為在當地相當缺乏他們的技術。一七七三年以後，遣犯成為主要的勞動力。新的規定讓這些犯人在工作五年後可就地為民，在礦場工作八年後可返回原籍。後來這個最低時限延長為十至十二年，意謂著清廷相當需要這些勞動力。新疆的農業發展雖然仰賴獨立的農民來耕田，但也需要在軍事監管下之遣犯的奴役勞動力，來提供基本的生產工具（參見表11）。

透過兼併與發展新疆，清帝國給自己帶來了機遇和危險。它確保了這個區域免受其他強權及不安的自治體的控制，而且它也與俄國畫定了固定的邊界，暫時防止了沙俄的入侵。殖民與整合政策加劇了對自然資源的開發，並且鼓勵來自內地的大量移民。某種程度上，從西北來的移民減輕了華北的資源壓力。做為補償，官員在新疆必須大量投資灌溉渠道、農具、種子和牲畜以便維持屯田。他們也提高了土壤的生產力，並犧牲草場以擴張農地，而且帶來了和內地的重要商業連結。新疆前所未見地與漢地核心高度連結在一起。

然而發展也產生了緊張，而且只能以武力遏制。第一波移民——軍人——將開闢田地作為其部分任務，但是後來變成了平民地主。他們是最可靠的人口。遣犯來到此處並非心甘情願，而且在控制鬆懈時容易暴動或潛逃。平民從國家得到大筆補助後，一批批來到新疆。然而，當這些群體與當地的突厥人口混合，而且當漢人穆斯林與其他商人也加入這個族群拼盤之後，緊張的程度升高了。單一行政體制無法涵蓋龐大的開支以及多樣的人群；因此清朝採行多種系統來包納這些多樣人群。

由於這個地區從未能自給自足，因此需要來自內地的持續補助以便維持既有的生態與社會平衡運作。然而，在十九世紀時，隨著資源往內地轉移，新疆也開始崩解。持續的叛亂到了阿古柏占領整個新疆時達到了頂峰，這也是盛清的發展政策意想不到的後果。[85]

表11：烏魯木齊的鐵生產

年份	生產（單位：斤）	盈餘（單位：斤）
1765	61440	8660
1766	76000	31178
1767	61440	3016
1768	56480	11540
1769	56800	11200
1770	61280	12000
1771	56800	22500

資料來源：《烏魯木齊政略》；轉引自王希隆，《清代西北屯田研究》（蘭州：蘭州大學出版社，1990），第251頁。

第十章
收成與賑濟

管理邊疆經濟需要一個極度擴張的資訊收集機制。乾隆皇帝施行了一套遍布整個帝國的體系以便向他報告價格、收成與雨水，這些都為農業的情況提供了大量的資料。而這些報告的目的則是為了讓官員在需要進行賑濟時得以及時介入。各縣負責管理「常平倉」的官員仰賴市場報告，以便掌握介入市場的時機來穩定價格。他們在糧食短缺時出售穀物，而糧食供應充足時則購入穀物充實倉廩。

從地方上收集標準化的統計資料，一般咸認是近代國家的標誌。將「社會」視作實體的概念得以出現，是由於十九世紀歐洲國家所採取的諸多正常化措施，其中以統計學最為重要。[1]就這個意義上而言，清朝在十八世紀的所作所為看起來是早熟的「現代」做法。

在整個帝國當中，這類報告又以新疆地區最為詳細。論監控的程度而言，整個清帝國沒有地方堪與新疆比肩。只有那些受軍事控管、已被開墾的土地，官員才能估算種子數與產量之間的關係。有關農業產量的日常報告顯示駐軍的補給受到仔細控管，軍隊才能夠按此進行調配。

清帝國的屯墾、開荒與增加農業生產力的計畫，在帝國內最為乾燥地帶究竟有多成功呢？這些農村生產者是否能夠提供自身與軍隊足夠的糧食呢？產量和價格兩者與氣候波動的相關程度有多大？糧食市場與官方糧倉在平抑價格與連結各區域上又有什麼成效？農業在何種程度上仰賴國家對生產的大量投資？清朝在邊疆的資訊收集機制提供我們資料，來衡量當地農業的可持續性。

收成與產出

收集有關屯田產量的資料屬於更大的系統性農村經濟資訊收集計畫的一部分，這個計畫在十八世紀時在整個帝國境內施行。在皇帝諭令各省巡撫充實倉廩以便在糧價波動時平抑糧價之後，也要求每月上報糧價與氣候、倉廩和收成。此一掌握帝國地理條件的努力使得政府官員得以看到地方上農業生產的詳細情況。[2]這個計畫中有兩個最重要的要素：即精確的測量與標準化。就收成報告而言，地方官員設立了一個數目作為目標，這個數目顯示了在完美情況下的理想收成量。他們以這個數目的百分比來估算實際收成，計算的比例為一到十（有的時候是一到一百）。[3]收成數目本身並非表現每個地區產量的統一指標，而是與可能最佳產量的比較。對估量地區與不同時間的收成變化而言，這些是寶貴的資料來源，但是它們一般而言並不會表明絕對產量。

《大清會典》具體指出收成達八以上的算是「豐」；六以上算是「平」；而五以下則算是「缺」。然而，實際上，任何低於七的收成報告都有大量證據顯示在某些地方存在乾旱、收成短缺，以及饑荒。這無論在廣東的水田和西北的旱地都是一樣的。官員會避免上報收成比例低於五成的情況，因為這將需要他們去賑濟整個地區的人口。反之，他們會以六至七的數字來上報，並以此表明收成不佳的情況，這樣他們只需要在某些被選上的地區進行賑災就好。實際上，八以上的收成比例表示為豐收，七以下的則是歉收，而六則表示有嚴重的災荒，使當地有資格獲得廣泛的賑濟。皇帝仔細閱讀這些歉收的報告。例如一七七二年，他堅持要甘肅巡撫去檢查他計算地方縣府的報告數字之平均數的方法，以確認該省收成的數字實際上為六點五而非七。[4]

然而，屯田的土地所上報的數字卻是每畝地的絕對產量，或是關於下種的數目與收成的比例。這麼一來，那些數字不僅讓我們看到收成是如何變化的，而且還有它們是否隨著時間而增長的情況。由於軍官們仰賴這些土地提供軍隊的配給，因此他們特別注意他們所控管的農民能夠上繳多少收成。對那些不屬軍事管轄的平民土地，文官僅收取微薄的定額稅賦，而不大關心收取的糧食絕對數額，他們更關心這些農民是否能維持最低限度的生計。兩者的收成計算標準都可以讓我們衡量清朝西北地區農業的可持續性。我們可以在選定的地區與時間裡檢視上述的各種問題，在此我們以甘肅省與新疆東部為主。

在一篇早先的論文裡，我討論了由文官所管理的穀倉在確保甘肅的常態食物供應上的重要性。[5]在此，我會集中探討甘肅軍屯的同等重要角色。軍屯代表了在最佳情況下農業的生產可能性。對於這些軍屯，官員會仔細監督這些種植者，並且提供所有人所需的糧食、農具和灌溉水源。與甘肅的平民田畝收成量相較，屯田的產量揭示了國家補助所能取得的最佳表現以及農民所面對的正常情況兩者之間的差距。由於新疆的耕作方式主要來自甘肅和其他西北地區的農民，檢視甘肅的情況能夠表明這種做法在更遙遠邊疆的發展。

一如今日，甘肅的作物絕大多數是小米和小麥。[6]有些田地種植冬麥，到了夏天就能收成；而其他的田地則種植春麥，要到秋天才能收成。夏季的主要作物是小麥、豆子與大麥；秋季的主要作物則是小米、蕎麥與燕麥。在黃河沿岸，特別是寧夏地區，有著相對較高比例的可耕地，但是在遠離水源的地區，大部分的土地只能夠用來放牧。在往西延伸至新疆之甘肅走廊上的甘州、涼州與肅州等地，只有在綠洲城鎮裡才能從事集約耕作。如同某位具摺上奏者*所言：「甘、涼、肅一帶，地處沿邊，南近天山，北倚邊牆，其間相距或貳　拾里或肆伍拾里不等。不等民間耕種全資南山雪水，凡水所不到之處，俱係戈壁。」[7]

比起華北平原，甘肅的氣候要來得跟新疆更相似些。兩地都有炎熱而乾燥的夏天，以及極度寒冷而乾燥的冬天，並且夏天的降雨量很低：也就是極端的大陸型氣候。往來旅行的官員們從陝西往西邊去甘肅時都會注意到氣候的明確變化，以及當他們跨越黃河所見的更為劇烈之氣候變化。他們越往西走，氣候就會更加乾冷，農地裡的作物也更晚發芽。年降雨量二十五至五十公分勉強足夠，但是如同華北一般，降雨大多在冬季。然而黃土的透水性會將融雪吸收，並且將其保持在土壤中，以供作物在春天發芽所用。官員與農民緊緊注意早春的重要降雪並每年向北京報告。[8]

甘肅是清帝國面積第三大的省分，僅次於雲南與四川，但是人口相當稀疏（在清代，甘肅包括了今天的寧夏自治區與部分的青海省）。然而，由於其耕地面積實在太低，低於總面積的三%，其耕地與人口的比例近乎平均值。[9]在其可耕地上，甘肅維持了一批密集的農村人口，密度幾乎等同於華北平原或陝西高原。一七八七年，其人口總計將近一千五百萬人。

附錄D的表格列出了十八世紀中幾個選定年度的收成報告。收成平均數字為七・六，意謂著甘肅的收成多半足夠維持人口所需，但是收成的起伏變動相當高。在我們有資料的三十個收成季中至少有九個，全省收成的平均數目是低於七以下的，這表示有相當程度的地區面臨災荒。即便是在最好的豐年

＊ 譯註：具奏者為陝甘總督黃廷桂。

裡，某些縣總是需要賑濟物資。

前後年間的收成相關性相當低，平均為〇．三一，而一．〇〇表示完全相關。即便在同一年內的夏季與秋季收成之間的相關性也只有約〇．六〇。收成的高變動性使得官員難以計畫賑濟事宜。他們甚至無法預期同一個區域是否每年都會被災害侵襲。災害可能的形式包括旱災、突發洪水或雹爆，幾乎可能會侵襲任何地方。官員必須準備快速改變糧食供給，以滿足收成的不足數額。

如前所述，在西北的軍田中，國家對農業產出的追蹤相當留心。每年官員都會從倉庫中貸給耕種者足夠的穀物以滿足其生計與種植的需求。在春季，種植者自己則會提供小額的種子資本。秋收之後，官員首先會將原先借出的種子減去，然後再拿走剩餘穀物的一半（在安西則是拿走四成）以存放在穀倉裡供軍隊所需。差不多每年政府都能收回其貸出的穀物。從目前所能取得的檔案，我們可以計算涼州、安西與肅州三處的屯田，以及烏魯木齊的軍田與民田兩者的總產量。這些報告提供了部分的農田產量資料，這些地方的資料比清帝國任何其他地方都來得要準確並富有系統性（參見附錄D）。

平均產量相當高且穩定。就每畝的平均產量而言，在甘肅為二．三五石，相較於長江下游的稻田每畝一．五到三．〇石的平均產量以及江南的小麥田（特別在豐年時）每畝平均二．〇至三．〇石；[10]長江下游的小麥產量一班只有每畝平均一．〇到一．五石；黃宗智估計在一九三〇年代數個華北村落的小麥與小米產量在每畝〇．五到一．六石之間，而一九五七年中華人民共和國政府為黃河以北的田地所設定的產量目標則是每畝二．五石（四百斤或二百公斤）。[11]由於西北大部分地區的年降雨量都低於華北的平均量，這使清朝的成就顯得更加不凡。在軍田與全省的種子產量與收成之間的關聯則相當低，僅有〇．三九，這表示在這些土地上的收成相對上較受保護，免受侵襲該省其他地方的旱災所影響。

瓜州與安西的穆斯林耕種者則是在比甘肅農民來得廣闊的耕地上播種。他們擁有異常高的種子產量，平均為六．一二，以及比甘肅來得高的每英畝產量。在哈密，當地的產量也是以相對於下種的比例來計算的，數字由九到十五以上。然而，在中央軍事基地巴里坤，當地的氣候相當寒冷，只有大麥能夠生長，因此產量相對低很多，平均是每畝〇．八四石。其所有的小米都是由哈密輸入的。其穀倉存量時常出現短缺，這些短缺也都由哈密補足。[12]

所有的資料都表明甘肅整體苦於經常出現的乾旱與不確定的收成，但是清朝官員對軍屯的大量投資，成功為其直接控制的特許移民維持了相當高而穩定的產量。然而清朝也動員了其國家糧食儲備以便在饑饉時期為一般平民服務，這也是透過其讓人印象深刻的糧倉體系而達成的。

糧倉儲備

到了十八世紀中葉，甘肅已經有了「常平倉」的廣泛網絡，可以出售穀物以減少市場價格的波動。一份針對清帝國民倉運作之集體研究發現，陝西與甘肅擁有全帝國最高的人均儲備量，和西南的廣西與貴州並駕齊驅。在這兩處內陸邊疆地區，駐紮了許多軍隊，帝國政策需要高水準的官方儲糧，因為「它們必須準備好維持軍隊補給。」[13]

這些儲糧在十八世紀之內從一百萬石最多增加到四百八十萬石。[14]從一七四二到一七九二年，當整個帝國的儲糧水準增加了五十四%時，甘肅的儲糧則增長了三倍以上。其戰略位置、商業財富的相對缺乏，以及其距離水運網絡遙遠，都使得甘肅成為官營之糧倉賑濟體系的主要對象。

為了確認存糧被有效用於賑濟，我們不僅需要知道每人的平均水準，也需要知道分配的比率。和有些省分不同之處在於，甘肅官員並未上報糧倉回收穀物的實際比率。正常的期望值是每年有三成的儲糧會銷售到市場上，每三年倉內的儲量差不多更新一輪。由於該省的任何地方，在任何年度都經常會出現收成短少的情況，加上官員經常討論發放糧食的地點與方法，這似乎顯示大多數的民間糧食補給被積極用來進行賑濟的分配，以及為了平抑價格而出售。甘肅的問題不在於儲糧的使用太少，而是太多。糧倉的實際儲糧通常會跌至低於官方定額，因為有太多儲糧作為賑濟補給以及貸給農民之用。例如一七六三年，其實際儲糧僅有一百八十三萬兩千石，遠低於定額的三百二十萬石。[15] 甘肅的官員在補充糧倉的問題上遇到很大的麻煩。

這份集體研究幾乎完全集中在平民的糧倉體系，但是同時也有大型的軍事糧倉在運作（參見表12）。雖然帝國行政官員試圖維持軍事糧倉與平民糧倉之間的區別，但是實際上兩者之間經常互動。在大型作戰時，許多關於軍糧補給的奏摺顯示，所有的糧倉都面臨壓力，必須將其儲糧轉移為軍用口糧。

先前在清帝國全境內設立平民糧倉的努力（如同過去的唐朝），如今已經失敗，因為它們無法滿足軍事需求。[16] 十八世紀晚期的大規模叛亂使得「糧倉問題出現決定性的惡化」，因為地方性的結構弱點使得這些糧倉不可能同時滿足平民加上軍人的需求。到了十九世紀中葉，平民補給的挪用猖獗，完全侵蝕了該體系的基礎。[17] 甘肅是最早面對這些壓力的省分之一。到了一七六二年，已有二十五萬石的存糧被分配給軍方，使

表12：甘肅的軍事糧倉儲糧

地區	年份	總額（單位:石）	出處	註
河西	1754	1653200	《宮中檔乾隆朝奏摺》，冊8.836	
河西	1756	780000	《宮中檔乾隆朝奏摺》，冊14.235	
安西	1753	80000–100000	《宮中檔乾隆朝奏摺》，冊7.188	
安西	1754	68000	《宮中檔乾隆朝奏摺》，冊9.842	年購入5000–6000石
肅州	1756	170000	《宮中檔乾隆朝奏摺》，冊13.447	

資料來源：國立故宮博物院編，《宮中檔乾隆朝奏摺》。

儲糧總額低於九十萬石。[18]

除了將補給直接轉移以外，市場運作也與平民和軍事糧倉連結。當軍方購入糧食加上收成欠佳，地方市場的價格就會高漲，當地人口就需要賑濟。透過在收成之前將糧食借貸給軍人，官員可以將其影響分攤在一整年之內，但是他們無法降低總合需求。[19]

雲南與貴州的邊疆省分駐紮了最多的軍隊，而且也有人均最高的糧倉儲量。李中清估計軍糧的分配總額每年高達五十萬石（未經去殼的穀物），這幾乎與平民分得的總額相當。[20] 兩者總計，這些可供有登記人口的五至十五％一年所需。一七六五至一七七〇年的清緬戰爭以及後來一七八八年的安南戰爭期間，西南省分也同樣苦於繁重的軍糧需求。戰時的軍糧需求會高達平民糧倉儲量的三分之一至二分之一。[21]

然而，西南在糧食儲量上所遇到的問題與甘肅卻大異其趣。在十八世紀中葉存糧快速增長的時候，糧食儲備成長的速度可能比當地人口的需求來得快，而舊的存糧會腐壞。在乾燥的西北，存糧腐壞並不成問題：每年僅會損失一％的糧食。反之，在潮濕的西南，存糧若是未能售出，那麼大多數將面臨腐壞的命運：一七七六年，貴州因為腐壞問題而損失了七成的存糧，因為官員無法儘快更新這些存糧。十八世紀晚期，官員在維持存糧上遇到的麻煩較少，因為戰爭和收成不佳造成了需求增加。他們似乎在維持價格穩定上相對較為成功。[22]

反之，甘肅很少有民間過度供應的情況發生。當地從來不缺需要賑濟的農民和士兵。誠然，在某些地區，像是與四川接壤的地區潮濕確實是個威脅。總督吳達善於一七五五年從四川抵達甘肅時就指出，階州府的軍糧儲量增加了六萬二千石，遠高於軍隊所需，而他擔心這些存糧很快就會腐壞。早先奏請改收銀錢的要求則遭到駁回，因為戶部認為有必要在帝國邊疆維持大量的存糧。總督吳達善如今認為商業經濟已經足夠發達，以至於可以從市場購入糧食，因此他要求向為軍隊生產糧食的農民徵收銀錢而非糧食實物。這也是商業經濟深入該省的進一步證據。[23]

捐監冒賑案

在許多層面上，甘肅在十八世紀作為邊疆省分的經驗，預見了整個清帝國在十九世紀將要遇到的問題。庫存的赤字、軍事支援的經常性壓力，以及年收成不佳，都極度考驗清朝官員的能力。再一次，如同後來的發展，甘肅官員很快就瞭解有需要轉向私有糧食市場，特別是以銀錢來賑濟民眾。從發放糧食改成發放銀錢的做法並非帝國在儲藏賑災食糧上的「失敗」，而是政府緩解收成不佳之方式的改變。與其仰賴分發糧食以及用低價出售糧食的做法，這些官員反而與市場合作，直接給予這些受災的農民銀錢。甘肅與陝西的情況類似，雖然地處邊陲，但是卻最先實行這些方法。[24]

然而，甘肅直到準噶爾戰爭結束之前都必須維持相當大規模的軍隊人口，而這也使得甘肅狀況和其他省分相當不同。軍屯雖然能維持既有的駐軍，但是那些經由甘肅前往新疆的軍隊也促使糧價飆升，使地方補給捉襟見肘。在征服新疆之後，甘肅仍舊必須提供大量的給養給當地的新駐軍，這個數字至少十二萬五千人，包括其眷屬。因為這些多重的需求，甘肅的稅收帳目以及糧倉儲備幾乎總是拖欠。賑濟當地人口最主要的方式之一則是間歇性豁免其年度賦稅。

當時將發放實物改為發放銀錢有不少合理的原因：官倉給予地方市場的壓力會降低，因為它們不需要購入那麼多的糧食來補充儲糧；糧倉也能夠達成更加現實的目標；穀物腐壞的情況也會減少；糧商也會被吸引到邊區來。然而，官員常常爭辯以實物或是銀錢來賑濟的相對優勢，而許多官員仍舊持懷疑論調。[25]銀錢在官僚體系中較難追蹤，因為它很容易在帳目之間轉移。這種做法被稱為「挪移」（即非法轉移資金），它雖然被禁止，但極為常見。就挪用公款或是轉移公共補給品供私家使用而言，銀錢都比糧食來得容易進行。將銀錢給有急需的人需要他們自己到市場去，而這對於長者、孩童和病人都不是容易的事。一如明代的一條鞭法改革，當稅賦以銀錢徵收時，政府會致力於確認納稅人親自前來繳稅。它也無法遏止包攬的歪風，即農民將應付的款項交給地主或掮客。反過來說，這種事也可能發生在賑災的款項上：包攬人將這些款項拿走後，僅僅將少數的錢發給這些真正有需要的人們。但是清朝的做法是朝向將許多政府的基本職能交給非官方團體來執行。只要正式的官僚組織維持小規模，而人口和其社會活動日趨增加，那麼這種事就在所難免。這些作為法律專家的「訟棍」們會接手原告告進縣衙的案子以收取費用；在大城市裡的商人（如漢口）則會承擔地方政府的主要職能。[26]

十八世紀初期，甘肅也苦於「熟荒」，這也是一個地區未能適度貨幣化的特徵，在當地糧食產量的波動太大，而當地人口又太窮困，以至於自己沒有存糧。[27]當農民收成豐碩時，他們一股腦地進入市場把自己的穀物全部售出，因為他們手上既無銀錢亦無糧食。因此使得價格低到無利可圖的程度。如果隔年收成欠佳時，他們可能就完蛋了，因為他們手上既無銀錢亦無糧食。官員有極大的動機確保糧食生產者有足的銀錢來繳稅。在此，國家最重要的角色是在收成季節時維持住價格，這可以透過以官方基金來購入糧食並儲存於政府的糧倉裡。後來，由於越來越多的商人到西北經商，熟荒變得越來越少見。在邊疆經濟上注入金錢既能在短期內維持住價格，而且就長遠來看也推動了商業化。

糧食供給的壓力與日俱增，這導致官員設計新方式來鼓勵增進糧食儲備。其中一種創新相當巧妙但最終致命，就是向商人求助。陝甘總督永常與甘肅巡撫鄂樂舜於一七五四年針對安西軍屯上奏時，他們表明當地的糧倉有糧十四萬七千石，過去向來足供駐軍與少部分平民所需。[28]但是如今越來越多的平民從內地移入安西，而商人也來到這裡以滿足他們的需求。再者，如今攜家帶眷的士兵已有八到九成，駐軍人口增加到一萬人。最後，位處更西邊的綠洲——哈密，它在荒年時也仰賴安西提供糧食，數量達十萬石，這個總額超過了當地的供給量，而且運輸費用也過於昂貴。故這些官員提議利用當地的富商，鼓勵他們捐輸糧食以換取功名（即捐監）。透過在安西登記而且安排將糧食送到這些糧倉，他們的兒子們夠獲得監生的頭銜。每位捐輸者必須提供八十石未經脫殼的稻穀或四十石已脫殼的稻米，或是等量的小麥，再加上每個功名頭銜的「工錢」四兩與「穀倉費」三兩二錢。在肅州，運送糧食往駐軍的費用為每石一兩至一兩五錢；在安西，這個費用要來得更高。這表示一個監生功名的成本可以高達每人三百兩銀，雖然平均值只有一百三十至兩百兩銀。這仍舊比一七三六年所設的標準比率一百零八兩銀高出許多。[29]當價格水漲船高，威脅到商人捐納的積極性時，要求的糧食數量就會降低三成左右，這得視當時的地方市價而定。

這些提案都存在有力的前例可循，因為明朝官員在軍事危機時，也會出售功名。[30]一四四九年，在明朝皇帝被蒙古俘虜後，朝廷開始出售監生的資格以換取糧食和馬匹。一六七八至一六八二年間，在鎮壓三藩之亂期間，滿人也曾短暫大量出售功名。

在過去，西北諸巡撫也曾數次在短時期內提倡捐納，以便增加糧食儲備，分別是一六九一、一七〇三、一七一四、一七一五、一七一七、一七二〇、一七二四與一七三四年，但是這些捐獻多半是從現任官員或已經有功名在身的人身上所獲取的。[31]例如，一六九一年與噶爾丹的首次作戰開始後，捐獻糧食一千石可以獲得推薦，從縣丞升為知府。[32]西南省分也偶爾會利用捐納來增加糧食補給。雲南至一六八一年以這種方式徵得了超過十萬石，一七三二年則徵得了四二六六八三石，直到一七六八年停止這種做法為止。[33]

在人口增長但錄取定額不變的情況下，在中國內地對功名的激烈競爭越來越白熱化。甘肅本地人極少有人能通過科舉獲得功名。巡撫常鈞就曾指出，一七六三年在甘肅約有七至八成的考生是來自長江下游和浙江。[34]移民湧入該省，以便利用其較為寬鬆的中試定額，但是隨著移民的數量增加，捐官成為更具吸引力的財富運用方式，也吸引著那些亟欲填滿糧倉的地方官員。

取得更高功名的前景可期也讓捐監更加吸引人。西北在舉人和進士兩種最高階之功名的定額上都相當有利。一六四四至一七〇二年間，甘肅未能有人取得功名，但是在經過各省定額制度的改革後，對甘肅優惠甚多，到十八世紀末總共出了二百五十五位進士。監生只是踏上功名階梯的第一步，但是它也使得更高的階梯成為可能。[35]

總督永常將捐輸的目標定為十五萬石未經脫殼的穀物，這代表需要有一千八百七十五名捐輸人，他要求將該省的定額從三百四十三萬石增加到三百六十萬石。即便在價格居高不下的情況，他仍舊預期商人會「熱心地」將糧食運到邊疆來，而情況也一如他所料。[36]一七四一至一七四五年間，巡撫黃廷桂上報已經徵集到食糧一百萬石，即每年可徵集到二十萬石，而這個數字看似是相當合理。到了一七六一年，新建的糧倉裡捐輸的糧食儲量達到了七十萬石。[37]

陝西巡撫盧焯在充實該省的糧倉上也面對巨大的問題。他也同樣提案允許讓來自外省的商人捐輸糧食，以換取鄰近鄂爾多斯沙漠七個縣的功名，但是他的提案遭到否決。當他於一七五六年再度嘗試提案時，戶部同意給他一年的時間進行試驗。[38]然而朝廷以未能妥善監督軍糧補給為由將盧焯解職，並且以來自甘肅的陳宏謀接任。由於位於這些戰略邊界的縣城裡糧倉裡幾乎空空如也，陳宏謀發現盧焯確實面臨問題。然而，商人們會越過長城前往關外購買糧食（鄂爾多斯是少數西北地區在長城以外有可耕地的地方之一）。由於他們購買糧食之舉並未對關內的地方市場造成有害效應，陳宏謀建議讓這些商人能夠捐輸糧食以換取功名，以便充實邊界的糧倉。後來在討論這個問題時，其中的考量之一就在於必須確認這些商人所捐的糧食是在本地以外的市場上購入的。如果他們僅僅在當地購入糧食，他們可能只會造成糧價飛漲，對地方民眾並無好處，但是如果他們能夠從外面運輸糧食進來的話，當地人就有可能會受利於貿易成長。後來，捐輸計畫不僅為商人階層提供了社會流動，而且也促進了貿易連結的增加。

到了一七五八年，除了兩個縣以外，所有甘肅西部的縣都已開放捐輸。增加糧食儲備的前景看起來相當有利。在僅僅三到四個月內，十個縣已經從一百一十四人手中收到超過八千石的糧食，而該巡撫則預期「遠近商民」將會「踴躍捐輸」給糧倉。一七五八年，共有四百六十三人捐輸糧食達六千九百六十七石。[39]

然後，到了一七六六年，甘肅和其他各省所有的捐輸都停止了。[40]理由是所收到的大多是銀錢而糧食則大為不足。皇帝擔心在市場上大規模購買糧食會使價格飆漲，或是從人民處強行購買（勒派）則會剝奪他們自身的儲糧。作為替代，他撥給甘肅省三百萬兩銀用來慢慢購入糧食，但僅能在市價低迷時購入。透過這種方式，官員能夠防止熟荒所造成的影響，但是同時又能夠在需要的時候為經濟注入金錢。不過在一七七四年皇帝又再度允許甘肅和陝西接受商民以捐輸換取功名。

甘肅的早期試驗所費不貲，在這場試驗中，清政府提供社會晉升，動員商人資本來為戰略需求服務，以及賑濟地方平民。在某些方面，它遵循了明朝利用商人來補給邊疆駐軍，而以鹽引的獨占作為回報商人的方法，但是也具有清朝特色的差異。這些邊疆商人並未取得獨占的特權，而功名則是開放給任何能付得起錢的人們。隨著商業經濟在邊疆的擴展，清朝試圖開發這個新的資源流以便滿足地方穩定的利益。官員們不再以田賦為主，轉而向貿易尋求新的支持來源。

但是仰賴商業財富也意謂著危險。商人與士兵和定居農民不同，商人具有移動性而且並未受到官方監控。他們同樣可以輕易地運用財富來賄賂收入微薄的地方官員，而且他們離開該省的速度正如他們抵達的速度一樣快。一八一〇年的一項調查揭露了一件重大的貪污醜聞，該案也顯示出甘肅與商業利益之間的關聯是多麼的深，以及這些連結是如何動搖了地方行政體系。一七八一年，甘肅縣府的一位布政使*及他的親信利用新的賑濟饑荒政策來中飽私囊。[41]這些涉案的該省官員將捐納的銀兩中飽私囊，並於離開該省就任其他職位時，一併帶走了大量的財富。他們的事跡敗露則是由於意外，當甘肅爆發叛亂時，新任巡撫被迫仔細調查該省的帳目。在這個案子中，透過將商業資本導向貧窮的邊疆地區，來帶動正面發展效用的政策，最終只是將這些銀兩回收到貪婪的南方官員手中。

除了指出官方對捐輸控制的限制以外，一七八一年的醜聞也顯示甘肅經濟貨幣化的程度。首先，只有在銀錢廣泛流通以及商人願意支付的情況下，這種陰謀才可能達成。除了維持生計以外，清朝兼併邊疆的第二個關鍵要素則是將邊疆經濟和內地整合起來。這代表貨幣的標準化，並促進與內地更為緊密的價格協調。這些商業整合政策背後當然也有戰略考量。到了十八世紀末，清朝的政策已經造成了甘肅省內相當程度的市場整合。同樣的政策也將用來拉近新疆與內地的關係，而規模更甚於甘肅。

一七五六年的賑災

透過檢視一七五〇年代乾隆的軍隊對甘肅糧價的影響，我們可以更瞭解軍事後勤對西北農業的影

* 譯註：即浙江布政使王亶望。

響。因為乾隆野心勃勃的作戰與對當地食物供給的重大壓力同時發生，官員必須同時處理軍隊的補給還有賑濟當地的農民人口。

一七五四年，甘肅的糧食收成相當好，但是隨後就開始逐年減少（參見附錄D）。一七五五年*的收成從七點五到八點零，而一七五六年的收成平均為七點五，但是一七五七與一七五八年的收成則降到六點五的危急水準。一七五九年的情況最糟，平均五點五表明幾乎整個省都面臨旱災（參見第十章「一七五六年的賑災」的地圖與附錄E）。幸好，後來的三年收成好轉，但是一七六三年又是另一次饑荒。然而到那時軍事行動已經結束了。乾旱在後來幾年也持續侵襲，但它們並未造成同樣的影響。一七五九與一七六〇年的糧價衝上了高峰。依照我的計算，與平均水準銀一兩九分相較，一七五九與一七六〇年之旱災與軍事壓力的平均效應使得糧價高點較之增加了銀二兩一錢，而糧價低點則較之增加了銀一兩一錢九分。[42]

雖然我們沒有完整的文書證據，我們還是能追溯這些年裡清帝國官員在西北所進行的大規模賑災活

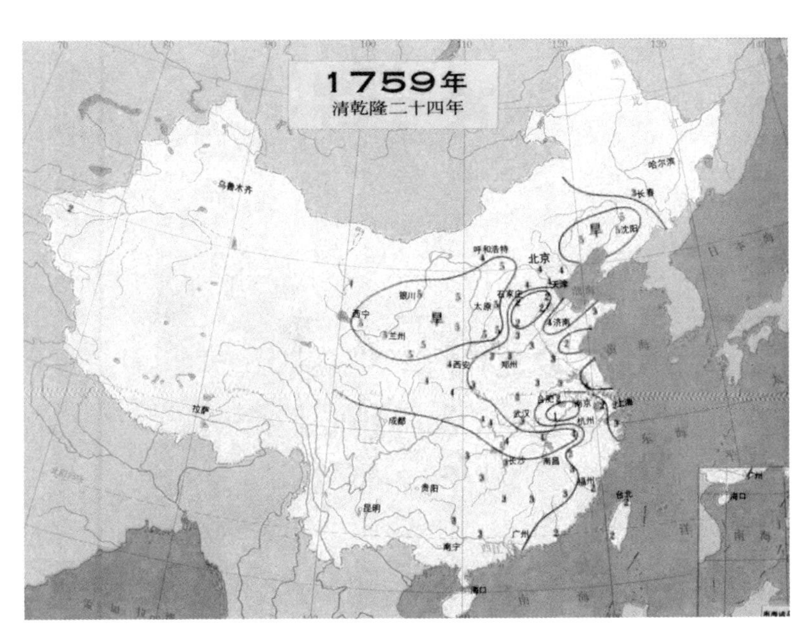

1759年的西北旱災。內有數字5的藍色圓圈表示是受害最嚴重的地區。

動之梗概。他們利用手頭上一切手段來確保農民能夠得到賑濟而軍隊則能獲得配給。

一七五六年對西北的官員而言是一段忙碌的時間。皇帝派遣了大軍追擊蒙古台吉阿睦爾撒納，但是為了追擊他，清朝的將軍們必須在中央總部巴里坤建設馬匹、糧食與士兵的儲備，而幾乎所有這些補給的運輸都會經過甘肅。幸運的是，雖然有某些縣受到災害侵襲，但這一年甘肅的收成是最充裕的。在該年年中，當這些叛徒似乎已經被捕獲之後，皇帝便下令撤軍，但阿睦爾撒納又脫逃，這對於這些將軍而言是莫大的恥辱。[43] 由於冬天無法捉獲阿睦爾撒納，因此為了明年而積累補給的吃力過程必須重新再來一遍。到了該年年底，黃廷桂已能上報北京，在巴里坤已藏有足夠的補給，不需要再從甘肅轉運。[44] 此時，巴里坤的糧食儲備已高達兩萬六千石，而哈密則有八萬一千石。

在同一時間，即便整體收成數字平均達七點五，但甘肅仍有廿六個縣得到賑濟，而陝西則有十三個。在認識到該省軍事需求繁重的情況下，皇帝蠲免了甘州、肅州與涼州該年的稅賦，並且也取消了其過往的稅額。陝西在獲得總值十萬兩的收成後才得以填滿其糧倉，而甘肅也同樣有著好收成。

一七五七年，阿睦爾撒納仍舊在逃。一開始清朝擔心他會逃往哈薩克人處，但是哈薩克的阿布賚汗後來歸順了大清，並且保證會協助搜捕阿睦爾撒納。即便哈薩克人後來成為軍馬的重要來源，這些作戰仍舊必須基本仰賴從中國內地積累的補給。為了準備明年的作戰，甘肅獲得了兩百萬兩銀以支付軍事支出以及進一步的稅捐蠲免。[45] 總督黃廷桂要求增加額外四到五百萬石的糧食分配作為軍隊口糧，但這個要求遭到否決，但是朝中的官員們瞭解到甘肅無法支持大量的軍隊。他們為一七五七年制訂的戰略為集結

＊編註：原文誤植為一七七五年，對照附錄D，應為一七五五年。

一支小規模的軍隊在巴里坤，他們有能力快速移動，並且在補給要求尚未過重以前能夠確保勝利。透過將軍隊維持在較小規模的情況下，皇帝認為他能夠避免來自內地省分的批評。[46]四至五千人的軍隊給養能夠透過將陝西的糧食撥往甘肅而得到解決。

然而，一七五七年的收成較一七五六年來得糟，而一七五八年的收成依舊不佳（參見附錄D）。糧價攀升（特別是在甘肅西部的各府）不僅威脅了當地人口的生計，而且也增加了補給巴里坤和伊犁駐軍的成本。這些補給除了糧食以外，還包括了許多其他的物資。在巴里坤的軍隊需要三萬匹馬，但是甘肅僅能供給其中的一小部分。[47]大多數的馬匹來自陝西，經由甘肅轉運到新疆。每匹馬八兩銀的官方價格相較於市場價格過低，因此必須提高到十兩銀。[48]牛隻對於農民而言至關重要，即便官方價格已經從四兩四錢提高到六兩，但仍舊不夠。官員必須為每隻動物支付八兩銀，但是他們也得到指示不得過度購買，以免增加當地人口的負擔。

當收成不佳時，運輸成本也隨之提高。在河西，軍隊運輸糧食的正常價格為每石每百里費銀二錢，但是在該年這個價格漲了五成，達到每石每百里費銀三錢。[49]在甘肅東部，雖然從涇州到蘭州要經過陡峭的山路，但成本卻較西部為低，為每石每百里費銀一錢六分，但仍舊比正常價格來得高。[50]從四川出發的運輸成本波動幅度為每石每百里費銀一錢一分至一錢六分。[51]

與日俱增的收成災荒同時影響了士兵與平民。[52]安西的駐軍通常都會以銀錢在肅州購買糧食，但是這一年由於價格過高，他們必須預先借貸四個月的糧食作為軍隊的口糧，以每名士兵一石六斗計，為冬天做好準備，到了春天再做購買（每年給予士兵的平均糧食配給約為五石）。[53]軍事配給制度的運作就如同常平倉一般，在缺糧時期維持住市場需求，希求在收成改善時能夠重新填滿糧倉。

面對著一七五八與一七五九年逐漸嚴峻的饑饉徵兆，甘肅省的官員展開大規模的賑災行動，在受害最嚴重的地方蠲免了該年的稅賦、拖欠稅額以及未償付的借貸。[54]這些蠲免包括了地丁、耗羨以及養廉銀，還有糧秣及耕種所需的種子借貸。由於甘肅受害過於嚴重，連一般不會蠲免的耗羨附加稅都在蠲免之列，總額高達銀三萬三千四百兩與糧食十五萬八千六百四十石。西部地區如甘州、涼州與肅州都面對最繁重的軍事要求，而且獲得最多的免稅待遇。

當然，蠲免稅賦只會對未來造成影響；它們無法取代即時的賑濟。直接發放賑災物資之舉始於一七五七年末，對象為受到霜雪與冰雹還有因山區暴雨而造成的洪流侵襲的廿二個州縣，但是嚴重的旱災則僅僅發生於安西的部分地區，包括十一萬三千九百畝的軍田。[55]一七五八年開始在全省大規模發放賑災物資。一開始在糧價較低的地區（例如寧夏與鞏昌）還可能買到糧食供運輸到缺乏灌溉農田的其他地區。巡撫吳達善估計一七五八年年中會需要糧食五十萬石與銀三十萬兩以供賑災。他也表示該年甘肅無法提供被分派的軍事補給配額。[56]然而，運輸成本是如此昂貴，即便在該省，在當地以高價購入糧食都還是比較好的選擇。例如，從鞏昌運送糧食到肅州，每石要費銀四兩。

在甘肅的正常做法是將賑災物資一半以實物發放，另一半則以銀錢發放。官方換算比率通常為銀一兩折糧一石，但是如今由於糧價高漲，分別在甘肅東部比率提升到銀一兩二錢折糧一石；在甘肅西部則是銀一兩三錢才折糧一石。因為軍事補給的額外負擔，皇帝又每石提高一錢，分別是一兩三錢跟一兩四錢。這些比率表明清帝國期望軍隊購糧對該省的影響為糧價的一成以下。[57]

然而，一七五八年總督黃廷桂堅持要求在仍舊買得到糧食的地方，將所有的賑災物資改以銀錢發放。他預期從鄰近省分運來的糧食將能補足缺額。事實上，將所有的賑災物資全數以銀錢發放是不可能的，但是黃廷桂的提案表示了賑災物資的發放朝著進一步貨幣化的方向邁進，以及靈活運用傳統規則的努力。[58]一七五九年間，他於春季在土壤因過於乾燥而不適合馬上種植的地區發放銀錢貸款，供農民購買種子。[59]

到了一七五八年年中，貸款與賑災物資已經在甘肅境內的六十三個縣級單位中的廿三或廿四個進行發放。[60]賑濟的規模明顯不足，有官員擔心會造成動亂。皇帝警告其屬下官員應該要寬厚仁慈：「各省偶遇災荒，匪徒糾夥持械，晝夜刦奪財物。地方官每援照飢民爬搶問擬，藉口矜卹災黎，實長刦奪之風。嗣後應照強盜律科斷，若實係災地飢民，搶奪糧食，並無器械，人數無多者，應令該督撫，酌量情形，援案聲請。」[61]比起擔心群眾動亂，皇帝更擔心的是地方官員拒絕賑災之舉。*就我們所知，在這些饑荒年間，甘肅並未出現大型暴動，但是這種可能性仍然存在。例如一七四九年，超過一千人的群眾聚集在某些縣衙前要求減稅與發放糧食。領頭人為「劣紳」，可能是當地擁有較低等功名的人。群眾很快便散去了，但是軍隊被要求警戒以防止進一步的衝突。[62]

當一七五九年春季逐漸來臨時，農民面對著重要時刻，此時年冬天所種下的作物仍未發芽，而田地已經準備好要進行夏季的種植了。他們稱之為「青黃不接」；法國農民則稱之為「接合」（soudure）。每年的這個時候，糧食存量觸底，而價格則攀升。過去四個月使民眾撐過冬季的賑災之舉如今必須延長三個月以上，因為絲毫沒有要降雨的跡象。同一時間，政府的糧倉也出售存糧以降低糧價：小米每石銀二兩四錢，而小麥每石為銀二兩二錢。[63]

就在這個緊要關頭，長久以來得到皇帝信任的西北總督黃廷桂過世了。由於他管理作戰後勤的表現極為出色，這使得他的死亡成為一大打擊。巡撫吳達善如今被擢升為總督，奉命嚴格遵循黃廷桂定下的前例。[64]然而，蘭州的糧價持續節節攀升，這可不是什麼吉兆。為了避免增加地方市場的負擔，軍需官奉命不得在當地市場購買糧食，並且分發口糧實物作為補給。[65]

當價格漲到每石超過四兩銀的最高點時，官員拼命地想要引入商人，讓他們帶著糧食進入該省。[66]四川是鄰近省分中生產力最高的，而且糧食可以走水路進入甘肅南部，但是運到該省其他地區的陸路運輸成本極高。從陝西略陽（位於邊界上的嘉陵江上游）走陸路到甘肅，約有一千兩百至一千七百里遠，單單如此就要花上每石二兩銀的運輸成本，還要另外加上走水路抵達略陽的運費。由於陝西在與甘肅接壤之邊界上的糧倉擁有一百二十萬石的存糧，因此從陝西取得大量的糧食補給來提供甘肅，再用四川的餘糧來緩解陝西的缺糧，這樣看起來是比較合理的。陝西自身也面臨著收成危機，因此它的稅賦也得到蠲免，但是它最多僅能運送四十萬石糧食給甘肅。最終，有超過二十萬石的陝西糧食被分配到甘肅的糧倉。[67]

這種複雜的跨省轉運系統不僅仰賴政府運動，也仰賴商人與消費者對於糧食市場的預期。如同一位官員所指出的，「縱使覆計運費與陝省現價不過相等，而市肆間米價日增，駔儈即不得居奇。蓋藏之家亦必聞風出糶，於平價辦公，均有裨益。」[68]陝西的糧食輸入可以視為是一種刺激經濟的投資機制，創造了米價即將下跌的預期心理，因此刺激有糧食的家庭將家藏的糧食大量變賣。同一時間，從四川來的補給也能減輕陝西對失去重要存糧的不滿。擔心「愚民怨恨」本地糧食被運走，造成糧食封鎖，顯然是皇帝與官員共同的憂慮。在這整場危機當中所浮現的擔憂在於「內地民情觀望，恐撥運繁多，或不免張皇失情」。[69]在清帝國的許多其他區域裡，糧食封鎖時常發生，作為外地商人來到本地市場的反應。[70]透過宣布四川的糧食補給即將來到，官員能夠在陝西操縱人們的預期心理，並且希望能將糧價維持在低檔。[71]

就在同時，官員們堅持糧食短缺必須透過「多方」來紓困。其他狀況較好的省分則被要求為了這些受災的地區節約糧食消費。織品製造者則被要求節約消費，並且將他們的生產盈餘送往甘肅，這樣人們

＊編註：此處作者或許理解有誤，奏章跟皇帝的指示是「飢民爬搶」在法律上如何論處，與是否賑災無關。

就可以將他們的錢花在糧食上。[72]

當物資補給不足時，官員會尋求其他方式，包括公共工程與儀式行為。他們會聘用受災的農民來建造城牆，實行「以工代賑」的做法。[73]回想一七四四年大華北地區的糧食危機，在這場危機中清政府在直隸賑濟了超過一百六十萬人，皇帝還齋戒，舉行祈雨儀式，並且赦免了因為微小罪名而被囚禁的犯人們，以獲「彼蒼仁愛」。[74]當一七五九年農曆四月到七月間開始下雨，官員和農民才放下了心頭大石，準備種植夏季作物，期待秋天的豐收。[75]但是他們大失所望。雨來得太晚，而一七五九年的秋收又持續處於受災級別。許多在夏季重新播種的田地後來都荒蕪了。

清帝國的其他地方有許多也同樣受災。在一七五九年的大半時間裡，直隸與山西面臨著降雨不足的問題，可是等到好不容易降雨了，而他們也獲得了不錯的收成，卻又遇上了大批蝗蟲從河南與直隸侵襲山西。山東有十六個縣需要賑濟。陝西除了要支援甘肅以外，還必須將其常平倉的平民存糧轉移給軍隊的糧倉。[76]浙江也出現糧食短缺，但是在江蘇與廣東購買賑災用的糧食將可能造成糧價上漲的威脅，所以從湖南沿江而下運送十五萬石糧食給浙江。若沒有湖南的大規模糧食增產，長江下游的大多數地區都會苦於嚴重的糧食短缺。而湖南的糧食增產，則是長江下游的熱心移民將長江與洞庭湖畔的淤積開墾成農地的結果。[77]

在這場危機中當局的首要目標是「軍需與農業兩無貽誤」。通常只僅供民用的常平倉儲糧，有一部分必須轉作軍用。到了一七五九年的農曆五月，甘肅已經用去了其民用與軍用糧倉總儲糧兩百萬石的一半。[78]

軍糧的人均需求較民間饑荒的賑濟量來得高出許多。一名士兵每日的配給量為八合三勺（大約重八至十斤）的生小米（供煮粥）或每日一斤麵條與麵包。[79]而發給民眾的賑濟糧食則是最多每日五合。每月軍糧配給的平均量為四斗，或是每年四石八斗，而成年平民每年所獲得的賑濟糧食則為一石八斗。[80]通常八成的軍隊配給會以銀錢支付，兩成以實物支付，但是由於在地方市場購買糧食將會使糧價水漲船高，所以士兵們會得到預付的糧食以撐過冬季的月份。例如，在靖遠的駐軍，他們會從縣裡的糧倉釋出糧食一千石到地方市場上，如此軍隊就可以購買糧食。小麥與小米的價格已經漲到每石四到五兩銀；交易價則被定為每石二兩二錢到二兩四錢。[81]一七五七年，政府從甘肅東部運入糧食五萬石到甘肅西部，滿足了該省軍隊的需求，但是一七五九年，額外的補給必須從陝西運入。[82]

甘肅官員幾乎耗盡了所有的糧倉存糧才得以避免饑荒。到了一七五九年農曆一月，兩百三十五萬石的存糧已降到一百二十萬石。[83]之後在一七六三年的報告中顯示這些糧倉的存糧降到多麼的低。經過了一七五八與一七五九兩個荒年後，甘肅的總存糧降到四十九萬石。到了一七六三年，它們仍舊無法回復到一七五六年的水準三百三十萬石。甚至名目上的兩百九十萬石存糧還包括了尚未收回之貸出糧食一百二十萬石以及已賣出但尚未回購的糧食五十二萬七千石，因此實際上的存糧僅有一百一十六萬九千石。這份報告顯示了甘肅糧倉的雙重特性：一方面，它們從未能達到其目標數額四百五十萬石，但是另一方面，它們的存糧被相當積極地用來作為糧食歉收時的賑濟物資之用。在豐年時，其存糧可以達到超過三百萬石，使得甘肅省成為整個帝國人均存糧最高的省分之一。

總而言之，由於資源極度受限，西北的官員們設計了一套高度介入性的賑災體系，這套體系僅能勉強救助當地人口。軍事動員與旱災使得帝國的糧食供給在其最貧困脆弱的內地地區極度受限。賑災的官員窮盡一切手段運送糧食：糧倉、引入商人、跨省轉運、祈雨、公共工程、減免稅賦、貸款以及粥廠。在這個案例中運用所有方法來達成目的，因為安全的幕後考量迫使武官與文官必須一起努力來賑濟農民與士兵。在未來，這種合作無間的情況則變得少見。

第十一章

貨幣與商業

清朝的市場與其他的市場一樣，都是人為造成的，而非與生俱來的。這個體系的運作並不完美，而它也不會自然而然成長。就如同民族主義者的目的論一樣，自由放任派的神話也將市場視為連續成長的有機體。這個神話同樣也忽視了市場體系的偶然特性，及其對制度脈絡的依賴。帝國政府以特別手段促進市場的成長，這些手段已經得到了詳細的探究。[1]這裡所要強調的是促進市場的措施與國家的安全需求兩者之間的關聯。

自十六世紀起，美洲新世界的白銀大量流入中國，這也有助於地方性與區域性市場的整合。針對十八世紀不同區域間的糧價相關性的研究表明，農民與商人對遠距離的市場條件有多麼敏銳，以及價格差異如何引導糧食流動來彌補收成不足。[2]從我對甘肅的分析中發現，這些整合的趨勢甚至延伸到西北。雍正皇帝對於內地經濟的顧慮比對於邊疆補給高出許多，他堅持有讓資源「通」的需要。當事情與糧食和白銀貿易相關的時候，他堅持各省的官員不應有「此疆此邊」的意識。乾隆皇帝可以立足於十八世紀初期的基礎之上，因此當他的官員們出於軍事需求而購買糧食時，市場則回應之，而地方的糧食短缺則可以透過進口來補足。

由於市場需要金錢，中國官員在討論貨幣供給與商業的關係上有著悠久的經驗。統治者不能僅靠命令就讓金錢流動；他們必須想出誘因來引導商人把錢帶到邊境地區。貨幣政策與安全目標彼此密不可分，形塑了邊疆的戰爭與金錢論述。在此，我將考察三個面向：一、貨幣政策的軍事動機。二、在貨幣流通中所展示的，高度地方化的市場與跨地域貿易共同存在。三、國家政策對邊疆的貨幣整合所造成的影響。

金錢在邊疆（從宋代至明代）

古典文人與王朝統治者都承認管控貨幣供給對於維持社會經濟秩序而言至關重要。[3]從漢朝開始，受國家控制的主要貨幣形式為「錢」，其為圓形而中有方孔，由銅與其他金屬（錫、鋅或鉛）的合金製成。以一千枚錢為一串的硬幣則被用來做為所有日常交易的主要媒介。透過增加鑄幣廠的產出或是改變硬幣的金屬成分，官員可以調整流通中之貨幣的數量與品質。國家調整貨幣供給的目標有二：獲得利潤，以及穩定市場以確保人民福祉。它可以直接從鑄幣稅（seigniorage charges）中獲利，即在鑄幣廠鑄造錢幣的成本與流通貨幣的價值之間的差額。間接來說，當稅賦以金錢收取時，國庫可以從全國的商業擴展中獲利。對於農民而言，若是他們的作物越容易進入市場，那麼他們付稅就會更加容易。

然而沒有任何王朝能完全支配金錢的使用。商人、消費者與農民只會使用他們所信賴的貨幣媒介。國家的背書並不總是足夠確保一種貨幣得到使用。格雷欣法則（Gresham's law，即劣幣驅逐良幣）的矛盾效果在於，有高價值的貨幣會被囤積起來，而真正流通的則是偽幣和劣幣。當金屬本身的價值超過錢幣的價值時，那麼含銅量較高的錢幣就會被熔化。而鑄幣廠則會想要製造含銅量較低的劣幣從中獲利；

然而，就長期而言，超量製造劣幣將導致物價上漲，而物價上漲又消除了國家的短期獲利。探討貨幣政策的作家們常常辯論如何獲致下列三者之間的平衡：即政府的財政需求、市場交易的穩定，以及無法控制的貨幣媒介需求之波動。他們譴責那些操縱貨幣的「囤積者、投機者以及製造偽幣者」。對那些不懂或無法控制貨幣動力的官員來說，這種一般的刻板印象仍是有用的替罪羔羊，就像今日惡名昭彰的「蘇黎世侏儒」*一樣。自治的市場則持續地平衡官方政策所造成的影響。

大約從一〇〇〇年至一七〇〇年左右，如萬志英（Richard von Glahn）所指出的，國家逐步喪失了對貨幣供給的控制，而讓位給市場力量。最「根本的貨幣政策再定位」發生於十七世紀初期，標誌了「國家主權最終將貨幣事務讓給市場」。[4]非鑄幣白銀的興起，違抗官方的強力主張，成為銅錢以外的貨幣媒介，代表市場交易對國家政策的勝利。大多數的官員與貨幣分析家反對使用白銀，因為開採成本太高，其製作也不在國家的掌控之中，而且他們擔心白銀短缺將會傷害商業經濟。

然而，在十六世紀時，白銀從美洲新世界湧入中國市場，以回應快速商業化的中國經濟對金錢的漸增需求。由於在中國白銀對黃金的價格較世界其他地方來得高，故歐洲與日本商人樂於將白銀帶來中國。在明朝的最後一個世紀裡，至少有七千三百公噸的白銀流入中國。自十六世紀中期至十八世紀晚期西班牙屬美洲的銀礦總產量將近三十億披索，或是七萬五千噸白銀，其大多數最後都流入中國。除此之外，還有超過一萬噸的白銀從日本流入中國。[5]

在十五與十六世紀著名的一條鞭法改革中，當明朝政府將其所有的稅賦都改徵白銀時，它就成為了白銀經濟的積極擁護者。許多學者悲嘆金錢對於社會價值的影響漸增，這表現在對商品消費的狂熱以及逐漸惡化的賄賂與腐敗上。一位不滿的士人張翰（一五一一至一五九三年）就曾嘆道：「人情徇其利而蹈其害，而猶不忘夫利也。故雖敝精勞形，日夜馳騖，猶自以為不足也。」[6]他們無法否認大量流入的貴金屬形成了一條「銀線」，不只加劇了社會轉型，更將中國與世界經濟綁在一起，難以逆轉。

近來研究美洲白銀對世界經濟影響的學者們，開始認知到中國作為世界白銀水庫的重要地位。弗蘭克（Andre Gunder Frank）甚至視白銀流動為決定世界政治與經濟事件週期的單一因素。[7]但是幾乎所有這些作者都將中國視為單一的白銀黑洞。我們知道大量的白銀經由東南沿海流入中國，但是我們對於它如何在帝國內部流通仍然所知甚少。帝國的很大一部分仍舊位於商業交易主導的白銀區之外。即便明朝官員要求一條鞭法改革在全國通行，但是這些改革對各個區域的影響都不大一樣。除此之外，中央歐亞的大部分地區並不在明朝的掌握下，而且通行完全不同的貨幣制度，這些制度則是沿襲自蒙古帝國。不過，就長期而言，邊疆安全需要貨幣整合才能達成。

我先簡單交代一下，清代以前中國政府設法將安全與貨幣結合的企圖。自宋朝以來，國家的貨幣供給政策就強烈表明了支持邊疆防禦的需求。王安石於一〇六〇年代所提倡的農業商業化政策就著眼於確保較高的稅收，國家因此得以支付在北部邊疆戰鬥的軍隊。雖然他的言論大多強調「人民福祉」，王安石改革的主要目標是要透過提倡商業交易以建立軍事力量。宮澤知之（Miyazawa Tomoyuki）主張驅使宋代經濟貨幣化的主要動力乃是國家需要金錢來支付給在邊疆的軍隊。鹽茶專賣與商業稅捐都能透過市場以動員商人來為安全目標服務。[8]

＊ 譯註：意指行事隱密的瑞士銀行家。

安全目標也驅使國家背書的紙鈔得以發明，這也是中國對世界貨幣創新最偉大的貢獻。原先商行會流通紙幣以便調整其總帳，而不需要攜帶笨重的硬幣四處旅行。宋朝的統治者認識到其方便性，遂建立了世界上最早由國家背書的紙幣。紙幣似乎解決了國家如何對市場施加控制的問題，因為它們同時增加了貨幣流通也提高了稅收。然而過度發行紙鈔而缺乏白銀或銅錢支持的做法實在相當誘人。此舉可以暫時增加稅收，但最終會使紙鈔貶值，直到它們變得一文不值或是激起強烈的通貨膨脹為止。宋朝與元朝在一開始發行紙鈔時都能夠獲得巨大的成功，但是最終它們都屈服於過度發行紙鈔的誘惑，因此使它們的紙鈔變得一文不值，並導致經濟崩潰。元朝開始在中國使用大量白銀，而明朝在一開始的失敗實驗後，統治者完全拋棄了紙鈔。

晚明的統治者面對的安全挑戰日益升高，在西北邊疆有蒙古入寇，而在東北邊疆則有逐漸強大的滿洲國家。它們試圖透過兩種手段來滿足其財政需求：徵收高額的加派餉銀，並要求以白銀支付，以便支持在西北邊疆的軍隊，另外則是增加銅錢的生產。增加銅錢生產的目的在於從鑄幣生產中獲利，但是其利潤微薄，而且當劣幣生產越來越多時，大多數的利潤都被鑄幣廠的地方民眾所侵占。而這些加派的餉銀則變成朝廷中不同黨派爭辯的主要議題，而且受到全國納稅人的抗議。由於造成明朝崩潰的反叛，源自於得不到薪餉的西北邊疆駐軍，這些加派顯然未能達成其目的。

總之，沒有任何意圖從操控貨幣中獲利的政府政策能夠收到良好的成效。紙幣發行與銅錢劣化都是意圖透過運用國家權威來決定貨幣媒介的價值，以便抵抗或欺騙市場參與者。一如萬志英所描述的，「貨幣國定理論」（theoretical cartalism）作為古典貨幣思潮之一，主張國家可以獨立於市場力量之外將金錢的價值固定下來。這種發行法定貨幣（fiat money）的努力只有在國家已經在市場中具有足夠的權威才有可能奏效；它們無法拯救一個已經失去信任的國家。而信任感的關鍵因素之一就是在邊疆的軍事勝利。糧餉充足與訓練精良的常勝軍隊能夠為任何王朝增添合法性，並且使其財政努力更可能成功；而屢嘗敗績和防衛性的軍隊則會侵蝕對國家長期穩定的信心，而有關應當採取何種危急的財政與貨幣應急措施的話題，則會激起熱烈討論。在這個意義上，軍事考量將會影響貨幣政策，而非如官員所想的反其道而行。軍事安全與徵收稅捐可能會產生自我加強的良性循環或惡性循環。貨幣與財政改革無法拯救一個對其邊疆失去控制的國家。

邊疆在貨幣政策中也以另一種樣貌出現——不僅是軍事衝突的競技場，而且也是貨幣化程度相對較低的區域。即便當它們受到軍事管制，這些區域相較於內地核心地區仍舊具有相對的自主性。邊疆官員常常試著與內地建立更為緊密的聯繫，其方法包括鼓勵商品、商人與金錢流入邊陲地區。然而，統一貨幣標準證明是一件讓人沮喪的苦差事。宋朝從未統一過其貨幣。在整個宋代，不同的地區通用不同的錢幣：四川的體系與內地其他地方分別很大，而雲南則使用瑪瑙貝殼的情況與中國之間的連結相對較遠，反而與緬甸和南亞更密切。明朝則偶爾會努力開設鑄幣廠以便生產更多銅錢，但是開採銅礦的地點主要在西南地區，開礦以及將銅運到內地的成本相當高，這使得明朝在短時間內就放棄了這些企圖。銅的稀缺一直是明朝苦惱的問題。諷刺的是，即便雲南已經開採銅礦，當地仍然持續使用瑪瑙貝殼作為當地的貨幣。西北地區在十五世紀仍舊位處銅錢流通區之外。明代的作者們注意到陝西的當地民眾使用布匹、糧食與白銀，而非銅錢在當地進行交易。萬曆年間的銅錢大貶值計畫也沒有造成太大的改變。官方原先一五七六年在陝西開辦了一所鑄幣廠，但是到了一五八二年就關閉了。[9]

明朝整合邊疆的另一個主要措施則是在邊疆的茶馬貿易，接著推行官方許可的商屯。如第二章所討論的，動員長江下游商人的資本為邊疆軍隊提供糧食、鹽與布匹的努力，確實增加了土地開墾的投資，但是他們似乎並未使邊疆經濟貨幣化，這是由於這裡大多數的商業交易都是以物易物所致。

因此，我們不應誇大十六世紀白銀流入對中國經濟的影響。因為商業繁榮而需要白銀的地方只占中國廣大土地的一部分；其他地區則仍舊是自給自足並且尚未貨幣化。即便在長城沿邊有著大量的軍事駐軍，只要軍隊的需求一般都以實物供給，地區性的商業經濟就不可能產生。明朝的官員勉強接受了白銀經濟的主導地位，但同時也抱怨其有害的社會影響，而且表達了對於伴隨而來對於國家喪失控制的挫折感。清朝則更為全心全意地欣然接受商業經濟，並且將金錢的影響力推到其最遠的邊疆上。

整合與穩定

十七世紀展現了一場有趣的插曲，在這段時間內經歷了改朝換代，而貨幣政策則仍舊波動不定。此時浮現了三大議題：一種由前明異議者提出的極端提案，主張完全廢止使用金銀；「熟荒」的問題，即貨幣短缺似乎導致了貧困，即便收成甚佳；為時甚長的「康熙蕭條期」（一六六〇至一六九〇年）。這三大議題都與帝國各區域未能完全整合為單一貨幣區有關。

黃宗羲身為前明遺民，而且批評帝國專制不遺餘力。他在一六六二年寫了《明夷待訪錄》。他在書中概述了歷朝貨幣的歷史，而且提出了激進的建議：完全禁止金銀在經濟中的使用。根據黃宗羲的看法，在元代以前，並不以金銀當作本位貨幣，但是元朝放棄銅錢，改以金銀作為價值儲備，而發行紙鈔為流通媒介。明初曾經禁止使用金銀，但是允許民眾以金銀交換鈔幣。「則是罔民而收其利也。」如今白銀單獨作為徵稅與市場交易之用，「以為天下之大害。」就黃宗羲看來，白銀的稀缺是貧窮的基本原因，因為白銀被大量送至北京，「如水赴壑」。在承平時期，大約有兩到三成的白銀會回到民眾手上，但是「多故以來，在燕京者既盡泄之邊外。」[10]土地的價值與價格跌至過去的一成以下，因為市場上缺乏貨幣。

黃宗羲的解決方式是廢止使用金銀，並且生產更多的銅錢以減輕交換工具的短缺。在沒有金銀的情況下，貧富之間就不再有那麼大的差距，而且富裕之家也不會再積聚金銀。因為銅錢不方便攜帶，民眾就不會離開其家鄉。在黃宗羲的理想中，社會就會回到地方上的自給自足與平等狀態。

倘若有些人讚賞黃宗羲對專制的批判，那他們也需要記得他反商業、反貨幣的偏見。與近代自由主義者不同，黃宗羲並不認為限制權力的集中化與市場經濟的成長兩者能夠相容。在貨幣政策上，黃宗羲也是清代的明遺民與批評者當中最為激進的；顧炎武也贊同黃宗羲的一部分看法，但仍舊允許金銀在經濟上占有一席之地。黃宗羲的討論表明他對仰賴更大的外在世界的強烈拒斥。他正確認知到白銀作為一種舶來品，既可以輕易流入中國，也同樣可以輕易流出中國，而其供給則不受政府的控制。其他的作家們試圖平衡金錢供給，而又能保留交易經濟，但是黃宗羲為了追求平等與穩定的益處，願意完全放棄跨區域交易。

事實上，他所展望的理想經濟確實存在於遙遠的中國西北部，就如同十八世紀初帝國的調查者所發現的一樣。在當地，官員發現很少有富戶，財富的貯藏也很少，地方貿易也相當有限。許多評論者跟黃宗羲一樣，將邊陲地區較為簡樸以及非商業化的生活方式，視作亂世的解方。到了二十世紀，顧頡剛也把粗曠、純粹的西北標舉為美德的來源，當作解救中國免於外國侵略與國內動亂的良方。[11]

黃宗羲的看法在他有生之年幾乎無人知曉。帝國官員與經世學者們同意他的診斷，而非他的解決方案。他們同意貨幣短缺造成十七世紀晚期價格的通貨緊縮，但是其中許多人將通貨緊縮歸罪於貿易受阻，而非貿易成長。安全顧慮再度介入了經濟政策：康熙皇帝為了防止商業資源流向鄭成功政權（一六六一至一六八三年統治臺灣），頒布海禁封鎖東南沿海，並將沿海民眾內遷。許多學者主張這種貿易禁運會傷害整體經濟，而不僅僅是東南地區，因為此舉會關上白銀流入中國的大門。事實上，一六八八年德川將軍禁止白銀出口可能造成了更大的影響，而萬志英主張導致蕭條的原因並非貨幣短缺，而是生計危機。[12]但是官員的理解則不盡相同。在這個案例中，官員們反對為了軍事擴張的利益而傷害國家的繁榮。雖然明代士人與官員對白銀的影響有所疑慮，因此支持封閉東南沿海的貿易，清代作家們則反對帝國的政策，強烈主張開放東南沿海。江南士人發現其商業利益受到帝國貿易政策損害後，成功於一六八四年使政府解除了該禁令。

貿易是戰爭與外交的一種常見手段，而拒絕給予敵人補給則是削弱其力量的有效方法。但是，今後清朝的軍事將領與官員必須關注他們的經濟政策不會傷害地方民眾的福祉。無論其真正的原因為何，康熙蕭條期的經驗警醒了官員，他們將新的地區併入帝國時，也有需要保護商業利益。

十七世紀的第二個問題「熟荒」也涉及邊疆政策。我們已經見到這種擾人的現象發生在十八世紀甘肅的情況；在十七世紀，熟荒則更為常見。由於所有人都相信繁榮有賴於良好的收成，在豐年反而貧困增加，似乎顯得難以解釋。熟荒發生的時間為豐收時節，因為豐收使糧價降低，而且糧價低到使一大部分的當地民眾不足以維持生計。糧價暴跌對仰賴出售作物、沒有存糧的農民傷害很大，而當農民失去收入時，缺乏耕地的傭工也會失業。即便在糧價處於低檔時，難民仍舊蜂擁至施粥亭。用經濟學家阿馬蒂亞・沈恩（Amartya Sen）的話來說，這是一種「交易權利失靈」（entitlement failure），貧困在富裕時期仍舊存在，因為窮人缺乏資源去購買或是以勞力獲取糧食。[13]在康熙朝，許多人將熟荒歸罪於貨幣短缺，而解決方法則是投入更多金錢到地方經濟中。以工代賑是一種增加就業最有效的方法之一，還能提振貨幣流通並且賑濟窮人。從我們的觀點來看，清朝的賑災政策似乎是令人吃驚地早熟，領先現代福利國家數個世紀。[14]

一七三六年，當甘肅正苦於這類熟荒時，貨幣短缺就與市場整合連結起來了。[15]賑災官員們認識到這種災荒之所以發生是因為甘肅孤立於帝國的其他地區以外。當地民眾沒有存糧，而商人也沒有購買他們的糧食，而當地又難以進入。如果西北能夠與帝國其他地區整合起來，商人就會蜂擁至當地購買糧食，將金錢導入地方經濟，並且恢復交易。這些官員拒絕了黃宗羲的孤立村莊理想；他們知道這種田園地方在災害面前不堪一擊，即便在收成好的時候亦然。

清朝應對熟荒的方式顯示，他們逐漸意識到糧食收成、糧價、貨幣與大眾福祉之間複雜關係。不同於明代懷有矛盾情緒的作家們，清代的作家們始終在推動商人進入邊遠地區，以便將這些地區拉入更廣闊的商業交易圈中。[16]從某一方面來說，國家讓渡了許多自身的特權給市場力量；但另一方面，它增加了自身控制力，以看不見的手來確保更大圈子的領土能依附於內地。然而，這種對市場的偏愛並不代表完全的「自由放任」。官員和經世學者必須小心監督貨幣供應以避免大眾受苦。然而，與近代國家不同的是，他們能用的貨幣工具相當有限。

清朝貨幣政策的基本動機是維持銅錢的穩定價值，穩定在理想價值為一千銅錢比一兩銀的比例上。[17]與許多明朝官員不同的是，清朝的作家們並未拒絕白銀經濟，而且他們排除了復用紙鈔的可能。白銀流動不在官員的掌控範圍內，雖然它對於地方財庫之間稅收的跨區轉移以及長距離的商業活動而言至關重要。政府控制銅錢的發行，但它也面對著一些困境，包括粗銅的稀缺以及偽幣的猖獗。銅錢的價值波動很大，端視銅與銀的相對供給與市場上對於貨幣的需求而定。

直到十八世紀初期，主要的問題在於銅錢過於廉價。在十七世紀中葉的江南，需要用超過兩千文銅錢才能兌換一兩白銀。[18]銅錢價低的原因要歸罪於市面上存在大量的偽劣幣。雍正的解決方式是諭令官府以白銀買入偽幣，並且將其重鑄為高質量與標準化的官錢。這項政策在各地都遇到了困境，但是在邊疆則受到特別的問題所困擾。甘肅省的張姓布政使被告知要以兩萬兩銀購入偽幣，但是他提到甘肅白銀相當短缺，能用於這方面的就更少了。銅錢不僅可以用來納稅，也是平日生活所需，而民眾則習於將官錢與偽幣一起混用。他最多只能拿出五千兩銀的額度。張姓布政使建議在戰爭結束後，擴大地方的鑄幣生產。[19]他已經發現了甘肅經濟的兩大重要特質：白銀流入的影響相當有限，以及對錢幣的大量需求。只要偽幣能夠滿足做為小規模交易媒介的重要需求，那麼它就不會從流通中被逐出。

十八世紀初期，巡撫石文焯發現地方官府在省內的多數地區的經濟都以銅錢，或甚至是糧食運作。[20]收稅者會面對三種不同的貨幣區：東南地區以白銀繳稅，中部地區以銅錢繳稅，西部地區則以糧食繳稅。銅錢在甘肅中部價格低廉，市場價約為一千零七十文至一千一百文錢換一兩銀，但是它無法在縣衙兌換為白銀；那些需要白銀的人必須付額外的運費以便從遙遠的錢莊獲取白銀。

在十八世紀，清朝官員費盡心力建立統一且高品質的銅錢，以作為整個帝國交易的標準單位。透過說服市場接受高品質的銅錢，他們希望能促進廣大地區的交易整合，確保穩定的政府收入，並且消除鑄造偽幣與積存銅錢的惡習。他們幾乎獲得了完全的成功。到了十八世紀初期，銅錢變得稀缺。原因之一顯然是商業化程度提高導致市場對小額兌換的需求成長，這也是由於政府鑄幣廠無法製造足夠銅錢所致。隨著混雜不同比例鉛錫的偽幣大行其道，在朝中針對「錢貴」問題也引發了激烈討論。[21]

銅錢對白銀的比價在十八世紀開始升高，達到了六百至八百文錢兌一兩銀的程度。[22]在官方看來，昂貴的銅錢會損害民眾的福祉，因為這會導致在日常使用中越來越難獲得銅錢。當然，它也會降低稅收負擔，因為稅捐是以白銀來繳納的，但是官員們顯然認為這種情況弊大於利。錢貴問題與十八世紀通貨膨脹的來襲同時發生，由於白銀進口再度開始增加，因此很難解開其原因。官員們傾向將此歸罪於常見的嫌疑人：即屯積銅錢的富人，是他們導致了銅錢供給無法進入市場。正如同他們採取防阻囤積糧食的政策以處理糧食短缺的情況一樣，他們也試圖強迫富人將其積存的銅錢釋出。鑄幣廠也增加其銅錢產量，但是皇帝在一七五二年的一道諭旨中，擔心銅錢貯藏不斷增加仍舊會減少流通。他的目標在於「國寶廣為疏通」，而其方式則是勸誘富人交出其貯藏的銅錢。[23]他下令各省進行調查，以確定錢貴的影響範圍與原因。

來自西北的報告再度闡明了邊疆的特別性質。陝西與甘肅的富戶相當少，而且也絕少貯藏銅錢。當地民眾賣出糧食以換取銅錢，但只用白銀繳稅。當他們購買田地時，價格低於十兩銀時，他們會參用銅錢與白銀；當有大額交易而價格高於十兩銀時，則改用白銀。商人隨身會帶上數十至數百串銅錢，但是他們會常常讓這些錢流通。其兌換比率從七百八十錢至九百錢兌銀一兩不等，這個比率不算太高。由於官員相信「囤積之惡」只會發生在富人身上，他們決定放這個地區的人們一馬。國家只會懲罰那些貯藏大額銅錢（超過百串）的人。

賦稅也必須要針對非貨幣化的地方經濟做出調整。一七五三年，只有甘肅與西南的雲南和貴州省的地丁銀以糧食繳納的額度高於白銀，其中又以甘肅的比例最高，達五〇八比二九九，或是一．七比一。有六成三的甘肅稅賦都以實物繳納。[24]到了一九〇八年，甘肅仍舊收取了三億七千萬石的糧食作為稅收，相較之下白銀徵收的賦稅則有五億三千兩百萬兩。糧食稅收若以市價換算，則相當於白銀稅收的一．三倍。[25]一九〇八年，新疆所有的稅賦幾乎都以糧食或牧草形式來徵收。當地沒有地丁稅，而金錢稅收只有九萬兩。以市價換算的話，實物稅收占了新疆土地稅的九成。由於這兩個省分大部分的稅賦來自實物，商業稅與捐納在貨幣供給上的占比也就比其他地方來得高。

這些報告也符合黑田明伸（Kuroda Akinobu）所說的二元經濟結構：銅錢在地方市場上流通以滿足日常需求，而白銀則僅僅用於跨地區貿易與納稅。[26]隨著乾隆年間錢荒蔓延到全國各地，銅錢的價格也上漲了。一六九六年一千一百文錢能夠兌換一兩銀，但是到了一七〇一年，只需不到七百文錢即可兌一兩銀。作為回應，清朝下令啟動鑄幣廠，開始自宋朝以來規模最大的銅錢生產。但是其努力卻因為三種因素而受限：銅的短缺、鑄幣生產的高成本，以及無法防止偽幣氾濫。[27]政府將高品質的銅錢分發給士兵與官府雇員，但是這些銅錢並未流回官府手中。它們仍舊在地方上流通，而且並未建立統一的貨幣標準。含有銅、鉛與錫成分不等的偽幣與官錢一起流通，而由於銅的短缺，官錢自身也參雜了鉛與其他金屬而劣化。

儘管清朝努力建立通行整個帝國的貨幣體系，並讓這個體系符合逐漸成長的商業需求，但是貨幣流通仍然分隔為兩個領域。未經鑄造的白銀作為價值貯藏，以便用來作商人匯兌與跨省區的賦稅交易之用，而銅錢則仍舊侷限在高度地方化、缺少外界連結的市場，用來交易日常消費產品。

黑田明伸的分析有助於解決在研究中國市場整合上遇到的矛盾，這個矛盾在西北特別明顯。一方面，價格相關性的證據顯示，整個帝國各省、各府之間存在高度的市場整合。[28]另一方面，地方研究常常會發現勞動力與資本的流動受到顯著阻礙。[29]兩幅甘肅的糧價地圖展示了這個矛盾。第一幅地圖提供了一七三九至一八六四年期間的價格相關性（參見下頁的地圖8）。如同我在其他著作所討論的，這些連結得出的結論是，商品與金錢在省內各個區域之間的流動相當自由，創造了一個互相連結的貿易網絡。然而，如果我們將一七五九與一七六〇年兩個荒年排除在外，價格相關性顯示在市場之間存在著很少的連結（參見下頁的地圖9）。哪個才是正確的圖像呢？

其實這兩張圖都是正確的，但是理由不同。在第一幅地圖中價格的共同變動並非全省共同收成狀況的結果，如同我先前曾經主張的，因為收成和天氣在全省內部相當不同。此外，如果價格只回應共同的收成欠佳，那各府的價格應該會彼此高度相關，但是這種情況並沒有發生。價格相關性確實顯示在各個府之間的貿易關係有著系統而相連的模式，但這些流動在危機情況下最為積極。在饑荒年歲時，官員會同時進行兩種介入，一方面開倉糶米以平抑糧價，另一方面會鼓勵商人將糧食運到需要的地區。大規模的跨府際糧食運送都以白銀支付。國家這隻看得見的手在這些關聯中顯而易見，但是它也與私家貿易齊頭並進。然而，在沒有危機的年歲裡，大多數的日常商品貿易仍舊侷限於地方市場，這個領域則以銅錢為大宗，價格整合也就不存在了。

各府之間的銀兩價格相關性說明了清朝經濟的重要特質，但是無法顯示較低層級市場的情況。經濟整合就像一張在帝國的廣袤區域中展開的細網，由官方與私家的糧食與金錢移動所支持；但是這種行動僅屬零星、偶發的，特別在邊陲地區更是如此。帝國的逐漸整合也並非不可逆轉的線性趨勢；在十九世紀，許多整合的趨勢都出現了逆轉。王國斌（R. Bin Wong）與我已經指出，長江中游與江南因為稻米出口貿易而建立的連結在十九世紀衰微了。彭慕然（Kenneth Pomeranz）也主張在中國南方，長江下游以外的地區變得更加自給自足，因為人口與資源遷移到該地以及與江南的連結逐漸鬆弛。[30] 隨著帝國的水利基礎設施日漸廢弛，華北許多地區也跟核心地帶失去了連結。到了二十世紀初期，山東被畫分為數個不同的貨幣區，就如同甘肅在十八世紀的情況一樣。事實上，它已經回復到邊疆的狀態。[31]

西北與中心的連結總是比中國南方來得鬆散，而且更加仰賴國家。這個區域的貨幣流通問題及其糧食市場的部分整合表明對帝國經濟統一的顯著侷限——這些侷限在十九與二十世紀會變得更為明顯。對邊疆貨幣政策的綜述強調了區域差異在市場整合當中的重要性，以便總結帝國整體的情況。

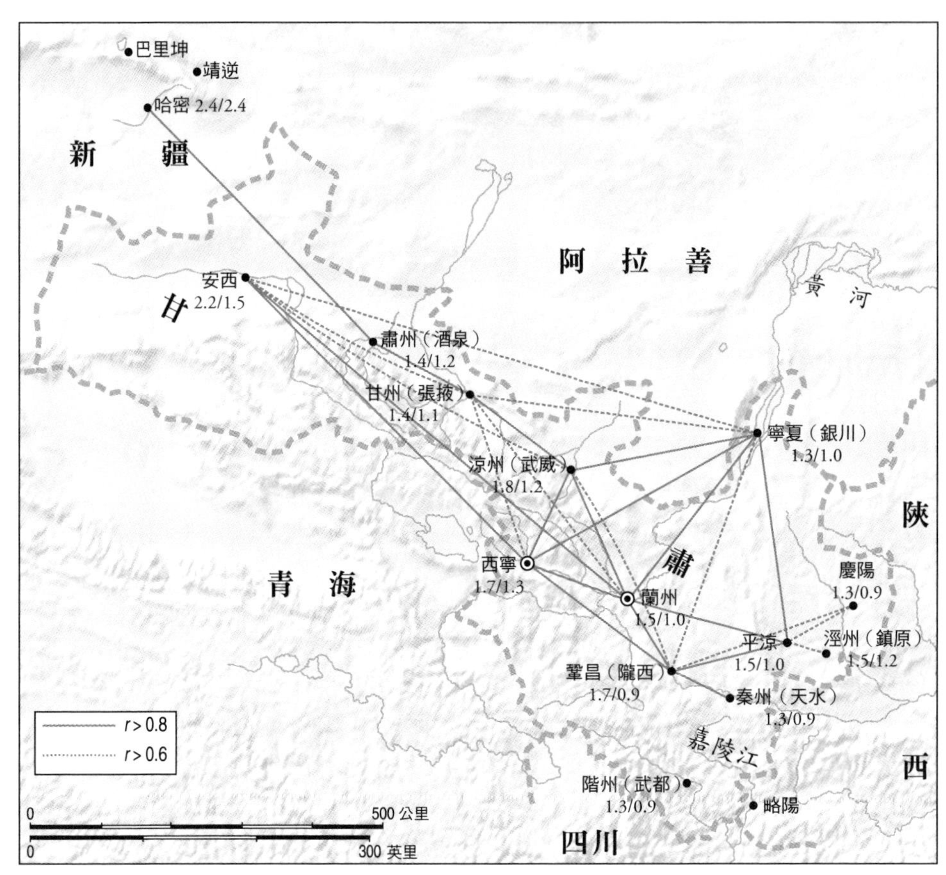

地圖 8：甘肅的糧價整合（1739–1864 年）：年平均小米價格差異的相關性。

地圖 8、9 與 10 的資料來源：臺北國立故宮博物院與北京中國第一歷史檔案館

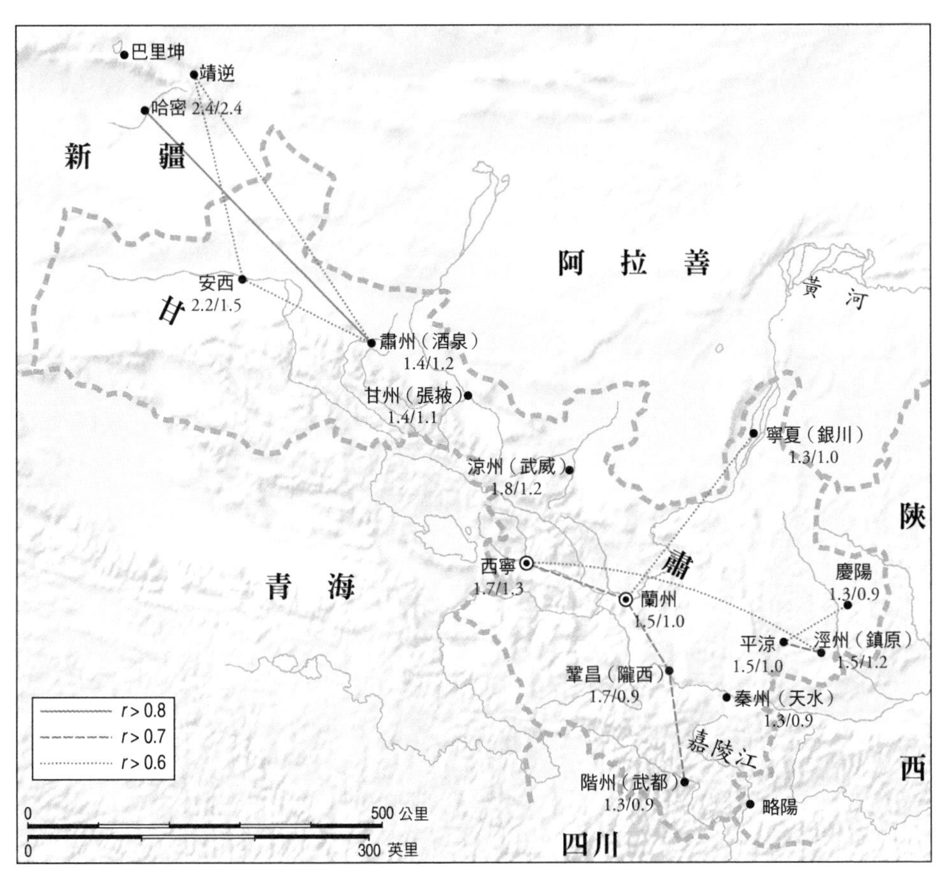

地圖 9：略去荒年的甘肅糧價整合（1739–1864 年）：年平均小米價格差異的相關性。

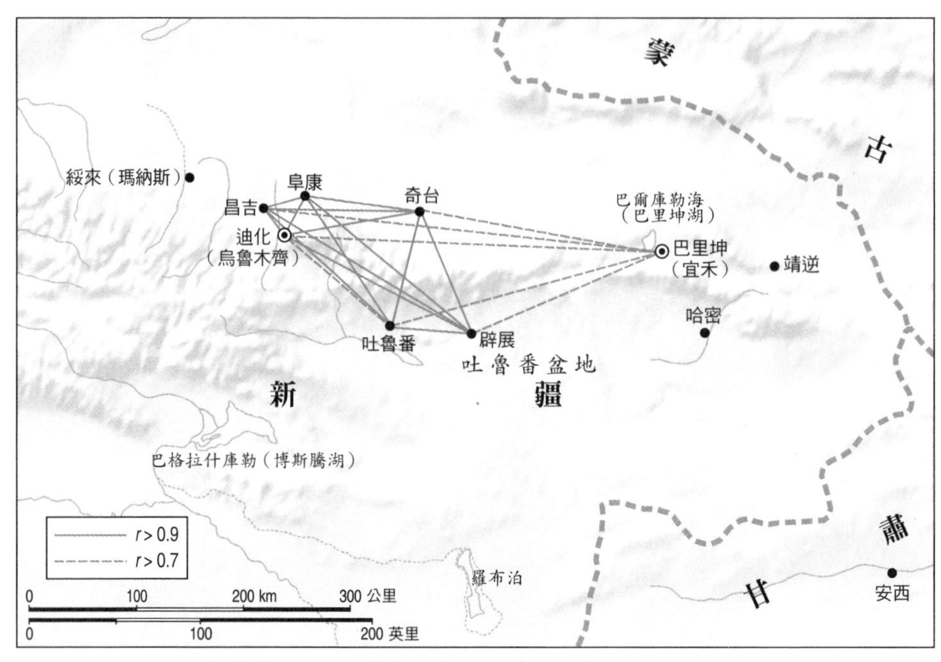

地圖 10：新疆的糧價整合（1777–1860 年）：年平均小麥價格差異的相關性。

在討論過甘肅之後，我們已經準備好進入下一回合：兼併新疆。米華健（James Millward）出色的研究，已經描述了清朝在征服新疆後為了整合新疆所採用的政策。米華健注意到邊疆條件對於行政改革的特殊影響，他主張皇帝鼓勵一種「創新的政治文化」，鼓勵官員打破成例。用他的話來說，這種靈活性是一種「財政與政治必要性的產物」。[32] 在新疆的創新包括了罕見地高度仰賴貿易所得收入，更加仰賴商人來支持徵稅，並且將政策目標對準改革當地貨幣，以便將當地市場與內地連結起來。

對於邊疆刺激新的想法一事，我表示同意。但是我也要強調新疆的新政並非在征服之後突然「重新」提出的。它們的根源都可以上溯到清政府征服新疆前在西北地區所採取的舉措。新疆的行政官員都和甘肅有關係，他們會利用他們的經驗來設計讓新疆附屬於內地的方式。

商人捐納是支持甘肅與新疆的關鍵因素。在征服新疆的頭幾年，長江下游的商人們捐獻了一百五十萬兩銀以慶祝皇帝的勝利，而在整個十九世紀，商人捐監與捐官的資金對於緩解新疆長期的赤字相當重要。[33]如我們所見，甘肅的賑災基金相當仰賴商人捐監的金錢。在富足有餘的省分與貧困邊陲的省分之間的協餉，將大筆資金從華北與長江中下游的省分轉移到西北與西南邊疆省分。經由甘肅轉往新疆的協餉，在十八世紀晚期至十九世紀初期每年達八十四萬五千兩至九十萬兩銀，到了一八四〇年代則高達每年超過四百萬兩銀。然而，正如米華健所提到的，這些錢還不足以滿足當地伯克們的支出，他們仰賴從突厥斯坦屬民以糧食與當地貨幣普爾錢（pul）徵收的雜稅。與甘肅的貨幣體系有點類似，新疆的財政與貨幣流動也被區分為由中央核准的大額省際轉匯與地方官員地方化、「補充性」的非法苛捐雜稅。[34]

對於新疆的清朝官員而言，他們的主要貨幣任務是要將這個區域與中央歐亞的連結重新轉向與清帝國接軌。新疆是個比西北來得更為複雜多樣的貨幣區，而且它們分別面朝不同的方向。中國的銅錢在東部哈密與吐魯番的綠洲流通，但是在南疆流通的則是一種完全不同的貨幣——普爾錢。準噶爾蒙古已經開始將這個區域的貨幣統一起來的進程，其舉措是將流通的普爾錢收集起來，將其熔化，並以新的硬幣取代之。一七五九年，清朝也繼承了準噶爾的做法，在葉爾羌開設了鑄幣廠，並且創造了一種新的硬幣，一面鐫有「乾隆通寶」四字，另一面則以滿文與阿拉伯文鐫有「葉爾奇木」（Yarkand，即葉爾羌）字樣。在整個十八世紀裡，其他的鑄幣廠也生產額外的貨幣。如同西北的情況，稍晚一點，伊犁逐漸成長的商業經濟也造成了錢幣嚴重短缺，導致一七七五年清朝在當地直接建立鑄幣廠生產真正的中國銅錢。然而，與甘肅不同的是，新疆並未仰賴從遠處輸入銅，而可以從當地的銅礦中獲得。[35]

在新疆與內地，白銀與銅錢的兌換比率一直是讓人關切的事。「騰格」（*tänggä*，明顯是從蒙文的「錢幣」〔*tängge*〕衍生而來）是突厥斯坦東部稱呼五十普爾錢單位的用語。清朝官方將一騰格等同於一兩銀，但是軍機處同意其官方兌換比率可以根據市場兌換比率進行調整。米華健稱此舉為「與中國本部政策的大背離」，因為在中國本部維持了一千文銅錢兌換一兩銀的固定比率，但事實上我們在西北也曾經見過類似靈活性。[36]

在六城（Altishahr）地區，普爾錢兌銀兩的匯價波動相當激烈，一年內的波動範圍可以從一百兌一兩到二百二十兌一兩，顯示當地市場尚未完成緊密整合。[37]同一時間，當地官員可以從調整匯價中獲利，以便支付許多行政開銷。因此，新疆的證據更能支持黑田明伸的論點：地方貨幣區的分隔受到地方政府自治而增強。清朝的貨幣政策在新疆整合上只取得有限成度的成功。它將這個地區從跟中央歐亞的關係中拉出，但保留了地方市場，並未將之與內地緊密連結。

價格相關性顯示糧食市場也有同樣的結構（參見地圖10）。在新疆我們有價格資料的八個城鎮，加上甘肅的安西，這些都是被廣大沙漠圍繞的綠洲城市（參見表13）。糧價曲線在聚集於今日烏魯木齊之綠洲中的三個城鎮（昌吉、阜康與迪化）自然是彼此相近。然而，奇台、辟展與吐魯番這些城市在沙漠中距離烏魯木齊約有兩百公里遠，它們的糧價與烏魯木齊地區也有緊密關係。很明顯，這六座城鎮都屬於一個共同市場網絡的一部份。然而，最讓人驚訝的是，宜禾（巴里坤）位於烏魯木齊將近五百公里以外的地方，離吐魯番也有三百五十公里遠，但是其糧價曲線仍舊與這些地區相當接近（$p \geq 0.80$）。這個聯結乃是軍事需求所創造。巴里坤是清朝在十八世紀作戰的駐軍主要集結點，而吐魯番則是重要的次級集結點。這兩個綠洲之間有個相當大的軍事交通，有大量的補給需要從巴里坤運到吐魯番。烏魯木齊則是個更大的綠洲，更能自給自足，但是吐魯番也面對著維持該地人口與大量駐軍給養的問題。來自巴里坤的補給使得吐魯番能夠滿足自身需求並且與西邊的烏魯木齊維持貿易關係。來自巴里坤的軍事補給支撐了這七座城鎮的交易網絡。

沿著甘肅走廊往下走，就會碰到哈密與安西這兩個更遠且孤立的綠洲。無論是烏魯木齊，或是經由甘肅走廊往東南方連結的內地，都不大影響這兩個綠洲的小麥價格。雖然軍隊口糧沿著甘肅走廊輸出到巴里坤的倉庫，但是他們並未創造回流到甘肅的連續商業流動。只有得到大量補助的軍事補給線才能克服轉運的高成本。商人雖然會跟隨著軍隊，但是民間貿易並非常態，不足以使新疆成為帝國整體真正的一部份。

此後，新疆的經濟整合仰賴於大規模的國家介入，甚至較甘肅為甚，但是國家的基本目標是讓新疆自給自足，而不需要仰賴內地。東部綠洲的交易網絡受到軍事運輸的支持，並未緊密附屬於內地。

總而言之，新疆得到了來自內地的大量補助，但是也發展了自己的創新財政政策。清朝官員試著用一系列的實驗措施，把新的邊疆與內地結合起來。不過僅僅獲得了部分成功。新疆是清朝第一處以商業稅作為該省財源的地方。後來，這項政策在帝國的其他地方以釐金之名而為人所知。新疆從未

表13：新疆的小麥價格（1778–1856年）。

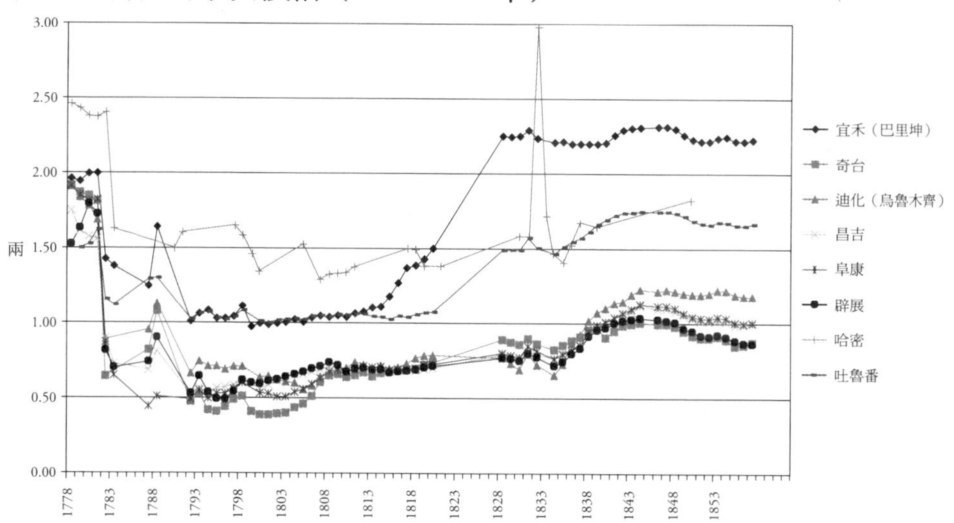

資料來源：北京中國第一歷史檔案館。

自給自足，因此它對於國庫而言是一大負擔，但是它也從未透過私人貿易與內地真正整合起來。地方貿易在該省內部相當興盛，但是從內地運糧到當地並非有利可圖之事。這種部分整合的情況說明了清朝於十九與二十世紀設法抓住這個地區時所遇到的困境。

商業作為戰爭武器

商業對清朝來說是一種重要的資源，而統治者運用商業資本與商業技術時也頗具靈活與創意。他們相當仰賴商人來運輸軍事補給。商人們會在主要的軍營附近設立市場，提供口糧以外的重要補給品。操控貿易流動的方向也是清朝邊疆政策的一個重要部分。當蒙古部族向滿洲人投降時，第一項任務就是畫定草場邊界並且限制他們的移動以便將蒙古人固定於各處。第二步則是增進與內地的貿易連結。蒙古人必須為軍事用途提供坐騎，但是他們也會提供牲畜與皮毛來交易糧食與其他日常用品。在蒙古人向清朝歸順後沒多久，漢商就開始深入蒙古領地了。[38] 蒙古王公與僧侶和商人因為債務關係建立了緊密的連結，而這也讓他們仰賴來自內地的資本流。有些學者主張部族內部的階級分化就是從這時候開始的，因為王公富足而一般牧民卻受苦。[39] 儘管證據相當稀少，但顯然並不是只有菁英才能夠參與市場。歸順清朝的蒙古人失去了經濟自主與地理移動力，以換取和平、物質商品以及利弊參半的「文明教化」（用漢人的說法）。

準噶爾人同樣也日漸將其經濟眼光放在中國市場上。雖然他們在十八世紀初期持續探索貿易的多重來源，望向俄國、中亞以及西藏，但是中國讓人無法抗拒的財富還是把他們拉了過去。在一七三四至一七五五年的停戰期間，為了滿足蜂擁到邊市的準噶爾人之需求，給中國商人與官員造成了巨大的壓力。清朝將準噶爾人視為「向化」的朝貢者，他們來給仁慈的皇帝進獻禮物。與準噶爾互市並不像明朝邊疆貿易，後者是對蒙古高度有利的一種不平等交易。清朝的駐軍與商人從準噶爾人帶到甘肅肅州的牛羊中受益很多。對準噶爾人而言，無論他們所獲得的是白銀或是江南綢緞，他們也從貿易中獲利不少。利用邊市貿易，清朝官員維持來自內地移民生計的壓力得以減輕，同時又能夠鼓勵內地商人增加對邊疆經濟網絡的參與。官員努力降低商人所冒的風險，包括提供貸款、代付運費，以及協助準噶爾人與其供應者之間的溝通。

最終，清朝還是看重戰略目標更甚於經濟。在乾隆朝，統治者們願意滿足準噶爾人日漸增長的要求，但是他們總是有切斷互市這個選項，以便控制這些蠻夷。就如同面對俄羅斯人一般，他們會透過將時開時閉的方式來執行其政策。邊疆民族被認為是本性貪得無厭的，但是最好將他們的貪慾導向物質利益而非戰爭。不過，即便他們減少軍隊集結，邊疆官員們還是會小心護送這些外來商人，懷疑他們會趁著經商之便進行間諜活動。

此後，貿易轉向海上商路並未對中亞邊疆產生很大的影響，而且它也不是蒙古衰微的主要原因。從十七至十八世紀，邊疆貿易持續繁榮，甚至有所增長，因為清朝統治者們小心運用他們對大陸貿易的控制來爭取游牧民的順從。古老的絲綢之路轉向官方的邊境城鎮，但是同樣的商品與商人沿著這些地方移動。在十八世紀後期英國人抵達廣東以前，海上的收入對清朝而言並不重要。到那時，滿洲人已經有了廣泛的知識來運用貿易操控狂暴的蠻夷，而且他們會將在西北所學到的教訓應用在華南沿岸。

一七五七年，哈薩克左翼的首領阿布賚派遣了一支使團，希望能跟清朝建立貿易關係。正在進行西

征的皇帝非常高興見到，一支過去從未與中華帝國建立聯繫的游牧民族如今前來「歸順」（在他看來）。哈薩克人也承諾提供一項重要資源——馬匹——以合理的價格售出，以交易內地的茶葉與布匹。隔年，官員們與哈薩克人建立了貿易關係，之後持續了九十年未曾中斷。

哈薩克進貢給乾隆皇帝的馬匹。由宮廷畫師郎世寧於1757年繪製。

米華健和幾位出色的中國學者已經針對這種貿易做了詳細討論。[40]它變成一種合作性的官方與私人交易，並且將長江下游的織造廠與西北邊境城鎮連結起來（參見表14）。主要的貿易起先在北疆的烏魯木齊進行，後來改到伊犁進行，但是絲綢也運送到南疆的城市。在北疆貿易是以布匹交易牲畜，主要為馬與綿羊。哈薩克人提供遠較內地便宜的馬匹，而駐軍迫切需要這些坐騎。因為長長的牲畜隊伍被驅趕著從西北方跨越熾熱的沙漠，這累倒了許多馬匹，也使大量綿羊倒斃。約有兩萬七千至兩萬八千隻綿羊死於從巴里坤前往遠西的軍營路上。

在南疆，商人以布匹交易錢幣（普爾錢或白銀），後者則用來從吉爾吉斯人*與當地突厥斯坦人手中購買糧食與肉類。南疆貿易的動力源於從內地運送糧食的成本極高：在陝西或甘肅購買糧食要花上一至二兩銀，但是將其運到六城地區則需要花費額外的二十兩銀。[41]交易量在最初的三十年內達到最高，到一七九六年為止，平均每年交易六千七百六十匹布，而一七八〇年則達到最高峰。隨著整個十九世紀北疆的貿易量逐漸衰退到維持在每年平均約兩千匹布的水平，南疆的貿易開始成為主軸。哈薩克人會訂製他們喜愛的特別樣式的布匹，大部分是較為便宜、顏色鮮豔的緞或絲綢，這些都由江南織造官員「辦就解送」。在蘇州，有二十萬名工人在官員監督下在三萬台織布機上製作絲綢。[42]不過絲綢並非一定直接來自這些織造廠。它也可以外包給當地家戶或是從私家市場上直接購入。[43]這些絲綢在裝箱密封後，在官方的護送下運往邊疆。從下訂到收到成品要花上將近兩年的時間，但是官員們會小心翼翼地在路上護送這些貨物。

在雙方貿易上，官員們被下令要以市價交易，這樣方纔「兩得其平」。[44]小商人也被歡迎參加。軍事補給的重要需求驅使著軍事將領、地方官員與商人各類身分的人通力合作。同時，清朝將新疆的經濟與內地連結，並且甚至將其商業影響力延伸至遠西的中央歐亞。哈薩克人將自身重新定位，從原先其它中央歐亞國家的供應者手中，轉向為越發仰賴中國商品了。隨著這種需求從游牧菁英擴及一般牧民身上，他們訂了更多更為粗糙而便宜的絲綢。當俄國人從恰克圖獲取中國商品的管道被切斷之際，哈薩克人也將其部分產品賣給俄國人。

* 譯註：當時稱為布魯特。
** 譯註：作者誤作 Li Shouju。

表14：從江南往新疆的絲綢貿易

年代	總數（運過去的匹數）	年平均	北部（伊犁、塔城）	北部百分比	南部	南部百分比
1760年代	107605	10760	38020	35.3	2280	2.1
1770年代	70800	7080	64400	90.9	5930	8.4
1780年代（僅有4年）	28050	7012	9500	33.9	2300	8.2
1790年代（僅有7年）	19939	2848	9200	46.1	9489	47.6

資料來源：呂小鮮、李守郡**，〈乾隆朝內地與新疆絲綢貿易概述〉，收入《清代區域社會經濟研究》，葉顯恩編（北京：中華書局，1992），頁 742–755。但是王熹、林永匡，《清代西北民族貿易史》（北京：中央民族學院出版社，1991），頁 445，提供了更加詳細的資料。註：南北之分的資料並未每年都有。

直到十八世紀末以前，就如同先前的準噶爾人一樣，哈薩克人尚有迴旋空間，但是到了十九世紀，他們則屈服於俄國的擴張下。清朝並未抵抗俄國併吞哈薩克，而是將哈薩克貿易維持在長期低檔。這種貿易也未能完全支撐清帝國在新疆的統治；這個地區一直長年赤字。但是這個貿易網絡在溪邊畫定邊界的同時，也定義了與內地的連結。

朝貢與邊疆貿易

在此討論的邊疆貿易，也意謂著用新的方式來理解中國與外部世界的關係。在費正清簡單的中外關係模式中，所有與外人的貿易都以「貢」的成規來處理，這種中國中心式的概念，強調皇帝的至高地位以及允許外人前來進獻禮物的恩惠。[45]米華健與其他學者已經充分證明了此一概念的不足，它未能掌握清帝國與所屬民族之間的複雜互動。

朝貢對於不同的人有不同的意義。例如，新疆綠洲城市的伯克們其實是清朝官員，他們卻向皇帝「朝貢」，但是哈薩克馬商則否。即便哈薩克人「貢馬」的形象出現在郎世寧的著名畫作當中，乾隆皇帝明確地宣示哈薩克商人不能被當作貢使對待。因為他們只是商人，故清朝官員不需要負責他們的旅行與住宿開銷。當時，貢使不一定只是「外人」，也不是所有的貿易都是入貢。[46]每種清朝的貿易關係都需要在特定的經濟需求、文化定義與安全目標的個別脈絡中進行協商。

狄宇宙已經主張過我們不僅必須從帝國中心檢視朝貢的諸種行為模式，也應該檢視它們如何在邊疆接觸地點實施。他提出了朝貢作為「環境」的概念，它環繞著清朝在其邊疆的所有關係，包括了商業、安全與儀式關係。[47]我更傾向稱之為一種不同文化之間的語言，為了參與者的多重目的而服務。[48]就像

「洋涇濱」（pidgins）或是在所有多重文化接觸地帶的貿易語言一樣，朝貢論述允許大規模的商業交易，用形式上的表達掩蓋了其參與者的不同自我認知，但是又允許各方有不同程度的自主性。

由於米華健與狄宇宙的研究都侷限在一七五五年征服新疆以後的時期，所以他們並未討論，這些不同的外交與商業安排如何從清朝擴張的早期過程中發展起來。清與準噶爾關係強烈制約了新疆在納入清朝控制後，清朝對待新疆各民族的方式。

準噶爾貿易也有助於澄清中國商人從邊疆帶回什麼的「謎題」。答案是比他們帶去那邊的東西少了許多。由於西北市場有限，而且準噶爾人通常都帶去一些需求很少的「無用之物」，故商人很難盈利。甘肅確實有些產品是內地需要的，例如著名的香菸在江蘇、四川和廣東都有銷售。[49]一七七〇年代以後，玉變成向東貿易的重要品項，而且是非法收益有利可圖的來源。[50]但是在此之前，清朝官方的介入解決了這些問題，代價是動用國庫的款項。給商人的預付款通常並不會被還清，而債務則會被免除，因為官員們需要吸引商業資本。有時準噶爾人會承受損失，因為他們必須將商品廉價出清。然而，當他們把所有健康的牲畜送到清朝駐軍時，清朝官員也會補償生病或死亡的牲畜。儘管官方努力限制白銀流失，但白銀還是持續流出邊界。就國庫的立場，補貼貿易固然是直接損失，但是若將軍事占領的財政成本納入考量，這種策略就有間接獲利。國家透過引導內地商人與邊疆官員合作與游牧民進行貿易，得以減少從內地輸入補給的成本，因此也減少了維持其遠方駐軍的成本。哈薩克的絹馬貿易就從這些早期的經驗中發展出來，並且成為跨越西部邊界、系統而持續的貿易體系。

中華王朝一再希望能以內地產品交易兩種帝國自身無法生產的重要商品——其一是馬匹，但這種希望通常都不大成功（另外一種商品是白銀，一開始從日本獲得，後來則是從美洲新世界獲取）。唐朝後期的統治者們花費了大量白銀從回鶻人手中購買馬匹（參見第一章）。宋朝與明朝的茶馬貿易也以失敗告終，其原因有以下幾點，包括了官員努力壓低游牧民貨品的價格、貪汙，可能還有羅沙比（Morris Rossabi）所說的「儒家對商業的鄙視」。[51] 在宋朝與明朝，確實只有低級官員才會被指派到這些低下的職位上。米華健主張清朝與哈薩克的馬匹交易，相較之下確實成功建立了長久而公平的貿易關係。因為這項事務由高級官員監督，貿易關係的處理也較為實際，而且「滿洲人對馬匹知之甚詳」。而持續關注貿易的潛在原因，是清朝軍隊對於足夠牲畜供給的重要需求。然而，所有這些特質也都可以用來描述清與準噶爾的關係。[52]

另外兩種特別情況使得哈薩克貿易「去政治化且公平」：清朝在最後的軍事戰役中對新疆控制的不確定性，以及內地對這些戰役開銷的批判。[53] 這兩種因素也同樣適用於停戰期間的準噶爾貿易。戰爭開銷讓皇帝疲於應付，內地的怨言也需要他有所回應。於是皇帝允許官員可以靈活適應商人們的要求。雙方開始熱烈的討價還價：準噶爾人原本漫天要價，但是在清朝官員的堅持下同意降價。對這些官員來說，他們無法強制別人接受人為操控的低價，而且必須回應市場需求。強制把價格固定在低檔已經妨害了宋朝與明朝的茶馬貿易，因為游牧民會尋找開出較高價碼的私人買家。準噶爾人與哈薩克人都發現官方價格具有足夠的吸引力，使他們到邊市來，並隨著時間而增加供給。私家商人則維持著足夠的影響力以提供競爭壓力。

與準噶爾的貿易在初期確實造成了麻煩，當時腐壞而無用的商品在倉庫中堆積成山，但是後來商人更少帶著稀有物品，僅以攜帶牲畜為主。清朝與準噶爾和哈薩克雙方的貿易經歷了一段互相適應的類似過程，各方會先決定對另一方的需求為何。很快地，商品的明細會從邊界官員傳送到內地商人手上，而官員則會供給與需求出現差錯時做出補償。

然而，一如范金民所指出的，清朝與哈薩克的貿易越來越朝向真正的商品交易，而官員則直接涉入其中。[54]在清朝與準噶爾的貿易中，官方的主要目標是穩定；而實際上的獲利或損失則在其次。官員在給予商人預付款亦後就「站在一旁」不加干涉。在清朝與哈薩克的貿易中，官員與商人兩者都對市場需求反應快速，因此能保證「公平交易」並且確保雙方的利潤。

比較清朝與哈薩克人、準噶爾人、俄羅斯人與英國人（在廣東）的貿易互市，有助於我們說明這些關係的特色。就清朝看來，這四種邊疆貿易分別位在光譜上不同的位置，一端由安全所驅動，一端則由利潤所驅動。與俄羅斯的貿易完全是出於安全利益：俄羅斯商隊帶到北京的豪華毛皮，即便在滿洲貴族中也少有穿戴者。相較之下，準噶爾人所提供的馬匹與牛隻在西北具有真正的價值，然而清朝的首要目標則是以貿易來馴服這些游牧民。與哈薩克人的貿易則落在準噶爾與廣東貿易之間。對哈薩克貿易比較偏商業導向，而非政治導向，官員也更看重利潤，但對馬匹的需求依舊是貿易的主要動力。廣東貿易為皇家提供了可觀的利潤，而未提供戰略商品，並且讓官員與外商之間產生了親近的合作關係（新疆的玉石貿易也為皇家提供了利潤，同時也預示了廣東貿易的情況）。[55]準噶爾人與俄羅斯人對於清朝的邊界明顯是軍事威脅；他們需要強制力以及物質收益剛柔並濟，來引導他們行為合宜。官員對哈薩克人也會使用居高臨下的言詞，但並未視其為主要的軍事憂慮。在廣東貿易初期，鴉片尚未成為主要商品，官員只是覺得英國商人貪得無厭，並不把他們當成危險。隨著西北擴張獲得成功後，危機感也逐漸消除了。

哈薩克人被視為以往未曾與清朝有所接觸的民族，但是清朝對準噶爾人則是知之甚詳。如皇帝所強調的，與哈薩克人貿易不應視為「羈縻」政策的一部分，這種政策是用來制服難以駕馭之民族的，而應該視其為與帝國範圍以外民族之間的貿易關係。然而，有些現代學者會過度引申，將哈薩克人納入清帝國之內。例如徐中約（Immanuel Hsu）便在所寫的現代中國史教科書中，將哈薩克人的領土都納入一七七五年「中國影響所及地區」的一部份。清朝確實確認了哈薩克的部族領導權，但是到了一七五〇年代它已經在其擴張上畫出了一道清楚的界線：蒙古及帕米爾以東的突厥斯坦為其勢力範圍，俄羅斯人與哈薩克人則否。[56]

然而，準噶爾人並非僅僅是帝國範圍以外的商人。他們是滿洲人的頭號大敵。清朝原先是否打算永久停戰？想像一個以阿爾泰山為界的穩定邊疆，以及一個持續獨立的蒙古國家是否真有可能？我發現這種方案不大可能，特別是考慮到乾隆皇帝利用準噶爾內部分裂，將之迅速消滅的行動。即便準噶爾人不再具有威脅性，且貿易關係又相當興盛，但清朝不會容忍一個敵對的蒙古中央歐亞國家存在。在這個意義上，清朝對地緣戰略採取了文化的，甚至是族群的定義。所有的蒙古人都必須被包含在一個普世帝國當中；但是其他民族則未必需要如此。到了十八世紀中期，各個主要的中央歐亞團體在與清帝國的關係中已經獲得了明確地位：蒙古人已經被收服或滅絕；俄羅斯人則由一條固定在地圖上的邊界所分隔開來；哈薩克人在尚未畫定界線的地區上進行貿易，但並非征服的對象；突厥斯坦人則以帕米爾為界被分隔為東西兩部。土爾扈特蒙古的回歸，被視為中亞民族最終團圓在三重文化的清朝菁英懷抱。貿易、安全與族群定義，三者一同決定了誰在帝國之內，誰在邊界之外。

第四部

穩固邊疆

第十二章
橫越大地

這一章我將檢視清朝統治者所使用的空間技術，他們據此定義領土邊界與限制人口流動。梅爾（Charles Maier）曾經使用「領土性」（territoriality）概念來對近代世界史進行分期。他認為領土性「意謂著因為控制了劃定邊界的政治空間，產生的諸多特性（包含權力），而這些政治空間直到最近為國家與（通常也是）族群認同創造了最起碼的框架。」他提到，十七世紀全世界的新王朝，或者「組織較為緊密的領土國家」才開始強化邊界防禦，並將主權重新定義為領地內不受限制的權威。[1]這個轉變，在歐洲歷史上一般都連結到一六四八年三十年戰爭結束與西發里亞和約的簽署，但歐洲國家通常對領土採取文化與外交定義。[2]

對梅爾來說，「十七與十八世紀構成了大圈地時代：圈地既發生在英國與西歐鄉村內的公有地，也發生在國家邊界的決定上」。[3]因此，確保邊界不受外來侵擾，與從國家內部確保社會與領土邊界兩者同時發展。梅爾正確地指出，這一過程不僅只在西歐，同時期的俄羅斯、中國與鄂圖曼土耳其帝國都對其人口移動進行控制，在統治者的命令下較清楚地劃定空間疆界，並簽署國家邊界相關的條約。俄羅斯與中國簽訂條約定義了其東部的邊界，並強化了對其境內農民移動的控制，中國則在消滅了準噶爾政權後，除去了邊界內牧民們的移動自主性。

我們可以從征服史書標題與官方文獻中經常出現的兩個中文與滿文詞語，來總結帝國對於邊界地區的意識形態目標。中文的「平」（滿文necihiyembi）是指「推平、平順、平復、制服、平息」，而「定」（滿文toktobumbi）則是「固定、確定、平定、受到控制」。[4]「平」不僅代表「和平」而且暗示著「弄平」，也就是創造出一個「平原」，並除去所有阻礙視線的障礙物。清朝統治者與學者們致力於繪製地圖、資訊收集與歷史書寫的計畫，以便將地方資訊攤開在官方的全面凝視之下。他們也嘗試標準化行政地景，以便官僚們可用統一與簡化的規則來處理多元的地方特殊性。

中國這種簡化驅力也可見諸於其他歐亞國家。很多十八世紀歐洲政權都嘗試統一自然與人文地景，例如科學林業便重構森林以便達成統一可靠的產出，凡爾賽花園的設計者借用了軍隊的土方堡壘技術，來構築有序的、可見度高的統一地景。[5]在中國，這種將文化空間理性化的衝動則展現在擴大的科舉考試制度中，科舉應試者被鎖在數千個小房間內（就像文化監牢）書寫應試文章；或者表現在中國西南的改土歸流，即由定期輪調的地方行政官員取代土司或者原住民頭目；抑或體現在賤民社會身分的正式豁免等變革中。[6]在邊疆地區，從內地擴展到新征服地區也的文官行政也展現了同樣的驅力。歷史敘事、文獻編纂、與石碑也都被設置在明顯可見之處，表達官方所認可與修正過的公共記憶。

定，表示讓事情永久固著在定點，不僅暗示以軍

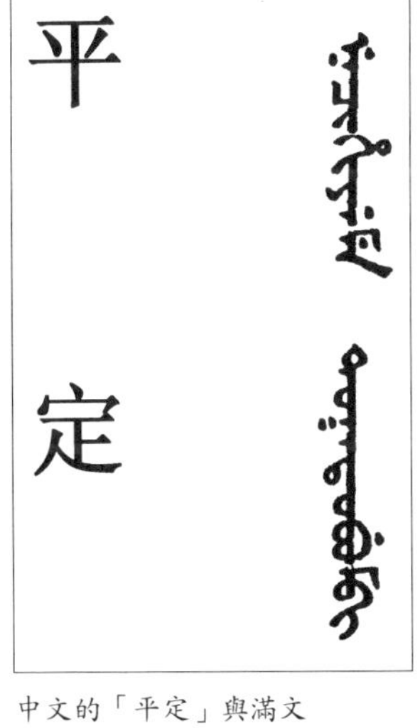

中文的「平定」與滿文（necihiyeme toktobumbi）。

事武力平定叛亂，而且以定居的人民取代移動人口，使得人民可以被計算、評估稅額並徵集勞役。保甲登錄系統標記了所有村民的住居地，希望讓他們集體承擔彼此的犯罪與賦稅責任。清朝分配給牧民部落的草場，則受到旗人軍隊小心地巡視。其後，測繪的地圖則標示出每一個部落的特定位置與部落領域的邊界，官員仔細地計算了分配給個別軍屯區與旗人的人口數量，並計算他們每年的土地生產量。這些國有地的人口紀錄簿，登載了五百萬到一千五百萬人，提供給當代的人口史學者異常精確的資訊。[7]

但是，這些帝國計畫並沒有哪一個克竟全功，斯科特（James Scott）筆下的全視國家描述的是失敗的願景，而非現實。用康德的話來說：「以人性這根曲木，必然造不出任何筆直的東西。」[8]很多壓力破壞了帝國官員們創造一個完美有序的可視社會的目標。龐大、日益增長與不斷移動的人口限制了地方控制的努力。帝國膨脹到史無前例的範圍，連帶的市場發展提供了人民到處移動的新機會。對空間與人口的標記因此面臨技術的限制與真正的抵抗。就像斯科特在另一個脈絡主張，我們不應該混淆霸權計畫與社會現實，在表象之下，多元特定的身分仍然存在，儘管統治者希望將他們全部抹銷。[9]當潛藏的替代性願景浮現的時候，通常就會導致革命，即使難以從大部分來自官僚體系的歷史材料裡，辨別出隱藏的抵抗，我們也可透過仔細的語言分析偵測到其蹤跡。[10]

這一章將討論清朝用來穩定領土與時間控制的技術，從物質的到非物質的都有，具體來說將會討論旅行、碑文與地圖。旅行使得統治者的身體得以處在地景中具有特權的有利地點，而旅行紀錄則收集與銘記了個人的經驗，流傳後世。不過，不同類型的旅行者與旅行紀錄也創造出不同視角來觀看新的帝國地景。而樹立的碑銘則用文字取代身體，用抽象取代具體，並用多元語言向不同的聽眾表述統治者的意志。藉由西歐引進的新製圖技術的協助，地圖呈現了在全面凝視眼光下對帝國的選擇性全覽。而地圖在使用上既祕密又公開的雙重性格，反映了所有國家地圖測繪相互糾結的目的：定義公共空間與收集戰略資訊。每種展示權威的技術都表達了多重意義，通常漫溢出中央國家設計的容器之外。本書第十三章則將探究在帝國所贊助的歷史修訂以及征服記述對時間的替代性認識上，所顯現出的類似矛盾。

就像史特拉斯伯格（Richard Strassberg）所編的中國旅行書寫選集所顯示的，旅行書寫在古典中國文學與歷史傳統中源遠流長。帝王、官員、與一般個人都書寫記述他們所探訪過的熟悉或異域之地。[11]旅行不僅在他們的生命中留下印記，也包含他們所探訪之地。旅行書寫轉變了他們的遭遇跟經驗，甚至地點本身。現代觀光客不是第一個永久改變甚或摧毀歷史與自然景點的人，中國旅行者到了令他們心有所感之處，會在岩石上刻字，在一些聖山或者桂林引人注目的石灰岩地形上尤其明顯。藉由在石頭上雕刻文字，「旅行者尋求永久參與在整體場景之中，將片刻經驗永遠留存並希望藉以獲得文學上的不朽，深信未來的讀者將會透過這些刻字瞭解與欣賞作者的真實自我。同時，這些文本也經由形構後來旅行者的感知而改變這些地景，並指引那些追隨前人才子腳步的旅行者」。[12]今天在桂林的岩石上，還留著從前帝國官員與詩人，一直到近代紅軍元帥朱德等名人的題字。

儘管許多人抗議過度的銘刻題字玷汙了地景，但大部份中國人把書寫當作對一個地景的文明化，也就是以「文」銘示之。「作者運用古典語言的模式，象徵性的認證這些未知或者邊緣的地方，轉化其中的他者性，並將它們帶進了中國的世界秩序之中。」[13]

留下文字記述的人們，也把某種固定版本的個人經驗傳達給他們的讀者。弔詭的是，儘管旅行作家都知道，他僅僅在一小段時間內經過某個地方，但他們都難以抗拒將當地風土人情的核心與外在特質加以一般化。旅行者們會把個人性格與社會環境投射到他們所經過的地景之上；如同小說作者，他們筆下的「自我民族誌」（autoethnography）的成分應該跟客觀描述等量齊觀。[14]就如同此處描述的其他文化記號一樣，這些旅行與地理記述既呈現了那些參與帝國事業者的自我認識，也記錄了相關的「科學」細節。[15]他們並非客觀中立的資料來源，但他們的確闡明了新來者與他們嘗試瞭解並控制的民族間的互動過程。

旅行與權威

清朝初期的帝王花費了可觀的時間在各地遊歷，就像近代早期的歐洲，君王個人的在場是中央歐亞統治的重要元素。在戰時，領導者與軍隊處在相同空間、共同患難奮鬥，以便將卡里斯瑪傳遞給軍隊並小心監控其行動。而在承平時期，皇帝的巡遊則賦予某些地方重要的特定意義，不管是遠離首都的夏宮（例如滿洲地區的熱河、或者法國的凡爾賽），或者是具體化帝國理想的神聖地景。但皇帝們並不是標記帝國空間的唯一旅行者，使節、學者與文學人物，也在他們所到之處創造諸多回響。新領土的魅力為冒險家、朝聖者、商人與作家們創造了受眾。從社會的上層到下層，穿越帝國疆域各處的人民，也藉以建立起他們對於新疆界的集體想像。

其他帝國之臣民也留下了他們的中央歐亞記錄，他們作為清朝的使節而同樣穿過這片地區。在清朝和準噶爾間進行過政治談判的英國與俄羅斯人，他們的描述便結合了民族誌、地理與政治資訊。將這些紀錄與清朝的文本加以比較，可以進一步闡明清帝國的計畫。這些來自帝國內外的多重敘事並未加總為單一、完整一致的圖像，而是展示出對橫跨歐亞大陸的空間與人文環境的多樣化概念。

一六九六到一六九七年，最後三次親征噶爾丹期間，康熙皇帝從他位於西北的營地發出了一百封信給他在北京的兒子，皇太子胤礽。這些信不僅是評估中文文獻與檔案紀錄正確性的無價資料，同時也提供了深入洞察皇帝性格的機會。[16]第五章我已經大量使用這些文獻來重建皇帝的親征，在這裡我則將這些文獻看作旅行故事，來協助我們瞭解皇帝的想法。

當然康熙自己並沒有將這些信說成「遊記」，但假如我們把他們看作古典旅行文學傳統的一部分呢？儘管這是在軍事征伐期間以滿文書寫的記事，但他們的確與古典漢文中史學和抒情傳統的作品相當類似，史家、詩人與旅行者都以「資料整理者」與文獻收集者的姿態，記錄他們對自然特徵的觀察以作為後來者的指引。[17]孔子曾告訴他的學生，研究《詩經》「邇之事父，遠之事君」，而且「多識於鳥獸草木之名」。[18]既然有關邊疆民族與土地的知識有助於戰略規劃，統治者因此依賴這種形式的公共歷史。資料收集總是對帝國有益，統治者自己收集所得尤其如此。

康熙在信中反覆描繪了水源的位置、草料的豐富，並用他從耶穌會士學到的三角測量技巧計算高度與距離，不僅為當下的用途，且後來的征服者也可從他的資訊受益。他知道之前十五世紀初期的永樂皇帝曾經走過幾乎一樣的路徑，康熙仔細關注細節，例如各種草的不同名稱、還有沙鼠洞對馬匹行走安全的影響。他把收集的一箱彩色石頭，還有他認為可能可以治療瘧疾的藥草運回家。他描述了陝西的窯洞，也計算了從北京到寧夏的距離。同時他也不斷向京城詢問訊息，例如日蝕、植物開花與春鳥抵達的時間。皇帝彷彿一個不知疲倦的實地調查家，他展示了他的三角測量技能、扮演業餘自然史學家，享受對新地方的好奇，並要求來自京城的各種回報。

康熙的活動令人想起《書經》所述最早的視察之旅，特別是《穆天子傳》對周天子的描述，統治者「展示其對疆域控制的方式，包括藉由騎馬與馬車旅行遠方、參與政治和宗教儀式、狩獵、會宴、收受與分配貢物、為子民審判、遇見神靈得到賜福等」。[19]康熙皇帝的征伐記事精確地記載了他所休息的地方，與聯盟的蒙古部落的會宴，以及大範圍的狩獵，所有這些都證實自然與人群歡迎的他的到來；而神蹟事件、例如水源與草料史無前例的豐富，或者他可以小船橫越黃河的天縱才能（與毛澤東的泳渡長江頗為相似？），則在在都顯示上天對皇帝意志的眷顧。

然而在古代與清朝的記事裡，統治者都必須回應某些令人不安的伏流。儒家的《春秋左氏傳》批評穆天子整日在其國土上旅遊是「自我放縱」（私其性），而且天子自己就像《穆天子傳》上所描繪的，若到處遊蕩不管是否遠離都城都是德性低落的象徵：「嘉命不遷，我惟帝。天子人命而不可稱顧世民之恩，流涕芔隕，吹笙鼓簧，中心翔翔，世民之子，唯天之望。」[20]

康熙同樣持續面對來自高層顧問的不滿，抱怨他遠離京城太長時間，對政治的穩定可能有所危害，他們的憂慮同時有著道德上與實際上的理由。中心型政治（politics of centrality）運作的基礎在於「權力從一個固定的中心往外發散」的觀點，[21]皇帝為了個人的享樂離開京城將會產生嚴重的後果：如果皇帝本人長期不能在場維持宇宙秩序的常軌，在天壇與其他地方定期的季節性儀式可能因此中斷。[22]康熙的第三次巡遊特別造成後方京城的嚴重焦慮，因為那看起來一點都不像是一場軍事征伐，就如我們所看到的，方略的編輯有意忽略了康熙在鄂爾多斯狩獵的大量文件，以便使他的巡遊活動看起來更為嚴肅。同樣的乾隆以努力維護改善水利為名正當化他的南巡活動：表明他不是為了逸樂而出巡。[23]

在京城後方的官員們深知統治者遠離京城的缺點，他們以擔心皇帝的健康為名懇求他早日歸來，但他們也知道皇帝長期不在可能導致百姓的日益疏離不受控制。一六九一年當許多高官將領參與遠征之時，就有許多債務纏身的士兵打算違禁進入紫禁城。[24]統治者的個人意志與官僚常規要求之間的緊張，同時顯現在軍事決策與決定康熙的繼承人選之上。皇帝的巡遊衝動同時導致這兩個問題的惡化。

個人魅力與官僚系統化兩股力量的對立限制了清初政權。[25]儘管在京城的秩序要求統治者必須留在帝國的象徵中心，但在清初邊疆的權威也強烈依賴於皇帝的在場，康熙四次親征西北顯示了他十分積極參與帝國擴張的軍事行動。他可以誇耀個人戰勝的軍功，並親身在場激勵遠征的士兵們。在後方提供後勤支援的漢人步兵與官員可能會遵守書面的命令，但滿洲軍隊與蒙古盟友則會熱情回應領袖立下的表率。

康熙的信件顯示，他徹底享受在大草原，身旁沒有挑剔文人官員的時光。他發現在帳篷的刻苦生活令人振奮，而且戰場的艱苦經歷對所有擔任領袖的人甚為必要。他也鼓勵兒子們要領導遠征，而且透過成功與否判斷他們的性格。這些信件看重個人品格與道德示範的程度，並不亞於實際細節與客觀觀察。康熙的信件自然不同於受道家思想影響的旅行者，他們多半是融合山水的抒情詩人；但跟羅列地名與民族的枯燥地理紀錄相比，這些信件又傳達更多個人感受。這些信件融合個人感受與描述，反映了作者性格混雜的一面，一個不停關注（他自己重新建構的）皇帝職責之統治者。這些來自西北的信件也指出康熙與兒子的親密連結，他不斷告訴兒子他想念家裡，同時他也教導胤礽即使在觀賞草木珍禽時仍要注意國政：「皇太子乃極孝順之人，想是見花鳥魚獸，憐惜朕于沙鹵邊陲之勞苦耳。不必為朕擔憂，唯望日夜勤於國事（滿文 gurun boo-i baita），閒暇之時，閱覽經史前世之得失。」[26]

儘管康熙不斷地表達對兒子健康的擔憂，但他也不斷要求兒子報備各種資訊，從微不足道到最重要的事務都要。在京城的日蝕特別引人關注，皇帝要求知道日蝕的精確時刻，當他聽到在日蝕那天衣物價格上漲時，他堅持應該發佈禁止「結黨」討論凶兆的諭令。[27]

從一樁軼事可以看出，為了要滿足父親每一個念頭，皇子所受的巨大壓力。在一封兒子寄來信件的邊緣上，康熙寫道：「茲正值黃雀飛過時節，不知京城如何，朕欲聞之，著寄信來。」在收到這個批註後，皇子立刻寫回信，說他自己有看到兩隻鳥，但那時候因處理公務直到隔天都待在皇宮裡面，他派人去到夏宮尋找，不過他們看到的鳥數量很少。但是皇子又說，看到皇帝的批註之後「全身冒汗」，「覺得自己無處容身」。他請求父親不要在信中過問這些枝微末節，但康熙回覆說，他總是在他給每個人的信中問這些小事，儘管他也承認，在發給他的大臣們的命令中通常不會這樣。[28]很明顯地，即使是備受寵愛的皇太子也對充滿威嚴的父親感到戰戰兢兢，覺得必須取悅他。

對照這個皇子後來的命運，皇帝給兒子的這些信件特別的令人心酸。康熙已經在一六七六年任命他的二兒子胤礽為未來的繼承人，而且任命他在一六九七到一六九八年親征期間負責監國。皇帝在親征途中不斷收到兒子行為失德的報告，歸朝之後，他因此下令處決了幾名與皇子有關的官員。[29]但皇帝一直沒有放棄他無用的兒子，直到一七〇八年指控他密謀篡位，才將他圈禁起來。胤礽在一七〇九年被赦免並釋放，但在一七一二年再度被圈禁，儘管官員請求復立，這一次皇帝拒絕再次回復他儲君的地位。

在這些信件中，康熙並沒有直接表達他的疑慮，但他的言辭融合親密的個人情感與道德教訓，要求舉止正當與精確回報家中事宜：父親的每一封信件都在檢驗胤礽是否有能力繼承皇位。在皇子的失德被揭發後，皇帝的焦慮與憤怒特別嚴重，因為他在遠離京城期間是如此依賴兒子監國。

康熙與兒子們之間嚴厲與親密兼具的關係，體現了皇帝與他所有臣民之間的理想關係。儒家經典例如《孝經》提倡兒子對父親的孝順是所有穩定統治的基礎。具體而微地，父子關係特別代表了所有層級的權威關係，不管是皇帝與大臣、高層官員對基層官員、地方縣官對人民以及在宗族與家庭內的關係。[30]但這些理想的層級關係並無法完全消除關係中的緊張、不信任與憎恨。康熙的信件公開揭示了任何父親對兒子們的共同擔憂，以及孝道做為帝國統治原則的重要性。

孝順的反面則是背叛，受寵的兒子背棄父親期望將遭受嚴厲的處罰。背叛仁慈父親／統治者的後果，同時顯現在康熙對其兒子的處分與對蒙古人的政策上。康熙對他的臣民（以及兒子們）採取仁慈的政策，以激發他們的忠誠；並期待他們回報以感激和順服。然而，由於這兩種情況都存在權力關係的不平等，當下屬奮力從他緊迫盯人的視線中鑿出自主的小空間時，即使最寬大的父親／統治者，也無法完全克制自己對失德／憎恨的懷疑。皇子努力想抗拒父親報告瑣碎小事的要求，而準噶爾則努力想要確保維繫國家自主；這兩者都努力抗拒精力旺盛的君主從不間斷的控制壓力。最終，兩者都在皇帝的眼中蒙羞。但需要使用武力本身，卻玷汙了皇帝只以恩惠施行統治的說詞。皇帝總是喜歡想像自己只會帶給人民和風細雨，但實際上他們常常必須給予他們雷風暴雨。不管是對統治者本身，還是對忠誠的大臣、御用文士或史家來說，如何合理化暴力的使用一直是壓力的來源。

私情與政務總是密切相連，皇帝的心情則因戰事進展以及他對家事的信心而起伏不定。他的心情在一六九六年春天盪到谷底，信中滿溢對戰事臨頭的深切焦慮與對兒子的思念：「當我率領軍隊前進時，我無暇想到你；現在噶爾丹已經逃走，我親眼看著他的落魄慘狀。我已經指派合適的軍隊去追捕他。寄給我四件棉紗大衣、四件麻布短上衣，要挑你穿過的舊衣服。這樣你爸爸想你的時候，可以穿著他們。」在告訴皇子要為其歸來準備食物之後，他繼續寫道：

> 我檢查過噶爾丹的狀況，我看他已經無路可走。然而，我們還沒有費揚古的消息，假如費揚古追上噶爾丹，他肯定就完了：即使他能逃走一萬遍，他也不可能強大。不管發生什麼，都是他自作自受。我從托諾山一路追捕他到巴顏烏蘭，發現都沒有安全地方可紮營。普天之下，在這個世上再沒有像喀爾喀這樣的地方，這裡除了草之外，其他一切事物都沒有什麼價值。[31]

在這封信中，皇帝表達了遠離家中，面對勝負未定的戰事時，他的焦慮、渴望與挫折。他已經決定要撤退，因為他的軍隊糧食已經耗盡。噶爾丹已經逃逸，雖然有少數軍隊在其後追逐，但帝國能否最終成功主要取決於費揚古攔截蒙古軍隊的能力，但這完全無法保證。雖然他表面逞強，表示有信心取得最後勝利，但皇帝擔心作戰可能只是另一場徒勞且昂貴的西征。他對當地荒蕪的印象顯露了他的悲觀，在其他比較有信心的時候，他便謳歌那裡是豐饒的草地。但在這裡他回過頭來向兒子尋求安慰，表達了他對親密情感的深切渴望——如此深沉，他甚至說想要穿兒子的衣服。這份特別的文獻，融合了康熙統治高度的個人性格，他不斷變動的心情，還有他對家庭與軍事勇武的深刻認同。在旅行描述外表下，這個作者使用地景的書寫揭露了他最內在的情感。

研究東亞與歐洲的歷史學者，最近開始仔細考察統治者如何使用儀式來展示他們理想中的權威。[32] 在這些儀式中，精心策畫的身體動作劃過特定的空間，君主與臣民都以象徵、間接的形式，展演了定義彼此尊卑階序的政治關係。儀式並不僅僅是緣飾赤裸脅迫的巧妙外衣，而是建構權力關係的積極力量。廣義來說，儀式包括所有在空間中的常規化動作，參與者在這個空間中以指定的方式互動，但動作的幅度可能很大也可能很小。皇帝們在整個帝國中的旅行既是實際的巡視，也是身體在場的儀式性表達。在凡爾賽花園裡，貴族與國王在比戰場上較受控制的空間中，展演他們之間的關係，但他們在這兩個空間都以公開形式展示他們的權力。

俄羅斯沙皇同樣需要儀式性的展演來正當化他們的統治，俄羅斯加冕儀式的特色是進入莫斯科大規模遊行，並展示軍事能力及豪華服裝。直到十八世紀之前，沙皇都誇耀他們祖先的外國血統以及他們與臣民的距離，並且強調宗教儀式賦予他們超人的力量。不過，在十八世紀的皇位繼承鬥爭中，有關外來性的指控開始被批評者用來貶低對手。凱瑟琳大帝是第一個巡遊整個帝國的俄羅斯統治者，以示對所有子民的關愛。[33] 清朝統治者則更早就透過巡遊展開這種象徵性的本土化。儘管清朝皇帝的起源並非漢人，他們透過旅行展示跟臣民的親近還有對人民福祉的關切。他們並沒有放棄他們的滿洲認同，而是在象徵上融入漢人之中，同時利用朝貢使臣與俘虜，展示他們與中央歐亞的連結。

如十七世紀的觀察家所知，中國皇帝與他們的歐洲君主們共享了相同的目標。伏爾泰已經注意到康熙皇帝與路易十四（一六四三至一七一五年在位）之間的類似之處，耶穌會士白晉（Joachim Bouvet）也是如此，他在清宮服侍期間，便向康熙描述路易十四的偉大。[34] 歐洲君主也在領地內四處旅行。例如巫純（Dorinda Outram）便提到近代早期歐洲幾種不同類型的皇家旅行：事實調查任務、慣例儀式、國內巡遊（純粹享樂或國防目的），還有外交目的。[35] 旅行除了幫助君王遠離宮廷裡的社會與政治紛擾，也展示君王親身表彰廣大領土的決心。這張清單無法窮盡皇室旅行的所有動機，而這些動機也並非不可共存。通常一次皇家巡遊可能包含多個目標。在歐洲與中國，皇家巡遊都既展示權威又表達統治者的個人品味。

康熙的西北遠征當然是事實調查任務，也是軍事作戰，但他們並不完全符合正統觀念下的儀式進行方式。慣例儀式通常應該在京城內預定與有序的空間範圍內舉行：例如天壇、地壇與太廟。在無垠大草原的廣泛巡遊，讓那些心態封閉、制定皇家義務的禮儀專家們感到驚慌失措。明朝皇帝，例如萬曆帝（一五七三至一六二〇年在位）曾經反對那些儀式義務的嚴格約束，但不太成功。[36] 康熙皇帝能夠打破那些束縛，是因為他個人的活力。他是移動的中央歐亞戰士，因此能夠在儀式確立之前拒絕它的束縛。乾隆皇帝比較安於他優雅的監牢，但即使他也需要打破這些束縛。他從來沒有親自出征，但他常常離開京城。康熙皇帝個人的身體動作，不斷地逼近他的顧問所欲加諸限制的極限。乾隆雖然接受規範他行動的繁複控制，但他也利用儀式性的活動來做為逃避的手段。

康熙的旅行也常模糊了「國內」與「國外」旅行的界線。在西歐國家，十七世紀以後，邊界已經漸趨清楚固定，可以清楚區分國內與國外的目的地。在國家領土之內，統治者旅行是為了確保社會安定、監察地方官員、體驗檢視自己領土的愉悅，或者巡視皇家在鄉村的莊園。超出邊界之外，他們旅行是為了與其他君王的外交協議、或者為了聯姻（作為外交政策一部分）。然而，康熙常混合國內與「國外」的巡遊目的，正如他混合公務與個人逸樂一樣。他真的享受在草原上的艱苦生活：蒙古並不是滿洲人的故鄉，但它可以喚起狩獵與征戰的嚴酷則是滿人與蒙古所共享。自從努爾哈赤以來，滿洲統治者就常常為了外交上的目的而訴求他們與蒙古人的共同血緣聯繫；如同他們向蒙古借用文字一樣，他們也借用了蒙古的騎馬與薩滿教的傳統。

蒙古人是帝國民族的「家庭之一部份」，滿文的「gurun boo-i baita」（國與吾家之事）語意等同漢文的「國家」一詞，但可以說比較強調家庭的忠誠，而且對家與國的事務做更清楚的區分。[37]康熙皇帝藉著強調自己與蒙古的親屬連結、親身造訪蒙古領地的蒙古人，康熙皇帝展現了構成他的帝國的中央歐亞民族的統一。

然而，後勤與政治上的侷限使得他無法到達西部蒙古，準噶爾的家園。東部蒙古已納入堅定又有活力的統治者的控制範圍，但西蒙古不是。西部蒙古與清朝之間較大的疏離，不只是因為物理上的距離與缺乏控制，而是也因缺少皇帝在場以及與個人的連結。物理距離本身不能決定忠誠與否，準噶爾人甚至定期旅行到較遙遠的西藏，來自西藏的喇嘛常前往東與西蒙古。即使文化選擇不能完全排除物理與政治限制，但這才是讓東西蒙古走上不同方向的關鍵。

皇帝對於自身移動的態度，揭示出他們在文化主張上的不同策略。康熙與乾隆皇帝都在領土內廣泛旅行，但他們旅行的方向與目的很不相同。相對地，雍正皇帝很少遠遊。除了率軍親身前往西北進行征伐，康熙皇帝也曾南巡，張勉治統計過康熙皇帝從一六八一到一七二二年共巡遊一二八次。他闡明，康熙著名的幾次南巡就像他在其他方向的巡遊一樣，都同時帶有軍事安全與文化支配的密切考量。例如，康熙皇帝一六八三年前往山西南部五臺山，一個元代與藏傳佛教密切關連的地點，在蒙古觀察者的眼中，是表明他對文殊菩薩信仰的護持。[38]而這些巡遊在營地結構安排、後勤的詳細組織、還有射箭術和馬術的展演，都與軍事行動非常類似。就像在軍事征服一樣，皇帝也會面臨離開京城太久的批評，而且他們必須為自己辯護，以免被指控沉溺於遊樂。張勉治主張，皇帝巡遊不管是那個方向，正當性並非來自漢族文人的古典傳統，而是中央歐亞的先例，馬背上的統治者必須親臨領地，標示領土範圍，宣示統治權力。

乾隆是書房裡的將軍，從來沒有到過西北，也從來未曾親臨戰場，但他認為控制西北對他的統治非常重要。他在西北豎立許多刻有多重語言的碑銘文字來代替他個人的在場，並藉以標示他的帝國領土。書寫的文字代替了身體，使得西北地區皇帝在場的象徵從個人的變成虛擬的。乾隆一七五一、一七五七、一七六二、一七六五、一七八〇、一七八四年合計到江南南巡六次。[39]這些巡遊奢華鋪張，毫無大草原的艱苦，但它們重演了早期征服年代的文化狀況。儘管它們名為「巡察之旅」，皇帝藉以體察地方的狀況，但它們的主要目的是，用張勉治的話來說：「不斷重演滿洲征服與軍事優越性敘事。」[40]乾隆帶領者中央歐亞各地的朝貢使者隨行到江南，藉以向江南文士們展示帝國的廣大，並向朝貢者們展示帝國的富裕。他在巡遊中不斷訴諸軍事訓練的主題，堅持旗人必須騎馬不准乘轎，並且要求他們展示狩獵、騎馬與射箭以考校其武技。他在騎馬穿過南方的稻田之時，卻寫下有關西北邊疆的詩詞。乾隆總共旅行一百五十次，包括六次大規模南巡，平均每年有三到四個月在旅行的路上。[41]張勉治主張，乾隆的巡遊既非中國民族主義作家們所批判的浪費奢華之旅，也非純粹像皇帝自己主張的江南水利河防維護工程的行政視察。它們是「族群王朝」意識形態的表達，藉以演出在皇帝個人的凝視下，帝國內部的多重民族與空間的聯繫。

統治者的三種動作方式顯示了，帝國權威與更大社會之間關係的轉變。康熙事必躬親，一面移動，一面親身參與戰場上的規劃、文官的行政與個人的決策。雍正則開始轉趨固定，限制自己的移動，但仍然對特定一群高級官員的行動施加個人影響力。而乾隆儀式性的移動方式，則更為適應十八世紀這個更大且行政更繁忙的帝國。他個人對行政的干預僅是偶發性的，正如同他在巡遊中仍然保持與地方現實之間的距離一樣。一七六八年的「叫魂」妖術恐慌案件，顯示當皇帝選擇要這麼做的時候，他有可能干預官僚的日常運作，但即使在這個案例中，官僚們仍然能夠違逆他最為堅持的要求，就像他們在西北邊疆那樣。[42]由於皇帝無法直接應對地方的狀況，他只能透過官僚與文書來施行控制，留給他個人、難以預期的判斷空間其實極為有限。

三位統治者在私底下與公開的時候，表現也有所不同。在康熙的信件中，我們可以輕易發現，在充滿信心、自我吹捧的征服者面孔下，那個被孤獨與懷疑所包圍的人。雍正曾對一些他信任的人吐露自己的痛苦，例如岳鍾琪，但他向他們袒露自己之時，他也就不再信任他們。乾隆幾乎從來不曾令面具滑落。當他離開京城的時候，他並未留下任何給親密家人的個人文件。即使他的詩詞包含諸多對帝國的公開反思，還有關於負責任統治者的傳統格言，但不包括歡樂或者悲哀的個人性表達。

皇帝不是唯一的旅行者，皇帝自己也無法獨自創造盛清的「盛世」，還有其他人也為這幅圖景增添細節。在第六章，我討論過三位來自不同國家、橫越中央歐亞的旅行者們，比較不受控制與個人性的觀點，他們的資訊來源，經過文化稜鏡的過濾，產生關於滿清與準噶爾衝突的多樣化觀點。貝爾強調康熙皇帝在相互對抗的蒙古人之間促進和平的良善意圖，相對的，溫科夫斯基與策妄阿喇布坦的會談中，展現了他們對軍事競爭的敏銳意識。準噶爾汗直白地請求俄羅斯供應他大量的武器以攻擊清朝，作為交換他願意讓他們在自己的領地內探勘黃金與白銀。兩邊都沒有從這場交易中獲得他們所想要的。但這場會面也說明了俄羅斯與準噶爾人如何試圖定位自己，好與滿清在歐亞地區對抗。圖理琛的出使，就像他所服事皇帝的旅行一樣，蒐集了諸多有關蒙古與俄羅斯人的寶貴資訊，同時他也探詢了聯盟對抗準噶爾勢力的可能性。

這些旅行者使臣們提供了有關滿清、蒙古與俄羅斯的多樣觀點，這些觀點與皇帝們的看法或者相符、或者衝突。沒有單一的觀點能夠掌握完整的情況。每個作者都具有特定的文化立場與政治利益，每個作者都不僅止於紀錄，而是為了說服。只有從這些處於不同位置的作者所產生的多元文化的交響樂中，我們才可以捕捉到完整的故事。

圖理琛遊記的第一位英語譯者，斯當東，則為這個互文的複音音樂加入了第四重的對位旋律。他認為蘇格蘭人貝爾的寫作，是最客觀的資料來源，與此相對，「中國史家，每當談到他的君主或國家，不論直接間接，總不免落入自吹自擂與奉承的風格」。斯當東引述貝爾遊記的段落與圖理琛的記載相對照，讓「真相」凸顯「這些中國人傲慢誇大的謊言」。[43] 斯當東反映出十九世紀初期英國人矯正錯誤的態度，他們對馬戛爾尼使節團的受挫感到挫折，同時也被中國人對他們帝國想像的抵抗所激怒。但貝爾其實也不是中立的報導者。他相當欣賞準噶爾蒙古人與中國人的能力。難道這不也反映了他自己作為大英帝國的邊緣人，在故土之外服侍另一個皇帝時其所抱持的文化位置呢？

相對的，圖理琛不可能對任何的蒙古人表示認可，除非他們向他的皇帝臣服。對他來說，對朝貢關係的順服是決定誰值得收編，誰應該消滅的試金石。溫科夫斯基，想要避免俄羅斯對準噶爾承諾提供軍事支持，所以把滿清描繪成和平且不具軍事威脅。策妄阿喇布坦對此知之更深，他最有理由認為滿清的軍力強大且企圖擴張。但因寄望清朝在一七二二年康熙死後採取新政策，他選擇不向俄羅斯臣服，那是他換取俄羅斯軍事支持所需支付的代價。他也有理由必須極小化滿清對其自主性的長期威脅。

所以所有的玩家都因為各自的理由，而把清中國建構成仁慈、和平、繁榮的形象。儀式化的帝國結構、主要依賴於道德說服而非軍事武力的形象，逐漸成為十九世紀西方與中國主流。此一圖像逐漸取代，與盛清政權交手的中央歐亞行動者所抱持的，強大、軍事化的與擴張主義政權的形象。

清朝邊疆的旅行敘事，反映了領土被納入帝國控制的過程，與臺灣做個簡短比較便可闡明西北的特徵。著迷的士人們對臺灣（最先加入滿清的領土之一）留下的紀錄，從晚明延續到清末。鄧津華描述了用來描繪這個島嶼的各式橋段。[44] 在十七世紀前不為人知的，臺灣的民族與地景激發了文人們的想像、困惑與批評。對中國作者來說，土著居民似乎是原始民族，對歷史、書寫或文明毫不知悉。許多作者把他們視為未被汙染的樂園遺跡，是神話中東海岸外蒙受祝福的島嶼。其他人則將他們看作對中國核心價值的威脅，因為他們的性行為與家庭關係違背了正統的價值。在十八世紀，像藍鼎元等官員把臺灣看作殖民的主要對象；他是文明化最極端的擁護者，包括大力倡導來自大陸的漢人農民拓墾、教育以及強制同化大陸價值觀。然而，其他官員則嘗試要保護原住民免於漢人的侵占，以便保護社會秩序，並最小化行政的成本。[45]

因此，清朝對臺灣的觀點與其他地方的邊疆政策相同，展示了地方主義與統一性的緊張關係。土著居民是否應該不加干涉，以保持他們特有的文化特質嗎？還是官員們應該提倡快速同化呢？與斯蒂文．郝瑞（Stevan Harrell）的論點相反，清朝對邊疆並沒有一個單一且一貫的文明化政策。[46] 對臺灣的政策與觀點因作者與脈絡而不斷變化。一些作者，例如郁永河將他們的旅行視作個人自我塑造的旅程，其他人，例如一七三六年的黃叔璥則主要致力於收集與分類新資訊。臺灣可以是一間「活的博物館」，一個從古代倖存的自然社群，對大陸上道德腐敗的含蓄批判，一個可以驗證各種奇異說法的資訊來源，一個誘人又惱人的性自由案例、一個女性擁有不尋常力量的地方。在整個清代並未出現更靠近「經驗主義」

簡單潮流，但清代的作者確實漸趨強調土著與他們自身之間的共同理解。如同其他邊疆地區，臺灣是一個有用的螢幕，可以投射如何在單一帝國想像中容納多重認同的焦慮。

鄧津華對臺灣旅行書寫的研究，有助於我們把西北的類似書寫放入脈絡中分析。特別是新疆，產生了很不同於臺灣的書寫，因為對文人來說它是首要流放地。[47]對那些定罪的犯人而言，新疆確實是流放地；即使對正常輪調下，派駐此地的官員來說，前往「關外」似乎就離開了文明世界。臺灣與新疆同樣帶給官員接觸異域的謎題，但這些矛盾在西北似乎更為顯著。一方面，中央歐亞的民族不像臺灣土著，他們有自己長遠的歷史紀錄，這是中國官員們難以否認的；另一方面，他們被認為既暴力又野蠻，無法壓制，是漢人國家最為持久的敵人。新疆也包含奇異的地景和豐富且有待探索的新資源，但惡劣的氣候威脅所有冒險而來的人，他們可能死於乾旱、酷熱或者饑荒。跟其他地方一樣，許多官員參與了民族誌分類與地方志編寫的計畫，但他們努力的重要性受到軍事與戰略目標的強烈影響。

一位擁有最高階功名的文人，留下他在新疆短暫生活的生動畫像，表達了他對西北邊疆的個人觀點。紀昀（一七二四至一七八五年）直隸人，三十歲時很年輕就考取進士，並很快獲得翰林庶吉士的職位。因為牽涉一樁賄賂案件，他在一七六九到一七七〇年兩年間被流放到烏魯木齊。在他被皇帝赦免後，他重新獲得皇帝的重用，並成為大型皇家百科《四庫全書》的主編輯者之一。在他經過巴里坤與哈密回家的途中，行經霜凍的道路，駐足在孤寂的旅店，寫下一百六十首有關邊境生活經驗的詩，後來集結成《烏魯木齊雜詩》出版。[48]

紀昀作為清朝文化菁英的其中一員，他的詩表達了對於這個剛加入帝國、豪放而令人振奮的新邊疆的個人反應。他並沒有後悔在新疆的經驗，或者抱怨所受的苦難。他享受城市的熱鬧生活，擁擠的店舖、購物的人群、妓院還有傍晚的笛音。他也誇讚新疆的自然奇景，描繪了奇異的山洪，爆發速度過快，淹過了控制他們的水壩，還有以「人馬輕如一葉旋」形容西北的強風。[49]他參觀了古代的斷垣殘壁並遙想他們的起源，他和殘存的蒙古人討論地方的傳說。紀昀全心擁護清朝官員的開發倫理，並試圖透過建造蓄水池讓自己有貢獻。但因地方民眾反對而拖延，直到他被赦免回家。[50]

在紀昀的詩中我們感受到掌控的興奮感，謳歌征服所帶來的支配人與自然的新權力。他聲稱征服以來天氣已經改變了，烏魯木齊過去寒冷又貧瘠，但現在數千個新墾戶家家燒著火爐，整個地區已經變的暖和了。[51]他並未對蒙古或回族原有文化的流失顯示懷舊之情，他稱讚軍屯開發了大量農田。紀昀的書寫對官方在西北的整合與發展政策做出個人形式的表達。他們向家鄉的文人受眾傳播異域的資訊，並表達對於帝國新獲領地的熱情。「邊塞詩」的長久傳統通常將邊境描繪成荒涼的流放地，但紀昀至少當時把它視為他的家。這個被馴服的邊疆如今變成增添清朝文學傳統的另一資源。

用石頭標誌空間

康熙與乾隆皇帝都為了慶祝軍事勝利，而在山頂上或者北京的廟宇中豎立巨大的石碑。這種做法的傳統源遠流長，自從秦朝以來，石碑就被當作天意的公開證據，予以刻意展示。公元前三世紀，秦始皇登上神聖的泰山，豎立石碑並舉行封禪儀式，感謝上天賜予獲勝皇帝的恩典。[52]這個巨石紀念碑的永久與公開展示，向所有人宣告天子注定勝利。在公元前二世紀漢武帝同樣為了慶祝軍事武功的完成，在泰山祭天並在石頭刻上年號紀念。大型石碑在民間信仰中被視為「天意的代言人」。在白話小說《水滸傳》第七十章，有一塊自天而降的大石碑，揭示一〇八位過去遭受苦難的好漢，現在將接受天命，代表現在統治的王朝行俠仗義。[53]

碑銘統一了天與地的力量，這種象徵手法成為皇帝與常民對於正當權威的共同理解。碑銘以不受風雨毀壞、永久存在的形式宣揚帝國的成就。它們在石碑上固定正統版本的歷史，免除那些困擾懷疑派學者的疑問。一座大石，因為它巨大的存在，排除了其他解釋的可能性。

現代版的碑銘，則是以紀念物的形式，企圖在公共空間中建立某種歷史觀點，圍繞英雄行為的象徵來團結大眾。因為現代民主政治不斷挑戰紀念物的設計，石頭本身顯然已不能消除意義的多重性。[54]即使在紀念碑建立之後，像越戰這種高度爭議的事件依舊引起激烈的辯論。同樣的在清代中國，不論辯論是否可見，銘刻在石頭上的帝國版本也無法給每個人最終的解答。不過，轉向紀念化顯示了社會意識的決定性轉移，一種在世事無常變化中終止爭辯的努力。

儘管所有碑銘都使用八股的公共語言，呈現方式則有許多變化。最值得注意的是，清代的多語言碑文復興了明朝時曾放棄的征服王朝的做法。[55]忽必烈汗曾用六種語言發佈他的命令：蒙古文、維吾爾文、阿拉伯文、波斯文、西夏文、漢文。在長城上接近居庸關附近雲台石門上的著名碑文，也使用六種語言書寫，證明了元朝面對多元受眾的企圖。[56]同樣的，在通往清紫禁城的南門入口有一指引官員至此下馬的碑文，也用六種語言書寫。[57]在十八世紀期間，清朝在北京寺廟與滿洲承德大喇嘛寺的大部分碑文都使用了四種語言：漢文、滿文、蒙古文、藏文。[58]這些碑文向帝國支持者傳達了清楚的政治訊息，並將清朝統治者與佛教護持緊密連結。讓我們檢視三個與征服有關的碑文，聚焦在他們所傳播的訊息和關切的重點。

一六九七年，為了慶祝戰勝噶爾丹，皇帝寫下了五座石碑的碑文。一座放在關鍵的昭莫多戰場，三座在皇帝觀戰的周邊山上，一座在北京的國子監。[59]這些碑文的共通點是，都認定軍事力量和神聖制裁的結合讓作戰得以勝利，但每座石碑強調的主題各有不同。豎立在察罕七羅山頂的石碑強調「天覆皆吾赤子」，皇帝帶給他的子民和平並且保證他們的繁榮。在托諾山頂的石碑，則聚焦在皇帝個人率領的六支軍隊之「震雷霆威」，表示皇帝以強大的力量消滅了肆虐土地的惡靈，把安寧帶回這個遙遠的荒野。至於刻意安置在國子監，以教育科舉功名者的石碑，則引經據典，詳細闡述過去偉大統治者所信奉的「文武合一之道」。碑文強調聖王總是努力想要避免戰爭：「天盡所覆海內外、日月所出入之區，悉以畀予一人，自踐祚迄今，蚤夜殫思，休養生息，冀臻熙皞，以克副維皇大德好生之意，庶幾疆域無事，得以偃兵息民。」

但噶爾丹「既荼毒塞外」，威脅關內安危，所以需要剿滅。「蕩寇所以息民，攘外所以安內」。皇帝強調他親身參與作戰，與將士共患難，堅持「不得已用兵以安民」。雖然他希望以文德化成天下，但他的大臣與子民都不斷敦促他出兵以保護領地。儀式文

指引到訪官員下馬的碑銘，以六種語言書寫。從左到右分別是：（圖一）漢文、滿文、蒙古文。（圖二）藏文、西蒙古文、東突厥文。

本也支持文武合一行動：聖王在征戰之前與勝利歸來都會向宗廟神靈祭祀祈禱。對古人來說，「文事武事為一」；在宴席間以儀式折服外交使節，便無需使用武力，即「樽俎折衝」。[60]同樣的，皇帝一旦下定決心用兵，必然震懾邊夷使之降服。蒙古人在此被比擬為害收成的害蟲，還有大兵到來時四散逃亡回巢的禽獸，皇帝說大軍的「萬乘車馬」如同龍經過的路線，主宰路上一切萬物。皇帝的軍隊統合了不可抗拒的人力與自然之力。

這些碑文呈現了對征服典型的既定觀點，省略了不便明說的戰爭細節。如前所述，很多大臣們勸告皇帝不要親征，還有邊疆的「蠻夷」不會僅是投降，他們也會強力反擊。除非清朝展示他們的優勢武力還有經濟力量，否則他們也不會輕易被清朝統治的優越道德所降伏，他們會堅持他們的自主文化。但在公開建構的神話裡，武將之道與文人之道結合得毫不費力。皇帝就是連結統合上天與大地的柱石，他所承擔的任務不是僅是為了個人的榮耀，而是向更大的力量負責。在國子監的碑文：「邊寇不除則吾民不安，此神人所共憤，天討所必加，豈憚一人之勞，弗貽天下之逸。」就這樣，皇帝作為超人力量的不情願代理人的形象，掩蓋了鬥爭過程中所顯露的個人野心或者報復的痕跡。公開敘事塑造了堅定的統治者、不可抗拒的自然力量，和注定光榮勝利的結局。

康熙的碑文一再的表現在戰爭中皇帝個人的在場，與他的權威密切結合在一起。他強調他爬上了石碑所安置的山頂，描繪了他從山頂縱覽戰場的情況：「登狼居胥遡大河曲遐，播德威以綏荒服殄寇。」對康熙來說，位在山頂高處讓他得以縱覽他的廣漠領土，還有向遠處傳播他的領袖魅力。相對的，乾隆在位期間則六次登聖山五臺山，但他從未到過戰場。[61]他在這些地點只有虛擬的在場。乾隆的碑銘無法證明皇帝親臨現場，而是僅以銘刻文字的力量傳播其「德」。

一七五五與一七五八年，乾隆皇帝命人籌製了兩塊四種語言的石碑，以衛拉特蒙古文、滿文、藏文與漢文書寫，慶祝他對準噶爾的勝利。他把這些碑文豎立在北京的國子監，還有在大軍所經過的伊犁。[62]一七五五年的石碑，豎立的時間就在擊敗達瓦齊與清軍進入伊犁之後不久。碑文的開頭跟康熙的碑銘很像，描述上天覆蓋萬物，而皇帝又如何順應天命而行。接著乾隆從源頭開始述說滿清的歷史，並宣告他的使命就是要「四海同風」。在宣告了他的理想之後，他轉而直接譴責準噶爾：「咨汝準噶爾叶，亦蒙古同類（滿文emu adali），何自外攜，數世梗化（滿文Wen ci cashûlaha，意指不服文明教化）篡奪相仍，碩仇其下。」他因此反對準噶爾人，尤其是噶爾丹的主張。儘管噶爾丹過去訴求蒙古人統一對抗滿清，但現在既然所有蒙古人都被征服，勝利的皇帝則以蒙古統一的主張來統合所蒙古人歸他統治。他將自己打造蒙古統一的刻苦努力與準噶爾人「可憐的」分裂相對比。他們「不服文明教化」，持續相互掠奪殘殺。他痛斥達瓦齊是醉鬼，將他比做「蛇虺」、「蝨蟲」，吞食蒙古人的果實。皇帝同情人民的苦難，派大軍解救他們，毫無困難的就征服了敵人。再一次，這些叛軍就像禽獸一般四散奔逃。而達瓦齊則無處逃匿「彼鼠斯喙，地入無隙」。現在整個衛拉特都屬於皇帝的領土。

碑文言簡意賅地總結了游牧民的新限制：他們可以帶著牲口隨意移動，但必須固定在為他們劃分的領地範圍內，且不得相互爭鬥。他們被命令必須抵抗邊界外布魯特人與哈薩克人的入侵。假如他們能夠做到，皇帝保證他們可以吃飽喝足，享有永遠的和平與繁榮。

一七五八年的碑文則紀念阿睦爾撒納的敗亡。皇帝再一次肯認上天對滿清軍隊勝利的神助：「天之所培者，人雖領之，不可殛也，天之所覆者，人雖栽之，不可殖也。」「覆」這個漢字有著多重可表達天意的意涵，如覆蓋、推翻、與逆轉等。在一六九七與一七五五年的碑文裡，大覆蓋萬物，所以祂涵蓋一切，而在一七五八年的碑文裡，上天會覆亡那些抗拒祂的力量者，而在該碑後面的文字部分，則提到準噶爾的敗亡是因為反覆無常地對抗堅定不移的帝國意志。皇帝也訴諸佛教戒律反對準噶爾人：「云興黃教，敬佛菩薩，其心乃如夜叉羅剎之以人為食也。」皇帝把自己描繪為不情願的戰士，不好戰爭，但為解民於苦難仍然被迫發兵征伐。「非我佳兵不戢，以殺為德也，有弗得已耳」。很清楚的，「蓋天佑我皇清，究非人力也」。這個碑文結束在伊犁重建計畫的有趣討論，朝廷還有沒有決定是否要在這個地區推動軍屯：「然屯種萬里之外，又未可謂計之得也，其默移潛運，惟上蒼鑒之，予惟奉時相機，今日之下亦不敢料以逆也。」即便是宣告上天堅定旨意公開宣言，但皇帝仍對此處的屯墾計畫顯露出不確定。

如同康熙的碑文，這些碑文傳達給臣民的訊息是為了正當化帝國的勝利，但乾隆的碑文也向被征服民族揭示特定的道德教訓與義務。這四種語言將訊息傳達給四種人，所以文字風格相當不同。滿文版本表達了不同於漢文版本的立場，蒙古文與藏文版本則是從滿文翻譯而來。儘管漢文版本從古典傳統汲取大量資源，引用《詩經》、哲學家莊子還有韓愈文章的典故，但非漢文的碑文則是使用更為直接明瞭的語言。例如在漢文版所描述的清朝擴張歷史，指稱清朝皇帝們是從「宅中」（王宮）遠播威名，但在滿文、蒙古文與藏文的版本中，則簡單的說他們在「盛京建立王朝」。

相較於高雅抽象的漢文說法，滿文與蒙古文本用來表達支配的語言也更直白。當漢文抽象的說「悉主悉臣」，滿文與蒙古文則是較具體的說「所有人都成為偉大滿洲國的臣民」（滿文 ayan manju gurun uheri bejusen obuha，蒙古文 ayan manju ulus-in albatu bolghobai）。在漢文的第十六行以「度之」一詞描述軍隊如何平定蒙古，滿文則是使用直接征服（dahabuha）一詞。漢文以「迎降恐後」或「臣」一詞描繪了蒙古大臣與王公們如何爭相投降，但滿文與蒙古人則描述他們向皇帝「叩頭」（滿文 hengkilenjihe，蒙古文 murguke irebei）。阿爾泰文字明白指出蒙古人就是滿洲國家的臣民，這個國家的主宰則是受上天眷顧的武力。

滿文也充當了漢文與蒙古文之間的橋樑，因為它包含了兩群受眾都熟悉的詞彙。滿文包含了漢文的行政詞彙例如「入版圖」「入檔子」（滿文 nirugan dangsede dosimbumbi），還有蒙古化的文字如 adulambi（來自蒙文 adughul-），意指「放牧」，或者 nukteme，意指「游牧」（來自蒙文 nutug，「營地」與「牧場」之意）。藉由發送這些多樣但相互重疊的意識形態訊息給其不同的受眾，這些碑文展現滿文在定居漢人的文學傳統與大草原移動文化之間的關鍵角色。

衛拉特蒙古文的碑文用頭韻風格書寫，把滿清的邊界定義、臣民關係、還有秩序的概念，翻譯為蒙古人熟悉的語彙。這個衛拉特文本攻擊準噶爾人是盜賊（蒙古文 Khulaghaici），思想邪惡，悖逆黃教教法，並且自我招致貧困毀滅之人。一七五五年的碑文把達瓦齊描繪為「可憎的」，被迫像鼠類一樣「在地底爬行」。但它也洩漏了對於被征服的準噶爾人是否忠誠的擔憂，教導他們要「共同反對外來的力量……警戒勿讓布魯特人靠近你們……停止聽從哈薩克人的話」。在這裡皇帝在臣服的準噶爾人與外來的（蒙古文 ghadanakiyigi）的吉爾吉斯人、哈薩克人之間畫了一條清楚的界線，並且警告前者不要與這些外來的接觸。這個碑文藉由聲稱伊犁地區「入版圖」，標註了清朝控制的領土範圍，另一方面也劃分了邊界以內和以外的人群。

同時，這些碑文暴露了清朝帝國空間定義的曖昧之處。在漢文表述的抽象道德概念裡，上天的統治是無所不包的，皇帝執行天意，而所有人民都毫不反抗、臣服於他。但在實際的政治世界裡，非漢文的文本表述得比較明顯，帝國的範圍有其界限。上天無法影響每一個人，敵人在邊界的對面，領地需要防衛。某些地區已經「入版圖」，但其他地區則在版圖之外。首先，漢文的概念訴求所有民族都加入皇帝所宣稱的「文化統一體」；其次，它將投降的蒙古人指派為邊界守衛，防止域外的吉爾吉斯、哈薩克與俄羅斯人入侵。在此一替代的意識形態中，一個特定的整體「滿洲國家」，支配其他民族，主要是因為軍事武力，其次是從武力所衍生的道德權威。道德上的正義並不能帶來自願的順服。

清朝的宣言持續地召喚多重的道德傳統：皇帝宣稱自己的地位如同中央歐亞的「汗」，宣揚自己是黃教的護持者，並以自己乃順應於天的儒家信念等多重說法，來支持自己的統治正當性；他之後甚至也接納了伊斯蘭。但他們不可能完全壓制道德規範的普遍號召，與地上主權的現實之間的潛在矛盾。接下來關於地圖的討論將會展現，普遍的道德主張與有限領土主權之間的緊張，正是所有帝國空間主張的特徵，不論大英帝國或中華帝國都是如此。這些碑文揭露了，在帝國用以宣稱合法性的不同語言間，其中差異所呈現的緊張關係。

雍和宮位在北京西北角，鄰近國子監。此處有三十年是雍正即位前的皇子住所，它名稱中的「雍」字（和諧）就是來自這位皇子的名號。皇帝即位後，將住所的名字從「雍邸」（皇家住所）改為「雍和宮」（意為皇家宮殿或著寺廟）。在一七四四年乾隆皇帝為他去世的父親重修翻新這個寺廟，並且在寺廟第一進的八角亭立了兩座大型石碑，上以四種語言漢文、滿文、蒙古文、藏文題字。[63]將近五十年後，一七九二年，皇帝在廟宇的空間內又建造第二座大型石碑與八角亭，上面包含他寫的「喇嘛說」。兩則碑文的內容都直接訴求邊疆民族，他們對藏傳佛教的忠誠對清朝的統治至關重要。

「喇嘛說」的原始漢文版本由皇帝本人所寫，自漢文衍生的滿文、蒙文、藏文版本則出自宮廷翻譯官員之手。後來的傳說相信乾隆自己寫了滿文的版本，而蒙文版本則為蒙古王公額駙策稜所寫，清朝在西藏的盟友頗羅鼐寫了藏文版本。這些傳說的流傳，顯示這些帝國行政的產物，已經成功融入邊疆地區的地方文化。

在一七四四年的碑文中，皇帝合理化他將父親的住居轉化為藏傳佛教寺廟的決定，依據的理由是歷史的先例還有皇帝有責任護持帝國境內所有信仰。唐朝與宋朝的皇帝還有雍正皇帝自己，都曾經把它們的前任皇帝的住所轉變為佛寺，以保持對他們神聖之靈的敬拜。乾隆的在碑文裡「後先一揆、今昔同符」主張要統合過去與現在。他把已經過世的皇帝比擬為實現涅槃而「把祝福傳給所有有情眾生」的釋迦牟尼佛。乾隆皇帝將這個對雍正的頌詞刻在石碑上，謳歌他的精神力量超越唐朝與宋朝的寺廟。這座寺廟，就像佛陀弟子們集會的雁堂，或像是佛陀弟子冥想的鹿苑。「恒沙大千，共味醍醐。不可思議，浹髓淪膚。」[64] 藉由此一獻詞，皇帝將他自己和祖先同化為佛教精神跨越萬古時空、不可抗拒的力量。皇帝對父親的孝心完美的契合於精神與世俗力量的傳播。這種語言強調帝國精神的浩瀚輝煌，統一了所有子民。因為這種普遍性的訴求，清朝已經繼承並且超越了過去的王朝。

北京藏傳佛教寺廟雍和宮的碑銘，有皇帝在1792年的《喇嘛說》碑文。

然而，非漢文版本並不像漢文文本充滿精緻的用典，而採用不同的文體和詞彙。滿文文本使用比較簡單的方式來表述這些典故，蒙文文本一般來說則僅注重佛教意涵。藏文文本則如同萊辛（Ferdinand Lessing）的評論：「讚辭採取頌詩的語調，佛教意象令人目不暇給。」儘管有這些差異，但其並非暗示佛教與其他傳統之間的緊張。更別說這間廟，不像之前所有皇家修建的神聖寺廟，在這個寺廟中只有西藏的喇嘛。[65]

一七九二年碑文的基調十分不同。雖然碑文同樣以四種語言書寫，傳遞的訊息也特別針對蒙古人與藏人，但少了詩歌與高雅的靈性語言。皇帝在碑文中把自己描寫為歷史學家與政策制定者，他瞭解如何使用一種令人不悅的信念來為帝國的控制服務。萊辛稱之為「自我合理化的與對喇嘛教的痛斥」。在一七四四年，說話的是「孝順的兒子與僧職的朋友」；而在一七九二年，則是「一個尖酸刻薄的老人……讓我們瞥見那個充滿狡詐與詭計的世界，那些陰謀正在威脅他的世俗統治。」[66]

四種語言的碑文以古典哲學風格書寫，並在主要訊息下加上小字註解（編按：即綱目體）。[67]在註解中，皇帝引述了歷史的先例來加強他的論點，他激烈攻擊喇嘛們對佛教傳統的濫用，而且公開宣稱帝國支持黃教是為了要保持蒙古人的順服。

他將黃教與帝國權力的關係上溯到元朝，當時很多喇嘛被封為「帝師」，明朝也延續此一傳統。清代只有康熙朝給過章嘉呼圖克圖此一頭銜，不過清朝也延續元明先例，賦予教派的領導僧侶達賴喇嘛與班禪喇嘛的稱號。這些喇嘛也被給予了官方敕印，以准許他們「統領」帝國內外的教內信徒。乾隆認為「喇嘛」（lama）這個字源於藏文 *bla*，表示「上」的意思，與藏文 *ma*，表示「人」之意。[68]他藉此把西藏喇嘛等同於漢人的上人。

乾隆對他護持黃教一事加以辯護，主張那是一種維持蒙古人安定的手段。他從來沒有宣稱自己是佛教信徒，相反的，皇帝得要為自己辯護，他並未過度偏袒黃教。他注意清朝的統治者不像元朝，從來沒有為了「親近喇嘛而扭曲〔公義的〕原則」。根據皇帝的說法，在元朝的喇嘛擁有太多不合法的權威，他們甚至能夠發佈等同於皇帝的命令，或者向商人勒索金錢，或者鞭撻劫掠無辜的一般百姓。相對的，清朝嚴格控制了僧侶寺廟的秩序，而且用他們來「懷柔」殘暴的蒙古人以使他們順從。

這座碑文，是在清朝的軍隊進入拉薩，鎮壓來自尼泊爾廓爾喀的侵略之後所豎立。一七九二年，善戰的滿洲將軍福康安橫跨西藏數千里，大獲全勝，令強大的廓爾喀搖尾乞和並向北京朝貢，堪稱中國戰史上最壯觀的勝利。[69] 乾隆後來把這次勝利計入他十大武功中的兩大戰役。但在碑文中，他責怪廓爾喀的入侵是因為西藏的佛教寺院濫權所致。達賴喇嘛、班禪喇嘛與其他蒙古的呼圖克圖（活佛）的繼承，根據傳統是從西藏最有天分的年輕幼童中選出這些過世喇嘛的呼畢勒罕（轉世靈童）來繼位。然而，乾隆注意到喇嘛階層的繼位漸趨世襲，僅限於某些有力的貴族家族。當哲布尊丹巴呼圖克圖死後，土謝圖汗的一位妻妾被認定會生出新的呼圖克圖，但她生了一個女兒結果造成了醜聞。敵對紅帽派的一位喇嘛利用繼承過程的混亂，想要爭奪這個位置，並引廓爾喀人入侵西藏以為援助。*

乾隆責備喇嘛們的陰謀引發廓爾喀的入侵，藉此正當化他對喇嘛繼承選任的改革辦法。他命令從北京送一個金瓶到拉薩，瓶裡面裝有達賴喇嘛與班禪喇嘛繼位靈童人選的名字。喇嘛與駐箚大臣必須共同監督從金瓶抽籤選出下一任喇嘛的過程。用這個方式，乾隆提議修正繼承世襲濫用的問題，並建立一個被認可、常規化的選擇下任班禪與達賴喇嘛的辦法。在北京的雍和宮也以類似的辦法，選任未來蒙古的呼圖克圖。

乾隆碑文對帝國與藏傳佛教團關係的解釋是一面之詞，意在支持皇帝強化對程序的控制。很明顯地，皇帝最大的憂慮顯然是這些神職階層的自主性增強，與蒙古貴族們的關係過於密切，展現在喇嘛的選任實質由蒙古貴族家族世襲上。金瓶掣籤便是用來打破這個控制，使得藏傳佛教僧侶們成為獨立、平行的階層，並由滿清官方控制。實際上，這不過是帝國慣用「以夷制夷」手法的翻版，企圖分化西藏佛教神職階層與蒙古汗之間的關係。儘管乾隆認為呼畢勒罕轉世的信仰不合邏輯，而且違背佛教的原理，他發現那是控制蒙古與西藏的有用工具。但他強調比起從貴族家族中選擇繼承人的徇「私」做法，自己的辦法更為「公」正。乾隆強調他對於西藏經典的深入研究，讓他擁有進行此一改革所需的文化瞭解。面對西藏人，他把自己描述成一個博學的君主，甚至比那些西藏僧侶自己都更瞭解他們的傳統，面對那些批評他沉浸在異端學說的儒生，他把自己描繪為一個實際的政治家，利用這些蠻夷的傳統執行對帝國境內的所有民族的公義。「予若不習番經，不能為此言。始習之時，或有議為過興黃教，使予徒泥沙汰之虛譽。則今之新舊蒙古，畏威懷德，太平數十年可得乎，且後藏煽亂之喇嘛，即正以法。」[70] 這段陳述，傳達了皇帝卓越的學識、普世公義的判斷，還有運用殘酷武力的意志。這段陳述也制定了一段歷史敘事，而且定義了以帝國中心出發的普世君主的文化觀。

西藏人絕不是以這種方式來看待他們自己的歷史。在其他西藏的文本裡，喇嘛們被描繪為皇帝的老師，他們感謝皇帝承認佛教智慧的重要性，但絕對不承認臣服於皇帝的權威。[71] 達賴喇嘛、班禪喇嘛的頭銜都是由蒙古汗授予給喇嘛的，只是後來也受到中國王朝所承認。獨立的藏傳佛教階層原本便自主運作，並密切與蒙古貴族結盟，一直到十八世紀準噶爾還有青海和碩特滅亡之後，藏傳佛教維持自主性的政治基礎才被削弱。

乾隆的策略在當代亦有迴響。乾隆設計的金瓶掣籤，在一九九五年班禪喇嘛繼承人選的爭論中，成為中華人民共和國與達賴喇嘛爭辯的焦點。北京堅持金瓶掣籤是歷史上合法的先例，而達賴喇嘛從流亡者中指定繼任人的做法則破壞了藏傳佛教的傳統。[72] 藏人則回答金瓶掣籤是皇帝在軍事勝利後強加的辦

＊譯註：原文理解恐有誤。這邊所講的應是另一件事：「紅帽喇嘛沙瑪爾巴垂涎札什倫布財產，自謂與前輩班禪額爾德尼及仲巴呼圖克圖同系弟兄，皆屬有分，唆使廓爾喀滋擾邊界，搶掠後藏。」跟前面的哲布尊丹巴呼圖克圖繼承問題無關。

法，而且那後來很少實際執行，達賴喇嘛一直都有權根據自己的意思選定班禪喇嘛的繼承人。這個結果就是出現了兩個班禪喇嘛的候選人，一個在北京繼位，另一個則被逮捕很可能軟禁在西寧。當一個共產黨革命政府，擁護一位兩百年前的皇帝（通常官方稱做停滯的「封建」政權）所建立傳統的神聖性，表明清朝所建立的歷史神話仍在當代中國與西藏的關係中產生作用。

這些碑文公開、八股和正統的語言，隱藏了多重詮釋以及與不可見對象的對話。儘管每一座碑文都偽裝成永恆的陳述，但每一座都來自特定的歷史脈絡。每一座都宣稱完成與掌控，暗地裡卻承認其權威的脆弱。即使最為僵化的意識形態姿態，仔細檢查的話，都會發現充滿曖昧、歧異性還有變化。

地圖與權力

衛周安筆下的乾隆皇帝是個「為戰爭癡迷」的人。他自稱「十全老人」以謳歌自己有名的十次軍事勝利。他寫詩、贊助繪畫、舉行儀式、還在全國各地建立戰爭勝利的紀念物。在乾隆眼中，軍事勝利正當化了滿洲的統治，並可以用來強迫那些反對戰爭花費的軟弱漢人臣民們「提供軍需支持戰爭」。[73]

儘管乾隆皇帝自己從來沒有親身參與戰爭，但他讓戰爭紀念物遍布全國，並表彰麾下將軍的英勇。乾隆留下頌揚作戰的書寫可謂汗牛充棟，包含一千五百首他自己的詩以及委託編纂的戰爭史書。乾隆還在地景上留下可見的戰爭印記。一七六〇年在京城的午門，他舉行將新疆作戰中俘虜的處決儀式「獻馘」（qianshou），並令畫家徐揚把這個場景繪成畫作以作紀念*。宮廷畫家郎世寧畫了十六幅有關準噶爾戰役的畫作。中國畫家也畫了數卷的畫作來描繪這些戰爭。[74]中南海紫光閣收藏了一百位官員的畫像，大部分都是特別展現了優越的軍事技能的滿洲人或蒙古人。碑銘與戰爭紀念物就被安置在緊鄰北京東北的孔廟之處，強化了文化與武功合一的訊息。在京城北方的香山丘陵上，戰爭的紀念碑與寺廟點綴在地景間，在更遠的盛京、承德與木蘭圍場，清廷展示中央歐亞傳統的方式更為公開。甚至在南方文人文化的中心，乾隆的南巡也強化了征服者同時擅長武功與審美傳統的訊息。乾隆藉著率領中央歐亞的民族貢使與他一起遊江南，有意融合兩種文化。

乾隆也委託頂級法國雕刻師製作一系列十六幅的戰爭版畫。[75]皇帝贊助製作了這些融合了西方與中國圖畫傳統的版畫，就像《皇輿全覽圖》一樣，藉以傳播帝國武功壯盛的意象。這些版畫包含了一七五〇年代伊犁作戰的場景，包括皇帝接受阿睦爾撒納的結盟、阿睦爾撒納的叛亂與巴里坤的圍困、兆惠的勝利還有對阿睦爾撒納的追捕、以及兆惠與突厥斯坦和卓的戰役。版畫也描繪了皇帝接受加入其帝國的中央歐亞民族的朝拜，包括厄魯特、哈薩克、土爾扈特、穆斯林和其他民族。地景中數百人馬雜沓的戲劇化與擁擠景象，與有序的、謹慎理性的朝貢以及戰俘的接收之景象適成對比。每一幅版畫的圖說都詳細解釋了這些景象還有參與者。儘管皇帝下令只需複製有限數量的版畫以供內部流通之用，但這些在歐洲的版畫雕刻工複製了這些版畫，並在法國出版流通。就像《皇輿全覽圖》一樣，這些版畫在全世界傳布了帝國的壯盛武功，儘管那並非皇帝的原來意圖。

這些儀仗遊行與紀念物，成了清朝軍事成就的公共形象。他們一面頌揚帝國領土擴張的史無前例成就，一面也用文學作品、畫作與石碑加以珍藏。清朝很多與軍事作戰沒有直接關係的工程計劃，也宣揚了帝國擴張的成就。邊界的界碑，例如橫亙滿洲的柳條邊、界定清俄邊界的石頭都顯示了帝國統治的範

＊編註：徐揚該畫原題「御午門獻馘」，〈凱宴成功諸將士得詩八章〉中也有「拔達山人獻馘歸」一句，推測是作者將「馘」讀成了「shou」。

圍。比起內地，在邊界的城市採取更為正統的地理方位，城牆形式也更為規整，它們展示了國家權力想要按照自己的設計，來重建邊界開放空間的痕跡。[76]清朝偉大的製圖計畫，同樣在平面地景上施加帝國的秩序，好滿足帝國的偉大戰略願景。

清朝大規模繪製帝國全境地圖製作計畫始於康熙朝，之後在乾隆朝繼續進行。我在他處曾討論過康熙皇帝的地圖測繪計畫的意義，在此僅摘要說明我的論點，供作比較之用。[77]地圖作為軍事、財政、商業力量的工具，可以定出重要的戰略位置、軍隊行進的有效路徑，藉由故定地點，衡量地主所應負的義務，以及指出貿易的路徑。所有近代早期國家與帝國都使用地圖來控制他們的領土，而且他們也都使用新的地理測繪技術。

中華帝國具有測繪全覽地圖的長久傳統，這些地圖表達了帝國的控制觀，描寫了帝國與其他民族間的地位關係。[78]清代的統治者承繼了這些傳統，但也在其上增添了十七世紀耶穌會士引進的新技術。他們的製圖野心不管在細節或者規模上都超過了前朝的皇帝。同時，他們的地圖也揭示了，將這麼多分歧的文化與地方容納在統一凝視底下時，難以避免的內在緊張。再者，他們的鄰居俄羅斯與蒙古人，也生產了他們自己的地理觀點，既與清朝的觀點有所互動，又反映出對同一塊歐亞大陸的不同取向。

史家李約瑟（Joseph Needham）主張中國在地圖測繪上曾領先世界好幾世紀，因為他們擁有利用記里畫方技術的長久經驗，以及對精確測量的投入。對他來說，《皇輿全覽圖》是中國人對「科學」製圖所作貢獻的頂點。近來很多學者已經反駁了這種明確區別文化與科學再現的說法，地圖學史的視野也已更為寬闊。早期的研究著重在進步敘事，講述空間的描繪如何因為科學技術的發展變得日益精確。大部

《平定準部回部得勝圖》的版畫之一，此圖描寫了清將兆惠在 1758 年第一次解除葉爾羌圍困的場面（編按：又稱作通古魯斯克之戰）。

《平定準部回部得勝圖》的版畫之一，此圖描寫了清將富德 1759 年率領六百人與超過五千個穆斯林軍隊對抗並獲得勝利的場面（編按：又稱呼爾滿大捷）。

分的歷史學者則是強調「宗教式」地圖與「科學」地圖的差別，前者主要關切神聖宇宙的描繪，後者則專注在自然世界的精確再現。讓地圖日益精確的主導力量是近代早期的歐洲探險家與測量學家，動力則是他們對知識擴張的興趣。其他國家例如俄羅斯，則被描繪為落後於歐洲但努力追求同樣的成就。[79]直到最近，大部分有關地圖製作的討論都直接以現代地理知識來評價近代早期地圖的準確度。然而，晚近的地圖學研究已指出，地理知識與政治環境密不可分，文化與科學的再現形式之間並沒有明顯的區別。[80]製圖學並非以精確性為目標的線性發展，而是持續回應變動中的文化條件。

國家贊助的地圖測量往往有自身的戰略目標，他們會要求特定種類的地形知識，並壓抑其他。所有地圖的空間建構都是源自政治利益，精確的測量也不抹滅文化內容。製圖學不僅止於追求更為精確，它也改變再現的形式以回應文化需求。每一種再現的變化所隱藏的與其所揭露的應該等量齊觀。地圖作者既製造詳細的新內容，也造就了的沉默與消除。這種對製圖學的新觀點，適可作為晚近一般科學史的延伸，後者同樣批評「自然測量發展得日益精確」的簡單歷史敘事，指出近代早期的科學跟文化脈絡有密切關連。[81]

然而，這些晚近著作仍然留給我們一種印象，認為只有西歐人才為了帝國計畫發展製圖學。但實際上，其他的歐亞的農業帝國特別是俄羅斯與中國，也都推動了大規模的測量活動。許多學者已經詳細的檢視了清朝地理知識的發展如何影響了當代中國的領土認同。[82]在此，我將集中考察歐洲與中國地圖學跟在邊疆擴張上的關聯。

當統治者要求繪製領土的地圖時，他們通常需要大比例尺，並需奠基於中央化與標準化的測量。如斯科特所主張，地方習慣、地方度量衡與地方生態，這些令人困擾的多樣性，成為臣屬民族抵抗國家日益侵犯主張的有效障礙。國家致力於統一測量土地、人口與生產能力，模糊地方的細節，以便有效榨取資源。對臣屬民族的測繪，正與將他們固定在地方上的企圖互為輔助。[83]

從十六世紀開始，法國國王就系統性的把繪圖技術運用到軍事行動上，而且開始在文官政府全面使用地圖。路易十四與柯爾貝（Jean-Baptiste Colbert）在一六六一年制定了製作地圖的四種主要目標：軍事、司法、財政與宗教。每一種都劃定界限以便釐清不同權威的行使範圍。[84]耶穌會透過教授最新的測量技術，支持這些計畫的進行。在十七世紀晚期，法國在科學製圖學上超越了英格蘭與荷蘭。卡西尼（Jean Dominique Cassini, 1625-1712）展開法國的全國測量計畫，最終由他的兒子與孫子在一七四四年完成。

從這個基礎上，耶穌會士發展了吸引世界各地統治者的技能。他們使用這些技術知識來為統治者服務，並藉以誘使統治者准許他們傳播基督教。當十七、十八世紀俄羅斯、中國與蒙古人爭奪權力之際，也都製作了重要的大比例尺地圖。他們的地圖測繪事業包括邊界的界定、對於移動人群的控制、抽象的領土範圍描繪、人群與地方的文化定義。在此一中央歐亞衝突中的很多活動，與近代早期歐洲國家的許多計畫頗有相似之處。

儘管先前的中華王朝長久以來承認地圖的政治價值，但康熙皇帝就如同歐洲同時期的路易十四一樣，以史無前例的規模倡議繪製帝國的地圖。[85]他很喜愛從耶穌會士那裡學習來的測量技術。耶穌會士陪同他參與對噶爾丹的北方作戰，在遠征的時候，康熙運用了每週耶穌會士所傳授的地理測量技術，利用北極星的位置來決定經度，並且測量峭壁的高度。後來，他委託耶穌會士製作了整個帝國的地圖，即有名的《皇輿全覽圖》，在一七一七到一七二一年間出版了三個版本。[86]皇帝現在可以宣稱，只要瀏覽這些印刷的地圖，他已經能夠「全覽」掌握了他所有的帝國領土。在這個地圖編輯完成前，他只能移駕到領地觀看他的領土，不管是以軍事征服或者巡遊的方式；現在他只要在皇宮裡面，一人就能看到全部。從一七一五年到他駕崩的一七二二年，年老體衰的皇帝只到過東陵與熱河，他不曾再往南巡遊或者越過萬里長城。[87]

編纂地圖，在統治者追求空間與時間知識的系統化與理性化的廣大計畫中，只是一小部分。例如一七一三年，他曾經下旨修訂曆法，要求根據耶穌會士的最新測量技術，重新制定蒙古科爾沁地區一天的日出與日落時刻，以及一天二十四小時的時間。[88]

測繪的地點也顯示了地圖與戰略考量之間的密切關係。[89]在一七〇〇年，為了要協助防止週期性的水患，耶穌會士第一次對京城作了測量。皇帝本人親自檢查了測量技術的精確性。一七〇八年，他召集他們測繪了長城的一部份。這個計畫的成功激勵了康熙展開整個帝國的測繪計畫。測量人員首先在滿洲人的故鄉包括盛京、承德、烏蘇里與阿穆爾河等地進行測量，然後測量了京城在內的直隸省。接著，一七一〇年對阿穆爾河零星墾殖地的進一步測量，協助建立了沿著與俄羅斯協商的邊界戰略要地。最後他們繼續測量其他省分，並利用天文學與地理學的測量固定了六百四十一個點的經緯度。清朝宮廷在一七一七與一七二六年間發行了五份木版印刷與一份銅板印刷的《皇輿全覽圖》，

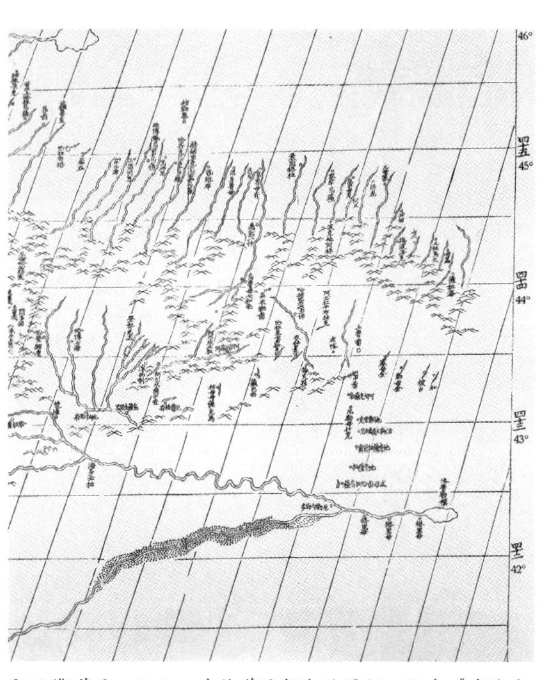

顯示準噶爾—天山—喀什噶爾部分的圖版，取自《皇輿全覽圖》。

甚至傳說有玉製版的地圖。很清楚的，統治者希望《皇輿全覽圖》就像乾隆皇帝所說的，「可以永久流傳下去」。[90]

滿洲人利用很多資料來源，以便更瞭解那些罕有人知的邊疆，這個計畫迫切依賴地方官員與本地人的協助。耶穌會士繪製他們沒有親身到訪的西藏，完全是依賴漢文與滿文的材料。俄羅斯人幫助中國人繪製了邊界。斯帕法里（Nicolai Spafarii）曾贈送北京宮廷一幅手繪的全俄羅斯地圖，而且耶穌會士也從他的使節團那裡收集到更多他們帶來北京的資訊。[91]其他有滿文與蒙文題字的地圖，描繪了一些耶穌會士未曾測量過的地區。

幾乎所有《皇輿全覽圖》的研究都強調它作為知識進步開端的角色。根據這個觀點，耶穌會新的製圖技術帶給中國「科學的製圖學」[92]。但就如哈利（J. B. Harley）的論點，能夠明白地區辨純粹的「科學」地圖的與純粹的「修辭」地圖僅是一種錯覺。沒有地圖是完全客觀的再現，獨立於其生產的環境。透過比對俄羅斯和蒙古人所繪同一地區地圖，可以發現《皇輿全覽圖》也包含了一些內嵌的文化預設。該地圖的範圍是明顯有限的，超越中國行政與文化影響力的地區僅是一片空白。該地圖上唯一可見的人造結構是萬里長城，為中國本部與西北非漢人領域之間分隔的象徵標識，還有柳條邊，為在東北滿洲故鄉的象徵性防衛邊牆。

《皇輿全覽圖》採行的這種新測量技術，既擴展同時也限制了帝國的凝視。所有不能被詳細測量的地區或者無法取得精確資訊的地區，都必須保留為空白，包含蒙古與滿洲很多地區，以及清朝宣稱自己控制的尼布楚邊界以北。

將史托蘭伯與康熙的耶穌會士所繪製的地圖加以比較，顯示他們調查背後的關切不同。史托蘭伯的地圖對於所有中央歐亞表現了平等的關注（參見彩色插頁），但康熙的全覽圖則只提供那些清代國家直接關注地區的資訊。史托蘭伯幾乎用一樣大的字體來標註「俄羅斯帝國」、「大韃靼利亞」、「中國」，還有「蒙兀兒帝國」。他的地圖承認在歐亞空間上好幾個帝國的並存，他並沒有明確地把他們分開。俄羅斯與中國的邊界並未明確地標示，儘管就在三十年前雙方曾經有過針對邊界的條約協商與測量。雖然西伯利亞地區有更多的細節，但在地圖上很明確地描繪了中央歐亞的所有沙漠、大草原、高山、湖泊與河流。經緯度座標系統是一個普遍與全球的系統，超越於各國的行政界限。中國與俄羅斯的省分都有標示命名，但是在帝國之間的部分則有很多中亞不同民族所建立的王國（regnum）：哈薩克王國（Cosaci Horda）、準噶爾王國（Euloeth Kalmaki）、喀什噶爾王國（Regnum Kaschkar）。

這些複雜交錯的地名、地形、不同範圍的區域劃分以及詳細標籤，創造了多層次的複雜感，這是因為史托蘭伯的地圖並非根據系統的、帝國支持的調查，也沒有在地景上施加統一的抽象概念。相反地，它反映了旅行者、商人與該地區住民經驗中所內嵌的地方知識。這些名字與民族創造了標籤間的嘈雜並響的混合；把整個空間綁在一起的則是普世的經緯度座標方格。史托蘭伯有關歐亞空間的另一種觀點，凸顯了清帝國觀點的成就與限制。[93]清帝國的觀點在《皇輿全覽圖》中表達得更為系統，但這種清晰性卻是以排除地方細節，還有壓抑邊界外敵對勢力的知識為代價。

比起史托蘭伯地圖，《皇輿全覽圖》則極度簡化。在西北邊疆的地圖中，超出萬里長城的部分均為一片空白，鄂爾多斯地區例外，因為此處黃河流經長城之外。該地區在明代是帝國與蒙古部落之間衝突最多的地區。[94]準噶爾地圖題名為「雜旺阿爾布灘圖」（譯按：即策妄阿喇布坦音譯），只包含一些地名，概略的山脈與河流以及許多的空白空間。清朝在一七二〇年代並沒有控制這個地區，也沒有這個地區的充分知識。在一七六〇年征服新疆之後，在清朝地圖上地名的數目急劇增加，但清朝僅關注行政的邊界與地名，而排除了在史托蘭伯地圖上所包括的文化與民族誌的資訊。[95]這張地圖所描繪的空間中，沒有任何許多不同民族移動的線索，或者他們對這個地區控制權的爭奪。耶穌會士與他們的助理描繪了他們並未實際造訪的地方，包括日本、韓國與西藏還有新疆，所以他們並非僅依賴直接觀察。他們雖然在圖中納入了很多的滿文與蒙古文的地名，但並沒有包括俄羅斯的領土或者俄羅斯的地名。

帝國因此控制了新的製圖技術所帶來的威脅。這個地圖聚焦在行政單位，壓制文化邊疆以外的證據，同時也抹消了地球的球狀痕跡和民族的多樣性，這個地圖藉此強化了清帝國單一中心的文化宇宙觀，並用更為精確的測量來確認這個觀點。這是一種國家簡化的技術，它們增加了專制統治凝視的視野範圍，但並沒有挑戰王權本身。科學知識為權力服務，它所訴說的真理僅限於統治者想要聽到的部分。

在十八世紀，世界製圖學的領導權轉移到英國人手中，他們計畫系統性的測量印度次大陸。厄德尼（Matthew Edney）的卓越研究描繪了這個一八二〇年代開始的計畫中的政治性、制度性、科學與文化協商之複雜過程，以及最終如何成功完成大三角測量與《印度地圖集》（Atlas of India）的出版。他的著作充分說明了製圖學的歷史如何鑲嵌於帝國的政治之中。[96]

厄德尼指出了製圖學家要創造完美、統一的座標方格地圖的宣稱，與實際測量之間諷刺的鴻溝：他們僅能運用有瑕疵的工具以及不受控制的助理，並受到官僚階層的內鬥制約。[97]儘管有這些限制，這個偉大的三角測量「提供了一次完美地理學全景敞視的機會」。[98]

厄德尼對於英國帝國目標的描繪，顯示了其與清帝國目標間驚人的相似性。就像中國的官員，英國的「測量家與官僚們頌揚地圖的特性在於能把『整個國家』呈現在『單一視野』之內。製圖學的訊息就是『這是一個被我們所統治的帝國空間』」。[99]厄德尼正確的指出：「英國人的印度地圖的理性與統一的空間，並非不偏不倚與價值中立的空間，相反的，那是一個深受權力關係影響的空間。」但他錯誤的宣稱：「印度的製圖學再現，根據歐洲的空間概念建立了印度次大陸的重要特徵。」[100]滿洲與英國征服者共享了創造能夠全面與抽象化觀看帝國領土的驅力。滿清官僚在領土上施加統一的座標方格，密切配合帝國的行政格局，儘管那並不能反映地方領域的特徵。耶穌會士帶給中國三角測量的新技術，但他們的目標跟他們的雇主的目的相調和。抽象化的空間並不是歐洲的獨自發明，而是兩個帝國的帝國趨力的共通產物。

厄德尼也指出了帝國製圖學在公開宣傳與保持祕密之間的緊張關係。在十八世紀，東印度公司嘗試要限制印度測量知識的外流，以免資訊被洩漏給法國。[101]孟買省、馬德拉斯省、孟加拉省三個地方的總督甚至沒有辦法互相取得各自管轄區域的地圖，造成很多行政上的重複與浪費。儘管共享標準化資訊的需求越來越高，導致負責全印度的測量總監之任命，統治印度的官僚階層仍盡可能保護自己的調查知識不為他人所知。軍方人員監督了地方的測量，將其視為戰略資訊，不應該廣泛的傳播。直到《印度地圖集》一八二〇年代在倫敦，而非在印度出版，才終於定義了公開、統一的英國印度形象。[102]

如同在印度與中國一樣，政治也阻礙了製圖學知識在俄羅斯的傳播。很少在俄羅斯的人知道史托蘭伯的地圖，儘管那是那個時代有關西伯利亞資訊最重要的來源。[103]清朝的製圖學計畫也顯示了公開與祕密之間的衝突。[104]木版印刷的《皇輿全覽圖》的流通超越了宮廷與高級官員的圈子，面向帝國中更為廣泛的讀者，然而該版本省略了《皇輿全覽圖》中最為激進創新的成分：全球普遍的經度與緯度線。儘管耶穌會士已經基於中國人的敏感性調整了他們的座標方格，將北京放在經度零度的地方，他們的座標方格與傳統的中國地圖不同之處在於，他們將帝國的空間僅作為全球的一部分來表述，而非傳統上將其作為文明在宇宙與地理上的中心。一七二六年在帝國百科《古今圖書集成》中所印製的地圖冊細節更少，而且連經度與緯度線都省略了。[105]《皇輿全覽圖》實際上在中國共出版了兩個版本：一個是精確的、包括有經度緯度的「內部流通」的版本，另一個則是缺少經緯度的公開流通的版本。第一個版本僅在宮廷中基於戰略目的而使用，並沒有在中國內部廣泛流通。

《皇輿全覽圖》本身並沒有創造中國製圖學的革命。儘管李約瑟聲稱耶穌會的科學製圖學建立在本土中國人長期傳統的成就上，但最近其他學者已經注意到，耶穌會的製圖技術長期來對於中國地圖製作的影響很微弱。[106] 傳統的方格繼續被使用到十九世紀末，並沒有受到經緯度系統的影響。好幾個混合地圖嘗試結合新與舊的製圖技術，但這些地圖仍然停留在中國朝貢體系世界觀的脈絡中。他們並沒有放棄帝制中國對於其作為世界中心的自大感，或者對於外國民族的高傲態度。

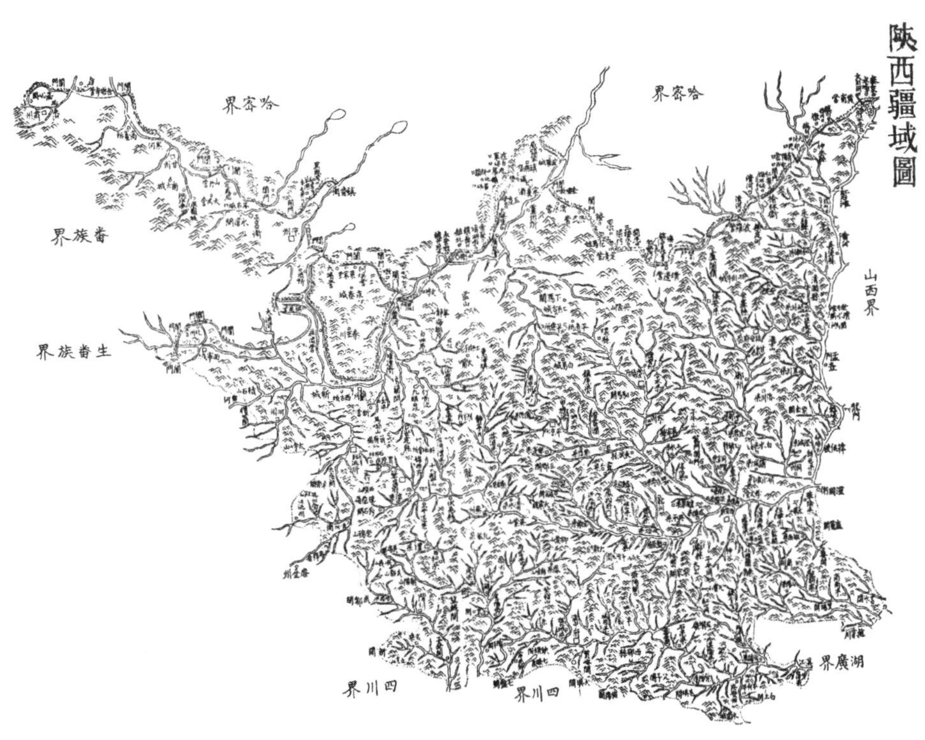

來自帝國百科《古今圖書集成》的陝西與甘肅省的地圖，這一廣泛傳播的版本省略了原本在《皇輿全覽圖》中所顯示的近代經度與緯度，《皇輿全覽圖》本身流通範圍有限。

然而，這個「祕密」的宮廷版本地圖，卻在歐洲廣泛地印製與傳播。法國製圖家丹威爾（Jean Baptiste Bourguignon d'Anville），在杜赫德（Jean-Baptiste Du Halde）出版的《中華帝國全志》一書中出版了這張大比例尺的地圖。歐洲人透過他們對於其他帝國空間的知識，將中國定位在全球的脈絡中。對他們來說，清帝國空間並不是宇宙的中心，而是歐亞大陸的一部份，是有待知識擴展的新地域。[107] 地圖在歐洲與清帝國傳播上的對比，證明了社會與政治環境如何形塑技術知識。同樣的地圖，在帝國擴張的不同脈絡卻有不同的意涵。

在瑞典俘虜雷納特的協助下，準噶爾人也對自身所處的競爭空間，製作了屬於自己的地圖。雷納特回到瑞典時攜帶了兩幅準噶爾的地圖。根據雷納特的說法，噶爾丹策零自己繪製了其中一幅地圖，另一幅則是複製自中國人製作的原圖（參見第八章「建國者噶爾丹」）。

雷納特的地圖是元朝以來第一幅蒙古人自己製作的大草原地圖。[108] 噶爾丹策零就像其他的國家創建者一樣，需要能夠全面觀照其帝國領域。這些地圖並沒有座標方格，但他們大致按比例繪製，而且地域特徵的相對位置是正確的。這兩幅地圖都包含大量蒙古文的河流支流、城鎮、道路、河流旁的驛站，還有堡壘的地名標識。儘管巴德利宣稱蒙古的地圖製作傳統是僅給予地名，並沒有給予地域特徵，但這些地圖很清楚地標註了山脈、河流、湖泊與空白的空間。[109] 但是他們並沒有追隨中國與俄羅斯地圖的模型，他們缺乏邊界的畫定，經緯度線、還有清楚的框架。最令人驚訝的是巴爾喀什湖和額爾齊斯河的描繪尺度不成比例：這個湖泊被描繪為遠大於其實際大小，很清楚的這個湖與河占據了準噶爾人的領域觀念中間的位置。

這些地圖，配合第八章討論過的農業、軍事與工業生產的發展證據，顯示出噶爾丹策零，跟他的強大鄰居們一樣，確實參與真正的國家創建工作。領土上的標籤顯示，他發現命名固定位置的重要性。然而，他並未能像他的對手一般，全面觀照其領土。他的領域邊界仍相當曖昧模糊，儘管俄羅斯與中國正在快速的釐清他們的領域界線。他們的空間概念並未容許一個自主的蒙古國發展的空間。

擴展帝國的凝視

隨著清帝國在十八世紀的擴張，地圖上新的領土與地名也跟著增加。[110]繪製新疆地圖重新形塑了空間概念，也創造了緊張關係。當滿清將自身看做內亞帝國之時，地圖便包含突厥與蒙古的地名的原始文字與拼音。但當皇帝想正當化他做為漢唐中國統治者的繼承人，便將這些中央歐亞的地名等同為古典文獻中所發現的地名。十九世紀初期顯示了地名轉向漢化的趨勢。旅行日記與學者的研究將地方場所與古典舊事作連結，地圖與歷史研究共同合作，將這些新地區牢牢織進帝國的結構中，並加上新的顏色與形狀，但同時官員們又假裝新疆一直都是帝國控制下的領土。帝國對擴張空間的想像，奠定了無可懷疑事實的基礎，並進一步成為這個國家現代定義的支柱。

十九世紀蒙古旗的地圖，用圖像展示了有限邊界的帝國如何收編過去移動的游牧民（參見彩頁插圖）。這數百張美麗的地圖，使用精確的邊界、標誌、哨所與土地特徵等定義每一個蒙古部落的領地。如同西南的民族誌地圖集，以及《職貢圖》中朝貢民族的列表一樣，這些地圖把這些蒙古人分散到不同類別中，將他們固定在土地上，並在有序政權的系統性凝視下加以分類。地圖上的滿文標籤表示投降的蒙古人已經向他們優越的中央歐亞親戚臣服。

歐立德有關清代「滿洲」的創造以及現代民族主義想像的研究，也強調邊疆地圖繪製在產生中國的「地緣實體」時的角色。[111]在他的陳述中，在十七世紀到十九世紀期間，「滿洲」逐漸浮現，成為清帝國之內日益特別的地方。測量和標記支持了對該地的旅行、詩詞、儀式與釐清帝國控制程度的政治決策。

在清朝統治下，過去模糊定義的「西域」，是不斷變動民族名稱的故鄉，轉變成較為嚴格界定的行政管轄區域，而且如同《皇輿全覽圖》，每個區域都被指派府名與區域首府。滿洲作為滿洲人的故鄉，在十八世紀期間地位變得特別重要，因為它被重建為滿洲文化的理想保存地，並特別保護免於漢人文明的腐敗影響。長白山的崇拜儀式與乾隆皇帝的《盛京賦》挑選出滿洲地景裡面的諸多奇觀，以便讓滿洲統治者對他們自身認同的感覺更為一貫。所以滿洲從「空間」轉變為「地方」的過程，從沒有明顯特徵的邊疆轉變為受到標定的地區，始於十七世紀的滿洲人，而非十九世紀晚期的民族主義者。

就像在其他地區一樣，滿清的理想與社會實踐相衝突：大部分的滿洲人都拒絕回到滿洲，而漢人拓墾者則違背移民禁令越過柳條邊進入滿洲開墾土地。不過，滿洲作為被保護的空間、帶有獨有地方特徵的想象，仍然揭露了清朝意識到：它所統治的各個地區都有不同的身分。滿洲作為獨特地理單位的概念先是展現在清代地圖上，並隨著《皇輿全覽圖》傳入歐洲。從歐洲人開始，滿洲（Manzhou）這個概念行經全球，隨著日本帝國主義者將「滿洲國」定義為歷史上分離的地區，而回到中國。當中國民族主義者憤怒地否定滿洲曾經是分離於中國的地區，他們其實壓抑了滿清定義下，該地區具有的文化特殊性的想法。儘管如此，如同所有邊疆，滿清統治者必須努力管理許多矛盾的動力：主張帝國統一的天命便與承認個別地區的獨特特徵相衝突。從大英到大清，這種諷刺的落差——一面是測量者對於普遍、標準化抽象空間的訴求，一面是地方的在地特殊性——也在帝國贊助的製圖學研究中反覆出現。

所有的統治王朝都透過征服獲得權力，但有些王朝比其他人更為公開的宣傳這件事實。俄羅斯沙皇經常在公眾奇觀中，公開宣稱他們的外國來源作為正當性的標記。自從斯拉夫的地方君長邀請瓦良格羅斯人（Varangian Rus'）為混亂之地帶來秩序以來，俄羅斯的統治菁英一直都是外來者。彼得大帝強迫波雅爾（boyar）貴族學習源自於西方的激進新習慣，決意把他們拉進近代世界。凱撒琳二世藉由引進她那個時代法國的世俗與感性的思想，以比較溫和的方式來文明化她的子民。[112]其他的王朝，例如路易十四的波旁王朝或者傳統的日本天皇，可能都宣稱權力是來自上天的「自然」選擇。這些君主藉著淡化他們外來根源，極小化那些令他們得以掌權的偶然因素。不過，明治天皇則在個人與行動上，結合了來自天照大神的傳統與來自西方的新科技。[113]在外來新路線與本土舊傳統的光譜上，俄羅斯意識形態位在外來新路線的那個極端；明治日本的位置比較接近中間。

滿清的公眾形象位在這個光譜的哪裡呢？在兩端之間，但並不安穩。滿洲人他們實際上是外來的征服者，那是無法隱藏的事實，但他們在漢人與中央歐亞菁英的面前執行公開的儀式時，總是刻意混合新的與舊的傳統。皇帝的巡遊展示清朝希望涵納一切的目標，希望在單一事件中同時展示好幾種文化意義。[114]他們藉著展示滿洲、蒙古、外國朝貢者給江南菁英觀看，刻意將文化混合。刻在石頭上的碑文必須以不同的文字傳達訊息，但這些多重意義必須在視覺上一次同時呈現，另一個一舉兩得的範例。皇帝委託他人製作的地圖同樣混合內與外，舊與新，既採用耶穌會士全球座標，卻又以北京為經度的中心。在公開流通的版本中，標數字的緯度線消失了，使得他們比較接近於傳統的地圖繪製做法。這些混合的空間再現方式以和諧的表象吸引多重受眾，但其實是採取了主動的文化作為，將截然不同的各部分結合在一起。

標誌空間，同時也在建構今昔之間的公開界線，因而標誌了時間。皇帝宣稱史無前例的成就，根源於異於帝國多數漢人的軍事征服與傳統，但他們也將自身行動連結到源自古典的先例：採用漢文而非突厥文的地名、援引古代帝王的碑銘、騎在馬背上還寫下幾千首詩的皇帝。但要掌握時間之流，還需要直接參與其中，主動製造歷史才行。

第十三章

帝國如何標誌時間、撰寫歷史

十七世紀中葉，佩利松（Paul Pellisson-Fontanier）曾經提議撰寫路易十四國王的歷史，並且列出撰寫的主要原則：「國王一定處處受到稱讚，但未必要言詞讚美，而是敘述所有旁人所見，他所做、所說與所想。敘述要客觀公正，但要生動、有趣且激勵人心，要避免表達變得像公開致詞。為了取信於人，不應給與他所應得的壯觀稱號與頌揚；必須由讀者自行咀嚼事件本身。」[1]學者馬林（Louis Marin）在討論佩利森的提案時，主張歷史學家與統治者是在互相書寫出對方，當統治者任命某位作者作為皇家喉舌撰寫官修史書時，這位歷史學者將透過敘事創造出皇家形象，再生產統治者的權力，並傳播至超越其統治時代的界限之外。法國與中國的官修歷史都揭露了敘事與權威的互動，因為每個行動者都有意將他的特殊技能轉化成雙方的共同利益。

在這一章中，我將檢視清朝如何透過生產邊疆征服的權威紀錄，像佔據領土一樣占領歷史領域的計畫。這個計畫與這本書前述的清朝在經濟整合與政治軍事整合的努力相當類似。如同前述，我承認帝國利用統一的敘事來包容多重土地與民族是令人矚目的成就，但也注意到整合並不完全。潛藏在表面下的多樣性與矛盾，限制了帝國統合一切的努力。正如地方行政各地差異很大，市場交流在上層市場只有零星的聯繫，所以歷史敘事不可能解決所有歧異或排除所有另類說法。

康熙的征戰史

康熙皇帝在指揮作戰時，就已經意識到自身歷史定位的問題，從書寫歷史紀錄之初就開始修改。前已提及，清代官員與皇帝建構的神話：天意已經注定噶爾丹敗亡、皇帝早就已經預見敵人死亡、以及噶爾丹在絕望下自殺。這些神話壓抑了清朝軍事行動中龐大的後勤限制、難以預料的結果，以及對於清朝征服的有力抵抗等令人難堪的事實。官方改寫噶爾丹的死亡日期，他們在歷史紀錄中鞏固了三次成功征服的神話，省略了第四次、無用的遠征。如我們所知的，康熙的兩次戰爭勝利實際上並沒有能夠消滅準噶爾國家。準噶爾讓雍正皇帝吃了一次難堪的敗仗，而且這個國家存活超過六十年。官修歷史必須掩蓋這些難堪的事實。[2]

在一六九六年八月，康熙皇帝回到京城後不久，就命令三個內閣大學士與翰林院編寫征伐噶爾丹的詳細歷史，滿文題名為「*Beye dailame wargi amargi babe necihiyeme toktobuha bodogon-i bithe*」（BWNB），即漢文的《親征平定朔漠方略》（QPSF）。[3]滿文與漢文版本都大概在一七一〇年左右出版，各有五十一卷，並有一篇一七〇八年皇帝寫的序；漢文本是從滿文本中摘錄修改過的譯本。另有一個一七七八年的新的漢文版本，被收在帝國大型百科《四庫全書》之中。

滿文「*Bodogon-i bithe-i kuren*」即方略館，是編寫這類官方歷史的機構，一六八二年首度成立是為了編寫平定三藩之亂（一六七三至一六八一年）的歷史，書名為《平定三逆方略》，該書僅有漢文版。

[4]第二本戰史以滿文寫成但並未出版，描述一六三四年戰勝蒙古林丹汗，還有一六七六年擊敗布爾尼王（Burni Wang）的歷史。BWNB 與 QPSF 為首度以雙語編寫的戰爭史書，之後編寫的史書也追隨他們的做法，尤其是滿文本「*Daicing gurun-i fukjin doro neihe bodogon-i bithe*」，即漢文本《皇清開國方略》，涵蓋了一五八三年到一六三四年間王朝奠基開國的歷史（該書在一七七四年皇帝諭令編修，在一七八九年出版），還有滿文本「*Jungar-i ba-be necihiyeme toktobuha bodogon-i bithe*」，即漢文本《平定準噶爾方略》（在一七五五年開始編修，在一七七二年出版，共有一百七十二卷）。到王朝滅亡之前，清朝共出版了超過十套大型的戰爭史書，但只有 BWNB 與 QPSF 在書名中明白指出了皇帝個人在戰爭征服中的參與。[5]動用三個內閣大學士的參與也表示該書的重要性非比尋常。好幾個編纂者曾經參與過明史的編修工程，很多人是在一六七九年中舉，那一年清朝舉辦特殊的科舉考試，刻意招攬明遺民參與。

方略（軍事作戰史）是一個新的清朝文類。儘管明朝也有先例，但清朝編纂的官方戰爭史書遠超過以前王朝的規模。他們的目的是要將王朝的戰爭成就銘刻在作為王朝最終裁判的文學傳統之中。

BWNW 與 QPSF 涵蓋了一六七七到一六九八年的歷史，包括有漢文、滿文與蒙文的版本。[6]他們按照時間順序編排皇帝的諭旨以及大臣有關戰爭的奏摺，還有來自噶爾丹、西藏第巴與其他參與者的書信。書中也包含很多皇帝個人寫給兒子的書信，是皇帝在一六九六到一六九七年，第二次到第四次親征期間用滿文寫的。書中並未包括所有的書面文獻：例如清實錄就包含了部分額外資訊，但方略的資訊則較為全面。除此之外，編纂者的評論則就關鍵事件意義，做出摘要與回顧。

高斯曼（Lionel Gossman）在對吉朋的《羅馬帝國衰亡史》的評論中提到：「現在我們所熟知在歷史或敘事文本中，論贊（discours，敘事者與讀者之間的對話）與故事（histoire，事件的真實敘述）之間的區分，本身提供了一般常說的「戲劇性反諷」（dramatic irony）的重要條件：敘事者與讀者分享了人物本身所沒有的知識——因為他們站在行動者或者人物所處時代之外，知道他們所處故事的結局。」[7]方略的編纂者們證明了他們清楚何謂戲劇性反諷，但其排除了一個例外人物，那就是皇帝自己。其他每個行動者——如反對遠征的將軍、不解天意的噶爾丹與他的追隨者、不知自身命運而投降的蒙古人——都對所參與的過程僅有有限的理解。但他們的後見之明賦予天子可以預測每一件事的力量。

方略編纂的目的，是要創造永久的紀錄來紀念清朝軍事的成就。這部史書的即時性讓它成為極有價值的原始資料。就如前述，這套龐大的史書保留了矛盾歷史細節（他們往往在重述過程中被移除），因此可以藉此建構出另一種故事。但方略並非無所偏頗的資料集。所有來自噶爾丹的書信都經過翻譯，以及漢文奏摺撰寫者與使者傳達過程的中介。儘管如此，在沒有原始文件的情況下，我們至少能夠部分地重建噶爾丹與其支持者們對於戰爭的看法。《方略》是歷史重建的中間階段，既非僅是檔案的編纂，也非完全被修整過的敘事。清代的編纂者與官方贊助者將其建構為文本的紀念物，保證滿清征服事業能在文學傳統永久流傳。現代歷史學者可以基於不同目的來利用這批資料，因為它使得事件的多重閱讀成為可能。

中國史家自古以來就將書寫與權威密切連結。[8]在十五世紀，永樂皇帝曾經將他的遠征銘刻在石頭與紙本之上：碑銘留存在大草原上，康熙皇帝經過時曾注意到。同樣的，清朝統治者也以永久的形式記錄下他們艱苦贏得的勝利，希望能夠讓國家的擴張置入文本的傳統之中。

很多的學者包括我自己，都極度依賴這些編纂品做為研究資料的來源。在清宮檔案大量出版之前，要討論皇帝與高層官員有關軍務核心決策的過程，《方略》通常是唯一可得的資料來源。方略館，或謂軍事檔案辦公室，可以接觸高度敏感性的原始文獻，而且其部分任務就是要編纂跟某些特定軍事征服相關的材料。然而，儘管方略館的主要任務是在征服完成後，出版官方所認可的征服歷史，但方略館並不是檔案文獻內容的中立傳達者，而是事件的主動詮釋者。它實際上是修史館，站在第一線，將無限的事件之流轉化為前後一致的敘事。[9]

許多學者只是剛開始將方略與作為底本的原始文獻相比對，就已經發現檔案紀錄與出版文本之間，有不少重要的歧異之處，可以進一步挖掘。《開國方略》一書呈現的早期滿洲國家的圖像，實際上與最早期的滿文文獻所發現的內容很不相同。[10]同樣的，歷史學者烏雲畢力格（Borjigidai Oyunbilig）已經針對 **BWNB** 與 QPSF 發表了驚人且細密的分析，他指出，滿文文本使用檔案文獻的方式已經具有高度選擇性，而漢文的翻譯又進一步偏離滿文文本的意涵。[11]這些變動一般來說多半是強化皇帝的權威，包含移除令人尷尬或矛盾的歷史細節、提高皇帝在征服事業中的角色，並貶損他的敵人的能力。編輯者有一共同的目的：榮耀皇帝的成就，說明他們具有遠見的計畫受到天意支持。

例如，烏雲畢力格檢視了《方略》如何使用在臺灣故宮博物院所出版的六一一件滿文檔案，有關一六九六年十月十四日到一六九七年一月期間康熙遠征的文件。他發現這些文件有六〇%完全沒有被使用，二十八%只有部分引用，有十一%使用了皇帝的諭令，而非相關的奏摺。最糟的是，這些編纂者是基於預先設定好的目的來選擇性利用這些文獻。這些文件揭露了這次作戰的非英雄性觀點，因為最終並未達成任何重要的勝利，而且皇帝本人實際上花費很少的時間在軍事準備上。皇帝的大部分活動，是熱情地寫信向他在北京的兒子說明旅行、狩獵還有與蒙古盟友的宴會。我已經說過，儘管這些活動真的有些正面的外交成果，特別因為他們讓鄂爾多斯的蒙古人對於帝國的財富與慷慨印象深刻，他們卻無法套進預設好的「軍事作戰」這個範疇。因此，編纂者忽略而且操弄了文獻上的證據，以便可以創造出皇帝主動參與戰略性戰爭計畫的印象。如同烏雲畢力格所說的：「為了滿足他們預設的觀點，編纂者不是忽略原始的諭旨，就是橋接、改變或者以新順序排列這些文獻的內容。如此一來，這些來自宮中原來僅是皇帝對自己狩獵與旅行活動的說明，就被操弄成皇帝『軍事作戰』的『證詞』。」[12]

編纂者也偽造、扭曲了皇帝在作戰期間所作重要決策的文件證據。噶爾丹一六九六年十二月曾派遣使者格壘古英向康熙議和。噶爾丹假意投降清朝，但實際上只想拖延時間並避開清朝在入冬之前的攻擊。他希望可以在春天恢復軍力並逃避清朝的追剿。烏雲畢力格主張，康熙認真考慮了噶爾丹的提議，認為噶爾丹實際上已經精疲力竭而且對前景絕望了。除此之外，康熙自己的軍隊也受困於嚴重的食物短缺，他也很憂慮在京城的情況。正是在這次的征服中，暴怒的皇帝甚至曾經發誓，寧願嚙雪也不願意放棄遠征，但因為軍隊的抗拒而最終失敗了。康熙因此決定退兵，並給噶爾丹七十天的時間來完成他的投降承諾。巧的是，噶爾丹並沒有投降，而且皇帝在六十八天內將發動最後的決戰。《方略》的編纂者改變了康熙與格壘古英的討論內容與日期，以便讓事情看起來像是康熙老早洞悉了噶爾丹的詭計，而且康熙對噶爾丹的最後攻擊真的等到了七十天期限滿了後才展開。[13]原始的滿文檔案經過烏雲畢力格的轉寫和翻譯後，清楚地顯示限制天子眼光的不確定性與局限。

當他們在編纂 BWNB 的漢文版時，編纂者改造這些文本的方式則更加意味深長。滿文版本是小心建構的陳述，用以抬高專制統治者，並將榮光傳達給未來的世代。漢文的版本則朝向更大的受眾——漢族文人——不僅創造對皇帝成就的統一評價，也把他們安置在古典漢文學傳統裡。字彙的微妙調整，洩漏了滿文與漢文在文化差異、空間組織與歷史理解上的差距。

漢文版本與滿文版本在一七一〇年同時出版，而且有著同樣的內容架構。[14]一七七八年新版的內容可能引入更多的扭曲。在很多地方，編者透過刪改皇帝的陳述，來最小化有關皇帝錯誤的描繪，如去除當實際上征服遭遇困難時皇帝卻說「噶爾丹很容易擊敗」等部分，還有校正了皇帝對於時間與旅行距離的錯誤估計等。[15]他們移除了更多，康熙並未全心投入軍事規劃，而是進行狩獵活動的，令人尷尬的證據。更有趣的是，在滿漢觀點的轉換間，一些術語的變化。漢文術語在原本中性的滿文詞彙裡面加入道德與空間中心的觀點。滿文文本有關使者與部落的描繪僅是「來此」（滿文 jidere），但在漢文文本裡面文字變成是「向內而來」。軍隊「出兵對抗」噶爾丹（滿文 Galdan-i baru ibehe），在漢文文本裡變成「進討」。通常滿文表示「來」的動詞，都被翻譯成漢文詞彙「歸」，而歸是一個具豐富道德與政治含意的詞彙，暗示原本對真正統治者不敬或叛亂的民族回到正道。這個詞彙很常出現在邊疆的地名中，例如清朝就將一個蒙古城鎮「Koke Khota」（青城）重新命名為「歸化城」。[16]

其他的空間術語也揭露了穩定與澄清帝國邊界的一些努力。在滿文指涉到旅行者經過軍事哨所（滿文 karun）時，漢文的文本常說他們通過「境內」。如同第十二章有關地圖繪製的討論所示，清朝的統治者整個十八世紀都致力於更清楚地劃定邊疆領域的範圍。其中最有趣的是蒙古人族群身分漸趨固定化的跡象。在滿文文本中指涉「所有蒙古人」（滿文 uheri Monggoso）的地方，漢文文本則用「諸藩蒙古」。[17]這個關鍵的詞彙「藩」，在滿文中並沒有，本來是「圍籬」或「護牆」的意思，然後延伸為指涉那些位在帝國邊界並表示歸順清朝政權的人群。理藩院設立於一六三八年，將這些群體合併為清朝行政下的一個獨立單位。理藩院指定了一個單一群體，並用他們自己的名字「蒙古人」稱之，而蒙古人是與清朝中央有特殊依附關係的群體中之一。[18]

漢文的詞彙也固定了蒙古人群中的差異。西蒙古或者厄魯特包括許多不同的部落群體，他們的領導權和組成在十六到十八世紀期間變動很大。不同的學者對於噶爾丹崛起之前，那些部落構成厄魯特聯盟仍然有著不同看法。[19]十七世紀蒙古人的編年史稱他們為四衛拉特（Dorben Oyirad），這個詞語可能反映了東蒙古的類似稱號，東蒙古人是十五世紀「四十萬戶蒙古」（蒙文 Docin Tumen Monggol）的後裔。四衛拉特只是對西蒙古人的一般稱呼，並非指涉部落中的特定分支。這個漢文文本，還有幾乎所有之後涉及準噶爾的漢文記載，都使用「厄魯特四部」一詞，暗示有四支固定的、血緣世系上的部落氏族。同樣的，滿文與蒙文的 jasak，意指「指揮官」（來自突厥語的 yasak，表示「命令」、「指揮」與「法律」），被轉變為漢文的「部長」，意指「部落酋長」。滿清統治者當他們在擴張領土時，接著將他們所控制的未分化群體分類與整合到日益靜態的範疇裡。[20]

漢文文本也比滿文文本更為鮮明的貶斥蒙古敵人，如漢文以動物意象將準噶爾放置在人類文明之外。噶爾丹撤退時，漢文文本說他「隱匿在巢穴」還有「抱頭鼠竄」。柯嬌燕曾主張這些帝國認同中的種族與血統成分只出現在乾隆朝，但實際上在康熙朝的編纂者所用的詞彙已經讓人聯想到這些意象。[21]當然，軍人通常非人化他們的敵人，且指控他們膽小退縮。滿文常常將狩獵與戰爭相對比。並把在滿洲每年舉行的秋狩當作軍事作戰的演習。然而，漢文詞彙在蔑視中進一步加了貶損的意涵，因為移動本身就很可疑。如同牧人與其牲畜的不停移動標誌著他與定居的農業勞動者的差別，帶著笨重輜重的清軍指揮官則汙名化這些游牧軍隊最偉大的戰術資產——他們能夠快速移動——僅僅是膽小者的逃竄。

在文本特定細節上的變化，表明了清帝國擴張過程中的文化變遷。當它接納更多的領土與民族時，帝國也將這個征服故事納入更包羅萬象的敘事之中。後來的作者利用康熙朝編纂者製作的文獻紀錄，以更為刻板的方式描繪帝國擴張的複雜過程。

如同這些評論所揭示的，清朝本身所留下的文獻紀錄是極端片面的征服圖像。這些文獻經過長期的過濾，從豐富的來源材料中萃取出極為一致的陳述，流傳許多世代。這種對歷史材料篡改是否會令所有歷史都無可避免地染上偏見，包含我現在所寫的呢？我前面章節中的很多敘事大量仰賴方略史書，但我已經盡可能地利用其他的原始資料來檢查這些文獻。還有，我也尚未使用北京與臺灣的檔案館收藏豐富的相關史料。我們只能期待，後來的研究者能夠整合範圍更廣的材料與詮釋觀點，以便校正早期研究者的侷限。在捕捉難以掌握的真實過去上，我們的歷史永遠只能是不完美的努力。

另外，儘管有這麼多編輯上的操弄，方略文獻並未訴說完全統一的故事。我們可以從中發現一些不一致的成分來支持不同的詮釋。儘管編者極力呈現出高度自信、一致的帝國意志，但是方略因為本身的豐富性，總是包含許多矛盾的資訊。如同我在前面章節所做的，我們可以將作戰重構為一連串克服幾乎致命障礙的關鍵時刻，而非一帆風順的勝利過程。此外，已出版的檔案資料以及部分未出版的文獻所建構的歷史陳述，將比康熙的官員想要描繪的更為複雜。矛盾既存在於官方檔案內部，也存在於官修的正統史書之外。

儘管如此，正統清朝敘事仍受到強力支持，繼續流傳。康熙的繼任者生產了更大部頭的官方操作過的文獻「證據」，而且中國民族主義者則在二十世紀與二十一世紀延續此一傳統。今日，北京的第一歷史檔案館也延續了這種奇怪的清代做法。該檔案館的滿文處已經出版了康熙與雍正皇帝的完整硃批奏摺，但不像臺灣的檔案館，他們只有出版中文的翻譯本，而沒有原文的影印本。他們已將這些滿文的文獻翻譯為古典的文言漢文，一種現在已經不使用的語文，而非創造學者可以使用的滿文材料，然後附加現代漢文的翻譯。即使翻譯相當正確，他們仍然必須引入那些只能不完美地表述滿文原文的中文詞彙。烏雲畢力格極端的結論是，除了作為滿文原件內容的索引外，這些出版品對於學者來說「缺少利用價值」。在中華人民共和國檔案館的中心，清代的翻譯與編輯傳統仍然持續著，這種做法相當悖離於近代文本研究與檔案出版的標準。[22]

雍正與大義覺迷錄

雍正皇帝不意外地，並未下令編輯任何方略。他對邊疆擴張只算是勉強為之，他從未親上戰場，他不能頌揚自己是軍事征服者。而且他也不想紀念他的政敵——他弟弟胤禵與父親寵信的將軍年庚堯——在西藏與庫庫淖爾的戰功。他實際上壓制了很多他弟弟遠征拉薩的戰役記載。[23]在一七三一年他自己出兵準噶爾的努力以難堪的失敗告終。

然而，這個皇帝仍然關心他自己在歷史上的定位，他修正或者壓制了康熙實錄上的記載，以便移除那些有關他繼位過程的疑慮。但雍正對於帝國歷史身分建構最為長久的貢獻乃是《大義覺迷錄》這一非凡文本。此書在一七三〇年出版，以便在曾靜案的反滿情緒爆發之後，正當化滿清對漢人的征服。[24]

這個失意的湖南秀才曾靜，是一貧困的鄉村塾師，曾經狂熱的搜尋晚明反清文人呂留良（一六二九至一六八三年）的著作，並發動了有勇無謀的反清計畫。曾靜的主張將呂留良對於滿洲人的強烈意識形態攻擊與雍正皇帝弒父殺弟篡奪皇位等謠言結合起來，並派他的門徒張熙送了一封信給雍正信任的將軍岳鍾琪，勸說他作為著名的宋代忠臣的後裔，應該推翻篡奪中國領土的滿洲人暴政。岳立刻向皇帝揭露了這個謀逆案，並在詳細訊問後，取得了曾靜和他的門徒的供詞。實際上的陰謀只有涉及幾個遙遠鄉村的不滿士子，他們還不曾有任何公開行動。然而，雍正考慮到不斷有謠言質疑他的統治正當性，決定以曾靜案來宣傳他的統治權無可非議。他赦免了曾和張兩人，並出版了他們的審訊紀錄和皇帝的諭旨，將這部總共四卷超過萬言的文本，題名為大義覺迷錄。皇帝要求把這個文本傳布到每一個縣學，並規定如果有學生沒有讀過該書的話，將處分縣學裡的教諭。

曾靜是一個無名小卒，但呂留良是個有名的浙江文人（也許思想稱不上特別原創），他曾經寫過很多有關宋明理學的作品。[25]在滿清征服之後，呂留良拒絕接受官職，但從未公開抵抗政權。呂留良的反滿思想在拒絕仕宦清朝的明遺民中是常見的觀念。反滿思想並非呂留良思想的中心，但多疑的皇帝認為浙江地區的反滿情緒特別流行，因此把他當作打擊的對象。他對於呂的家族與其作品的嚴厲處置——剖棺戮屍、焚燬所有著作——與其對承認罪行的曾靜與張熙之寬大赦免形成強烈對比。藉此方式，皇帝一方面展示為嚴厲的法官，處罰呂留良侮辱自己父親的大不敬之罪，另一方面作為一個仁慈的統治者，獎賞那些在其治下的悔罪者。

很多學者已經研究過曾靜案背後的政治環境，但相對少人詳細檢視《大義覺迷錄》本身的意識形態。[26]《大義覺迷錄》是皇帝本人的大膽努力，試圖正面對抗並吸收整個漢人文學傳統，該書引用了古典文本想要顯示他的王朝正邁向盛世，並持續擴大其文明範圍。雍正主要關切的是以軍事、政治與文化的詞彙將清朝穩固地確立在正統王朝的系譜之中。但雍正的文本不僅是一個抽象的意識形態陳述，而且密切關聯於他和前朝皇帝統治下的特定的軍事、政治與制度性的成就。

這個文本清楚呈現了兩種統治意識形態之間的對比：種族主義與文化主義。[27]曾靜和明遺民引述古典文本，主張華（漢人）和狄（北邊野蠻人）就像人類和禽獸之分，不是統治者與臣民之分。因為華人在中土出生，他們是文明的，但蠻人來自邊陲，所以他們擁有完全不同且不可相容的性格。既然華和狄不能共存，那麼華人趕走野蠻人是當然之事。根據曾靜的說法，儒家相信在中國建立國家的目的是要保護文明免於毀滅。

皇帝主張的剛好相反：人群之間的差異是根據他們的文化所決定的，不是根據他們的地域或血緣世系，那些在中原以外的人可以被文明化，因為維護社會秩序的關鍵就在於維護君臣關係。明朝之所以敗亡是因為漢人反叛其君主，而滿洲人實際上承繼天命，解救漢人免於文明失序。所以他們是正當取得權力的，就如同蒙古與其他過去的征服王朝一樣。

皇帝的文本不僅駁斥了曾靜和呂留良對於滿洲人統治正當性的攻擊，而且列舉出所有民族都有權統治中國的廣泛的論據。孟子不是說聖王舜來自東夷、文王來自西戎嗎？文明已經從核心播散開來逐漸涵蓋更大範圍的地方：在過去，湖南與湖北是不受中原控制的地方，但他們長久以來已經轉變成文明世界的一部分。清朝已經透過終於將蒙古人編入帝國統治下，將這一文明擴展到其可達的盡頭。

皇帝訴諸的基本的天理原則是，有德者方能統治天下，而德是任何只要實踐仁慈與正義者就能取得的德性。滿洲人統治之所以達成大一統，因為這個國家的仁慈統治者獲得了內外人民的忠誠愛戴。清朝的統治奠基於廣泛的空間觀，其預設道德意識領域將不斷擴張到更大的地區。雍正攻擊他的批評者是「鄉曲疆域之私衷淺見」，他們僅是追求私利而否定大多數人的福祉。[28]

雍正最大的關切是需要克服「此疆彼界」這樣的領土邊界意識，這威脅到帝國的統一。正如同他攻擊地方官員阻礙米穀跨越省境自由流動那樣，他也攻擊華狄之分那種嚴格區分文明野蠻的觀點。在皇帝的眼中，新帝國的廣大與擴張中的邊界，確保了帝國各民族牢不可破的統一性。他把文明的權力密切連結於軍事和行政上的統合。[29]連最偉大的漢唐王朝，都不曾成功地消除來自西北邊疆的威脅。只有清朝終於能夠消除族群劃分，因為它把所有的民族都納入了控制。意識形態地說（儘管實際上還不是如此），所有的蒙古人現在都已經是屬人的、文明領域的一部分，自從他們加入了旗制並與清朝聯盟，也就是「歸版圖」之後。

雍正收錄在《大義覺迷錄》的上諭是在一七二九年發布的，他那時候還沒有遭受在蒙古的難堪失敗，他仍可合理宣稱帝國在持續擴張中。對於庫庫淖爾和西藏的干預已經帶給這個帝國廣大的新領土，而且一七二九至三〇年的時候，準噶爾這個殘存的蒙古人據點似乎很快就會降服。和俄羅斯的貿易條約已經穩定了雙方的邊界，並且在朝貢貿易的偽裝下創造了定期的商隊貿易。最近的事件發展似乎證明雍正的歷史觀點很合理。

雍正的擴張意識也相當依賴於康熙的成就，而且他也希望自己的統治與父親之間緊密相連。他聲稱就像他的父親一樣，他賑濟饑荒、減免稅收、修築水利，並且努力根除腐敗。儘管雍正實施了一些自王安石以來最為激進的內政制度改革，他的意識形態陳述傾向於連續性，淡化實質的變動。

然而，德性並不能抹消人們之間的差異，滿洲人仍然是滿洲人，內外的區分依舊存在。雍正憤怒地駁斥準噶爾的滿洲人是「蠻子」的觀點，那是元朝統治時期蒙古人用來指涉南方漢人所使用的詞彙，他說：「逆賊以夷狄為誚，誠醉生夢死之禽獸矣。」滿洲人可自傲於他們作為一個獨立民族的地位，他們的家是在長白山脈。雍正並未嘗試用一個普遍的文化模板來抹消所有的差異，他繼續了康熙以來的計畫：將邊疆民族固定在特定地方，擁有特定身分。乾隆更為系統性地繼續了這個過程，但並沒有明確的斷裂。[30]

曾靜主張清朝前八十年展示的失序狀態就如同元朝的早期一樣，而且清朝就如蠻元一樣注定很快敗亡。雍正為蒙元的紀錄大力辯護。[31]元朝是由像滿人一樣的「外來」民族所建立的，同屬合法王朝之列，但清朝將會以其長久與興盛超越其成就。在掌握時間與空間上，清朝延續但也超越其先祖，而且征服王朝與漢人統治王朝同樣都屬於相同的傳統。

曾靜曾經指控滿洲人從明朝手中「竊取」權力，但雍正反駁，應該是相反，滿洲人已經代表明朝向李自成的叛軍復仇，而且為明朝「雪恥」。皇帝（錯誤的）主張所有明朝的官員與兵士都樂意支持滿洲人進入中原，而且（比較合理的）所有人民都從新征服者的統治下獲益。因此，在曾靜和明遺民強調明和清尖銳的時代區分之處，雍正努力訴諸文化連續性與恢復的意象來克服毀滅性變動的感受。秩序恢復是很重要的過程，勝過語言與種族的區別。

但並不是所有人類都值得加入人類的共同體之中。大義，是決定人與禽獸最重要的差異，而最重要的義行是根據政治穩定來定義。[32]在五倫裡面，君臣之分是最基本的：

夫人之所以為人，而異於禽獸者，以有此倫常之理也。故五倫謂之人倫，是缺一則不可謂之人矣。君臣居五倫之首，天下有無君之人，而尚可謂之人乎？人而懷無君之心，而尚不謂之禽獸乎？盡人倫則謂人，滅天理則謂禽獸，非可因華夷而區別人禽也。且天命之以為君，而乃懷逆天之意，焉有不遭天之誅殛者乎？[33]

由於雍正聚焦在服從的需要，而對這些普通儒家原則採取高度威權與政治化的解讀，他挪用了孔子有關非漢民族最具爭議性的說法，來支持自己的主張。在《論語》裡面，孔子談到了蠻夷君王和那些中原君王的對比，說道：「狄地之有君不如諸夏之亡也。」這個句子有兩種對立性的不同意義。魏禮（Arthur Waley）將其翻譯為：「東邊與北邊的蠻夷已經有了他們的君王，**他們並非**像我們中國一樣**處於衰頹狀態**。」白牧之（Bruce Brooks）與白妙子（Taeko Brooks）則把它翻譯為：「夷和狄有統治者**不等於**那些沒有君王的諸夏。」[34]後面那個翻譯是比較傳統的解釋，強調了外來民族的劣等性，即使他們的國家頗有秩序。在詮釋上的關鍵差異在於「不如」這個字眼是翻譯為「不等於」還是僅僅是「不像」。

但雍正對這個句子的詮釋，是為了要證明好政府的優先重要性：「夷狄之有君，即為聖賢之流」，而「諸夏之亡，君即為禽獸之類」。有德的政府與地域之內外無關。[35]

雍正的意識形態賦予所有民族道德自由，但假若他們違背了他認為的良好行為，他就會施予嚴厲懲罰。明朝的官員認為所有的蒙古人與自然力量無異，是超越他們所能控制的存在，但清朝的統治者提供他們機會可以透過加入滿清大業而成為「人」。對雍正來說，喀爾喀蒙古登錄進入四十八旗中證明了清朝價值對所有族群開放。政治認同的「向化」表示他們承認了清朝皇帝為天意的真正代表，就像明朝的官員同意侍奉清朝是一樣的。

然而任何背叛清朝統治者不值得被稱呼為人，他們與禽獸無異只能招來毀滅。雍正一再使用禽獸意象的詞彙如蟻、蜂、犬、蛙、狼等來描繪曾靜和他的支持者。在皇帝的眼中，天意必然會將他們從世上抹除掉。就像康熙的吸納與剿滅的概念，雍正根據是否臣服於天意來區分他的世界中，那些人值得存在、那些不值得存在。

雍正的意識形態展示了一個明顯的矛盾，就像喀爾文主義與馬克思—列寧主義一樣，他將一個無法阻攔的超人過程和有關個人責任的緊密檢視結合在一起。假如錯誤注定將受到懲罰，為什麼還需要大張旗鼓來根除他們呢？為什麼需要針對大動作對付少數貧困遙遠鄉村塾師？雍正在這裡顯露了他對語言力量的深刻尊重。他知道「本朝之得天下，非徒事兵力也」。[36]滿洲人從一個小部落開始驚人崛起為一支龐大的軍隊，不是來自戰略上的成功，而是主要來自道德。雍正在這裡很明顯偏離了他父親的經驗。康熙從來沒有看輕在軍事上謹慎計畫和統治者密切參與的重要性。然而，雍正對這些事務保持距離，他也將道德力量與特定地景和戰爭保持距離。道德變成一種普遍潛藏的「勢」，會在更大的潮流中顯現。統治者的語言通過他的諭旨傳達出去，那種力量可以超越後勤、天氣、領土與戰爭迷霧限制。[37]

但是假如話語是最終的武器，其他人也可以動員它們。雍正引述了孔子對「佞」言的攻擊，強調那些口舌流利者可能誤導無知的人。曾靜和呂留良都是奸狡的舞文弄墨者擅長「御人以口給」。[38]其他人很可能掉進他們的圈套，雍正知道關於他毒死父親、虐待母親還有屠殺兄弟以奪權的謠言。這些暗中的攻擊，比起殘存蒙古國的公開抵抗對他更具威脅性。匿名的揭帖攻擊曾靜是投降清朝的「走狗」。[39] 曾靜和呂留良的論述，可能被雍正（已經入獄或流放的）兄弟們的支持者所用。回首過去，皇帝宣稱，我們知道三藩、察哈爾汗、噶爾丹、庫庫淖爾還有西藏人都因為天意，而「轉瞬間灰飛煙滅」。[40] 但往前看，皇帝還看到很多敵人、權威不穩固，需要施加嚴厲與獨斷的統治語言。

乾隆的準噶爾蒙古史書

一七六三年，乾隆皇帝命令編纂準噶爾蒙古的通史。他要求官員收集所有的蒙古人世系族譜還有漢文的官方文獻，以便記錄完整的歷史。就在準噶爾作為一個民族被消滅之後，清朝的文字機制已經立即準備建立他們的最終歷史，正如同每一個中國王朝都會書寫前朝歷史的官定歷史，然後銷毀所有的紀錄。皇帝命令下所蒐集的每一個蒙古系譜似乎沒有任何一個還留下來。再一次，勝利的王朝統治者幾乎成功地抹消來自歷史紀錄中的替代性觀點。

準噶爾歷史是皇帝諭令編撰的第一部，有關新征服領土的資訊彙編，其他包括一七六六年出版的《欽定西域同文志》是地名與蒙古系譜的多語言版本的編纂、一七五六至一七八二年編纂的《欽定皇輿西域圖志》是突厥斯坦的一部方志、一七七九至一七九五年編纂《欽定外藩蒙古回部王公表傳》是為蒙古和突厥斯坦貴族所編纂的三種語言之傳記、一七九〇至一八〇五年的《職貢圖》是包含超過三百張彩圖的朝貢民族的圖錄，有滿文與漢文的圖說。[41] 所有這些作品提供了十九世紀的官員和學者重要的資訊來源。例如一八六二至一八七七年平定回亂的陝甘總督左宗棠，在年輕時就查閱過《欽定皇輿西域圖志》。[42]

皇帝下令編纂的《準噶爾全部紀略》在一七六三年出版，皇帝聲稱他有權利創造準噶爾的歷史記憶：

自古無不誌外夷，而實者少舛者多，非以其方域所限言語不通耶，得什一於千百，加以魚魯亥豕其堪信者鮮矣。茲者平定準部止封達瓦齊子一人，居之京都且城伊犁駐將軍鎮守，事耕牧焉。念彼原一大部落，不可無紀，故就親詢實事書之，亦以便方略。[43]

他追溯了從明朝衛拉特到噶爾丹之後的歷代準噶爾首領，在這個文本中，比起之前的戰爭時期，已經掌握蒙古系譜的皇帝，對準噶爾首領之間複雜的親屬關係已經有較為清楚的資訊。相反於缺乏社會連結的純粹「匪徒」，準噶爾人現在可以被看成有著特定身分認同的民族，可以根據其系譜來定義。他們也有固定的行政結構。乾隆仔細的把這個部落分成二十四個鄂托克（otoq，直接依附於汗的氏族），二十一個昂吉（anggi，依附於首領的氏族）、九個集賽（jisai，支持喇嘛的氏族）。每個氏族都仔細地列出所屬家戶數目和宰桑（大臣），形成一個總共約二十萬戶（帳篷）或者六十萬人合為一個「民族」（nation）。皇帝也描述了這個帝國的財政結構，指出準噶爾汗徵稅的對象包括二十四個鄂托克、烏梁海蒙古以及葉爾羌、喀什噶爾、阿克蘇與和闐等四個穆斯林城鎮。乾隆結論時將準噶爾的歷史納入王朝衰敗的普遍模型中，引述了漢朝學者賈誼對秦

職貢圖的朝貢民族插圖。滿文與漢文圖說描繪了這些民族的服飾。從左到右，哈薩克的牧民、伊犁的農民、伊犁的蒙古牧民。

王朝衰敗的描述：

語云十人成之而不足一人敗之而有餘，吾於紀準噶爾之事益見其不爽。賈生所謂仁義不施而攻守之勢異，雖夷狄之有君豈能外是道哉。[44]

這個文本使用古典漢文的宗族與行政層級概念來將準噶爾國家的變動歷史納入靜態的模型中，賦予實際上不斷變動的聯盟組合一個具有一致性的結構。本地蒙古氏族的區分經由漢人的分類鏡片的轉化，變成臣服與宗族關係的固定關係。將部落分類是為了掌握定義上的霸權，但那只有在擊敗他們之後才有可能。相對的，蒙古的編年史並沒有提供每個氏族的人口數，也沒有將它們整理成一致的階層。就如前面討論過的，學者們直到今天仍然對蒙古氏族的確切詞彙與關係有所爭辯。即使準噶爾已經消失，清朝的歷史學者還是需要將他們納入遵守歷史普遍法則的民族。

由傅恆編輯的《平定準噶爾方略》，一七五五年皇帝委任編纂、一七七〇年編輯完成，共一百七十二卷，該書是清朝編纂的最大一套的官方征服史書。該書涵蓋了一七〇〇到一七六五年的征服歷史，提供了豐富的歷史文獻，從最小的外交事件到最微小的後勤細節。那是乾隆朝一系列里程碑式的學術成果中的其中一個，這些學術成果的頂峰是一七八三年編纂的三萬六千卷四庫全書。很多一流考據學者，像是朱筠就參與了兩套書的編纂。[45]《平定準噶爾方略》也成為四庫全書的一部分，與其他的古典和歷史文獻一樣，加入了一連串正當化自古以來帝國征服的正統歷史之中。

方略的第一章建立準噶爾汗位的合法繼承譜系，在清朝的眼中那代表有權利向其朝貢稱臣者。根據這一系列，準噶爾發源於元朝的阿魯臺部落，後來漢文稱為厄魯特，源自於蒙文名稱「Ölöd」，作為衛

> 拉特或著西蒙古的一部分，他們向明朝朝貢，也經順治皇帝冊封。在清代初期，他們的首領是庫庫淖爾的顧實汗。然後狡詐傲慢的噶爾丹興起成為其首領，他侵略了藩屬喀爾喀的土地造成了苦難與混亂，直到他被康熙皇帝在昭莫多之戰擊敗，而後服毒自殺。噶爾丹的侄子策妄阿喇布坦因為皇帝的仁慈而繼其位，但因其狼子野心而攻擊了哈密和西藏，殺害了拉藏汗，且縱放羅卜藏丹津逃避懲罰。他的兒子噶爾丹策零繼續他的邪惡行徑直到雍正皇帝在額爾德尼召擊敗他。（雍正皇帝在一七三一年的敗仗沒有被提及）準噶爾首領恐懼的投降，准許皇帝固定其疆界並撤軍。噶爾丹策零遣使朝貢並被准許在劃定的邊界進行貿易。但是繼承噶爾丹策零的策妄多爾濟那木扎爾更加殘暴，導致了喇嘛達爾扎的反叛「篡位」，而後達瓦齊繼續舊有侵略性的蒙古策略。準噶爾人苦於不斷的內亂直到阿睦爾撒納在一七五四年投降。阿睦爾撒納後來反叛了，然後這個文本描述了對其發起的軍事討伐以及阿睦爾撒納逃竄並死於俄羅斯。俄羅斯遵守了條約中遣返逃犯的規定，送回了阿睦爾撒納的骨骸，並最終確立了在邊界地區的和平，在鎮壓了大和卓波羅泥都、小和卓霍集占之後「東西布魯特、左右哈薩克及塔什罕諸回部，莫不喁喁嚮化」。「不踰五年拓地遠逾萬里，取荒裔若庭戶⋯北斗以北西濛以西，悉主悉臣罔有內外，開闢以來未有懿爍隆茂若斯之盛者。」[46]

這段引言從皇帝的觀點概括了清朝從一開始的擴張史。當中預設了蒙古部落不可阻擋的臣服過程，將為所有民族帶來和平與繁榮。只有殘暴、好鬥與有野心的準噶爾首領，阻礙了和平領土的擴展。官方記載責怪他們所帶來的失序，並把清朝軍隊的征服看作是對邊疆地區混亂的不情願回應，抹消了清朝挑起衝突與清朝軍隊戰敗的證據。顯然作為康熙皇帝親征歷史的續作，方略將乾隆皇帝的成功與其祖父的成就連結起來，同時堅稱他的事功已經超越所有前任皇帝的成就。

乾隆皇帝的《方略》仍然是一份重要的資料。《方略》的內容比《清實錄》詳細的多，且包含在出版檔案中未見的資訊。然而我們可以確定的是，那是一個高度選擇性與偏頗的資料，就像之前康熙皇帝的方略一樣。乾隆知道他已經完成了由他的祖父康熙皇帝所開始的計畫，最終消滅在大草原自主的蒙古政權並在中央歐亞建立穩定的邊界。現在這個故事已經結束，他可以安排官方框架就定位。康熙的編纂終於噶爾丹的死亡，這支持了皇帝作為一個戰士與和平締造者的形象。但結局仍然是開放的，因為準噶爾作為一個民族仍然殘存著。而現在在乾隆皇帝的手中，就如這本方略的書名所宣稱的，整個準噶爾「國家」（nation）已經被平定了，在歷史記憶中被固定為一個「偉大民族」（great people），其在天意之下族運已經終止。準噶爾就像滅亡的王朝一樣，值得載入史冊，不過是依照勝利者的方式。他們變成乾隆皇帝聲稱有權統治廣大中央歐亞廣大領土的工具。如同乾隆皇帝賦予滿洲人固定的時間與地方，他們有清楚的身分與在滿洲長白山脈的起源地，他也把準噶爾放在領地之內並定義他們存活的時間範圍。當準噶爾民族消失之後，中央歐亞的其他民族就轉而向化，並加入文明的領域，不是成為帝國行政的一部分，就是變成定期朝貢的民族。清朝官方的史家以皇帝為名，藉由描述準噶爾起源的系譜，還有重新敘述其消失的征服史，將另一個民族涵納進全面的時間凝視之中，就如同他們已經全面測繪了帝國的空間那樣。乾隆的史家奠定了所有後來歷史建構的基礎，他們筆下的蒙古人，必然、本質且永遠屬於中國帝國與民族領土的一部分。

然而，我們也可以用有別於編者的方式來解讀這部《方略》。《方略》的邊纂以皇帝為中心，包含了皇帝與戰地官員的大量通信資料。他們把準噶爾看作叛徒，應該加以「剿滅」，一個征伐接近尾聲時頻繁被使用的詞。儘管有先入為主的解釋框架，但這些信件也為日常的不確定性提供絕佳的理解，表示結果絕非事先決定。乾隆一再的攻擊他的將領們過於膽怯，不敢快速前進掃除所有叛軍。他並不考慮影響軍隊進攻的後勤限制，也不准將領們提出任何藉口。但在方略中有許多的資訊，可以讓我們計算要讓這些作戰成功，需要多龐大的軍需供應。關於扭曲的問題，這麼龐大、卷帙浩繁的一套書，難免會有關於征服過程的歧異陳述。不過想要確定方略省略了什麼還有其如何竄改原始史料，需要廣泛的檔案調查才可能。但這個非常系統性與大規模的編纂過程本身，雖然由能幹的學者所主持，仍然保證會有與統一的官方觀點不符的材料存在其中。雖然四庫全書壓制了那些關於滿洲國家起源的「不符規範」文本，但即使是那些被認可的文本，仍然不會僅訴說一種聲音。[47]

來自邊疆的觀點

滿人官員七十一在一七七七年的《西域聞見錄》一書中，提供了從邊疆人群看待征服的觀點，與帝國中心相當不同。七十一在一七五四年考取進士功名，在突厥斯坦擔任負責穀物供應的低階官員。他栩栩如生的敘述了在噶爾丹策零死亡之後，準噶爾汗位繼承的鬥爭過程，描繪那些與清朝在中央歐亞接壤的國家，並且重述了清朝與阿睦爾撒納、小和卓霍集占、大和卓波羅泥都的戰爭，還有土爾扈特的回歸。他在書中以筆名椿園當作評論者，反思他寫下的記載所佐證的一般原則。[48]

七十一筆下的地理資訊非常廣泛但含混不清。他詳細討論了在中央歐亞主要城市還有那些民族的習慣，包括哈薩克、吉爾吉斯、安集延、興都斯坦、喀什米爾、鄂圖曼等。他的討論包括這些民族極為大量的細節，顯然用了多種資料來源，大部分來自旅行者與使者。這個文本比起其他那個時代的地理書籍，包含較多有關中央歐亞的資料。魏源在一八四四年出版的《海國圖志》，以中國第一本廣泛描繪海外歐洲土地的書籍而聞名，但七十一的記載反映了清代稍早，在收集大陸邊疆的西方土地資訊上同等重要的努力。魏源、何秋濤還有其他研究西北邊疆地理的學者，都仔細研讀過七十一的作品，使用其中的資訊並修正錯誤。何秋濤認為七十一的新疆知識是根據他自己的個人經驗，應該是相當正確的，但他對俄羅斯、哈薩克、吉爾吉斯、土爾扈特還有鄂圖曼帝國的描述則相當混亂，根據的是道聽塗說。魏源的《聖武記》，實際上大量使用七十一的記載來討論清朝在西北的戰爭。七十一的記載混合了錯誤資訊、傳說與特定的細節，揭露了清朝才剛要探索、中央歐亞廣大世界的模糊輪廓。七十一的文本，不同於國家贊助的系統性學術編纂成果，反映了邊疆人的個人觀點，他從個人的日常經驗，而非從官方的文本中撿取有用的知識。

例如他知道有一個女人（凱薩琳）是統治俄羅斯的「女汗」，但認為女性已經統治俄羅斯七代，許多統治者在掌權幾個月後就被殺害。當女人統治俄羅斯的時候，他認為男嬰都會被殺害以免他們繼承王位。[49]七十一並不是完全偏離事實，因為實際上彼得大帝死後有四個女皇統治過俄羅斯，而且有些男性沙皇的統治時間很短。

他對俄羅斯與鄂圖曼帝國戰爭的描述也混雜了事實與幻想。在他的瞭解中，俄羅斯過去是鄂圖曼帝國的一個屬國，但在一七五五年之後「白汗」（沙皇）拒絕納貢，然後兩個國家打了一仗。俄羅斯大敗，損失了二十萬人，而且必須提供貢品和童男童女五百名作為謀求和平的人質。沙皇召集更多軍隊，要求土爾扈特蒙古的協助，這引發了他們逃離俄羅斯的領土回到中國。這個描述可能反映了俄羅斯為了與鄂圖曼帝國的戰爭，在一七六八年對於土爾扈特的人力徵斂所造成的衝擊。[50]七十一可能將莫斯科與蒙古人在十四世紀的朝貢關係，誤認為鄂圖曼帝國。鄂圖曼的確在一七三七年擊敗了俄羅斯與奧匈帝國，但他們在一七七四年的戰爭則大敗於俄羅斯。這裡提到的年輕人質可能反映了一個扭曲版本的德夫希爾梅（Devshirme，譯按：土耳其語的「徵募」），指鄂圖曼帝國使用基督徒（大部分從巴爾幹捕捉到的兒童）從事軍事活動。

七十一知道鄂圖曼帝國（他稱為「控噶爾」）是中央歐亞最大的穆斯林國家。[51]他評論道：「控噶爾人唯知天地日月，無神聖仙佛之說，蓋西北則咸天主之教矣，至其國富民殷人無詐偽，仁而戒殺，故人親其上，無敵於四國，孟子曰仁者無敵，固不在華夏戎狄也。」[52]

他清楚認知到特定的伊斯蘭一神論，就像天主教一樣只承認單一的「天主」，而且他定位鄂圖曼是在傳統的人群分類之外，既非華夏亦非戎狄。他認為俄羅斯在軍事上是衰弱的，而鄂圖曼的力量與財富則令他印象非常深刻。七十一的觀點比較符合十七世紀的鄂圖曼而非十八世紀，十八世紀時鄂圖曼帝國的力量正在衰退，而俄羅斯正在擴張。但他的資訊經過中央歐亞的中介者傳遞，所傳遞的較多是持久的傳說，而非剛發生的歷史事件。他整本書中都使用中央歐亞的詞彙來稱呼政治領導人，稱呼俄羅斯沙皇和鄂圖曼蘇丹都為「汗」、稱他們的穆斯林宗教領袖為「阿奇木伯克」，還有稱鄂圖曼的臣民為阿拉巴圖（albatu），等同於中文的奴僕。七十一住在邊疆使得他的地理知識範圍，遠超過傳統中國人對與關內塞外的理解。他知道中央歐亞多重地景所包含的領域與民族，他們的身分挑戰了任何傳統的分類圖式。

七十一是他國家軍事征服事業的忠誠捍衛者。他認為阿睦爾撒納是一個特別「狡詐殘忍」的首領，有著欺詐人的「狼心」，他已經帶給準噶爾人罪有應得的大災難。但他對於準噶爾崩潰原因的詮釋，非常不同於官方方略和皇帝的諭旨所呈現的觀點。他知道在康熙與雍正的主要軍事征服後，「雖多殲戮，亦未能剿滅」。[53]相對於康熙與乾隆的對於噶爾丹的敗仗異口同聲的得意洋洋，但七十一從來沒有聲稱噶爾丹自殺，而且他非常清楚準噶爾的權力在康熙征服之後仍然持續很久。

七十一對準噶爾末年生動的敘述，集中在一七四五年噶爾丹策零死後，後繼人選之間的對立。而在七十一的描述中，在阿睦爾撒納死後，準噶爾人繼續導致動盪不安，令清朝皇帝震怒，他命令整批屠殺男人、女人與小孩總共約一百萬人。清朝的軍隊不留情地追蹤所有逃難者，甚至追到遙遠的山谷，以便確保整個準噶爾**種類**都已經被消滅。把準噶爾的大屠殺定在阿睦爾撒納死後，與清實錄和魏源的描述不同，而且膨脹了被殺害的數目到一百萬人而非魏源的六十萬人。七十一的描述給予我們清朝征服所導致的毀滅，最為鮮明的版本。[54]

在化名「椿園」的評論中，七十一模擬了方略編纂者的角色，在收集的文獻材料最後加上個人的感想。椿園對於歷史變化原因的觀點與方略編纂者的觀點有非常大的差異：

> 椿園氏曰：開國承家盛衰存亡之數，夫惟人心之故耳，仁慈強暴旨趨不同，莫不以得人為本。夫以準噶爾之強，其人殷富而勇悍，其地廣大而險阻上下，輯睦勢總力，一恃其強大，四處為患，及其敗也，天兵勢拉如拉朽，以百萬之眾萬里之地，不一二年間誅戮幾無孑遺，豈獨天厭其種類哉，亦竄逆相循，人心弛散不能合一之故也。[55]

在七十一的觀點裡，準噶爾確實強大殘暴且有威脅性，但他們並非注定要滅亡。他們失敗是因為人心已經弛散無法合一，不是因為老天已經注定他們的敗亡。彷彿預測到魏源與十九世紀的改革者的想法似的，七十一洩漏出對所有軍事強國還有統一國家的某種尊重，不管他們是否屬於「文明的」中國領土。他擔心因為權力爭奪與個人野心導致的內部的分裂，會瓦解了這個國家抵抗敵人的能力。乾隆皇帝因為深入的戰略認識而的到應有的評價，超越了阿睦爾撒納狹隘的與反覆不定的野心。但七十一並沒有沉溺在拼命讚揚天意的不可違抗，他承認個性會把事情以無法預期的方式推進，而且很多必須受制於突然的運勢。

最令人驚訝的是，七十一對於土爾扈特回歸的公開反對：

土爾扈特之在當日竄身無所，俄羅斯與之額濟爾肥沃之地的以休養生息，例如烏焉卵而翼之矣，安享幾二百年。傳至烏巴錫擁眾百萬牲畜滿野，俄羅斯遇有危難，及匍匐救之亦義不容辭，傾聽舍楞之邪說，而包藏禍心欲占中國之疆界，棄久安之業逞不測之謀，涉沙磧不毛之地，履虎狼殘暴之鄉，以致種類幾無孑遺。豈獨其謀之不臧，抑亦天厭之矣。[56]

儘管皇帝已經決定歡迎土爾扈特回歸，拒絕了邊疆大臣的提議，但七十一懷疑他們的動機以及這麼作是否妥當。他們的文獻肯定了，一開始土爾扈特僅希望重新占有準噶爾族的土地而不需投降於清朝。在七十一的想法裡，臣服於俄羅斯的土爾扈特，對沙皇的忠誠應該優於族裔的考量。他們回歸清朝以避免俄羅斯的協助要求，表示他們只是自利的小人，他們請求清朝的協助對他來說，只是侵占原來阿睦爾撒納領地的藉口。

在邊疆的將軍們對任何新來到邊界的人都有所懷疑，比起在北京的官員他們有更立即的安全考量。但是七十一也表達出比較靠近王朝初期，更為傳統的忠誠觀念，對立於乾隆新固定的那種認同。在七十一的想法裡，忠誠是可以選擇的並值得予以尊重，且無須考量原來的族群歸屬。身分並非出生時給定的，也不是絕對，但一旦人選定了他的忠誠對象，他就應該忠於它。相對來說，乾隆歡迎土爾扈特回歸，把他們視作蒙古民族失去的成員。他可以清楚地證明他們與西蒙古的血緣歸屬，但七十一認為道德上的承諾應該優先於部落身分的歸屬。

即使在十八世紀晚期民族標記日益定型之時，邊疆官員與宮廷之間，基於不同的歷史認識，對道德自主性的想法並不相同。一種看法是，民族可以決定自己的命運，而不是僅僅承繼它；另一種看法，作為一個被決定的「部落」或者「民族」的成員，其絕對身分則顯示了天意。七十一也跟皇帝一樣相信天意。他的敘事凸顯了土爾扈特有短時間的自由可以選擇自己的統治者，但在他們選擇俄羅斯之後，他們不能再度改變忠誠，否則天將會懲罰他們的背叛。與正統政策相較，七十一並沒有將土爾扈特與清朝永久綁在一起，而是承認選擇的角色。作為身處邊疆的滿洲人，他比關在北京的皇帝更接近中央歐亞世界。

游牧編年史

漢文與滿文的官方歷史書寫系譜的頂點是魏源的《聖武記》，該書整合了軍事征服、天命與皇帝德性（參見第十四章）。而其他替代性的陳述是否可能勝過，受到強大制度性力量所支持的知識巨壁呢？蒙古人便在清朝的史館的控制之外，維持家族編年史的傳統，他們對歷史變遷的解釋也與清官方作者十分不同。西藏的傳記作者也以特殊觀點來處理清朝的征服議題。我們可以透過檢視這些非官方的書寫來豐富我們對征服的理解。

蒙古人的歷史書寫源自於《蒙古祕史》一書，是成吉思汗世系的家族史，寫於公元一三二四年。[57]在元朝衰落後，蒙古人繼續在邊疆的學校裡書寫，明朝也在一四三一年贊助了一本四種語言翻譯的佛教語錄經，但大部分的家族編年史都在十五世紀東西蒙古戰爭的時候毀壞。一七三五年編年史家羅密悲嘆：「在我們蒙古撤退到中國的邊界外之後（一三六八），因為我們陷入了衛拉特所造就的混亂，所以我們失去了留存的家族系譜資料。」[58]在十六世紀中葉，蒙古歷史書寫的復興從鄂爾多斯開始，然後在十七世紀擴散到察哈爾、東蒙古與喀爾喀等地。因為藏傳佛教被重新引入蒙古，歷史書寫也在舊的家族焦點外加入新的教派歷史面向。這種影響首見於一五七九年一份連結俺答汗與成吉思汗世系的文本，也稱呼他為「轉輪王的化身」（Incarnation of Chakravarti）。林丹汗全力護持佛教，包括將一〇五五部佛教經典翻譯成蒙文，讓藏傳佛教根植於蒙古文書寫文集之中。十六世紀晚期的《白史》（*White Chronicle*；蒙文 *Chaghan Teüke*）是第一部提出「蒙古君王與西藏和印度君王的神話聯繫」的歷史作品。[59]最有名且最有價值的早期編年史是一六五五年的《蒙古黃金史》（*Golden Compilation*；蒙文 *Altan Tobci*），將十三世紀以來的蒙古資料與藏傳佛教教派歷史結合成完整的敘事。《蒙古源流》（*Erdenyi-yin Tobci*）成書於一六六二年，當時多數東蒙古已經投降清朝，則被認為是「典型的」蒙古史書。作者描述蒙古統治者是神話中的印度國王的後裔、佛教傳入西藏，又傳入蒙古人之間。連結了印度、西藏與蒙古的統治者，這部書的主題就是不斷的轉世與化身。作者採用蒙文、藏文與漢文的材料，但整部書仍然獨立於清朝的觀點。

在滿清擊敗噶爾丹，且將喀爾喀蒙古完全納入旗制後，蒙古史書寫產生劇烈的變化。理藩院支持以蒙古文書寫傾向滿清觀點的歷史，並藉以正當化蒙古人的歸順。就這樣，喀爾喀與滿洲人衝突的混亂年代幾乎不再被提及，編年史家將滿洲人看作秩序的真正維護者與佛教保護者。林丹汗不再被看作可敬的佛教贊助者，他們把他描述為邪惡的叛徒。蒙古編年史一點都沒有提到在清朝統治下影響蒙古人的重要社會變化：貴族自主性的喪失、日益陷入債務負擔、社會崩解與經濟停滯。這些沉默就像福爾摩斯懷疑狗為什麼在晚上不叫一樣，反而揭露了很多投靠滿清的蒙古人的觀點。[60]但即使在傾向清朝的蒙古人中，也可以發現替代性傳統的痕跡。像《蒙古博爾濟吉忒氏族譜》就由旗人將軍羅密在一七三二至一七三五年所撰寫，[61]原書以滿文和漢文書寫，但這些版本現在已經遺失了，只有一八三九年發現蒙文譯本。羅密撰寫的資料主要來自家族編年史傳統，從成吉思汗到他在世的年代都未曾中斷。他哀嘆十五世紀期間有太多文獻流失，他只能大量依賴較早的編年史資料，但他的書是第一個提到昭莫多戰役的蒙古史書。而且他一點都沒有提及藏傳佛教教派的歷史。羅密作為一個東蒙古貴族，他感謝滿洲人解救蒙古人免於內亂，他寫道：

> 我們蒙古民族曾經衰落而又復興；我們過去分崩離析但現在重生了。這實在是因為皇帝陛下的美妙仁慈〔蒙文 kesig〕。然後老天在上協助那些在我們領地裡面的人，使我們得以重新回復我們祖先的知識與優點。假如這些沒有發生的話，在林丹汗到雍正之間長達百年的混亂之後，很多部落裡面強者將壓迫弱者，而且族人們將會互相殺害。我們想起帶著深深〔感謝〕，在我們深切苦難期間，皇太極與康熙仁慈與同情地一再給我們大量的協助。[62]

艾鶩德（Christopher Atwood）提到：「當然不論就書中極端認同帝國恩典的程度，或者從極端忽略成吉思汗作為蒙古貴族與人民恩典施與者來說，羅密都不是典型的蒙古史家。」但他的編年史只是類似記載中的極端案例，其他記載也顯示了：「回報在上位者恩惠」的修辭，「從十八世紀開始在蒙古人的生活中，不管是政治或者家庭都扮演越來越大的角色」。[63]「報」（回報父母或者上位者的恩惠）這個來自漢人的核心概念，經由皇帝的布告與非官方的出版物被有意的翻譯進入蒙古文化中，成為連結兩種文化的共通語言。

相對於法夸爾與柯嬌燕，他們兩人都主張滿洲人統治者對被統治的不同民族，使用非常不同的正當化詞彙，艾鶩德的研究顯示，來自某一政治傳統的文化概念可以流進另一個文化。清代的正當化實踐，透過將個別傳統的某些部分與另一傳統的相似成分連結起來，可以部份跨越文化的邊界，而滿文通常是橋接漢人與蒙古人理念的橋樑。例如《三國演義》故事的滿文譯本，還有帝國贊助的關帝崇拜（他是以忠誠回報皇帝恩惠範例），都證明了此一連結。在蒙古，關帝變成是對格薩爾王的認同，他是西藏與蒙古傳說中的史詩英雄。這些相互連結的文化項目，對於官方與民間如何理解納入帝國的意義，創造了共通的連帶關係。艾鶩德總結：「努力想要把內亞語言基於主僕關係的忠誠觀念，與漢文中模擬父子關係所成立的皇帝與臣民關係區分開來，不過是人為的想法。」[64]

但是文化霸權從來都無法完全達成。蒙古人的歷史詮釋仍然不同於清朝官方的歷史紀錄。即使忠誠的羅密對於噶爾丹動機的詮釋仍與滿洲人不同，他把噶爾丹對喀爾喀的戰爭純粹歸咎於為兄弟之死復仇的個人動機。不像方略還有後來所有中國歷史學家那樣，羅密並沒有聲稱噶爾丹想要稱霸全蒙古，或者他想要重建成吉思汗的帝國。海西希（Walther Heissig）認為羅密的解釋是，蒙古人中支持清朝的「那一類的人共同的理解」，[65]羅密儘管忠誠於清朝，仍然保有對於個人關係的關心，而且省略中國人道德意識形態的負擔。

清朝的官方歷史學者試圖要穿透所有歷史書寫的領域，不管是蒙文、滿文還是漢文。《欽定外藩蒙古回部王公表傳》（蒙文 *Iledkel Shastir*），在一七七九至一九五年間編纂，寫下了最終的紀錄。如皇帝上諭所述：「為了紀念蒙古四十九旗對我朝的協助和其他世代忠誠於我們，從事軍事工作的部落，我們命令國史館和理藩院編纂他們的傳記並用三種語言出版。」[66]編者祁韻士，利用滿文、漢文與蒙文檔案與私人文件資料，在這套史書中保留了許多現已佚失的資訊。蒙文版本比滿文或漢文文本包含更多有關蒙古人的細節：每種語言版本都有它自己的目的，並對應於特定的受眾。這個文本根據他們對於清朝的忠誠與否來判斷王公的行動，但保留關於他們生平所有可得到的最全面資訊。這部書變成後來有關蒙古人記載最重要的資料來源，顯示清朝官僚的觀點贏得了書寫帝國歷史的戰役。例如十九世紀蒙古的編年史

《寶貝念珠》（Erdeni-yin erike），長久以來被認為是整合的蒙古人觀點的一手資料，實際上其大部分的文本直接複製自清代方略與《欽定外藩蒙古回部王公表傳》。[67]所以，到了十九世紀，蒙古人就已經幾乎喪失了所有接觸對自身歷史的自主表述的機會，而難以逃離清代官方歷史詮釋的影響。

然而，在最西邊仍然有一個獨立的編年史家，《卡爾梅克諸汗史》（*Khalimaq Khadiyin tuujiyigi Khuraji...*）在一八一九年由一位佚名作者所書寫，以不受清帝國控制的視角，描述了土爾扈特的歷史，和他們回歸準噶爾的過程。[68]這個文本提供了有關清朝和西蒙古關係的新看法，還有一些關鍵事件的重要替代性解釋。因為西蒙古的文本幾乎從來不曾被歷史學者所使用，我們的觀點仍然大部分都受限於清朝的認識框架，但有些例子顯示其它版本的故事需要嚴肅考慮。當《卡爾梅克諸汗史》的作者描繪一七一三年圖理琛出使到阿玉氣汗時，他重複了清朝對出使的官方說詞，是希望俄羅斯沙皇准許將阿喇布珠爾，即阿玉氣汗姪子的歸還給他，但他提到這個滿洲人還有別的用心。「〔這個使者來〕想要觀察俄羅斯民族的領土，更重要的是想要認識俄羅斯政府的性質和狀況。假如可能的話，他們還想要造成阿玉氣汗和策妄阿喇布坦之間的紛爭。他們心裡是這麼想的」。阿玉氣，在這個描述中「並不是如此短視之人，要放棄他自己在準噶爾的血親關係，掉入外族滿人的陷阱之中」。阿玉氣感謝皇帝的體恤，他答應會請求俄羅斯沙皇，但拒絕考慮與清朝聯盟。「這個使節團並沒有達成他們自己的目標，而且並未產生有用的結果」。[69]儘管皇帝明確指示圖理琛，要拒絕任何與土爾扈特的結盟，學者們懷疑是否有祕密的口頭指示傳達了不同的訊息。土爾扈特的編年史家提供了最有可能的解釋，說明為什麼清朝會派遣使節團進行這麼困難的外交旅程；肯定不是為了想讓某個人回到他叔叔的家。

《卡爾梅克諸汗史》的編年史家，也提供了土爾扈特人回歸滿清領土最有說服力的解釋。他非常欽佩土爾扈特阿玉氣汗（一六七二至一七二二年在位）的才能，他成功維持民族的團結與繁榮直到死去。

然而他的繼任者因為內鬥紛爭與陰謀導致部落分崩離析，弱化了他們抵抗俄羅斯的能力。在一七六一年後，俄羅斯拒絕承認阿玉氣汗的孫子渥巴錫汗的繼位，限制了他的權力。在俄羅斯日益強大的壓力下，渥巴錫汗想要率領他的族人回到在準噶爾的「古老家鄉」。[70]渥巴錫汗知道阿睦爾撒納已經被清朝軍隊趕走，認定這塊土地現在無人占居。當他帶著三萬三千家戶十六萬九千人出發時，並沒有想過要臣服於清朝。一七七一年的春天，在一場令人驚恐的旅程後，不斷遭受俄羅斯人、哈薩克人與吉爾吉斯人的攻擊，還有在廣闊無垠沙漠飽受飢餓並喪失了大量的牲畜後，土爾扈特人才終於帶著七萬人抵達清朝的邊界。總督舒赫德派遣使者來瞭解他們的意圖。這個編年史家寫道：「因為除了與中國人一戰，沒有其他辦法可以取得準噶爾的土地，他們通知〔滿洲人〕說：『我們來是為了要成為滿洲皇帝的屬民』。」[71]經過一番爭辯後，乾隆皇帝同意在清帝國安置他們。

幾乎所有中國的陳述都描繪說土爾扈特人心甘情願地「歸順」清朝統治，儘管七十一合理的懷疑他們本來計畫侵略此地，他並沒有他們意圖的決定性證據。但《卡爾梅克諸汗史》的編年史家描繪了渥巴錫汗的原始計畫，將準噶爾看做「好地方……比伏爾加大草原還富庶」，他的族人們在那裡可以「安居在接近最神聖的尊者與西藏地區……而且〔接近〕我們祖先的兄弟蒙古人，他們與我們共享同一種語言和宗教」。[72]這個觀點並未預期將被其他民族統治。只是到了最後筋疲力盡的狀態下，土爾扈特人才接受清朝的統治。《卡爾梅克諸汗史》一書的歷史敘事貼近土爾扈特觀點的演變，而且沒有將其描繪為上天引導注定的必然結果。但這部編年史一直不為清朝的蒙古人所知，而只在一八九二年於俄羅斯出版。

官方版本以外的歷史還有一個最後的避難所：口述傳統。當偉大的俄羅斯蒙古學者符拉基米爾佐夫（B. Ia. Vladimirtsov）二十世紀頭十年在西蒙古旅行時，他蒐集了一系列輝特部台吉阿睦爾撒納的傳說與軼事。用符拉基米爾佐夫的話來說，「民眾記憶」只保留了選擇過的阿睦爾撒納事蹟。因為他們原諒他的搖擺與勾結外敵，而記得他是一個抵抗滿洲統治的英勇戰士。[73]傳說預言，當新時代來臨，阿睦爾撒納將會再來並帶領西蒙古人進行一場新的獨立抗爭。根據一則傳說，當阿睦爾撒納被達瓦齊追捕時，地方人士將他藏匿在一個洞穴內，直到他被發現。然後他逃走過河到了俄羅斯，至今仍活在那裡，等待時機歸來並開始解放的鬥爭。阿睦爾撒納也有神奇的魔力：他可以召喚一道彩虹，把他的裝備掛在上面，他也可以降雪和降雨以阻擋他的敵人。這個傳說令人想起衛拉特薩滿巫師召喚毀滅性雷雨（jada）的神力，據說阿睦爾撒納曾使用他的神力打敗了追趕他的撒拉人（Salars）軍隊。

其他的軼事把他的名字解釋成「和平—思想」（Amur-sanagha）之意。他是憤怒菩薩大黑天的轉世，騎著他的駿馬瑪拉巴什（Maralbashi）。在他的結拜兄弟班第拋棄他後，阿睦爾撒納發誓要在一百二十年後回來為衛拉特的失敗復仇。他定居在俄羅斯，沙皇提供他在「大海」邊的一個半島的牧地，讓他統治他的族人。在他回到蒙古的十年前，水會流進科布多東北邊的沙漠，草和樹將會重新長出來。在他回歸之前四年，一匹淺灰色的馬將會在那裡現身，將會馳騁整個地區並引導衛拉特人離開。

這些故事揉合傳奇、口述史還有預言，描繪一個大眾英雄將會在一場獨立鬥爭中，重新創造統一的蒙古。對滿清政策日益增長的怨懟，讓蒙古人開始支持抵抗運動。在一九一二年當丹畢堅贊（Dambijantsan），一個來自伏爾加的土爾扈特（卡爾梅克）喇嘛，宣稱是阿睦爾撒納的轉世，一首新的史詩為他的抗爭發聲：

> 我是一個來自俄羅斯沙皇王國的托缽僧，但我生為偉大蒙古人，我的羊群是在伏爾加河畔，我的水源是在額爾濟斯河，有很多英雄勇士追隨我，我有很多財富。現在我已經來看你們這些悲慘的乞兒們，你們這些衛拉特的棄兒啊，重新掌權的戰爭開始了，你要支持你們的敵人嗎？我的家鄉是在

阿爾泰、額爾濟斯、和布克賽爾（Khobuk-sari）、額敏、博爾塔拉、伊犁和阿拉泰（Alatai），這就是整個衛拉特祖國。從血統上來說，我是阿睦爾撒納的曾孫，大黑天的轉世，擁有瑪拉巴什馬。我是他們稱之為英雄丹畢堅贊的人。我現在來把我的牧地移回我自己的土地上，要收攏我的屬民家戶和僕人，給予恩惠，並自由地生活。[74]

所以偉大的清代史學巨物從來不曾完全消除替代性的聲音。在遙遠的伏爾加，一個獨立民族的前景依舊存活。在一九一一年清朝崩潰後，蒙古享有了短暫但混亂的自主期，直到一九二一年蘇聯軍隊的到來，但它的歷史想像仍然保留了過去戰鬥的歷史記憶。這些敘述可能誇大或者簡化，但在俄羅斯或中國的民族銘刻計畫的完全支配之外，他們依舊喚起另類歷史敘事的可能性。

由勝利的皇帝所引領，清朝的官僚動員了全套的資源想要完全主導有關征服的集體記憶。石碑標記了帝國地景，地圖可以全面一覽領土，官修歷史則固定了時間與詮釋的最終形式。這個歷史書寫與銘刻機制不只占據了漢文的文本空間，也占據了幾乎所有的滿文與蒙文空間。一個是強調天意所預定，神聖統治者所預見的公認的征服敘事，驅逐了各種疑慮、偶然性還有懷疑論者；其他剩下的敘事，則以碎片、不一致、散亂的形態，存在於寺院的手稿、口述史、還有各種官方異議者的評論裡。這個清朝所掌握的詮釋空間似乎沒有什麼挑戰者。

但是斯科特提醒我們，真正的「霸權」從來無法真的存在。[75]儘管有意識形態的過度宣稱與日後的詮釋者的存在，但嘻嘻作笑的抵抗總是潛藏在公開遵從的面具背後。我們充其量可以把清朝的努力看作一個大規模的霸權計畫，在十八世紀末之前似乎異常成功。這個編纂、監視、分類與敘事的龐大機制，徹底標記出了整個帝國的意識形態領地。但表象之下仍有缺口，即使在漢文的文本生產體系之內也是如此，而這種缺口在超越語言與文化世界之處更為明顯。就如同經濟與政治的整合一樣，文化整合從來不能完全將領土內的無窮多樣性，涵蓋在單一的統一凝視之中。然而，想要包容多樣性的野心、涵蓋所有矛盾於一個天命的意識形態，強而有力定義了清代皇帝與繼承他們的民族國家的統治正當性。在下一部分我將討論滿清的帝國野心對於建構近代中華民族的影響。

第五部

遺產與意涵

第十四章

書寫征服的民族史

從十七到十九世紀，西方與中國的歷史學者對於清朝邊疆的看法，在共同的地緣政治觀點下趨於合流。儘管對於王朝與政策是否健全有著不同的評價，他們都同意中國是在歐亞大陸東部的有力政治實體，其自主性對於全球安全非常重要。帝國主義者與民族主義者共享著許多祕密，特別是他們對清朝邊疆未來的分析。

經世學者與帝國

魏源（一七九四至一八五六年）與龔自珍（一七九二至一八四一年）這兩位經世學者，以十八世紀的帝國成就來支持他們強化國家防衛的主張。兩人都使用歷史來為邊疆防衛所需的巨大成本辯護。他們將乾隆邊疆征服事業追溯到漢朝與匈奴關係的系譜上，聲稱他已經成功地解決了兩千年來防衛西北邊疆的難題。中國的邊疆現在是穩定的，但帝國需要投資以便整合邊疆與內地。就像皇帝的官方史學家一樣，他們在這些史無前例的帝國勝利中看到天意的展現，但就像七十一，他們知道邊疆之外還有廣大的世界存在。嘗試將十八世紀的計畫帶進十九世紀的國際地緣政治，這些經世學者界定了清朝在最後一百年繼續控制其所征服民族的統治框架。

西方學者大多認為，龔自珍與魏源是提倡抵抗西方海權侵略，致力擴展中國對歐洲國家知識的人物。[1]然而孔復禮（Philip Kuhn）已於最近指出，西方學者基於「種族上自我中心」的原因，傾向擴大外國對於魏源等思想家的影響，忽略了他主要的關心焦點在於國內改革。[2]魏源與龔自珍改革主張的主要動力來自今文經學派，該學派把古典文本當作行動指南，而非僅是經驗研究的古老對象。然而，我們不應該將這兩人單獨看作國內改革的提倡者，也不應該強調他們僅關心海防。作為以古典學問引導政治行動的提倡者，魏源與龔自珍都將國防安全問題與國內的政治改革緊密聯結起來。國家安全同時意謂著邊界防衛與國內秩序的維護。在他們的想法裡，大陸與海洋安全的關切密切連結在一起。

當龔自珍在他的預言性文章裡主張突厥斯坦應該設省，那年他才二十九歲。[3]他已考取舉人，但卻未能考上進士。並不令人驚訝的，當他的著作在一八二〇年出版時，多數人忽略了這個尚無名氣的學者的主張。但當他的著作，在一八二七年被重新收入《皇朝經世文編》這套由有影響力的官員賀長齡贊助、並由魏源編纂

經世學者與歷史學家魏源（1794-1856）。

的書中出版時，他和他的著作獲得了更廣泛的關注。一八二六年張格爾的叛亂已經引發人們對突厥斯坦不安情勢的關注，而且維持該地區駐軍的成本也招致大量批評。龔自珍不只強力主張將這個地區整併到帝國之中的好處，並將此地的征服視為上天支持的長期帝國願景的高峰。

然而，與乾隆皇帝不同，龔自珍並未把中國定位在文明領域的中心，而是在歐亞大陸的東方，有固定邊界和有限領土的一塊土地。那是世界上最大的國家，邊界延伸到四「海」，因為清朝的大陸邊界就代表其控制的最終界線，正如同其在東海與南海的海岸線一樣。「若大山小山，大川小川，若平地，皆非盛京、山東、閩、粵版圖盡處即是海比。」中國的統治者已經首先往東擴展，然後往南擴展，但藉由支配蒙古，清朝已經使得西北變得更安全，不再那麼遙遠或者危險。「若非應天運而生，帝國能通於四海乎？即使用帑數千萬，亦不可謂費。」龔自珍拒絕「淺見愚儒，下裏鄙生」的想法，他們說支持征服事業不過是「耗中事邊」（浪費內地的資源去支持邊疆）。[4]

龔自珍也大力主張要把該地區與內地整合。所有西北與華北無地流離的人口都該被送到西邊，給予二十年免稅並資助其墾荒，而地方屯營應該授田給士兵作為私產。當地的旗人應該遣散，文官應該控制所有的土地和負責徵稅。這個地區應該系統性畫分為府廳的行政建置，漢文地名應該取代本地的地名，而這些柏克、札薩克與其他邊疆的權威應該改由一般的行政單位管轄。

龔自珍的激進提案擴大了現有行政趨勢的規模，並主張快速推進到最後結果。清朝在十八世紀的政策就已經開始促進新領地的整合，並創造了一個混合民政與軍政的行政結構。但滿洲人統治者保持突厥斯坦與帝國其他地方分離，繼續堅持該地區應該自己支付其行政成本。龔自珍反對自給自足的想法，主張新設省的貴州與其他貧窮的內地省分，都應該獲得來自富裕省分的實質補助。但應該要小心控制貿易，避免腐敗的「奢侈品」進入。嘉裕關的官員應該確保僅有穀物、布疋、茶等必需品能輸出到邊疆，且只有皮貨跟西瓜能進口至內地。龔自珍認為漢人可以在這邊重新展開新生活，同時不會被內地的社會衝突與商業誘惑所污染。甚至就連該地區流放的罪犯與其他來自內地的「奸民」，在該地都可以透過在自己的田地上辛勤勞動來重獲自新。龔自珍的純淨處女地觀點，還有來自帝國中心文化往外擴展到最盡頭的想法，以道德與歷史面回應了他的批評者。

魏源以較物質層面的理由支持他的同僚，強調米華健所謂的「防線前移的紅利」（forward defense dividend）：把軍隊轉移到邊疆可以紓解軍隊在內地省分的花費。[5] 魏源在《皇朝經世文編》的文章中，同樣讚揚了帝國各個方向的擴張，並仔細調查了所有在帝國控制下的民族。[6] 內蒙古的蒙古人，加上土默特與歸化的蒙古人，構成了總共五十一個旗。每旗都有自己的札薩克，共可分成二十五個部落。而外蒙古則形成了四個部落與八十一個旗，集體合稱喀爾喀。最西邊是準噶爾城鎮，那裡在戰爭後變成最大的墾殖地（魏源並沒有提到準噶爾人被滅絕之事）。而在他們之外則是「西屬國」，分成三路，包括哈薩克、布路特（吉爾吉斯）、安集延、愛烏罕（阿富汗）、溫都斯坦（印度斯坦）等等。在魏源的廣大眼光下，所有這些民族在某個意義上都「屬」於帝國；只有俄羅斯不是屬國。

魏源也必須對帝國領土控制導致內地資源浪費在邊疆荒地的指責辯護。他引述過去游牧民族造成的不斷破壞為例，證明邊疆擴張所花費的成本完全合理，更進一步強調邊疆地區可以紓解內地的人口壓力。他大聲曰：「天留未闢之鴻荒」，正是要讓我們收容「盛世」所不斷孳生的人口。[7]

因為魏源與龔自珍共享了一個信念，認為宇宙的力量指引了歷史進程，西方分析家通常將他們視為十九世紀社會理論典型的單一線性發展的歷史分析的先聲。[8] 但他們兩人並不是從西方的案例推衍出這種進步主義觀點，而是從他們所知道的清代擴張。十八世紀的擴張，似乎決定性證明了中國已經完成了其支配中央歐亞的歷史使命。正如同在新世界與其他地方的帝國主義者，他們提倡以核心地區的移民來填滿這些「處女地」，並更強化邊疆與內地的連結，將其視為這個大型陸地國家的「昭昭天命」。物質利益只是強化對歷史變遷的既有觀點，取決於清代盛世衍生的國家自然邊界的預設。

魏源的《聖武記》以簡明易懂的方式綜合這些征服過程，完成了清代邊疆征服的正當化論述。一七九四年出生的他，成長於一個戰亂不停的年代，當時帝國正絕望地想要壓制內亂與外國的侵略。如同他在前言所述，他是出生在一七九五年苗亂的前一年，在白蓮教亂平定後獲得他的生員頭銜，在一八一四年林清在京城起事那年癸酉科選拔貢，而後在一八二二至一八二八年張格爾之亂期間考上舉人。[9]在鴉片戰爭年間，他在兩江總督府內擔任幕友，目睹中國慘敗於「海夷」的經過。在一八四二年他運用手邊所及的「海量文獻」，包括大量帝國征服史收集的材料、官方祕檔、私人著作、口頭資訊，開創了清朝軍事成就的全面性論述，足以垂範後世。此即是《聖武記》。一八四四年，他也完成另一部有關外國地理學的著作《海國圖志》。這兩部著作在一八五〇年代的日本非常有影響力，當時日本正面臨著外國武力開港通商的威脅。[10]

而在魏源之前，另有一位擔任軍機章京的漢人官員趙翼。他大半生在西南邊疆任官，在突厥斯坦征伐期間與西北有很多書信往返，後並協助編纂《平定準噶爾方略》。他的《皇朝武功紀盛》一書在一七九二年出版，是乾隆時代帝國歷史書寫計畫與魏源和其承繼者們的私人論述著作之間的橋樑。他討論了七次的帝國戰事，包括在緬甸與臺灣，那兩次他親身參與。趙翼跟魏源同樣對軍事史與帝國制度演變史感興趣，他也寫了重要文章分析軍機處與翰林院的興起。相對於稱讚古代封建時期的地方主義的顧炎武，趙翼則把清代的經世之學與宋代「歷史類比」的傳統連結起來，肯定軍事擴張與中央集權的必要性。趙翼並非出於對國內動亂與外國侵略的憂慮而書寫歷史，但他的著作「強調環境與連續累加的制度變遷的重要性，而非往前追溯一個靜態絕對的古代烏托邦」，可說為魏源的歷史書寫鋪平了道路。[11]

魏源在《聖武記》的序言中引經據典，為他「戰勝於廟堂」的激進提案提出長篇辯護，換句話說，邊疆的安全防衛應該優先於在全世界傳播文明文化，倫理普遍主義應該讓位於國家民族的安全。然而魏源也強調「人才」優先於「財用」的重要。要保護安全，物質因素不能代替心理因素：

今夫財用不足，國非貧，人材不競之謂貧；令不行於海外，國非羸，令不行於境內之謂羸。故先王不患財用而惟亟人材，不擾不逞志於四夷，而憂不逞志於四境。官無不材，則國楨富；境無廢令，則國柄強。[12]

魏源顯然接受帝國擴張下邊疆的定界，他也像龔自珍一樣致力於強化邊界的控制。對他來說，國家的目標不是促進邊界之外的文化，而是保證邊界之內的順服。在這裡我們遭遇了分隔民族主義意識形態與古典價值規範的模糊界線。對魏源來說，要守護國內的安全，就需要動員帝國最好的人才主動「競爭」，就像戰鬥一樣。

魏源主要利用清代征服的歷史紀錄，推演出他原始軍事主義的意識形態，而非從他對於西方武力的知識。就如同林珍珠（Jane Leonard）所主張的，魏源對於外國的興趣主要來自於他自己的古典地理學傳統。[13]儘管外國的想法有許多貢獻，但這個古典傳統與官方史學已有足夠的知識材料，支持魏源三項最醒目的提案：軍事防衛、全球地理知識，以及國家事務的公共參與。

《聖武記》一書的組織是沿著清代的國家擴張展開。在開頭兩卷講述清朝奠基與平定三藩之亂後，魏源接著探討作為整個蒙古平定事業一部分的準噶爾征服。他以地理位置組織論述，從「內六」到「外四」個蒙古部落，其後則是庫庫淖爾、賀蘭山厄魯特，最後是康熙的準噶爾征服。後續章節則是帝國軍隊遠征準噶爾、突厥斯坦、西藏、尼泊爾廓爾喀地區，然後進一步討論俄羅斯、朝鮮、緬甸與越南等地區。他接著討論了苗疆、金川與臺灣的動亂，而後是有關白蓮教之亂的廣泛討論。最後四章則是討論軍事後勤供應與其他議題。這個文本的討論涵蓋了清代主要戰爭征服事業，並論及了帝國的全部邊界。

魏源以全面性的歷史論述連結了軍事征服、對外關係與內部改革，其著作成為一系列帝國努力建構對擴張戰爭的固定詮釋的頂點。他對清代擴張的理解，已經成為後來同類著作無可置疑的基礎，甚至他的錯誤也為後來的作者所延續。例如蕭一山一九二三年的《清代通史》，就包含很多沒有引註且逐字抄錄自《聖武記》的段落。米華健已經指出魏源很多主張的片面之處，例如他刻意低估了占領新疆的軍隊數目。但那些觀點仍被近代中國歷史學者所接受。[14]

魏源對噶爾丹與俄羅斯關係的處理，則顯示他的分析取徑如何契合於近代民族主義史觀。[15]他特別強調噶爾丹假稱取得俄羅斯的支持，清朝將領如何擔憂俄羅斯將插手的謠言，以及皇帝仍舊相信上天的支持。在魏源的想法裡，皇帝「神靈奇異」，可以解決所有後勤的問題，包括從沙地引水，令荒地長草，使河冰融化，書裡甚至歸納說噶爾丹自殺是出於自然徵兆令其絕望：「每夕或數驚，所至處頻逢怪異烈風淫雨隨之，自知人畔天亡，旦夕必就俘，途仰藥死時。」[16]魏源訴諸自然力量和神靈啟示的說法，奠定了後來所有中國征服論述的基礎。

地緣政治與皇帝崇拜

北京宮廷的耶穌會士是第一個論及清代征服的西方編年史家。耶穌會士張誠多次陪伴康熙皇帝前往西北遠征，並寫下很多作戰的目擊報導。[17]從耶穌會士的報告中，西方讀者獲得了這位活力旺盛的滿洲統治者的貼身圖像——軍隊的英勇、對學術研究的贊助、對科學的興趣，還有耶穌會所期望的改宗基督教的高度可能性。另一位神父杜赫德一七三五年出版的《中華帝國全誌》，涵蓋了帝制中國最多的領土，特別注意十七世紀帝國在西北的探險與征服。當時的法國人特別關注清朝與歐洲的國家形成與競爭之間的緊密類比。另一位傳教士馮秉正（Joseph-Anne-Marie de Moyriac de Mailla）在一七〇八年的著作《中國通史》（*Histoire générale de la Chine*）中，第一個將康熙皇帝類比為路易十四。馮秉正的書是第一本使用漢文或滿文翻譯材料的中國通史書，內容涵蓋了整個帝制中國。前面章節主要參考（十三世紀朱熹開始撰寫，明代續編）《資治通鑑綱目》的內容，但清代的部分則多半根據方略的征服歷史。馮秉正將第十一卷的大部分篇幅用於書寫噶爾丹的戰事，將年輕皇帝的活力與勇氣，對比於噶爾丹的「邪惡」性格。在西方與歐洲帝國榮耀觀相互合流的時代，馮秉正的陳述密切反映了當時新興清帝國對自身成就的觀點。

到了十八世紀晚期，西方人對於中國的看法從敬佩轉為輕蔑。當時他們的主要接觸地從北京轉變為廣州，而商業關係取代了知識辯論與技術交流。英國取代了法國變成支配性的帝國勢力，一七五六至一七六三年間的七年戰爭與一七五七年克萊芙（Clive）上校在印度普拉西戰役的幸運勝利，強化了他們的優勢力量。中國作為病人的形象逐漸取代了年輕活力的早期印象。

儘管中華帝國變得更加龐大，英國的觀察家卻偵測到了虛弱的跡象。如同馬戛爾尼伯爵在一七九三年出使後的評論：「中華帝國是一艘古老瘋狂的大戰船，有幸由一批批有才能與警覺的官員費心籌謀，讓它過去一百五十年不至沉沒。那龐大的軀殼雖然依舊威嚇著左鄰右舍，但只要一個無能的人碰巧在甲板掌舵，船隻的秩序與安全遲早會告終。也許，她不會立即沉沒；也許她還會像遇難船隻繼續漂些時日，但遲早會撞上海岸而支離破碎，但她永遠不能從原來的基礎上重建。」[18] 馬戛爾尼使用航海的術語重複了儒家的統治原則：國家的有序運作仰賴統治者的道德秉性。

馬戛爾尼其中一項顧慮是衰落的中國對於歐亞地緣政治平衡的影響。馬戛爾尼在前往中國之前已經花三年時間在俄羅斯，與俄羅斯簽署了一份商業條約，並在回國時寫了一份有關俄羅斯帝國的報告。在中國，他和松筠關係密切。後者是一名蒙古官員，曾經和俄羅斯在一七九二年間協商新的《恰克圖條約》。

馬戛爾尼預示了十九世紀地緣政治上的利益影響中國命運。他曾經想像假如英國占領澳門或者大嶼山的話，俄羅斯的可能行動：「在這種混亂時刻，俄羅斯還會按兵不動嗎？她會錯過這個恢復阿爾巴津，還有重建她對阿穆爾河的控制力的機會嗎？有著想要跨越歐那拉斯加（Onalaska）以東野心的凱瑟琳大帝，會忽略就在她門邊觸手可及的這些省分還有地方嗎？」[19]馬戛爾尼就像之後的魏源一樣，看到中國的命運在大陸與海洋邊疆上緊密相連。

十九世紀是帝國主義的高峰期，各國再度恢復對歐亞地區地緣政治的興趣。一九〇四年，麥金德（Halford John Mackinder）率先提出大型陸上強權控制歐亞大陸「世界島」的戰略想像。在麥金德下筆的十四年前，美國海軍上校馬漢（Admiral A. T. Mahan）則提出歷史上的海權支配論。[20]馬漢的世界地緣政治支持英國海軍與崛起中的美國對於太平洋的控制，麥金德則把關心重點放在俄羅斯、德國與其他大陸強權。從稍後拉鐵摩爾的理論著作，還有當代的布里辛斯基（Zbigniew Brzezi ski）等戰略家的作品中，我們可以清楚察覺到麥金德的影響。[21]英國和俄羅斯的「大博弈」吸引了許多人關注：虛張聲勢的冒險家、外交部門的外交官、軍官，以及帝國小說家吉卜林（Rudyard Kipling）。[22]此時也有很多歐洲歷史學者詳細檢視了中國統治者與蒙古對手之間為了控制中央歐亞的戰爭。

巴德利、霍渥斯（Henry Heyle Howorth）、加恩（Gaston Cahen）、古恒等人的作品，都把中國看作是宏大地緣政治競爭中的角色。[23]古恒的著作題名《十七與十八世紀的中亞：卡爾梅克或滿洲帝國？》，具體而微地反映了這樣的研究取向。沒有出現「中國」這個名字，因為中央歐亞才是焦點。兩個競爭者分別是「卡爾梅克」（準噶爾）與「滿洲人」，而不是中國人、蒙古人、俄羅斯人，或任何符合現在民族定義的人。巴德利同樣把俄羅斯、蒙古與中國放在相同立足點。雖然加恩的書名只有提到俄羅斯與中國，但實際上還包括了非常多準噶爾國與俄羅斯和中國互動的材料。他們橫跨各民族邊界的帝國觀，顯示這三個帝國的擴張是世界上的重要進程。

中國歷史學者與多文化國家

在二十世紀，正當中國民族主義者嘗試要喚醒民眾回應帝國主義的威脅之時，歷史心靈也開始封閉。二十世紀的中國民族主義者面臨日本、俄羅斯與西方列強的攻擊，對維持「民族」統一至為關切。因為他們認為滿洲人是異族，是漢族的落後統治者，他們貶低或幾乎忽視了清朝領土擴張的獨特特徵。對他們來說，滿人的專制阻礙了團結中華民族的力量，後者將會從下而上長成一個強大的民族。中國的領土範圍可以追溯回公元前三世紀秦始皇統一中國之時，民族主義者們把帝國往外向中央歐亞的擴張看做中國文化與力量興起的自然結果。他們並沒有把中國領土擴張歸功於滿人，反而責怪滿人弱化了中國在世界上的地位。

他們有關征服歷史的粗略討論源於此一預設，即清朝的擴張僅是早期中華王朝擴張計畫的完美頂點，而非重新定義中華國家性質的斷裂點。這是一種民族主義歷史的目的論，暗示著清朝不過是完成了之前王朝的任務，涵蓋所有「自然」歸屬於中國領土。然後這個空間為近代中國繼承，並使其成為中國想像共同體的基礎。近代的教科書強調清朝與之前王朝的連續性，潛在預設是如此驚人的領土擴張並未造成太大的變化。

但就如同我已強調的，清朝的擴張並非延續過往朝代的線性成長，而是代表與明朝在戰略目標與軍事能力上的重大斷裂。其統治菁英的不同性格，在動員內地中國資源上的成功，以及帝國的歐亞外交策略，才使得擴張成為可能。這個擴張對清朝的社會經濟結構、行政制度與自我觀念造成長久的影響。清朝皇帝與將軍們相信他們已經達成史無前例的成就，他們透過重新書寫征服歷史的計畫，成功將其成就與過去王朝的成就連結起來。為了創造與過去王朝的連續性，清人在某個程度上遮蔽了自身成就的激進意涵。而民族主義者則在清代官方史家的遺產上，建立了在今日仍為主流的中國歷史觀。

從中程觀點來看，清代征服的終止埋下了導致清帝國在十九世紀到二十世紀初期崩潰的因子。從較長期的觀點來說，這些征服從根本上重新定義了中國的領土與文化認同，留下現代民族國家重建的基礎。我們已經看到統治者如何發展普遍王權的自我概念，在擴張過程中逐漸擁抱文化傳統不同但又重疊的多元民族。從文化定義來說，清朝並沒有一個單一絕對的轉捩點，而是逐漸演化出對天賦使命的意識：將諸多（但非全部）的歐亞文化合併到單一凝視之下。

定義邊界與消除對手，也意謂著對帝國正當性宣稱的限制。儘管皇帝自誇要涵蓋「普天之下」的所有邊疆，但邊疆作家如七十一則清楚知道並非如此。魏源利用七十一的著作獲得很多橫跨歐亞大陸的清朝對手們的知識。透過外國顧問測繪帝國領土範圍的地圖，清朝統治者已經隱約承認他們僅能占領部分地球表面的土地，一個可以用經緯度的普遍座標來測量的全球空間。從康熙的繪製地圖到魏源對於邊疆戰爭的討論，帝國擴張的主題持續發展，成為新的民族意識建構的基礎。我會在此簡要回顧一下，瓜分當今大草原的三個民族國家有關征服的歷史書寫。

近代中國學者已經生產了有關中國西北地區的豐富書寫。考量到西藏、蒙古與新疆合計僅占中華人民共和國今日人口的三．六%，但有關他們的人均學術出版量應該遠高於中國其他地區。最近有人整理出一九〇〇到一九八八年間有關這個主題的文章索引，共表列出八千〇三十一篇文章，另一個有關清朝本身的索引則表列出七千五百項書和文章。[24]不用說，我當然僅約略讀過這個龐大文獻的一小部分。

若不考慮政治體制的話，這些歷史寫作展現出令人矚目的連續性。自一七六三年乾隆皇帝寫《準噶爾全部紀略》以來，清朝、民國、臺灣與中華人民共和國的學者們都採取類似的取徑。漢人中心的民族主義取徑凌駕於其他方法論——不管是考據學、民族主義或馬列主義學派的取徑。這種預設「統一」的共同敘事線，將這些在不同政治環境下生產出來的作品連結起來。為什麼在這個基本的主題上，會有這種難以解釋的共識呢？

在大部分的語言裡，「歷史」都有兩種意義：過去人們的真實生活經驗，以及對過去的（書面或者口頭）紀錄。這兩種意義環環相扣。我們在當下的經歷、決定、意圖與理想，都衍生自我們如何詮釋自身過去的經驗。同樣的，現在的經驗形塑了歷史的詮釋，不管是學術專著或者個人記憶。現在與過去會來來回回互相影響，彷彿我們的過去和現在化作了迴圈。沒有哪一方能夠完全決定另一方，也沒有一方能夠單獨存在。人們用來書寫歷史的字詞，和所有的詞語一樣，其實都是空的容器，是可以不斷填充新的意義的能指（signifier）。儘管字詞的寫法不等同於概念本身，字詞舊有的意義也不會被完全取代。[25]我歷史學者繼承此一書寫慣習，在變動的條件下詮釋清代征服的歷史，延續並更新了那些長久的神話。我先前已經討論過，征服的終點就是神話編織的起點。從這個終點，我們就開始了詮釋循環（hermeneutical circle），從我們的世紀往回觀照這個觀點的起源。詮釋的大循環沒有終點，沒人能下最終定論。新觀點是否比舊觀點更好，僅能交由讀者決定。

俄羅斯、中國與現代蒙古學者在分析準噶爾敗亡的歷史意義時極度缺乏共識。中國文人將乾隆的勝利視為將「我們蒙古人」納進中國的自然過程，他們把新疆視為中國自古以來的領土。他們僅視準噶爾為叛亂者，否認蒙古人存在廣泛的反清情緒，更忽略了在清朝之前，新疆從來不曾被中國王朝永久控制。俄羅斯文人稱呼清朝是侵略性的擴張帝國，並試圖在蒙古民族主義者對清朝封建國家的抵抗中尋找階級鬥爭的跡象。我們或許可以主張俄羅斯學者比較像馬克思主義者，而中國學者則比較像民族主義者，但俄羅斯學者也一樣正當化他們的帝國擴張，只差沒有宣稱西伯利亞「永遠屬於」俄羅斯。當代的蒙古學者則強調蒙古民族從遠古以來的本質統一，淡化了他們在實際上的分裂。

這些從現代往回投射的民族主義觀點汙染了我們對過去的理解，因為那並不屬於任何一方的「民族主義」鬥爭。那其實是國家構建的鬥爭，比起涉入其中的人民有何民族意識，統治者的軍事與政治權力更為重要。各方勢力有時會訴諸大眾支持，並且援用族群統一的象徵，例如成吉思汗、中國皇帝，但決定結果的並非報紙、廣播與群眾動員等近代武器，而是軍隊、外交和經濟壓力。

現代意義上的「蒙古人」、「滿洲人」、「中國人」、「維吾爾人」與「回人」民族，並未在這場鬥爭中一致參與同一邊，也未表達出一致的觀點。他們的所作所為，是為了要在一場不同背景的菁英聯盟追求權力的鬥爭中，保有自己城鎮、部落、家庭或個人的利益。為了要理解真正驅動清代擴張的複雜因素，我們必須深入洞察清代的多族群帝國與近代中國民族主義國家之間的差異。

如前所述，魏源立下了垂範後世中國歷史學者的論述標準。[26]但兩者仍有些歧異之處值得一談。從中華人民共和國歷史學者的觀點來說，魏源犯了兩個嚴重「錯誤」。他們批評魏源帶有「階級偏見」，態度上傾向鎮壓人民起義。但更嚴重的是，他們發現魏源質疑中國邊界的永久性。魏源認為《尼布楚條約》畫定的中國邊界領地，有很多是新進入版圖的「不毛之地」，並注意到臺灣「自古不屬中國」。一九八四年北京版的《聖武記》於是堅持：「這些無疑是十分錯誤的，也不符合歷史事實。」[27]

魏源當然是對的，但清代擴張納入新領土的想法違背了民族主義神話。民族主義者必須聲稱清代的邊界是永久固定的，是由上天或者具有自然正當性的歷史過程所賦予。乾隆皇帝若地下有知，知道自己的神話多麼成功地注入到現代中國人心中，他想必會含笑九泉。

戴逸的《簡明清史》，是整個一九八〇年代中華人民共和國的代表性歷史著作。[28]我們可以從他的章節名稱，看出他看待中央歐亞的基調：「邊疆少數民族地區的統一與多民族國家的鞏固與發展」、「清朝政府平定準噶爾部噶爾丹割據勢力統一漠北地區」、「沙俄對我國北部、西部地方的侵略與噶爾丹發動民族主義進行分裂叛亂」、「沙俄對準噶爾地區的侵略與準噶爾軍民的抗俄鬥爭」。他的敘述完全擺在如何締造統一，而非領土擴張。

總是使用「統一」而非「征服」，是中國歷史學者必備的習慣。我們可以注意到戴逸的強烈反俄語彙。在戴逸的詮釋裡，準噶爾民眾熱愛他們的土地並抵抗俄羅斯的侵略，拒絕了歸順俄羅斯沙皇的誘惑。戴逸把這詮釋成「我們蒙古同胞」對於俄羅斯侵略的抵抗。噶爾丹與他的喀爾喀人敵人們在一六七〇年代都抵抗俄羅斯的進攻，但戴逸的真正英雄是哲布尊丹巴，因為他勸誘了喀爾喀人臣服康熙皇帝。戴逸最初稱讚噶爾丹抵抗俄羅斯入侵，但當噶爾丹反清之後，他就強調是因為俄羅斯支持噶爾丹（儘管此說並沒有什麼證據支持）。「我們蒙古同胞」所保衛的這些領土，就是清帝國在一七六〇年代之後征服的最大範圍。戴逸把歷史寫成必然會一路發展並最終導向十八世紀中葉的清帝國邊界。

近代中國學術界也對個人下道德判斷，讓人聯想起古典時期歷史書寫的「臧否」傳統。馬汝珩一篇題為「阿睦爾撒納的〔反動〕一生」的文章，訴說了最後一個挑戰清代對大草原統治的蒙古台吉的故事。在馬汝珩的觀點裡，阿睦爾撒納具有「完全負面的歷史意義」，因為他分裂了少數民族的統一。中國歷史學者（例如說馬汝珩）需要拒斥那些讚揚阿睦爾撒納抵抗滿清侵略的俄羅斯與蒙古歷史學者。馬汝珩預設幾乎所有準噶爾人都為了尋求和平而投降滿清，只有阿睦爾撒納因為個人追求權力的「野心」而叛變。[29]但就如我們所知，故事的全貌要複雜得多。阿睦爾撒納原本請求的清朝支持，讓他掌權對抗其對手們。但後來當清朝統治者削弱其統一蒙古的努力時，他反叛了。清朝皇帝拒絕了大臣們的謹慎建議，堅持對阿睦爾撒納發動軍事遠征。清朝為了遠征而對蒙古盟友徵斂資源，導致了東蒙古人的反叛。儘管清朝軍隊很快就擊敗了阿睦爾撒納，但軍事衝突本身並不能簡單歸咎於他個人的權力慾望。

馬汝珩與戴逸同樣執著反俄主題。在兩人的想法裡，俄羅斯是無可置疑的擴張主義，目的是要利用阿睦爾撒納控制準噶爾。這個詮釋很明顯是在隱射當代中俄衝突。馬汝珩正確指出西伯利亞總督在一七五〇年代曾經密切觀察過準噶爾蒙古人，但他過度高估了俄羅斯人的主動性。俄羅斯主要僅是觀望，並未直接介入準噶爾的事務。

馬汝珩結論說：「阿睦爾撒納的反叛不是一場軍事反亂，而是在俄羅斯支持下的一場民族分裂叛亂。」他引述了毛澤東的經典陳述：「我國是面積廣大且人口眾多的多民族國家。」他接著說道：

> 清代是我國統一多民族國家進一步鞏固與發展的重要時期。乾隆對阿睦爾撒納叛亂的平定，是清政府繼康熙、雍正兩朝之後進行的一場維護國家統一、抵制沙俄侵略的正義戰爭。這場戰爭不僅有利於我國統一多民族國家的鞏固與發展，而且也符合於各族人民要求統一，反對分裂的共同願望，因而它取得平叛戰爭的勝利是必然的。[30]

這種詮釋清楚展示了民族主義史學的主要特色：對邁向統一的進步發展的信仰，以人民統一的標準對歷史人物進行道德判斷。他們堅定假設構成現代中華民族的多民族皆對帝國政權永遠忠心不二。

蘇聯與蒙古歷史學者對清代侵略的抨擊

蘇聯與蒙古的歷史學者共享很多的預設，但他們對清朝的評價則完全相反。蘇聯學者茲拉特金的《準噶爾汗國史 1635-1758》（*History of Zunghar Khante, 1635-1758*）是當今西方語言中最為詳細的分析性研究。儘管他無法閱讀中文，但提供了很多有用的俄羅斯檔案資料。[31] 他拒斥了中國與早期歐洲人的說法，不認為準噶爾是侵略其他蒙古人的征服者。他反而嘗試證明西蒙古、東蒙古和藏傳佛教基本上統一對抗擴張主義的滿人國家。他指出康熙皇帝在一六七九年認可了準噶爾的博碩克圖汗稱號，使得兩人有一段短暫的蜜月期。但清朝的主要目標是避免西蒙古與東蒙古成立一個統一的大草原政權。噶爾丹對於東蒙古土謝圖汗的攻擊導致康熙決心毀滅準噶爾人，因為噶爾丹實質上打算創造一統的蒙古國家，而中國則決心要摧毀它。茲拉特金就像中國人一樣，相信歷史上有自然「民族統一」的深層力量，但他畫定的邊界不同。對他來說，統一的蒙古未能成功反抗滿清國家的強制力以確立其所渴望的自主性。[32]

在獨立蒙古國的歷史學家，則以更強烈的方式來呼應這項說法。對蒙古與蘇聯歷史學家來說，認為中國是一個包含蒙古的統一多民族國家的想法，是所謂的「毛主義的竄改歷史」，是延續了二千年前帝制時期開始的中國中心主義。[33] 他們將中國中心主義往回追溯到周朝的天命觀，因為該觀念把中國放在文明的中心，並認為北邊的非漢民族與野獸無異。中國歷史學者主張北方的游牧民族總是中國文化與民族領域的一部份，所以中國與他們的戰爭是對內部叛亂的鎮壓而非對外敵的戰爭。相對的，蒙古的歷史學者則堅持中國與蒙古以長城為界，始終是地位相等且完全不同的政治、地理與文化單位。現代中國民族主義的歷史書寫，因為繼承了清代畫定的邊界範圍，必須淡化長城界限的文化意義；反觀蒙古歷史學者為了保護其自主性，而過度強調長城的重要性。此事何其諷刺。

對蒙古人與蘇聯人來說，中國人一直是擴張主義者，使用多重策略想要滲透與支配游牧民族。他們認為阿睦爾撒納與青袞雜卜的暴動是民族解放運動，而非「匪徒叛亂」，是涉及所有蒙古階級與階層的「民眾起義」。那些猶豫不決的封建王公加入清朝，但貧困的牧民們則大部分聯合起來一起戰鬥。在這裡我們看到馬克思—列寧主義的階級分析與民族主義歷史相結合，封建階級成了不可靠的民族代表，而「大眾」則變成最為熱情的民族保衛者。我們可以在中國歷史學者有關十九世紀中國與西方關係的討論中發現類似論調，只不過把蒙古貴族換成墮落的滿清統治菁英。

巴登（C. R. Bawden）反過來指出，對早期的人來說，喪失獨立性並未像今天一樣被視為悲劇：

> 對蒙古人而言，滿洲征服意謂著，用現代詞彙來說，他們獨立性的終止，但可以合理地探問這是哪一種獨立性，而且是否在十七世紀的情況下，這是一種真正的喪失嗎？事實上，只有在相對晚近的時期，所有民族的獨立才被認為是政治的「最高至善」（Summum bonum），而且應該說我們，還有當今蒙古的歷史學者……把喪失獨立性本身視作邪惡，乃是將現代價值套用到他們無法完全適用的歷史情境中。

他主張在十七世紀的時候，並沒有「蒙古民族的連帶感……忠誠是有限且個人性的」，而且蒙古人

「缺乏共同體的感受」。[34]巴登的觀點在我來看太過極端，但他的確指出了近代詮釋如何誇大了二十世紀前蒙古人共同民族情感的程度。

帝國、國家（nations）與民族（peoples）

中國與蘇聯在一九六〇年代的關係破裂，顯然影響了他們對清朝歷史的不同評價，但是兩者的差異並不僅止於此。即使是改革開放與意識形態控制鬆綁的一九八〇年代，歷史學者還是重複類似主題。兩邊關於歷史變遷的基本預設，就馬列主義者來說實在非常不唯物。相較於更深入關注基本的物質因素，他們更展現出對於「民族精神」（俄語 volkisch）的追求。儘管三方說法都援引階級鬥爭，並主張民族主義「大眾」與墮落「菁英」的分野，但他們並未提供證據來證明生產模型的演變如何導致階級意識的真正演化。在這個歷史議題上，定義發展階段的工作遠遠沒有保衛民族統一免受外國侵略那麼重要。直到一九八〇年代，三個邊界相鄰的共產主義國家都致力於書寫這個地區的歷史，以便定義他們自己的民族領域範圍，並與其他民族相互對抗。邊界維護勝過了無產階級的團結。

我們可以用四個詞語來總結這個歷史書寫的特徵：目的論、道德評價、自然邊疆與本質化的認同。

一、目的論（teleology）。目的論會從現在的結果直接反推過去事件的因果關係。目的論不僅僅是「當代意識」（present-mindness）而已，因為歷史學者本來就都會受到自身時代的關切影響。這種特別的當代意識認為現在的結果是「被決定的」，並追溯過去導向結果的過程，預設了一個獨立於個人行動的潛在歷史進程，而這個進程最終走向民族國家構建。這其實是黑格爾主義對歷史變遷的預設，馬克思主義只是其變種之一。目的論的主要缺陷是時代錯置與過度決定論。舉例而言，時代錯置意謂著把「階級意識」歸諸到一個尚無資本主義（甚至連封建也算不上）生產模式的社會。決定論則意謂著預設那些抵抗國家擴張的人必然會失敗，從而忽略了形塑最終結果的多重偶然事件。

二、道德評價。我們可以看到這些書寫對道德評價的強烈關切。被定義為「叛亂分子」就意謂著道德上的惡，而歷史學家喜歡強調這些人的個人缺陷。中國歷史學者不願承認準噶爾人具有正面意識形態，也不認為他們有什麼連貫計畫。另一個明顯對比之處在於，過去中國對於漢人農民起義往往給予正面歷史解釋，例如過去被視為農民大眾革命先聲的太平天國；而非漢民族的起義則被當作危害漢人與少數民族統一的「分裂主義者」。

三、自然邊疆。領土邊界被預設為自然且預先決定的，而且非常接近於當代的國家邊界。對中國人來說，俄羅斯的「侵略」就是侵犯了這些虛擬的邊界，即便當年根本尚未協商出這些邊界。對俄羅斯與蒙古人來說，清朝的「侵略」意謂著超過中華人民共和國現有邊界的擴張。所有民族歷史學者都訴諸「自然邊界」的概念，正當化他們國家的領土控制。費夫賀（Lucien Febvre）大力反對這項觀念，認為所有國家的邊界都是特定時期的建構。[35] 然而，有些國家的宣稱可能比起其他國家更合理，因為他們有很多地理界定清楚的自然邊界，例如山脈、河流與海洋。但這些宣稱在中亞就比較可疑，因為那裡並沒有如此明顯的界定因素。

四、本質化的認同。同樣的，族群認同被認為是自然化且本質的，是固定不變的。民族主義歷史學者嘗試透過追訴名字來建立連續的系譜，例如預設在元代的斡亦剌惕（Oirat），與明代的「衛拉特」與清代的「厄魯特」是同一群人。但這些族群稱謂很多是指涉很多不同民族的聯盟，並非單一、固定的實體。

這四項特徵都各自包含一部分真相：所有歷史學者某種程度上都有當代意識，道德評價也是歷史詮釋裡的重要成分；國家邊界在十八世紀的確重要，且在蒙古人裡面也有某種族群認同感。但若我們不加批判地使用這些預設，把偶然的人類創造過程描述成一種普遍歷史過程的必然結果，就容易產生嚴重誤導。

相對於此，我們首先需要重新引入偶然性，並避免時代錯置的問題。我們需要同理，嘗試從行動者自己的角度來看待這些事件。他們對結果並不確定，甚至也並未預先固定目標，而是隨著情境演變。對於不受個人行動影響與潛在的非個人歷史過程的預設，我們應當保持懷疑。

其次，我們應該採取較為客觀的立場，給予所有行動者同樣的重要性，避免預先作價值判斷。我們必須嘗試使用他們自己的話語，重構這些國家與行動者的利益與動機，而非將他們詮釋成邁向民族國家的階段性產物。

第三，我們應該把邊界意識當作演化與建構的，而非自然固定的。國家邊界的理念是在十八世紀中國才萌生出來的意識，這些領域界定的敘事構成後來民族主義歷史的書寫框架，但清帝國的邊界並非一直就在「那裡」等待被人發現。我們不應該忽略這個國家邊界的政治與社會建構的任意性質。

第四，族群與部落的界定同樣是偶然互動的歷史產物，並非「自古以來」就存在。就像現在有關族群建構或者「被發明的傳統」討論那樣，這些界定來自一個變動的文化脈絡，群體為了追求以最有利方式定義自己而各自所採取的策略。

最後，我們需要更深入檢視物質因素。能否取得食物、水源、動物、武器和商品，對於這些國家的存活甚是關鍵。這三個國家都用類似的方式競相增加他們的「國家性」（stateness）。他們都面對自然環境的限制，影響了資源的生產用途；還有社會與政治環境的限制，也影響了第一級生產者提供資源給國家創建者的意願。

今日，民族、國家與文明，只能持續界定自己不是什麼。我們對自身、社會與國家認同的穩固性缺乏自信，因此會尋找（甚至發明）一些我們認為與自己完全不同的民族。就算我們不能肯定我們有何共通點，但至少可以肯定我們跟野蠻人、原始人、東方人、原教旨主義者、恐怖分子沒有什麼相似之處，那些人總之就是拜物化的他者（the fetishized Other）。傅柯（Michel Foucult）指出十八世紀以來西方社會定義理性的方式，就是就透過與其對立的瘋狂。懷特（Hayden White）同樣已經討論過西歐人檢視所謂文明的方式，就是透過創造野蠻人的形象來界定區隔——其先是一種中世紀末馴服的原始人形象，然後在浪漫主義下轉變成所謂的「高貴的野蠻人」（noble savage）。我們甚至可以在近代社會理論看到這類技術。摩爾（Barrington Moore）主張，假如我們對怎樣是最好的社會沒有共識，或者對何種社會最能提供正義、自由與財富等正面價值莫衷一是，我們至少能夠同意殘忍、貧窮與不正義的起因為何。[36]

反面思考的力量可以是一種真誠的批判工具，用來檢驗現代文化未經檢驗的預設。它也能是一種解構工具，用來顯示西方帝國文化如何為了自身的帝國利益而在自身形象上創造出虛構的「東方」。[37]但我們很少把這種分析應用在現代西方社會以外。假如批判者僅把自己局限在透過顯示西方價值根本上並非依賴於固定的共同核心，而是一系列相對且不斷變化的對立觀點來顛覆西方價值的優越性，那他們仍然暗示了「西方」具有某種特權的分析地位。為什麼不用同樣的視角來看亞洲呢？

最近對民族主義興起的討論共享了很多優點，但也存在相同的侷限。如今，日益龐大的文獻關注西歐與美洲民族主義意識形態的興起。不同的分析對民族主義起源的時間與地點提出不同的看法：安德森（Benedict Anderson）主要關注印刷文化對十九世紀拉丁美洲克里奧爾（Creole）菁英的影響；管禮雅（Liah Greenfeld）則關切十六世紀英格蘭。而葛蘭（Erich S. Gruen）甚至在羅馬共和時期發現「民族認同」，羅馬人藉由對比希臘人（他們最敬佩又最不信任的民族）來定位自己的認同。他們採取將羅馬人的祖先上溯到特洛伊人（而非希臘人）的傳說，為了要「將羅馬人納入希臘傳說的母體中，但又延展到更久遠的古代，以便標誌差異並投射不同的認同」。[38]

再一次，反面定義的運用證明了其十分有效。國家與其民族實際上就是透過反面來定義他們自身。研究民族主義的學者可以減損有關本質認同的謬誤主張，因為這些主張扭曲了歷史並導致不分青紅皂白的敵意。但直到最近，這樣的分析才開始被應用到亞洲，特別是應用到中國。杜磊（Dru Gladney）頗具啟發地指出，當代中國少數民族的定義其實是情慾化的他者，為規訓多數漢族而服務。傅利曼（Edward Friedman）指出，晚近一個穩定「漢人」認同的瓦解和對立地區定義的成長，其中心因素實為新的考古學解釋與地方文化的高舉。[39]

西北邊疆在漢人認同的形成上具有何種地位？清朝又在此扮演了何種角色？現下有關這些問題的討論，可以補足前述的分析洞見。清代西北征服的完成重構了「中國」與「漢人」的認同。十八世紀在中國不是民族主義的時代，但替十九世紀晚期中國民族定義設定了歷史框架。這個框架包括邊界的定義，漢人、滿人、穆斯林、藏人固定的種族與系譜認同，以及控制多元民族的帝國計畫如何將這些非漢民族收編為從屬的他者。

研究清代帝國意識形態的學者，不該僅著眼於十八世紀已完全成形的意識形態。這些象徵、文本、銘刻與宣言的結構，的確定義了帝國菁英、官僚與至少部分屬民的行為與思想，但它其實在十七世紀到十八世紀之間經歷了重大演變。清代統治者在這一意識形態建構過程中與其對手競爭，後者也在建構自己的意識形態。那是一個特定時代的暫時產物。到了十八世紀末，清代統治者已能以沾沾自喜與完滿的語調表達成功擊敗敵人的滿意之情。然而，若少了這些野蠻的敵人，清代統治者將會發現自己對十九世紀的全新挑戰束手無策。

第十五章

比較歐洲與亞洲的國家創建

清朝的征服決定性的改變了中華帝國、俄羅斯帝國與兩者之間的中央歐亞民族的歷史。我已經分析了清朝與準噶爾的衝突如何是一個競爭性的國家構建過程，兩邊都必須動員經濟與軍事資源，建立行政組織與發展征服和統治的意識形態。清朝並非是以一個業已建立完備的國家，面對著一群沒有組織的「匪徒」。在十七世紀初期，滿洲人建構了一個用以推動軍事征服的國家機器，且直到十八世紀中葉為止，擴張國家領土仍然是王朝統治者的主要任務。與此同時，拒絕滿洲支配的蒙古人也在中央歐亞創造了一個越來越「類似國家」的國家機器統治，從鬆散的部落聯盟趨向定居政權的結構。滿洲與準噶爾人都建立了一座首都，都提倡農業墾殖與贊助貿易，都發展官僚程序並以其作為不斷軍事征伐的基礎。戰爭餵養國家，而國家則供應戰爭所需的資源。滿洲人在征服中國本部後，手上已經擁有比起準噶爾人更多的經濟資源，而且他們也繼承了運輸網路，能夠將人員、穀物與貨幣等關鍵資源在緊密的交換系統中連結起來。準噶爾人則必須在一個更為廣大且未整合的空間中，收集更為分散的物資，這使得他們的國家創建計畫更具挑戰性，而且最終僅能短暫存續。

但令人驚訝地，準噶爾的確持續長時間抵抗清朝的毀滅力量。他們受到兩個重要因素的庇佑：機動性與距離。陸地運輸的高昂成本導致滿人無法有效擴大他們在長城以外的控制，除非他們獲得蒙古人的聯盟。清朝在雍正時期的很多計畫都是致力於以經濟誘因、外交和軍事力量來贏取蒙古人的同盟。雍正在一七三一年的恥辱性敗戰，具體顯示了中央歐亞的貧困與廣大對於清朝勢力擴展所加諸的嚴厲限制。

但雍正的內政改革強化了官僚效率，奠定了未來擴張的基礎。軍機處與祕密奏摺讓乾隆可以快速回應遙遠西北領土上的經濟與軍事需求。清朝在整併青海後建置於甘肅的文官行政系統，舖平了乾隆後來統合控制新疆的道路。在克服弱點之後，帝國已準備好在十八世紀中葉展開反攻。儘管整個西北極度乾旱，官員們仍動員糧食、馬匹、兵員、民人、游牧民、青草、服裝與武器，一舉擊潰了他們最終的敵人。這個在戰爭與外交運作的期間持續建構的後勤網路，奠定了清朝史無前例擴張的基礎。

準噶爾這一方則拼命地想要聚集每一種可能的資源，來防衛他們的國家。他們利用了伊犁河谷的土地和突厥斯坦的綠洲，他們向西伯利亞部落徵收貢品，直到俄羅斯把他們的勢力趕出去。如同過去每一個游牧帝國，中央歐亞的貿易是準噶爾國家的關鍵資源。「布哈拉」商隊貿易者連結了準噶爾與俄羅斯的領土以及南方的大都市。西藏與庫庫淖爾提供了穀物與牧地，還有藏傳佛教教派的正當化意識形態。其他的資源則是廣泛分散的，從額爾濟斯河與鄂爾渾河和其他河的河谷，還有亞梅什湖、巴爾喀什湖的食鹽與潛藏的金沙。想要把這些資源匯集到一起，就算對最偉大的統治者也造成龐大的壓力，即使不考慮他還需要面對兩個龐大定居帝國的惡意威脅。

說來湊巧，雙方的確都曾出過有能力、有活力且積極的領導者。康熙、雍正與乾隆皇帝每一人都以自己的方式，有效協調征服所必需的多重組織。但他們面對的準噶爾對手也不遑多讓：噶爾丹、策妄阿喇布坦、噶爾丹策零，他們對清朝壓力策畫了大膽回應。最終結果並非光靠領導者的素質決定，但準噶爾的失敗也不是雙方結構失衡所導致的必然結果。中國皇帝的作為大多已為人所知。頂著冒犯中國民族主義的危險，我也強調準噶爾領導人的遠見還有決心，以便更多人聽見他們的故事。

邊疆征服的政治生態學

政治生態學允許我們觀察清帝國在所有邊疆的征服，並將滿清的作為與中央歐亞其他國家相比較。這個政治生態學模型彙整了清代軍事征服的四個重要層面：與游牧國家構建者的邊疆關係、軍事戰略、後勤，以及與鄰近帝國之間的協商。[1]在這四個層面上，清朝都是青出於藍，更甚於藍。

「邊疆」這個詞有兩個彼此相反的意涵，一個是指多重文化互動的廣泛區域，抑或一個隔開兩個國家的線性邊界，第一個主要是美國人的用法，第二個則主要是西歐人的用法（例如法語的 *frontière*），現代中國的邊疆一詞則結合了兩種意涵。「邊」指涉了邊緣與邊界地區，而「疆」（這個字由丈量土地的〔弓〕與區分田畝的田界〔畺〕組成）清楚地暗示領域的分隔。這兩個觀念在中國歷史裡淵源很深。清朝的計畫是要透過軍事控制、商業整合與鄰近國家的外交協商，來消除模糊不清的邊疆區域並代之以清楚界定的邊界。

邊疆關係。拉鐵摩爾注意到草原游牧帝國「就像陰影一樣追隨」著中國的中央政權，而巴菲爾德已經進一步闡述了這個命題。[2]這個命題的說服力在於生態上的基礎。在大草原的生活條件有利於破碎化，游牧者依賴他們的牲畜而活，而且隨著牧草地而季節性移動。假如有足夠的牧草地，一個未來的大草原領導人不可能輕易建立對其他部落領袖的支配權，因為後者很容易就可以逃開。所以部落的敵對者和破碎化是常見的。但偶爾會有大的聯合草原帝國的成立，這如何可能？大帝國的成立需要個人的領袖魅力與物質基礎，而對草原帝國來說這些物質資源來自大草原以外，主要來自中國，這個最富有的鄰近定居文明。

隨著中國王朝或興或滅，草原帝國也或興或滅。與一般中國人的觀點相反，草原領袖幾乎從未有征服中國的野心。草原領袖對於中國邊疆所發動的攻擊劫掠有他們自己的目的。中國人花了很長時間，才發展出有效的回應方式。大型軍事征服只能獲得短暫的成功，但長期就會失敗。「朝貢體系」則充作制度性的保護費，中國人以豐富的絲綢、瓷器、珠寶與貨幣交易劣馬，承擔損失，來換得游牧民族承諾停止劫掠。

有兩個情況會導致這個規律的過程瓦解：當大草原領袖對從屬的汗喪失控制，或當中國王朝在朝代末期太過虛弱無法負擔朝貢花費時。中國王朝的崩潰威脅了大草原帝國的穩定。這個關係解釋了為何在公元七五五年的安祿山之亂爆發後，回鶻介入並維持了唐朝的存續。在此觀點下，真的征服全中國的元朝反而是這個模式的大例外，而非常態。

而在如契丹遼（九〇七至一一二四年）和女真金（一一一五至一二三四年）王朝等「另類滿洲」（Manchurian alternative）時期，半游牧的領袖征服了部

內蒙古的貿易站，也就是商隊驛站（caravanserai）。伍爾辛攝於 1923 年。

分的中國與部分的草原，他們建立了一種二元統治，對中國採取某種形式的行政與軍事形態，對草原的追隨者採用另一種。巴菲爾德也擴張了滿洲模型來涵蓋清朝。

我們可以如何緊密地使用巴菲爾德的邊疆關係模型在清朝與準噶爾的關係呢？清朝確實是源自「滿洲」的王朝，而且清統治者確實建立了二元行政體制，特別是在軍事領域上。他們同時使用八旗制度與漢人綠營軍隊來進行國內控制與邊疆擴張。但清朝統治者並未如遼與金那樣，僅限於控制華北平原，且他們從十八世紀中葉之後在蒙古大草原上並沒有面臨任何對手。就像巴菲爾德的分析架構裡作為異例的元朝一樣，清朝統治者的擴張遠超過大草原邊疆互動模型的邊界。因此他與早期王朝之間也只有部分類似。

在邊疆的商業關係，也僅有部分與早期經驗類似。我們特別注意到準噶爾持續努力想要運用朝貢體系來增加國家的資源，他們要求准許更多的使節團來到北京，每次都多達兩千人。一旦清朝官僚將準噶爾人視為威脅，就會嚴格限制朝貢使節團的數目。一方面，這些使節團帶給準噶爾收益，就像早期游牧國家創建者那樣；另一方面，清朝不必因軍事衰弱而買通這些游牧劫掠者。除了十八世紀初期一小段時期，清廷持續向他的對手施壓。貿易是軍事擴張的有用輔助，而非不夠格的替代品。

比起巴菲爾德，普里查克（Omeljan Pritsak）的研究更看重貿易者的自主活動在大草原新國家形成的重要性。他主張一個「國際貿易階級」與游牧可薩人（Khazar）聯盟之間的互動，在十世紀創造了基輔羅斯國家。然而，巴菲爾德傾向於僅檢視游牧國家創建者與中國官員和商人之間的關係，雖然很多商隊貿易者在中國國家的控制之外。在我們的案例中，準噶爾相當努力運用中國朝貢體系以外的商業資源。他們與「布哈拉」商隊貿易者建立聯繫，並企圖與在西伯利亞的俄羅斯人協商有利的貿易條件。我們的邊疆國家形成的模型需要至少納入四種個別的行動者：游牧國家創建者、商隊貿易者、中國與俄羅斯兩個國家，而非僅有兩個行動者。

軍事戰略。面對來襲的中國軍隊，典型的游牧軍事回應就如同毛澤東一樣：打不過就跑。不像中國軍隊需要依賴農業墾殖地的軍需供應，游牧民可以直接逃跑直到中國人的補給線拖得太長為止，然後他們再回過頭來伏擊他們。這個做法導致了無數中國軍隊的失敗。漢武帝為了獲得費爾干納的「汗血寶馬」而發動的中亞遠征，就是一個典型的案例。他的確獲得他要的馬，但只有兩成軍隊生還。軍事損失的主要原因就是後勤供應不足，而非戰鬥死傷。[3]

為了消滅游牧軍隊，清朝的將領必須阻斷他們的逃亡路線。他們派了三支不同的軍隊包抄噶爾丹，希望能夠從後方困住噶爾丹的軍隊，同時主力軍隊從前方攻擊。這個戰略源自成吉思汗時期的蒙古人，需要大量軍隊之間長距離的困難協調。[4]它成功了，勉強算是。

後勤。大規模的後勤準備是能夠如此動員的關鍵。中國人無法長時間供應戰場上的部隊，替大草原征服設下根本障礙。從漢朝開始一直到十七世紀結束，沒有哪一個從中國核心發動的主要軍事力量可以在大草原上待上超過九十天的時間。康熙第一次遠征噶爾丹的時候持續了大約六十天，第二次持續了超過九十九天，第三次則花費超過九十一天。每一次他都因為後勤限制必須將軍隊調頭。直到他們能夠克服這個後勤限制，中國的統治者才能以軍事手段永遠消除游牧民族的自主性。清朝只有到十八世紀中期才跨越這道門檻，在大草原上建立一條軍事彈藥與輜重的供應線。

這些供應線的資源若非來自於臣服的游牧民，就是來自西北的中國農民，但這兩個貧困群體可以供應的資源數量畢竟有限。在十八世紀中葉之前，日益增加的馬匹、羊與勞動需求導致了青滾雜卜的叛亂。對西北農民的軍事需求則在饑荒與乾旱之外加重農民的苦難。只有到十八世紀出現整體上的經濟商業化，才讓清代的官僚得以在西北市場上購買大量的物資並運送到新疆。儘管米價在甘肅是三倍高，但遍布帝國的常平倉體系（清代中期的一個重要發明）能夠有效救濟受災饑荒的民眾以防止社會動亂。

外交關係。假如準噶爾有無限的空間可以退避的話，那清朝所有的努力都將失敗。但事實並非如此，中俄條約限制了他們的可移動範圍。兩個帝國同意設定邊界，並歸還穿越邊界的難民，阻礙了準噶爾可以雇用的移民、逃難者或者棄民，並且防止他們撤退到清軍的兵力範圍之外。因此，儘管《尼布楚條約》與《恰克圖條約》通常僅被看作中俄關係的一個插曲，但卻使得大草原的封閉成為可能。俄羅斯帝國在西伯利亞的存在，使得清朝與大草原的關係非常不同於之前的任何時期。

總之，這個清朝擴張的模型結合了邊疆關係、軍事戰略、後勤與外交關係，以便解釋為何只有在十八世紀期間，來自北京的統治王朝能夠消除他的草原對手，並創造中國歷史上最大的帝國。民族主義者的歷史認為清朝是早期帝國計畫不可阻擋的必然頂點，而這個觀點則強調邊疆征服的不可預期性。清朝皇帝、將領與官員們知之甚詳，他們正在冒險進入政治、軍事上全新的未知領域。他們只在後來才重新詮釋所有事件已經預先注定。當我們將清代征服放置在中國與世界史的脈絡之前，我們需要重新領會這個前所未見的大業支持者，當時所曾面對的不確定性。

我下面將接著評論兩種比較歷史傳統：一是主要依賴西歐經驗的政治理論，一是游牧國家形成的理論。通常這些理論完全不考慮對方所關注的問題。前者僅關注一五〇〇年以來的歐洲以及後來現代世界其他地區的經驗，後者則主要處理前近代時期中東與中央歐亞的問題。然而，滿清與準噶爾的衝突同時包含了這兩種理論要素。在此我只概略摘要這些理論的觀點，並建議可以如何運用它們。

歐洲、中國與內亞模型

或許第一種傳統中最為常見的取徑，就是認為國家創建這回事在十九世紀的歐洲衝擊之前，與大部分的亞洲國家都沒有關聯。就像民族形成一樣，亞洲的國家創建被認為是一個衍生性的現象，主要由「對西方的回應」所驅動。理論家傾向把中國、印度與鄂圖曼都視為「農業帝國」，是不同於歐洲「國家」的不同範疇。然而，區隔「帝國」與「國家」的理由似乎缺乏說服力。

兩者在規模上似乎有明顯的差異。清朝面積最大的時候，總計控制了一千一百萬平方公里的領土，比烏拉山以西的整個歐洲還大。清朝一八〇〇年的總人口大約三億人，幾乎等於歐洲的全部。除了俄羅斯外，也沒有哪一個歐洲國家的大小能趨近其十分之一。但這個區別僅著眼最後的結果，而非滿清的國家形成過程。從大約一六一六到一七六〇年間，清帝國在其創建後的一個半世紀間，就從幾千人的部落人群擴展到數億人的龐大帝國。歐洲國家在十六到十八世紀也快速擴展，不僅是瑞典、普魯士、莫斯科等往大陸擴張的國家，葡萄牙、西班牙、荷蘭、英格蘭與法國等向海外擴展的國家也是如此。假如我們把擴張本身當作共通要素而且不考慮最終大小的話，我們就會發現一些可供比較的要素。例如統治者在擴張領土範圍時都會面臨的類似問題：如何贏得同盟、如何動員資源，以及如何防備敵人。擴張速度與方向較不重要。與普魯士和莫斯科相比，英格蘭與法國在陸地上的發展都比較緩慢，但兩者仍然共享了一些特徵。

另一種政治取徑，受到後來民族主義歷史書寫的強烈影響，預設西歐國家比東歐或非西方世界統合了較為「同質」的人口。但最近很多歷史學者已經發現，在法國與英格蘭的民族同質性係屬人為，而非天生。[5]多元宗教、經濟與社會傳統仍然存續在現代民族國家內部。近來對歐洲民族國家內部具有獨特特徵地區的重新論斷，揭露了國家與民族構建中根深柢固的多樣性。[6]在這方面，歐洲國家與民族創建也跟帝國更為類似。我們無法如此肯定在搖搖欲墜的帝國與精實有效的近代早期國家之間，存在明顯的區隔。歐洲國家在外表下有著很多拼拼貼貼的異質性，而帝國則比我們過去所想的更為同質一些。

霍布斯邦（Eric Hobsbawm）和蘭德斯（David Landes）作了相反的論斷：歐洲國家的多樣性比亞洲更高。對蘭德斯來說，歐洲國家由於地理上較為破碎，因此允許更大的知識、商業與技術創造可能，因為企業與異議團體可以逃到敵對君主境內來躲避壓迫。[7]霍布斯邦則主張民族主義的意識形態是源自於十九世紀歐洲的同質化，由將民眾整合在（具有共同語言與歷史傳統的）政治共同體的需求所驅動。歐洲的巨大衝突正是此份多樣性的產物，當不同語言、宗教和文化的民族成為生活在同一塊土地上的鄰居時，就創造了難以解決的緊張關係。與此相對，「中國、韓國與日本……實際上是由幾乎或完全同質的族群人口所組成的國家，這在歷史上極端罕見」。在他們的觀點中，這些亞洲國家之所以能夠較無困難接受民族主義，是因為它們比歐洲擁有較為同質性的人口，且繼承了長久以來的官僚國家結構。[8]在這一點上，馬克思主義史家與資本主義讚頌者同樣都洩漏了他們的歐洲中心主義偏見。我們在亞洲內部顯然也可以發現與歐洲一樣的多樣性，而且這些東亞國家從前近代到近代民族國家的過渡並不容易。日本、韓國、漢人中國，每一個都包含很多彼此衝突的社會與文化成分。中國的西北邊疆則用最顯著、最暴力的方式展現了這種衝突，使其成為我們診斷其他地區類似衝突的有用個案。就此來說，亞洲帝國與王國並沒有與歐洲極端不同。

華勒斯坦（Immanuel Wallerstein）也明白區隔了帝國與互動歐洲國家構成的「世界體系」。[9]他主張擴張中的歐洲世界體系在十八世紀期間，將四個過去彼此無關的地區從「外部競爭場」（external arenas）拉進其軌道之中：俄羅斯、鄂圖曼帝國、印度、西非。[10]這個在十八世紀的邊緣地區涵納過程，華勒斯坦主張後來進一步體現在歐洲十九世紀對中國的衝擊之上。

霍布斯邦、華勒斯坦、蘭德斯都在歐洲的破碎性中，發現導致其征服世界的動力來源。不像民族主義者，他們強調在歐洲國家**彼此之間**的互動，而非單一國家的獨特特性。但他們將這個動力侷限在歐洲，其他地區不是在這個世界體系之外，就是屬於「古代帝國」這個類別。

很多學者已經爭論過這些有關歐洲國家體系特殊性的主張。其他世界體系的理論家，例如阿布─盧格霍德（Janet Au-Lughod）或弗蘭克，皆主張長久以來只有一個涵蓋大部分歐亞大陸地區的全球經濟，而不是一個獨特的歐洲結構逐漸擴散到世界其他地區。[11] 他們發現華勒斯坦的「外部競爭場」與「邊緣」（periphery）只不過是人為區分。阿布─盧格霍德與弗蘭克兩人主張的差別在於泛歐亞世界體系出現的時間，前者主張發生在十三世紀蒙古征服之後，後者則主張從遠古時代就存在，但他們都同意歐洲並沒有特別的經濟特徵。歐洲是一個遲來且突然的新參與者，加入陸路海道縱橫數世紀的交易網路之內。

這些辯論的焦點，在於國家單位如何與較大的體系互動。對華勒斯坦來說唯一重要的衝擊是來自對外貿易，且只有當進出口貿易決定性地改變了生產關係與國家結構，這一個國家才能算做世界體系的一部分。在十八世紀之前，歐亞大陸東部被認為是在歐洲世界體系以外，因為其主要只有貿易奢侈品，並沒有導致制度與農業生產模式的結構重組。與此相對，「只有一個世界體系」陣營的學者則堅持，在歐洲擴張以前的「朝貢貿易」關係與其他類型的文化與政治互動模式，的確連結了幾個主要文明並對其內部結構產生影響。最顯著的影響就是帝國的興衰取決於貨物流動，因為這影響他們是否能夠壓制國內與國外敵人。假如軍事與國家權力不是直接來自於貿易，而是有其獨立的發展動力，甚至軍事結構受到主要國家之間互動的強烈影響，那麼華勒斯坦排除歐亞大陸的東部帝國，就僅是對何者能驅動歷史變遷採取太過狹隘的特定觀點。

華勒斯坦也沒有探討為何「外部」國家容許歐洲人進入。他認為亞洲國家的哀弱是其參與外貿的自然結果，然而同時他又承認控制「貿易港口」的商業收益將能夠強化中央集權。這正是清朝從廣東的海關收益所達成的，收入直接歸入內務府。假如貿易本身並未弱化中央權力，那麼必然有某些其他因素在作用。

我站在那些認為直到十八世紀中葉之前，清帝國與歐洲國家體系沒有強烈對比的學者那一邊。只要清代統治者面對強敵，他們就必須建立結構來支持實質且廣泛的軍事征戰。這些戰爭動員產生的影響遠遠超過軍事層面：它也改變了財政系統、商業網路、通訊技術、地方農業社會。需要運送大量軍需後勤到中央歐亞，不斷對地方社會造成壓力，特別是在西北與華北，甚至連華南省分也間接被運送到大運河漕運的糧食所影響。不論是軍用還是民間的糧食供應，都變成清代的核心關切，因為那是維護人民福祉的關鍵要素，同時也是國家從人民汲取剩餘以用於國防安全的關鍵所在。早期的清帝國因此並非孤立、穩定且統一的「東方帝國」，而是一個結構仍在演進中的國家，致力於為了擴張戰爭進行動員。

但在十八世紀中葉之後，這個動力變了。如今已沒有具自主性的軍事對手不在帝國的控制之內，每個有潛在威脅的地區都已經「入版圖」，接受行政與軍事監督。當然這個地圖既神話，又真實。例如哈薩克人是不受清朝控制的自主部落，但他們被當作忠實的「藩屬國」，相當不同於敵對的準噶爾。與實際變化的事實一樣重要的，是改變中的詞彙。藉由定義誰被包含其中，誰被排除在外，還有刪除那些已經被消滅的，清朝的歷史學家努力穩固帝國疆域。清帝國那個自滿與自視甚高的形象，只能小心地套用於十八世紀晚期。而在那之前，清帝國並未與歐洲分流。

總歸而言，那些主張歐洲國家體系具有獨有特徵的模型或說法（多元主義、競爭、特殊核心—邊陲結構等），實際上是對西歐與其他歐亞世界採取過度簡化的對比。他們忽略了歐亞大陸東部在一七五〇年之前都具有許多可類比的特徵，而且無法正確評估在整個大陸上的商業交易與軍事力量之間的互動關係。

查爾斯・提利（Charles Tilly）有關公元九〇〇至一九〇〇年歐洲國家體系形成的模型，提供了歐亞國家構建有用的比較洞察。不像很多世界體系理論家，他聚焦在國際戰爭幾乎不斷的環境下產生資本積累與強制力集中的雙重動力。提利區分了三種歐洲現代民族國家的成長路徑。走「**資本密集**」路徑的，主要有城市共和國威尼斯、熱那亞與荷蘭共和國等，「統治者主要依賴與資本家約定……租借或者購買軍事武力，然後以不建構大型永久國家結構的方式來參與戰爭」。採用「**強制密集**」路徑者，「統治者從自己的人民與被征服者中壓榨戰爭所需資源，並藉此建立起榨取的大型結構」，布蘭登堡－普魯士與莫斯科－俄羅斯是體現這種發展策略的最好例子。而在兩者之間的則是英格蘭與法國，他們的「**資本化強制**」路徑模型同時涉及了資本化與強制力的發展，「資本的擁有者與強制力以相對平等的方式互動」。[12]

提利以強制力與資本力量相對集中化程度來分析國家形成的觀點，如他自己所承認的，相當類似於施堅雅有關中華帝國內部的行政與商業資源分布的討論。歐洲國家的形成與中華帝國的形成兩者間可以被分別描繪為「以貿易與製造業為基礎的，各個地方層級由下而上的建構」與「由上而下施加的政治控制」之間的互動，或者被描繪成資本與強制力的空間邏輯。[13]與世界體系理論家不同，提利分配給國家本身很大的自主性。國家利益是同時受到貿易流動與無政府的國際環境造成的安全需求所形塑。

然而，提利忽略了邊疆地區的細微差異。例如他將俄羅斯視為一個完全強制性的國家，在一個有著廣大陸上資源的地區擴張，但僅有很少的集中化資本。在這種觀點下，俄羅斯沙皇不會有太多財富可以提供給追隨者，結果事實正好相反：沙皇給予他們土地。[14]這個觀點過度小看了商業財富在俄羅斯國家創建中扮演的角色。在蒙古統治下，俄羅斯王公不斷旅行到汗王的都城薩萊（Sarai）進行朝貢貿易，那也是提供他們與拜占庭帝國財富的有用連結。俄羅斯商人在十七世紀與沙皇合作，獲得有價值的特權，後者依賴他們獲得重要商品。[15]莫斯科將西伯利亞的自然資源特別委任給重要的商人家族開發，例如斯特羅加諾夫家族。軍事與官僚權力仍然具支配性，但有大量商業成分的協助——這點在帝國邊緣特別明顯可見。

這些考量顯示中國可以多麼符合提利的分析模型。他似乎一度把中國放在「系統之外」，當作「帝國」而與歐洲的「民族國家」區隔開來。然而，提利也承認戰爭在中國帝國建構中的重要性，以及中國帝國對商業資源的依賴。他著作的「主旨」在於強調都市層級與市場體系的同步演化，以及在強制與榨取這兩種社會中建構國家機器。[16]

假如此一過程是足夠類似而且可以比較的，那麼哪一種發展路徑最適用於解釋中國呢？乍看之下，似乎會認為強制密集模型可以同時含括中國與俄羅斯。因為商人與帝國官僚的立足點並不對等：官僚體系在正式承認的權力上顯然擁有優勢。當帝國穩定統一時，它的規模將遠遠超越任何個別商人的財富。

然而在官僚統一性的正統面具下有著驚人多樣的廣土眾民，其社會形態與生態條件就如同歐洲一樣多樣。施堅雅的模型顯示了這個標準化的官僚結構，如何對商業與農業資源的大規模集中化做出調適。中國在商業、強制力與重分配制度的相對比重，也隨地區而有系統性差異。我已經描述過帝國統治在西北面對的問題，在於如何分配有限資源到這個收成不佳與易攻難守的地區。一般來說，西北的強制力最為集中，而南部與東南沿海則有最為有力的商業階級。由「常平倉」體系所代表的重分配資源是伴隨軍事單位而建置的，人均儲備量最高的常平倉集中在商業化較低的邊緣地區。[17]

假如強制力不足以描繪俄羅斯或中國的全貌，那麼提利的區分模型就會從三個整併成兩個：像義大利城邦與荷蘭那樣極端的「資本密集」模型，以及其他歐亞國家的混合式「資本化強制」模型。

即便是中國西北，也並不完全缺乏商業資源。其貿易體系連結了中國內地與中央歐亞，有一些通路將內地的穀物運來，並將紡織品從甘肅走廊運到絲路沿線。某些貿易連結在清代擴張到史無前例的地步，但清代卻也終止了其他連結。清朝大力鼓吹商人與官糧從華北到陝西與陝西到甘肅的運輸，建立起與最貧窮地區間的大規模穀物流動；清朝也提倡貨幣流通與增加銅幣供應，產生出更大的地方市場交易。在這裡強制力與資本相互支持，但強制力領頭。軍事單位是主要考量，但皇帝與其官員們皆承認不能准許軍事活動對人民造成過度負擔。

只要邊疆繼續擴張，強制力與商業代表們就能團結在共同目標之下。然而擴張的終止，導致其他的緊張關係浮上檯面，並使每一個帝國地區都面臨不同形態的社會衝突。例如，王國斌描述了湖南糧食暴動的爆發是市場關係延伸到新地區的結果，就像是近代早期的法國。這些阻礙穀物流動的暴動代表地方消費者的抗議，通常受到地方官員的支持，因為他們希望保護自己的農產品，免受商人或更高層級官員的要求。[18]就我所知，甘肅相對來說從未有過糧食暴動，儘管對當地穀物儲備的外來需求極高。這可能是因為甘肅仍能積極動員穀倉儲備的結果，就像在一七五六至一七六〇年的饑荒期間所見的一樣，成功阻止了抵抗。同樣可能的原因，則是該省分駐守的重兵能夠提供實質的壓制力所致。

甘肅仍然有它自己消極抵制帝國目標的方式。我們可以看到兩個例子：一七八一年的賑災醜聞，還有一七八〇至一八二〇年的穆斯林叛亂。前者代表省級官員與外來商人反對地方農業生產者與都市消費者；後者則是來自於不同穆斯林派系與漢人住民之間的衝突，擴大成對漢人移民與清朝統治的抗議暴動。[19]這些是可見於邊疆地區抵抗國家權威的特殊方式。前者代表資本對於官僚控制的勝利，後者表明了地方暴力對於中央強制力的抵抗爆發。中國邊疆的封閉化讓這些矛盾衝動在十八世紀末日益擴大。

儘管提利的模型並沒有以中國或邊疆作為分析焦點，但仍然有助於定位我們在清朝擴張期間軍事與商業力量互動的討論。軍事是首要考量，但不是定義帝國身分的唯一因素。

王國斌也在清代中國與近代早期歐洲社會經濟結構之間，發現更多共同特徵。但對他來說，帝國政權最主要的關切在於充分餵養人民。這來自具有儒家根源的特殊倫理傳統，從孟子開始便鼓勵統治者行仁義以保障人民福祉。這種態度實務上導致了「藏富於民」的概念，包括同時降低稅率與發展整個帝國的常平倉體系，後者販售穀物平穩糧價並提供賑災救濟。[20]

大體來說，我同意王國斌對於清代帝國結構的描繪，但我對帝國的內在動機有不同看法。在王國斌提到穀物供應時，他筆下的這個中國帝國的意識形態，從古典、前帝國時期一直到整個十九世紀都維持不變。當然一個王朝與另一個之間必然有相當的連續性，就像古典文本也可充作後續所有討論的參照點，但糧食供應的意識形態其實會隨著時間演變。而這再一次顯示軍事考量的重要性與倫理考量同樣重要。

公元前八十一年（編按：漢昭帝時）一場在西北邊疆的防衛危機，引發了有關國家專賣與穀物價格平準的討論，此即所謂鹽鐵論。辯論雙方都聲稱，只有自己的政策方能增加福祉與安全。強硬派或經世兵法家，主張國家專賣與穀物販賣能增加財政收益；而「溫和派」的儒家則主張重稅負擔導致農民成為對帝國政府不滿的困頓兵士。這是孟子與兵法家之間的辯論。[21]而王安石在一〇六九至一〇七六年間引發的糧食政策辯論，則源於宋朝無法抵擋來自遼國的進攻，可見穀物供應的辯論實與防衛需求密切相關。

總之，注意孟子對人民福祉的關切與清代所建立的廣大糧倉體系的關聯有其意義，但不應過於簡化。此外，我們無法僅根據家父長對於子民福祉的關切，來解釋帝國體系的長時期存續。精明實際的現實主義同樣重要，即承認國內鎮壓與對外作戰之軍事力量是國家的基礎。王國斌與其他人的論點類似，同樣強調中國的反軍事傾向以對比西方侵略。但帝國統治仰賴福祉與戰爭，兩者相互需要。這兩者的平衡會隨著時間變化，但不會有任何一方消失。帝制中國的安全需求，再一次說，並未與那些歐洲國家有著極端不同。

相對於挑選出歐洲有但中國沒有的特色，我們更應該思考兩者之間的主次議題。人民糧食供應與軍事供需在國家政策上都扮演重要的角色，就像有好幾個音樂主題的交響樂，不同主題依序成為前景。有時相互補足，有時某一個得讓位給另一個。在一七五六至一七六〇的賑災活動中，清朝官員們掙扎地調合兩者，使用人民糧食來供應軍人需求，並利用軍事運輸來賑濟平民。

維持糧食供應，既是為了保持人口的健康，也是為了支應邊區的軍隊。為了讓這個政策能夠有效運作，需要整個朝廷通力合作來動員幾乎整個帝國的資源。在較不幸的時期，糧食不斷地從民間移撥到軍事用途上，特別是在十九世紀的多數時期。但有時候平衡也會轉向另一方：雍正皇帝便刻意減少軍隊集中在邊疆，以便為當地農民節省資源。也許他做過頭了，讓他在蒙古的駐軍挨餓以至於吃敗仗。糧食供應就像鐘擺，在軍事用途與民間用途之間擺盪；它也像交響樂，在和諧與不和諧之間切換。這樣的意象讓清朝的政策更類似於歐洲國家，也讓我們對糧食政策如何運作更豐富的看法。邊疆觀點豐富了我們的理解，理解帝國究竟是如何維持其核心人口。

游牧帝國的理論

所有來自定居文明的學者，不論是中東、歐洲與中國，都嘗試想要解釋中央歐亞游牧帝國的反覆興衰。第一把交椅也許要算是伊本・赫勒敦。這位阿拉伯學者的「阿薩比亞」（即「團結意識」）概念，已經成為幾乎所有分析中東帝國的基礎。中國在公元前一〇四五年首次被來自西方的周朝征服後所創造的「王朝循環」理論，並未直接關注游牧帝國的發展動力，而是將游牧民族征服中國當作王朝衰弱的象徵要素之一。諸如拉鐵摩爾等現代社會科學家與歷史學家，也特別強調游牧邊疆在中國王朝經驗的角色。[22]

我們可以大致按照兩個軸線來分類這些理論（參見表15）。一種區分方式是根據游牧民族發動攻擊的原因，區分出內部與外部因素的相對比重。狄宇宙已經機智地將其分成「貧窮的游牧民」與「貪婪的游牧民」兩種類型。貧窮的游牧民族發動劫掠，是因為他們無法從草原獲得自身迫切所需的重要資源；而貪婪的游牧民族發動劫掠，則是因為永不滿足的貪慾。[23]

「外在論者」強調外來壓力的影響，特別是侵略與貿易。他們主張草原本身的資源太過貧瘠與分散，無法支持有野心的統治者聚集追隨者或建立軍隊。他必須劫掠鄰近最繁榮的定居文明或與之貿易，才能集中資源。拉鐵摩爾、巴菲爾德與卡扎諾夫（A. M. Khazanov）等人最為廣泛地發展了這些洞見。[24]

「內在論者」則傾向關注游牧聯盟內部的動力，無論是心理、經濟或生態因素。諷刺的是，對游牧社會最缺乏認識的分析者，似乎最大力主張內在動力說。例如最流行的「乾燥」理論。此論由二十世紀

表15：游牧國家形成的模型

	內在論者	外在論者
結構的／循環的	環境的／技術的／心理的決定論（貪婪的游牧民族，乾燥理論）（清代官員、赫勒敦、亨丁頓） 階級衝突（中國與蘇聯馬克思主義者）	貧窮的游牧民族（卡扎諾夫、巴菲爾德、拉鐵摩爾）
歷史的／演進的	語文學的（突厥—蒙古—滿洲人）（塞諾、高登）	技術變遷；財政資源（狄宇宙）

初期的亨丁頓（Ellsworth Huntington）所提倡，主張游牧民族的入侵，是直接源於氣候變化導致牧草地稀少。比較原始的心理論證通常來自中國官僚，他們直接主張所有游牧民族都是殘暴貪婪且無法控制自身欲望，這解釋了他們對於無辜中國農民的不斷劫掠，也證成了中國何以需要積極的軍事征服來保護自身安全。然而，赫勒敦的「團結意識」模型則是源於對部落動力比較敏銳的理解。它從本質上將帝國興衰化約為重要的社會心理學變動：激發戰士與統治者投身於某種道德使命的社區連帶感。現代蘇聯的馬克思主義者在訴諸內在動力上與時俱進，以階級衝突作為游牧民族社會的驅動因素（通常跟生態因素結合）。[25]

我同意狄宇宙的說法，也就是純粹內在因素與純粹外在因素都無法充分解釋這個議題。[26]儘管很多游牧民族缺乏定居社會的生產資源，但創造大帝國並非獲取資源的唯一方式。比起劫掠，貿易通常是比較有吸引力的方式，而且游牧民族確實有馬匹與羊群等重要的商品可以提供給定居的民族。狄宇宙與卡札諾夫進一步指出，幾乎所有的游牧民族都結合部分的農業耕種與畜牧放養。不同於拉鐵摩爾主張「純粹的游牧民就是貧困的游牧民」，大部分游牧民族其實並非完全依賴放牧維生。一個部落會變成聯盟、帝國或鄰近民族的附庸，主要還是仰賴個人領導力與外在關係。

第二個分析軸線是區分結構與歷史論觀點。結構分析者傾向於尋找一再重複的相同過程。依據此種觀點，游牧民族被視為自然與心理學的靜態囚徒，隱約相對於比較「進步的」定居文明。這些模型很少考慮到技術變遷、商業連結與人口遷徙的問題，而僅把所有游牧民都視為走在相同的軌道上。比較歷史取徑的觀點，則承認不同時期間的顯著差異。從匈奴到突厥，再從突厥到蒙古人以降，戰爭技術經過劇烈的變化。例如馬鐙與複合弓的引進，劇烈擴展了游牧武力的打擊力量。槍炮武器儘管不是決定性的，也改變了大草原戰爭的性質。內亞語文學傳統強調語言與族群變遷的意義，研究者的歷史論傾向也比較強。比起更為廣泛的國家形成過程，他們更有興趣追究部落名稱發生特殊變化的細節。[27]

狄宇宙有關草原帝國形成階段的模型，則結合了歷史論與外在論取向，並注意到內在取向的過程。[28]在狄宇宙的模型中，草原上的暴力衝突危機，產生出國家形成之前的普遍軍事化。接著一名領導者會在戰爭中取勝，自命為可汗，援引神聖授權的意識形態來獲得正當性。然後他會創造中央化的政府結構，以自己的氏族為頂點。為了要支持這一新興行政結構與追隨者，就需要增加收入。只有到那個時候，他才會攻擊定居社會以便獲取這些額外的資源。游牧帝國獲得資源的方式有四種，每種都標誌著一個新的國家形成階段：朝貢、貿易夥伴、游牧與定居地區的二元行政，以及固定徵稅。朝貢主要用於公元前二〇九年到公元五五一年，主要使用者是匈奴及其繼承者；貿易主要用於五五一至九〇七年，在突厥人、可薩人、回紇人、吐蕃人與中國唐帝國的關係中可以得見。二元行政在公元一〇〇〇年到一二〇〇年間的東北的遼、金帝國，以及早期蒙古人和党項人都可以明顯見到。而固定徵稅則開始於忽必烈的蒙古帝國，並擴散到帖木兒汗國、鄂圖曼人和滿洲人。狄宇宙的歷史論與外在論分析，相當符合我分析準噶爾人興起的方式。

儘管衰落可能像成長一樣有相同的原因，但游牧勢力衰落的解釋則一般追隨內在論與結構論者的模型。最常用於解釋游牧勢力在十六世紀之後衰落的論證有二，主要訴諸技術決定論與經濟決定論。很多人主張槍炮武器的擴散導致騎兵落伍，所以游牧民族的軍事力量不再是歐亞大陸無可抵禦的霸主。同樣的，世界史學者從湯恩比（Arnold Toynbee）到威廉·麥克尼爾（William McNeill）都聲稱：從陸路到海路貿易的轉變切斷了他們的商業資源，導致中央歐亞國家的崩解。

這兩種論證都源遠流長，但他們的預設都頗有問題。他們忽略了國家權力在移轉資源為政治所用的角色，反而直接根據技術與經濟變遷來推論政治的優越性。我已在討論中指出，技術與商業交易皆強烈影響了定居與游牧政權互動的方式，但所有相互競爭的各方其實都能夠取得這些資源。準噶爾人大費周章想要製造自己的火炮，而且也相當依賴貿易來支持國家。他們的清朝敵手同樣長距離運來火炮參與戰鬥，並動員商人支持戰事。火炮在戰場上增加的軍事優勢有限。大部分的清朝火炮很少在戰鬥中使用，而且鳥銃或者鳥鎗皆沒有足夠的精確性或威力來阻止衝鋒騎兵。即使在歐洲（他們的騎士從來不是中央歐亞騎兵的對手），十六世紀早期火藥革命賦予步兵對騎兵的戰鬥優勢，其程度其實也被過度高估。[29]

相對於那些技術與經濟決定論的解釋，我對於準噶爾與清朝對抗的解釋則主要支持歷史論與外在論者的解釋觀點。簡單來說，游牧與定居文明的互動會隨著時間而改變，而且兩者的互動制約了雙方的結構。準噶爾領導人與清朝和俄羅斯既競爭又合作，以獲取國家所需的重要技術、商業與財政資源，他們使用了四種方法蒐集資源，包括從清朝與其他蒙古人取得貢品、與清朝和俄羅斯進行貿易、在突厥斯坦建立行政與在定居地區徵稅。滿洲人同樣更大規模地利用這四種方法來徵集資源。準噶爾落敗了，因為滿人與俄羅斯人共同剝奪了他們用以建立永久國家所需的關鍵資源。

準噶爾人比清朝更依賴商業資本，因為他們的農業資源非常稀少。準噶爾人奪取綠洲，以便控制在貿易路徑上的關鍵要站，並且徵收其農業生產。他們派遣商人與工匠，並賦予這些人特定的國家任務，就像滿洲人、蒙古人與鄂圖曼人所做的那樣。他們使用朝貢貿易特權來為國家匯集所需資源，並且引誘俄羅斯人增加與他們的貿易，或者准許俄人前往金礦產地藉以交換援助。相較於面臨大敵的壓力，人口過多、乾燥化或本質上的貪婪等因素對於維持這個國家的種種努力而言，都顯得較不重要。

清代官員完全瞭解準噶爾人的資本動員，努力想要切斷這些流通。當他們發現準噶爾人正利用自己來累積資源且拒絕臣服清朝控制時，他們限制了朝貢使節團的規模次數，而且嚴格禁止了火藥和武器出口，更切斷了白銀流通。他們引誘俄羅斯人接近龐大的中國市場，以避免他們支持準噶爾人。中國人提供俄羅斯商隊貿易慷慨的條件，以便切斷他們對準噶爾人的援助，但他們同時也能以切斷商貿通路與取消朝貢等方式來維持其外交影響力。切斷通往西藏貿易（「熬茶」問題）的努力，更進一步顯示了清朝從商業上與外交上孤立準噶爾人的計畫。

準噶爾人還受到內部不穩定所苦，這顯現在領導人死去時反覆發生的繼承危機。但他們在這一點上其實與俄羅斯或清朝並沒有太大不同，後兩者同樣都在十七與十八世紀期間經歷嚴重的繼承危機。皇太極的權力可能是篡奪來的，而雍正皇帝即位也甚具爭議，但雍正之後的清朝統治者將繼承方式制度化，從而避免了這種動盪。然而，準噶爾的不穩定同時源於內在與外在因素：他們缺乏成吉思汗世系的統治正當性支持，因為清朝已經掌握了其象徵和相關代表，他們也無法持續以藏傳佛教的世系建立其統治正當性，因為滿洲人控制了喀爾喀，包括哲布尊丹巴呼圖克圖和在庫庫淖爾的班禪喇嘛。

將游牧國家創建的外在論與歷史論模型，結合我們所關注的商業資源與武力奪取資源的問題，使我們能用同一個模型來比較分析歐亞大陸的國家創建。

重新思考清朝在世界的位置

現在，讓我們從全球性的模型轉移到那些專門解釋清朝歷史的典範。近來清史學界已出現兩種新的解釋趨勢，我們可以稱其為「歐亞相似論」（Eurasian similarity thesis）與所謂的「阿爾泰學派」（Altaic school）。前一種解釋主張明清時代的社會經濟制度與歐洲類似制度的廣泛可比較性；而後一種解釋則強調清代征服者的中央歐亞連結。兩種都對中國的帝國制度提出頗有啟發與原創性的解釋，但這兩者並沒有直接的關聯。我自己主要關注的擴張和邊疆，讓我們可以用更為整合的觀點來連結這兩種研究取徑。

兩者所遺漏的，正是能夠連結兩者之處：表現在後勤與戰略文化中的清代國防安全目標。

最近有關晚期帝制中國的研究，已經證明了直到一八〇〇年為止，在人口結構、技術、經濟生產力、商業發展、財產權與生態壓力上等大部分可以測量的層面上，中國與西歐之間沒有重大差異。在人口量化數據與家庭結構上，很多中國的社會實作跟文化理念相反，顯示了與同時期西歐社會的明顯類似性。中國的家庭並沒有不加注意地不斷生養，造成人口增長多於可得資源的馬爾薩斯危機，而是會在回應地方經濟機會下限制生育率。[31] 彭慕然已經細心估計並證明歐洲與中國的生活水準、農業產出與生態壓力直到一八〇〇年為止是約略可以相比的。[32]

清史學者也發現在前工業革命時期，這兩個社會在生產組織上並沒有顯著的差異。王國斌主張：「基本上透過市場的經濟擴張之類似動力在歐亞大陸兩邊都發生了，而且……農村工業的發展在許多重要面向上也是類似的。」[33] 歐洲工業化論，如我們所知的在十九世紀晚期主要依賴於三種元素的結合：「受到亞當斯密動力所驅動的市場經濟」、「商業資本主義的制度」、「以能源革命為中心的技術變遷過程」。從邏輯上來看，這三個成分彼此「互相獨立」，儘管在經驗上在十八世紀晚期共同出現。中國擁有前面兩種因素，但因為地質上的運氣不佳而少了第三種要素。[34]

中國與歐洲的文化差異，同樣並沒有造成明確不同的經濟效果。例如說，不管是在商業活動的態度、識字率、都市化或者宗教信條的面向上，我們可以在兩個社會都能發現有利跟不利於經濟變遷與技術變遷的態度與制度。直到一八〇〇年之前並沒有清楚的最終平衡，證明歐洲比較有利於促進經濟上有意義的活動。總之，馬克思、馬爾薩斯與韋伯，還有很多的社會理論家，都錯誤地將他們對資本主義的解釋奠基於東方與西方的根本差異上。這種理論的基本缺陷，就是僅關注內在因素而誇大了差異的極端性。較好的解釋必須接受一般可比較性的證據，而且更多考量外在干預與全球脈絡。

從晚近研究的眼光來看，工業革命並非數個世紀以來，在近代早期歐洲獨有的特殊條件下，深層與緩慢的演化結果。那是在十八世紀晚期各種環境的幸運結合下，晚近、快速且非預期的結果。根據我們現在已經知道的帝制中國、日本與印度，還有其他地方的歷史，可以接受的解釋應該要採用全球觀點，而且更大程度上允許短期變化。[35]

不過，「歐洲奇蹟」的確發生了。這是哪些重要因素導致的呢？彭慕然主張說全球的生態偶然性扮演了決定性的角色。[36]這些偶然包括北英格蘭接近水路運輸的煤礦供應，還有英國能夠同時擁有提供新大陸與棉花供應的「隱藏土地」（ghost acreage），以及印度殖民地的內部市場。在某種意義上，這些都是外在於英國社會體系的因素。帝制中國有部份可與此類比，但並未擁有足以相提並論的生態特性。中國有煤礦，但最大的儲備量位在西北，距離長江三角洲的紡織工業與水道非常遙遠。中國也有「殖民地」，那些透過帝國擴張所征服的新疆域，但這些也在歐亞大陸的內地，並沒有太多的可耕地或稠密的人口。帝國積極推動這些地區的墾殖，但他們並未提供可以跟新大陸相比的原料或商品需求。不像原始工業化、人口結構或商業文化的論點，兩個社會在那些面向的差異並未大到足以解釋重大的經濟變化，但此處資源與運輸成本的大小差異仍舊是很大的，所以可能有重大的影響。

在彭慕然之前，彼得西佛勒（Rolf Peter Sieferle）、魏格禮（Anthony Wrigley）都已經系統性討論了工業革命中能源供應的重要性，特別是煤。[37]煤的重要性實際上並非什麼新論證，自從有工業革命以來就已經被提及。沒有人可以忽略北英格蘭那些令人「震驚的城市」（shock cities），以及城裡那些「黑暗的魔鬼磨坊」（dark Satanic mills）的汙染影響。

總之，工業成長不必須是在西歐所發現的特殊技能經過數世紀長期積累後的結果；有很多路徑可以達成經濟現代性，而英格蘭遵循的僅是其中之一。所有的工業化社會當然都需要大量增加的能量與原始材料供應，但他們可以從其他來源獲得。相對於歐洲，中國運煤到海岸地區的高成本，還有採礦的不同技術性需求（抽水相對於避免瓦斯爆炸），代表中國在十八世紀晚期將無法發展煤礦與蒸汽基礎的工業，但這不能排除中國後來無需創造英格蘭式農業體系就能工業化的可能。就像前面表列的游牧國家構建的模型，最適合解釋這一比較問題的取徑分別是歷史論（限制相對短時期的關鍵變遷與強調偶然性）與外在論（專注於從外在於現存社會經濟體系的資源的可及性）。

然而，這個論證忽略了國家權力在動員自然資源與經濟資源上的重要性。除非我們把組織性的政治權力納入考慮，我們將冒著過度簡化的風險。即便兩個國家在先天能源上真的有極大差異，但先天條件最佳的國家並不必然就能進步得比較快。日本在十九世紀晚期快速的工業化，但自身母國島嶼上並未擁有大量資源（當然，日本像英格蘭一樣，很快變成一個擁有臺灣與朝鮮的帝國，以便獲得這些資源，包括煤、礦產、糧食與生存空間〔Lebensraum〕）。國家的行動，或自願或被強制性的人類活動，對社會的經濟與技術發展有著決定性的影響，即使是在近代早期。

嚴格的生態學關注，忽略了一個關鍵的問題：為什麼中國沒有透過國家行動來補充其所缺乏的便捷煤礦供應呢？要用生態學論點來解釋工業化，往往仍得依靠形式精巧的環境決定論，因為此說預設只要缺乏一項關鍵因素，就注定這個社會將長時間落後。

考慮到人類一般來說會集體努力、盡可能地改善其經濟狀況，技術進步的知識會快速地在歐亞大陸各地擴散。十六到十八世紀中國統治者就很清楚歐洲在軍事技術的進展，並努力要盡快獲得新的火炮與槍械。耶穌會成了世界上第一個全球軍火商，很高興地照顧了他們的需求。明朝軍隊與他們的滿洲敵手都廣泛運用火器，就像十七世紀初期日本的國內統一戰爭那樣。十八世紀的統治者不遠千里地將大型火炮運到草原地區，以追擊他們的蒙古敵人。亞洲國家一旦得知歐洲的軍事技術，就很快將其運用於自身目標之上。[38]

中國也有能力長距離運送大宗商品。大部分的中國銅金屬（貨幣的基礎材料），都是來自於遙遠西南的邊疆省分雲南。官員小心地追蹤從礦場到鑄幣場的銅運送。[39]他們有時候使用軍隊來護衛官銅的運送，有時候則將運送委託給承包商。填滿帝國常平倉的穀物也需要大規模的長距離運輸。清代官員有時候自己運送穀物，有時候在軍隊控制下運送，更多時候則是承包給商人運送。只要清朝想要，沒有理由這個國家不能運送其他大宗貨物。[40]

其他知道西歐進展的國家，的確在十八世紀動員了自身的礦產資源。俄羅斯的彼得大帝在一七二〇年代建立了採礦與製造學院還有商業學院，以政府力量促進私人工業發展。一七〇一年，他的西伯利亞局在烏拉山脈建立了第一個大型鐵工業。這些工業都位在豐富礦產的蘊藏地，變成了俄羅斯在國家控制下的主要工業發展起點。彼得大帝也建立了後來被轉移給私人業主的國有工業，或者創造了得到特殊優惠的新公司。阿尼西莫夫（Evgenii V. Anisimov）批判彼得大帝的工業政策阻礙了私人資本家階級的誕生，不過他同意彼得大帝創造了一個「有力的經濟基礎，對一個發展中的民族至關重要」。[41]

俄羅斯的農業基礎非常貧弱，其官僚發展比中國更不健全。中國有著更多的商業資本，其農業也沒有被農奴制所制約。俄羅斯的例子顯示，沒有方便礦產供應的國家可以透過活躍的國家行動克服自身的不利條件。俄羅斯的工業化當然採取了很不同於英國的路徑，它是強制性質的，相當仰賴國家指導與外國專家，而且主要是軍事需求導向。然而，俄羅斯的工業化仍然相當成功，而且開始的很早。

所以，我主張帝制中國其實兼具能力與經驗，能夠長距離運送大量商品。國家的支持能夠克服巨大障礙，不管是以直接運送或是承包給商人的方式。清代官員主要關切的商品是穀物、食鹽與銅，因為這些都是維持人口生計與通貨穩定的重要物資。他們也長距離運送木材，以建造宮殿、船舶和防衛要塞。

除此之外，清代官僚也投資運輸基礎建設，包括建造新道路與疏濬河流。水利疏濬政策致力於達成「一石二鳥」的傳統目標，一方面保護農民免於水災，另一方面也確保商人在水路上的航行順利。清代國家既非壓制所有商業活動的「東方專制主義」，也非不插手貿易的「自由放任政權」。它的官僚主動干預某些商品的貿易活動，但對一些商品不加干涉。國家選擇管理哪些商品，主要仰賴國家的安全考量和其對供養民眾的態度。

國家引導貨物流通的總體能力可能在十八世紀來到新高。精心規畫的穀倉體系、重建的大運河，以及在邊疆的土地開墾政策，都顯示出明確的干預主義精神。從各省到中央的新通訊系統，使用一般與祕密宮廷奏摺，讓首都官員與省級官員保持密切聯繫。他們也可以派出御史到各地，確保中央的政策被正確地執行。清代的呈報體系收集大量有關農業經濟的資料，包括詳細的物價報告、雨量、穀物存量與饑荒賑濟。

清代管理經濟的能力是足夠有力的，以至於我們可以稱呼其為「發展型農業國家」。它並沒有引導資源進行工業化，但它的確儘可能鼓勵土地資源的開發，包括糧食和礦產。羅威廉（William T. Rowe）有關清代官僚陳宏謀的傳記，給我們一個令人印象深刻的行動派官僚的「經世」案例。[42]陳宏謀在帝國各地擔任過很多不同官職，他將精力不斷用在增進農業產出、減少饑荒破壞、修繕與擴展水利，還有發展採礦。然而，他並不認為國家應該承擔起主要的經濟活動，他更偏好准許市場力量來誘發商人盡可能地運送貨物。但國家管制與和商人的合作都被導向共同的目標：改善民生，同時也能強化國家資源。

另一個十八世紀國家行動主義的案例，可參看藍鼎元在臺灣的活動。像陳宏謀一樣，他也提倡國家主動引導經濟發展，這次是在一個殖民環境下。[43]藍鼎元致力提倡漢人移民到這個新征服的島嶼上，以便提高其農業產出並提供糧食出口到福建省。在官方鼓勵與商人接觸的共同影響下，臺灣實際上在十八世紀變成主要的穀物出口省分。

很多早期文獻對比中國與歐洲的社會和經濟結構，他們把中國在十九世紀的貧困追溯回較早的時期。歐洲與中國民族主義者都預設中國在回應歐洲工業衝擊上的困難，根植於僵化的滿清政權統治下導致的長期停滯。然而，我們現在已有不同的觀點。看看中國當代市場經濟的動力，很多似乎都來自早期商業網路的復甦，提醒我們所謂資本主義萌芽的意義。這些萌芽從至少十世紀以來便在如此肥沃的土壤上成長。同時，現代中國國家也已經贊助大型計畫，以汲取能源等自然資源，例如三峽大壩或「西部大開發」的計畫。國家引導與市場導向兩種政策在現代中國的重要地位，讓我們回頭看到清代國家在十九世紀之前的類似能力。因此歐亞相似性同時包括了國家行動與經濟結構。

阿爾泰學派強調清代國家的中央歐亞起源。柯嬌燕、歐立德、羅友枝、路康樂（Edward Rhoads）等人，都重新強調清代國家是由滿洲人菁英所控制的。這些滿人清楚意識到自己與漢人屬民的差異，不斷掛念這種差異是否得以維持。[44]儘管滿人選擇與漢人官僚合謀維持正當性並保證足夠的稅收徵集，但滿人並沒有被「優越的」多數漢人文化給同化，而是透過八旗制度與帝國儀式維持了自身的特殊性。即使滿人定居在中國主要城市並採取漢人的語言及官僚做法，他們仍然自認與他人有所區隔。這些學者可能對滿人究竟何時與如何建構他們的認同有不同的意見，但他們都同意直到清朝滅亡為止，滿人都將自身標識為與漢人有別。

滿人菁英特別注重帝國的邊緣。在「滿洲殖民主義」的標題下，好幾位學者已經檢視了清朝在蒙古、新疆與西藏的統治。[45]他們也指出了清代國家與其他殖民帝國進行比較的基礎。就像鄂圖曼、俄羅斯或蒙兀兒等大型農業帝國一樣，中國也面臨控制、擴張、正當性與財稅收入問題。不同於民族主義者的敘事，中國並不是西方帝國主義的獨特受害者，其長期官僚體制與文化傳統也並不那麼特殊。中國的獨特性反而還比較像是當下的「中國特色的社會主義市場經濟」的那種「特色」：是市場經濟整體類別下的變種，而非徹底不同的經濟形態。

就像歐亞相似論，阿爾泰學派的模型也援用清朝與歐亞大陸間值得比較的結構與過程，只不過是聚焦在統治菁英而非社會經濟結構。歐亞相似論的分析將明清兩朝結合在一起進行分析，但阿爾泰模型則明白地將兩者分開；歐亞相似論主要強調在核心地區的經濟發展，但阿爾泰模型則檢視邊疆。假如歐亞相似論不當地忽略了國家引導的經濟變化潛能，阿爾泰模型則傾向於分隔滿清與其漢人官僚（或者大多數的臣民），將兩者分屬不同的世界。但我們可以將這兩個有價值的觀點連結起來，予以更進一步地檢視。首先檢視軍事結構如何從大眾人口汲取資源（後勤），其次檢視清代的戰略文化。我已經廣泛討論了後勤問題，我在此將簡要地處理「戰略文化」的問題。

江憶恩（Iain Johnston）已經出色地闡明，帝制中國同時並存著兩種戰略文化。他對戰略文化的定義是「依據衝突與敵人性質的核心典範預設，所衍生的大戰略偏好排序，並為決策者集體共享」。兩種戰略文化分別為「儒家式」與「備戰式」（parabellum，汝欲和平，必先備戰）：前者強調防衛戰爭以及偏好以協商取代暴力，後者則預設暴力衝突無可避免，偏好先發制人的軍事手段。他發現在實務上，中國軍事文化多是由備戰式文化主導，而非儒家式戰略。[46]我曾在他處詳細討論了江憶恩的模型，[47]他的取徑對以比較框架分析帝制中國的戰略思考有著極大價值。我在此只想指出江憶恩的模型不夠歷史論或外在論之處：他只有討論明朝，而且是根據比較早期的軍事文本。他將那些文本當作經久不衰且相對不變的動武象徵。我們應該將儒家式與備戰式典範看作是帝國論述下的主要與次要議題，彼此互補、不相排斥，每個時期由其中之一占據主導地位。

即使是明朝的軍事文化與道德教育，其主題也會基於不同邊疆地區而有顯著變化。在發現茶馬互市貿易綏靖失敗之後，晚明對西北邊疆的蒙古人大多抱持強硬現實主義。一旦決定投資萬里長城強化西北邊防之後，明朝就認為草原的蒙古部落是異己的自然力量，不受任何人類道德的約束。在這方面，明朝的觀點跟冷戰期間美國強硬派對蘇聯的態度並沒有太大不同。然而，明朝對西南邊疆民族的態度較為軟化。因為這些民族明顯較無威脅，也較無組織，可以透過漢人式的「開化」來引誘進入版圖之內。

清朝的統治者因其中央歐亞的背景，更為細緻地混合了這兩個主題。他們把邊疆蒙古人視為人類，而非野獸或自然力量。蒙古人可以回應道德倫理訴求，但這些訴求不必然是奠基於儒家古典傳統。康熙皇帝不斷強調他自己的原則和佛教達賴喇嘛的共通之處。他在不同宗教傳統間尋求和諧，同時也從未放棄使用武力。

比起明代，清代的意識形態事實上更能將暴力鎮壓給合法化，因為那些拒絕仁慈皇帝和平訴求的人類屬民比禽獸更壞：他們是叛徒，只應該被剿滅。我注意到「剿滅」在清代修辭中令人震驚的常見；與明朝更令人震驚的對比在於，清軍在特定狀況下甚至會刻意且積極執行消滅敵對群體的屠殺行動。在極端情境下，備戰式的戰略原則走向了滅絕主義：消除頑固敵人威脅的唯一方式，就是將他們徹底清除（這種修辭也可見於冷戰時期）。太多狀況都能用上塔西陀那句毀滅性警語：「他們造出一片荒蕪，卻稱之為和平。」儒家式的戰略原理同樣也能導向另一種極端，也就是完全同化：努力以比較和平的方式消除一個民族的認同。然而，清代的統治者大部分時候都是踩著夾雜外交、強制力與交換的複雜舞步，在極端之間彈性協商。

清代這種特別的戰略文化，顯示統治菁英認識到自己參與在大規模的地緣政治競爭中，且持續尋求動武效果的極大化。就像歐洲國家構建者，清代戰略家明白脅迫的重要性，但很少有戰鬥可以單靠脅迫取得勝利。藉由在蒙古人中建構出聯盟體系，讓俄羅斯也參與其中，清朝希望盡可能將更多行動者拉進對抗敵人的大聯盟中。其最終目標是將大草原瓜分為二，建立起限制擴張的固定邊界並消除邊疆模糊不清的地帶。

清朝對於領土性的日益關切，證明了他們與十七、十八世紀歐洲經驗具有更多相似之處。歐亞大陸東部的勢力均衡結果，僅能由兩個大國瓜分這個龐大的地區，沒有其他大型勢力可以存活其間。在這個意義上，蒙古的經驗可以跟歐洲較小的政治單位類比，例如勃艮地人，就被吸納進法國這個較大的國家中。蒙古與波蘭的命運更為類似，後者的國家地位在十八世紀完全被抹去，並像蒙古一樣直到二十世紀才重新復國。

我前面大部分討論的國家形成與體系分析，都忽略了統治者對臣民忠誠的象徵性宣稱。唯物論學者否認這些訴求的重要性，認為其只是虛偽：有鑑於統治政權的權力與財富，以及對財稅徵集與發動戰爭的側重，文化上動員又有什麼作用呢？而在學術光譜的另一端，有一群歷史學者致力討論那些勾勒出帝國與皇室權威的儀式，但幾乎不談背後支持他們的權力結構。對這些學者來說，儀式與象徵會透過語言與視覺論述，自主作用於臣民之上，不受臣服權力的強制力與利益誘因所影響。這些學科成了總是在黑夜裡擦身而過的兩條船，但並不該如此。它們其實可以找到一個交會點：把邊疆擴張與不同民族整合進中央化政權的問題上。

康拉德與陸賈都明白，政權無法光靠財富與權力長久維繫（編按：參見導論前的卷頭詞）。韋伯將統治權威的正當性區分成三種類型：傳統型權威、感召型權威與法理型權威。這樣區分是有些過於刻板，但他正確地強調正當性在確保權力結構長久存續上的作用。戰士們、富人們，甚至步卒們都需要被說服他們的目標是正當的，或者至少不是一場空。至少要有一套能夠正當化其對他人施加暴力懲罰的意識形態。中國人的「天命」理論，就是事後替王朝被另一個王朝推翻賦予正當性。其預設了失敗者因其無可挽救的道德罪惡，而被上天支持的勝利者所取代。

意識形態還有其他功能。不只賦予勝利正當性，還辨別出應該被攻擊的對象。就像毛澤東所說，發動革命或戰爭的首要問題，就是認清誰是我們的敵人，誰是我們的朋友。帝國的意識形態是一套畫定邊界的機制，使得領導人得以決定誰應該被包括進這個穩定的政體，誰又應該被排除。精明的戰略家不會將主力指向當時力量最大者，而是指向預期最持久的威脅。和平贏取更多潛在敵手，就能孤立最危險的敵人，弱化其力量。中國諺語有云：「唇亡齒寒。」毛澤東從古典中國戰爭小說與古典兵法中學會建構聯盟的政治邏輯，儘管他是以馬列主義的階級分析語彙來正當化戰術決策。

如同某些理論家開始承認的，語言指引了統治者如何建立聯盟的認知。用溫特（Alexander Wendt）的話來說：「無政府狀態是國家造成的。」[48]我已經檢視過清代如何使用語言來定義哪些人應該被編入或排除於「文明」之中。臣服者不管族群為何，都可以得到好處；抵抗之人應該被消滅。何種訴求較適用於特定行動者呢？是強制、金錢或宗教？對各類行動者的潛在預設，形塑了邊疆政策的決策。

在征服之後，語言、儀式與象徵行動繼續影響著統治者與被統治者。它們定義了行動可被接受的邊界，指出了政權的包容程度，闡明了那些指引人們目標的理想。就像貝爾（Catherine Bell）與薩林斯（Marshall Sahlins）主張的，儀式活動並不僅是具有支持既定結構的功能，每種儀式展演實際上皆偶然地重演了存在於社會中的衝突。[49]清代的朝貢覲見或皇帝巡遊的展演，其實就是這類緊張關係的重演。引發緊張關係的，則是清帝國那意欲包含不同民族於單一全面凝視下的計畫。清代皇帝的中央歐亞背景，賦予他們廣納多民族的野心；漢人儀式與顧問則藉由警告統治者勿踰越適當界線，試圖限制清代君主的野心範圍。他們重演了最初征服的事實，以便重振與再次施展和軍事勝利息息相關的武訓。所以滿人的「阿爾泰」儀式和制度擴散到統治菁英之外，擴散到更廣大的漢人臣民。

簡而言之，用邊疆視角看待歐亞大陸，側重於邊界畫定與國家創建如何透過對文化、商業與暴力的動員來展現。這種為擴張而設計的邊疆文化，影響了清帝國的國內政治經濟，也影響了統治制度與維持正當性的儀式，更影響了清帝國如何認識自身在世界的位置。這不僅有助於我們解釋清朝為何興起，也能解釋這個帝國為何衰落。

第十六章

邊疆擴張對清代興衰的影響

目前為止，我已經討論了邊疆擴張戰爭在清朝國家建構中扮演的作用。從一開始滿洲統治者就組織了用於作戰的社會。在一六一六年建立滿洲民族作為滿洲國家的一部分，並致力於武力統一所有東北部落。清朝征服中國本部期間，在持續的軍事作戰準備下，隨著領土擴張與商業整合產生了制度性變遷。直到十八世紀中葉為止，清代國家隨著制度轉變繼續維持其擴張的動能。在邊界固定與擴張終止後，許多的能量似乎已經滲漏出帝國的結構之外。雖然結果並未立刻浮現，但帝國到了十九世紀初期時已開始面臨新的內部挑戰。榮耀的時光於焉終結。

我堅持主張軍事對清代國家形成的重要性，藉此試著平衡其他著作僅專注於分析商業與文化整合的問題。這兩個議題對於帝國的凝聚力當然有其貢獻，但兩者都不能在缺乏強制力的有效展現下運作。當和諧的勸諭失效或者在乾旱農作歉收時，官員必須召集任何可得的治安力量來防止盜賊與叛亂。在強制力、金錢與文化訴求之間達成平衡，是保存這個國家與維持社會秩序的關鍵。

同樣的原則適用於對內關係，也適用在對外關係。地方官僚與邊疆的將軍都必須適當的混合道德勸誡、貿易誘因與鎮壓來綏靖不馴的人民。假如「朝貢者」與「野蠻人」能像人類一樣回應帝國的胡蘿蔔與大棒的話，他們也能跟帝國核心的住民享受同樣的特權。貪婪的貿易者與游牧民族，經由接受與帝國指定代表的定期貿易以及表現對於皇帝的順服姿態，轉化成文明之人。那些拒絕這些引誘的人則被定義為非人，所以應該被消滅。如同國內的叛亂者被分成叛逆的「匪徒」與無辜的「脅從」一樣，外來民族也可能變成忠實的朝貢者或者異類敵人。文明的語言定義了這些民族的身分，還有他們應得的處置。協商與吸納比起壓制更為常見，但隱藏在流暢的儀式面具之後，總有鐵拳在隨時待命。

邊疆擴展計畫刺激了帝國經濟資源的官方動員。我們已經看到新疆官僚如何促進農業與採礦結合成大規模的殖民開墾。他們期待來自內地漢人的廣泛移墾，以便提升農業生產力，並將這個地區更為緊密地綁進中心地區。新疆的經驗就像臺灣與大宗商品運輸那樣，顯示清代官僚可以在帝國指定地區執行重大的發展政策。這些受到政策扶持的墾殖活動，在兩個面向上同時影響內地與邊疆地區經濟：一方面在邊緣地區紓解核心地區的人口壓力，另方面也建立起兩地之間的商業聯繫。儘管移民的數量僅占總人口中的很小比例，而且商人的數量很少，但他們的活動在少量農業與有限貿易的地區有著不成比例的衝擊。

但儘管有這些強大的能力，十八世紀晚期的清代國家正在喪失對許多經濟交換面向上的控制。相對於很多紓解饑荒或者開墾新領地的成功計畫例證，我們也同樣可以看到官員腐敗與地方壓迫的顯著證據。對地方官員來說，濫用職權跟施行善政的潛能其實一樣強烈。結果主要取決於上級官員的監督與地方政治的誘因。一個有能力的省級巡撫（例如陳宏謀）可能鎮壓地方官員的失職與濫權，但其他巡撫可能比較缺乏決心或能力。儘管有廣泛的控制，無數官僚體系的文書往返本質上就阻礙了通訊與控制的通暢運作，留下通往濫權的管道。在一七八一年甘肅的瀆職案件中，布政使利用准許民人捐銀賑災政策的機會上下其手，不祥地預告了其後更糟糕事件的發生。

清代國家的終結

總歸而言，帝國官僚效率的關鍵轉捩點發生在大約十八世紀中期，正當邊疆擴張終止之時。邊疆軍事挑戰的結束，讓很多活力從帝國的官僚體制中消退，降低其改革自身的誘因，也鬆懈其控制腐敗的意志。由此可見，帝國西北邊疆擴張完成與十九世紀中國一連串的社會秩序混亂之間，其實有所關聯。

假如清朝是一個「發展型農業國家」，那它的「發展」顯然零星而不全面。很多計畫被設計成是要維護貧窮地區的安寧，因此嚴重的饑荒衝擊不致於引發反亂，而且軍事力量可以從地方市場獲取物資。西北中國是國家特別干預的重點地區，因為當帝國與更西邊的蒙古戰鬥之時，帝國需要運送軍隊通過這個地區，並從該地區獲得必要的軍需供應。西北儘管貧窮，確實產生了有關經濟的新政策。陳宏謀在擔任陝西巡撫時，設計了農業生產與軍需動員的創新方法，其他巡撫與總督也是如此。

十八世紀中葉擴張的終止，還有邊疆戰爭的結束，代表著創新誘因與控制手段的鬆懈。如今已不再有從貧農手中壓榨出農業資源的迫切需要，而且對農民的地方壓榨已相對不至於威脅破壞整個帝國的安定。弔詭的是，平準物價的穀倉體系在十八世紀晚期擴張至其最大限度，但腐敗、官方基金的投機、虛假呈報與糧食儲存的疏忽等問題，也都隨之擴大。在十九世紀，除去部分零星的例外，這些糧倉體系的普遍缺陷將削弱饑荒賑災的效率，並導致嚴重農民動亂的爆發。

很多歷史學者已經主張，十六與十七世紀建立的歐洲國家競爭體系產生了國家創建、軍事動員、商業成長等發展過程，並最終刺激了帝國擴張。[1]我則在此主張中國在清代邊疆擴張的時期，與歐洲具有合理的相似性。從十七世紀初到十八世紀中葉，當清帝國將邊疆往外拓展之時，也參與了競爭性的國家創建過程。

在這個擴張時期，清代統治者發動了行政創新，建立了日益中央集權與協調的官僚體系，積極使用商業與農業資源進行經濟發展，以滿足國防安全的需求。這些改革包括為了帝國中央軍事決策的需要，建立軍機處來協調至國家最高層級的祕密情報之流通；委託耶穌會士使用來自歐洲的球體測量學技術繪製全面的帝國地圖；官員與商人間合作推動西北邊疆的商業滲透擴展，與歐洲特許貿易公司也有某些相似性；主動投資農業開墾，包括移送大量人口與建造支持農業生產的基礎建設。這些案例的創新，都是源於邊疆地區的國防安全，以及與軍事將領對足夠補給的需求。

該時期的其他政策辯論並非直接訴諸於安全需求，但仍然專注於會影響人民生計的經濟改革。例如在一七三〇至四〇年代間，我們可以看到如何使用市場來提供常平倉所需穀物的辯論、雍正皇帝有關提升地方稅收合理化的財政改革，以及對水利維護工程的持續討論。[2]這些創造性的變遷改善了帝國管理資訊流動、貿易與商品的能力，以便回應農業收成、人口與安全威脅造成的壓力。過去用「農業帝國」與「競爭國家體系」作為中國與歐洲的對比被過度誇大了，而且過於靜態，無法掌握到此一動力。

歐洲的工業化（在英格蘭然後在歐洲大陸其他更多國家）也都仰賴軍事競爭產生的動力。布魯爾（John Brewer）指出十八世紀英格蘭的諸多戰爭的財政需求，導致國債制度的建立。阿德爾（Ken Alder）描述了法國的軍事工程對建立大量生產的標準化體系基礎有重大影響。[3]我們可能對宋巴特（Werner Sombart）主張戰爭與資本主義不可分離感到不安，更好的說法應該是這兩種國家事業具有因果關聯，而非偶然連結在一起。[4]

由此可見，中國和歐洲在政治經濟學和生態學上都採取類似的路徑，至少在近代早期的某一段時間如此。然而，十八世紀中期與俄羅斯之間固定邊界的畫定，還有準噶爾蒙古國家的消滅，基本上改變了中國國家創建的政治經濟學邏輯，而歐洲則繼續投資在他們的戰爭上。凱瑟（David Kaiser）等人已經指出，歐洲的統治者從十六到二十世紀不斷運用國家之間的戰爭來達成他們中央集權化、同質化、簡單化的政治目標。[5]若用中國自己的眼光來看，中國統治者早已在一七六〇年就完成了此一計畫。

乾隆皇帝可以誇耀他達成了歷代皇帝無人能及的成就：終止了長達兩千年來中央歐亞大草原的威脅。當他在一七九三年接見馬戛爾尼伯爵時曾經表示：「天朝物產豐盈，無所不有，原不藉外夷貨物以通有無。」（我們天朝無所不有，不需要和外夷發展貿易），他並非是在表達中國人根深柢固的排外感，而是誇耀最近的成就。他也沒有完全說出實情。在十八世紀中葉之前，中國缺少兩種對其安全與經濟來說十分重要的產品：馬和白銀。現在擊敗了蒙古人之後，馬不再是一個問題，但帝國仍然需要白銀。[6]

順服的蒙古人和哈薩克人提供了大量來自草原的馬，而中國商業化經濟的需求則產生了「巨大的吮吸聲」（great sucking sound，形容吸引力強大），吸收了來自世界所供應的大量白銀。當時中國在經濟生產力、人民福祉、社會平等等很多面向上都至少與歐洲平起平坐。皇帝確實是白滿的，但他對於世界的狀態並未自我欺矇。然而帝國回應外在衝擊與利用新機會等的能力，似乎已經走下坡了。所以日本可

乾隆皇帝騎馬像，由義大利宮廷畫家郎世寧所繪，約 1790 年。

以在一八五四年西方輪船進入港口之後快速回應，但中國官員卻不能對一八三九至一八四二年的鴉片戰爭進行統一的回應。然而就像工業革命一樣，中國衰弱、自滿與僵固化是後發與晚近的現象，而非根源在中國的傳統文化中。

西北與東南邊疆

彷彿要應驗《易經》「日中則昃」的預言，正當清朝達到其頂峰之時，平衡開始轉變。[7]在十九世紀初期中國日益增加的生態與政治難題，包括在邊疆的水災、饑荒與農民暴動，以及鴉片走私和外國要求貿易特權的壓力，最終導致了鴉片戰爭。官僚體制仍然有一定比例官員保有活力，他們以過去的陳宏謀為榜樣，但無法逆轉帝國的頹勢。魏源是位偉大的歷史學者和軍事改革提倡家，他對抗西方的靈感來自十八世紀的邊疆征服戰爭，那些「為了和平的野蠻戰爭」（savage wars of peace）定義了帝國的邊界。他認為中國只要能夠復興那個時代的活力與精神，就能夠防衛任何外國的威脅。由此可見，即便在擴張已經終止之後，擴張的時代仍然啟發人們恢復與重現帝國過去偉大榮光的想像。

導致十九世紀清帝國衰落的關鍵原因有四：意外的地緣政治時機、誤將西北政策用在南方的環境、作為「協商國家」的清朝與地方社會的權力平衡，以及商業化對社會團結的衝擊，四者皆與帝國征服有關。儘管邏輯上相互獨立，但彼此相結合之下最終卻偶然（但不必然）導致中國最後一個王朝的崩解。這些當然不是清代崩潰的全貌，但有助於我們對帝國關鍵的最後百年發展出新的解釋觀點。

我對於十九世紀中國衰落與歐洲興起的解釋，首先奠基在偶然的時機：英國人剛好在一七八〇年代帶著擴張鴉片貿易的要求抵達華南海岸，就在清朝軍隊剛達成西北大勝並迎回土爾扈特人之時。跟他們剛擊敗的蒙古人相比，清朝並沒有視英國為一個嚴重的威脅。同一時間帝國內部的緊張，特別是在邊疆邊緣地區可耕地的耗盡，造成需要國家關注的社會不安，使得清朝難以快速回應來自海岸的威脅。

第二個導致中國緩慢回應西方到來之因素，也源自於其西北經驗。很多曾經駐紮在西北的清代官員，都嘗試想要運用他們對蒙古的成功政策來處理國內與華南沿海的挑戰。但對中央歐亞所設計的戰略，並不適合運用在內地山區或者防範南方的「海上游牧民族」。乾隆有名的十全武功中，只有三個在西北的成功擔當得起這樣的稱號，但其他的勝利是否合於偉大之宣稱則較為可疑。它們實際上花費相當高的成本，但在安全上的收穫卻很少。[8]同樣的，在海防與鎮壓鴉片上，西北經驗用處也不大。撇開時機不論，在西北邊疆獲得的軍事與外交經驗，產生對其他地域新挑戰的不當回應。

現在的學術研究，封閉了我們檢視中國邊疆彼此間關係的能力。一般來說，討論清朝與外國民族關係都僅就個別關係進行討論。例如在華南海岸的廣東貿易體系，就被認為與北方和俄羅斯的貿易關係完全無關。[9]除此之外，使用「西方人」指稱俄羅斯人與英國人，而非中央歐亞民族，則將這些貿易與外交關係做出令人誤導的區分。例如傅樂淑極有價值的史料翻譯《中西關係紀實紀事 1644-1820》（*A Documentary Chronicle of Sino-Western Relations 1644-1820*），就忽略很多與準噶爾有關的材料，而且僅將他們放在清朝與俄羅斯的關係中來考量。然而，清朝的政策制訂者是同時處理所有邊疆的不同民族，並且將類似的原則應用在他們身上。很多曾經派駐在西北的巡撫與總督，也在華南沿海任職。人員的延續性、共同的政策、共同的語言等因素統一了這些邊疆政策。清朝在處理十八世紀初期與準噶爾商隊貿易的問題時，很明顯援用和俄羅斯貿易的前例；而十八世紀晚期與英國的華南海岸貿易，則又依據這次準噶爾的經驗來處理。

與某一邊疆的某個群體的關係，會改變清朝對不同邊疆的另一個群體的觀感和行為模式。我們需要將中央歐亞、俄羅斯與英美貿易者看作同一個邊疆關係領域的不同部分，並且依照時間追蹤某一經驗對另一經驗的轉變與影響。在此我僅指出進一步研究的可能路徑。[10]

細心的讀者可能已經注意到了，在西北邊境的貿易關係模式，與有名的華南沿海廣州貿易之間有著驚人的類似性。[11]從一七六〇年到一八三四年間，清代官僚採取在西北建立的前例來控制英國貿易商。由被指派的漢人商人團體取得可與外國人貿易的獨占執照；相關規定嚴格控制了進出貿易的港口、停留時間、可以交易的貨物。甚至兩個邊疆都有進行大黃的貿易，林則徐曾對這項藥材給予莫大信心。江南織造廠售賣商品到新疆所獲得的利潤被直接送到皇室所屬的內務府，就像廣州貿易一樣。[12]

廣州貿易的規模當然更為龐大，每年中國貨品的輸出額甚至高達七百萬萬兩，對皇帝與地方官僚來說頗為有利可圖。皇帝的內務府每年從該地貿易獲得八十五萬五千兩，使得他有強烈的財政動機去延續這項貿易。儘管清廷也有強烈的動機維持西北的貿易運作，但在那裡他們的動機比較是安全戰略上而非商業利益。一位內務府有權力的獨立官員被派任為粵海關監督（Hoppo），負責監督廣東貿易；而在西北的貿易則由幾個巡撫、總督與理藩院負責監督。無論如何，整體來說兩者的差別在於規模，而非結構。

儘管在這些地方的貿易（準噶爾、新疆、俄羅斯、英國），其「商業利益從屬於政治國家利益」，然而國家財政收益仍然是同等重要的考量。[13]清朝在華南海岸應用他們從西北邊疆學習到的辦法，包括邊界的嚴密監控、與商人合作、以及貿易限制是換取「野蠻人」順服的有用工具。官員採取同樣的修辭來描述準噶爾人與英國人：他們是貪婪且難以駕馭的民族，不知羞恥或禮儀為何物，需要帝國恩典特別控制與馴服。

兩個邊疆最重要的共同特徵，就是不斷有來自外部商人要求更多貿易的壓力。對此，邊疆官員們嘗試以彈性放寬規定的方式來調適。再一次，邊疆作為一個實驗區可以因應地方情境對前例作某些調整。所以官員們准許使節團前往北京朝貢之時，其所攜帶貨物可在邊界售賣，准許有限數量的白銀可以在邊界流通，接受大量商隊無預期的到來，以及接受在其停留超過法定期限時幫忙準備物資。這些實務的決定讓貿易平順進行，並避免對地方權威造成過度的負擔。這些外國人都精明地利用地方彈性，盡可能地擴大自己的商業利益。但假如他們越線太多，清朝可能會關閉貿易來強迫他們要守規矩。

來自中國內地的商人在這些貿易中，都扮演了重要的角色。在西北邊界，他們可能是來自陝西和甘肅的商人、西藏人、回族穆斯林，或者精於商隊貿易管理的突厥貿易商。官員期待他們提供參與邊疆貿易所需的大部分資本，但在必要的時候官員們願意協助提供商業資金。在西北，國家透過提供官方訂金，在貿易進行所需的財政挹注上扮演了比較大的角色；而在南方，廣州商人則越來越依賴英國貿易商所提供的訂金來進行貿易。兩邊的商人團體都陷入債務問題，但西北的商人是積欠於國家，而廣東商人則主要積欠於貿易夥伴。財務壓力使得兩地商人受到兩個不同方向的拉力：拉向內地，他們在此處理他們買進的貨物，以及拉往外地，也就是他們的供貨來源。

官員們深知金錢能買來忠誠。透過資金干預並支持在西北的以物易物交易，他們封鎖自己的貿易商與可疑的準噶爾人之間的金錢聯繫。比起在華南海岸，他們在西北比較有效地吸引這些「野蠻人」進入內地經濟。越來越大量的白銀與信貸流通進入南方，使得廣州商人越來越依賴英國的貿易夥伴。英國東印度的特選委員會和中國行商公行「聯姻變成單一的英—中基爾特」，聯合對抗非正規的私人貿易商。[14]儘管在兩個邊疆都有相當數量的私人貿易，非正規的走私主要沿著華南海岸發展起來。搭配很多的小港口與快船，他們比起路徑選擇有限的沙漠更難以控制。而且清朝的軍事力量已經完成西北地區的征服，當然在該地區具有更大的支配力。

我們可以繼續引用其他的類似性與差異，但前述概略討論應該足以提供兩個邊疆的有用對比。這些比較指出，清代從西北勝利學得一套處理敵對勢力的方式，但他們在面對極為不同的邊疆環境則取法失當。

協商國家

清朝在十九世紀衰落的第三個關鍵因素，源於清代創建國家方式。透過觀察帝制中國如何定義其與地方權威的關係，特別是在邊疆環境下，我們可以瞭解到在集權與地方分權之間保持平衡，何以總是國家形成的一個關鍵要素。

在一項重要的最新研究裡，魯大維（David Robinson）已經指出在十六世紀初期的明朝地方「強人」（men of force）的重要性，特別是在首都附近的地區。[15] 被地方官員描繪為「匪徒」的人，他們並非在遙遠地區因饑荒所迫叛亂的貧農，也不是代表地方共同體抵抗國家徵歛的潛在羅賓漢。這些所謂的匪徒背後有一些有力的庇護者，其勢力連結甚至可以通到朝廷裡面的宦官。在一五一〇至一五一二年間的一次大規模叛亂導致首都遭到攻擊，顯示了在首都地區附近盤根錯節的地方共同體與地方權力網絡。大部分地方官僚都必須選擇跟這些地方強人協商而非將其壓制，並默許他們與其武裝扈從繼續橫行鄉鎮。

一再使用「盜匪」一詞，掩蓋了官員必須與有力人士協商才能阻止公開衝突的嚴重程度。「匪徒」並不是一個客觀的社會範疇，而是地方官員用來遮掩流動與複雜的社會現實的標籤。魯大維主張大部分歷史學者都低估了暴力在中國歷史上的衝擊。即使在相對和平的明代中期，地方控制也是不穩固地仰賴文官與那些控制武力者之間的妥協。

魯大維分析明朝與地方強人協商的需要，讓我們得以洞悉清代邊疆統治成功背後的原因。相對於國內，明代官僚從來無法成功與在西北的蒙古人協商出穩定的防衛約定。他們一般將蒙古人看作異類或難以教化的暴力群體，不可能與之協商妥協。

但清朝統治者發現，保有強制力的協商對管理遙遠的邊疆就像在國內一樣有效。蒙古領導人在大草原上擁有武力，但可以誘導他們加入帝國事業裡。從早期的國家形成階段到土爾扈特人的戲劇性回歸，滿洲領導者都在聚集蒙古盟友。在每個案例中，蒙古領導人都獲得了官階、薪俸、禮物與生計的保證，但也放棄自由移動或指派繼承人的權利。然而作為札薩克與旗人指揮官，他們仍然在清朝的嚴密監控下保留很多地方權力。那些堅決作戰對抗清朝勢力者，像是一六三〇年代的察哈爾汗，則面臨了嚴厲的鎮壓。但清朝從來沒有擊敗過全部聯合在一起的蒙古人。清代邊疆政策的本質，是透過不斷外交拉攏盟友來打擊其他更危險敵人，對蒙古人分而治之。對很多蒙古人來說，比起滿洲帝國本身，其他蒙古首領似乎更具威脅性。他們「致命的個體主義」在蒙古人之間造成很多緊張，但緊張本身並不會導致所有蒙古人接受清朝的控制。只有清朝精準的外交作為才避免了蒙古人聯合抵抗。當然，西方人同樣利益不一，但他們在此都願意接受英國領導包括不平等條約「最惠國待遇」條款等，都使得中國此一著名的分化政策難以成功。再一次，在西北成功的做法並不能在南方奏效。

清朝的策略的確建構了中央集權的國家，但與西歐國家的過程非常不同。巴基（Karen Barkey）對鄂圖曼帝國的國家形成研究，闡明了在十七世紀歐亞大陸中央集權化的各種路徑。巴基質疑提利將國家構建過程簡單分類成「強制密集」與「資本密集」的做法，並展示在兩種歐洲極端之外其實還有另一種國家構建路徑。[16]她主張鄂圖曼帝國採取跟西歐國家（像法國）不同的手段來建構中央集權國家，因為他們是與敵人協商而非嘗試壓制他們。頑固的法國中央集權者導致了嚴重的抵抗運動，叛亂者拒絕國家徵稅或執行法律的權利，而鄂圖曼則很少面臨農民暴動或者菁英叛亂。鄂圖曼面對的是所謂的「傑拉里」（celali）匪徒，這些人在十七世紀創造了很多的地方混亂，他們並非保護地方共同體免於國家徵斂的「社會匪徒」，而主要是嘗試在國家內部往上流動的復員士兵與失地農民。鄂圖曼官僚的做法是與這些地方強人協商，給予他們官職並利用其武力抵抗其他匪徒敵人。此處就像明代中國一樣，傑拉里也是一種國家標籤，以增加國家權力為目的而建構的一種社會類型。鄂圖曼人也在協商破裂時使用武力，但他們通常無須鎮壓他們，而是成功地將這些傑拉里群體編入國家結構之中。鄂圖曼國家站在法國案例的對立端，法國案例導致了農民、貴族與宗教派系對於國家權威的公開反抗，但鄂圖曼與法國雙雙代表中央集權化與增加國家滲透力的成功案例。鄂圖曼帝國的其他研究也支持「協商國家」這一概念，並指出與清帝國之間的比較。[17]

中國位在鄂圖曼與法國案例之間。中國國家創建者也透過協商把敵人拉進國家結構中，但也經常面對叛亂。就像巴基所承認的，中國的地方社會包含很多強大制度，提供了國家以外的自主組織基礎。鄉勇、宗教結社、行會、志願社群、市場階層、仕紳文學結社、同鄉會，還有青年團體等在官僚體制下大量湧現。獨斷的皇帝及他的官員對這些群體都抱持懷疑，但無法將之消滅，只能寄望讓他們轉向中央。因此地方團體獲得大量授權，執行工作，替國家服務。他們分配饑荒賑濟、投資水利維護、造橋、經營孤兒院、管理市場、執行儀式等：這些是地方菁英在官方監督下所執行的功能。[18] 假如合作對雙方有利，地方行政事務可以透過彈性的法規解釋來平順達成。但當國家衰落或濫權時，或者地方菁英掌握勢力均衡時，衝突就爆發了。

巴基主張鄂圖曼帝國的農民很少反叛，因為他們在家戶以外缺少信任紐帶或者貿易關係，但中國農民有比較多的選擇。中國在內地是協商國家，有點像鄂圖曼帝國，但中國人民擁有比較強的地方社會制度和較大的能力可以抵抗國家——假如他們選擇如此的話。無論如何，在強制力與其他說服工具之間的平衡運用是這兩個帝國的共同特徵。

雍正皇帝在回應曾靜對恢復「封建體系」（儒家經典中所謳歌的理想政府形式）的訴求時，討論了協商與中央集權化的問題。在這個理論中，封建主義實際上是中央與地方之間被正式承認的分權體制，允許地方菁英在中央監督下擁有世襲權力。很多古典思想家認為，在秦朝統一各國之前，封建結構准許官員與民眾親近，並創造了中國的黃金時代。一些人主張恢復它，而其他人則主張時代已經改變，在統一帝國下封建價值並非重點所在，許多人如顧炎武則較溫和地呼籲「謂寓封建之意於郡縣之中，而二千年以來之敝可以復振」。[19]無論如何，曾靜採取極端立場，主張正如秦朝皇帝為了個人私慾從人民那裡「竊取」權力，滿洲人同樣在漢人臣民頭上強加了壓迫的中央官僚。雍正皇帝激烈駁斥曾靜，嚴厲譴責所有提倡封建主義的都是企圖削弱中央權威。有鑑於前任皇帝鎮壓的三藩之亂、他自身的繼位爭議，還有除了其兄弟之外來自年羹堯與隆科多等有力重臣的威脅，雍正皇帝很有理由害怕失去控制。他堅決為中央集權的官僚體制辯護，視為保證帝國內部秩序，還有防備來自外在威脅的唯一方法。

然而，雍正和他的繼位者在邊疆卻精確地採用了他們在內地貶斥的封建主義。儘管需要清代官僚承認他們的職位，但伯克、札薩克和喇嘛們都保留了某種世襲權威，並且在地方行政上擁有超越典型地方知縣的可觀自主性。實務上，這種協商與代表性的權威，為邊疆行政增加了有用的彈性，畢竟在邊疆地區接受漢文古典傳統教育的菁英稀少，而且人民接受不同的文化傳統。中國的國家決策者在邊疆地區跟在內地面臨相同的抉擇：如何誘導敵對力量臣服於擴張中的帝國。彈性協商的地方行政是隨處可見的帝國統治特徵，在邊疆地區比其他地方顯露得更為徹底，不加隱瞞。

商業化與地方化

檢視歐洲勢力對中東和南亞「火藥帝國」的早期滲透，則揭示了導致清帝國衰落的第四種原因。貝利（Christopher Bayly）展示了這些歐亞帝國內部究竟是發生哪些過程，才導致西方帝國主義侵略成為可能。他主張根源於商業化的政治危機，動搖了從北非到爪哇這些穆斯林帝國的統治，開啟了十七和十八世紀歐洲帝國主義之路。這些帝國失敗了，「因為富貴之人發現越來越無理由，為了支持帝國統治神話而損及他們真實的地方利益」。[20]

就像鄂圖曼歷史學者法洛希（Suraiya Faroqui）所注意到的，貝利「將部落脫離定居文明的邊疆棲息地的赫勒敦模型，和二十世紀對近代早期西方與南亞貿易增長的研究結合」，主張「十八世紀後期大英帝國的擴張之所以成為可能，是因為在英格蘭所產生的動力，剛好同時碰上了，特別是伊斯蘭世界主要國家的政治與經濟過程造成的危機」。[21]

至少從十六世紀開始，這些主要帝國都經歷了商業經濟的實質成長。新世界白銀的流入，在增加貨幣供應上扮演重要的角色，但至少一樣重要的還有新世界作物的擴散、經濟作物的轉作、地方市場的發展與貿易階級（從行腳商人到都市大商人）的興起等因素。這些群體同樣可見於鄂圖曼帝國、薩法維、蒙兀兒帝國和明朝。

貝利最終還主張，商業化挑戰了帝國賴以主張其統治權利的預設：社會秩序的維護與道德規範的維持。在鄂圖曼與蒙兀兒帝國，上升的地方權力抵抗中央國家機器的權力主張。十八世紀在鄂圖曼歷史上是有名的「地方頭人（ayans）的時代」，是地方家族獲得中央政權授予相當大權力的時期。鄂圖曼學者現在主張這不應該被看作鄂圖曼文明的「衰落」，而是政治權力轉向地方，以回應新的商業財富來源。[22]

蒙兀兒帝國面對的去中央化過程比較暴力，導致了像是馬拉塔帝國（Marathas）這樣強大的地方武裝統治者的形成。馬拉塔人也得利於擴張國際貿易網路提供的新機會。

貝利的論證主張商業化對於社會紐帶的腐蝕性影響。現金網路挑戰了奠基於軍事忠誠、宗教信念、氏族關係的傳統連帶關係，代之以私人利益的考量。這個國家因此不再能經由訴諸統一性而是必須經由契約性關係，來獲得軍人與官員的忠誠。在十八世紀的鄂圖曼帝國，馬利坎內（malikane，或說終身包稅制）取代了充作軍人俸祿的提馬爾食邑（timar），變成中央徵集財稅收入的主要方式。提馬爾貴族槍騎兵（timariot）保有土地的資格是以替蘇丹服軍役為條件，但馬利坎內持有者對其土地則幾乎擁有無限制的權利，並只需要繳納固定的收益給國家作為回報。庫利（Dina Khoury）和其他學者則主張，馬利坎內的興起不必然代表鄂圖曼政權的瓦解，而是標誌著它重建在比較商業化與利益取向的新基礎之上。[23]

清代中國相當於提馬爾食邑的，則是在征服後以「藩」的形式授予那些支持滿洲的漢人將領。相對於鄂圖曼與蒙兀兒帝國，康熙鎮壓了三藩之亂，標誌著對軍事服役國家更堅定的拒絕，從而導致了更多權力的中央化。

我們很容易就能看出，貝利描述的這些基本要素可以如何應用於晚明中國。當時憂心的學者與官員，也在辯論白銀與市場對社會的衝擊。他們非常憂慮於財富的流動與消費文化的擴散，會造成社會道德的崩解。[24]明代官員有關社會秩序、財稅徵集還有軍事防衛的討論，因此顯示出與同時期哈布斯堡王朝與鄂圖曼帝國之間那些討論的驚人相似性。[25]他們全都覺得穩固的帝國控制，仰仗以實物納稅的穩定鄉村居民，組成以土地為基礎的經濟體系。當然，明代中國透過十五世紀開始的一條鞭法，確實在貨幣基礎上重建了財政系統。這是中國制度史上少數幾個由下而上的大改革之一，當時的地方官員掙扎著一點一點的將那些零碎複雜的財稅負擔，整合成幾個大的類別單位，然後再將其轉化為可用銀支付的合計稅額。明代經濟與財政體系的貨幣化，推遲了其他農業帝國所面臨的去中央集權化的威脅，但並未解決邊疆防衛的問題。滿洲王朝取而代之，是因造成國庫枯竭的蒙古侵略，結合在最不商業化又乾旱盛行的西北地區不滿士兵叛亂的結果。滿洲人維持晚明以來建立的貨幣化稅收與個人支付體系，僅除去了晚明附加稅的繁累負擔。在短暫中斷之後，白銀從十七世紀晚期到十八世紀繼續流入中國。當經濟復甦與商業化擴散之際，許多晚明可見的現象也再度出現：市場城鎮的擴散、經濟作物生產的增加、活潑的消費導致商人文化的興起，以及小型與大型商人階級財富的增加。但值得注意的是，跟蒙兀兒與鄂圖曼帝國不同，中國並不需要跟那些在十八世紀開始挑戰中央權力的強大地方勢力或者貴族爭奪權力。

我們可以從俄羅斯這另一個歐亞龐大帝國那裡，發現解決這個難題的線索。俄羅斯在十八世紀也經歷了市場、農業商業化、新流動性的顯著成長，還有人口成長。將中國與俄羅斯從鄂圖曼與蒙兀兒帝國區分開來的，是前兩者繼續擴張其帝國，而後兩者沒有。當中國和俄羅斯相遇之時，他們協商了邊界條約，建立了有所管制的「貿易港口」，控制商業活動並引導大筆收益進入國庫。這些收益金流，對俄羅斯來說比中國更為重要，因為後者有更多有生產力的農業土地可以利用。俄羅斯在十八世紀持續在西伯利亞擴張並進入阿拉斯加地區，而中國則確保對於新疆的控制。許多富裕的要人可以透過提供新邊疆的利權加以收買。最後，邊疆擴張也提供了農民移動的出口，減緩了核心地區的土地壓力，並讓他們有更大的自由逃避國家的負擔。當沙皇准許貴族在俄羅斯核心地區更細密地輾壓農奴時，西伯利亞則是一塊吸引人的、沒有奴役的土地。

邊疆地區的擴張和吸納，轉移了在國家核心地區那些強迫去中央集權化的壓力。商人菁英可以與國家官僚合作，推動新地區的發展而獲益。我們已經看到清朝如何以投資農業屯墾和支配牛隻貿易的方式，促進商人資本滲透進入蒙古、甘肅與新疆地區。[26] 貨幣系統的統一同樣擴展了核心地區貿易商的市場機會。特別的契約安排，准許江南商人可以賭賭運氣，運送布料給中央歐亞人，他們則沿著絲路販賣這些商品。商人依賴國家提供安全與基礎建設等公共財，而國家轉而依賴他們來紓解食物的短缺與促進內部貿易。既然官員用白銀收稅，他們就有強烈興趣讓農民可以接近市場。不商業化的地區對於地方行政來說只會造成混亂，那麼在這個意義上，清帝國不再是一個「農業」帝國。儘管大量的財稅收益來自土地，收益本身仰仗廣泛的貨幣化農業經濟，其需要仰賴於商人階級的廣泛合作。

結果證明，西伯利亞與中亞作為財稅收入的主要來源頗令人失望。俄羅斯從邊疆獲得的收益比中國多，那是因為毛皮貿易比起新疆綠洲的產值更高，而且特別是因為西伯利亞毛皮的大型市場就在北京附近。中國並沒有這種可以類比的出口市場。俄羅斯國家的收益首先來自於毛皮貿易，但在十八世紀期間其比例逐漸下降。當國家贊助的商隊變得越來越無利可圖時，貿易私有化就看來比較有吸引力。相較之下，中國從新疆所獲得的好處，比較少來自直接歲入的金流，而是來自免除需要防備游牧民族攻擊的「防線前移的紅利」。中國在十八世紀中葉之後，不再需要防備蒙古國家所需的大量軍事花費，而且新疆的土地足以支持軍事的屯墾，儘管仍然需要來自內地的大量財政補貼。但即使這個地區不能支付自己的財政負擔，北京的官員們仍可以主張補貼駐軍的花費還是比大事征伐自主游牧民族統治者的成本來得少。

因此，邊疆擴張和吸納可以透過增加中央財稅收益或者減少戰略成本、攏絡商人參與新地區的開發，以及紓解內地的農業壓力等方式，延遲商業所造成的地方化壓力。但這些好處有其極限，而且每個也都會產生反作用力。假如新領土產生的有價值產品相對較少，但仍需要龐大的軍力駐紮，他們的財政支出將會大於收益。長江下游的菁英不斷反覆申論此一論點，反對將他們的稅收投注到遙遠的邊疆。俄羅斯可能從西伯利亞的開發本身獲得淨利，因為其在當地的軍事建置相對較小而且大多可以自給。清朝確實嘗試減少統治新疆的行政成本，包括合併軍事單位、裁減軍隊並積極促進軍事屯墾。同時，清廷也增加了文官行政，那也增加了成本。

在邊疆的私人商業開發對於商人階級有利，而且藉由增加貿易，可以增加本地住民的生活水準。但其不必然是對國家有利的，除非國家能從中汲取部分財富或者間接獲利。只要商人參與了穀物貿易，就能保證價格穩定並增加農民納稅者，那麼國家與商人合作就會對雙方有利。但對於穀倉系統的持續辯論，顯示商人並不總是協助地方民眾，而可能囤積穀物並提高價格牟取暴利；他們可能用預支借貸綁住農民，強迫農民交出收穫給一位壟斷買主（monopsony）；他們也可能用財富賄賂地方官員並將官方資金納入私囊，一七八一年甘肅的賑災醜聞案清楚顯示新商業財富在這些低度發展地區的有力影響。商人與地方官員的紐帶是對中央控制來說最具威脅性的，因為其提供了地方官員獨立於中央官僚體系的收益來源與個人財富。在這層意義上，甘肅的醜聞案預告了在十九世紀釐金商業稅流入省級官府的財庫時，將會爆發更大的問題。

然而，農民開墾是最爆炸性的趨勢，特別是在中國。當漢人移民進入西北的時候，他們開始跟有著不同文化傳統的其他民族接觸。清朝促進了這個地區的多樣性，運用每個群體的能力從事他們最適合的工作：在清朝支持下，專精於綠洲農業的突厥斯坦農民挖掘水道灌溉其農田；漢人農民墾種他們自己的農田；回族與藏族商人則運送羊毛織品、衣服、現金等產品；蒙古人提供馬匹，有時候也提供穀物。假如土地充足且氣候適合的話，這些不同民族可能為了互利而一起工作，但西北並不總是如此幸運。儘管國家投入龐大資金進行水利維護和土地開墾，新疆的生態仍然十分很脆弱。即使沒有宗教因素加入其中，對水源與土地的鬥爭很容易就導致衝突。而當新的伊斯蘭教派在十八世紀進入新疆之後，他們提供了社群組織凝聚的中心。這導致叛亂的爆發，造成了需要更多花費的更大軍隊駐紮。

這個邊疆成了壓力的早期診斷，而那些壓力將在十九世紀期間襲擊帝國其他地方。在穆斯林帝國所看到的商業與地方菁英推動的去中央集權化的壓力，直到十九世紀才在中國變得明顯。然而，它們作為潛在緊張，自從新疆征服以來就早已存在。當清帝國推動邊疆擴張與吸納的時候，控制與分裂之間的緊張平衡尚能維持，但在一七八〇年代之後這些部分開始分崩離析。而正在此時，華南海岸的歐洲貿易商，開始更熱切地推動要求中國開放貿易。

馬戛爾尼伯爵在一七九三年看到一個強大但脆弱的帝國，但他錯誤地將清朝未來的難題單純歸諸於中國領導人的性格。這些「帝國的張力」已經侵蝕了在上半世紀期間建立的國家權力結構。[27]即使中國仍然能夠動員令人驚嘆的力量進行強力激烈抵抗，它在帝國競爭間仍舊遭到邊緣化。它已經不再是過去在十七世紀和十八世紀早期的國家，不再是當年那個擁有最大軍隊、最富有的商人與世界上最大領土之一的國家。這個從強盛到衰落的轉變令人驚訝，而這是其擴張進入中央歐亞時所產生的矛盾性力量的結果。

王國斌曾經假設，假如鄭成功這位在十七世紀曾經短暫占領臺灣的強大商業冒險家，其繼承者已經在中國東南建立了一個強而有力的商業帝國，抵禦清朝並撐過十八世紀，則清朝官員也許會對英國人所必須提供的貿易品項有更多興趣，例如武器。反過來說，英國人就沒有必要非得推動鴉片貿易來補足他們的白銀流出，而中國也可以抵抗條約開港的壓力。「總之，較可能在軍事上抵抗一八三〇與一八四〇年代英國要求的中國，是政治上有力的中國。而這可能得要東南中國先出現一個成功的商業帝國。」[28]王國斌並沒有聲稱這個結果很有可能發生，但他提出這個可能性，作為構思十九世紀中國另一種可能未來的方式。

我們同樣也可以主張，假如有一個蒙古國家在西北挺立下來，則同樣也可能會導致前述假設的結果（這個劇本比王國斌的更有說服力，因為蒙古國家實際上持續了將近一個世紀，而鄭氏政權僅在一六六一至一六八三年領有臺灣）。如此一來，清朝的統治者一定會有興趣為軍事遠征獲取現代武器，正如同他們十七世紀向耶穌會士訂購武器一樣。他們可能會借用英國的軍事經驗，甚至可能會邀請英國人觀察他們的遠征，就像耶穌會士觀察十八世紀的戰爭那樣。中國的軍隊實際上在十八世紀晚期曾經與入侵緬甸的英軍接觸，但未能從這次經驗中獲取任何軍事技術。[29]假如有一個強大的蒙古國家存在，那麼可以想像也許會有一個更大的中英聯合軍事合作。屆時中國人將瞭解英國在印度的存在，同樣可能意識到英國對西藏的潛在影響，因為他們必將關切如何不讓蒙古人控制西藏。提出這個假設性論點，旨在強調中國在邊疆擴張過程中創造了對外國勢力的關係開放性，以及導向更為流動的地緣政治聯盟的可能性。而這每一種可能性，都會對軍事平衡、科技變革，以及左右貿易的政治經濟層面產生影響。

總歸而言，來自邊疆的觀點有助於說明，為何那些能夠回應競爭性地緣政治環境的國家創建、政策辯論與制度形成的動力，會在領土擴張完成後隨之消失。四種互動過程開啟了十九世紀西歐勢力對清朝的滲透：一、新的挑戰者就在蒙古人失敗後不久出現在華南沿岸。二、有效對抗大草原游牧民族的政策在南方海洋環境中失敗。三、之前能平衡清代中央利益與地方權力擁有者的協商方案開始轉向去中央集權化。四、自從十六世紀以來持續展開的商業化開始腐蝕對中央的忠誠。

滿洲出現擁有滿蒙漢三種文化的征服菁英，活躍的商業經濟滲透進入邊緣地區，以及精明的外交政策運用，是這三種因素同時出現，才導致了北京史無前例地推進到歐亞大陸的心臟地帶。既然這並非天意所預先決定的結果，也難怪盛清的統一不能長久持續。長期來看更叫人吃驚的事實是，中國的現代民族國家幾乎已經重組了其祖先兩百年來的帝國。但這個現代民族國家兼帝國的成立也並非必然，而是依賴許多偶然的同時發生。對有興趣在二十一世紀為自己的民族協商出新身分的中國人來說，過去的經驗或將提供一部分的指引。

致謝

做這項研究的時間長到讓我不可能充分地感謝曾貢獻心力的每個人。我在哈佛的滿文老師傅禮初（Joseph Fletcher）在一九八四年過世，當時我人在北京的檔案館，正要完成第一本專著，同時尋找中國西北研究的新題目。許多人和我試著繼續他費力開創的研究工作。我得到北京第一歷史檔案館、臺灣故宮圖書文獻館、莫斯科外交政策檔案館（Archive of Foreign Policy）和古代文書國家檔案館（State Archive of Ancient Acts）職員的莫大幫助。Galina Khartulary和Valerii Klokov則是在神祕莫斯科的寶貴嚮導。在北京，我想要特別感謝中國人民大學清史研究所所長成崇德和他的同仁們，以及我的老友兼同事李伯重等人。在美國，我尤其感激Philip Khoury院長持續的支持，以及在麻省理工學院歷史系的所有同仁給我的批評和鼓勵。Anne McCants、Pauline Maier、Harriet Ritvo和Elizabeth Wood在我研究早期提供了相當寶貴的回饋。John Dower睿智的指教源源不絕。我之所以即便擔任系主任還能在本書研究上有所進展，都是拜他們的善意和奉獻所賜。本研究很多部分已在哈佛大學費正清東亞研究中心（Fairbank Center for East Asian Studies，譯按：現已改名費正清中國研究中心）、哥倫比亞大學（Columbia

University）、加州大學爾灣分校（University of California, Irvine）、加州理工學院（California Institute of Technology）、耶魯大學農業研究中心（Institute for Agrarian Studies at Yale University）、堪薩斯大學（University of Kansas），還有亞洲研究協會、美國歷史學會的年會，以及散佈諸如伊斯坦堡、臺北、北京和日本各地的研討會上發表過。我由衷感激所有來自與會者的建議，特別是卜正民（Tim Brook）、柯嬌燕（Pamela Crossley）、狄宇宙（Nicola Di Cosmo）、孔復禮（Philip A. Kuhn）、馬立博（Robert Marks）、彭慕蘭（Ken Pomeranz）、斯科特（James C. Scott）、Carl Strikwerda、堤利（Charles Tilly）、魏斐德（Frederic Wakeman）、衛周安（Joanna Waley-Cohen）、王國斌（R. Bin Wong）、伍思德（Alexander B. Woodside）、沃斯特（Donald Worster）等許多人。我最深的遺憾是在治學嚴謹和個人生活上皆為人師表的史華慈（Benjamin Schwartz）在本書書稿完成之前就過世了。倘若他仍在世，我真希望能聽聽他怎麼想。我對麻省理工和哈佛研究助理們的不懈辛勞由衷感激，他們協助了本書的準備工作：Cherng Chao、和文凱（He Wenkai）、Jiangti Kong、Ellen McGill、Nana Okura、Helen Tang和Angela Xiang。我還要感謝這個研究領域的前輩學者。數百年來，他們經常在不知道其他研究者存在的情況下，以多種語言，累積了無價的人為與文獻資產。若我們能望得再遠一些，都是因為我們站在他們的肩膀上。

我還得特別感謝趙家，他們贊助設立的東亞文明講座教授（T. T. and Wei Fong Chao Professorship），對準備本書出版的資源提供偌大幫助，尤其是書中的美麗插圖。感謝臺灣中央研究院的林滿紅在取得出自臺灣插圖的寶貴幫助。我的編輯Kathleen McDermott和Elizabeth Gilbert在將本書付梓的過程中，極為熱心、堅定，又效率十足。Amanda Heller一絲不苟地編修最後定稿，Phil Schwartzberg為本書繪製了精巧的地圖。

本書的觀點受到許多環境的影響，儘管大多不自覺。到北京、日本、蒙古、莫斯科和新疆等地的旅行，有助於將抽象的古代文本與當代世界的自然經驗相聯繫，變得更加具體。我感謝所有旅行中遇見的所有人，也感謝一路上曾經幫助過我的人。在美國，我沉思的地方包括牙買加池塘（Jamaica Pond）、阿諾林木園（Arnold Arboretum）、查爾斯河（Charles River）、多爾切斯特（Dorchester）、麻省理工學院、哈佛園（Harvard Yard），這些地方是書中諸多想法的發生地。

部分章節是過去發表作品的修訂成果：“Boundaries, Maps, and Movement: The Chinese, Russian, and Mongolian Empires in Early Modern Eurasia,” *International History Review* 20 (June 1998), pp. 263–286; “Empire and Nation in Comparative Perspective,” *Journal of Early Modern History* 5, no. 4 (2001), pp. 282–304; “The Agrarian Basis of Qing Expansion into Central Asia,” in *Papers from the Third International Conference on Sinology: History Section* (Zhongyang Yanjiuyuan Disanzhou Guoji Hanxue Huiyi Lunwenji Lishizu) (Taibei: Institute of History and Philology, Academia Sinica, 2002), pp. 181–223; and “A Frontier View of Chineseness,” in *The Resurgence of East Asia: 500-, 150-, and 50-Year Perspectives*, ed. Giovanni Arrighi, Takeshi Hamashita, and Mark Selden (London: Routledge, 2003), pp. 51–77.

日期

文中一切日期都是儒略太陽曆，中文參照採用中國農曆及年號（如康熙、雍正、乾隆）。註釋中若見到檔案日期旁加上星號，表示農曆閏月。

度量衡

1斤＝1.3磅，或0.6公斤

1里＝0.36英里，或0.576公里

1畝＝0.1647英畝，或0.0666公頃

1石＝103.5公升，或2.9蒲式耳（23.5加侖）。一石輾過的米，重約175–195磅（80–89公斤）。

1巴特曼＝突厥斯坦的土地和穀物度量單位，相當於4.5–5.3石的穀物，或26.5畝地（出自 Millward, Beyond the Pass, p. 54）。

關於名字、日期、度量衡和漢字的說明

名字

要統一人名和地名的羅馬拼音始終令我頭疼。我盡可能以每個人原初族群的語言來拼寫羅馬拼音。其他替代羅馬拼音則附在括號內，並標示其語言（像是滿文、蒙文、中文和藏文）。中文名字我採用拼音系統；滿文名字，採用的是 Jerry Norman, *A Concise Manchu-English Lexicon* (Seattle: University of Washington Press, 1978) 中使用的拼法。俄文名字通常遵循國會圖書館（Library of Congress）系統。蒙文名字有很多不同拼法，反映不同的方言和不同的羅馬拼音系統。由於維持統一實際上不可能，我希望，我所採用的拼法能讓不熟悉阿爾泰語系細微差別的那些人，至少讀得出發音，而且讓在乎語文學正確性的那些人，至少能夠辨識。至於藏文，我根據R. A. Stein, *Tibetan Civilization* (Stanford: Stanford University Press, 1972) 提供讀得出發音的拼法版本，然後將原始拼法放在括號內。突厥人名和地名，一般而言依循 James A. Millward, *Beyond the Pass: Economy, Ethnicity, and Empire in Qing Central Asia, 1759–1864* (Stanford: Stanford University Press, 1998)。關於書中提及中央歐亞主要統治者的名字和在位年代，請參見附錄A。我使用不同羅馬拼音區別長江下游的紡織城市蘇州（Soochow），和西部甘肅的衛戍重鎮肅州（Suzhou）。

縮寫表

GZDKX	國立故宮博物院編，《宮中檔康熙朝奏摺》
GZDQL	國立故宮博物院編，《宮中檔乾隆朝奏摺》
GZDYZ	國立故宮博物院編，《宮中檔雍正朝奏摺》
HCJSWB	賀長齡編，《皇朝經世文編》
LFZZ	錄副奏摺，北京第一歷史檔案館
LSDA	中國第一歷史檔案館編，《乾隆八至十五年準噶爾部在肅州等地貿易》
PDZGFL	傅恆編，《平定準噶爾方略》
QPSF	張玉書編，《親征平定朔漠方略》
QRZ	清史編委會編，《清代人物傳稿》
QSLKX	《大清歷朝實錄》（聖祖：康熙朝）
QSLQL	《大清歷朝實錄》（高宗：乾隆朝）
QSLYZ	《大清歷朝實錄》（世宗：雍正朝）
SLXK	《史料旬刊》
YZHZZ	中國第一歷史檔案館編，《雍正朝漢文硃批奏摺匯編》
ZGSL	準噶爾史略編寫組，《準噶爾史略》
ZPZZ	硃批奏摺，北京第一歷史檔案館。

表E.1：甘肅的澇與旱年，1725-1810年

大澇、澇（1-2）	7
正常（3）	67
旱、大旱（4-5）	12
全部	86
平均	3.01
標準差	0.57

註：每年的降雨量被分為1-5等，1是大澇、5是大旱。

將六個站的降雨分數加以平均的話，可以得到甘肅每年的降雨量數值。一七二四到一八一〇年的甘肅平均降雨量應該是「正常」（3.01的平均值，標準差0.57）。因此我們可以把平均起來超過3.5的哪些年份當作旱年，而把平均低於2.5的哪些年份當作澇年，那麼甘肅有七個澇年，十二個旱年。甘肅最乾旱的年份是一七五九（4.5）、一七七九（4.4）、一七九六（4.33）與一八〇一（4.17）。一七五九年是整個時期最乾旱的年份，同時也有最低的收成分數（5.5）。穀價在一七五九年竄升到異常高的水平，而十八世紀其他年份則一般是穩定的。

每年的雨量與收成不必然有直接的關係，就像地方官員通常報告的，有水利設施的地區比較能夠抵禦一時的乾旱，可依賴山上雪水的地區即使沒有下雨的話，仍可以在春季獲得供水。有時候雨量或者融雪太多，對作物收成反而有害。雖然甘肅少有洪災，但雹暴經常損害作物。這整個地區大部分時候的降雨量的分布很不平均，只有在某些罕見年份，例如一七五七年整個省分才會都沒有降雨。各地降雨與收成的區域變化，讓官員可以透過地區間米穀運送來紓解地方性的糧荒災難。

附錄E：西北的氣候與收成

西北的特殊氣候顯著地影響了當地的穀物市場，中國氣候研究中心已經出版了中國一四七〇到一九七九年旱澇年份分布的圖表與地圖（中央氣象局氣象科學研究院〔ZQQKY〕編，《中國五百年旱澇分布圖集》（北京：地圖出版社，1981）。他們將每個府的降雨量分成五個等級：1為大澇，2為澇，3為正常，4為旱，5為大旱。編者們雖然沒有使用北京檔案館收藏的雨水情形報告題本，但他們使用了帝國各地地方志收集的廣泛資訊。假如這些資料可靠的話，我們可以使用它們來獲得帝國各地雨量狀況的概括圖像，並且檢視乾旱年份的衝擊。這些資料有多麼可靠呢？我們比較了表D.1中甘肅的收成分數報告與這個《中國五百年旱澇分布圖集》中的降雨資料，如其所顯示的，四個最乾旱的年份的確對應於甘肅收成最差的年份。而且，我們有總督那彥成一八一〇年的一份賑災報告，根據他的說法那一年是嚴重乾旱的年份，而在上述的旱澇分布圖集中那一年的確是被分類為旱年（ZQQKY，地圖，頁176）。而在一七五九年我們知道有過一段乾旱期、歉收且米價高昂，在上述圖集中西北地區被描繪為大旱之年（ZQQKY，地圖，頁150）。一般來說，在旱澇分布圖集中的資料可以用來作為帝國各地降雨量的有用指標。

1772	3,703	2–5.1	2,696	12,879		3.48	7.5	ZPZZ	1772.11.17
1779	1,499		1,583	6,212		4.14	8.0	ZPZZ	1779.12.20
1780	1,499		1,564	6,176		4.12	8.5	ZPZZ	1780.11.18
1786	1,499		1,681	6,412		4.28		ZPZZ	1786.12.8
平均					2.35	3.74			

註：1742-1762 年，甘肅耕地面積=36,131 畝；種子產量是指播種後所收穫的產量相對於播種量的比率。資料來源參見表 D.1。1742–1747 年的資料作者為黃廷桂；1749, 1752–1754 年的資料作者是鄂昌；1756–1759, 1766 年的資料作者吳達善；1761 年為明德；1762 年為楊應琚；1769 為明山；1771 年為文綬；1772, 1779–1780 年為勒爾謹；1876 年為永保。

表D.3：在安西瓜州的回民屯田

年份	播種量	種子產量	收成（石）	單位產量（石／畝）
1735	1,685			
1747	8,000	6.03	45,265	2.69
1749	8,000	5.47	40,630	2.41
1750	8,000	3.52	25,739	1.53
1751	8,000	6.10	45,345	2.69
1753	8,000	7.43	55,338	3.28
1754	8,000	7.10	52,379	3.11
1755	8,000	7.07	53,241	3.16
平均		6.12	45,420	2.69

資料來源：硃批奏摺，農業屯墾；1751 年，GZDQL 2.118

註：1735 年耕地面積 16,854 畝；1757 年 20,400 畝；總戶口數 680 戶（1757 年）；種子產量是指播種後所收穫的產量相對於播種量的比率。

表D.2：漢人屯田

年份	國家分配（石）	民人提供（石）	收成分數（1–10）	國家分得（石）	總收成（石）	產量（石／畝）	種子產量	省的收成分數（1–10）	資料來源	日期
1742	21,652	63	3-13	34,032	90,428	2.50	4.18		LFZZ	1743.6.8
1743	23,261	134	3–8	28,867	82,181	2.27	3.53		ZPZZ	1744.6.18
1744	21,730	129	3–8	22,616	67,933	1.88	3.13		LFZZ	1745.4.27
1745	20,222	59	3–10	21,244	64,169	1.78	3.17		LFZZ	1746.4.18
1746				2,779					ZPZZ	1747.6
1746	22,990	106	2–7	23,896	72,737	2.01	3.16		ZPZZ	1747.5.15
1747	21,854	89	3–9	23,986	70,388	1.95	3.22	6.2	ZPZZ	1748.4.4
1749	20,800		2.5–10	15,862	53,924	1.49	2.59	7.5	ZPZZ	1750.4.28
1751	23,841		2–8	26,040	77,215	2.14	3.24	9.5	GZDQ L2.823	1752.4.26
1752	23,456		3–8	25,182	75,108	2.08	3.2		LFZZ	1752.5.4
1753	22,603		3–8	53,489	130,843	3.62	5.79	8.5	GZDQ L8.57	1754.4.18
1754	22,548		3–8	40,084	117,822	3.26	5.23	8.0	LFZZ	1755.2.26
1755	22,493		2–8	35,729	95,130	2.63	4.23	7.7	LFZZ	1756.4.10
1756	21,447	1,112	2–7	30,882	84,439	2.34	3.94	7.5	ZPZZ	1757.5.2
1757	25,528	1,113	1–7	25,741	78,081	2.16	3.06	6.5	ZPZZ	1758.4.27
1758	26,654	1,114	1–8	15,980	88,681	2.45	3.33	6.5	ZPZZ	1759.6.15
1759	26,640	1,110	1.7–7.5	26,141	108,986	3.02	4.09	5.5	ZPZZ	1760.5.22
1761	22,631	1,127	3.1–5.9	29,443	106,083	2.94	4.69	9.5	ZPZZ	1762.4.16
1762	22,583	1,127	1.8–5.9	10,584	66,136	1.83	2.93	7.5	ZDQL 16.512;17.204	1763.1
1766	3,703		2.2–5.5	6,867	14,377		3.88	7.5	ZPZZ	1766.12.20
1769	3,703		2.1–4.8	2,877	13,247		3.58	7.5	ZPZZ	1769.12.10
1771	3,703		1.8–4.7	2,056	12,614		3.41	6.5	ZPZZ	1771.11.29

1769	夏	7.5	3.4	ZPZZ
1769	秋	7.5	3.4	ZPZZ
1770	夏	6.5	3.6	ZPZZ
1770	秋	6.5	3.6	ZPZZ
1771	夏	6.5 (旱災)	2.8	ZPZZ
1771	秋	8.5	2.8	ZPZZ
1772	夏	5-9 (災荒)	3.0	ZPZZ
1772	秋	7.5	3.0	ZPZZ
1773		8.5	3.4	ZPZZ
1774		旱災	3.0	ZPZZ
1776		旱災	3.3	ZPZZ
1779		8	4.4	ZPZZ
1780		8.5	3.4	ZPZZ
1785		8.5	2.7	ZPZZ
1795		8.5	3.0	ZPZZ
1796		7.5	4.3	ZPZZ

平均	7.62
標準差	1.055
離散係數	0.138
大於7分的年份數	21
小於7分的年份數	9
有資料的總年份數	30

資料來源：ZPZZ：宮中檔硃批奏摺，倉儲類；LFZZ：錄副奏摺，農業屯墾類；兩者都收藏在北京第一歷史檔案館。GZDOL，國立故宮博物院編，《宮中檔乾隆朝奏摺》。有關雨水情形的資料，參見附錄E。

註：當不同資料來源給出不同估計時，同一年會有兩筆資料。假如沒有特別說明的話，上述數字指的是一整年的估計。

附錄D：甘肅收成與產量

表D.1：甘肅的收成

年度	季節	收成分數（1-10）	雨水情形（1-5）	資料來源與說明
1738		7.9	3.0	ZPZZ
1747		5-7.5?	3.8	ZPZZ，夏2-4、秋6-8 =7.5，範圍在6+到9+間
1748		8.0-8.5	3.0	ZPZZ，整個夏季8、秋8-9
1749		6.5-8.5	3.25	ZPZZ，7-10河東僅夏季；河西平均6.5
1750		9	2.5	ZPZZ，河東秋季9.5、河西秋季8.5；ZPZZ 近年來收成最好之年
1751		9.5	2.8	GZDQL 1.669
1753		8.5	2.8	ZPZZ
1754		8	3.4	ZPZZ
1755		7.5-8	2.8	GZDQL 15.243, 813
1756		7.5	2.8	ZPZZ
1757		6.5	2.8	ZPZZ
1758		6.5	3.2	ZPZZ
1759	夏	5.5	4.5	ZPZZ
1759	秋	5.5	4.5	ZPZZ
1760		8.5	3.0	ZPZZ
1761		9.5	2.6	ZPZZ
1762	夏	7.5	3.2	ZPZZ
1762	秋	6.5	3.2	ZPZZ
1762		8.5	3.2	ZPZZ
1763	夏	8.5	3.0	ZPZZ
1763		6.5	3.0	GZDQL 18.444; 19.332
1766	秋	7.5	2.7	ZPZZ
1766		(旱災)	2.7	ZPZZ

們回說等情，相應將該夷等確實情形回稟等情，又接准鎮臣王能愛札覆前來，與該游擊所稟無異。准此臣貿易夷人額連胡里等帶來牲畜，較之於上年眾多其間多有瘦弱者，該夷既稱情願在山北水草茂盛之處暫牧緩息，應俟牧放稍有精力再為照料分起趕行。除札致肅州道臣鈕廷彩作速會同官商辦理外，至該夷等求變趕走不動之擦掌乏弱牛羊馬匹，臣緣該夷額連胡里等上次貿易到哈求變乏弱牲畜，經臣業已責明下次不得為例，而今又覆踏前轍自難優容以致易視成例，故專差游擊閻相師會同鎮臣王能愛細加面為開講定例。今該夷因受皇恩深厚於極感之中吐出一切實情，乞憐言詞益覺卑順，揆厭其由實非有心違例，若以定例拒其所懇，則萬餘之擦掌乏弱牲畜值茲天氣暑熱長途趕行，勢難保其存活，伊處窮夷目字多失望，似非仰體我皇上加惠遠夷之意。但查哈密地處極邊自減防之後僅有防兵兩千名，商民亦屬寥寥，例年來往夷人求變牲畜，兵民甚覺掣肘，且防所又無撥貯別項銀兩，今該夷等求變乏弱牲畜見有萬餘之多，若蒙恩准專責賣哈密辦理實不無有拮据之處，臣仍差游擊閻相師協同鎮臣王能愛將求變之牲畜，設措售變似不致於周章，夷人行走亦可輕便，肅州辦理更無促迫之虞矣。至多帶三十餘人，該夷告以實有不得已而之情，誠如聖訓此等小處不必與之錙銖較量，似應准其隨往，其葡萄磠砂既稱自用，前摺業已恭奏自不便阻其隨帶，再夷人姓名，字音多寡之間今已更正清楚，合併聲明。除將前情咨會督撫諸臣外，所有前項求變牲畜所請辦理之處是否有當，理合繕摺恭請皇上睿鑒訓示遵行，再額連胡里投到澤旺多爾濟納木扎蒙古字單，謹加封呈進，其寄臣伯勒克花緞一匹，俟額連胡里回日，再照前例備物以答其意。謹奏。乾隆十三年四月三十日，安西提督臣李繩武，硃批：軍機大臣議奏。

資料來源：《史料旬刊》25 期，頁 481-483

不遵，我有我不得已而的隱情，況我也知道往肅州去路上有幾處水草微細，但我們達子人家過日子所靠的是牛羊馬匹，就是來中國做買賣，也並不是我們台吉一個人的，都是準噶爾眾人的買賣，這眾人內如是有的人家還養些鷹狗，得些皮張，或別處貨換些細皮張交來到天朝貿易，如窮的人家既無皮張，止靠幾個牲口過活，或牛羊馬匹，他們那些交來我也因牲口墜累狠不願收。止是窮富不得一樣，自從蒙大皇帝施恩，准我們台吉和好之後，底下的眾人從前沒有喫食的，如今都受恩有了喫的了，他們眾人聽的買賣出來，無一人不攢湊帶些牲口，想著要易換些東西，霑受大皇帝恩典，是這個緣故。我也是不得已，將牲畜趕著出來了，至於多帶之人，我額連胡里難道不知例上肅州買賣止准一百人麼，敢違例多帶麼。這三十餘人，一則與我們記賬看病造飯，實在我們的牲畜多了，人少照料不來，多這幾個人纔不作難。今蒙大皇帝如此厚恩加與準噶爾的人身上將軍好處，敢不實說麼，因這個緣故上，多帶三十多個人，再姓名舛錯之處，想是漢夷字音多一個字少一個字上頭錯了，前者這裏大人都對明白了。在哈密求售變的牲口，今不准，我們敢不遵麼？就是我們台吉澤旺多爾濟納木扎爾，也是不敢違大皇帝定例的，這違例的話，我額連胡里是何人萬萬當不起的。若將疲瘦擦掌牲畜趕往肅州去賣，我知道又有幾處地方水草微細，這些牲口都是死數，我們底下的窮人就是狠苦累的了，我前後思想萬分作難。今將我們實情告訴，也是沒奈何，在哈密求變些就狠霑了大皇帝恩典，養命的東西就都有賴了，就是我路上有不受墜累了，游擊看的該夷所言，俱係實情，隨遵諭向該夷額連胡里等說，你們牲畜狠多既有乏弱擦掌的，暫且在山北有水草處牧放緩息，俟有膘力多分幾起行走，我回去將你們情由回稟我們總統大人知道，看是如何吩咐再傳你們知道罷。該夷等言說都是實與我們有益的事，我們只是遵著行罷，總是我這一番下情若能得到大皇帝跟前，大皇帝見了我們這一番情節，就都是有造化的，就受恩不淺了，再我們疲乏擦掌趕走不動的羊約有不足一萬隻、牛有二三百隻、馬有二三百匹，止求施恩在哈密變賣了罷。在將軍上好好地替我皇仁之外，已責說日後再不得照此作例，務要遵著定例行。該夷即為應諾，今又復以擦掌乏弱之數，懇求在哈變賣，似未便即為遽准以滋該夷等違例無厭之求。臣隨一面遣差陸任游擊暫留安西城守營都司任誾相師，前赴哈密會同鎮臣王能愛再加開導，照例遵辦，並查該夷等擦掌乏弱牲畜實在不能行走若干數目，以及多帶人數確情稟報去後，隨又接准入肅州道臣鈕廷彩來札，內稱昨接照會交易夷人所帶馬駝牛羊共有五萬餘匹，較之上屆加倍，肅州牧廠窄狹不能牧放如許之多，且恐日久不無疲瘦倒斃，祈將該夷牲畜截留一半在哈密近山有水草處暫牧，先將一半緩程趕赴赤金一帶牧放，俟會同官商覓得售主赴口外看講分發等語。查肅州牧廠固屬窄狹，然關外之赤金一帶多係民戶播種發苗之田，更難容其數萬之牲處散牧擾攘，臣再四思維令該夷等暫於山北有水草之處緩牧，俟牲畜稍有精力再為分起趕行，既沿途不至倒斃，與該夷等有益，且肅州亦得從容辦理，內外更免經牧騷擾民田之虞，臣復飛諭游擊誾相師，會同鎮臣王能愛與該夷等講說去後。茲據該游擊回安面稟，遊擊奉差至哈密見額連胡里等，責說昨日駐劄哈密大人與我們總統大人來的文書上，說你們要在哈密求變些牲畜，總統大人差我前來著向你們說，或者初來貿易的頭目不知道定例，不明白沿途水草多少還情有可原，你額連胡里是來過幾次的，沿路幾處地方水草微細，肅州牧廠窄狹你狠（通「很」，下同）是知道的。前次總統大人查哈密時節，曾面向你說過，著你們後頭再來的，買賣路途遙遠，只管如此多帶牲畜，行至哈密勢必乏弱又求售變，是使不得的事情。你已遵著去了，怎麼這一次又帶這許多牲口，將乏弱的在哈密求變。足見你們無信，還不是有心違例麼，你們上一次多帶十幾個人還可，今番多帶三十餘人是何緣故？再所報的姓名，又多舛錯，特著我前來問你們。據額連胡里說，將軍這一番話責問的狠是，我想大皇帝與我們準噶爾人的恩典不淺，從前該往京裏去的買賣准在肅州做了，省了許多費用，我們台吉澤旺多爾濟納木扎爾並底下的眾人，俱都是感激大皇帝天恩。前一次我到哈密求變牲畜時，將軍原向我說過，著嗣後不必多帶牲畜受累的話，我不敢能深識，即令夷目塔克都面讀，經夷情部郎照依所念言詞，寫出蒙古字單轉譯清文，約略譯出漢文，內係給哈密將軍的奉大皇帝旨意進京做買賣的情願赴京做買賣，做買賣。若說北京遠肅州一帶地方情願做買賣，做買賣罷。遵旨將一起買賣打發去了他們哈密，做了買賣有情願回來的人，這個做買賣的人連你邊界上住的人一樣，那個地方有益做買賣。好伯勒克緞子一個，丁卯年十一月二十日。總兵隨問該夷等，你們來了多少人，帶有多少牲口，馱子馱的是什麼貨物？據稱連我們四個頭目，共來了一百三六個人，內達子四十六個、纏頭九十個、馬有一千三百多匹、駝有六百多隻內，買賣馱子三百多個，馱的是各樣皮張，約有數十個葡萄硇砂馱子，牛有九百多隻、羊有五萬多隻。總兵等責說，今年是肅州買賣年分，例上止准一百人，你們怎麼今次又多帶三十六個人，甚不合例。再葡萄硇砂，肅州並沒有人要，言明不入交易，你額連胡里做過兩次買賣是知道的，為什麼這次又帶來呢？據稱我們這次做買賣來的原是一百人，多的三十六個人是我們四個頭目帶來上賬看病造飯必用之人，懇求將這些人帶往肅州去罷，我們帶的葡萄硇砂只有十數個馱子，是自己用的，並不是賣的貨物。再我們這次的牲口，多因路遠行走有許多擦掌乏弱的，懇求大人施恩，替我們變了罷。總兵等答說，你們的買賣應在肅州地方交易，那裏有辦你們買賣的官商哩，哈密買賣人有限，沒有人要。你們該遵例，都趕往肅州去，該夷又說我們牲口擦掌乏弱的多，若全行往肅州去，天氣熱了，路上有幾處水草微細，恐趕不到肅州夷路倒斃的多了。我們底下的眾人就都很苦了，總兵等又以定例詳加責說，而該夷等乞憐糾纏不已，總兵等答說既你們這樣懇求，等我咨商我們總統大人候示下到來，再告知你們罷。夷等即應諾，隨待以酒食照料出城，送赴營盤訖查。額連胡里等多帶人數，據稱係記賬看病造飯之人，葡萄硇砂亦稱係自用之物，並非買賣，應否俱令帶往肅州？至擦掌乏弱牲畜再再懇售，可否准其在哈售變之處相應請商，並將投到澤旺多爾濟納木扎爾字單、緞子一併齋送等情咨報前來。臣查上年額連胡里貿易前來，在哈售變萬餘乏弱牲畜之時，臣宣布

李繩武摺二

安西提督臣李繩武謹奏，為奏聞貿易夷人抵哈查詢過言語情形事。

竊臣查今歲赴肅貿易夷目額連胡里等到境日期，業經臣於本年四月十四日恭摺奏報在案。茲於本年四月二十日准駐哈鎮臣王能愛駐劄哈密理藩院主事諾穆渾等咨報，據前差赴東打坂引領夷目來哈之游擊董茂林稟稱，額連胡里等四名跟隨達子纏頭二十四名，撒袋五副、鳥槍三杆、腰刀一把、騎趕馬三十六匹、駝四十八隻內、馱子駝四十一隻、口食羊三十七隻，於十四日巳時到柵。游擊帶領弁兵照料過山，本日住歇南山口，於十五日將該夷等引領至蔡湖池南空閑處所預下營盤安頓住歇，令派撥官兵在彼照料等情。又於十六日據該游擊董茂林回稟，夷目要進城回話投遞字單，總兵隨允其所請，令其帶領來城，照依奏定章程會同夷情部郎與之見面。該夷目額連胡里等手捧字單一紙、緞子一匹，躬身投送。據稱這是我們台吉澤旺多爾濟納木札爾投哈密將軍字兒送的伯勒克緞子一個，今年是肅州買賣年分，我們台吉遵例打發我們買賣來了。總兵等問及夷目名字，據稱我們共來了四個頭目，內纏頭頭木三個，我叫額連胡里、一叫諾落素哈濟、一叫墨墨里替布，一個達子頭目叫塔克都。總兵等說你們在山北裏報信，說是一叫納素爾哈濟、一叫買墨里替哈里伯、一叫達克達，怎麼三個名字與山北裏說的不投呢？該夷等說，前日山北裏想是沒有聽明白，總兵等又問你們幾時從伊里起身，路上走了多少日子？據稱我們是去年十一月二十日，從伊里起身的，路上走了五個多月。又問前次進貢來唵吉敦多到哈密，說作買賣的草飽時節纔能起身，怎麼如今就到來了呢？據稱唵吉敦多起身進貢的時節，我們正收拾牲口皮張，各處做買賣的尚未調齊，頭目沒有派定，原說草飽時節起身出來，他們走後我們台吉說等草飽時節起身太遲了，投到回來時節就冷了，派了我們四個頭目於十一月二十日給了字兒，著我們從伊里早些起身，路上緩緩行走到烏魯木齊住著，將各處的人處等齊就來了。總兵等隨看投到字單不確數，約估騎牽馬一千三百多匹，駝有六百多隻，牛有九百多隻，羊有五萬多隻。我們是去年十一月裏，從伊里起身，因路上雪大，緩牧牲口走了五個多月，守備又問你們有多少馱子，馱的是什麼貨物？據稱有三百多馱子，內止有十數個葡萄硇砂，馱子別的是各樣皮張帳房口糧，守備說葡萄硇砂等物，我們這裏沒人要，言明不入交易。你是知道的，為什麼又帶來呢？據稱硇砂是我們路上用的，葡萄是我們喫的，不是賣的貨物。守備又說你們貿易的人例該先打發人來報信，我們卡倫上瞭見你們，好幾天了，就該早來與我們報知，怎麼不先打發人來報信呢？據額連胡里說，我們若打發底下的人來到卡子上報信，恐說錯了話，不敢差人先來。我們四個頭目要到卡子上報信，因納素爾哈濟在後頭病了，等他到來，我們帶幾個跟隨的人到卡子上報了信，先要求見哈密大人回話，還有我們台吉投將軍的字兒，送的伯勒克哩。守備說今年該你們肅州貿易例上止準帶一百人，怎麼帶了一百三十六個人呢？額連胡里說多帶的人是跟我們看病記賬造飯的，等我們後頭的人兩三日到齊，著他們底下的人在山北裏緩幾天牲口，我們四個頭目先要過山見哈密大人去哩，守備說你們的話，等我稟報哈密大人候示下到來，再給你回信。該夷目應諾，守備回卡理合稟報候示遵行等情到，總兵據此，查此次貿易夷目帶有葡萄硇砂等物稱係自用者，至於多帶人數，又稱係伊等造飯看病記賬之人，今既據該夷來哈求見總兵回話，並投遞伊台吉與本提督字單，應俟該夷過山到哈之日，總兵知會夷情部郎詢問的確如何情詞，另為咨報。除差游擊董茂林迎領夷使來哈詢問外，所有貿易夷人到境，緣由合先咨報等情咨報到臣。臣查今歲戊辰年，原係準夷赴肅貿易年分，其該夷等多帶人口數，稱與伊等看病記賬造飯之人，至所帶葡萄硇砂亦屬有限之物，該夷等既稱自己需用，自不便阻其隨帶。然夷性狡猾、言語多屬不實，俟該夷等到哈，鎮臣王能愛查詢確實的係如何言語情形，咨報到日另為繕摺奏報。所有貿易夷人到境緣由，除知會督撫鎮道諸臣竝飭臣屬各營，照例定派官兵接替護送外，謹先恭摺奏聞謹奏。乾隆十三年四月十四日，朱批知道了。

附錄C：在邊界上討價還價

這些有趣的史料摘錄，生動顯示了清朝將軍想要控制邊境貿易的挫折經驗，還有狡猾的中央歐亞商隊領袖們如何費盡心機，把盡可能多的商品帶入清朝的市場裡。（編按：由於史料出處之原信函分段隨意，句讀不全，此處採不分段並加上標點的方式處理。）

李繩武摺

安西提督臣李繩武謹奏，為奏聞貿易夷人到境事。

乾隆十三年四月十一日准駐防哈密鎮臣王能愛咨稱，四月初二至初八等日續據駐劄三堡游擊董茂林稟，據烏克爾防卡千總馬明西打坂，防卡把總劉謙各報稱，據沿山登高目兵於四月初一至初七日等日瞭見肋巴泉路上有人畜往東行走，理合報明等情，轉稟到總兵。據此查各卡瞭見山北有人畜往東行，諒係貿易夷人赴東打坂報信。隨於見信之始，刻即遣差守備常清，帶領通丁前赴東打坂守候，俟夷人到境，查詢來情具報去後。茲於初十日卯時，據守備常清稟報，守備抵東打坂候至初六日不見夷人到柵，隨選帶精壯目兵十名出柵探迎，於九日迎至奎素見夷人到來。守備詢問夷人，你們是做什麼來的？據稱今年是買賣年分，我們台吉遵例打發我們做買賣來了。守備問來了多少人，幾個頭目，叫什麼名字，有多少牲畜，幾時從伊里起身的？據稱共來了一百三十六個人，內有達子四十六個，纏頭九十個，來了我們四個頭目，內纏頭頭目三名，我叫額連胡里，一叫買墨里替哈里伯，一叫納素爾哈濟，一個達子頭目叫達克達。我們的牲口股數多了，路上遺失倒斃未得查明之，阿齊圖來時，朕亦諄諄有口傳之諭，朕自有諭令闔營將弁知朕之意，不干卿怯弱也，我君臣實百劫千生善緣良圖，上天恩照必賜我君臣有如願之日也，目下我君臣，但自悔自過靜待天恩以安守為務，萬不可輕率燥動，凡事只以固本於大者遠者謀之，與夫一二處些小失利不必為意，朕自諒之，倘因小奮而於大者遠者少有妨礙，則卿為負朕之人矣，忍為乎誌之誌之，朕諄諄諭戒之，時時事事不可忽略。如果有萬全之機宜在卿詳慎又祥慎而為之也。便天賜全勝賊敗遁，亦萬不可遠逐，何也？此非一擊成功之事也，去城不可越數百里，即令捷師可也，卿知朕意，可詳細玩味朕心情也，畏天命順天心，此意只可卿領會於心，至於外邊施設鼓舞士氣，仍聲言進剿，如何殺賊愈加一奮振作之景方是。至臨期應事調遣，總依朕諭而行之。凡有應援救援之舉，著實詳審而為之。總言以靜應為主，以動為戒，朕實有灼見處，至囑至囑。將此一諭卿不必錄存，若欲多看數次，不妨留在卿處，連數報發回可也。朕躬甚安好，卿一點不必為朕記念，卿好嗎？

資料來源：國立故宮博物院，宮中檔雍正朝奏摺（臺北：國立故宮博物院，1977-1980）。部分英譯發表在白彬菊（Beatrice S. Bartlett）著，*Monarchs and Ministers: The Grand Council in Mid-Ch'ing China, 1723–1820* (Berkeley: University of California Press, 1991), p. 62; Shu-hui Wu, "The Imbalance of Virtue and Power in Qing Frontier Policy: The Turfan Campaign of 1731," *Études Mongoles* 27(1996), pp. 258–261. 我感謝白謙慎（Qianshen Bai）教授協助我辨認皇帝的草寫字體。

倚望，則負朕莫過此也。若思感報，惟轉保全為務，守邊為要。向日所傳兵法機巧當審用之，今賊人惟以力勝之，非合大隊相敵之眾，不可輕率分眾之勢。若有操必勝之天賜之機，則又在卿相宜而為之也。至於救援土魯番之舉，萬萬不可。便賊人全隊向之，今亦可不必者。從前朕之訓諭與卿之議皆誤矣，不應援土魯番亦只可卿、伊、張石數人知之。況土魯番有城可守，萬餘回兵又兼我三千官兵在彼，賊人若竭力攻取必致多傷其眾，今只得量輕重舍此三千土魯番不管，非我殘忍，勢所不能也，所關甚鉅也。上天必鑒之，可速令土魯番回民移住一城，但聲言三千官兵，協力固守以待應救，料賊人便以數萬之眾未必易取。若蒙上天憐土魯番之忠誠軟弱，賊人嚴冬外無可劫掠，圍困日久，食草缺乏必或引其向我大營或從依孫察罕齊老圖擾亂西海（編按：即青海）來也。此時則又在卿相機斟酌而為，料賊人明知我大軍整力在後，伊未必敢深入西海久延時日也。言去冬賊眾搶劫馬匹來時，賊人傷損千條，攻取土魯番。又言殺賊前後五百，今北路之占據富爾丹奏殺賊數千，此戰所傷賊人雖不無冒報，而賊人二三千眾不能無損折。今只得以以我軍敵對伊有限之準噶兒耳。……今賊人損少此數千已去伊勤兵十停之一兵，除伊自尋來之外，實乏破滅之策也。只以設法多傷賊人為要，聽天意而行之，如土魯番即殺賊上天所賜之一端也，我等各處城堡堅守以待攻打亦殺賊之一端也。如全勝之念且不必希望可也，至於滿洲兵丁當惜愛之，於穩當處用之，何也？若以有限之滿洲而敵對有限之賊人，朕非私心，實有所不敢，而亦不忍。況又非逐賊滅賊，馬上剿賊實不及步兵結陣，就近殺戮賊人無計可施也。惟在卿秉公一人辦理，不可令再一人知之，恐寒綠旗兵心也，只可作輕滿洲之兵之意，暗露於將弁而為不敢言之為妙，但恐滿洲大臣官員兵丁因不多用伊等不服，恐生不睦之端，可預將朕意通知伊里步常賚二人知之。令伊等萬不可再露一人知之，伊二人明白可作主張也，總言卿將己身如朕躬一身觀之，凡事只以保全為要，至於冒險邀功稍存致此一身報朕之念，不但大誤，忘恩背義，負朕之恩，陷害朕躬莫此為甚者。必遵朕旨斟酌穩當處為

附錄B：雍正皇帝一七三一年收到西北戰敗消息的驚駭反應

在這封寄給他的大將軍的自白中，雍正皇帝的語氣顯得痛苦、冗長又親密，說他對這次的大敗負起全部的責任，並告訴他的將領必須要謹慎以對，但也同意所有的事情都依賴於上天不可測的旨意。

一封給大元帥岳鍾琪的諭旨：

自去歲至今，諸凡出乎意外。朕誠慌誠恐，痛自省責，一一皆我君臣自取之咎。兵法言驕兵者敗，欺敵者敗，不知彼者敗，我軍皆犯之。況天道虧盈，此番兩路之備，太過勞矣，朕悔之不及，惟自對天認罪，懺過之外，復有何辭！賊兵之勢，至於如此，實出向日見聞意想之外。進剿滅賊之舉，不但力所難能，睹此天心不順之景，敢違天意而行乎？我君臣若兩加之以奮兵，罪過更不可當也。但此意惟我君臣二人知之，副將軍等亦不必令覺知者。或賊人逞其狂暴，若驕兵輕敵，呆天厭時，很必有失機妄動之處。此時我以應兵，以聽天恩，倘有雪恥復恨之日，未可定也。今只以悔罪，求天恩赦。守之為主，進剿滅賊之念，亦不必舉。但此事始初雖出於卿口，若朕無此意，而豈有輕信卿言而孟浪為此大舉乎？況此舉乃皇考未了心願，兼國家之隱憂，卿不過以赤忠效力之心，迎合朕意。朕亦因乏人敢任此事，嘉卿之忠勇之誠任用之耳。是朕之未審、輕率，獲罪於天地神明，何顏何忍，怪卿怨卿也。此實朕之良心、本心，恐卿識見不及此，知朕不及此，見今日之難勢，愧前言之不能副，稍存奮激之念，方寸一亂，主見一失。若至令朕倘失

俄羅斯沙皇與其統治年代

米哈伊爾・羅曼諾夫	1613-1645
阿列克謝	1645-1676
費奧多爾三世	1676-1682
伊凡五世（與彼得大帝並立）	1682-1696
彼得一世（大帝）	1689-1725
凱薩琳一世	1725-1727
彼得二世	1727-1730
安娜	1730-1740
伊凡六世	1740-1741
伊莉莎白	1741-1762
彼得三世	1762
凱薩琳二世（大帝）	1762-1796

資料來源：Nicholas Riasanovsky, *A History of Russia* (Oxford: Oxford University Press, 1993), p. 631.

西藏的達賴喇嘛與其統治年代

1. 2.	一五七八年追溯賦予尊號，為第三世達賴喇嘛索南嘉措的第一世與第二世
3.	索南嘉措（1543-1588）：由俺答汗在一五七八年賦予尊號
4.	雲丹嘉措（1589-1617）：獲得正式承認是在一六〇一年
5.	羅桑嘉措（1617-1682）
6	倉央嘉措（1683-1706）
7	格桑嘉措（1707-1757）

資料來源：L. C. Goodrich and Chaoying Fang, *Dictionary of Ming Biography, 1368–1644* (New York: Columbia University Press, 1976), pp. 6–9, 1604; Arthur W. Hummel, ed., *Eminent Chinese of the Ch'ing Period* (Washington, D.C.: U.S. Government Printing Office, 1943–44), pp. 265, 759–761; Luciano Petech, *China and Tibet in the Early Eighteenth Century: History of the Establishment of Chinese Protectorate in Tibet* (Leiden: E. J. Brill, 1950), pp. 8, 9, 267.

附錄A：統治者與其統治年代

滿洲／清朝汗與皇帝

人名	漢文年號名	滿文年號名	統治年代
努爾哈赤	天命	Abkai fulingga	1616-1626
皇太極	天聰	Abkai sure	1627-1635 皇太極作為後金大汗統治期間
皇太極	崇德	Wesihun erdemungge	1636-1643 皇太極作為清朝皇帝統治期間
福臨	順治	Ijishun dasan	1644-1661
玄燁	康熙	Elhe taifin	1662-1722
胤禛	雍正	Hûwaliyasun tob	1723-1735
弘曆	乾隆	Abkai wehiyehe	1736-1795

準噶爾蒙古台吉／汗與其統治年代

哈喇忽剌	死於1635
巴圖爾琿台吉	1635-1653
僧格	1664-1670
噶爾丹	1671-1697
策妄阿拉布坦	1697-1727
噶爾丹策零	1727-1745
策妄多爾濟那木扎爾	1746-1750
喇嘛達爾扎	1750-1753
達瓦齊	1753-1755
阿睦爾撒納	1755-1757

資料來源：我依照準噶爾史略編寫組編的《準噶爾史略》之編年，其他的史料有些會差一年。

Chicago: University of Chicago Press, 1997.

Zlatkin, I. Ia. *Istoriia Dzhungarskogo Khanstvo, 1635–1758*. Moscow: Nauka, 1964.

Zuo Shu'e."Cong PingZhun zhanzheng kan Qianlong dui Zhunbu zhengce di zhuanbian."*Xibei Shidi* 2 (1985): 58–63.

Zuo Shu'e. "Mingdai Gansu tuntian shulue." *Xibei Shidi* 2 (1987): 81–90.

Zurndorfer, Harriet T. "Another Look at China, Money, Silver, and the Seventeenth Century Crisis (Review of Richard von Glahn, *Fountain of Fortune*)." *Journal of the Economic and Social History of the Orient* 42, no. 3 (1999): 396–412.

Press, 1968.

Yang, Muhammad Usiar Huaizhong. "The Eighteenth-Century Gansu Relief Fraud Scandal." Conference paper presented at "The Legacy of Islam in China: An International Symposium in Memory of Joseph F. Fletcher," Harvard University, April 1989.

Yang Yiqing. *Guanzhong Zouyi*. 18 *juan*. Taibei: Taiwan shangwu yinshuguan, 1983.

Ye Zhiru. "Cong maoyi aocha kan Qianlong qianqi dui Zhungar bu di minzu zhengce." *Xinjiang Daxue Xuebao* 1 (1986), 62–71.

Yee, Cordell D. K. "Traditional Chinese Cartography and the Myth of Westernization." In *The History of Cartography: Cartography in the Traditional East and Southeast Asian Societies,* edited by J. B. Harley and David Woodward, 170–201. Chicago: University of Chicago Press, 1994.

Yi Baozhong. "Guanyu Mingdai juntun zhidu pohuai guocheng zhong dijige wenti." *SongliaoXuekan* 3 (1984): 41–46.

Yinti. "Fuyuan Dajiangjun zouyi." *Qingshi Ziliao* 3 (1982): 159–196.

Yoshida Kin'ichi. "Langdan no 'Jilin Jiuhetu' to Nerchinsk jōyaku." *Tōyō Gakuhō* 62, nos. 1–2 (1980): 31–70.

Yoshida Kin'ichi. *Roshia no Tōhō Shinshutsu to Nerchinsk Jōyaku*. Tokyo: Kindai Chūgoku Kenkyū Senta-, 1984.

Yu, Ying-shih. "Han Foreign Relations." In *The Cambridge History of China. Vol. 1. The Ch'in and Han Empires, 221 b.c.–a.d. 220,* edited by Denis Twitchett and Michael Loewe, 377–462. New York: Cambridge University Press, 1986.

Yu, Ying-shih. *Trade and Expansion in Han China*. Berkeley: University of California Press, 1967.

Yuan Shenbo. "Ulan Butong kao." *Lishi Yanjiu* 8 (1978): 86–91.

Yuan Yitang. "Qingdai Qianhuang Yanjiu," *Shehui Kexue Zhanxian* 2 (1990): 182– 188.

Zelin, Madeleine. *The Magistrate's Tael: Rationalizing Fiscal Reform in Eighteenth Century Ch'ing China*. Berkeley: University of California Press, 1984.

Zelin, Madeleine. "The Yung-cheng Reign." In *The Cambridge History of China*. Volume 9. Part 1. *The Ch'ing Empire to 1800,* edited by Willard J. Peterson, 183–229. Cambridge: Cambridge University Press, 2002.

Zeng Wenwu. *Zhongguo Jingying Xiyushi*. 2 vols. Shanghai: Shangwu Yinshuguan, 1936.

Zhang Weihua. "Tuerhute Xixi yu Tulisen zhi Chushi." *Bianzheng Gonglu* 2, nos. 3–5 (1943), 26–35.

Zhang Yuxin. "Suzhou maoyi kaolue." *Xinjiang Daxue Xuebao,* nos. 1 (1986): 67–76; 3 (1986): 24–32; 4 (1986): 48–54.

Zheng Dekun, trans. "The Travels of Emperor Mu (Mu Tianzizhuan)." *Journal of the North China Branch of the Royal Asiatic Society* 64 (1933–34): 124–142.

Zhongguo Renmin Daxue Qingshi Yanjiusuo, Zhongguo Shehui Kexueyuan, and Zhongguo Bianjiang Shidi Yanjiu Zhongxin, eds. *Qingdai Bianjiang Shidi Lunzhuo Suoyin*. Beijing: Zhongguo Renmin Chubanshe, 1987.

Zhongguo Shehui Kexueyuan Minzu Yanjiusuo et al. *Manwen Tuerhute Dang'an Yibian*. Beijing: Minzu Chubanshe, 1988.

Zhuang Jifa, *Xiesui Zhigongtu Manwen tushuo jiaozhu*. Taibei: Guoli gugong bowuyuan, 1989.

Zito, Angela. *Of Body and Brush: Grand Sacrifice as Text/Performance in Eighteenth Century China.*

Wong, Shirleen S. *Kung Tzu-chen*. Boston: Twayne, 1975.

Wood, Alan, ed. *The History of Siberia: From Russian Conquest to Revolution*. London: Routledge, 1991.

Woodside, Alexander. "The Ch'ien-lung Reign." In *The Cambridge History of China*. Volume 9. Part 1. *The Ch'ing Empire to 1800,* edited by Willard J. Peterson, 230–309. Cambridge: Cambridge University Press, 2002.

Woodside, Alexander B. "From Mencius to Amartya Sen: East Asian Welfare States." Paper presented at the Reischauer Lecture, Harvard University, March 10, 2001.

Worster, Donald. "Climate and History on the Great Plains." Paper presented at the Conference on Humanities and the Environment, MIT, January 9, 1992.

Worster, Donald. *Rivers of Empire: Water, Aridity, and the Growth of the American West*. New York: Pantheon Books, 1985.

Wortman, Richard S. *Scenarios of Power: Myth and Ceremony in Russian Monarchy*. Vol. 1. *From Peter the Great to the Death of Nicholas I*. Princeton: Princeton University Press, 1995.

Wrigley, E. A. *Continuity, Chance, and Change: The Character of the Industrial Revolution in England*. Cambridge: Cambridge University Press, 1988.

Wrigley, E. A."The Limits to Growth: Malthus and the Classical Economists." In *Population and Resources in Western Intellectual Traditions,* edited by Michael S. Teitelbaum and Jay M. Winter, 30–48. Cambridge: Cambridge University Press, 1989.

Wu, Shu-hui. *Die Eroberung von Qinghai unter Berücksichtigung von Tibet und Khams, 1717–1727: Anhand der Throneingaben des Grossfeldherrn Nian Gengyao*. Wiesbaden: Harrassowitz, 1995.

Wu, Shu-hui. "How the Qing Army Entered Tibet in 1728 after the Tibetan Civil War." *Zentralasiatische Studien* 26 (1996): 122–138.

Wu, Shu-hui. "The Imbalance of Virtue and Power in Qing Frontier Policy: The Turfan Campaign of 1731." *Études Mongoles* 27 (1996): 241–264.

Wu, Silas. *Passage to Power: K'ang-hsi and His Heir Apparent, 1661–1722*. Cambridge, Mass.: Harvard University Press, 1979.

Wu Yuanfeng. "Qing Qianlong nianjian Yili tuntian shulue." *Minzu Yanjiu* 5 (1987): 92–100.

Xia Hongtu. "Qingdai Fanglueguan Sheli Shijian juzheng." *Lishi Dang'an* 2 (1997): 134.

Xiao Yishan. *Qingdai Tongshi*. 5 vols. Beijing: Zhonghua shuju, 1986.

Xu Bofu. "18–19 shiji Xinjiang diqu di guanyin xumuye." *Xinjiang Shehui Kexue* 5 (1987): 101–112.

Xu Bofu. "Qingdai qianqi Xinjiang diqu di bingtun." *Xinjiang Shehui Kexue Yanjiu* 13 (1984): 1–20.

Xu Bofu. "Qingdai qianqi Xinjiang diqu di mintun." *Zhongguoshi Yanjiu* 2 (1985): 85–95.

Xu Daling. *Qingdai Juanna Zhidu*. Beijing: Hafo Yanjing Xueshe, 1950. Xu Zengzhong. "Qing Shizong Yinzhen jicheng huangwei wenti xintan." In

KangYongQian Sandi Pingyi, edited by Zuo Buqing, 227–261. Beijing: Zijincheng Chubanshe, 1986.

Yanagisawa Akira. "Garudan no Haruha shinkō (1688) kō no Haruha shokō to Roshia." In *Shinchō to Higashi Ajia: Kanda Nobuo Sensei koki kinen ronshū,* edited by Kanda Nobuo Sensei Koki Kinen Ronshū Hensan Iinkai, 179–196. Tokyo: Yamakawa Shuppansha, 1992.

Yang, Lien-sheng. "Historical Notes on the Chinese World Order." In *The Chinese World Order: Traditional China's Foreign Relations,* edited by John K. Fairbank, 20–33. Cambridge, Mass.: Harvard University

White, Hayden. *Tropics of Discourse: Essays in Cultural Criticism*. Baltimore: Johns Hopkins University Press, 1978.

White, Richard. *The Middle Ground: Indians, Empires, and Republics in the Great Lakes Region, 1650–1815*. Cambridge: Cambridge University Press, 1991.

Wieczynski, Joseph L., ed. *The Modern Encyclopedia of Russian and Soviet History*. 60 vols. Gulf Breeze, Fla.: Academic International Press, 1976–.

Will, Pierre-Étienne. *Bureaucracy and Famine in Eighteenth-Century China*. Stanford: Stanford University Press, 1990.

Will, Pierre-Étienne. *Bureaucratie et famine en Chine au 18e siècle*. Paris: Mouton, 1980. Will, Pierre-Étienne. "Clear Waters versus Muddy Waters: The Zheng-Bai Irrigation System of Shaanxi Province in the Late-Imperial Period." In *Sediments of Time: Environment and Society in Chinese History,* edited by Mark Elvin and Ts'ui-jung Liu, 283–343. Cambridge: Cambridge University Press, 1998.

Will, Pierre-Étienne. "State's Interest in the Administration of a Hydraulic Infrastructure: The Example of Hubei." In *The Scope of State Power,* edited by Stuart Schram, 295–349. Hong Kong: Chinese University of Hong Kong Press, 1985.

Will, Pierre-Étienne, R. Bin Wong et al. *Nourish the People: The State Civilian Granary System in China, 1650–1850*. Ann Arbor: University of Michigan Press, 1991.

Wills, John E., Jr. "Maritime Asia, 1500–1800: The Interactive Emergence of European Domination." *American Historical Review* 98, no. 1 (1993): 83–105.

Wills, John E., Jr. *Pepper, Guns, and Parleys: The Dutch East India Company and China, 1622–1681*. Cambridge, Mass.: Harvard University Press, 1974.

Winichakul, Thongchai. *Siam Mapped: A History of the Geo-Body of a Nation*. Honolulu: University of Hawai'i Press, 1994.

Wittfogel, Karl. *Oriental Despotism: A Comparative Study of Total Power.* New Haven: Yale University Press, 1957.

Wong, R. Bin. *China Transformed: Historical Change and the Limits of European Experience*. Ithaca: Cornell University Press, 1997.

Wong, R. Bin. "Confucian Agendas for Material and Ideological Control in Modern China." In *Culture and State in Chinese History: Conventions, Accommodations, and Critiques,* edited by Theodore Huters, Pauline Yu, and R. Bin Wong, 303–325. Stanford: Stanford University Press, 1997.

Wong, R. Bin. "Food Riots in the Qing Dynasty," *Journal of Asian Studies* 41, no. 4 (1982): 767–797.

Wong, R. Bin. "Formal and Informal Mechanisms of Rule and Economic Development: The Qing Empire in Comparative Perspective." *Journal of Early Modern History* 5, no. 4 (2001): 387–408.

Wong, R. Bin. "The Search for European Differences and Domination in the Early Modern World: A View from Asia." *American Historical Review* 107, no. 2 (2002): 447–469.

Wong, R. Bin, and Peter C. Perdue. "Famine's Foes in Ch'ing China (Review of Pierre-Étienne Will, *Bureaucratie et Famine . . .*)." *Harvard Journal of Asiatic Studies* 43, no. 1 (1983): 291–332.

Wong, R. Bin, and Peter C. Perdue. "Grain Markets and Food Supplies in Eighteenth Century Hunan." In *Chinese History in Economic Perspective,* edited by Thomas G. Rawski and Lillian M. Li, 126–144. Berkeley: University of California Press, 1992.

Wang Ch'ungwu. "The Ming System of Merchant Colonization." In *Chinese Social History: Translations of Selected Studies,* edited by E-tu Zen Sun and John De Francis, 299–308. New York: Octagon Books, 1966.

Wang Hongbin. "QianJia shiqi yingui qianjian wenti tanyuan." *Zhongguo Shehui Jingjishi Yanjiu* 2 (1987): 86–92.

Wang Hongjun and Liu Ruzhong. "Qingdai pingding Zhungar guizu panluan di lishi huajuan." *Wenwu* (December 1976): 68–74.

Wang Shaoguang and Hu Angang. *The Political Economy of Uneven Development: The Case of China.* Armonk: M. E. Sharpe, 1999.

Wang Xi and Lin Yongkuang. "Qingdai Jiangning Zhizao yu Xinjiang di Sichou Maoyi." *Zhongyang Minzu Xueyuan Xuebao,* 3 (1987): 76–78.

Wang Xi and Lin Yongkuang. *Qingdai Xibei Minzu Maoyishi.* Beijing: Zhongyang Minzu Xueyuan Chubanshe, 1991.

Wang Xilong."Guanyu Qingdai Ili Huitun shouhuo jisuan danwei'fen'di bianxi."*Lanzhou Daxue Xuebao* (April 1986): 39–44.

Wang Xilong. "Qingdai Shibian Xinjiang Shulue." *Xibei Shidi* 4 (1985): 62–71.

Wang Xilong. "Qingdai Wulumuqi Tuntian Shulun." *Xinjiang Shehui Kexue* 5 (1989): 101–108.

Wang Xilong. *Qingdai Xibei Tuntian Yanjiu.* Lanzhou: Lanzhou Daxue Chubanshe, 1990.

Wang Xilong. "Qingdai Xinjiang di Huitun." *Xibei Minzu Xueyuan Xuebao,* no. 1 (1985): 44–53.

Wang Yuquan. *Mingdai di Juntun.* Beijing: Zhonghua Shuju, 1965.

Wang Yuquan. "Mingdai juntun zhidu di lishi yuanyuan ji qi tedian." *Lishi Yanjiu* 6 (1959): 45–55.

Wang, Jing. *The Story of Stone: Intertextuality, Ancient Chinese Stone Lore, and the Stone Symbolism in "Dream of the Red Chamber," "Water Margin," and "The Journey to the West."* Durham: Duke University Press, 1992.

Wang, Yeh-chien. *An Estimate of the Land-Tax Collection in China, 1753 and 1908.* Cambridge, Mass.: Harvard University Press, 1973.

Wang, Yeh-chien. "Food Supply in Eighteenth-Century Fukien." *Late Imperial China* 7, no. 2 (1986): 80–117.

Wang, Yeh-chien. *Land Taxation in Imperial China, 1750–1911.* Cambridge, Mass.: Harvard University Press, 1973.

Watson, Burton, trans. *Records of the Grand Historian of China.* 2 vols. New York: Columbia University Press, 1961.

Weber, Eugen Joseph. *Peasants into Frenchmen: The Modernization of Rural France, 1870–1914.* London: Chatto & Windus, 1979.

Wei Yuan. *Shengwuji.* Beijing: Zhonghua Shuju, 1984.

Weiers, Michael. "Die historische Dimension des Jade-Siegels zur Zeit des Mandschuherrschers Hongtaiji." *Zentralasiastische Studien* 24 (1994): 119–145.

Wendt, Alexander. "Anarchy Is What States Make of It: The Social Construction of Power Politics." *International Organization* 46, no. 2 (1992): 391–425.

Whitbeck, Judith. "Kung Tzu-chen and the Redirection of Literati Commitment in Early-Nineteenth-Century China." *Ch'ing-shih Wen-t'i* 4, no. 10 (1983): 1–32.

Wakamatsu Hiroshi. "Ganchimūru no Roshia bōmei jiken o megutte." *Yūboku Shakaishi* 46 (1973–74): 8–13.

Wakamatsu Hiroshi. "Jungaru ōkoku no keisei katei." *Tōyōshi Kenkyū* 41, no. 4 (1983): 74–117.

Wakamatsu Hiroshi. *Qingdai Menggu di Lishi yu Zongjiao*. Heilongjiang: Heilongjiang Jiaoyu Chubanshe, 1994.

Wakeman, Frederic Jr. "The Canton Trade and the Opium War." In *The Cambridge History of China*. Vol. 10. Part 1. *Late Ch'ing, 1800–1911,* edited by John K. Fairbank, 163–212. Cambridge: Cambridge University Press, 1978.

Wakeman, Frederic Jr. *The Great Enterprise: The Manchu Reconstruction of Imperial Order.* Berkeley: University of California Press, 1985.

Wakeman, Frederic Jr. "The Shun Interregnum of 1644." In *From Ming to Ch'ing: Conquest, Region, and Continuity in Seventeenth-Century China,* edited by Jonathan Spence and John E. Wills, Jr., 39–88. New Haven: Yale University Press, 1979.

Wakeman, Frederic Jr. *Strangers at the Gate: Social Disorder in South China, 1839–61*. Berkeley: University of California Press, 1966.

Waldron, Arthur. *The Great Wall of China: From History to Myth*. Cambridge: Cambridge University Press, 1990.

Waldron, Arthur. "Representing China: The Great Wall and Cultural Nationalism in the Twentieth Century." In *Cultural Nationalism in East Asia: Representation and Identity,* edited by Harumi Befu, 36–60. Berkeley: Institute of East Asian Studies, University of California, 1993.

Waldron, Arthur. "Scholarship and Patriotic Education: The Great Wall Conference." *China Quarterly* 143 (1995): 844–850.

Waley, Arthur, trans. *The Analects of Confucius*. New York: Vintage Books, 1938. Waley-Cohen, Joanna. "China and Western Technology in the Eighteenth Century."*American Historical Review* 98, no. 5 (1993): 1525–44.

Waley-Cohen, Joanna. "Commemorating War in Eighteenth-Century China." *Modern Asian Studies* 30, no. 4 (1996): 869–899.

Waley-Cohen, Joanna. *Exile in Mid-Qing China: Banishment to Xinjiang, 1758–1820*. New Haven: Yale University Press, 1991.

Waley-Cohen, Joanna. "God and Guns in Late Imperial China: Jesuit Missionaries and the Military Campaigns of the Qianlong Emperor (1736–1795)." In *Proceedings of the Thirty-third Conference of the International Congress of Asian and North African Studies,* edited by Bernard Hung-kay Luk. Lewiston, Me.: E. Mellen Press, 1991.

Waley-Cohen, Joanna. "Military Ritual and the Qing Empire." In *Warfare in Inner Asian History,* edited by Nicola Di Cosmo, 405–444. Leiden: Brill, 2002.

Waley-Cohen, Joanna. "Religion, War, and Empire in Eighteenth-Century China." *International History Review* 20, no. 3 (1998): 336–352.

Wallerstein, Immanuel. *The Modern World System*. Vol. 3. *The Second Era of Great Expansion of the Capitalist World-Economy, 1730s–1840s*. San Diego: Academic Press, 1989.

Waltner, Ann, and Thomas A. Wilson. "Forum: Four Books on the Manchus in China and in Greater Asia." *Journal of Asian Studies* 61, no. 1 (2002): 149–177.

Press, 1993.

Taaffee, Robert N. "The Geographic Setting." In *The Cambridge History of Early Inner Asia*, edited by Denis Sinor, 19–40. Cambridge: Cambridge University Press, 1990.

Taagepera, Rein. "Size and Duration of Empire: Systematics of Size." *Social Science Research* 7 (1978): 108–127.

Tan Qixiang. *Zhongguo lishi dituji*. First edition. 8 volumes. Shanghai: Ditu chubanshe, 1982.

Tan Qixiang and Zhongguo shehui kexueyuan. *The Historical Atlas of China*. Hong Kong: Joint Publishing, 1991.

Tang Cheng'en and Chen Baosheng. *Gansu Minzu Maoyi Shigao*. Lanzhou: Gansu renmin chubanshe, 1986.

Tani Mitsutaka. "Mindai chaba bōeki no kenkyū." *Shirin* 49, nos. 5, 6 (1966): 83–101, 41–59.

Tayama Shigeru. *Mōko hōten no kenkyū*. Tokyo: Nihon Gakujutsu Shinkokai, 1967. Taylor, Romeyn. "Yuan Origins of the Wei-suo System." In *Chinese Government in Ming Times: Seven Studies*, edited by Charles O. Hucker, 23–40. New York: Columbia University Press, 1969.

Teng, Emma Jinhua. "An Island of Women: The Discourse of Gender in Qing Travel Accounts of Taiwan." *International History Review* 20, no. 2 (1998): 353–370.

Teng, Emma Jinhua. *Taiwan's Imagined Geography: Chinese Colonial Travel Writing and Pictures, 1683–1895*. Cambridge, Mass.: Harvard University Asia Center, 2004.

Terada Takanobu. *Sansei Shōnin no Kenkyō: Mindai ni okeru shōnin oyobi shōgyō shihon*. Kyoto: Toyoshi Kenkyukai, 1972.

Tilly, Charles. *Coercion, Capital, and European States, 990–1992*. Cambridge, Mass.: Basil Blackwell, 1990.

Tilly, Charles. *The Contentious French*. Cambridge, Mass.: Harvard University Press, 1986.

Tilly, Charles, ed. *The Formation of National States in Western Europe*. Princeton: Princeton University Press, 1975.

Torbert, Preston. *The Ch'ing Imperial Household Department: A Study of Its Organization and Principal Functions, 1662–1796*. Cambridge, Mass.: Harvard University Press, 1977.

Toynbee, Arnold. *A Study of History*. 12 vols. Oxford: Oxford University Press, 1934. Tucci, Giuseppe. *Tibetan Painted Scrolls*. 2 vols. Rome: Libreria dello Stato, 1949.

Unger, Roberto M. *Plasticity into Power: Comparative-Historical Studies on the Institutional Conditions of Economic and Military Success*. Cambridge: Cambridge University Press, 1987.

Vernadsky, George. *The Mongols and Russia*. New Haven: Yale University Press, 1953.

Vladimirtsov, B. Ia. "Mongol'skie skazaniia ob Amursane." *Vostochnie Zapiski* 1 (1927): 271–282.

Vladimirtsov, B. Ia. *Le Régime social des Mongoles: Le Féodalisme nomade*. Paris: A. Maisonneuve, 1948.

Vogel, Hans Ulrich."Chinese Central Monetary Policy, 1644–1800."*Late Imperial China* 8, no. 2 (1987): 1–52.

Vogel, Hans Ulrich. "Chinese Central Monetary Policy and Yunnan Copper Mining in the Early Qing (1644–1800)." Ph.D. dissertation, University of Zurich, 1983.

von Glahn, Richard. *Fountain of Fortune: Money and Monetary Policy in China, 1000–1700*. Berkeley: University of California Press, 1996.

von Le Coq, Albert. *Buried Treasures of Chinese Turkestan*. London: G. Allen and Unwin, 1928.

Wakamatsu Hiroshi. "Ganchimūru no Roshia bōmei jiken o meguru Shin, Roshia Kōshō." *Kyōto Furitsu Daigaku Gakujutsu Hōkoku: Jimbun* 25 (1973): 25–39; 26 (1974): 1–12.

Stanford University Press, 1993.

Shimizu Taiji. *Mindai Tochiseidoshi Kenkyū*. Tokyo: Daian, 1968.

Sieferle, Rolf Peter. *The Subterranean Forest: Energy Systems and the Industrial Revolution*. Cambridge: White Horse Press, 2001.

Sinor, Denis. "Horse and Pasture in Inner Asian History." *Oriens Extremus* 19 (1972): 171–183.

Sinor, Denis. *Inner Asia: History, Civilization, Languages: A Syllabus*. Ann Arbor: University of Michigan Press, 1979.

Sinor, Denis. "The Inner Asian Warriors." *Journal of the American Oriental Society* 101 (1981): 133–144.

Sinor, Denis. *Introduction a l'étude de l'Asie centrale*. Wiesbaden: O. Harrassowitz, 1963.

Sinor, Denis. "Montesquieu et le monde altaique." *Études Mongoles* 27 (1996): 51–57. Sinor, Denis, ed. *The Cambridge History of Early Inner Asia*. Cambridge: Cambridge University Press, 1990.

Skinner, G. William. "Presidential Address: The Structure of Chinese History." *Journal of Asian Studies* 44, no. 2 (1985): 271–292.

Skinner, G. William, ed. *The City in Late Imperial China*. Stanford: Stanford University Press, 1977.

Slezkine, Yuri. *Arctic Mirrors: Russia and the Small Peoples of the North*. Ithaca: Cornell University Press, 1994.

Smith, John Masson Jr. "Mongol Campaign Rations: Milk, Marmots, and Blood?" In *Turks, Hungarians, and Kipchaks: A Festschrift in Honor of Tibor Halasi-Kun,* edited by Pierre Oberling, 223–228. Washington, D.C.: Institute of Turkish Studies, 1984.

Smith, Paul J. *Taxing Heaven's Storehouse: Horses, Bureaucrats, and the Destruction of the Sichuan Tea Industry, 1074–1224*. Cambridge, Mass.: Harvard University Press, 1991.

Smith, Richard J. *Chinese Maps: Images of "All under Heaven."* New York: Oxford University Press, 1996.

Smith, Richard J. "Mapping China's World: Cultural Cartography in Late Imperial China." In *Landscape, Culture, and Power in Chinese Society,* edited by Wen-hsin Yeh, 52–109. Berkeley: Institute of East Asian Studies, University of California, Center for Chinese Studies, 1998.

Sombart, Werner. *Krieg und Kapitalismus*. New York: Arno Press, 1975 [1913]. Soucek, Svat. *A History of Inner Asia*. Cambridge: Cambridge University Press, 2000. Sowerby, Arthur de Carle. "The Horse and Other Beasts of Burden in China." *China Journal* 26 (1937): 282–287.

Spence, Jonathan. *The Search for Modern China*. New York: Norton, 1990. Spence, Jonathan. *Treason by the Book*. New York: Viking, 2001.

Spence, Jonathan D. *Emperor of China: Self-Portrait of K'ang-hsi*. New York: Knopf, 1974.

Sperling, Elliot. "Awe and Submission: A Tibetan Aristocrat at the Court of Qianlong." *International History Review* 20, no. 2 (1998): 325–335.

Stary, Giovanni. "The Manchu Emperor 'Abahai': Analysis of an Historiographic Mistake." *Central Asiatic Journal* 28, no. 3–4 (1984): 296–299.

Stevens, Carol B. *Soldiers on the Steppe: Army Reform and Social Change in Early Modern Russia*. DeKalb: Northern Illinois University Press, 1995.

Strassberg, Richard. *Inscribed Landscapes: Travel Writing from Imperial China*. Berkeley: University of California Press, 1994.

Struve, Lynn A. *Voices from the Ming-Qing Cataclysm: China in Tigers' Jaws*. New Haven: Yale University

Stanford: Stanford University Press, 2001.

Rowe, William T."State and Market in mid-Qing Economic Thought."*Études Chinoises* 12, no. 3 (1993): 7–40.

Rozman, Gilbert. *Urban Networks in Ch'ing China and Tokugawa Japan*. Princeton: Princeton University Press, 1973.

Rudelson, Justin Jon. *Oasis Identities: Uyghur Nationalism along China's Silk Road*. New York: Columbia University Press, 1997.

Saguchi Tōru. "The Formation of the Turfan Principality under the Qing Empire." *Acta Asiatica* 41 (1981): 76–94.

Saguchi Tōru. "Shinchō shihaika no Turfan." *Tōyō Gakuhō* 60, no. 3–4 (1979): 1–31.

Sahlins, Marshall. *Islands of History*. Chicago: University of Chicago Press, 1987. Said, Edward. *Orientalism*. New York: Vintage, 1994.

Salzman, Ariel. "An Ancien Regime Revisited: 'Privatization' and Political Economy in the Eighteenth-Century Ottoman Empire." *Politics and Society* 21, no. 4 (1993): 393–423.

Sanjdorj, M. *Manchu Chinese Colonial Rule in Northern Mongolia*. Translated by Urgunge Onon. New York: St. Martin's, 1980.

Satō Hisashi. *Chūsei Chibetto shi kenkyū*. Kyoto: Dohosha, 1986.

Satō Hisashi. "Lobzan Danjin no hanran ni tsuite." *Shirin* 55, no. 6 (1972): 1–32.

Schafer, Edward. "The Camel in China down to the Mongol Dynasty." *Sinologica* 2 (1950): 165–194, 263–282.

Schneider, Laurence. *Ku Chieh-kang and China's New History: Nationalism and the Quest for Alternative Traditions*. Berkeley: University of California Press, 1971.

Schwartz, Benjamin. *The World of Thought in Ancient China*. Cambridge, Mass.: Harvard University Press, 1985.

Scott, James C. *Domination and the Arts of Resistance: Hidden Transcripts*. New Haven: Yale University Press, 1990.

Scott, James C. *Seeing Like a State: How Certain Schemes to Improve the Human Condition Have Failed*. New Haven: Yale University Press, 1998.

Scott, James C. "State Simplifications: Nature, Space, and People." *Journal of Political Philosophy* 3, no. 3 (1995): 191–233.

Sen, Amartya K. *Poverty and Famines: An Essay on Entitlement and Deprivation*. Oxford: Clarendon Press, 1981.

Serruys, Henry. "Early Lamaism in Mongolia." *Oriens Extremus* 10 (1963): 181–216

Serruys, Henry. "Sino-Mongol Trade during the Ming." *Journal of Asian History* 9 (1975): 34–56.

Serruys, Henry. "Smallpox in Mongolia during the Ming and Ch'ing Dynasties." *Zentralasiatische Studien* 14 (1980): 41–63.

Seuberlich, Wolfgang. "Review of *Russko-Kitajskie Otnoshenija v XVII veke*." *Oriens Extremus* 19, no. 1–2 (1972): 239–255.

Shapin, Steven, and Simon Schaffer. *Leviathan and the Air-Pump: Hobbes, Boyle, and the Experimental Life*. Princeton: Princeton University Press, 1985.

Shepherd, John Robert. *Statecraft and Political Economy on the Taiwan Frontier, 1600–1800*. Stanford:

Qingshi Bianweihui, ed. *Qingdai Renwu Zhuan'gao*. 19 vols. Beijing: Zhonghua Shuju, 1992. (QRZ)

Rabinow, Paul. *French Modern: Norms and Forms of the Social Environment*. Cambridge, Mass.: MIT Press, 1989.

Ratchnevsky, Paul. *Genghis Khan: His Life and Legacy*. Cambridge, Mass.: Basil Blackwell, 1993.

Rawski, Evelyn S. *The Last Emperors: A Social History of Qing Imperial Institutions*. Berkeley: University of California Press, 1998.

Rawski, Evelyn S. "Reenvisioning the Qing: The Significance of the Qing Period in Chinese History." *Journal of Asian Studies* 55, no. 4 (1996): 829–850.

Reardon-Anderson, James. "Man and Nature in the West Liao River Basin during the Past 10,000 Years." Unpublished. 1994.

Reardon-Anderson, James. "Reluctant Pioneers: China's Northern Frontier, 1644– 1937." Unpublished. 2002.

Ren Shijiang. "Shixi Tuerhute huigui zuguo di yuanyin." *ShehuiKexue(Gansu)* (February 1983), 107–111.

Rhoads, Edward J. *Manchus and Han: Ethnic Relations and Political Power in Late Qing and Early Republican China, 1861–1928*. Seattle: University of Washington Press, 2000.

Riasanovsky, Nicholas. *A History of Russia*. Oxford: Oxford University Press, 1993. Richards, John. "Land Transformation." In *The Earth as Transformed by Human Action: Global and Regional Changes in the Biosphere over the Past Three Hundred Years*, edited by B. L. Turner et al., 163–178. Cambridge: Cambridge University Press, 1990.

Rimsky-Korsakov Dyer, Svetlana. "The Dungans: Some Aspects of the Culture of Chinese Muslims in the Soviet Union." Paper presented at "The Legacy of Islam in China: An International Symposium in Memory of Joseph F. Fletcher," Harvard University, April 14–16, 1989.

Robinson, David. *Bandits, Eunuchs, and the Son of Heaven*. Honolulu: University of Hawai'i Press, 2001.

Rossabi, Morris. *China and Inner Asia: From 1368 to the Present Day*. New York: Pica Press, 1975.

Rossabi, Morris. "The 'Decline' of the Central Asian Caravan Trade." In *The Rise of Merchant Empires*, edited by James D. Tracy, 351–370. Cambridge: Cambridge University Press, 1990.

Rossabi, Morris. "The Ming and Inner Asia." In *The Cambridge History of China*. Vol. 8. Part 2. *The Ming Dynasty, 1368–1644*, edited by Denis Twitchett and Frederick Mote, 221–271. Cambridge: Cambridge University Press, 1998.

Rossabi, Morris. "Notes on Esen's Pride and Ming China's Prejudice." *Mongolia Society Bulletin* 17 (1970): 31–39.

Rossabi, Morris. "The Tea and Horse Trade with Inner Asia during the Ming." *Journal of Asian History* 4, no. 2 (1970): 136–168.

Roth, Gertraude. "The Manchu-Chinese Relationship, 1618–36." In *From Ming to Ch'ing: Conquest, Region, and Continuity in Seventeenth-Century China*, edited by Jonathan D. Spence and John E. Wills, Jr., 1–38. New Haven: Yale University Press, 1979.

Roth-Li, Gertraude. "The Rise of the Early Manchu State: A Portrait Drawn from Manchu Sources to 1636." Ph.D. dissertation, Harvard University, 1975.

Rowe, William T. *Hankow: Commerce and Society in a Chinese City, 1796–1889*. Stanford: Stanford University Press, 1984.

Rowe, William T. *Saving the World: Chen Hongmou and Elite Consciousness in Eighteenth-Century China*.

Perdue, Peter C. "Turning Points: Rise, Crisis, and Decline Paradigms in the Historiography of Two Empires." Paper presented at the Conference on Shared Histories of Modernity: State Transformations in the Chinese and Ottoman Contexts, Seventeenth through Nineteenth Centuries, New York University, Kevorkian Center for Middle Eastern Studies, 1999.

Perdue, Peter C., and Huri islamoğu. "Introduction to Special Issue on Qing and Ottoman Empires." *Journal of Early Modern History* 5, no. 4 (2001): 271–282.

Petech, Luciano. *China and Tibet in the Early Eighteenth Century: History of the Establishment of Chinese Protectorate in Tibet*. Leiden: E. J. Brill, 1950.

Petech, Luciano. "Notes on Tibetan History of the Eighteenth Century." *T'oung Pao* 52 (1965–66): 261–292.

Pirazzoli-t'Serstevens, Michele. *Gravures des conquêtes de l'empereur de Chine Kien-Long au Musée Guimet*. Paris: Musée Guimet, 1969.

Pokotilov, Dmitrii. *History of the Eastern Mongols during the Ming Dynasty*. Philadelphia: Porcupine Press, 1976.

Pomeranz, Kenneth. "Beyond the East-West Binary: Resituating Development Paths in the Eighteenth-Century World." *Journal of Asian Studies* 61, no. 2 (2002): 539–590.

Pomeranz, Kenneth. *The Great Divergence: China, Europe, and the Making of the Modern World Economy*. Princeton: Princeton University Press, 2000.

Pomeranz, Kenneth. "Local Interest Story: Political Power and Regional Differences in the Shandong Capital Market, 1900–1937." In *Chinese History in Economic Perspective,* edited by Thomas G. Rawski and Lillian Li, 295–318. Berkeley: University of California Press, 1988.

Pomeranz, Kenneth. *The Making of a Hinterland: State, Society, and Economy in Inland North China, 1853–1937*. Berkeley: University of California Press, 1993.

Poppe, Nicholas. "Renat's Kalmuck Maps." *Imago Mundi* 12 (1955): 157–160. Pound, Ezra. *Shih-ching: The Classic Anthology Defined by Confucius*. Translated by Ezra Pound. Cambridge: Harvard University Press, 1982.

Power, Daniel, and Naomi Standen, eds. *Frontiers in Question: Eurasian Borderlands 700–1700*. New York: St.Martin's Press, 1998.

Priest, Quinton G. "Portraying Central Government Institutions: Historiography and Intellectual Accommodation in the High Ching." *Late Imperial China* 7 (1986): 27–49.

Pritsak, Omeljan. "Moscow, the Golden Horde, and the Kazan Khanate from a Polycultural Point of View." *Slavic Review* 26, no. 4 (1967): 576–583.

Pritsak, Omeljan. *The Origin of Rus. Vol. 1. Old Scandinavian Sources*. Cambridge, Mass.: Harvard University Press, 1981.

Qi Qingshun. "Qingdai Xinjiang di xiexiang gongying he caizheng weiji." *Xinjiang Shehui Kexue* 3 (1987): 74–85.

Qi Qingshun. "Qingdai Xinjiang qianfan yanjiu." *Zhongguoshi Yanjiu* 2 (1988): 45–57.

Qi Qingshun. "1767 nian Changji qianfan baodong bu ying kending." *Xinjiang Daxue Xuebao* 4 (1986): 63–65.

Qi Qingshun. "Shilun Qingdai Xinjiang tunbing di fazhan he yanbian." *Xinjiang Daxue Xuebao* 2 (1988): 46–53.

Huiyi Lunwenji Lishizu), 181–223. Taibei: Institute of History and Philology, Academia Sinica, 2002.

Perdue, Peter C. "Boundaries, Maps, and Movement: The Chinese, Russian, and Mongolian Empires in Early Modern Eurasia." *International History Review* 20, no. 2 (1998): 263–286.

Perdue, Peter C. "China in the Early Modern World: Shortcuts, Myths, and Realities." *Education about Asia* 4, no. 1 (1999): 21–26.

Perdue, Peter C. "China in the World Economy: Exports, Regions, and Theories (Review of Sucheta Mazumdar, *Sugar and Society in China: Peasants, Technology, and the World Market*)." *Harvard Journal of Asiatic Studies* 60, no. 1 (2000): 259–275.

Perdue, Peter C. "Comparing Empires: Manchu Colonialism." *International History Review* 20, no. 2 (1998): 255–262.

Perdue, Peter C. "Culture, History, and Imperial Chinese Strategy: Legacies of the Qing Conquests." In *Warfare in Chinese History,* edited by Hans van de Ven, 252–287. Leiden: Brill, 2000.

Perdue, Peter C. "Empire and Nation in Comparative Perspective." *Journal of Early Modern History* 5, no. 4 (2001): 282–304.

Perdue, Peter C. *Exhausting the Earth: State and Peasant in Hunan, 1500–1850*. Cambridge, Mass.: Harvard University Press, 1987.

Perdue, Peter C. "From Turfan to Taiwan: Trade and War on Two Chinese Frontiers." In *Untaming the Frontier: Interdisciplinary Perspectives on Frontier Studies,* edited by Bradley Parker and Lars Rodseth. Tucson: University of Arizona Press, 2005.

Perdue, Peter C. "A Frontier View of Chineseness." In *The Resurgence of East Asia: 500, 150, and 50-Year Perspectives,* edited by Giovanni Arrighi, Takeshi Hamashita, and Mark Selden, 51–77. London: Routledge, 2003.

Perdue, Peter C. "How Different Was China? Or, Bringing the Army Back In: Coercion and Ecology in the Comparative Sociology of Europe and China." In *Agriculture, Population, and Economic Development in China and Europe,* edited by Rolf Peter Sieferle and Helga Breuniger, 311–330. Stuttgart: Breuniger Stiftung, 2003.

Perdue, Peter C. "Identifying China's Northwest: For Nation and Empire." In *Locating China: Space, Place, and Popular Culture,* edited by Jing Wang and David Goodman. London: Routledge, 2005.

Perdue, Peter C."Military Mobilization in Seventeenth and Eighteenth-Century China, Russia, and Mongolia." *Modern Asian Studies* 30, no. 4 (1996): 757–793.

Perdue, Peter C. "Official Goals and Local Interests: Water Control in the Dongting Lake Region during the Ming and Qing Periods." *Journal of Asian Studies* 41, no. 4 (1982): 747–765.

Perdue, Peter C. "The Qing Empire in Eurasian Time and Space: Lessons from the Galdan Campaigns." In *The Qing Formation in World-Historical Time,* edited by Lynn Struve, 57–91. Cambridge, Mass.: Harvard University Asia Center, 2004.

Perdue, Peter C. "The Qing State and the Gansu Grain Market, 1739–1864." In *Chinese History in Economic Perspective,* edited by Thomas G. Rawski and Lillian

M. Li, 100–125. Berkeley: University of California Press, 1992.

Perdue, Peter C. "The Shape of the World: Asian Continents and the Scraggy Isthmus of Europe." *Bulletin of Concerned Asian Scholars* 30, no. 4 (1998): 53–62.

dissertation, University of London, 1983.

National Research Council. *Grasslands and Grassland Sciences in Northern China*. Washington, D.C.: National Academy Press, 1992.

Needham, Joseph. "Geography and Cartography." In *Science and Civilisation in China*, 7 vols., 3:497–590. Cambridge: Cambridge University Press, 1959.

Newby, Gordon D. "Ibn Khaldun and Frederick Jackson Turner: Islam and the Frontier Experience." *Journal of Asian and African Studies* 18, no. 3–4 (1983): 274–285. Ning, Chia. "The Lifanyuan and the Inner Asian Rituals in the Early Qing." *Late Imperial China* 14, no. 1 (1991): 60–92.

Niu Pinghan, ed. *Qingdai Zhengqu Yange Zongbiao*. Beijing: Zhongguo Ditu Chubanshe, 1990.

Norman, Jerry. *A Concise Manchu-English Lexicon*. Seattle: University of Washington Press, 1978.

Okada Hidehiro."Doruben Oirato no kigen."*Shigaku Zasshi* 83, no. 6 (1974): 1–44. Okada Hidehiro."Galdan's Death: When and How." *Memoirs of the Research Department of the Toyo Bunko* 37 (1979): 91–97.

Okada Hidehiro. *Kōkitei no Tegami*. Tokyo: Chuko Shinsho, 1979.

Okada Hidehiro. "Mongoru shinseiji no Shōso no Manbun shoken." In *Nairiku Ajia no Shakai to Bunka*, edited by Mori Masao, 303–321. Tokyo: Yamakawa Shuppansha, 1983.

Okada Hidehiro. "Outer Mongolia through the Eyes of Emperor Kangxi." *Ajia Afurika Gengo Bunka Kenkyû* 18 (1979): 1–11.

Ostrowski, Donald. "The Mongol Origins of Muscovite Political Institutions." *Slavic Review* 49, no. 4 (1990): 525–542.

Ostrowski, Donald. *Muscovy and the Mongols: Cross-Cultural Influences on the Steppe Frontier, 1304–1589*. Cambridge: Cambridge University Press, 1998.

Outram, Dorinda."Chariots of the Sun: Ritual Travel, Territory, and Monarchy in Eighteenth-Century France." Paper presented at the Workshop on Pomp and Circumstance: Political Uses of Public Culture, MIT, May 1, 1992.

Oxnam, Robert B."Policies and Institutions of the Oboi Regency, 1661–69."*Journal of Asian Studies* 32 (1972): 265–286.

Oxnam, Robert B. *Ruling from Horseback: Manchu Politics in the Oboi Regency, 1661–69*. Chicago: University of Chicago Press, 1975.

Oyunbilig, Borjigidai. *Zur Überlieferungsgeschichte des Berichts über den persönlichen Feldzug des Kangxi Kaisers gegen Galdan (1696–1697)*. Wiesbaden: Harrassowitz, 1999.

Parker, Geoffrey. *The Military Revolution: Military Innovation and the Rise of the West*. Cambridge: Cambridge University Press, 1988.

Peake, Harold, and Herbert Fleure. *The Steppe and the Sown*. New Haven: Yale University Press, 1928.

Pei, Huang. *Autocracy at Work: A Study of the Yung-cheng Period, 1723–1735*. Bloomington: Indiana University Press, 1974.

Pelenski, Jaroslaw. *Russia and Kazan: Conquest and Imperial Ideology*. Paris: Mouton, 1974.

Pelliot, Paul. "Les Conquêtes de l'empereur de la Chine." *Toung Pao* 20 no. 3–4 (1921), 183–274.

Pelliot, Paul. *Notes critiques d'histoire kalmouke*. Paris: Librairie d'Amerique et d'Orient, 1960.

Perdue, Peter C. "The Agrarian Basis of Qing Expansion into Central Asia." In *Papers from the Third International Conference on Sinology: History Section* (Zhongyang Yanjiuyuan Disanzhou Guoji Hanxue

Min Tu-ki. *National Polity and Local Power: The Transformation of Late Imperial China*. Cambridge, Mass.: Harvard University Press, 1989.

Mirsky, Jonathan. "A Lamas' Who's Who." *New York Review of Books,* April 27, 2000, 15.

Miyawaki Junko. "Galdan izen no Oiratto: Wakamatsu setsu sai hihan." *Tōyō Gakuhō* 65, no. 1.2 (1984): 91–120.

Miyawaki Junko."Jūnana seiki no Oiratto: Jungar Hankoku ni taisuru gimon."*Shigaku Zasshi* 90, no. 10 (1981): 40–63.

Miyawaki Junko. "Oiratto Han no tanjō." *Shigaku Zasshi* 100, no. 1 (1991): 36–73. Miyawaki Junko. "Oiratto no kōsō Zaya Pandita denki." In *Chibetto no Bukkyō to Shakai,* edited by Yamaguchi Zuihô, 603–627. Tokyo: Shunjusha, 1986.

Miyawaki Junko. "Political Organization in the [sic] Seventeenth-Century North Asia." *Ajia Afurika Gengo Bunka Kenkyū* 27 (1984): 172–179.

Miyawaki Junko. "The Qalqa Mongols and the Oyirad in the Seventeenth Century." *Journal of Asian History* 18, no. 2 (1984): 136–173.

Miyawaki Junko. *Saigo no Yūboku Teikoku: Jungaru bu no kōbō*. Tokyo: Kodansha, 1995.

Miyazawa Tomoyuki. "HokuSō no zaisei to kahei keizai." In *Chōgoku sensei kokka to shakai tōgō*, edited by Chūgokushi Kenkyūkai, 279–332. Kyoto: Bunrikaku, 1990.

Montesquieu, Charles-Louis de Secondat de. "De l'Esprit des Lois, ou du Rapport que les Lois Doivent Avoir avec la Constitution de Chaque Gouvernement, les Moeurs, le Climat, la Religion, le Commerce, etc." In *Oeuvres complètes,* 227–995. Paris: Gallimard, 1951.

Moore, Barrington. *Reflections on the Causes of Human Misery and upon Certain Proposals to Eliminate Them*. Boston: Beacon Press, 1972.

Morgan, David. *The Mongols*. Cambridge, Mass.: Basil Blackwell, 1986. Morikawa Tetsuo. "Amursana o meguru RoShin Kōshō Shimatsu." *Rekishigaku Chirigaku Nenpō [Kyūshū Daigaku]* 7 (1983): 75–105.

Morikawa Tetsuo."Chinggunjabu no ran ni tsuite."*Rekishigaku Chirigaku Nenpō [Kyūshū Daigaku]* 3 (1979): 73–103.

Morohashi Tetsuji. *Dai Kanwa Jiten*. Tokyo: Taishukan shoten, 1960.

Moses, Larry."A Theoretical Approach to the Process of Inner Asian Confederation."*Études Mongoles* 5 (1974): 113–122.

Mote, F. W. *Imperial China: 900–1800*. Cambridge, Mass.: Harvard University Press, 1999.

Mote, Frederick. "The Tu-mu Incident of 1449." In *Chinese Ways in Warfare,* edited by Frank A. Kierman Jr. and John K. Fairbank, 243–272. Cambridge, Mass.: Harvard University Press, 1974.

Mukerji, Chandra. *Territorial Ambitions and the Gardens of Versailles*. Cambridge: Cambridge University Press, 1997.

Mydans, Seth. "Where Chess Is King and the People Are the Pawns." *New York Times,* June 20, 2004, 3.

Naff, Thomas, and Roger Owen. *Studies in Eighteenth-Century Islamic History*. Carbondale: Southern Illinois University Press, 1977.

Naitō Konan. "'Qinbian Jilue' no 'Gardan zhuan.'" In *Naitō Konan Zenshū,* 14 vols., 7:380–425. Tokyo: Chikuma Shobo, 1970.

Nathanson, Alynn. "Ch'ing Policies in Khalkha Mongolia and the Chingünjav Rebellion of 1756." Ph.D.

Cambridge: Cambridge University Press, 1998.

Martin, Janet. *Medieval Russia, 980–1584*. Cambridge: Cambridge University Press, 1995.

Martin, Janet. "Muscovy's Northeast Expansion: The Context and a Cause." *Cahiers du Monde Russe et Soviétique* 24, no. 4 (1983): 459–470.

Mazumdar, Sucheta. *Sugar and Society in China: Peasants, Technology, and the World Market*. Cambridge, Mass.: Harvard University Press, 1998.

McElderry, Andrea. "Frontier Commerce: An Incident of Smuggling." *American Asian Review* 5, no. 2 (1987): 47–82.

McGranahan, Carole. "Arrested Histories: Between Empire and Exile in Twentieth Century Tibet." Ph.D. dissertation, University of Michigan, 2001.

McNeill, John R. "Of Rats and Men: A Synoptic Environmental History of the Island Pacific." *Journal of World History* 5, no. 2 (1994): 299–349.

McNeill, William. *Mythistory and Other Essays*. Chicago: University of Chicago Press, 1986.

McNeill, William H. *The Pursuit of Power: Technology, Armed Force, and Society since a.d. 1000*. Chicago: University of Chicago Press, 1982.

Melikhov, G. V. "The Process of the Consolidation of the Manzhou Tribes under Nuerhaqi and Abahai (1591–1644)." In *Manzhou Rule in China,* edited by S. L. Tikhvinsky, 67–87. Moscow: Progress Publishers, 1983.

Metzger, Thomas. *The Internal Organization of Ch'ing Bureaucracy*. Cambridge, Mass.: Harvard University Press, 1973.

Meyer, Karl E., and Shareen Blair Brysac. *Tournament of Shadows: The Great Game and the Race for Empire in Central Asia*. Washington, D.C.: Counterpoint, 1999.

Michael, Franz. *The Origin of Manchu Rule in China: Frontier and Bureaucracy as Interacting Forces in the Chinese Empire*. Baltimore: Johns Hopkins University Press, 1942.

Miller, Gerard Fridrikh. *Sammlung russischer Geschichte*. Vol. 4. St. Petersburg: Kayserliche academie der wissenschaften, 1760.

Millward, James A. *Beyond the Pass: Economy, Ethnicity, and Empire in Qing Central Asia, 1759–1864*. Stanford: Stanford University Press, 1998.

Millward, James A. "Coming onto the Map: The Qing Conquest of Xinjiang." *Late Imperial China* 20, no. 2 (1999): 61–98.

Millward, James A. "The Qing Formation, the Mongol Legacy, and the 'End of History' in Early Modern Central Eurasia." In *The Qing Formation in World-Historical Time,* edited by Lynn Struve, 92–120. Cambridge, Mass.: Harvard Asia Center, 2004.

Millward, James A. "Qing Silk–Horse Trade with the Qazaqs in Yili and Tarbaghatai, 1758–1853." *Central and Inner Asian Studies* 7 (1992): 1–42.

Millward, James A. "Qing Inner Asian Empire and the Return of the Torghuts." In *New Qing Imperial History: The Making of Inner Asian Empire at Qing Chengde,* edited by James A. Millward and Ruth Dunnell, 91–105. New York: Routledge Curzon, 2004.

Min Tu-ki. "Ch'ôngcho ûi hwangche sasang t'ongche ûi silche." In *Chungkuk Kûntaesa Yônku,* 2–53. Seoul: Ichokak, 1973.

Lopez, Donald S. Jr. *Prisoners of Shangri-La: Tibetan Buddhism and the West*. Chicago: University of Chicago Press, 1998.

Lü Xiaoxian and Li Shouju. "Qianlongchao neidi yu Xinjiang sichou maoyi gaishu." In *Qingdai Quyu Shehui Jingji Yanjiu,* edited by Ye Xian'en, 742–755. Beijing: Zhonghua, 1992.

Ma Dongyu. "Qingdai tuntian tantao." *Liaoning Shifan Daxue Xuebao* (January 1985): 62–67.

Ma Dongyu. *Xiongshi Sifang: Qingdi xunshou huodong*. Shenyang: Liaohai chubanshe, 1997.

Ma Lin. "Qianlong chunian Zhungar bu shouci ruzang aocha." *Xizang Yanjiu* 1 (1988): 62–69.

Ma Ruheng. "Lun Amuersa'na de (Fandong) Yisheng." In *Elute Menggushi Lunji,* edited by Ma Ruheng and Ma Dazheng, 107–120. Xining: Qinghai Renmin Chubanshe, 1979.

Ma Ruheng and Cheng Chongde, eds. *Qingdai Bianjiang Kaifa*. 2 vols. Taiyuan: Shanxi Renmin Chubanshe, 1998.

Ma Ruheng and Ma Dazheng. *Elute Menggushi Lunji*. Xining: Qinghai renmin chubanshe, 1984.

Ma Ruheng and Ma Dazheng. *Piaoluo Yiyu di Minzu: 17 zhi 18 shiji di Turhute Menggu*. Beijing: Zhongguo Shehui kexueyuan, 1991.

Ma Zhenglin. "Xibei kaifa yu shuili." *Shaanxi Shifan Daxue Xuebao* (March 1987): 66–73.

Macauley, Melissa. *Social Power and Legal Culture: Litigation Masters in Late Imperial China*. Stanford: Stanford University Press, 1998.

Macauley, Melissa. "A World Made Simple: Law and Property in the Ottoman and Qing Empires." *Journal of Early Modern History* 5, no. 4 (2001): 331–352.

Mackinder, Halford J. *Democratic Ideals and Reality: A Study in the Politics of Reconstruction*. New York: Henry Holt, 1942.

Mackinder, Halford. "The Geographical Pivot of History." *Geographical Journal* 23, no. 4 (1904): 421–444.

Mahan, Alfred T. *The Influence of Sea Power upon History, 1660–1783*. Boston: Little & Brown, 1890.

Mahdi, M. *Ibn Khaldun's Philosophy of History:* London: G. Allen and Unwin, 1957. Maier, Charles. "Consigning the Twentieth Century to History." *American Historical Review* 105, no. 3 (2000): 807–831.

Mair, Victor H. "Language and Ideology in the Written Popularizations of the Sacred Edict." In *Popular Culture in Late Imperial China,* edited by David Johnson, Andrew J. Nathan, and Evelyn S. Rawski, 325–359. Berkeley: University of California Press, 1985.

Maksheev, A. "Karta Zhungarii sostav. Renatom." *Zapiski imperatorskago russkago geograficheskago obshchestva* 11 (1888): 105–145.

Mancall, Mark. *Russia and China: Their Diplomatic Relations to 1728*. Cambridge, Mass.: Harvard University Press, 1971.

Mann, James. *About Face: The History of America's Relationship with China*. New York: Vintage, 1998.

Mann, Susan. *Local Merchants and the Chinese Bureaucracy, 1750–1950*. Stanford: Stanford University Press, 1987.

Marks, Robert. "Rice Prices, Food Supply, and Market Structure in Eighteenth-Century South China." *Late Imperial China* 12, no. 2 (1991): 64–116.

Marks, Robert B. *The Origins of the Modern World: A Global and Ecological Narrative*. Lanham, Md.: Rowman & Littlefield, 2002.

Marks, Robert B. *Tigers, Rice, Silk, and Silt: Environment and Economy in Late Imperial South China.*

Cambridge, Mass.: Harvard University Press, 1999.

Legge, James. *The Chinese Classics*. Taibei: Wenshizhe chubanshe, 1971.

Lensen, George, ed. *Russia's Eastward Expansion*. Englewood Cliffs, N.J.: Prentice-Hall, 1964.

Leonard, Jane Kate. *Controlling from Afar: The Daoguang Emperor's Management of the Grand Canal Crisis, 1824–26*. Ann Arbor: University of Michigan Press, 1996. Leonard, Jane Kate. "Qing History, Wei Yuan, and Contemporary Political Dialogue." In *New Directions in the Social Sciences and Humanities in China*, edited by Michael B. Yahuda, 28–45. London: Macmillan, 1987.

Leonard, Jane Kate. *Wei Yuan and China's Rediscovery of the Maritime World*. Cambridge, Mass.: Harvard University Press, 1984.

Leonard, Jane Kate. "Wei Yuan and Images of the Nanyang." *Ch'ing Shih Wen-t'i* 4, no. 1 (1979): 23–57.

Leonard, Jane Kate, and Robert Antony, eds. *Dragons, Tigers, and Dogs: Qing Crisis Management and the Boundaries of State Power*. Ithaca: Cornell University Press, 2002.

Lessing, F. D. *Yung-ho-kung: An Iconography of the Lamaist Cathedral*. Publication 18. Stockholm: Sino-Swedish Expedition, 1942.

Lessing, Ferdinand D. *Mongolian-English Dictionary*. Bloomington, Indiana: Mongolia Society, 1995.

Lewis, Mark Edward. *Writing and Authority in Early China*. Albany: State University of New York Press, 1999.

Li Bozhong. *Agricultural Development in Jiangnan, 1620–1850*. New York: St. Martin's, 1998.

Li, Gertraude Roth. *Manchu: A Textbook for Reading Documents*. Honolulu: University of Hawai'i Press, 2000.

Li Guangbi. "Mingdai Xicha Yima Kao." *Zhongyang Yaxiya* 2, no. 2 (1943): 47–53. Lieberman, Victor B., ed. *Beyond Binary Histories: Re-imagining Eurasia to ca. 1830*. Ann Arbor: University of Michigan Press, 1999.

Limerick, Patricia Nelson. *The Legacy of Conquest: The Unbroken Past of the American West*. New York: Norton, 1987.

Lincoln, W. Bruce. *The Conquest of a Continent: Siberia and the Russians*. New York: Random House, 1994.

Lindner, Rudi Paul. "Nomadism, Horses, and Huns." *Past and Present* 92 (1981): 3–19.

Lindner, Rudi Paul. *Nomads and Ottomans in Medieval Anatolia*. Bloomington: Indiana University Press, 1983.

Linenthal, Edward Tabor. *Sacred Ground: Americans and Their Battlefields*. Champaign-Urbana: University of Illinois Press, 1991.

Linke, Bernd Michael. *Zur Entwicklung des mandjurischen Khanats zum Beamtenstaat: Sinisierung und Burokratisierung der Mandjuren wahrend der Eroberungszeit*. Wiesbaden: Steiner, 1982.

Lipman, Jonathan. "The Border World of Gansu, 1895–1935." Ph.D. dissertation, Stanford University, 1981.

Lipman, Jonathan. *Familiar Strangers: A Muslim History in China*. Seattle: University of Washington Press, 1997.

Litvinskii, Boris A. "The Ecology of the Ancient Nomads of Soviet Central Asia and Kazakhstan." In *Ecology and Empire: Nomads in the Cultural Evolution of the Old World*, edited by Gary Seaman, 61–72. Los Angeles: Ethnographics Press, 1989.

Liu Ge and Huang Xianyang, eds. *Xiyu shidi lunwen ziliao suoyin*. Ürümchi: Xinjiang, 1988.

Daniel R. Brower and Edward Lazzerini, 9–26. Bloomington: Indiana University Press, 1997.

Khodarkovsky, Michael. "Russian Peasant and Kalmyk Nomad: A Tragic Encounter in the Mid-Eighteenth Century." *Russian History* 15, no. 1 (1988): 43–69.

Khodarkovsky, Michael. "Uneasy Alliance: Peter the Great and Ayuki Khan." *Central Asian Survey* 7, no. 4 (1988): 1–45.

Khodarkovsky, Michael. "War and Politics in Seventeenth-Century Muscovite and Kalmyk Societies as Viewed in One Document: Reinterpreting the Image of the 'Perfidious Nomad.'" *Central and Inner Asian Studies* 3 (1989): 36–56.

Khodarkovsky, Michael. *Where Two Worlds Met: The Russian State and the Kalmyk Nomads, 1600–1771*. Ithaca: Cornell University Press, 1992.

Khoury, Dina Rizk. "Administrative Practice between Religious Law (Shari'a) and State Law (Kanun) on the Eastern Frontiers of the Ottoman Empire." *Journal of Early Modern History* 5, no. 4 (2001): 305–330.

Khoury, Dina Rizk. *State and Provincial Society in the Ottoman Empire: Mosul, 1540– 1834*. Cambridge: Cambridge University Press, 1997.

Kim, Hodong. *Holy War in China: The Muslim Rebellion and State in Chinese Central Asia, 1864–1877*. Stanford: Stanford University Press, 2004.

Kipling, Rudyard. *Kim*. Oxford: Oxford University Press, 1987.

Konvitz, Josef. *Cartography in France, 1660–1848: Science, Engineering, and Statecraft*. Chicago: University of Chicago Press, 1987.

Kuhn, Philip A. "Ideas behind China's Modern State." *Harvard Journal of Asiatic Studies* 55, no. 2 (1995): 295–337.

Kuhn, Philip A. *Origins of the Modern Chinese State*. Stanford: Stanford University Press, 2002.

Kuhn, Philip A. *Soulstealers: The Chinese Sorcery Scare of 1768*. Cambridge, Mass.: Harvard University Press, 1990.

Kuroda Akinobu. "Another Money Economy: The Case of Traditional China." In *Asia Pacific Dynamism, 1550–2000,* edited by A. J. H. Latham and Kawakatsu Heita, pp. 187–215. London: Routledge, 2000.

Kuroda Akinobu. *Chūka Teikoku no kōzō to sekai keizai*. Nagoya-shi: Nagoya Daigaku Shuppankai, 1994.

Lai Fushun. *Qianlong Zhongyao Zhanzheng zhi Junxu Yanjiu*. Taibei: Gugong, 1984. Landes, David. *The Unbound Prometheus*. Cambridge: Cambridge University Press, 1969. Langlois, John D., ed. *China under Mongol Rule*. Princeton: Princeton University Press, 1981.

Lantzeff, George V., and Richard Pierce, eds. *Eastward to Empire: Exploration and Conquest on the Russian Open Frontier to 1750*. Montreal: McGill–Queen's University Press, 1973.

Lattimore, Owen. *The Desert Road to Turkestan*. Boston: Little, Brown, 1929. Lattimore, Owen. *Inner Asian Frontiers of China*. Boston: Beacon Press, 1962. Lattimore, Owen. *Pivot of Asia: Sinkiang and the Inner Asian Frontiers of China and Russia*. Boston: Little, Brown, 1950.

Lattimore, Owen. *Studies in Frontier History: Collected Papers, 1928–1958*. New York: Oxford University Press, 1962.

Lee, James Z., and Cameron Campbell. *Fate and Fortune in Rural China: Social Organization and Population Behavior in Liaoning, 1774–1873*. Cambridge: Cambridge University Press, 1997.

Lee, James Z., and Wang Feng. *One Quarter of Humanity: Malthusian Mythology and Chinese Realities*.

Ishihama Yumiko. "The Attitude of Qing-hai Qoshot toward the Ch'ing Dynasty's Subjugation of Tibet." *Nihon Chibetto* 34 (1988): 1–7.

Ishihama Yumiko. "Gushi Han òka no Chibetto Ōken sōshitsu katei ni kansuru ichi kōsatsu: Ropusan Danjin no hanran saikō." *Tōyō Gakuhō* 69, nos. 3, 4 (1988): 151–171.

Ishihama Yumiko. "Tōyō Bunko shozō shahon 'Fuyuan Dajiangjun zouzhe' to 'Qingshi Ziliao' Daisanki shoshū 'Fuyuan Dajiangjun zouyi' ni tsuite," *Mongoru Kenkyū* 18 (1987): 3–17.

İslamoğu, Huri. "Modernities Compared: State Transformations and Constitutions of Property in the Qing and Ottoman Empires." *Journal of Early Modern History* 5, no. 4 (2001): 353–386.

İslamoğu, Huri, and Çaglar Keyder. "Agenda for Ottoman History." In *The Ottoman Empire and the World-Economy,* edited by Huri Islamoglu-Inan, 42–62. Cambridge: Cambridge University Press, 1987.

Jagchid, Sechin, and Van Jay Symons. *Peace, War, and Trade along the Great Wall: Nomadic–Chinese Interaction through Two Millennia*. Bloomington: Indiana University Press, 1989.

Ji Yun. *Wulumuqi Zashi*. Shanghai: Shangwu Yinshuguan, 1937.

Jiang Qixiang. "Luelun Qingdai Ili huitun." *Xinjiang Daxue Xuebao* 3 (1984): 82–89. Jin Liang. *Yonghegong Zhilue*. Beijing: Zhongguo Zangxue Chubanshe, 1994.

Johnston, Alastair Iain. *Cultural Realism: Strategic Culture and Grand Strategy in Ming China*. Princeton: Princeton University Press, 1995.

Jullien, François. *The Propensity of Things: Toward a History of Efficacy in China*. New York: Zone Books, 1995.

Kafadar, Cemal. *Between Two Worlds: The Construction of the Ottoman State*. Berkeley: University of California Press, 1995.

Kahn, Harold. *Monarchy in the Emperor's Eyes: Image and Reality in the Chien-lung Reign*. Cambridge, Mass.: Harvard University Press, 1971.

Kahn, Paul. *The Secret History of the Mongols: The Origin of Chinghis Khan: An Adaptation of the Yuan Chao Pi Shih*. San Francisco: North Point Press, 1984.

Kaiser, David. *Politics and War: European Conflict from Philip II to Hitler.* Cambridge, Mass.: Harvard University Press, 1990.

Katō Naoto. "Lobzang Danjin's Rebellion of 1723: With a Focus on the Eve of the Rebellion." *Acta Asiatica* 64 (1993): 57–80.

Katō Naoto. "Robuzan Danjin no hanran to Shinchō: Hanran no keikō o chūshin to shite." *Tōyōshi Kenkyū* 45, no. 3 (1986): 28–54.

Keenan, Edward. "Muscovy and Kazan', 1445–1552: Some Introductory Remarks on Steppe Diplomacy." *Slavic Review* 26, no. 4 (1967): 548–558.

Keenan, Edward. "Muscovy and Kazan', 1445–1552: A Study in Steppe Politics." Ph.D. dissertation, Harvard University, 1965.

Kessler, Lawrence D. *K'ang-hsi and the Consolidation of Ch'ing Rule, 1661–1684*. Chicago: University of Chicago Press, 1976.

Khazanov, A. M. *Nomads and the Outside World*. Cambridge: Cambridge University Press, 1984.

Khodarkovsky, Michael. "Ignoble Savages and Unfaithful Subjects: Constructing Non-Christian Identities in Early Modern Russia." In *Russia's Orient: Imperial Borderlands and Peoples, 1700–1917,* edited by

Asian Studies 57, no. 1 (1998): 123–155.

Hobsbawm, Eric J. *Nations and Nationalism since 1780: Programme, Myth, Reality*. Cambridge: Cambridge University Press, 1990.

Hobsbawm, Eric J. "The New Threat to History (Address to the Central European University, Budapest)." *New York Review of Books,* December 16, 1993, 62–64.

Hollinger, David A. "How Wide the Circle of 'We'? American Intellectuals and the Problem of the Ethnos since World War II." *American Historical Review* 98, no. 2 (1993): 317–338.

Hopkirk, Peter. *The Great Game: The Struggle for Empire in Central Asia*. New York: Kodansha, 1992.

Hostetler, Laura. *Qing Colonial Enterprise: Ethnography and Cartography in Early Modern China*. Chicago: University of Chicago Press, 2001.

Hostetler, Laura. "Qing Connections to the Early Modern World: Ethnography and Cartography in Eighteenth-Century China." *Modern Asian Studies* 34, no. 3 (2000): 623–662.

Howorth, Henry H. *History of the Mongols from the Ninth to the Nineteenth Century*. 4 volumes. Taibei: Ch'eng Wen, 1970.

Hsu, Immanuel C. Y. *The Rise of Modern China*. New York: Oxford University Press, 2000.

Hua Li. "Daoguang nianjian Tianshan Nanlu Bingtun di yanbian." *Xinjiang Shehui Kexue* 2 (1988), 99–105.

Hua Li. "Qianlong nianjian yimin chuguan yu Qing qianqi Tianshan Beilu nongye di fazhan." *Xibei Shidi* 4 (1987): 119–131.

Hua Li. "Qingdai di ManMeng lianyin." *Minzu Yanjiu* (1983): 45–54.

Hua Li. *Qingdai Xinjiang Nongye Fazhanshi*. Heilongjiang: Heilongjiang Jiaoyu Chubanshe, 1995.

Huang, Philip C. C. "Development or Involution in Eighteenth-Century Britain and China? A Review of Kenneth Pomeranz's *The Great Divergence: China, Europe, and the Making of the Modern World Economy*." *Journal of Asian Studies* 61, no. 2 (2002): 501–538.

Huang, Philip C. C. *The Peasant Economy and Social Change in North China*. Stanford: Stanford University Press, 1985.

Huang, Ray. *1587: A Year of No Significance*. New Haven: Yale University Press, 1981.

Huang, Ray. "Military Expenditures in Sixteenth-Century Ming China." *Oriens Extremus* 17 (1970): 39–62.

Huangchao Wenxian Tongkao. Taibei: Taiwan shangwu yinshuguan, 1983.

Hucker, Charles O. *A Dictionary of Official Titles in Imperial China*. Stanford: Stanford University Press, 1985.

Hummel, Arthur W., ed. *Eminent Chinese of the Ch'ing Period*. Washington, D.C.: U.S. Government Printing Office, 1943–44.

Humphrey, Caroline, and David Sneath. *The End of Nomadism? Society, State, and the Environment in Inner Asia*. Durham: Duke University Press, 1999.

Huntington, Ellsworth. *The Pulse of Asia: A Journey in Central Asia Illustrating the Geographic Basis of History*. Boston: Houghton Mifflin, 1919.

Hutchinson, John, and Anthony D. Smith, eds. *Nationalism*. Oxford: Oxford University Press, 1994.

Hyer, Paul. "An Historical Sketch of Koke-Khota City, Capital of Inner Mongolia." *Central Asiatic Journal* 26, no. 1–2 (1982): 56–77.

Inalcik, Halil. *The Ottoman Empire: The Classical Age, 1300–1600*. New York: Praeger Publishers, 1973.

the Conference on Colonels and Quartermasters: War and Technology during the Old Regime, Dibner Institute, MIT, April 1996.

Halperin, Charles. *Russia and the Golden Horde: The Mongol Impact on Medieval Russia*. Bloomington: Indiana University Press, 1985.

Halperin, Charles. "Russia in the Mongol Empire in Comparative Perspective." *Harvard Journal of Asiatic Studies* 43, no. 1 (1983): 239–262.

Hamashita Takeshi. "The Intra-regional System in East Asia in Modern Times." In *Network Power: Japan and Asia,* edited by Peter Katzenstein and Takashi Shiraishi, 113–135. Ithaca: Cornell University Press, 1997.

Hamashita Takeshi. *Kindai chūgoku no kokusaiteki keiki: chōkō bōeki shisutemu to kindai Ajia*. Tokyo: Tokyo Daigaku Shuppankai, 1990.

Hamashita Takeshi. "The Tribute Trade System and Modern Asia." *Memoirs of the Research Department of the Toyo Bunko* 46 (1988): 7–26.

Harley, J. B. "Deconstructing the Map." In *Writing Worlds: Discourse, Text, and Metaphor in the Representation of Landscape,* edited by Trevor J. Barnes and James S. Duncan, 231–247. London: Routledge, 1992.

Harley, J. B. "Maps, Knowledge, and Power." In *The Iconography of Landscape,* edited by Denis E. Cosgrove and Stephen Daniels, 277–312. Cambridge: Cambridge University Press, 1988.

Harley, J. B. "Meaning and Ambiguity in Tudor Cartography." In *English Map-Making, 1500–1650: Historical Essays,* edited by Sarah Tyacke, 23–45. London: British Library, 1983.

Harley, J. B. "Silences and Secrecy: The Hidden Agenda of Cartography in Early Modern Europe." *Imago Mundi* 40 (1988): 57–76.

Harley, J. B., and David Woodward, eds. *The History of Cartography: Cartography in the Traditional East and Southeast Asian Societies*. Vol. 2. Book 2. Chicago: University of Chicago Press, 1994.

Harrell, Stevan, ed. *Cultural Encounters on China's Ethnic Frontiers*. Seattle: University of Washington Press, 1995.

Hartwell, Robert M. "Historical Analogism, Public Policy, and Social Science in Eleventh and Twelfth-Century China." *American Historical Review* 76, no. 3 (1971): 690–727.

Heissig, Walther. *Die Familien und Kirchengeschichtsschreibung der Mongolen*. Volume 1. *16–18 Jhdt*. Wiesbaden: O. Harrassowitz, 1959.

Heissig, Walther. "Über Mongolische Landkarten." *Monumenta Serica* 9 (1944): 123– 173.

Herb, G. Henrik. "Mongolian Cartography." In *The History of Cartography: Cartography in the Traditional East and Southeast Asian Societies*, edited by J. B. Harley and David Woodward, 682–685. Chicago: University of Chicago Press, 1994.

Heuschert, Dorothea. "Legal Pluralism in the Qing Empire: Manchu Legislation for the Mongols." *International History Review* 20, no. 2 (1998): 310–24.

Hevia, James L. *Cherishing Men from Afar: Qing Guest Ritual and the Macartney Embassy of 1793*. Durham: Duke University Press, 1995.

Hevia, James. "Lamas, Emperors, and Rituals: Political Implications in Qing Imperial Ceremonies." *Journal of the International Association of Buddhist Studies* 16, no. 2 (1993): 243–278.

Ho, Ping-ti. "In Defense of Sinicization: A Rebuttal of Evelyn Rawski's Reenvisioning the Qing," *Journal of*

Stanford University Press, 1996.

Geiss, James. "The Cheng-te Reign, 1506–1521." In *The Cambridge History of China*. Volume 8. Part 1. *The Ming Dynasty, 1368–1644,* edited by Denis Twitchett and Frederick Mote, 403–439. Cambridge: Cambridge University Press, 1988.

Gibbon, Edward. *The History of the Decline and Fall of the Roman Empire*. Edited by David Womersley. London: Allen Lane, Penguin Press, 1994.

Giersch, Patterson C. "Qing China's Reluctant Subjects: Indigenous Communities and Empire along the Yunnan Frontier." Ph.D. dissertation, Yale University, 1998.

Giles, Herbert Allen. *A Chinese Biographical Dictionary*. Taibei: Cheng-wen, 1968. Gladney, Dru C. "Representing Nationality in China: Refiguring Majority/Minority Identities." *Journal of Asian Studies* 53, no. 1 (1994): 92–123.

Golden, Peter B. *An Introduction to the History of the Turkic Peoples*. Wiesbaden: Otto Harrassowitz, 1992.

Goldstone, Jack A. "East and West in the Seventeenth Century: Political Crises in Stuart England, Ottoman Turkey, and Ming China." *Comparative Studies in Society and History* (1988): 103–142.

Goldstone, Jack A. "Neither Late Imperial nor Early Modern: Efflorescences and the Qing Formation in World History." In *The Qing Formation in World-Historical Time,* edited by Lynn Struve, 242–302. Cambridge, Mass.: Harvard University Asia Center, 2004).

Goldstone, Jack A. "The Problem of the Early Modern World." *Journal of the Economic and Social History of the Orient* 41, no. 3 (1998): 250–283.

Goldstone, Jack A. *Revolution and Rebellion in the Early Modern World*. Berkeley: University of California Press, 1991.

Goodrich, L. C., and Chaoying Fang. *Dictionary of Ming Biography, 1368–1644*. New York: Columbia University Press, 1976.

Gossman, Lionel. *The Empire Unpossess'd: An Essay on Gibbon's "Decline and Fall."* Cambridge: Cambridge University Press, 1981.

Greenberg, Michael. *British Trade and the Opening of China*. Cambridge: Cambridge University Press, 1951.

Greenblatt, Stephen. *Marvelous Possessions: The Wonder of the New World*. Chicago: University of Chicago Press, 1991.

Greenfeld, Liah. *Nationalism: Five Roads to Modernity*. Cambridge, Mass.: Harvard University Press, 1992.

Gruen, Erich S. *Culture and National Identity in Republican Rome*. Ithaca: Cornell University Press, 1992.

Guha, Ranajit. *Elementary Aspects of Peasant Insurgency in Colonial India*. Oxford: Oxford University Press, 1983.

Guha, Ranajit. "The Prose of Counter-insurgency." *Subaltern Studies* 2 (1983): 1–43. Guy, R. Kent. *The Emperor's Four Treasuries: Scholars and the State in the Late Ch'ien-lung Era*. Cambridge, Mass.: Harvard University Press, 1987.

Guy, R. Kent. "Inspired Tinkering: The Qing Creation of the Province." Unpublished, 2003.

Haenisch, Erich. "Der Chinesische Feldzug in Ili im Jahre 1755." *Ostasiatische Zeitschrift* 7, no. 1–2 (1918): 57–86.

Halkovic, Stephen A. *The Mongols of the West*. Bloomington: Indiana University Press, 1985.

Hall, Bert. "Early Modern Ballistics and Tactical Change in Sixteenth-Century Warfare." Paper presented at

Fletcher, Joseph. "Review of I. Ia. Zlatkin, *Istoriia Dzhungarskogo Khanstvo (1635– 1758).*" *Kritika* 2, no. 3 (1966): 19–28.

Fletcher, Joseph."Sino-Russian Relations, 1800–1862."In *The Cambridge History of China*. Volume 10. Part 1. *Late Ch'ing, 1800–1911,* edited by John K. Fairbank, 318–350. Cambridge: Cambridge University Press, 1978.

Fletcher, Joseph. "Turco-Mongolian Monarchic Tradition in the Ottoman Empire." In *Studies on Chinese and Islamic Inner Asia,* edited by Beatrice Forbes Manz, 236–251. Brookfield, Vt.: Variorum, 1995.

Fletcher, Joseph. "V. A. Aleksandrov on Russo-Ch'ing Relations in the Seventeenth Century: Critique and Résumé." *Kritika* 7, no. 3 (1971): 138–170.

Flynn, Dennis O., and Arturo Giraldez. "Cycles of Silver: Global Economic Unity through the Mid-Eighteenth Century." *Journal of World History* 13, no. 2 (2002): 391–427.

Foss, Theodore N. "A Western Interpretation of China: Jesuit Cartography." In *East Meets West: The Jesuits in China, 1582–1773,* edited by Charles E. Ronan, S.J., and Bonnie B. C. Oh, 209–251. Chicago: Loyola University Press, 1988.

Foucault, Michel. *Madness and Civilization: A History of Insanity in the Age of Reason*. New York: Vintage, 1965.

Foust, Clifford M. *Muscovite and Mandarin: Russia's Trade with China and Its Setting, 1727–1805*. Chapel Hill: University of North Carolina Press, 1969.

Frank, Andre Gunder. *ReOrient: Global Economy in the Asian Age*. Berkeley: University of California Press, 1998.

Franke, Wolfgang. "Addenda and Corrigenda to Pokotilov." In Dmitrii Pokotilov, *History of the Eastern Mongols during the Ming Dynasty*. Part 2, 1–95. Philadelphia: Porcupine Press, 1976.

Franke, Wolfgang. "Chinesische Feldzüge durch die Mongolei im frühen 15. Jahrhundert." *Sinologica* 3 (1951–1953): 81–88.

Franke, Wolfgang. "Yunglo's Mongolei-Feldzüge." *Sinologische Arbeiten* 3 (1945): 1–54.

Frederickson, George M. *Racism: A Short History*. Princeton: Princeton University Press, 2002.

Friedman, Edward. "Reconstructing China's National Identity." In *National Identity and Democratic Prospects in Socialist China,* edited by Edward Friedman, 87–114. Armonk, N.Y.: M. E. Sharpe, 1995.

Frye, Richard N. *The Heritage of Central Asia: From Antiquity to the Turkish Expansion*. Princeton: Markus Wiener Publishers, 2001.

Fuchs, Walter. *Der Jesuiten-Atlas der Kanghsi-Zeit: Seine Entstehungsgeschichte nebst Namensindices fur die Karten der Mandjurei, Mongolei, Ostturkestan und Tibet, mit Wiedergabe der Jesuiten Karten in Original Grosse*. Beijing: Fu-Jen-Universität, 1943.

Fuchs, Walter. "Materialen zur Kartographie der Mandju-Zeit." *Monumenta Serica* 1 (1935–36, 1938): 386–427.

Fujitani, Takashi. *Splendid Monarchy: Power and Pageantry in Modern Japan*. Berkeley: University of California Press, 1996.

Fullard, Harold, ed. *China in Maps*. Chicago: Denoyer-Geppert, 1968.

Fuller, William C. *Strategy and Power in Russia, 1600–1914*. New York: Free Press, 1992.

Gaubatz, Piper Rae. *Beyond the Great Wall: Urban Form and Transformation on China's Frontiers*. Stanford:

Late Ch'ing, 1800–1911, edited by John K. Fairbank, 213–263. Cambridge: Cambridge University Press, 1978.

Fairbank, John K., ed. *The Chinese World Order.* Cambridge, Mass.: Harvard University Press, 1968.

Fairbank, John K., and Edwin O. Reischauer. *East Asia: The Great Tradition.* Volume 1. Boston: Houghton Mifflin, 1960.

Fairbank, John King. *Trade and Diplomacy on the China Coast: The Opening of the Treaty Ports, 1842–1854.* Stanford: Stanford University Press, 1969.

Fan Jinmin. "Qingdai Jiangnan yu Xinjiang diqu di sichou maoyi." In *Qingdai Quyu Shehui Jingji Yanjiu,* edited by Ye Xian'en, 715–728. Beijing: Zhonghua, 1992.

Fang Yingkai. *Xinjiang Tunkenshi.* Ürümchi: Xinjiang Qingshaonian Chubanshe, 1989.

Faragher, John Mack. "The Frontier Trail: Rethinking Turner and Reimagining the American West." *American Historical Review* 98, no. 1 (1993): 106–117.

Farmer, Edward L. *Early Ming Government: The Evolution of Dual Capitals.* Cambridge, Mass.: Harvard University Press, 1968.

Faroqhi, Suraiya. "In Search of Ottoman History." In *New Approaches to State and Peasant in Ottoman History,* edited by Halil Berktay and Suraiya Faroqhi, 212–241. London: Frank Cass, 1992.

Farquhar, David M. "Emperor as Bodhisattva in the Governance of the Ch'ing Empire." *Harvard Journal of Asiatic Studies* 38 (1978): 5–34.

Farquhar, David M. "Oirat-Chinese Tribute Relations, 1408–59." *Studia Altaica (Festschrift für Nikolaus Poppe)* (1957): 60–68.

Farquhar, David M. "The Origins of the Manchus' Mongolian Policy." In *The Chinese World Order,* edited by John K. Fairbank, 198–205. Cambridge, Mass.: Harvard University Press, 1968.

Febvre, Lucien Paul Victor. "Frontière, the Word and the Concept." In *A New Kind of History and Other Essays,* edited by Peter Burke, 208–218. New York: Harper & Row, 1973.

Feng Erkang. "Kangxi chao di zhuwei zhi zheng he Yinzhen di shengli." In *Kang Yong Qian Sandi Pingyi,* edited by Zuo Buqing, 262–286. Beijing: Zijin Chubanshe, 1986.

Feng Erkang, Xu Shengheng, and Yan Aimin. *Yongzheng Huangdi Quanzhuan.* Beijing: Xueyuan Chubanshe, 1994.

Fisher, Thomas. "Lü Liuliang and the Zeng Jing Case." Ph.D. dissertation, Princeton University, 1974.

Fleischer, Cornell. "Royal Authority, Dynastic Cyclism, and "Ibn Khaldūnism" in Sixteenth-Century Ottoman Letters." *Journal of Asian and African Studies* 18, no. 3– 4 (1983): 198–220.

Fletcher, Joseph. "Ch'ing Inner Asia c. 1800." In *The Cambridge History of China.* Volume 10. Part 1. *Late Ch'ing, 1800–1911,* edited by John K. Fairbank, 35–106. Cambridge: Cambridge University Press, 1978.

Fletcher, Joseph. "The Heyday of the Ch'ing Order in Mongolia, Sinkiang, and Tibet." In *The Cambridge History of China.* Volume 10. Part 1. *Late Ch'ing, 1800–1911,* edited by John K. Fairbank, 351–408. Cambridge: Cambridge University Press, 1978.

Fletcher, Joseph. "The Mongols: Ecological and Social Perspectives." *Harvard Journal of Asiatic Studies* 46, no. 1 (1986): 11–50.

Fletcher, Joseph. "A Neglected Source of Erdeni-yin Erike." *Harvard Journal of Asiatic Studies* 24 (1962): 229–33.

and Don J. Wyatt, pp. 351–372. New York: Routledge, Curzon, 2003.

Di Cosmo, Nicola. "Qing Colonial Administration in the Inner Asian Dependencies." *International History Review* 20, no. 2 (1998): 287–309.

Di Cosmo, Nicola. "Rethinking Tribute: Concept and Practice." Paper presented at the Association of Asian Studies Annual Meeting, Boston, 1995.

Di Cosmo, Nicola. "State Formation and Periodization in Inner Asian History." *Journal of World History* 10, no. 1 (1999): 1–40.

Diment, Galya, and Yuri Slezkine. *Between Heaven and Hell: The Myth of Siberia in Russian Culture*. New York: St. Martin's, 1993.

Du Halde, Jean Baptiste. *Description géographique, historique, chronologique, politique, et physique de l'empire de la Chine et de la Tartarie chinoise, enrichie des cartes générales et particulières de ces pays, de la carte générale & des cartes particuliéres du Thibet, & de la Corée; & ornée d'un grand nombre de* figures *et de vignettes gravées en taille-douce*. Paris: P. G. Lemercier, 1735.

Duara, Prasenjit."De-constructing the Chinese Nation."*Australian Journal of Chinese Affairs* 30 (1993): 1–28.

Duara, Prasenjit. "Historicizing National Identity, or Who Imagines What and When." In *Becoming National,* edited by Geoff Eley and Ronald Grigor Suny, 151–178. Oxford: Oxford University Press, 1996.

Duara, Prasenjit. *Rescuing History from the Nation: Questioning Narratives of Modern China*. Chicago: University of Chicago Press, 1995.

Duman, Lazar' Isaevich. *Agrarnaia politika tsinskogo (Man'chzhurskogo) pravitel'stva v Sin'tsziane v kontse 18 veka*. Moscow: Izd-vo Akademii nauk SSSR, 1936.

Duman, Lazar' Isaevich. "The Qing Conquest of Junggariye and Eastern Turkestan." In *Manzhou Rule in China,* edited by S. L. Tikhvinsky, 235–256. Moscow: Progress Publishers, 1983.

Dunstan, Helen. "The Autocratic Heritage and China's Political Future: A View from the Qing." *East Asian History* 12 (1996): 79–104.

Dunstan, Helen. "Safely Supping with the Devil: The Qing State and Its Merchant Suppliers of Copper." *Late Imperial China* 13, no. 2 (1992): 42–81.

Edney, Matthew H. *Mapping an Empire: The Geographical Construction of British India, 1765–1843*. Chicago: University of Chicago Press, 1997.

Eley, Geoff, and Ronald Grigor Suny, eds. *Becoming National*. Oxford: Oxford University Press, 1996.

Elliott, Mark. "The Limits of Tartary: Manchuria in Imperial and National Geographies." *Journal of Asian Studies* 59, no. 3 (2000): 603–646.

Elliott, Mark. "The Manchu Language Archives of the Qing Dynasty and the Origins of the Palace Memorial System." *Late Imperial China* 22, no. 1 (2001): 1–70.

Elliott, Mark C. *The Manchu Way: The Eight Banners and Ethnic Identity in Late Imperial China*. Stanford: Stanford University Press, 2001.

Elman, Benjamin. *A Cultural History of Civil Examinations in Late Imperial China*. Berkeley: University of California Press, 2000.

Elman, Benjamin."Geographical Research in the Ming-Ch'ing Period."*Monumenta Serica* 35 (1981–83): 1–18.

Elvin, Mark. *The Pattern of the Chinese Past*. Stanford: Stanford University Press, 1973.

Fairbank, John K."The Creation of the Treaty System."In *The Cambridge History of China*. Volume 10. Part 1.

Librairie A. Picard and fils, 1912.

Creel, Herrlee G. "The Role of the Horse in Chinese History." In *What Is Taoism? and Other Studies in Chinese Cultural History,* edited by Herrlee G. Creel, 160–186. Chicago: University of Chicago Press, 1970.

Cronon, William. *Changes in the Land: Indians, Colonists, and the Ecology of New England*. New York: Hill and Wang, 1983.

Cronon, William. "Kennecott Journey: The Paths Out of Town." In *Under an Open Sky: Rethinking America's Western Past,* edited by William Cronon, George Miles, and Jay Gitlin, 28–51. New York: Norton, 1992.

Cronon, William. *Nature's Metropolis: Chicago and the Great West*. New York: Norton, 1991.

Crosby, Alfred W. *Ecological Imperialism: The Biological Expansion of Europe*. Cambridge: Cambridge University Press, 1986.

Crossley, Pamela Kyle. *Orphan Warriors: Three Manchu Generations and the End of the Qing World*. Princeton: Princeton University Press, 1990.

Crossley, Pamela Kyle. "Thinking about Ethnicity in Early Modern China." *Late Imperial China* 11 (1990): 1–35.

Crossley, Pamela Kyle. *A Translucent Mirror: History and Identity in Qing Imperial Ideology*. Berkeley: University of California Press, 1999.

Crossley, Pamela K., and Evelyn Rawski. "A Profile of the Manchu Language." *Harvard Journal of Asiatic Studies* 53, no. 1 (June 1993): 63–88.

Croxton, Derek. "The Peace of Westphalia of 1648 and the Origins of Sovereignty." *International History Review* 21, no. 3 (1999): 569–591.

Dabringhaus, Sabine. *Das Qing-Imperium als Vision und Wirklichkeit: Tibet in Laufbahn und Schriften des Song Yun (1752–1835)*. Stuttgart: Franz Steiner Verlag, 1994.

Daffinà, Paolo. *Il Nomadismo centrasiatico*. [Rome]: Istituto di studi dell'India e dell'Asia orientale Università di Roma, 1982.

Dai Yi. *Jianming Qingshi*. Beijing: Renmin Chubanshe, 1984.

Dai Yingcong. "A Disguised Defeat: The Myanmar Campaign of the Qing Dynasty." *Modern Asian Studies* 38, no. 1 (2004): 145–188.

Das, Sarat Chandra. *A Tibetan-English Dictionary*. Delhi: Motilal Banarsidass Publishers, 1995.

De B. Codrington, K. "A Geographical Introduction to the History of Central Asia." *Geographical Journal* 104 (1944): 27–40, 73–91.

De Mailla, Joseph-Anne-Marie de Moyriac. *Histoire générale de la Chine, ou Annales de cet empire*. Taibei: Ch'eng-wen Publications, 1967–1969.

De Quincey, Thomas. *Revolt of the Tartars*. New York: Longmans, Green, and Co., 1896.

Di Cosmo, Nicola. *Ancient China and Its Enemies: The Rise of Nomadic Power in East Asian History*. Cambridge: Cambridge University Press, 2001.

Di Cosmo, Nicola. "Ancient Inner Asian Nomads: Their Economic Basis and Its Significance in Chinese History." *Journal of Asian Studies* 53, no. 4 (1994): 1092–1112.

Di Cosmo, Nicola. "Kirghiz Nomads on the Qing Frontier: Tribute, Trade, or Gift-Exchange?" In *Political Frontiers, Ethnic Boundaries, and Human Geographies in Chinese History,* edited by Nicola Di Cosmo

Alcan, 1912.

Cahen, Gaston. *Some Early Russo-Chinese Relations*. Shanghai: National Review Office, 1912.

Cai Jiayi. "Galdan." In *Qingdai Renwu Zhuangao,* edited by Qingshi Bianweihui, pt. 1, 9 vols., 6:173–184. Beijing: Zhonghua Shuju, 1991.

Cai Jiayi. "Qingdai zhongwanqi jinzang aocha gaishu." *Minzu Yanjiu* 6 (1986): 42–47.

Cai Jiayi. "Shiba shiji zhongye Zhungar tong Zhongyuan diqu di maoyi wanglai lueshu." *Qingshi Luncong* 4 (1983): 241–255.

Chang, Chia-feng. "Disease and Its Impact on Politics, Diplomacy, and the Military: The Case of Smallpox and the Manchus (1613–1795)." *Journal of the History of Medicine and Allied Sciences* 57, no. 2 (2002): 177–197.

Chang, Michael. "A Court on Horseback: Constructing Manchu Ethno-Dynastic Rule in China, 1751–84." Ph.D. dissertation, University of California, San Diego, 2001.

Chen Feng. *Qingdai Junfei Yanjiu*. Wuhan: Wuhan Daxue Chubanshe, 1991. Chen Qiukun. "From Aborigines to Landed Proprietors: Taiwan Aboriginal Land Rights, 1690–1850." In *Remapping China: Fissures in Historical Terrain,* edited by Gail Hershatter et al., 130–142. Stanford: Stanford University Press, 1996.

Chen Qiukun. *Qingdai Taiwan Tuzhu Diquan: Guanliao, Handian yu Anli sheren di Tudi Bianqian, 1700–1895*. Taibei: Zhongyang Yanjiuyuan Jindaishi Yanjiusuo, 1994.

Chen Tsu-yuen. "Histoire du défrichement de la province de Sin-Kiang sous la dynastie Ts'ing." Ph.D. dissertation, University of Paris, 1932.

Chen Xiaomei. *Occidentalism: A Counter-discourse in Post-Mao China*. New York: Oxford University Press, 1995.

Cheng Chongde. *18 shiji di Zhongguo yu shijie: Bianjiang minzu juan*. Shenyang: Liaohai chubanshe, 1999.

Chiba Muneo. "Jungaru no Chōshō." In *Kara būran: Kuroi suna-arashi,* 2 vols. Tokyo: Kokushokankokai, 1986. Vol. 1.

Chiba Muneo. "Tenzan ni habataku." In *Kara būran: Kuroi suna-arashi,* 2 vols. Tokyo: Kokushokankokai, 1986. Vol. 2.

Chimitdorzhiev, Sh. B. "Iz istorii Russko-Mongol'skikh ekonomicheskikh sviazei." *Istoriia SSSR* 2 (1964): 151–156.

Chimitdorzhiev, Sh. B. *Vzaimootnosheniia Mongolii i Rossii v 17–18 vekakh*. Moscow: Nauka, 1978.

Christian, David. "Inner Eurasia as a Unit of World History." *Journal of World History* 5, no. 2 (1994): 173–213.

Clancy-Smith, Julia, and Frances Gouda. *Domesticating the Empire: Race, Gender, and Family Life in French and Dutch Colonialism*. Charlottesville: University Press of Virginia, 1998.

Colley, Linda. *Britons: Forging the Nation, 1707–1837*. New Haven: Yale University Press, 1992.

Cong Peiyuan. "Mingdai Liaodong juntun." *Zhongguoshi Yanjiu* (March 1985): 93– 107.

Cooper, Frederick, and Ann Stoler, eds. *Tensions of Empire: Colonial Cultures in Bourgeois Worlds*. Berkeley: University of California Press, 1997.

Corrigan, Philip, and Derek Sayer. *The Great Arch: English State Formation as Cultural Revolution*. New York: Blackwell, 1985.

Courant, Maurice. *L'Asie Centrale aux 17e et 18e siècles: Empire Kalmouk ou Empire Mantchou?* Paris:

the Historical Truth. Ulaan Baatar: State Publishing House, 1981.

Black, Cyril, et al. *The Modernization of Inner Asia*. Armonk, N.Y.: M. E. Sharpe, 1991.

Black, Jeremy. *Maps and History: Constructing Images of the Past*. New Haven: Yale University Press, 1997.

Black, Jeremy. *Maps and Politics*. Chicago: University of Chicago Press, 1997.

Blum, Jerome. *Lord and Peasant in Russia from the Ninth to the Nineteenth Century*. Princeton: Princeton University Press, 1961.

Bobrick, Benson. *East of the Sun: The Epic Conquest and Tragic History of Siberia*. New York: Poseidon Press, 1992.

Bonavia, Judy. *The Silk Road: From Xi'an to Kashgar.* Hong Kong: Odyssey, 2002. Borei, Dorothy V."Beyond the Great Wall: Agricultural Development in Northern Xinjiang, 1760–1820." In *To Achieve Security and Wealth: The Qing Imperial State and the Economy, 1644–1911,* edited by Jane K. Leonard and John Watt, 21–46. Ithaca: Cornell University Press, 1991.

Borei, Dorothy V. "Ethnic Conflict and Qing Land Policy in Southern Xinjiang, 1760– 1840." In *Dragons, Tigers, and Dogs: Qing Crisis Management and the Boundaries of State Power,* edited by Jane Kate Leonard and Robert Antony, 273–301. Ithaca: Cornell University Press, 2002.

Borei, Dorothy V. "Images of the Northwest Frontier: A Study of the Hsiyu Wenchianlu." *American Asian Review* 5, no. 2 (1989): 26–46.

Braudel, Fernand. *The Mediterranean and the Mediterranean World in the Age of Philip II*. Translated by Sian Reynolds. New York: Harper & Row, 1972.

Brewer, John. *The Sinews of Power: War, Money, and the English State, 1688–1783*. Cambridge, Mass.: Harvard University Press, 1990.

Brook, Timothy. *The Confusions of Pleasure: Commerce and Culture in Ming China*. Berkeley: University of California Press, 1998.

Brooks, Bruce E., and Taeko Brooks, eds. *The Original Analects: Sayings of Confucius and His Successors, 0479–0249*. New York: Columbia University Press, 1998.

Brunnert, I. S., and V. V. Hagelstrom. *Present Day Political Organization of China*. Taibei: Book World Co., 1911.

Brzezinski, Zbigniew K. *The Grand Chessboard: American Primacy and Its Geostrategic Imperatives*. New York: Basic Books, 1997.

Buisseret, David, ed. *Monarchs, Ministers, and Maps: The Emergence of Cartography as a Tool of Government in Early Modern Europe*. Chicago: University of Chicago Press, 1992.

Bulag, Uradyn Erden. *The Mongols at China's Edge: History and the Politics of National Unity*. Lanham, Md.: Rowman & Littlefield, 2002.

Burke, Peter. *The Fabrication of Louis XIV.* New Haven: Yale University Press, 1992. Bushkovitch, Paul. *The Merchants of Moscow, 1580–1650*. Cambridge: Cambridge University Press, 1980.

Buzard, James. "Anywhere's Nowhere": *Bleak House* as Autoethnography." *Yale Journal of Criticism* 12, no. 1 (Spring 1999): 7–39.

Buzard, James. *The Beaten Track: European Tourism, Literature, and the Ways to Culture, 1800–1918*. Oxford: Oxford University Press, 1993.

Cahen, Gaston. *Histoire des relations de la Russie avec la Chine sous Pierre le Grand (1689–1730)*. Paris: F.

Crisis." *Journal of the Royal Asiatic Society* 2 (1988): 316–348.

Atwood, Christopher. "Worshiping Grace: The Language of Loyalty in Qing Mongolia." *Late Imperial China* 21, no. 2 (2000): 86–139.

Bagrow, Leo. *A History of Russian Cartography up to 1800*. Edited by Henry W. Castner. Wolfe Island, Ont.: Walker Press, 1975.

Barfield, Thomas J. *The Nomadic Alternative*. Englewood Cliffs, N.J.: Prentice-Hall, 1993.

Barfield, Thomas J. *The Perilous Frontier: Nomadic Empires and China*. Cambridge, Mass.: Basil Blackwell, 1989.

Barkey, Karen. *Bandits and Bureaucrats: The Ottoman Route to State Centralization*. Ithaca: Cornell University Press, 1994.

Barkman, C. D. "The Return of the Torghuts from Russia to China." *Journal of Oriental Studies* 2 (1955): 89–115.

Bartlett, Beatrice S. *Monarchs and Ministers: The Grand Council in Mid-Ch'ing China, 1723–1820*. Berkeley: University of California Press, 1991.

Bassin, Mark. "Expansion and Colonialism on the Eastern Frontier: Views of Siberia and the Far East in Pre-Petrine Russia." *Journal of Historical Geography* 14, no. 1 (1988): 3–21.

Bassin, Mark. "Inventing Siberia: Visions of the Russian Empire in the Early Nineteenth Century." *American Historical Review* 96, no. 3 (1991): 763–794.

Bassin, Mark. "Russia between Europe and Asia: The Ideological Construction of Geographical Space." *Slavic Review* (Spring 1991): 1–17.

Bawden, C. R. *The Modern History of Mongolia*. New York: Praeger, 1968. Bawden, C. R. "The Mongol Rebellion of 1756–1757." *Journal of Asian History* 2, no. 3 (1968): 1–31.

Bayly, Christopher. *Imperial Meridian: The British Empire and the World, 1780–1830*. London: Longman, 1989.

Beckwith, Christopher I. "The Impact of the Horse and Silk Trade on the Economies of T'ang China and the Uighur Empire." *Journal of the Economic and Social History of the Orient* 34, no. 2 (1991): 183–198.

Bell, Catherine M. *Ritual Theory, Ritual Practice*. New York: Oxford University Press, 1992.

Bello, David Anthony. *Opium and the Limits of Empire: The Opium Problem in the Chinese Interior, 1729–1850*. Cambridge, Mass.: Harvard University Press, 2005.

Bergholz, Fred W. *The Partition of the Steppe: The Struggle of the Russians, Manchus, and the Zunghar Mongols for Empire in Central Asia, 1619–1758: A Study in Power Politics*. New York: Peter Lang, 1993.

Bergmann, Benjamin. *Nomadische Streifereien unter den Kalmuken in den Jahren 1802 und 1803*. Riga: E. J. G. Hartmann, 1804.

Berlin, Isaiah. *The Crooked Timber of Humanity: Chapters in the History of Ideas*. New York: Vintage, 1990.

Bernard, Henri. "Les Étapes de la Cartographie Scientifique pour la Chine et les Pays Voisins." *Monumenta Serica* 1 (1935–36): 428–477.

Biagioli, Mario. *Galileo Courtier: The Practice of Science in the Culture of Absolutism*. Chicago: University of Chicago Press, 1993.

Bira, Sh., Ishjamts, N., et al. *The Maoist Falsification of the History of the Mongolian People's Republic and*

Vostokovedeniia, 289–313. Moscow: Izdatel'stvo Vostochnoi Literatury, 1958.

Zlatkin, I. Ia., and N. V. Ustiugov, eds. *Materialy po Istorii Russko-Mongol'skikh Otnoshenii: Russko-mongol'skie otnosheniia, 1607–1636: Sbornik Dokumentov*. Moscow: Izdatel'stvo Vostochnoi Literatury, 1959.

Zlatkin, I. Ia., and N. V. Ustiugov, eds. *Materialy po Istorii Russko-Mongol'skikh Otnoshenii: Russko-mongol'skie otnosheniia, 1636–1654: Sbornik Dokumentov*. Moscow: Izdatel'stvo Vostochnoi Literatury, 1974.

Secondary Sources

Abu-Lughod, Janet. *Before European Hegemony: The World System, a.d. 1250–1350*. Oxford: Oxford University Press, 1989.

Abu-Lughod, Janet. "Discontinuities and Persistence: One World System or a Succession of Systems?" In *The World System: Five Hundred Years or Five Thousand?* edited by Andre Gunder Frank and Barry K. Gills, 278–291. London: Routledge, 1993.

Adelman, Stephen, and Jeremy Aron. "From Borderlands to Borders: Empires, Nation-States, and the Peoples in Between in North American History." *American Historical Review* 104, no. 3 (1999): 814–844; no. 4 (1999): 1221–39.

Ahmad, Zahiruddin. *Sino-Tibetan Relations in the Seventeenth Century*. Rome: Istituto italiano per il Medio ed Estremo Oriente, 1970.

Aksan, Virginia H."Locating the Ottomans among Early Modern Empires."*Journal of Early Modern History* 3, no. 2 (1999): 103–134.

Alder, Ken. *Engineering the Revolution: Arms and Enlightenment in France, 1763– 1815*. Princeton: Princeton University Press, 1997.

Aleksandrov, V. A. *Rossiia na dal'nevostochnykh rubezhakh (vtoraia polovina XVII v.)*. Moscow: Nauka, 1969.

Amiot, Joseph. "Monument de la transmigration des tourgouths des bords de la mer caspienne, dans l'Empire de la Chine." In *Mémoires concernant l'histoire, les sciences, les arts, les moeurs, etc. des chinois, par les Missionaires de Pekin,* 401–431. Paris: Chez Nyon, 1776–.

Anderson, Benedict. *Imagined Communities: Reflections on the Origins and Spread of Nationalism*. London: Verso, 1991.

Anderson, Perry. *Passages from Antiquity to Feudalism*. London: Verso, 1978. Andreev, A. I. *Ocherki po Istochnikovedeniiu Sibiri*. Vol. 2. Pt. 1. Leningrad: Izd-vo Akademii Nauk SSSR, 1960–.

Anisimov, Evgenii V. *The Reforms of Peter the Great*. Armonk, N.Y.: M. E. Sharpe, 1993.

Anthony, David, Dimitri Y. Telegin, and Dorcas Brown. "The Origin of Horseback Riding." *Scientific American* (December 1991): 94–100.

Anthony, David W., and Nikolai B. Vinogradov. "Birth of the Chariot." *Archaeology* (March–April 1995): 36–41.

Applegate, Celia. "A Europe of Regions: Reflections on the Historiography of Subnational Places." *American Historical Review* 104, no. 4 (1999): 1157–82.

Atwell, William S. "Ming Observers of Ming Decline: Some Chinese Views on the Seventeenth-Century

Qingchao Wenxian Tongkao (Qing dynasty general history of institutions). Hangzhou: Zhejiang guji chubanshe, 2000.

Qishiyi. *Xiyu Wenjianlu* (A record of things seen and heard in the western regions). Taibei: Wenhai Chubanshe, 1966 [1777].

Sheng Yu and Yang Zhongxi. *Baqi Wenjing* (Documents of the eight banners). 60 *juan*. Taibei: Huawen Shuju, 1969.

Shiliao Xunkan (Archival documents series). Beijing: Gugong bowuyuan wenxian guan, 1930–. (SLXK)

Tulisen. *Lakcaha Jecende takûraha ejehe bithe* (Kōchū Iikiroku: Tulisen's I-yu-lu). Edited by Imanishi Shunju. Tenri: Tenri Daigaku Oyasato Kenkyujo, 1964.

Tulisen [Too-le-Shin]. *Narrative of the Chinese Embassy to the Khan of the Tourgouth Tartars in the Years 1712–1715*. Translated by Sir George Staunton. London, 1821.

Veit, Veronika. *Die Vier Qane von Qalqa: Ein Beitrag zur Kenntnis der politischen Bedeutung der nordmongolischen Aristokratie in den Regierungsperioden Kanghsi bis Chien-lung (1661–1796) anhand des biographischen Handbuches Iledkel sastir aus dem Jahre 1795*. 2 vols. Wiesbaden: O. Harrassowitz, 1990.

Veselovskii, N. I. "Posolstvo k zyungarskomu khun-taichzhi Tsevan Rabtanu kapitana ot artillerii Ivana Unkovskago i putevoy zhurnal ego za 1722–1724 godu: Dokumenty, izdannye s predisloviem i primechaniami."*Zapiski imperatorskago russkago geograficheskago obshchestva* 10, no. 2 (1887), 1–276.

Yin Huaxing. *Xizheng Jilue* (An account of the western expedition). Taibei: Guangwen Shuju, 1968.

Yongzheng. "Dayi Juemilu" (Record of how great righteousness awakens the misguided). In *Qingshi Ziliao*, ed. Zhongguo Shehui Kexueyuan Lishi Yanjiusuo Qingshi Yanjiushi, 1–170. Beijing: Zhonghua Shuju, 1983.

Zhang Tingyu. *Xinjiaoben Mingshi pingfu bianliuzhong* (History of the Ming dynasty). 5th ed. Taibei: Dingwen shuju, 1991.

Zhang Yushu, comp. *Qinzheng Pingding Shuomo Fanglue* (Chronicle of the emperor's personal expeditions to pacify the frontier). Beijing: Zhongguo Shudian, 1708. (QPSF)

Zhaolian. *Xiaoting Zalu* (Miscellaneous notes). Beijing: Zhonghua Shuju, 1980.

Zhongguo Diyi Lishi Dang'anguan, comp. *Kangxichao Manwen Zhupi Zouzhe Quanyi* (Complete translations of Manchu memorials of the Kangxi reign). Beijing: Zhongguo Shehui Kexue Chubanshe, 1996.

Zhongguo Diyi Lishi Dang'anguan, comp. "Qianlong 8 zhi 15 nian Zhungar bu zai Suzhou dengdi maoyi" (Suzhou trade with the Zunghars from 1743 to 1750). *Lishi Dang'an* 2 (1984): 21–34; 3 (1984): 12–20. (LSDA)

Zhongguo Diyi Lishi Dang'anguan, comp. *Yongzhengchao Hanwen Zhupi Zouzhe Huibian* (Chinese vermilion endorsement memorials of the Yongzheng reign). Nanjing: Jiangsu Guji Chubanshe, 1986. (YZHZZ)

Zhungar Shilue Bianxiezu. *Zhungar Shilue*. Beijing: Renmin Chubanshe, 1985. (ZGSL) Zhungar Shilue Bianxiezu, comp. *Qingshilu Zhungar Shiliao Zhebian* (Collected materials from the Qingshilu on the Zunghars). Ürümchi: Xinjiang Renmin Chubanshe, 1986.

Zhupi Yuzhi (Yongzheng emperor's edicts and vermilion endorsements). Neifuzhu Motaoyinben, 1738.

Zlatkin, I. Ia. "Russkie arkhivnye materialy ob Amursane." In *Filologia I istoriia Mongol'skikh Narodov: Pamiati Akademika Borisa Yakovlevicha Vladimirtsova*, edited by Akademiia Nauk SSSR Institut

Miscellanea Academica Berolinensis 2, no. 2 (1950): 224–247.

Hauer, Erich, ed. *Huang-ts'ing k'ai-kuo fang-lueh: Die Gründung des Mandschurischen Kaiserreiches*. Berlin: W. de Gruyter, 1926.

He Changling, comp. *Huangchao Jingshi Wenbian* (Collected imperial essays on statecraft). Shanghai: Zhongxi shuju, 1899. (HCJSWB)

He Qiutao. *Shuofang beisheng* (Defense of the north). Lanzhou: Lanzhou guji shudian, 1990.

Hedin, Sven. *Southern Tibet: Discoveries in Former Times Compared with My Own Researches in 1906–1908*. Vol. 1. Stockholm: Lithographic Institute of the General Staff of the Swedish Army, 1917.

Heissig, Walther, and Charles Bawden, eds. *Mongol borjigid obogh-un teüke von Lomi*. Wiesbaden: Otto Harrassowitz, 1957.

Helman, Isidore Stanislas. *Suite des seize estampes représentant les Conquêtes de l'Empereur de la Chine*. Paris, 1788.

Herodotus. *The Histories*. Translated by Aubrey de Selincourt. Baltimore: Penguin Books, 1954.

Huan K'uan. *Discourses on Salt and Iron: A Debate on State Control of Commerce and Industry in Ancient China*. Translated by Esson Gale. Leiden: E. J. Brill, 1931.

Huangchao Wenxian Tongkao (Encyclopedia of imperial institutions). Taibei: Taiwan Shangwu Yinshuguan, 1983.

Ibn-Khaldūn. *The Muqaddimah: An Introduction to History*. Translated by Franz Rosenthal. Vol. 1. New York: Pantheon Books, 1958.

Kanda Nobuo et al., eds. *Manbun Rōtō: Tongki Fuka Sindaha Hergen i Dangse* (The old Manchu Archive). 7 vols. Tokyo: Toyo Bunko, 1955.

Kraft, Eva S. *Zum Dsungarenkrieg im 18 Jahrhundert: Berichte des Generals Funingga*. Leipzig: Harrassowitz, 1953.

Krueger, John. "The Ch'ien-lung Inscriptions of 1755 and 1758 in Oirat-Mongolian." *Central Asiatic Journal* 18 (1974): 214–226.

Laufer, Berthold, and Otto Franke. *Epigraphisches Denkmäler aus China*. 2 vols. Berlin: Dietrich Reimer, 1914.

Lin Yongkuang. "Cong yijian dangan kan Xinjiang yu neidi di sizhou maoyi" (A look at trade between Xinjiang and the interior from an archival document). *Qingshi Yanjiu Tongxun* 1 (1983): 23–26.

Ma Duanlin, ed., *Wenxian Tongkao*. Beijing: Zhonghua Shuju, 1986. (WXTK)

Maska [Masiha]. "Saibei jicheng" (Account of travels north of the passes). In *Xiaofang Huzhai Yudi Congchao*, 25–29. Shanghai: Zhuyitang, 1877.

Mingshilu (Ming Dynasty Veritable Records) 500 *juan*. Changle Liang Hongzhi, 1940. Nian Gengyao. *Nian Gengyao Zouzhe Zhuanji* (Collected memorials of Nian Gengyao). 3 vols. Taibei: Guoli Gugong Bowuyuan, 1971.

Pallas, Peter Simon. *Sammlungen Historischer Nachrichten* über *die Mongolischen Völkerschaften*. Graz: Akademische Druck-u. Verlagsanstalt, 1980.

Pan Zhe, Li Hongbin, and Sun Fangming, eds. *Qing Ruguanqian Shiliao Xuanji*. Beijing: Renmin Chubanshe, 1984.

Qi Jingzhi. *Waibamiao beiwen zhushi* (Annotated stelae of the outer eight temples). Beijing: Zijincheng, 1985.

York: Columbia University Press, 1993.

Demidova, N. F., ed. *Materialy po Istorii Russko-Mongol'skikh Otnoshenii: Russko-mongol'skie otnosheniia, 1654–1685, sbornik dokumentov.* Moscow: Izdatel'skaia Firma Vostochnaia Literatura, 1996.

Demidova, N. F., ed. *Materialy po Istorii Russko-Mongol'skikh Otnoshenii: Russko-mongol'skie otnosheniia, 1685–1691, sbornik dokumentov.* Moscow: Izdatel'skaia Firma Vostochnaia Literatura, 2000.

Demidova, N. F., and V. S. Miasnikov, eds. *Russko-kitaiskie otnosheniia v XVII veke: Materialy i dokumenty.* 2 vols. Moscow: Nauka, 1969–1972.

Desideri, Ippolito. *An Account of Tibet: The Travels of Ippolito Desideri of Pistoia, S.J., 1712–1727.* Edited by Filippo de Filippi. London: Routledge, 1932.

Di Cosmo, Nicola. "A Set of Manchu Documents Concerning a Khokand Merchant . . ." *Central Asian Journal* 41, no. 2 (1997): 160–199.

Di Cosmo, Nicola. *Reports from the Northwest: A Selection of Manchu Memorials from Kashgar (1806–1807).* Bloomington, Ind.: Research Institute for Inner Asian Studies, 1993.

Dylykov, S. D., and Institut vostokovedeniia (Akademiia nauk SSSR). *Ikh tsaaz = "Velikoe ulozhenie": pamiatnik mongol'skogo feodal'nogo prava XVII v.: oiratskii tekst.* Moskva: Izd-vo "Nauka" Glav. red. vostochnoi lit-ry, 1981.

Fletcher, Joseph. "The Biography of Khwush Kipäk Beg (d. 1781) in the Wai-fan Meng-ku Hui-pu wang kung piao chuan." In *Studies on Chinese and Islamic Inner Asia,* edited by Beatrice Forbes Manz, 167–172. Brookfield, Vt.: Variorum, 1995.

Fu Heng, comp. *Pingding Zhungar Fanglue* (Record of pacification of the Zunghars). Beijing: Xinhua Shudian, 1990. (PDZGFL)

Fu Lo-shu, comp. *A Documentary Chronicle of Sino-Western Relations (1644–1820).* 2 vols. Tucson: University of Arizona Press, 1966.

Gerbillon, Jean-François. "Voyages en Tartarie du Père Gerbillon." In *Description géographique, historique, chronologique, politique, et physique de l'empire de la Chine et de la Tartarie chinoise . . .* edited by Jean Baptiste du Halde. 4 vols. Paris: P. G. Lemercier, 1735. 4:87–422.

Golstunskii, K. F. *Mongolo-oiratskie zakony 1640 goda, dopolnitelnye ukazy Galdan-Khun-Taidzhiia i zakony, sostavlennye dlia volzhskikh kalmykov pri kalmytskom khanie Donduk-Dashi: kalmytskii tekst s russkim perevodom i primiechaniiami.* St. Petersburg: Tip. Imperatorskoi akademii nauk, 1880.

Gong Zizhen. *Gong Ding'an Quanji Leibian.* Edited by Gong [Zizhen]. Shanghai: Shijie shuju, 1937.

Gu Jiegang. *Xibei Kaocha Riji.* Lanzhou: Lanzhou guji shudian, 1983.

Guoli Gugong Bowuyuan, comp. *Gongzhongdang Kangxichao Zouzhe* (Memorials from the Gongzhong Archives, Kangxi reign). 9 vols. Taibei: National Palace Museum Press, 1977. (GZDKX)

Guoli Gugong Bowuyuan, comp. *Gongzhongdang Qianlongchao Zouzhe* (Memorials from the Gongzhong Archives, Qianlong reign). 75 vols. Taibei: National Palace Museum Press, 1982–1988. (GZDQL)

Guoli Gugong Bowuyuan, comp. *Gongzhongdang Yongzhengchao Zouzhe* (Memorials from the Gongzhong Archives, Yongzheng reign). 32 vols. Taibei: National Palace Museum Press, 1977–1980. (GZDYZ)

Guoli Gugong Bowuyuan, comp. *Jiu Manzhou Dang* (Old Manchu Archives). 10 vols. Taibei: Guoli Gugong Bowuyuan, 1969.

Haenisch, Erich. "Zwei Viersprachige Inschriften zum Dsungarenkrieg aus den Jahren 1755 und 1758."

參考書目

Archival and Manuscript Sources

Cherepanov, I. "Sibirskii Letopis" (Manuscript on Siberia). St. Petersburg, 1795. In Lenin Library, Moscow.

Gongzhongdang Zhupi Zouzhe (Palace memorials and vermilion rescripts). Number One Historical Archives, Beijing. Categories: *tudi kaiden* (land clearance); *xiaoshu minzu* (minority peoples); *caizheng cangchu* (taxation and granaries); *junxu* (military supply); *hukou liangjia* (population and grain price reports). (ZPZZ)

Siberian governors. "Reports." Moscow: Rossiskiy Gosudarstvennyi Arhiv Drevnikh Aktov (Russian State Archive of Ancient Acts) and Archiv Vneshney Politiki Rossii (Archive of Foreign Relations of Russia), 1680–1800.

Published Primary Sources

Baddeley, John. *Russia, Mongolia, China, being some record of the relations between them from the beginning of the XVIIth century to the death of the Tsar Alexei Mikhailovich, a.d. 1602–1676*. London: Macmillan and Company, 1919.

Badmaev, A. V. *Zaia-Pandita: Spiski Kalmytskoy Rukopisi "Biografia Zaia-Pandita."* Elista: Kalmytskii nauchno-issledovatel'skii institut iazyka, literatury i istorii pri Sovete Ministrov Kalmytskoi ASSR, 1968.

Bawden, C. R. "Some Documents Concerning the Rebellion of 1756 in Outer Mongolia." *Guoli Zhengzhi Daxue Bianzheng Yanjiusuo Nianbao*, no. 1 (1970): 1–23.

Bell, John. *A Journey from St. Petersburg to Peking, 1719–1722*. Edited by J. L. Stevenson. Edinburgh: Edinburgh University Press, 1965.

Cao Wanru et al. *Zhongguo Gudai Dituji* (An atlas of ancient maps in China). 3 vols. Beijing: Wenwu Chubanshe, 1990–1997.

Cimeddorji, Jaqa. *Die Briefe des Kang-Hsi-Kaisers aus den Jahren 1696–97 an den Kronprinzen Yin-Cheng aus mandschurischen Geheimdokumenten: Ein Beitrag zum ersten Dsungarenkrieg der Ching, 1690–1697*. Wiesbaden: Otto Harrassowitz, 1991.

Cleaves, Francis, ed. *The Secret History of the Mongols*. Cambridge, Mass.: Harvard University Press, 1982.

Confucius. *Yizhu Lunyu Zixiu Duben* (Analects). Taibei: Yiwen Yinshuguan, 1967.

Cranmer-Byng, J. L., ed. *An Embassy to China: Being the journal kept by Lord Macartney during his embassy to the Emperor Ch'ien-lung, 1793–1794*. London: Longmans, 1962.

Da Qing Lichao Shilu (Historical records of the Qing dynasty). Kangxi, Yongzheng, Qianlong reigns. Taibei: Huawen Shuju, 1970. (QSLKX, QSLQL, QSLYZ)

De Bary, William. *Waiting for the Dawn: A Plan for the Prince: Huang Tsung-hsi's Ming-I Tai-fang lu*. New

14 Ibid., p. 169.

15 David Robinson, *Bandits, Eunuchs, and the Son of Heaven* (Honolulu: University of Hawai'i Press, 2002).

16 Karen Barkey, *Bandits and Bureaucrats: The Ottoman Route to State Centralization* (Ithaca: Cornell University Press, 1994).

17 Dina Rizk Khoury, "Administrative Practice between Religious Law (Shari'a) and State Law (Kanun) on the Eastern Frontiers of the Ottoman Empire," *Journal of Early Modern History* 5 (December 2001), pp. 305–330; Melissa Macauley, "A World Made Simple: Law and Property in the Ottoman and Qing Empires," ibid., pp. 331–352; Peter C. Perdue, "Empire and Nation in Comparative Perspective," ibid., pp. 282–304; Peter C. Perdue and Huri İlamoğlu, "Introduction to Special Issue on Qing and Ottoman Empires," ibid., pp. 271–282; Huri İlamoğlu, "Modernities Compared: State Transformations and Constitutions of Property in the Qing and Ottoman Empires," ibid., pp. 353–386; R. Bin Wong, "Formal and Informal Mechanisms of Rule and Economic Development: The Qing Empire in Comparative Perspective," ibid., pp. 387–408.

18 Jane Kate Leonard and Robert Antony, *Dragons, Tigers, and Dogs: Qing Crisis Management and the Boundaries of State Power* (Ithaca: Cornell University Press, 2002).

19 See Min Tu-ki, *National Polity and Local Power: The Transformation of Late Imperial China* (Cambridge, Mass.: Harvard University Press, 1989), p. 93.

20 Christopher Bayly, *Imperial Meridian: The British Empire and the World, 1780–1830* (London: Longman, 1989), p. 34.

21 Suraiya Faroqhi, "In Search of Ottoman History," in *New Approaches to State and Peasant in Ottoman History*, ed. Halil Berktay and Suraiya Faroqhi (London: Frank Cass, 1992), p. 218.

22 Thomas Naff and Roger Owen, *Studies in Eighteenth-Century Islamic History* (Carbondale: Southern Illinois University Press, 1977); Ariel Salzman, "An Ancien Regime Revisited: 'Privatization' and Political Economy in the Eighteenth-Century Ottoman Empire," *Politics and Society* 21 (December 1993), pp. 393–423.

23 Dina Rizk Khoury, *State and Provincial Society in the Ottoman Empire: Mosul, 1540–1834* (Cambridge: Cambridge University Press, 1997).

24 張翰 (1511–1593)，參見 Timothy Brook, *The Confusions of Pleasure: Commerce and Culture in Ming China* (Berkeley: University of California Press, 1998), frontispiece (quoted in Chapter 11).

25 William S. Atwell, "Ming Observers of Ming Decline: Some Chinese Views on the Seventeenth-Century Crisis," *Journal of the Royal Asiatic Society* 2 (1988), pp. 316–348.

26 M. Sanjdorj, *Manchu Chinese Colonial Rule in Northern Mongolia*, trans. Urgunge Onon (New York: St. Martin's Press, 1980).

27 這個詞語來自 Frederick Cooper and Ann Stoler, eds., *Tensions of Empire: Colonial Cultures in Bourgeois Worlds* (Berkeley: University of California Press, 1997).

28 R. Bin Wong, "The Search for European Differences and Domination in the Early Modern World: A View from Asia," *American Historical Review* 107, no. 2 (2002), pp. 447–469, at 460.

29 Dai Yingcong, "A Disguised Defeat."

"State's Interest in the Administration of a Hydraulic Infrastructure: The Example of Hubei," in *The Scope of State Power,* ed. Stuart Schram (Hong Kong: Chinese University of Hong Kong Press, 1985), pp. 295–349.

3 Ken Alder, *Engineering the Revolution: Arms and Enlightenment in France, 1763–1815* (Princeton: Princeton University Press, 1997); John Brewer, *The Sinews of Power: War, Money, and the English State, 1688–1783* (Cambridge, Mass.: Harvard University Press, 1990).

4 Werner Sombart, *Krieg und Kapitalismus* (1913; New York: Arno Press, 1975).

5 David Kaiser, *Politics and War: European Conflict from Philip II to Hitler* (Cambridge, Mass.: Harvard University Press, 1990).

6 Robert B. Marks, *The Origins of the Modern World: A Global and Ecological Narrative* (Lanham, Md.: Rowman & Littlefield, 2002), p. 114; Joanna Waley-Cohen, "China and Western Technology in the Eighteenth Century," *American Historical Review* 98, no. 5 (1993), pp. 1525–44.

7 Cited in Jonathan Spence, *The Search for Modern China* (New York: Norton, 1990), p. 137.

8 在乾隆一七九二年此一書名中所誇耀的十全武功，包括兩次準噶爾征服、一次突厥斯坦、兩次對金川叛亂的征討、一次在臺灣、一次在緬甸、一次在安南，還有兩次對尼泊爾的廓爾喀。Arthur W. Hummel, ed., *Eminent Chinese of the Ch'ing Period* (Washington, D.C.: U.S. Government Printing Office, 1943–44), p. 369. 有關緬甸和安南的征服，參見 Dai Yingcong, "A Disguised Defeat: The Myanmar Campaign of the Qing Dynasty," *Modern Asian Studies* 38, no. 1 (2004), pp. 145–188; and Alexander Woodside, "The Ch'ien-lung Reign," in *The Cambridge History of China,* vol. 9, pt. 1, *The Ch'ing Empire to 1800,* ed. Willard J. Peterson (Cambridge: Cambridge University Press, 2002), pp. 260–268, 276–278. 關於金川，參見 Joanna Waley-Cohen, "Religion, War, and Empire in Eighteenth-Century China," *International History Review* 20, no. 3 (1998), pp. 336–352.

9 在《劍橋中國史》書中，有兩個作者分別討論了這些貿易，但互相都沒有涉及到對方處理的部分，只有叩頭問題將兩個邊疆連結在一起。參見 Joseph K. Fletcher, "The Heyday of the Ch'ing Order in Mongolia, Sinkiang, and Tibet," in *The Cambridge History of China,* vol. 10, pt. 1, *Late Ch'ing, 1800–1911,* ed. John K. Fairbank (Cambridge: Cambridge University Press, 1978), pp. 351–408; Joseph K. Fletcher, "Sino-Russian Relations, 1800–1862," ibid., p. 323; and Frederic Wakeman Jr., "The Canton Trade and the Opium War," ibid., pp. 163–212.

10 See Peter C. Perdue, "From Turfan to Taiwan: Trade and War on Two Chinese Frontiers," in *Untaming the Frontier: Interdisciplinary Perspectives on Frontier Studies,* ed. Bradley J. Parker and Lars Rodseth (Tucson: University of Arizona Press, 2005), for a preliminary exploration of these themes.

11 有關廣東貿易的基本討論，參見 John K. Fairbank, "The Creation of the Treaty System," in *Cambridge History of China,* vol. 10, pt. 1, pp. 213–263; John King Fairbank, *Trade and Diplomacy on the China Coast: The Opening of the Treaty Ports, 1842–1854* (Stanford: Stanford University Press, 1969); Michael Greenberg, *British Trade and the Opening of China* (Cambridge: Cambridge University Press, 1951); Wakeman, "Canton Trade"; Frederic Wakeman Jr., *Strangers at the Gate: Social Disorder in South China, 1839–61* (Berkeley: University of California Press, 1966).

12 王熹、林永匡，〈杭州織造與清代新疆的絲綢貿易〉，《杭州大學學報》，1986 年第 2 期，頁 108-116。

13 Wakeman, "Canton Trade," p. 163.

and Thomas A. Wilson, "Forum: Four Books on the Manchus in China and in Greater Asia," *Journal of Asian Studies* 61 (February 2002), pp. 149–177. 這一節討論引用自 Peter C. Perdue, "A Frontier View of Chineseness," in *The Resurgence of East Asia: 500, 150, and 50-Year Perspectives,* ed. Giovanni Arrighi, Takeshi Hamashita, and Mark Selden (London: Routledge, 2003), pp. 51–77.

45 Nicola Di Cosmo, "Qing Colonial Administration in the Inner Asian Dependencies," *International History Review* 20 (1998), pp. 287–309; Dorothea Heuschert, "Legal Pluralism in the Qing Empire: Manchu Legislation for the Mongols," *International History Review* 20 (June 1998), pp. 310–324; James A. Millward, *Beyond the Pass: Economy, Ethnicity, and Empire in Qing Central Asia, 1759–1864* (Stanford: Stanford University Press, 1998); Peter C. Perdue, "Comparing Empires: Manchu Colonialism," *International History Review* 20, no. 2 (1998), pp. 255–262; Elliot Sperling, "Awe and Submission: A Tibetan Aristocrat at the Court of Qianlong," *International History Review* 20 (June 1998), pp. 325–335; Emma Jinhua Teng, "An Island of Women: The Discourse of Gender in Qing Travel Accounts of Taiwan," *International History Review* 20 (June 1998), pp. 353–370; Joanna Waley-Cohen, "Religion, War, and Empire in Eighteenth-Century China," *International History Review* 20 (June 1998), pp. 336–352.

46 Alastair Iain Johnston, *Cultural Realism: Strategic Culture and Grand Strategy in Ming China* (Princeton: Princeton University Press, 1995), p. ix.

47 Peter C. Perdue, "Culture, History, and Imperial Chinese Strategy: Legacies of the Qing Conquests," in *Warfare in Chinese History,* ed. Hans van de Ven (Leiden: Brill, 2000), pp. 252–287.

48 Alexander Wendt, "Anarchy Is What States Make of It: The Social Construction of Power Politics," *International Organization* 46, no. 2 (1992), pp. 391–425.

49 Catherine M. Bell, *Ritual Theory, Ritual Practice* (New York: Oxford University Press, 1992); Marshall Sahlins, *Islands of History* (Chicago: University of Chicago Press, 1987).

第十六章

1 William H. McNeill, *The Pursuit of Power: Technology, Armed Force, and Society since a.d. 1000* (Chicago: University of Chicago Press, 1982); Charles Tilly, ed., *The Formation of National States in Western Europe* (Princeton: Princeton University Press, 1975).

2 有關穀倉政策的辯論，參見 Helen Dunstan, "The Autocratic Heritage and China's Political Future: A View from the Qing," *East Asian History* 12 (1996), pp. 79–104. 有關邊疆貿易，參見林永匡、王熹，《清代西北民族貿易史》（北京：中央民族學院出版社，1991）。有關軍機處，參見 Beatrice S. Bartlett, *Monarchs and Ministers: The Grand Council in Mid-Ch'ing China, 1723–1820* (Berkeley: University of California Press, 1991). 有關雍正財稅改革，參見 Madeleine Zelin, *The Magistrate's Tael: Rationalizing Fiscal Reform in Eighteenth-Century Ch'ing China* (Berkeley: University of California Press, 1984). 有關水利維護，參見 Michael Chang, "A Court on Horseback: Constructing Manchu Ethno-Dynastic Rule in China, 1751–84" (Ph.D. diss., University of California, San Diego, 2001), chap. 5; Jane Kate Leonard, *Controlling from Afar: The Daoguang Emperor's Management of the Grand Canal Crisis, 1824–26* (Ann Arbor: University of Michigan Press, 1996); Pierre-Etienne Will, "Clear Waters versus Muddy Waters: The Zheng-Bai Irrigation System of Shaanxi Province in the Late-Imperial Period," in *Sediments of Time: Environment and Society in Chinese History,* ed. Mark Elvin and Ts'ui-jung Liu (Cambridge: Cambridge University Press, 1998), pp. 283–343; Pierre-Etienne Will,

listserve, *www.h-net.msu.edu/ world,* August 2000.

33 Wong, *China Transformed,* p. 52.

34 Ibid., p. 58.

35 對這種主張的批判，通常是堅持如此巨大的變遷不可能是一個「意外」，他們誤解了這個論證，我不是主張說歐洲的奇蹟不可解釋，只是說他們不能被解釋成，是那些據說只有歐洲特有的長期因素或者歐洲社會內部的特徵所造成。有關進一步的討論，參見 Peter C. Perdue, "How Different Was China? Or, Bringing the Army Back In: Coercion and Ecology in the Comparative Sociology of Europe and China," in *Agriculture, Population, and Economic Development in China and Europe,* ed. Rolf Peter Sieferle and Helga Breuniger (Stuttgart: Breuniger Stiftung, 2003), pp. 311–330.

36 Pomeranz, *Great Divergence.*

37 Rolf Peter Sieferle, *The Subterranean Forest: Energy Systems and the Industrial Revolution* (Cambridge: White Horse Press, 2001); E. A. Wrigley, *Continuity, Chance, and Change: The Character of the Industrial Revolution in England* (Cambridge: Cambridge University Press, 1988).

38 Joanna Waley-Cohen, "China and Western Technology in the Eighteenth Century," *American Historical Review* 98 (December 1993), pp. 1525–44.

39 See Helen Dunstan, "Safely Supping with the Devil: The Qing State and Its Merchant Suppliers of Copper," *Late Imperial China* 13 (December 1992), pp. 42–81; Hans Ulrich Vogel, "Chinese Central Monetary Policy, 1644–1800," *Late Imperial China* 8 (December 1987), pp. 1–52.

40 Will et al., *Nourish the People.*

41 Evgenii V. Anisimov, *The Reforms of Peter the Great* (Armonk, N.Y.: M. E. Sharpe, 1993), pp. 73, 171, quote p. 183.

42 Rowe, *Saving the World,* reviewed by Peter C. Perdue, *China Quarterly* 172 (December 2002), pp. 1096–97.

43 Shepherd, *Statecraft and Political Economy,* pp. 17, 138–142, 185–190, reviewed by Peter C. Perdue, *Harvard Journal of Asiatic Studies* 55, no. 1 (June 1995), pp. 261–269; Chen Qiukun, "From Aborigines to Landed Proprietors: Taiwan Aboriginal Land Rights, 1690–1850," in *Remapping China: Fissures in Historical Terrain,* ed. Gail Hershatter et al. (Stanford: Stanford University Press, 1996), pp. 130–142; 陳秋坤，《清代臺灣土著地權：官僚、漢佃與岸裡社人的土地變遷，1700-1895》（臺北：中央研究院近代史研究所，1994）；Emma Jinhua Teng, *Taiwan's Imagined Geography: Chinese Colonial Travel Writing and Pictures, 1683–1895* (Cambridge, Mass.: Harvard University Asia Center, 2003), pp. 93–96, 128–136.

44 Pamela Kyle Crossley, *Orphan Warriors: Three Manchu Generations and the End of the Qing World* (Princeton: Princeton University Press, 1990); Pamela Kyle Crossley, *A Translucent Mirror: History and Identity in Qing Imperial Ideology* (Berkeley: University of California Press, 1999); Mark C. Elliott, *The Manchu Way: The Eight Banners and Ethnic Identity in Late Imperial China* (Stanford: Stanford University Press, 2001); Evelyn S. Rawski, *The Last Emperors: A Social History of Qing Imperial Institutions* (Berkeley: University of California Press, 1998); Evelyn S. Rawski, "Reenvisioning the Qing: The Significance of the Qing Period in Chinese History," *Journal of Asian Studies* 55 (November 1996), pp. 829–850; critique by Ping-ti Ho, "In Defense of Sinicization: A Rebuttal of Evelyn Rawski's Reenvisioning the Qing," *Journal of Asian Studies* 57 (1998), pp. 123–155; discussion in Ann Waltner

25 Ellsworth Huntington, *The Pulse of Asia: A Journey in Central Asia Illustrating the Geographic Basis of History* (Boston: Houghton Mifflin Company, 1919). See Nicola Di Cosmo, *Ancient China and Its Enemies: The Rise of Nomadic Power in East Asian History* (Cambridge: Cambridge University Press, 2001).

26 也參見 Caroline Humphrey and David Sneath, *The End of Nomadism? Society, State, and the Environment in Inner Asia* (Durham: Duke University Press, 1999).

27 Peter B. Golden, *An Introduction to the History of the Turkic Peoples* (Wiesbaden: Otto Harrassowitz, 1992); Denis Sinor, *Inner Asia: History, Civilization, Languages: A Syllabus* (Ann Arbor: University of Michigan Press, 1979); Denis Sinor, *Introduction a l'etude de l'Asie Centrale* (Wiesbaden: O. Harrassowitz, 1963).

28 Nicola Di Cosmo, "State Formation and Periodization in Inner Asian History," *Journal of World History* 10 (1999), pp. 1–40.

29 有關歐洲的軍事革命與其影響，參見 Geoffrey Parker, *The Military Revolution: Military Innovation and the Rise of the West* (Cambridge: Cambridge University Press, 1988). Bert Hall 在其文章中質疑了早期火藥武器的影響，"Early Modern Ballistics and Tactical Change in Sixteenth-Century Warfare," paper presented at the Conference on Colonels and Quartermasters: War and Technology during the Old Regime, Dibner Institute, MIT, April 1996.

30 我在這裡稱呼為「歐亞相似性命題」的學派，有時候被稱為中國史研究的「（南？）加州學派」，因為其最有力的提倡者，例如王國斌、彭慕然、李中清（James Lee）、馬立博（Robert Marks）、金士杰（Jack Goldstone）等人都在加州，或是稱為「近代早期命題」，這兩個名字有些問題，因為其他外在於加州的學者，例如安德烈・貢德・弗蘭克也支持這個命題，而許多一樣在加州的學者，例如黃宗智則反對這個學派觀點。參見 Andre Gunder Frank, *ReOrient: Global Economy in the Asian Age* (Berkeley: University of California Press, 1998); Jack A. Goldstone, "Neither Late Imperial nor Early Modern: Efflorescences and the Qing Formation in World History," in *The Qing Formation in World-Historical Time,* ed. Lynn Struve (Cambridge, Mass.: Harvard University Asia Center, 2004), pp. 242–302; Jack A. Goldstone, "The Problem of the Early Modern World," *Journal of the Economic and Social History of the Orient* 41 (1998), pp. 250–283; Philip C. C. Huang,"Development or Involution in Eighteenth-Century Britain and China? A Review of Kenneth Pomeranz's *The Great Divergence: China, Europe, and the Making of the Modern World Economy,*" *Journal of Asian Studies* 61 (May 2002), pp. 501–538; Peter C. Perdue, "China in the Early Modern World: Shortcuts, Myths, and Realities," *Education about Asia* 4, no. 1 (1999), pp. 21–26; Perdue, "The Shape of the World"; Kenneth Pomeranz, "Beyond the East West Binary: Resituating Development Paths in the Eighteenth Century World," *Journal of Asian Studies* 61 (May 2002), pp. 539–590.

31 James Z. Lee and Cameron Campbell, *Fate and Fortune in Rural China: Social Organization and Population Behavior in Liaoning, 1774–1873* (Cambridge: Cambridge University Press, 1997); James Z. Lee and Wang Feng, *One Quarter of Humanity: Malthusian Mythology and Chinese Realities* (Cambridge, Mass.: Harvard University Press, 1999), reviewed by Peter C. Perdue in *Journal of Asian Studies* 57, no. 3 (1998), pp. 854–856, 59, no. 2 (2000), pp. 410–412.

32 Kenneth Pomeranz, *The Great Divergence: China, Europe, and the Making of the Modern World Economy* (Princeton: Princeton University Press, 2000), reviewed by Peter C. Perdue in H-World

1990), p. 30.

13 Ibid., p. 128.

14 Ibid., p. 140, citing Jerome Blum, *Lord and Peasant in Russia from the Ninth to the Nineteenth Century* (Princeton: Princeton University Press, 1961).

15 Paul Bushkovitch, *The Merchants of Moscow, 1580–1650* (Cambridge: Cambridge University Press, 1980); Charles Halperin, *Russia and the Golden Horde: The Mongol Impact on Medieval Russia* (Bloomington: Indiana University Press, 1985); George V. Lantzeff and Richard Pierce, eds., *Eastward to Empire: Exploration and Conquest on the Russian Open Frontier to 1750* (Montreal: McGill–Queen's University Press, 1973), chap. 5; Janet Martin, *Medieval Russia, 980–1584* (Cambridge: Cambridge University Press, 1995), chap. 9; Donald Ostrowski, *Muscovy and the Mongols: Cross-Cultural Influences on the Steppe Frontier, 1304–1589* (Cambridge: Cambridge University Press, 1998).

16 Tilly, *Coercion, Capital,* pp. 71–72, 130.

17 Pierre-Etienne Will and R. Bin Wong et al., *Nourish the People: The State Civilian Granary System in China, 1650–1850* (Ann Arbor: University of Michigan Press, 1991).

18 R. Bin Wong, *China Transformed: Historical Change and the Limits of European Experience* (Ithaca: Cornell University Press, 1997), pp. 224–226; R. Bin Wong, "Food Riots in the Qing Dynasty," *Journal of Asian Studies* 41, no. 8 (1982), pp. 767–797.

19 Jonathan Lipman, *Familiar Strangers: A Muslim History in China* (Seattle: University of Washington Press, 1997).

20 William T. Rowe, *Saving the World: Chen Hongmou and Elite Consciousness in Eighteenth-Century China* (Stanford: Stanford University Press, 2001), pp. 251–252, 262, 264; Will et al., *Nourish the People;* Wong, *China Transformed;* R. Bin Wong, "Confucian Agendas for Material and Ideological Control in Modern China," in *Culture and State in Chinese History: Conventions, Accommodations, and Critiques,* ed. Theodore Huters, Pauline Yu, and R. Bin Wong (Stanford: Stanford University Press, 1997), pp. 303–325.

21 「主要的動機不是平抑價格與防止饑荒，而是為了國庫的巨額與容易之收益。」John K. Fairbank and Edwin O. Reischauer, *East Asia: The Great Tradition,* vol. 1 (Boston: Houghton Mifflin, 1960), p. 119.

22 Cornell Fleischer, "Royal Authority, Dynastic Cyclism, and "Ibn KhaldAnism" in Sixteenth-Century Ottoman Letters," *Journal of Asian and African Studies* 18 (1983), pp. 198–220; Ibn-KhaldAn, *The Muqaddimah: An Introduction to History,* vol.1, trans. Franz Rosenthal (New York: Pantheon Books, 1958); Muhsin Mahdi, *Ibn KhaldAn's Philosophy of History* (London: G. Allen and Unwin, 1957); Gordon D. Newby, "Ibn KhaldAn and Frederick Jackson Turner: Islam and the Frontier Experience," *Journal of Asian and African Studies* 18 (1983), pp. 274–285. On the dynastic cycle theory, see Benjamin Schwartz, *The World of Thought in Ancient China* (Cambridge, Mass.: Harvard University Press, 1985), pp. 47, 53.

23 Nicola Di Cosmo, "Ancient Inner Asian Nomads: Their Economic Basis and Its Significance in Chinese History," *Journal of Asian Studies* 53 (November 1994), pp. 1092–1112.

24 Barfield, *Perilous Frontier;* A. M. Khazanov, *Nomads and the Outside World* (Cambridge: Cambridge University Press, 1984); Owen Lattimore, *Inner Asian Frontiers of China* (Boston: Beacon Press, 1962).

Economy on the Taiwan Frontier, 1600–1800 (Stanford: Stanford University Press, 1993).

2 「游牧民族的國家組織就向陰影一樣，不斷追隨著鄰近文明國家的形式，根據這個規則，在唐朝的時期，有一系列的「部落」國家：包括在蒙古的鄂爾渾突厥、在內蒙古的回鶻和其他突厥民族、和在裡海—黑海草原上的可薩人、保加爾人、佩切涅格人等建立的國家，都出現在草原上。」Owen Lattimore, *Pivot of Asia: Sinkiang and the Inner Asian Frontiers of China and Russia* (Boston: Little, Brown, 1950), p. 11. Omeljan Pritsak 也注意到這個現象：「我們甚至可以說：一個游牧民族和平帝國總是在回應一個定居社會的挑戰中而興起，例如當一個農業帝國（伊朗、中國、羅馬）經濟穩定的發展並達成某個程度的繁榮〔透過建立國際商業網路〕，「游牧民族」的富領袖魅力的氏族們就會被引誘想要看看，他們是否能夠幸運地分配到黃金之國的一部份財富。」Omeljan Pritsak, *The Origin of Rus,* vol. 1, *Old Scandinavian Sources* (Cambridge, Mass.: Harvard University Press, 1981), p. 13.

3 Barfield, *Perilous Frontier,* p. 57.

4 Denis Sinor, "The Inner Asian Warriors," *Journal of the American Oriental Society* 101 (1981), pp. 133–144.

5 Linda Colley, *Britons: Forging the Nation, 1707–1837* (New Haven: Yale University Press, 1992); Eugen Joseph Weber, *Peasants into Frenchmen: The Modernization of Rural France, 1870 1914* (London: Chatto & Windus, 1979).

6 Celia Applegate, "A Europe of Regions: Reflections on the Historiography of Subnational Places," *American Historical Review* 104, no. 10 (1999), pp. 1157–82.

7 「當然，國王可以而且真的建立或者破壞這些商人團體，但主權的力量會受到國家需求（金錢是戰爭的原動力）與國際競爭所限制。資本家可以帶著他們的財富與企業到其他地方，而且即使假如他們無法離開，其他領域的資本家不會吝於從他們的窘迫中獲得好處。因為在多樣性與競爭政治的脈絡下（相對於東方或者古代世界那些擁有全面控制力的帝國），其可作為權力的助產士與工具的重要角色，在西方的私人企業擁有了史無前例或者其他對應的社會與政治活力。」David Landes, *The Unbound Prometheus* (Cambridge: Cambridge University Press, 1969), p. 15.

8 Eric J. Hobsbawm, *Nations and Nationalism since 1780* (Cambridge: Cambridge University Press, 1990), p. 66.

9 「〔在〕一個世界經濟……這個體系之間的基本連結是經濟性的……一個帝國，相對來說，是一個政治單位……政治性的帝國是經濟支配的一種原始的手段。」Immanuel Wallerstein, *The Modern World-System: Capitalist Agriculture and the Origins of the European World Economy in the Sixteenth Century* (New York: Academic Press, 1974), p. 15.

10 Immanuel Wallerstein, *The Modern World-System III: The Second Era of Great Expansion of the Capitalist World-Economy, 1730s–1840s* (San Diego: Academic Press, 1989), p. 129.

11 Janet Abu-Lughod, *Before European Hegemony: The World System, a.d. 1250–1350* (Oxford: Oxford University Press, 1989); Janet Abu-Lughod, "Discontinuities and Persistence: One World System or a Succession of Systems?" in *The World System: Five Hundred Years or Five Thousand?,* ed. Andre Gunder Frank and Barry K. Gills (London: Routledge, 1993), pp. 278–291. On Frank, see Peter C. Perdue, "The Shape of the World: Asian Continents and the Scraggy Isthmus of Europe," *Bulletin of Concerned Asian Scholars* 30, no. 4 (1998), pp. 53–62.

12 Charles Tilly, *Coercion, Capital, and European States, 990–1992* (Cambridge, Mass.: Basil Blackwell,

代以來的中國歷史著作，其在觀點上有一點變化。

29 馬汝珩，〈論阿睦爾撒納的〔反動〕一生〉，《新疆大學學報》（1979), p. 23；馬汝珩和馬大正，《厄魯特蒙古史論集》（西寧：青海人民出版社，1984），頁107。一九八四年版本的書名缺少了形容詞「反動」一詞（是論調上的重要改變嗎？）。

30 馬汝珩和馬大正，《厄魯特蒙古史論集》，p. 120.

31 Joseph Fletcher, "Review of I. Ia. Zlatkin, *Istoriia Dzhungarskogo Khanstvo (1635–1758),*" *Kritika* 2 (Spring 1966), pp. 19–28; I. Ia. Zlatkin, *Istoriia Dzhungarskogo Khanstvo, 1635–1758* (History of the Zunghar Khanate, 1635–1758) (Moscow: Nauka, 1964). 對類似的觀點與批判，參見 V. A. Aleksandrov, *Rossiia na dal'nevostochnykh rubezhakh (vtoraia polovina XVII v.)* (Moscow: Nauka, 1969); Joseph Fletcher, "V. A. Aleksandrov on Russo-Ch'ing Relations in the Seventeenth Century: Critique and Resume," *Kritika* 7, no. 3 (1971): pp. 138–170.

32 宮脇淳子提供了對於茲拉特金和其追隨者觀點最有說服力的批判。參見宮脇淳子，〈ガルダン以前のオイラット—若松說再批判—〉，《東洋學報》65-1.2 (1984), pp. 91–120；宮脇淳子，〈十七世紀のオイラット—『ジューン・ガル・ハーン国』に対する疑問—〉，《史学雑誌》90-10 (1981), pp. 40–63；Miyawaki Junko, "Political Organizations in the Seventeenth-Century North Asia". *Journal of Asian and African Studies*, 27, Tokyo, 1984, pp.172-179; 宮脇淳子，《最後の游牧帝国：ジューンガル部の興亡》（東京：講談社，1995).

33 Sh. Bira, N. Ishzhamts et al., *The Maoist Falsification of the History of the Mongolian People's Republic and the Historical Truth* (Ulaan Baatar: State Publishing House, 1981).

34 C. R. Bawden, *The Modern History of Mongolia* (New York: Praeger, 1968), p. 40.

35 Lucien Paul Victor Febvre, "Frontiere, the Word and the Concept," in *A New Kind of History and Other Essays,* ed. Peter Burke (New York: Harper & Row, 1973), pp. 208–218.

36 Michel Foucault, *Madness and Civilization: A History of Insanity* (New York: Vintage, 1965); Barrington Moore, *Reflections on the Causes of Human Misery and upon Certain Proposals to Eliminate Them* (Boston: Beacon Press, 1972); Hayden White, *Tropics of Discourse: Essays in Cultural Criticism* (Baltimore: Johns Hopkins University Press, 1978).

37 Edward Said, *Orientalism* (New York: Vintage, 1994). 關於中國，參 Chen Xiaomei, *Occidentalism: A Counter-discourse in Post-Mao China* (New York: Oxford University Press, 1995).

38 Benedict Anderson, *Imagined Communities: Reflections on the Origins and Spread of Nationalism,* (London: Verso, 1991); Liah Greenfeld, *Nationalism: Five Roads to Modernity* (Cambridge, Mass.: Harvard University Press, 1992); Erich S. Gruen, *Culture and National Identity in Republican Rome* (Ithaca: Cornell University Press, 1992), p. 51.

39 Edward Friedman, "Reconstructing China's National Identity," in *National Identity and Democratic Prospects in Socialist China,* ed. Edward Friedman (Armonk, N.Y.: M. E. Sharpe, 1995), pp. 87–114; Dru C. Gladney, "Representing Nationality in China: Refiguring Majority/Minority Identities," *Journal of Asian Studies* 53 (February 1994), pp. 92–123.

第十五章

1 有關「政治生態學」一詞，參見 Thomas J. Barfield, *The Perilous Frontier: Nomadic Empires and China* (Cambridge, Mass.: Basil Blackwell, 1989), p. 167; John Robert Shepherd, *Statecraft and Political*

14 蕭一山，《清代通史》（北京：中華書局，1986); Millward, *Beyond the Pass,* pp. 76, 286–287. 較早之前，內藤湖南也曾指出魏源文本敘述裡面不正確的地方，參見內藤湖南，〈秦邊紀略の嘎爾旦傳〉，收錄在《內藤湖南全集》第七卷 (東京：筑摩書房，1970)，頁 380–425。

15 Peter C. Perdue, "The Qing Empire in Eurasian Time and Space: Lessons from the Galdan Campaigns," in *The Qing Formation in World-Historical Time,* ed. Lynntruve (Cambridge, Mass.: Harvard University Asia Center, 2004), pp. 57–91.

16 魏源，《聖武記》，p. 121..

17 Jean-Francois Gerbillon, "Voyages en Tartarie du Pere Gerbillon," in *Description geographique, historique, chronologique, politique, et physique de l'empire de la Chine et de la Tartarie chinoise . . .* ed. Jean Baptiste du Halde, 4 vols. (Paris: P. G. Lemercier, 1735), 4:87–422.

18 J. L. Cranmer-Byng, ed., *An Embassy to China: Being the journal kept by Lord Macartney during his embassy to the Emperor Ch'ien-lung, 1793–1794* (London: Longmans, 1962), pp. 212–213.

19 Ibid., p. 211.

20 Halford Mackinder, "The Geographical Pivot of History," *Geographical Journal* 23 (April 1904), pp. 421–444; Halford J. Mackinder, *Democratic Ideals and Reality: A Study in the Politics of Reconstruction* (New York: Henry Holt, 1942), originally published 1919; Alfred T. Mahan, *The Influence of Sea Power upon History, 1660–1783* (Boston: Little & Brown, 1890).

21 Zbigniew K. Brzezinski, *The Grand Chessboard: American Primacy and Its Geostrategic Imperatives* (New York: Basic Books, 1997).

22 Peter Hopkirk, *The Great Game: The Struggle for Empire in Central Asia* (New York: Kodansha, 1992); Rudyard Kipling, *Kim* (1901; Oxford: Oxford University Press, 1987); Karl E. Meyer and Shareen Blair Brysac, *Tournament of Shadows: The Great Game and the Race for Empire in Central Asia* (Washington, D.C.: Counterpoint,1999).

23 John Baddeley, *Russia, Mongolia, China, being some record of the relations between them from the beginning of the XVIIth century to the death of the Tsar Alexei Mikhailovich, a.d. 1602–1676* (London: Macmillan and Company, 1919); Henry H. Howorth, *History of the Mongols from the Ninth to the Nineteenth Century,* 4 vols. (Taibei: Ch'eng Wen, 1970), originally published 1876; Gaston Cahen, *Histoire des relations de la Russie avec la Chine sous Pierre le Grand (1689–1730)* (Paris: F. Alcan, 1912); Maurice Courant, *L'Asie centrale aux 17e et 18e siecles: empire kalmouk ou empire mantchou?* (Paris: Librairie A. Picard et fils, 1912).

24 劉戈、黃咸陽編，《西域史地論文資料索引》（烏魯木齊：新疆人民出版社，1988）；中國人民大學清史研究所、中國社會科學院、中國邊疆史地研究中心編，《清代邊疆史地論著索引》（北京：中國人民出版社，1987）。

25 參照 Joan Scott 所說：「『男人』和『女性』同時是空洞的或者過分流動的範疇，空洞的是因為他們並無終極的、先驗的意義，過分流動的是因為即使當他們似乎是固定的，他們裡面仍然包含一些其他的、被否定的或者被壓制的定義。」Joan W. Scott, *Gender and the Politics of History* (New York: Columbia University Press, 1988), p. 49.

26 這個討論引自 Perdue, "The Qing Empire in Eurasian Time and Space."

27 魏源，《聖武記》，p. 3.

28 戴逸，《簡明清史》(北京：人民出版社，1984)，因為篇幅不夠，我這裡不考慮討論一九九〇年

pp. 229–233.

68 Original text and translation in Stephen A. Halkovic, *The Mongols of the West* (Bloomington: Indiana University Press, 1985).

69 Ibid., p. 50.

70 Ibid., p. 72.

71 Ibid., p. 77.

72 Ibid., p. 70.

73 B. Ia. Vladimirtsov, "Mongol'skie skazaniia ob Amursane" (Mongolian tales of Amursana), *Vostochnie Zapiski* 1 (1927), pp. 271–282.

74 Vladimirtsov, "Mongol'skie skazaniia," pp. 280–282; C. R. Bawden, *The Modern History of Mongolia* (New York: Praeger, 1968), p. 192.

75 James C. Scott, *Domination and the Arts of Resistance: Hidden Transcripts* (New Haven: Yale University Press, 1990).

第十四章

1 Jane Kate Leonard, "Qing History, Wei Yuan, and Contemporary Political Dialogue," in *New Directions in the Social Sciences and Humanities in China,* ed. Michael B. Ahead (London: Macmillan, 1987), pp. 28–45; Jane Kate Leonard, *Wei Yuan and China's Rediscovery of the Maritime World* (Cambridge, Mass.: Harvard University Press, 1984); Judith Whitbeck, "Kung Tzu-chen and the Redirection of Literati Commitment in Early Nineteenth-Century China," *Ch'ing-shih Wen'-t'i* 4 (1983), pp. 1–32; Shirleen S.Wong, *Kung Tzu-chen* (Boston: Twayne, 1975).

2 Philip A. Kuhn, *Origins of the Modern Chinese State* (Stanford: Stanford University Press, 2002), p. 31.

3 龔自珍，《西域置行省議》，收錄在龔自珍，《龔定庵全集類編》（上海：世界書局，1937）， pp. 164–172; 賀長齡編《皇朝經世文編》（上海：中西書局），j.80:17a–23a. See also James A. Millward, *Beyond the Pass: Economy, Ethnicity, and Empire in Qing Central Asia, 1759–1864* (Stanford: Stanford University Press, 1998), pp. 241–243.

4 龔自珍，《西域置行省議》pp. 164–165.

5 Millward, *Beyond the Pass,* pp. 41–42.

6 魏源，〈答人問西北邊域書〉，收在賀長齡編，《皇朝經世文編》，j.80:1a–4b.

7 Ibid., 3b.

8 Kuhn, *Origins,* p. 31.

9 Philip A. Kuhn, "Ideas behind China's Modern State," *Harvard Journal of Asiatic Studies* 55 (1995), p. 301; 魏源，《聖武記》（北京：中華書局，1984), preface.

10 Hummel, *Eminent Chinese,* p. 851.

11 Quinton G. Priest, "Portraying Central Government Institutions: Historiography and Intellectual Accommodation in the High Ching," *Late Imperial China* 7 (January 1986), p. 39. On "historical analogism," see Robert M. Hartwell, "Historical Analogism, Public Policy, and Social Science in Eleventh and Twelfth-Century China," *American Historical Review* 76 (June 1971), pp. 690–728.

12 魏源，《聖武記》，preface, p. 1.

13 Jane Kate Leonard, "Wei Yuan and Images of the Nanyang," *Ch'ing ShihWen-T'i* 4 (1979), pp. 23–57.

45 R. Kent Guy, *The Emperor's Four Treasuries: Scholars and the State in the Late Ch'ien-lung Era* (Cambridge, Mass.: Harvard University Press, 1987), p. 50; Hummel, *Eminent Chinese,* pp. 121, 198, 253.

46 傅恆編，《平定準噶爾方略》（北京：新華書店，1990），前言。

47 Crossley, *Translucent Mirror,* p. 27.

48 七十一，《西域聞見錄》（臺北：文海出版社，1777）。Pelliot, "Notes critiques," 翻譯了土爾扈特從伏爾加河回歸的段落。Also see Dorothy V. Borei, "Images of the Northwest Frontier: A Study of the *Hsiyu Wenchianlu,*" *American Asian Review* 5 (1989), pp. 26–46. 七十一的傳記，參見盛昱、楊鍾義編，《八旗文經》60 卷（臺北：華文數局，1969），j.58/16; and 何秋濤，《朔方備乘》（中國蘭州：蘭州古籍書店，1990）, j.56.

49 七十一，《西域聞見錄》，頁 51a–b。

50 Michael Khodarkovsky, *Where Two Worlds Met: The Russian State and the Kalmyk Nomads, 1600–1771* (Ithaca: Cornell University Press, 1992), p. 228.

51 「控噶爾」一詞可能來自於突厥語 Hunkar（意為蘇丹），我感謝馬世嘉（Matthew Mosca）提供這個資訊。

52 七十一，《西域聞見錄》，p. 56b.

53 Ibid., p. 66a.

54 Ibid., p. 69a. 魏源準噶爾人口六十萬的資訊，似乎是來自於乾隆對其有二十萬頂帳篷的估計然後乘以三倍。因為典型的蒙古人的家戶大小可能比較大，接近於漢人平均家戶人口五人，七十一的數字可能比較正確。

55 Ibid., p. 69a.

56 Ibid., p. 89a.

57 Francis Cleaves, ed., *The Secret History of the Mongols* (Cambridge, Mass.: Harvard University Press, 1982); Walther Heissig, *Die Familien-und Kirchengeschichtsschreibung der Mongolen,* vol. 1, *16–18 Jhdt*. (Wiesbaden: O. Harrassowitz, 1959); Paul Kahn, *The Secret History of the Mongols: The Origin of Chinghis Khan: An Adaptation of the Yuan Chao Pi Shih* (San Francisco: North Point Press, 1984); David Morgan, *The Mongols* (Cambridge, Mass.: Basil Blackwell, 1986).

58 Heissig, *Geschichtsschreibung der Mongolen,* p. 11.

59 Ibid., pp. 16, 22, 57, and map p. 9.

60 Veit, *Die Vier Qane,* 1:67; M. Sanjdorj, *Manchu Chinese Colonial Rule in Northern Mongolia,* trans. Urgunge Onon (New York: St. Martin's Press, 1980).

61 Heissig, *Geschichtsschreibung der Mongolen,* pp. 121–134; Walther Heissig and Charles Bawden, eds., *Mongol borjigid obogh un teuke von Lomi* (Wiesbaden: O. Harrassowitz, 1957).

62 Heissig, *Geschichtsschreibung der Mongolen,* p. 129; Veit, *Die Vier Qane,* 1:67.

63 Christopher Atwood, "Worshiping Grace: The Language of Loyalty in Qing Mongolia," *Late Imperial China* 21, no. 2 (December 2000), p. 99.

64 Ibid., p. 128. Cf. David M. Farquhar, "Emperor as Bodhisattva in the Governance of the Ch'ing Empire," *Harvard Journal of Asiatic Studies* 38 (1978), pp. 5–34; Crossley, *Translucent Mirror.*

65 Heissig, *Geschichtsschreibung der Mongolen,* p. 134.

66 Partial translation in Veit, *Die Vier Qane,* 1:75.

67 Joseph Fletcher,"A Neglected Source of Erdeni-yin Erike,"*Harvard Journal of Asiatic Studies* 24 (1962),

慈」，儘管他將這個這個寬宏大量歸諸於滿洲人受到中國文化漢化的緣故，但雍正主張的剛好相反的：正因為滿洲人是特別的，他們才能實現文明的理想。Ping-ti Ho, "In Defense of Sinicization: A Rebuttal of Evelyn Rawski's Reenvisioning the Qing," *Journal of Asian Studies* 57 (1998), p. 151.

30 在這裡我的看法與柯嬌燕不同，她主張乾隆的想法極端偏離於雍正的意識形態。她以大義覺迷錄作為其討論帝國正當性的「中心文本」，主張「向化」這個詞語，就像雍正所使用的那樣，意涵了滿洲人從野蠻人進化成一個文明的國家，而那是乾隆所反對的觀點。然而，在《大義覺迷錄》中，雍正肯定當其國家在東北成立之時，滿洲人就已經文明化了。他並未將向化這個詞並未被使用到滿洲人，而是只有被使用到那些投降侍奉清朝的明朝官僚。柯嬌燕也提出一個原創性的解釋，說明乾隆皇帝為何禁燬《大義覺迷錄》，主張是禁燬該書是因為他不喜歡其意識形態說法。我發現雍正與乾隆的意識形態是非常相容的，而且比較同意傳統解釋乾隆禁燬該書，是因該書洩漏了有關雍正爭議繼位的難堪謠言。Crossley, *Translucent Mirror,* pp. 46n94, 253–260.

31 雍正，《大義覺迷錄》，頁 25；頁數來自《清史資料》版。

32 「蓋識尊親之大義，明上下之定分，則謂之人。若淪喪天常，絕滅人紀，則謂之禽獸。」同上，頁 22。

33 同上，頁 8。

34 Bruce E. Brooks and Taeko Brooks, eds., *The Original Analects: Sayings of Confucius and His Successors, 0479–0249* (New York: Columbia University Press, 1998); Arthur Waley, trans., *The Analects of Confucius* (New York: Vintage Books, 1938), p. 95; 強調為作者所加。孔子，《譯注論語自修讀本》（臺北：藝文印書館，1967）, 3.5.

35 雍正，《大義覺迷錄》，頁 21。

36 同上。

37 Cf. Francois Jullien, *The Propensity of Things: Toward a History of Efficacy in China* (New York: Zone Books, 1995).

38 雍正，《大義覺迷錄》，頁 9。

39 Min Tuki, "Ch'ongcho ui Hwangche Sasang," p. 262.

40 雍正，《大義覺迷錄》，頁 24。

41 *Iledkel Shastir* 是以下蒙古文書名的略稱 *Jarligh-iyar toghtaghaghsan ghadaghadu muji-yin mongghol qotong ayimagh-un wang gung-ud-un iledkel shastir.* 中文書名是《欽定外藩蒙古回部王公表傳》。There are partial translations by Veronika Veit, *Die Vier Qane von Qalqa: ein Beitrag zur Kenntnis der politischen Bedeutung der nordmongolischen Aristokratie in den Regierungsperioden Kang-hsi bis Chien-lung (1661–1796) anhand des biographischen Handbuches Iledkel sastir aus dem Jahre 1795,* 2 vols. (Wiesbaden: O. Harrassowitz, 1990), and Joseph Fletcher,"The Biography of Khwush Kipak Beg (d. 1781) in the Wai-fan Meng-ku Hui-pu wang kung piao chuan," in *Studies on Chinese and Islamic Inner Asia,* ed. Beatrice Forbes Manz (Brookfield, Vt.: Variorum, 1995), pp. 167–172. 有關職貢圖，參見莊吉發，《謝遂《職貢圖》滿文圖說校注》（臺北：國立故宮博物院，1989）。

42 Hummel, *Eminent Chinese,* p. 763.

43 Translation by Paul Pelliot, "Notes critiques d'histoire kalmouke," in *Oeuvres posthumes* (Paris: Librairie d'Amerique et d'Orient, 1960), p. 8, 譯自《欽定皇輿西域圖志》四庫全書版，pp. 22b–23a.

44 Ibid., pp. 13–14, 譯自《欽定皇輿西域圖志》，p. 31a. 有關漢朝學者賈誼，參見 Herbert Allen Giles, *A Chinese Biographical Dictionary* (Taibei: Cheng-wen, 1968), p. 128.

（Beatrice Bartlett）就這樣做，但我為了保持一致仍延續這個翻譯詞彙。

10 Gertraude Roth-Li, "The Rise of the Early Manchu State: A Portrait Drawn from Manchu Sources to 1636" (Ph.D. diss., Harvard University, 1975).

11 Oyunbilig, *Zur Uberlieferungsgeschichte*.

12 Ibid., p. 84.

13 Ibid., pp. 84–91.

14 烏雲畢力格使用了一七七八年四庫全書版的資料，聲稱一七一〇年版的資料無法取得。然而，實際上一七一〇年版本的資料最近已經被重印出版了，如果比較這兩個版本的差異將是有意義的。

15 Oyunbilig, *Zur Uberlieferungsgeschichte,* p. 96.

16 作為內蒙古的首府，它現在已經恢復它的蒙古文名字 Hohhot（漢文呼和浩特）.

17 Oyunbilig, *Zur Uberlieferungsgeschichte,* p. 109.

18 有關理藩院，參見 Sabine Dabringhaus, *Das Qing-Imperium als Vision und Wirklichkeit: Tibet in Laufbahn und Schriften des Song Yun (1752–1835)* (Stuttgart: Franz Steiner Verlag, 1994), pp. 23–28; Nicola Di Cosmo, "Qing Colonial Administration in the Inner Asian Dependencies," *International History Review* 20 (1998), pp. 287–309; Chia Ning, "The Lifanyuan and the Inner Asian Rituals in the Early Qing," *Late Imperial China* 14 (1991), pp. 60–92.

19 參見岡田英弘，〈ドルベト厄魯特の起源〉，《史学雜誌》（1974）, pp. 1–44, 還有本書第二章的討論。

20 Oyunbilig, *Zur Uberlieferungsgeschichte,* p. 108.

21 Pamela Kyle Crossley, *A Translucent Mirror: History and Identity in Qing Imperial Ideology* (Berkeley: University of California Press, 1999), p. 270.

22 參照歐立德的評論，Mark Elliott, "The Manchu Language Archives of the Qing Dynasty and the Origins of the Palace Memorial System," *Late Imperial China* 22 (2001), pp. 1–70.

23 Hummel, *Eminent Chinese,* p. 917.

24 有關曾靜案意涵最好的討論參見 Min Tuki,"Ch'ongcho ui hwangche sasang t'ongche ui silche (Imperial thought control and practice in the Qing dynasty)," in *Chungkuk Kuntaesa Yonku,* ed. Min Tuki (Seoul: Ichokak, 1973), pp. 2–53. See also Crossley, *Translucent Mirror,* pp. 253–260; 馮爾康、許盛恒、閻愛民編，《雍正皇帝全傳》（北京：學苑出版社，1994）, pp. 132–147; Hummel, *Eminent Chinese,* pp. 747–749, 918, 957. Jonathan Spence, *Treason by the Book* (New York: Viking, 2001), 則是最近頗有意思的著作。

25 Thomas Fisher, "Lu Liuliang and the Zeng Jing Case" (Ph.D. diss., Princeton University, 1974).

26 這個文本本身包含好幾份皇帝的上諭，還有曾靜與其弟子們的詳細審訊紀錄，後面還附有曾靜的《歸仁錄》，曾在該書中表示自己接受了王朝的正統說法。第一卷包含了皇帝的兩份上諭，概要說明他對於滿洲統治正當性的整個看法；第二卷他詳細回覆了曾靜對他個人失德的指控。雍正，《大義覺迷錄》，收錄在中國社會科學院歷史研究所清史研究室編，《清史資料》（北京：中華書院，1983），頁 1–170；雍正，《大義覺迷錄》（文海，1730）。

27 有關這一對比的討論，參見 George M. Frederickson, *Racism: A Short History* (Princeton: Princeton University Press, 2002).

28 雍正，《大義覺迷錄》，頁 3。

29 何炳棣（Ping-ti Ho）已經使用很類似的詞語來指涉中國的文明，稱讚其「心胸開放與寬大仁

Cartography."

107 Jean Baptiste du Halde, *Description geographique, historique, chronologique, politique, et physique de l'empire de la Chine et de la Tartarie chinoise, enrichie des cartes generales et particulieres de ces pays, de la carte generale & des cartes particulieres du Thibet, & de la Coree; & ornee d'un grand nombre de figures et de vignettes gravees en taille-douce* (Paris: P. G. Lemercier, 1735).

108 G. Henrik Herb, "Mongolian Cartography," in Harley and Woodward, *History of Cartography,* pp. 682–685.

109 Baddeley, *Russia, Mongolia, China,* 1:166–176.

110 Millward, "Coming onto the Map."

111 Elliott, "The Limits of Tartary."

112 Wortman, *Scenarios of Power.*

113 Fujitani, *Splendid Monarchy.*

114 Chang, "Court on Horseback," p. 156.

第十三章

1 Paul Pellisson-Fontanier, *Project for the History of Louis XIV,* cited in Louis Marin, *Portrait of the King* (Minneapolis: University of Minnesota Press, 1988), p. 40.

2 這個討論根據作者以下研究，Peter C. Perdue, "The Qing Empire in Eurasian Time and Space," in *The Qing Formation in World-Historical Time,* ed. Lynn Struve (Cambridge, Mass.: Harvard University Asia Center, 2004), pp. 57–91.

3 QSLKX j.174, 1696/7/*wuwu;* Jaqa Cimeddorji, *Die Briefe des Kang-Hsi-Kaisers aus den Jahren 1696–97 an den Kronprinzen Yin-Cheng aus mandschurischen Geheimdokumenten: ein Beitrag zum ersten Dsungarenkrieg der Ching 1690–1697* (Wiesbaden: Otto Harrassowitz, 1991), p. 21; Borjigidai Oyunbilig, *Zur Uberlieferungsgeschichte des Berichts uber den personlichen Feldzug des Kangxi Kaisers gegen Galdan (1696–1697)* (Wiesbaden: Harrassowitz, 1999), p. 35; cf. ArthurW. Hummel, ed., *Eminent Chinese of the Ch'ing Period* (Washington, D.C.: U.S. Government Printing Office, 1943–44), pp. 66, 309, 489.

4 Oyunbilig, *Zur Uberlieferungsgeschichte,* p. 2; 夏宏圖，〈清代方略館設立時間舉證〉，《歷史檔案》2 (1997), p. 134, 校正了白彬菊之前的說法，她說方略館是為了要編年紀錄金川征伐計畫，在一七四九年設立的。Beatrice S. Bartlett, *Monarchs and Ministers: The Grand Council in Mid-Ch'ing China, 1723–1820* (Berkeley: University of California Press, 1991), pp. 225–228.

5 Hummel, *Eminent Chinese,* pp. 253, 271, 275, 327, 494, 616, 685. 恆慕義（Hummel）在引述這些書名時漏掉了這兩個重要的字眼「親征」。Erich Hauer, ed., *Huang-ts'ing k'ai-kuo fang-lueh: Die grundung des mandschurischen kaiserreiches* (Berlin:W. de Gruyter, 1926), 是《開國方略》的翻譯。

6 有關其編纂，參見 Bartlett, *Monarchs and Ministers,* pp. 4, 11, 188; Cimeddorji, *Die Briefe,* p. 21; Oyunbilig, *Zur Uberlieferungsgeschichte.*

7 Lionel Gossman, *The Empire Unpossess'd: An Essay on Gibbon's "Decline and Fall"* (Cambridge: Cambridge University Press, 1981), p. 75.

8 Mark Edward Lewis, *Writing and Authority in Early China* (Albany: State University of New York Press, 1999).

9 因為這個理由，將「方略館」翻譯成「Office of Military Archives」將是相當誤導的，例如白彬菊

in Original Grosse (Beijing: Fu-Jen University, 1943); Walter Fuchs, "Materialen zur Kartographie der Mandju-Zeit," *Monumenta Serica* 1 (1935–36, 1938), pp. 386–427.

87 Chang, "Court on Horseback," Appendix A.

88 QSLKX cited in Fuchs, *Jesuiten-Atlas,* pp. 29–30.

89 Theodore N. Foss, "A Western Interpretation of China: Jesuit Cartography," in *East Meets West: The Jesuits in China, 1582–1773,* ed. Charles E. Ronan, S.J., and Bonnie B. C. Oh (Chicago: Loyola University Press, 1988), pp. 209–251.

90 Joseph-Anne-Marie de Moyriac de Mailla, *Histoire generale de la Chine, ou Annales de cet empire,* 13 vols. (Taibei: Ch'eng-wen Publications, 1967–1969), 11:313–317; Foss, "Jesuit Cartography," p. 234; Fuchs, "Materialen," p. 398.

91 John Baddeley, *Russia, Mongolia, China, being some record of the relations between them from the beginning of the XVIIth century to the death of the Tsar Alexei Mikhailovich, A.D. 1602–1676,* 2 vols. (London: Macmillan and Company, 1919), 2:328; Fuchs, "Materialen," p. 412.

92 Henri Bernard, "Les Etapes de la cartographie scientifique pour la Chine et les pays voisins," *Monumenta Serica* 1 (1935–36), pp. 428–477; Elman, "Geographical Research."

93 史托蘭伯的經度線已相當接近現代經度線，但經度零點不是以格林威治為中心，當時的英國並未支配地圖繪製的實作，而且格林威治也還沒有成為時間的世界中心。

94 Waldron, *The Great Wall.*

95 Millward, "Coming onto the Map."

96 Matthew H. Edney, *Mapping an Empire: The Geographical Construction of British India, 1765–1843* (Chicago: University of Chicago Press, 1997).

97 這種理念與實作上的偏離是「現代製圖知識論兩難的核心，不管世界的結構如何被正確與精確地測量，那個結構本身是透過測量者與地理學者的經驗性感知所創造的，而這個感知最初是個人的」。Ibid., pp. 95–96.

98 藉由此一調查，「英國人認為他們可以把印度化約為，穩固有條理的、地理測量正確的以及統一精確的帝國空間，一個理性的空間，而一個有關印度的地景與人群的系統性知識檔案可在這個空間中被建構起來。印度的所有地理面向都將可以為英國人所認識」。Ibid., p. 319.

99 Ibid., p. 325.

100 Ibid., pp. 332–333, 黑體強調為筆者所加。

101 Ibid., p. 143.

102 「這個地圖集具體化了英國在一八二〇年代對於印度的觀點：透過科學觀察其對英國來說是固定的、永恆的、帝國的與可知的……藉由這個地圖集，英國人相信印度過去為蒙兀兒帝國的領土，但其重新將印度改寫為大英帝國在南亞的利益所在的領土。」Ibid., pp. 202, 220, 230, quotation p. 235. 這種祕密而精確與公開時近似之間的差距直到今天仍然持續，例如直到最近美國陸地衛星計畫發布公開給大眾可以使用的影像時，在精確度上會被有意地的降級，以便保護軍事敏感地點。

103 Bagrow, *History of Russian Cartography,* pp. 116–119.

104 Fuchs, *Jesuiten-Atlas;* Fuchs, "Materialen." For recent notes on its publication history, see Elliott, "The Limits of Tartary"; Millward, "Coming onto the Map."

105 Yee, "Traditional Chinese Cartography," p. 183.

106 Needham, "Geography and Cartography"; Smith, "Mapping China's World"; Yee, "Traditional Chinese

in the Traditional East and Southeast Asian Societies, ed. J. B. Harley and David Woodward (Chicago: University of Chicago Press, 1994), pp. 170–201.

79 Leo Bagrow, *A History of Russian Cartography up to 1800*, ed. Henry W. Castner (Wolfe Island, Ont.: Walker Press, 1975).

80 Perdue, "Boundaries, Maps," p. 273 and references cited there; Jeremy Black, *Maps and History: Constructing Images of the Past* (New Haven: Yale University Press, 1997); Thongchai Winichakul, *Siam Mapped: A History Of The Geo-Body of a Nation* (Honolulu: University of Hawai'i Press, 1994).

81 Mario Biagioli, *Galileo Courtier: The Practice of Science in the Culture of Absolutism* (Chicago: University of Chicago Press, 1993); Black, *Maps and History;* Jeremy Black, *Maps and Politics* (Chicago: University of Chicago Press, 1997); J. B. Harley, "Deconstructing the Map," in *Writing Worlds: Discourse, Text, and Metaphor in the Representation of Landscape*, ed. Trevor J. Barnes and James S. Duncan (London: Routledge, 1992), pp. 231–247; J. B. Harley, "Meaning and Ambiguity in Tudor Cartography," in *English Map-Making, 1500–1650: Historical Essays*, ed. Sarah Tyacke (London: British Library, 1983), pp. 23–45; J. B. Harley, "Silences and Secrecy: The Hidden Agenda of Cartography in Early Modern Europe," *Imago Mundi* 40 (1988), pp. 57–76; J. B. Harley, "Maps, Knowledge, and Power," in *The Iconography of Landscape*, ed. Denis E. Cosgrove and Stephen Daniels (Cambridge: Cambridge University Press, 1988), pp. 277–312; J. B. Harley and David Woodward, eds., *The History of Cartography: Cartography in the Traditional East and Southeast Asian Societies*, vol. 2, bk. 2 (Chicago: University of Chicago Press, 1994); Joseph Needham, "Geography and Cartography," in *Science and Civilisation in China* (Cambridge: Cambridge University Press, 1959), 7 vols., 3:497–590; Steven Shapin and Simon Schaffer, *Leviathan and the Air-Pump: Hobbes, Boyle, and the Experimental Life* (Princeton: Princeton University Press, 1985).

82 Mark Elliott, "The Limits of Tartary: Manchuria in Imperial and National Geographies," *Journal of Asian Studies* 59 (August 2000), pp. 603–646; Benjamin A. Elman, "Geographical Research in the Ming-Ch'ing Period," *Monumenta Serica* 35 (1981–1983), pp. 1–18; Laura Hostetler, *Qing Colonial Enterprise: Ethnography and Cartography in Early Modern China* (Chicago: University of Chicago Press, 2001); Laura Hostetler, "Qing Connections to the Early Modern World: Ethnography and Cartography in Eighteenth-Century China," *Modern Asian Studies* 34 (July 2000), pp. 623–662; James A. Millward, "Coming onto the Map: The Qing Conquest of Xinjiang," *Late Imperial China* 20 (1999), pp. 61–98; Emma Jinhua Teng, "An Island of Women: The Discourse of Gender in Qing Travel Accounts of Taiwan," *International History Review* 20 (June 1998), pp. 353–370; Teng, *Taiwan's Imagined Geography*.

83 Scott, *Seeing Like a State*.

84 David Buisseret, ed., *Monarchs, Ministers, and Maps: The Emergence of Cartography as a Tool of Government in Early Modern Europe* (Chicago: University of Chicago Press, 1992); Josef Konvitz, *Cartography in France, 1660–1848: Science, Engineering, and Statecraft* (Chicago: University of Chicago Press, 1987).

85 Yee, "Traditional Chinese Cartography."

86 Walter Fuchs, *Der Jesuiten-Atlas der Kanghsi-Zeit; seine Entstehungsgeschichte nebst Namensindices fur die Karten der Mandjurei, Mongolei, Ostturkestan und Tibet, mit Wiedergabe der Jesuiten-Karten*

63 金梁，《雍和宮志略》（北京：中國藏學出版社，1994）, p. 312; Laufer, *Epigraphisches Denkmaler,* plates 2–7; F. D. Lessing, *Yung-ho-kung: An Iconography of the Lamaist Cathedral,* Publication 18 (Stockholm: Sino-Swedish Expedition, 1942), pp. 7–13.

64 Lessing, *Yung-ho-kung,* p. 12.

65 Ibid., p. 12.

66 Ibid., p. 62.

67 金梁，《雍和宮志略》, pp. 316–322; Laufer, *Epigraphisches Denkmaler,* plates 4–7; Lessing, *Yung-ho-kung,* pp. 57–61.

68 Sarat Chandra Das, *A Tibetan-English Dictionary* (Delhi: Motilal Banarsidass Publishers, 1995) 確認了這個詞源。

69 Hummel, *Eminent Chinese,* p. 254.

70 根據以下資料修正，金梁，《雍和宮志略》，p. 321; Lessing, *Yung-ho-kung,* p. 61.

71 參 James Hevia, "Lamas, Emperors, and Rituals: Political Implications in Qing Imperial Ceremonies," *Journal of the International Association of Buddhist Studies* 16 (1993), pp. 243–278.

72 Jonathan Mirsky, "A Lamas' Who's Who," *New York Review of Books,* April 27, 2000, p. 15; Peter C. Perdue, "Identifying China's Northwest: For Nation and Empire," in *Locating China: Space, Place, and Popular Culture,* ed. Jing Wang and David Goodman (London: Routledge, 2005).

73 Joanna Waley-Cohen, "Commemorating War in Eighteenth-Century China"; Joanna Waley-Cohen, "God and Guns in Late Imperial China: Jesuit Missionaries and the Military Campaigns of the Qianlong Emperor (1736–1795)," in *Proceedings of the Thirty-third Conference of the International Congress of Asian and North African Studies,* ed. Bernard Hung-kay Luk (Lewiston, Me.: F. Mellen Press, 1991); Joanna Waley-Cohen, "Military Ritual and the Qing Empire," in *Warfare in Inner Asian History,* ed. Nicola Di Cosmo (Leiden: Brill, 2002), pp. 405–444.

74 王宏鈞、劉如仲，〈清代平定準噶爾貴族叛亂的歷史畫卷〉，《文物》12 (1976), pp. 68–74.

75 Isidore Stanislas Helman, *Suite des seize estampes representant les Conquetes de l'Empereur de la Chine* (Paris, 1788); Paul Pelliot, "Les 'Conquetes de l'empereur de la Chine,"' *T'oung Pao* 20, nos. 3–4 (August 1920–21), pp. 183–274; Michele Pirazzoli-t'Serstevens, *Gravures des conquetes de l'empereur de Chine Kien-Long au Musee Guimet* (Paris: Musee Guimet, 1969). 這些版畫複製品可從美國國會圖書館的線上網站看到，網址 *www.loc.gov/rr/print;* 搜尋 negative numbers USZ62–44389, etc.

76 Piper Rae Gaubatz, *Beyond the Great Wall: Urban Form and Transformation on China's Frontiers* (Stanford: Stanford University Press, 1996).

77 This discussion draws on Peter C. Perdue, "Boundaries, Maps, and Movement: The Chinese, Russian, and Mongolian Empires in Early Modern Eurasia," *International History Review* 20 (June 1998), pp. 263–286.

78 曹婉如等編，《中國古代地圖集》3 冊 (北京：文物出版社，1990–1997); Richard J. Smith, *Chinese Maps: Images of "All under Heaven"* (New York: Oxford University Press, 1996); Richard J. Smith, "Mapping China's World: Cultural Cartography in Late Imperial China," in *Landscape, Culture, and Power in Chinese Society,* ed.Wen-hsin Yeh (Berkeley: Institute of East Asian Studies, University of California, Berkeley, Center for Chinese Studies, 1998), pp. 52–109; Cordell D. K. Yee, "Traditional Chinese Cartography and the Myth of Westernization," in *The History of Cartography: Cartography*

44 Teng, *Taiwan's Imagined Geography.*

45 John Robert Shepherd, *Statecraft and Political Economy on the Taiwan Frontier, 1600–1800* (Stanford: Stanford University Press, 1993); 書評見 Peter C. Perdue, *Harvard Journal of Asiatic Studies* 55, no. 1 (June 1995), pp. 261–269.

46 Stevan Harrell, ed., *Cultural Encounters on China's Ethnic Frontiers* (Seattle: University of Washington Press, 1995). 然而，斯蒂文．郝瑞這本書主要討論之西南的文明化任務，比起其他地方是比較有一致性而且比較徹底的。另外參見 William T. Rowe, *Saving the World: Chen Hongmou and Elite Consciousness in Eighteenth-Century China* (Stanford: Stanford University Press, 2001), p. 417.

47 Joanna Waley-Cohen, *Exile in Mid-Qing China: Banishment to Xinjiang, 1758–1820* (New Haven: Yale University Press, 1991).

48 Hummel, *Eminent Chinese,* p. 120; 紀昀，《烏魯木齊雜詩》（上海：商務印書館，1937）；excerpts translated in James A. Millward, *Beyond the Pass: Economy, Ethnicity, and Empire in Qing Central Asia, 1759–1864* (Stanford: Stanford University Press, 1998), p. 135 and passim; Waley-Cohen, *Exile,* pp. 148, 155, 214.

49 紀昀，《烏魯木齊雜詩》，pp. 2, 4.

50 Ibid., p. 4.

51 Ibid., p. 1.

52 Jing Wang, *The Story of Stone: Intertextuality, Ancient Chinese Stone Lore, and the Stone Symbolism in "Dream of the Red Chamber," "Water Margin," and "The Journey to the West"* (Durham: Duke University Press, 1992), pp. 66–70.

53 Ibid., pp. 251–268.

54 Edward Tabor Linenthal, *Sacred Ground: Americans and Their Battlefields* (Champaign-Urbana: University of Illinois Press, 1991).

55 Berthold Laufer and Otto Franke, *Epigraphisches Denkmaler aus China,* 2 vols. (Berlin: Dietrich Reimer, 1914).

56 Arthur Waldron, *The Great Wall of China: From History to Myth* (Cambridge: Cambridge University Press, 1990), p. 146. 在這塊碑文裡，梵文與藏文取代了阿拉伯文與波斯文。

57 Laufer, *Epigraphisches Denkmaler,* plates 1–4. 這些語言是漢文、滿文、蒙文、藏文、衛拉特蒙文、東突厥文，這塊石碑現在位在孔廟入口處外。

58 Ibid., plates 4–81.

59 引述文本可以在以下書目找到，QPSF 48.36–42b.

60 這個詞語，參見諸橋轍次編，《大汉和辞典》（東京：大修館書店，1960）, nos. 15500.11, 7445.130.

61 Chang, "Court on Horseback," Appendix B.

62 PDZGFL 前編 6a, 正編 12.24b. Erich Haenisch, "Zwei Viersprachige Inschriften zum Dsungarenkrieg aus den Jahren 1755 und 1758," *Miscellanea Academica Berolinensis* 2 (1950), pp. 224–247, translates the Chinese text; John Krueger, "The Ch'ien-lung Inscriptions of 1755 and 1758 in Oirat-Mongolian," *Central Asiatic Journal* 18, no. 11 (1974), pp. 214–226, translates the Mongolian text; originals in Laufer, *Epigraphisches Denkmaler,* plates 44–47. Cf. Joanna Waley-Cohen, "Commemorating War in Eighteenth-Century China," *Modern Asian Studies* 30 (1996), pp. 880–882.

24 Michael Chang, "A Court on Horseback: Constructing Manchu Ethno-Dynastic Rule in China, 1751–84" (Ph.D. diss., University of California, San Diego, 2001), pp. 293–420.

25 Joseph Fletcher, "Turco-Mongolian Monarchic Tradition in the Ottoman Empire," in *Studies on Chinese and Islamic Inner Asia,* ed. Beatrice Forbes Manz (Brookfield, Vt.: Variorum, 1995), pp. 236–251.

26 Cimeddorji, *Die Briefe*. p. 254; GZDKX 8.839–841, no. 175, dated KX36/3*/5.

27 中國第一歷史檔案館編，《康熙朝滿文硃批奏摺全譯》（北京：中國社會科學出版社，1996）, p. 161 no. 317, KX 36/3*/7.

28 Ibid., p. 159, no. 312, KX 36/3*/5; p. 172, no. 336, KX 36/3*/17; 岡田英弘，《康熙帝の手紙》, p. 174.

29 Arthur W. Hummel, ed., *Eminent Chinese of the Ch'ing Period* (Washington, D.C.: U.S. Government Printing Office, 1943–44), p. 924; Spence, *Emperor of China,* pp. 125–139.

30 R. Bin Wong, *China Transformed: Historical Change and the Limits of European Experience* (Ithaca: Cornell University Press, 1997), p. 121.

31 Cimeddorji, *Die Briefe,* no. 21, pp. 148–152, dated 1696/5/26 (actually sent 5/13); GZDKX 9.82–85, no. 218.

32 Catherine M. Bell, *Ritual Theory, Ritual Practice* (New York: Oxford University Press, 1992); Peter Burke, *The Fabrication of Louis XIV* (New Haven: Yale University Press, 1992); Takashi Fujitani, *Splendid Monarchy: Power and Pageantry in Modern Japan* (Berkeley: University of California Press, 1996); James L. Hevia, *Cherishing Men from Afar: Qing Guest Ritual and the Macartney Embassy of 1793* (Durham: Duke University Press, 1995); Chandra Mukerji, *Territorial Ambitions and the Gardens of Versailles* (Cambridge: Cambridge University Press, 1997); Richard S. Wortman, *Scenarios of Power: Myth and Ceremony in Russian Monarchy,* vol. 1, *From Peter the Great to the Death of Nicholas I* (Princeton: Princeton University Press, 1995); Zito, *Of Body and Brush*.

33 Wortman, *Scenarios of Power,* p. 122.

34 Burke, *Fabrication of Louis XIV,* p. 160.

35 Dorinda Outram, "Chariots of the Sun: Ritual Travel, Territory, and Monarchy in Eighteenth-Century France," paper presented at theWorkshop on Pomp and Circumstance: Political Uses of Public Culture, MIT, May 1, 1992.

36 Ray Huang, *1587: A Year of No Significance* (New Haven: Yale University Press, 1981).

37 Cimeddorji, *Die Briefe,* no. 49, p. 254; GZDKX 8.839–841, no. 175, dated 1697/3*/5.

38 Chang, "Court on Horseback," pp. 127–133.

39 Ibid., Appendix B.

40 Ibid., p. 232; Harold Kahn, *Monarchy in the Emperor's Eyes: Image and Reality in the Chien-lung Reign* (Cambridge, Mass.: Harvard University Press, 1971).

41 Chang, "Court on Horseback," p. 3; 馬東玉，《雄視四方：清帝巡狩活動》（瀋陽：遼海出版社，1997）.

42 Philip A. Kuhn, *Soulstealers: The Chinese Sorcery Scare of 1768* (Cambridge, Mass.: Harvard University Press, 1990).

43 Tulisen (Too-le-Shin), *Narrative of the Chinese Embassy to the Khan of the Tourgouth Tartars in the Years 1712–1715,* trans. Sir George Staunton (London, 1821), pp. 57, 58.

8 引述自 Isaiah Berlin, *The Crooked Timber of Humanity: Chapters in the History of Ideas* (New York: Vintage, 1990).

9 James C. Scott, *Domination and the Arts of Resistance: Hidden Transcripts* (New Haven: Yale University Press, 1990).

10 Ranajit Guha, *Elementary Aspects of Peasant Insurgency in Colonial India* (Oxford: Oxford University Press, 1983); Ranajit Guha, "The Prose of Counter-insurgency," *Subaltern Studies* 2 (1983), pp. 1–43.

11 Richard Strassberg, *Inscribed Landscapes: Travel Writing from Imperial China* (Berkeley: University of California Press, 1994).

12 Ibid., p. 5.

13 Ibid., p. 6.

14 James Buzard, *The Beaten Track: European Tourism, Literature, and the Ways to Culture, 1800–1918* (Oxford: Oxford University Press, 1993); James Buzard, "Anywhere's Nowhere": *Bleak House* as Auto ethnography," *Yale Journal of Criticism* 12, no. 1 (Spring 1999), pp. 7–39.

15 Emma Jinhua Teng, *Taiwan's Imagined Geography: Chinese Colonial Travel Writing and Pictures, 1683–1895* (Cambridge, Mass.: Harvard University Asia Center, 2004).

16 在臺灣的故宮博物院已經在 GZDKX 第八冊、第九冊裡面，出版了這一二五封滿文信的影本。另外岡田英弘在以下的書與文章中，討論了這些書信與其背景。岡田英弘，《康熙帝の手紙》（東京：中央公論社，1979），岡田英弘，〈蒙古親征時の聖祖の滿文書簡〉，收錄於森正夫編，《內陸アジアの社会と文化》（東京：山川出版社，1983）, pp. 303–321，另一篇較短英文稿，參見 Okada Hidehiro, "Outer Mongolia through the eyes of Emperor Kangxi," *Ajia Afurika Gengo Bunka KenkyA* 18 (1979), pp. 1–11。 Jaqa Cimeddorji, *Die Briefe des Kang-Hsi-Kaisers aus den Jahren 1696–97 an den Kronprinzen Yin-Cheng aus mandschurischen Geheimdokumenten: ein Beitrag zum ersten Dsungarenkrieg der Ching, 1690–1697* (Wiesbaden: Otto Harrassowitz, 1991), 轉寫並翻譯了五十六封信件成德文。Borjigidai Oyunbilig, *Zur Uberlieferungsgeschichte des Berichts uber den personlichen Feldzug des Kangxi Kaisers gegen Galdan (1696–1697)* (Wiesbaden: Harrassowitz, 1999), 摘譯了其他信件。Also see Jonathan D. Spence, *Emperor of China: Self-Portrait of Kang-hsi* (New York: Knopf, 1974), Appendix A, pp. 156–166.

17 Strassberg, *Inscribed Landscapes,* p. 10.

18 Ezra Pound, trans., *Shih-ching: The Classic Anthology Defined by Confucius* (Cambridge, Mass.: Harvard University Press, 1982), p. ix.

19 Strassberg, *Inscribed Landscapes,* p. 15.

20 James Legge, *The Chinese Classics,* 5 vols. (Taibei: Wenshizhe chubanshe, 1971), 5:641; Zheng Dekun, trans., "The Travels of Emperor Mu *(Mu Tianzi Zhuan),*" *Journal of the North China Branch of the Royal Asiatic Society* 64 (1933–34), p. 140.

21 Strassberg, *Inscribed Landscapes,* p. 15.

22 Angela Zito, *Of Body and Brush: Grand Sacrifice as Text/Performance in Eighteenth-Century China* (Chicago: University of Chicago Press, 1997).

23 Jean-Francois Gerbillon, "Voyages en Tartarie du Pere Gerbillon," in *Description geographique, historique, chronologique, politique, et physique de l'empire de la Chine et de la Tartarie chinoise . . . ,* ed. Jean Baptiste Du Halde, 4 vols. (Paris: P. G. Lemercier, 1735), 4:250.

參見 James L. Hevia, *Cherishing Men from Afar: Qing Guest Ritual and the Macartney Embassy of 1793* (Durham: Duke University Press, 1995); Angela Zito, *Of Body and Brush: Grand Sacrifice as Text/Performance in Eighteenth-Century China* (Chicago: University of Chicago Press, 1997).

49 黨誠恩，陳寶生，《甘肅民族貿易史稿》，頁 43–46。

50 Andrea McElderry, "Frontier Commerce: An Incident of Smuggling," *American Asian Review* 5 (1987), pp. 47–82; Millward, *Beyond the Pass*, pp. 180–191; Preston Torbert, *The Ch'ing Imperial Household Department: A Study of Its Organization and Principal Functions, 1662–1796* (Cambridge, Mass.: Harvard University Press, 1977), pp. 136–171.

51 Millward, "Qing Silk–Horse Trade," p. 3; Morris Rossabi, "Notes on Esen's Pride and Ming China's Prejudice," *Mongolia Society Bulletin* 17 (1970), pp. 31–39; Morris Rossabi, "The Tea and Horse Trade with Inner Asia during the Ming," *Journal of Asian History* 4 (1970), p. 145.

52 Millward, "Silk–Horse Trade," p. 2.

53 同上，頁 6–7。

54 范金民，〈清代江南與新疆地區的絲綢貿易〉。

55 Torbert, *Imperial Household*, pp. 136–171.

56 Immanuel C. Y. Hsu, *The Rise of Modern China* (New York: Oxford University Press, 2000), 封面內側的地圖。

第十二章

1 Charles Maier, "Consigning the Twentieth Century to History: Alternative Narratives for the Modern Era," *American Historical Review* 105 (June 2000), p. 808.

2 然而，克朗克斯頓（Derek Croxton）否認在一六四八年有對主權作為一個理念的明顯承認，而主張那是當時政治與宗教衝突的意外性後果。Derek Croxton, "The Peace of Westphalia of 1648 and the Origins of Sovereignty," *International History Review* 21 (1999), pp. 569–591.

3 Maier, "Consigning the Twentieth Century to History," p. 817.

4 Jerry Norman, *A Concise Manchu-English Lexicon* (Seattle: University of Washington Press, 1978), pp. 210, 279.

5 Chandra Mukerji, *Territorial Ambitions and the Gardens of Versailles* (Cambridge: Cambridge University Press, 1997), pp. 39–97; James C. Scott, *Seeing Like a State: How Certain Schemes to Improve the Human Condition Have Failed* (New Haven: Yale University Press, 1998), pp. 11–52; James C. Scott, "State Simplifications: Nature, Space, and People," *Journal of Political Philosophy* 3 (September 1995), pp. 191–233.

6 Benjamin Elman, *A Cultural History of Civil Examinations in Late Imperial China* (Berkeley: University of California Press, 2000); Madeleine Zelin, "The Yungcheng Reign," in *The Cambridge History of China,* vol. 9, pt. 1, *The Ch'ing Empire to 1800,* ed.Willard J. Peterson (Cambridge: Cambridge University Press, 2002), pp. 220–221; Alexander Woodside, "The Ch'ien-lung Reign," in *The Cambridge History of China,* pp. 252–268.

7 James Z. Lee and Cameron Campbell, *Fate and Fortune in Rural China: Social Organization and Population Behavior in Liaoning, 1774–1873* (Cambridge: Cambridge University Press, 1997), p. 215; reviewed by Peter C. Perdue in *Journal of Asian Studies* 57, no. 3 (August 1998), pp. 854–856.

36 同上，頁 66。

37 同上，頁 70，表 3。

38 Joseph Fletcher, "Ch'ing Inner Asia, c. 1800," in *The Cambridge History of China*, vol. 10, pt. 1, *Late Ch'ing, 1800–1911*, ed. John K. Fairbank (Cambridge: Cambridge University Press, 1978), pp. 35–106; M. Sanjdorj, *Manchu Chinese Colonial Rule in Northern Mongolia*, trans. Urgunge Onon (New York: St. Martin's Press, 1980).

39 Owen Lattimore, *Studies in Frontier History: Collected Papers, 1928–1958* (New York: Oxford University Press, 1962); Sanjdorj, *Colonial Rule*; B. Ia. Vladimirtsov, *Le Régime social des Mongoles: Le Féodalisme nomade* (Paris: A. Maisonneuve, 1948), pp. 243–252; I. Ia. Zlatkin, *Istoriia Dzhungarskogo Khanstvo, 1635–1758* (History of the Zunghar Khanate, 1635–1758) (Moscow: Nauka, 1964), p. 464.

40 范金民，〈清代江南與新疆地區的絲綢貿易〉，收入《清代區域社會經濟研究》，葉顯恩編（北京：中華書局，1992），頁 715–728；林永匡，〈從一件檔案看新疆與內地的絲綢貿易〉，《清史研究通訊》期 1（1983），頁 23–26；呂小鮮、李守郡 ，〈乾隆朝內地與新疆絲綢貿易概述〉，收入《清代區域社會經濟研究》，頁 742–755；Millward, *Beyond the Pass*, pp. 45–49; James A. Millward, "Qing Silk–Horse Trade with the Qazaqs in Yili and Tarbaghatai, 1758–1853," *Central and Inner Asian Studies* 7 (1992), pp. 1–42; 黨誠恩，陳寶生，《甘肅民族貿易史稿》（蘭州：甘肅人民出版社，1986）；王熹、林永匡，〈清代江寧織造與新疆的絲綢貿易〉，《中央民族學院學報》期 3（1987），頁 76–78；王熹、林永匡，《清代西北民族貿易史》（北京：中央民族學院出版社，1991），以及許多其他由王熹和林永匡撰寫的論文。

41 呂小鮮、李守郡 ，〈乾隆朝內地與新疆絲綢貿易概述〉。

42 王熹、林永匡，〈清代江寧織造與新疆的絲綢貿易〉。

43 范金民，〈清代江南與新疆地區的絲綢貿易〉。

44 《大清歷朝實錄：乾隆朝》，卷 550，引自呂小鮮、李守郡 ，〈乾隆朝內地與新疆絲綢貿易概述〉，頁 743。

45 John K. Fairbank, ed., *The Chinese World Order* (Cambridge, Mass.: Harvard University Press, 1968).

46 Millward, "Qing Silk–Horse Trade"; Millward, *Beyond the Pass*, pp. 45–49. See also John E. Wills, Jr., *Pepper, Guns, and Parleys: The Dutch East India Company and China, 1622–1681* (Cambridge, Mass.: Harvard University Press, 1974).

47 Nicola Di Cosmo, "Kirghiz Nomads on the Qing Frontier: Tribute, Trade, or Gift-Exchange?" in *Political Frontiers, Ethnic Boundaries, and Human Geographies in Chinese History*, ed. Nicola Di Cosmo and Don J. Wyatt (London: Curzon Press, 2003); Nicola Di Cosmo, "A Set of Manchu Documents Concerning a Khokand Merchant," *Central Asian Journal* 41 (1997), pp. 160–199; Nicola Di Cosmo, *Reports from the Northwest: A Selection of Manchu Memorials from Kashgar (1806–1807)* (Bloomington, Ind.: Research Institute for Inner Asian Studies, 1993). 關於類似的觀點，參見 Hamashita Takeshi 濱下武志 , "The Tribute Trade System and Modern Asia," *Memoirs of the Research Department of the Tōyō Bunko* (1988): 7–26.

48 關於儀式語言所包含之做法的多樣性，參見 Catherine M. Bell, *Ritual Theory, Ritual Practice* (New York: Oxford University Press, 1992), p. 191: 「意識形態並非施加於人們身上，且將其忠實內化之想法、陳述或態度的連貫組合。社會本身也並非行動畫一之統一社會體系或整體的事物。任何意識形態總是在與它所壓制、操縱與回應的聲音進行對話，因此也受其所形塑與限制。」亦

7–40.

17 Hans Ulrich Vogel, "Chinese Central Monetary Policy and Yunnan Copper Mining in the Early Qing (1644–1800)" (Ph.D. diss., University of Zurich, 1983); Hans Ulrich Vogel, "Chinese Central Monetary Policy, 1644–1800," *Late Imperial China* 8 (December 1987), pp. 1–52.

18 Von Glahn, *Fountain of Fortune*, p. 109.

19 《宮中檔雍正朝奏摺》，冊 11.782，雍正 6 年 11 月 16 日。亦引用於黑田明伸，《中華帝国の構造と世界経済》（名古屋：名古屋大学出版会，1994），頁 43，註 3。

20 《宮中檔雍正朝奏摺》，冊 5.231。

21 黑田明伸，《中華帝国の構造と世界経済》，頁 40–61；von Glahn, *Fountain of Fortune*, pp. 253–255; 王宏斌，〈乾嘉時期銀貴錢賤問題探源〉，《中國社會經濟史研究》期 2（1987 年），頁 86–92；袁一堂，〈清代錢荒研究〉，《社會科學戰線》期 2（1990），頁 182–188。

22 黑田明伸，《中華帝国の構造と世界経済》，頁 87，圖表 2。

23 《大清歷朝實錄：乾隆朝》，卷 5.790。

24 Yeh-chien Wang 王業鍵 , *An Estimate of the Land Tax Collection in China, 1753 and 1908* (Cambridge, Mass.: Harvard University Press, 1973), table 27；雜稅的估計值不計入。

25 同上，表 9。草料占了額外的稅賦七萬兩銀。

26 黑田明伸，《中華帝国の構造と世界経済》，英文摘要，頁 1–3；Kuroda Akinobu 黑田明伸 ,"Another Money Economy: The Case of Traditional China," in Latham and Heita, *Asia Pacific Dynamism*, pp. 187–215.

27 袁一堂，〈清代錢荒研究〉。

28 Marks, "Rice Prices, Food Supply, and Market Structure"; Peter C. Perdue, "The Qing State and the Gansu Grain Market, 1739–1864," in Rawski and Li, *Chinese History in Economic Perspective*, pp. 100–125;Wang Yeh-chien, "Food Supply."

29 Sucheta Mazumdar, *Sugar and Society in China: Peasants, Technology, and the World Market* (Cambridge, Mass.: Harvard University Press, 1998); Peter C. Perdue, "China in the World Economy: Exports, Regions, and Theories (Review of Sucheta Mazumdar, *Sugar and Society in China: Peasants, Technology, and the World Market*)," *Harvard Journal of Asiatic Studies* 60 (June 2000), pp. 259–275; Kenneth Pomeranz, *The Making of a Hinterland: State, Society, and Economy in Inland North China, 1853–1937* (Berkeley: University of California Press, 1993).

30 Kenneth Pomeranz, *The Great Divergence: China, Europe, and the Making of the Modern World Economy* (Princeton: Princeton University Press, 2000), pp. 242–253; Wong and Perdue, "Grain Markets."

31 Kenneth Pomeranz, "Local Interest Story: Political Power and Regional Differences in the Shandong Capital Market, 1900–1937," in Rawski and Li, *Chinese History in Economic Perspective*, pp. 295–318.

32 James A. Millward, *Beyond the Pass: Economy, Ethnicity, and Empire in Qing Central Asia, 1759–1864* (Stanford: Stanford University Press, 1998), pp. 64, 74.

33 同上，頁 58，註 44；齊清順，〈清代新疆的協餉供應和財政危機〉，《新疆社會科學》期 3（1987），頁 74–85。

34 Millward, *Beyond the Pass*, pp. 59–61.

35 同上，頁 64–65。

Rationalizing Fiscal Reform in Eighteenth-Century Ch'ing China (Berkeley: University of California Press, 1984).

2 Robert Marks, "Rice Prices, Food Supply, and Market Structure in Eighteenth-Century South China," *Late Imperial China* 12 (December 1991), pp. 64–116; Robert B. Marks, Tigers, Rice, Silk, and Silt: Environment and Economy in Late Imperial South China (Cambridge: Cambridge University Press, 1998);Wang Yeh-chien 王業鍵 , "Food Supply in Eighteenth-Century Fukien," *Late Imperial China* 7 (December 1986), pp. 80–117; R. Bin Wong and Peter C. Perdue, "Grain Markets and Food Supplies in Eighteenth-Century Hunan," in *Chinese History in Economic Perspective*, ed. Thomas G. Rawski and Lillian M. Li (Berkeley: University of California Press, 1992), pp. 126–144.

3 Richard von Glahn, *Fountain of Fortune: Money and Monetary Policy in China, 1000–1700* (Berkeley: University of California Press, 1996).

4 同上，頁 251；Harriet T. Zurndorfer, "Another Look at China, Money, Silver, and the Seventeenth-Century Crisis (Review of Richard von Glahn, Fountain of Fortune)," *Journal of the Economic and Social History of the Orient* 42 (1999), pp. 396–412.

5 Dennis O. Flynn and Arturo Giraldez, "Cycles of Silver: Global Economic Unity through the Mid-Eighteenth Century," *Journal of World History* 13 (Fall 2002), pp. 391–427; von Glahn, *Fountain of Fortune*.

6 Timothy Brook, *The Confusions of Pleasure: Commerce and Culture in Ming China* (Berkeley: University of California Press, 1998), frontispiece.

7 Dennis O. Flynn and Arturo Giraldez, "Money and Growth without Development: The Case of Ming China," in *Asia Pacific Dynamism, 1550–2000*, ed. A. J. H. Latham and Kawakatsu Heita 川勝平太 (London: Routledge, 2000), pp. 199–215; Andre Gunder Frank, *ReOrient: Global Economy in the Asian Age* (Berkeley: University of California Press, 1998); Peter C. Perdue, "The Shape of the World: Asian Continents and the Scraggy Isthmus of Europe," *Bulletin of Concerned Asian Scholars* 30, no. 4 (1998), pp. 53–62.

8 宮澤知之，〈北宋の財政と貨幣経済〉，收入《中国専制国家と社会統合》，中国史研究会編（京都：文理閣，1990），頁 279–332.。

9 Von Glahn, *Fountain of Fortune*, p. 148.

10 William De Bary, *Waiting for the Dawn: A Plan for the Prince: Huang Tsunghsi's Ming-I Tai-fang lu* (New York: Columbia University Press, 1993), p. 152.

11 顧頡剛，《西北考察日記》（蘭州：蘭州古籍書店，1983）；Laurence Schneider, *Ku Chieh-kang and China's New History: Nationalism and the Quest for Alternative Traditions* (Berkeley: University of California Press, 1971), p. 153.

12 Von Glahn, *Fountain of Fortune*, pp. 211–233.

13 Amartya K. Sen, *Poverty and Famines: An Essay on Entitlement and Deprivation* (Oxford: Clarendon Press, 1981).

14 Wong, *China Transformed*, pp. 92–101; Alexander B. Woodside, "From Mencius to Amartya Sen: East Asian Welfare States," paper presented at the Reischauer Lecture, Harvard University, March 10, 2001.

15 《清朝文獻通考》（杭州：浙江古籍出版社，2000），36:5187a。

16 William T. Rowe, "State and Market in mid-Qing Economic Thought," *Études Chinoises* 12 (1993), pp.

55 《大清歷朝實錄：乾隆朝》，卷 541/40、卷 544/26a、卷 551/29、卷 566/7b。
56 《大清歷朝實錄：乾隆朝》，卷 565/20b、卷 567/27a。
57 《大清歷朝實錄：乾隆朝》，卷 569/11、卷 587/17a、卷 594/22a、卷 601/4b。
58 《大清歷朝實錄：乾隆朝》，卷 571/21。
59 《大清歷朝實錄：乾隆朝》，卷 581/21a；《硃批奏摺》，蔣炳，乾隆 24 年 7 月 21 日。
60 《大清歷朝實錄：乾隆朝》，卷 569/12b、卷 584/32、卷 587/33a、卷 591/8a、卷 599/9b、卷 602/16a。到了 1777 年，由於行政上的改變，僅有六十二個縣級單位，如第八章所列。
61 《大清歷朝實錄：乾隆朝》，卷 576/30。
62 《硃批奏摺》，永常，乾隆 14 年 12 月 24 日。
63 《大清歷朝實錄：乾隆朝》，卷 578/7a、卷 584/20。
64 《大清歷朝實錄：乾隆朝》，卷 579/3a。
65 《大清歷朝實錄：乾隆朝》，卷 578/12a。
66 《大清歷朝實錄：乾隆朝》，卷 579/11a、卷 587/17a。
67 《大清歷朝實錄：乾隆朝》，卷 586/2b、卷 587/17a、卷 587/24；Will et al., *Nourish the People*, p. 61.
68 《大清歷朝實錄：乾隆朝》，卷 579/11a。
69 《大清歷朝實錄：乾隆朝》，卷 588/21a。
70 R. Bin Wong, *China Transformed: Historical Change and the Limits of European Experience* (Ithaca: Cornell University Press, 1997), chap. 9; R. Bin Wong, "Food Riots in the Qing Dynasty," *Journal of Asian Studies* 41, no. 8 (1982), pp. 767–797.
71 《大清歷朝實錄：乾隆朝》，卷 587/17a。
72 《大清歷朝實錄：乾隆朝》，卷 591/24b。
73 《大清歷朝實錄：乾隆朝》，卷 593/37a。
74 《大清歷朝實錄：乾隆朝》，卷 587/16b。關於 1744 年的饑荒，參見 Will, *Bureaucracy*; Will, *Bureaucratie*; Wong and Perdue, "Famine's Foes."
75 《大清歷朝實錄：乾隆朝》，卷 585/3a。
76 《大清歷朝實錄：乾隆朝》，卷 603/11a、25a。
77 Peter C. Perdue, *Exhausting the Earth: State and Peasant in Hunan, 1500–1850* (Cambridge, Mass.: Harvard University Press, 1987)；《大清歷朝實錄：乾隆朝》，卷 601/5b。
78 《硃批奏摺》，吳達善，乾隆 24 年 2 月 17 日；吳達善，乾隆 26 年 5 月 16 日。
79 《硃批奏摺》，楊應琚，乾隆 26 年 8 月 9 日。一斤約等於 0.6 公斤或 1.3 磅。
80 《硃批奏摺》，黃廷桂，乾隆 22 年 10 月 27 日。
81 《硃批奏摺》，吳達善，乾隆 24 年 12 月 10 日。
82 《硃批奏摺》，黃廷桂，乾隆 22 年 4 月 13 日。
83 《大清歷朝實錄：乾隆朝》，卷 579/12a；《宮中檔乾隆朝奏摺》，冊 19.63。

第十一章

1 Susan Mann, *Local Merchants and the Chinese Bureaucracy, 1750–1950* (Stanford: Stanford University Press, 1987); R. Bin Wong, *China Transformed: Historical Change and the Limits of European Experience* (Ithaca: Cornell University Press, 1997); Madeleine Zelin, *The Magistrate's Tael:*

and Peter C. Perdue, "Famine's Foes in Ch'ing China (Review of Pierre-ÉtienneWill, Bureaucratie et Famine . . .)," *Harvard Journal of Asiatic Studies* 43 (June 1983), pp. 291–332.

26 Melissa Macauley, *Social Power and Legal Culture: Litigation Masters in Late Imperial China* (Stanford: Stanford University Press, 1998); William T. Rowe, *Hankow: Commerce and Society in a Chinese City, 1796–1889* (Stanford: Stanford University Press, 1984).

27 《清朝文獻通考》（杭州：浙江古籍出版社，2000），36.5187a；Will et al., *Nourish the People*, pp. 113, 143.

28 《宮中檔乾隆朝奏摺》，冊 8.366。

29 《硃批奏摺》，倉儲，吳達善，乾隆 22 年 7 月 15 日。這些數字假定在安西未經脫殼的穀物之平均價格為每石銀一兩五錢至二兩二錢；至於標準比率，參見 Will et al., *Nourish the People*, p. 49.

30 許大齡，《清代捐納制度》（北京：哈佛燕京學社，1950）。

31 同上，頁 27、34、35、73。

32 同上，頁 32。

33 Will et al., *Nourish the People*, p. 439.

34 《宮中檔乾隆朝奏摺》，冊 19.63。

35 Ping-ti Ho, *The Ladder of Success in Imperial China: Aspects of Social Mobility, 1368–1911* (New York: Columbia University Press, 1962), pp. 188, 236.

36 《硃批奏摺》，倉儲，吳達善，乾隆 22 年 6 月 24 日。

37 Will, *Bureaucratie*, p. 173n43；馬端臨，《文獻通考》，37.5201。

38 《大清歷朝實錄：乾隆朝》，卷 527/16，卷 528/8b，卷 532/26a。

39 《大清歷朝實錄：乾隆朝》，卷 561/33b；《硃批奏摺》，倉儲，吳達善，乾隆 24 年 5 月 6 日。

40 《皇朝文獻通考》（臺北：商務印書館，1983），37.5205。

41 有關這個案例的討論，參見 Perdue, "Gansu Grain"; Will et al., *Nourish the People*, pp. 78, 226–232; R. Kent Guy, "Inspired Tinkering: The Qing Creation of the Province," unpublished ms., 2003; Muhammad Usiar Huaizhong Yang 楊懷中 , "The Eighteenth-Century Gansu Relief Fraud Scandal," paper presented at The Legacy of Islam in China: An International Symposium in Memory of Joseph F. Fletcher, Harvard University, April 1989.

42 該圖表參見 Perdue, "Gansu Grain," pp. 115, 118–119.

43 《大清歷朝實錄：乾隆朝》，卷 529/9b。

44 《大清歷朝實錄：乾隆朝》，卷 528/14b。

45 《大清歷朝實錄：乾隆朝》，卷 530/10、卷 530/20。

46 《大清歷朝實錄：乾隆朝》，卷 528/12。

47 《大清歷朝實錄：乾隆朝》，卷 541/2b。

48 《大清歷朝實錄：乾隆朝》，卷 554/2b。

49 《大清歷朝實錄：乾隆朝》，卷 572/16a。

50 《大清歷朝實錄：乾隆朝》，卷 573/18。

51 《大清歷朝實錄：乾隆朝》，卷 579/12a。

52 《大清歷朝實錄：乾隆朝》，卷 545/33b、卷 550/9b。

53 《大清歷朝實錄：乾隆朝》，卷 565/20。

54 《大清歷朝實錄：乾隆朝》，卷 565/15、卷 566/6b、卷 578/2。

2 Pierre-Étienne Will, R. Bin Wong et al., *Nourish the People: The State Civilian Granary System in China, 1650–1850* (Ann Arbor: University of Michigan Press, 1991), p. 25. 亦參見 James C. Scott, *Seeing Like a State: How Certain Schemes to Improve the Human Condition Have Failed* (New Haven: Yale University Press, 1998).

3 有關收成規模的討論，參見 Robert B. Marks, *Tigers, Rice, Silk, and Silt: Environment and Economy in Late Imperial South China* (Cambridge: Cambridge University Press, 1998), pp. 206–210.

4 《硃批奏摺》，屯墾，乾隆 37 年 10 月 24 日，勒爾謹。

5 Peter C. Perdue, "The Qing State and the Gansu Grain Market, 1739–1864," in *Chinese History in Economic Perspective*, ed. Thomas G. Rawski and Lillian M. Li (Berkeley: University of California Press, 1992), pp. 100–125; hereafter Perdue, "Gansu Grain."

6 Harold Fullard, ed., *China in Maps* (Chicago: Denoyer-Geppert, 1968), p. 14.

7 《宮中檔乾隆朝奏摺》，冊 13.447。

8 參見如《宮中檔乾隆朝奏摺》，冊 1.152、冊 8.17、冊 8.346。

9 Perdue, "Gansu Grain," p. 101.

10 Li Bozhong 李伯重 , *Agricultural Development in Jiangnan, 1620–1850* (New York: St. Martin's Press, 1998), pp. 120, 124.

11 Philip C. C. Huang, *The Peasant Economy and Social Change in North China* (Stanford: Stanford University Press, 1985), pp. 59, 141.

12 《硃批奏摺》，楊應琚，乾隆 25 年 6 月 8 日；楊應琚，乾隆 26 年 8 月 9 日；黃廷桂，乾隆 23 年 10 月 17 日。

13 Will et al., *Nourish the People*, pp. 298, 433n3.

14 在我的論文中，我將官員所上報的甘肅存糧數字減少了三成，因為這些報告似乎用了與帝國標準不同的尺寸單位。如今魏丕信（Pierre-Étienne Will）的論調說服了我， 即這些上報的數字跟帝國的標準糧食度量單位相符。同上，頁 237–238。因此，我的「Gansu Grain」文中頁 108 的圖表裡的這個數字太小了，而正確的數字則見於 Will et al., *Nourish the People*, table A.1.

15 Will et al., *Nourish the People*, p. 61. 魏丕信在 *Bureaucratie et famine en Chine au 18e siècle* (Paris: Mouton, 1980), p. 174 和 *Bureaucracy and Famine in Eighteenth-Century China* (Stanford: Stanford University Press, 1990), pp. 193, 196。提供的數字為一百八十萬石，遵循馬端臨編，《文獻通考》（北京：中華書局，1986）；我採用的數字，參見《宮中檔乾隆朝奏摺》，冊 19.63。

16 Will et al., *Nourish the People*, p. 9.

17 同上，頁 89、91、101、168。

18 同上，頁 61。

19 同上，頁 464。

20 同上，頁 298、439、465、482。每個成人每年消耗的糧食估計值為脫殼穀物二石五斗至三石六斗。

21 同上，頁 467。

22 同上，頁 116、469、471。

23 《宮中檔乾隆朝奏摺》，冊 12.27；《大清歷朝實錄：乾隆朝》，卷 513.12。

24 Will et al., *Nourish the People*, p. 477.

25 William T. Rowe, *Saving the World: Chen Hongmou and Elite Consciousness in Eighteenth-Century China* (Stanford: Stanford University Press, 2001), pp. 256–259; Will, *Bureaucracy*, p. 133; R. Bin Wong

《清代西北屯田研究》，頁 132；魏源，《聖武記》（北京：中華書局，1984），頁 180；紀昀，〈記新疆邊防二則〉，《皇朝經世文編》，卷 81.32b–33a。

63 Waley-Cohen, *Exile*, p. 112，此處給出了滿文與漢文的刺字內容。

64 同上，頁 29；王希隆，《清代西北屯田研究》，頁 144–145。

65 Waley-Cohen, *Exile*, pp. 84–85.

66 同上，頁 89。

67 王希隆，《清代西北屯田研究》，頁 152–163。

68 吳元豐，〈清乾隆年間伊犁屯田述略〉，《民族研究》期 5（1987），頁 98。

69 王希隆，《清代西北屯田研究》，頁 174。

70 同上，頁 179。

71 文綬，〈陳嘉峪關外情形疏〉，《皇清經世文編》，卷 81.12a。

72 王希隆，〈清代實邊新疆述略〉；王希隆，《清代西北屯田研究》，頁 176；Duman, *Agrarnaia politika*, pp. 166–168, 171.

73 蔣其祥，〈略論清代伊犁回屯〉，《新疆大學學報》期 3（1984 年 3 月），頁 82–89；王希隆，《清代西北屯田研究》，頁 194–230；王希隆，〈清代新疆的回屯〉；吳元豐，〈清乾隆年間伊犁屯田述略〉。

74 Millward, *Beyond the Pass*, p. 271n18.

75 《準噶爾史略》，頁 145。

76 王希隆，《清代西北屯田研究》，頁 215。

77 吳元豐，〈清乾隆年間伊犁屯田述略〉，頁 98。

78 此定額於一七八九年增加為十七・二石。王希隆，《清代西北屯田研究》，頁 216。

79 帕特曼是一種突厥斯坦的土地與穀物單位，一帕特曼等於二十六・五畝；二百帕特曼的土地等於五千三百畝或三百五十二公頃。

80 關於十九世紀中期的新疆叛亂，參見 Hodong Kim 金浩東, *Holy War in China: The Muslim Rebellion and State in Chinese Central Asia, 1864–1877* (Stanford: Stanford University Press, 2004). 關於東干人，參見 Svetlana Rimsky-Korsakov Dyer, "The Dungans: Some Aspects of the Culture of Chinese Muslims in the Soviet Union," paper presented at The Legacy of Islam in China: An International Symposium in Memory of Joseph F. Fletcher, Harvard University, April 14–16, 1989.

81 王希隆，《清代西北屯田研究》，頁 234。

82 徐伯夫，〈18–19 世紀新疆地區的官營畜牧業〉，《新疆社會科學》期 5（1987），頁 101–112。

83 王希隆，《清代西北屯田研究》，頁 235。

84 同上，頁 249。

85 Kim, *Holy War*.

第十章

1 「知識的中央集權需要事實……來為政策的特徵與形式辯護。事實與那些我們稱之為統計臆測的事物相關……而且是十九世紀道德革命的重要手段。」Philip Corrigan and Derek Sayer, *The Great Arch: English State Formation as Cultural Revolution* (New York: Blackwell, 1985), p. 124; Paul Rabinow, *French Modern: Norms and Forms of the Social Environmen*t (Cambridge, Mass.: MIT Press, 1989).

S. Rawski, *The Last Emperors: A Social History of Qing Imperial Institutions* (Berkeley: University of California Press, 1998); Evelyn S. Rawski, "Reenvisioning the Qing: The Significance of the Qing Period in Chinese History," *Journal of Asian Studies* 55 (November 1996), pp. 829–850; Edward J. Rhoads, *Manchus and Han: Ethnic Relations and Political Power in Late Qing and Early Republican China, 1861–1928* (Seattle: University of Washington Press, 2000).

41 「新疆整體的行政制度本質上是一個由將軍所統轄的大型駐軍。」Fletcher, "Ch'ing Inner Asia," p. 59. 亦參見牛平漢，《清代政區沿革綜表》（北京：中國地圖出版社，1990），頁 503–510。

42 近來的鄂圖曼帝國研究也同樣以中心和菁英之間的「協商解決」概念來取代「東方專制主義」的舊論調。Peter C. Perdue and Huri İslamoğlu, "Introduction to Special Issue on Qing and Ottoman Empires," *Journal of Early Modern History* 5, no. 4 (2001), pp. 271–282.

43 王希隆，〈關於清代伊犁回屯收獲計算單位「分」的辨析〉，《蘭州大學學報》期 4（1986），頁 39–44。

44 Waldron, *The Great Wall*, p. 83; 王希隆，《清代西北屯田研究》，頁 3。

45 華立，〈乾隆年間移民出關與清前期天山北路農業的發展〉。

46 「這種想法意圖將軍務與農耕結合，因此能使其人民過著正常的家庭生活……亞歷山大一世與阿拉克切耶夫的計畫基本上失敗了，因為它包含了極度的組織化與精微的專制主義，這使得這個計畫讓人難以忍受，而且導致了動亂與最為殘酷的懲罰。」Nicholas Riasanovsky, *A History of Russia* (Oxford: Oxford University Press, 1993), pp. 318–319.

47 Waley-Cohen, *Exile*; reviewed by Peter C. Perdue in *Pacific Affairs* 65, no. 4 (Winter 1992), pp. 558–559.

48 Peter C. Perdue, "The Qing State and the Gansu Grain Market, 1739–1864," in *Chinese History in Economic Perspective*, ed. Thomas G. Rawski and Lillian M. Li 李明珠 (Berkeley: University of California Press, 1992), pp. 100–125.

49 Duman, *Agrarnaia politika*; Duman, "Qing Conquest"; 方英楷，《新疆屯墾史》；王希隆，《清代西北屯田研究》，頁 48–49。

50 王希隆，《清代西北屯田研究》，頁 73–75。

51 同上，頁 78。

52 關於民人糧倉的主要研究，參見 Pierre-Étienne Will, R. Bin Wong et al., *Nourish the People: The State Civilian Granary System in China, 1650–1850* (Ann Arbor: University of Michigan Press, 1991).

53 華立，〈道光年間天山南路兵屯的演變〉，《新疆社會科學》期 2（1988），頁 99–105.

54 王希隆，《清代西北屯田研究》，頁 84。

55 Duman, *Agrarnaia politika*, pp. 136–155; 王希隆，《清代西北屯田研究》，頁 86–104。

56 《欽定新疆識略》，6/11–13, 轉引自 Duman, *Agrarnaia politika*, pp. 142–145.

57 齊清順，〈試論清代新疆兵屯的發展和演變〉，《新疆大學學報》期 2（1988），頁 46–53。

58 王希隆，《清代西北屯田研究》，頁 99。

59 同上，第 4 章。

60 同上，頁 124。

61 同上，頁 130。

62 齊清順，〈1767年昌吉遣犯暴動不應肯定〉，《新疆大學學報》期4（1986），頁63–65；齊清順，〈清代新疆遣犯研究〉，《中國史研究》期 2（1988），頁 45–57；Waley-Cohen, *Exile*, p. 156; 王希隆，年7月），頁1–20；徐伯夫，〈清代前期新疆地區的民屯〉，《中國史研究》期2（1985年2月），頁85–95；曾問吾，《中國經營西域史》，兩冊（上海：商務印書館，1936）。

27 Chen Tsu-yuen, "Histoire du défrichement," p. 5.

28 然而，近年來作為「可持續發展」的新焦點的一部分，中華人民共和國開始讓農地回歸為草場與森林。

29 Nicola Di Cosmo, "Qing Colonial Administration in the Inner Asian Dependencies," *International History Review* 20 (1998), pp. 287–309; Peter C. Perdue, "Comparing Empires: Manchu Colonialism," *International History Review* 20, no. 2 (1998), pp. 255–262.

30 Sabine Dabringhaus, *Das Qing-Imperium als Vision und Wirklichkeit: Tibet in Laufbahn und Schriften des Song Yun (1752–1835)* (Stuttgart: Franz Steiner Verlag, 1994); William T. Rowe, *Saving theWorld: Chen Hongmou and Elite Consciousness in Eighteenth-Century China* (Stanford: Stanford University Press, 2001).

31 譚其驤，《中國歷史地圖集》，第1版，8冊（上海：地圖出版社，1982）；Tan Qixiang 譚其驤 and Zhongguo shehui kexueyuan 中國社會科學院, *The Historical Atlas of China* (Hong Kong: Joint Publishing, 1991); Jeremy Black, *Maps and History: Constructing Images of the Past* (New Haven: Yale University Press, 1997).

32 Peter C. Perdue, *Exhausting the Earth: State and Peasant in Hunan, 1500–1850* (Cambridge, Mass.: Harvard University Press, 1987), p. 74; Madeleine Zelin, *The Magistrate's Tael: Rationalizing Fiscal Reform in Eighteenth-Century Ch'ing China* (Berkeley: University of California Press, 1984).

33 Yeh-chien Wang 王業鍵, *Land Taxation in Imperial China, 1750–1911* (Cambridge, Mass.: Harvard University Press, 1973), p. 7.

34 Peter C. Perdue, "Official Goals and Local Interests: Water Control in the Dongting Lake Region during the Ming and Qing Periods," *Journal of Asian Studies* 41, no. 4 (1982), pp. 747–765.

35 Millward, *Beyond the Pass*, p. 110.

36 Julia Clancy-Smith and Frances Gouda, *Domesticating the Empire: Race, Gender, and Family Life in French and Dutch Colonialism* (Charlottesville: University Press of Virginia, 1998); Frederick Cooper and Ann Stoler, eds., *Tensions of Empire: Colonial Cultures in Bourgeois Worlds* (Berkeley: University of California Press, 1997).

37 Stevan Harrell, ed., *Cultural Encounters on China's Ethnic Frontiers* (Seattle: University of Washington Press, 1995), intro.; Rowe, *Saving the World*, p. 417.

38 C. Patterson Giersch, "Qing China's Reluctant Subjects: Indigenous Communities and Empire along the Yunnan Frontier" (Ph.D. diss., Yale University, 1998); Emma Jinhua Teng 鄧津華, *Taiwan's Imagined Geography: Chinese Colonial Travel Writing and Pictures, 1683–1895* (Cambridge, Mass.: Harvard University Asia Center, 2004).

39 Ping-ti Ho 何炳棣, "In Defense of Sinicization: A Rebuttal of Evelyn Rawski's Reenvisioning the Qing," *Journal of Asian Studies* 57 (1998), pp. 123–155.

40 Pamela Kyle Crossley, *Orphan Warriors: Three Manchu Generations and the End of the Qing World* (Princeton: Princeton University Press, 1990); Pamela Kyle Crossley, "Thinking about Ethnicity in Early Modern China," *Late Imperial China* 11 (1990), pp. 1–35; Mark C. Elliott, *The Manchu Way: The Eight Banners and Ethnic Identity in Late Imperial China* (Stanford: Stanford University Press, 2001); Evelyn

14 《平定準噶爾方略》，雍正 7 年 11 月乙未。

15 Peter C. Perdue, "Empire and Nation in Comparative Perspective," *Journal of Early Modern History* 5, no. 4 (2001), pp. 282–304; Saguchi Tōru 佐口透 , "The Formation of the Turfan Principality under the Qing Empire," *Acta Asiatica* 41 (1981), pp. 76–94.

16 《平定準噶爾方略》，康熙 60 年 6 月。

17 《平定準噶爾方略》，康熙 61 年 1 月庚子。

18 《平定準噶爾方略》，雍正 3 年 4 月。

19 《平定準噶爾方略》，雍正 9 年 6 月甲午，雍正 9 年 11 月。

20 《宮中檔雍正朝奏摺》，冊 17.601；《雍正朝漢文硃批奏摺彙編》，冊 19.990；佐口透，〈清朝支配下のトルファン〉，《東洋学報》卷 60，期 3（1979），頁 9。

21 一石的穀物重約 60 公斤。

22 《平定準噶爾方略》，雍正 9 年 2 月癸丑。

23 華立，〈乾隆年間移民出關與清前期天山北路農業的發展〉，《西北史地》期 4（1987），頁 119–131；華立，《清代新疆農業發展史》（哈爾濱：黑龍江教育出版社，1995）；James A. Millward, *Beyond the Pass: Economy, Ethnicity, and Empire in Qing Central Asia, 1759–1864* (Stanford: Stanford University Press, 1998); Waley-Cohen, *Exile*.

24 Pamela Kyle Crossley, *A Translucent Mirror: History and Identity in Qing Imperial Ideology* (Berkeley: University of California Press, 1999), pp. 99–100.

25 這個段落利用了 Peter C. Perdue, "The Agrarian Basis of Qing Expansion into Central Asia," in *Papers from the Third International Conference on Sinology: History Section* (中央研究院第三屆國際漢學會議論文集（歷史組）：經濟史、都市文化與物質文化) (Taibei: Institute of History and Philology, Academia Sinica, 2002), pp. 181–223.

26 Dorothy V. Borei, "Beyond the Great Wall: Agricultural Development in Northern Xinjiang, 1760–1820," in *To Achieve Security and Wealth: The Qing Imperial State and the Economy, 1644–1911*, ed. Jane K. Leonard and John Watt (Ithaca: Cornell University Press, 1991), pp. 21–46; Chen Tsu-yuen, "Histoire du défrichement de la province de Sin-Kiang sous la dynastie Ts'ing" (Ph.D. diss., University of Paris, 1932); Lazar' Isaevich Duman, *Agrarnaia politika tsinskogo (Man'chzhurskogo) pravitel'stva v Sin'tsziane v kontse 18 veka* (十八世紀末滿清在新疆的農業政策) (Moscow: Izd-vo Akademii nauk SSSR, 1936); Lazar' Isaevich Duman, "The Qing Conquest of Junggariye and Eastern Turkestan," in *Manzhou Rule in China*, ed. S. L. Tikhvinsky (Moscow: Progress Publishers, 1983), pp. 235–256; 方英楷，《新疆屯墾史》（烏魯木齊：新疆青少年出版社，1989）; Joseph Fletcher, "Ch'ing Inner Asia, c. 1800," in *The Cambridge History of China*: vol. 10, pt. 1, *Late Ch'ing, 1800–1911*, ed. John K. Fairbank (Cambridge: Cambridge University Press, 1978), pp. 35–106; 馬東玉，〈清代屯田探討〉，《遼寧師範大學學報》（1985 年 1 月），頁 62–67; 馬汝珩、成崇德主編，《清代的邊疆開發》（太原：山西人民出版社，1998 年）; 馬正林，〈西北開發與水利〉，《陝西師範大學學報》期 3（1987），頁 66–73; Millward, *Beyond the Pass*, pp. 50–52; Waley-Cohen, *Exile*, pp. 27–32, 170–174; 王希隆，〈清代實邊新疆述略〉，《西北史地》期 4（1985 年），頁 62–71; 王希隆，〈清代烏魯木齊屯田述論〉，《新疆社會科學》期 5（1989），頁 101–108; 王希隆，《清代西北屯田研究》（蘭州：蘭州大學出版社，1990）；王希隆，〈清代新疆的屯田〉，Wang Xilong, 《西北民族學院學報》期 1（1985），頁 44–53；徐伯夫，〈清代前期新疆地區的兵屯〉，《新疆社會科學研究》期 13（1984

36 《大清歷朝實錄 · 乾隆朝》，卷 593.28b，乾隆 24 年 7 月。

37 《大清歷朝實錄 · 乾隆朝》，597.5b，乾隆 24 年 9 月。

38 《大清歷朝實錄 · 乾隆朝》，卷 597.12b。

39 Hucker, *Dictionary,* p. 391, no. 4770; 牛平漢，《清代政區沿革綜表》（北京：中國地圖出版社，1990），頁 453。

40 牛平漢，《清代政區沿革綜表》，頁 453–477。

41 Skinner, *The City,* p. 305.

42 Wang Shaoguang 王紹光 and Hu Angang 胡鞍鋼 , *The Political Economy of Uneven Development: The Case of China* (Armonk, N.Y.: M. E. Sharpe, 1999), p. 45.

43 管轄幅度（每個府轄下的縣級區畫）在整個帝國內的變動從 1 到 18，而平均則為 5 至 6。Skinner, *The City,* p. 305.

44 牛平漢，《清代政區沿革綜表》，頁 435。「〔雍正皇帝〕那種過度的檢查，其關鍵性特徵是在地區核心範圍之外建置新的府級區畫，藉以縮小在邊區的管理範圍，並便於監督邊遠的縣級區畫。」Skinner, *The City,* p. 270.

第九章

1 Huan K'uan, *Discourses on Salt and Iron: A Debate on State Control of Commerce and Industry in Ancient China*, trans. Esson Gale (Leiden: E. J. Brill, 1931).

2 Judy Bonavia, *The Silk Road: From Xi'an to Kashgar* (Hong Kong: Odyssey, 2002); Albert von Le Coq, *Buried Treasures of Chinese Turkestan* (London: G. Allen and Unwin, 1928).

3 關於明代屯墾，參見叢佩遠，〈明代遼東軍屯〉，《中國史研究》第 3 期（1985），頁 93–107；L. C. Goodrich and Chaoying Fang 房兆楹 , *Dictionary of Ming Biography, 1368–1644* (New York: Columbia University Press, 1976), pp. 220, 488, 496, 655, 716, 1099, 1114, 1250, 1294, 1341, 1621; 寺田隆信，《山西商人の研究：明代における商人および商業資本》（京都：東洋史研究會，1972）；Arthur Waldron, *The Great Wall of China: From History to Myth* (Cambridge: Cambridge University Press, 1990); 王毓銓，《明代的軍屯》（北京：中華書局，1965）；王毓銓，〈明代軍屯制度的歷史淵源及其特點〉，《歷史研究》第 6 期（1959），頁 45–55；衣保中，〈關於明代軍屯制度破壞過程中的幾個問題〉，《松遼學刊》第 3 期（1984），頁 41–46；左書諤，〈明代甘肅屯田述略〉，《西北史地》第 2 期（1987），頁 81–90。

4 Waldron, *The Great Wall*, p. 83.

5 同上，頁 187。

6 《親征平定朔漠方略》，康熙 31 年 12 月，卷 12，壬寅。

7 《平定準噶爾方略》，康熙 54 年 7 月辛酉，雍正 3 年 4 月戊子。

8 Joanna Waley-Cohen, *Exile in Mid-Qing China: Banishment to Xinjiang, 1758–1820* (New Haven: Yale University Press, 1991).

9 《平定準噶爾方略》，康熙 57 年 2 月庚寅。

10 《平定準噶爾方略》，康熙 56 年 5 月庚寅，康熙 60 年 10 月乙亥，康熙 61 年 10 月辛未。

11 《平定準噶爾方略》，康熙 58 年 1 月。

12 《平定準噶爾方略》，康熙 56 年 10 月。

13 《平定準噶爾方略》，康熙 55 年 7 月，康熙 61 年 4 月。

pp. 123–173; Nicholas Poppe, "Renat's Kalmuck Maps," *Imago Mundi* 12 (1955), pp. 157–160.

18 Zlatkin, *Istoriia*, p. 361.

19 這部分的討論引自 Peter C. Perdue, "Empire and Nation in Comparative Perspective," *Journal of Early Modern History* 5, no. 4 (2001), pp. 282–304。

20 滿文本收錄於年羹堯，《年羹堯奏摺全集》，3 冊（臺北：國立故宮博物院，1971），3:855–876；漢文本收錄於《雍正朝漢文硃批奏摺彙編》，3:27–43；引文在漢文本 3:864a。

21 《雍正朝漢文硃批奏摺彙編》，3:33a。

22 《雍正朝漢文硃批奏摺彙編》，3:33b。

23 有關康區在西藏歷史上的角色之討論，參見 Carole McGranahan, "Arrested Histories: Between Empire and Exile in 20th Century Tibet" (Ph.D. diss., University of Michigan, 2001)。

24 《雍正朝漢文硃批奏摺彙編》，3:34b。

25 石濱裕美子，〈グシハン王家のチベット王權喪失過程に関する一考察：ロブサン・ダンジン（Blo bzang bstan 'dzin）の「反乱」再考〉，《東洋学報》卷 69，号 3、4（1988）：頁 151–171。

26 「自一六九九年以降⋯⋯伊斯坦堡所有的外交官僚機構都移至和平策略上，而這與調停與固定的邊界有關⋯⋯（在俄羅斯），一條新的堡壘線在北高加索建立起來，進一步關上了俄羅斯與游牧民族之間，以及東正教與伊斯蘭教之間界定不明的邊界。」Virginia H. Aksan, "Locating the Ottomans among Early Modern Empires," *Journal of Early Modern History* 3 (1999), pp. 123, 128.

27 Matthew H. Edney, *Mapping an Empire: The Geographical Construction of British India,* 1765–1843 (Chicago: University of Chicago Press, 1997).

28 《年羹堯奏摺全集》，3:21a。

29 Joseph K. Fletcher, "The Heyday of the Ch'ing Order in Mongolia, Sinkiang, and Tibet," in *The Cambridge History of China,* vol. 10, pt. 1, *Late Ch'ing, 1800–1911,* ed. John K. Fairbank (Cambridge: Cambridge University Press, 1978), p. 378.

30 進一步的討論，參見 Peter C. Perdue, "Identifying China's Northwest: For Nation and Empire," in *Locating China: Space, Place, and Popular Culture,* ed. Jing Wang and David Goodman (London: Routledge, 2005)。

31 亦參見 R. Kent Guy, "Inspired Tinkering: The Qing Creation of the Province,"unpublished ms., 2003, chap. 5。

32 Gilbert Rozman, *Urban Networks in Ch'ing China and Tokugawa Japan* (Princeton: Princeton University Press, 1973); William G. Skinner, ed., *The City in Late Imperial China* (Stanford: Stanford University Press, 1977), pp. 301–336.

33 Charles O. Hucker, *A Dictionary of Official Titles in Imperial China* (Stanford: Stanford University Press, 1985), p. 534, no. 7158. 賀凱指出總督在明代是一種「特別的麻煩解決者」，但它在清代成了一個常設職位。

34 Guy, "Inspired Tinkering," chap. 5.

35 一九七七年施堅雅根據分水嶺與山脈來定義中華帝國的八個宏觀區域。Skinner, *The City,* pp. 214–215. 1985 年，藉由把江西跟湖廣分開，創造了第九個宏觀區域，施堅雅畫分的長江中游宏觀區域大致跟湖廣總督的轄區相近。G. William Skinner, "Presidential Address: The Structure of Chinese History," *Journal of Asian Studies* 44 (February 1985), pp. 271–292. 我在這裡採用一九八五年的宏觀區域分區。

元，興建一棟閃閃發光的建築舉辦國際西洋棋錦標賽。Seth Mydans, "Where Chess Is King and the People Are the Pawns," *New York Times*, June 20, 2004, p. 3.

第八章

1 這個段落利用了 Peter C. Perdue, "The Agrarian Basis of Qing Expansion into Central Asia," in Papers from the Third International Conference on Sinology: History Section (中央研究院第三屆國際漢學會議論文集（歷史組）：經濟史、都市文化與物質文化) (Taibei: Institute of History and Philology, Academia Sinica, 2002), pp. 181–223.

2 I. Ia. Zlatkin, *Istoriia Dzhungarskogo Khanstvo, 1635–1758* (History of the Zunghar Khanate, 1635–1758) (Moscow: Nauka, 1964), p. 179.

3 同上，頁 182。

4 同上，頁 222。

5 梁份，《秦邊紀略》（西寧：青海人民出版社，1987）；內藤湖南，〈『秦辺紀略』の「ガルダン伝」〉，收入《內藤湖南全集》，14 冊（東京：筑摩書房，1970），7:380–425。

6 梁份，《秦邊紀略》，頁 421。

7 同上，頁 401。

8 《準噶爾史略》，頁 91-92。

9 Zlatkin, *Istoriia*, pp. 323, 381.

10 同上，頁 361；《準噶爾史略》，頁 127。

11 John Baddeley, *Russia, Mongolia, China, being some record of the relations between them from the beginning of the XVIIth century to the death of the Tsar Alexei Mikhailovich, a.d. 1602–1676* (London: Macmillan and Company, 1919), p. 176; *Sven Hedin, Southern Tibet: Discoveries in Former Times Compared with My Own Researches in 1906–1908, 11 vols*. (Stockholm: Lithographic Institute of the General Staff of the Swedish Army, 1917), 1:246–259; Arthur W. Hummel, ed., *Eminent Chinese of the Ch'ing Period* (Washington, D.C.: U.S. Government Printing Office, 1943–44), p. 759; Paul Pelliot, "Notes critiques d'histoire kalmouke," in *Oeuvres posthumes* (Paris: Librairie d'Amerique et d'Orient, 1960), pp. 2, 81.

12 A. I. Andreev, *Ocherki po Istochnikovedeniiu Sibiri* (Studies on the sources of Siberian history), 2 vols. (Leningrad: Izd-vo Akademii Nauk SSSR, 1960–), 2:32.

13 Baddeley, *Russia, Mongolia, China,* p. 166.

14 Zlatkin, *Istoriia,* p. 361.

15 Baddeley, *Russia, Mongolia, China,* p. 168.

16 同上，頁166。A. Maksheev, "Karta Zhungarii sostav. Renatom," *Zapiski imperatorskago russkago geograficheskago obshchestva* 11 (1888), pp. 105–145.

17 進一步的討論，參見 Peter C. Perdue, "Boundaries, Maps, and Movement: The Chinese, Russian, and Mongolian Empires in Early Modern Eurasia," *International History Review* 20, no. 2 (1998), pp. 263–286. G. Henrik Herb, "Mongolian Cartography," in *The History of Cartography: Cartography in the Traditional East and Southeast Asian Societies,* ed. J. B. Harley and David Woodward (Chicago: University of Chicago Press, 1994), pp. 682–685, 提到雷納特的兩張地圖，但主張「蒙古人對它們的影響很小」。亦可參見 Walther Heissig, "Uber Mongolische Landkarten," *Monumenta Serica* 9 (1944),

(1988), pp. 1–45; Michael Khodarkovsky, "War and Politics in Seventeenth-Century Muscovite and Kalmyk Societies as Viewed in One Document: Reinterpreting the Image of the 'Perfidious Nomad,'" *Central and Inner Asian Studies* 3 (1989), pp. 36–56; Michael Khodarkovsky, *Where Two Worlds Met: The Russian State and the Kalmyk Nomads, 1600–1771* (Ithaca: Cornell University Press, 1992). 他沒有使用中文史料。最棒的中文描述依然帶有中國中心的民族主義，就像俄羅斯記載帶有俄羅斯中心主義。Cf. 馬汝珩和馬大正，《漂落異域的民族：十七至十八世紀的土爾扈特蒙古》（北京：中國社會科學院，1991）；任世江，〈試析土爾扈特回歸祖國的原因〉，《甘肅社會科學》（1983 年 2 月），頁 107–111; ZGSL, pp. 216–240.

96 Khodarkovsky, *Two Worlds*, p. 232.

97 Ibid., p. 230.

98 Ibid., p. 228.

99 Bergmann, Nomadische Streifereien, 1:181–183. 亦可參見 Khodarkovsky, Two Worlds, p. 230.

100 Howorth, *History*, p. 575; Hummel, *Eminent Chinese*, pp. 659–661; Khodarkovsky, *Two Worlds*, p. 232.

101 ZGSL 234.

102 Barkman, "The Return," 104.

103 Khodarkovsky, *Two Worlds*, p. 235.

104 中國社會科學院民族研究所等，《滿文土爾扈特檔案譯編》（北京：民族出版社，1988）。徵引時作 T*urhute Dang'an* 再加上文件號碼。

105 Khodarkovsky, Two Worlds, p. 235.

106 *Turhute Dang'an*, nos. 4, 10.

107 *Turhute Dang'an*, no. 9.

108 *Turhute Dang'an,* no. 4.

109 *Turhute Dang'an*, no. 8.

110 *Turhute Dang'an*, no. 22.

111 *Turhute Dang'an,* no. 35; QSLQL 36/6 *dinghai*.

112 兩個布達拉宮銘文的副本，參見 Joseph Amiot, "Monument de la transmigration des tourgouths des bords de la mer caspienne, dans l'Empire de la Chine," in *Mémoires concernant l'histoire, les sciences, les arts, les moeurs, etc. des chinois, par les Missionaires de Pekin* (Paris: Chez Nyon, 1776–), pp. 401–431. Berthold Laufer and Otto Franke, *Epigraphisches Denkmūler aus China*, vol. 1 (Berlin: Dietrich Reimer, 1914), plates 63–70, 翻譯了伊犁銘文的滿文文本部分，其內容近似〈土爾滬特全部歸順記〉；部分翻譯見 Millward, "Torghuts"；中文文本的摘錄見齊敬之，《外八廟碑文注釋》（北京：紫禁城出版社，1985）。張維華，〈土爾扈特西徙與圖理琛之出使〉，《邊政公論》 第 2 卷 3–5 期 (1943)，頁 29，從《東華錄》引用一部分片段。

113 Amiot, "Monument," p. 420.

114 Laufer and Franke, *Epigraphisches Denkmūler*, plate 63.

115 Barkman, "The Return," p. 108; 馬汝珩和馬大正，《漂落異域的民族：十七至十八世紀的土爾扈特蒙古》。

116 Barkman, "The Return," p. 110.

117 Millward, "Torghuts."

118 卡爾梅克共和國總統基爾桑·伊柳姆日諾夫（Kirsan Ilyumzhinov）花了這個貧窮國家數千萬

係), *Rekishigaku Chirigaku Nenpō (Kyūshū Daigaku)* 7 (1983), pp. 75–105; Zlatkin, "Russkie arkhivnye materialy," p. 312.

83 Morikawa Tetsuo, "Amursana o meguru RoShin Kōshō Shimatsu," p. 91; PDZGFL j.48 QL23/1/19 *bingwu*.

84 無論是《平定朔漠方略》或茲拉特金、森川哲雄（Morikawa Tetsuo）或千葉宗雄的研究，都沒有任何證據顯示阿睦爾撒納的屍體曾被歸還。

85 馬汝珩，〈論阿睦爾撒納的〔反動〕一生〉，頁 23; Zlatkin, "Russkie arkhivnye materialy," p. 312.

86 關於這些軍事行動的英文資料很簡短，參見 Joseph Fletcher, "The Biography of Khwush Kipūk Beg (d. 1781) in theWai-fan Meng-ku Hui-puWang Kung Piao Chuan," in *Studies on Chinese and Islamic Inner Asia*, ed. Beatrice Forbes Manz (Brookfield, Vt.: Variorum, 1995), pp. 167–172; Hummel, *Eminent Chinese*, pp. 72–74; Millward, *Beyond the Pass*, pp. 30–32. Gertraude Roth Li, *Manchu: A Textbook for Reading Documents* (Honolulu: University of Hawaii Press, 2000), pp. 50–71，傅禮初翻譯了其中的滿文文本。最深入的二手記載 Chiba Muneo, "Tenzan ni habataku," chaps. 6–9. 中文見戴逸，《簡明清史》第 2 冊 :182–185; 魏源，《聖武記》，頁 161–169; PDZGFL 昭槤《嘯亭雜錄》（1880），卷 6。

87 魏源，《聖武記》，頁 163; Fletcher, "Ch'ing Inner Asia," p. 74.

88 Fletcher, "Khwush Kipūk Beg," p. 170.

89 Chiba Muneo, "Tenzan ni habataku," pp. 271–277; PDZGFL *juan* 80 QL24/10 *dinghai*.

90 PDZGFL j.81 QL24/10 *gengzi*.

91 Millward, *Beyond the Pass*, p. 31.

92 Chiba Muneo, "Tenzan ni habataku," chap. 11; Millward, *Beyond the Pass*, pp. 124–125; JoannaWaley-Cohen, *Exile in Mid-Qing China: Banishment to Xinjiang, 1758–1820* (New Haven: Yale University Press, 1991), p. 175; 魏源，《聖武記》，頁 179–180; PDZGFL *xubian* j.28–32.

93 David Anthony Bello, *Opium and the Limits of Empire: The Opium Problem in the Chinese Interior, 1729–1850* (Cambridge, Mass.: Harvard University Asia Center, 2005);Waley-Cohen, *Exile*, pp. 184–185; 魏源，《聖武記》，頁 180.

94 Thomas De Quincey, *Revolt of the Tartars* (New York: Longmans, Green, and Co., 1896), p. 3.

95 Benjamin Bergmann, *Nomadische Streifereien unter den Kalmuken in den Jahren 1802 und 1803* (Riga: E. J. G. Hartmann, 1804). 比較近期的英文描述，參見 C. D. Barkman, "The Return of the Torghuts from Russia to China," *Journal of Oriental Studies* 2 (1955), pp. 89–115; James A. Millward, "Qing Inner Asian Empire and the Return of the Torghuts," in *New Qing Imperial History: The Making of Inner Asian Empire at Qing Chengde*, ed. James A. Millward and Ruth Dunnell (New York: Routledge Curzon, 2004), 91–105. James A. Millward, "The Qing Formation, the Mongol Legacy, and the 'End of History' in Early Modern Central Eurasia," in *The Qing Formation in World-Historical Time*, ed. Lynn Struve (Cambridge, Mass.: Harvard University Asia Center, 2004), pp. 92–120。較早的描述，見 Howorth, *History*, 1:561–589，其內容是依據 Benjamin Bergmann, *Nomadische Streifereien*，和 Peter Simon Pallas, *Sammlungen Historischer Nachrichten über die Mongolischen Völkerschaften* (Graz: Akademische Druck-u. Verlagsanstalt, 1980). 考達爾考夫斯基傑出的研究專注於卡爾梅克人與俄羅斯的關係，對回歸的討論很簡短，見 Michael Khodarkovsky, "Russian Peasant and Kalmyk Nomad: A Tragic Encounter in the Mid-Eighteenth Century," *Russian History* 15 (1988), pp. 43–69; Michael Khodarkovsky, "Uneasy Alliance: Peter the Great and Ayuki Khan," *Central Asian Survey* 7

59 QSLQL j.512 QL21.5/1; PDZGFL zheng j.27 QL21/5 *wuchen*.

60 QSLQL j.519/16b; zheng PDZGFL zheng j.30/43a QL21/8/29 *yichou*; QSLQL j.512(QL21.5) 7a renshen; PDZGFL zheng j.27 QL21/5 *renshen*.

61 QSLQL j.529 (QL21.12.21) 9b *jiashen*.

62 PDZGFL zheng j.43 QL22/8 *dinghai*.

63 QSLQL j.539 (QL22.5) *dingwei*; PDZGFL zheng j.39, p. 26b.

64 Zuo Shu'e, "Cong PingZhun zhanzheng kan Qianlong dui Zhunbu zhengce dizhuanbian" (從平準戰爭看乾隆對準部政策的轉變), *Xibei Shidi* 2 (1985), pp. 58–63; QSLQL j.532.13b; PDZGFL zheng j.37 QL22/2 *renwu*.

65 QSLQL j.532.8a QL22/2/4 *bingyin*, j.534 QL22/3/10, j.536.11b QL22/4 *xinchou*; PDZGFL j.36 QL22/2 bingyin, j.37 QL22/3 *xinchou*, j.38 QL22/4 *bingyin*.

66 QSLQL j.535 QL22/3 *gengxu*; PDZGFL j.38/9a.

67 PDZGFL zheng j.42 QL22/8 *guihai*; QSLQL j.544.13a QL22/8 *guihai*.

68 QSLQL 510.2–3; PDZGFL j.37 QL22/3 *yiwei*; QSLQL j.534 QL22/3/4 *yiwei*.

69 QSLQL j.539.1a QL22/5 *bingwu*; PDZGFL j.39/23a QL22/5 *bingwu*.

70 QSLQL j.539.20A QL22/5 *yimao*; QSLQL j.540/22b QL22/6 *jisi*; PDZGFLj.40 QL22/6 *jisi*.

71 Zlatkin, "Russkie arkhivnye materialy," p. 312.

72 Zuo Shu'e, "Cong PingZhun zhanzheng."

73 PDZGFL j.42 QL22/8 guiyou; QSLQL j.544.34B QL22/8 *guiyou*.

74 QSLQL j.541 QL22/6 dinghai, j.543 QL22/7 jiwei; PDZGFL j.42 QL22/7 *jiwei*.

75 恆慕義只說：「很多厄魯特都被殺死，另有一大群被遷移到不同的地方。」戴逸則寫道：「應該指出，儘管清政府的平準戰爭，對於恢復國家統一，維護西北國防有著極為重大的意義，但正像歷史上的很多進步事業都要付出重大的代價一樣，清政府實現統一的手段是十分殘酷的。由於準噶爾長期割據，時服時叛，清朝統治者對之抱著根深柢固的敵視與不信任心理。清軍乘準部內亂，長驅直入，燒殺搶劫，波及無辜。殺人之多，超過了一般戰爭的範圍。『凡山陬水涯，可漁獵資生之地，悉搜剔無遺』；『草雉禽獮無噍類』（摘自昭槤《嘯亭雜錄》）。有些部落已經歸降，但清軍疑慮重重，也悉數屠殺，使準噶爾部遭到嚴重的災難。清政府採取這種殘暴的手段是應予揭露批判的。」他批評清政府的殘暴，但終究以有助歷史的進步作為其辯解——彷彿民族主義版的史達林煎蛋比喻（要煎蛋就必須先打破蛋殼）。戴逸，《簡明清史》（北京：人民出版社，1984）頁 181; Arthur W. Hummel, ed., *Eminent Chinese of the Ch'ing Period* (Washington, D.C.: U.S. Government Printing Office, 1943–44), p. 16.

76 C・R・鮑登（C. R. Bawden）不認為這樣的措辭太過強烈。Bawden, *Modern History*, p. 132.

77 魏源，《聖武記》，頁 156.

78 揚州大屠殺的經典描述，英譯參見 Lynn A. Struve, *Voices from the Ming–Qing Cataclysm: China in Tigers' Jaws* (New Haven: Yale University Press, 1993), pp. 28–48.

79 PDZGFL j.34 QL21/11/27 *gengshen*; QSL j.527 QL21/11/27 *gengshen*.

80 PDZGFL j.34 QL21/11/27 *gengshen*; QSL j.527 QL21/11/27 *gengshen*.

81 馬汝珩，〈論阿睦爾撒納的〔反動〕一生〉，收於馬汝珩和馬大正編，《厄魯特蒙古史論集》（西寧：青海人民出版社，1984），頁 107–120; Zlatkin, "Russkie arkhivnye materialy," pp. 296, 307.

82 Morikawa Tetsuo, "Amursana o meguru RoShin Kôshô Shimatsu" (在阿睦爾撒納問題上的中俄關

Ajia (現代中國的國際時刻：朝貢貿易制度和現代亞洲) (Tokyo: Tokyo Daigaku Shuppankai, 1990); Hamashita Takeshi, "The Tribute Trade System and Modern Asia," *Memoirs of the Research Department of the Toyo Bunko* 46 (1988), pp. 7–26.

43 Thomas J. Barfield, *The Perilous Frontier: Nomadic Empires and China* (Cambridge, Mass.: Basil Blackwell, 1989).

44 Nicola Di Cosmo, *Ancient China and Its Enemies: The Rise of Nomadic Power in East Asian History* (Cambridge: Cambridge University Press, 2001), pp. 217–227.

45 Chiba Muneo,"Tenzan ni habataku"(黑旋風：旗幟飄揚天山), in *Kara būran: Kuroi suna-arashi* (Tokyo: Kokushokankokai, 1986), p. 96; ZGSL 180–183.

46 ZGSL 191.

47 Chiba Muneo, "Tenzan ni habataku," p. 108; PDZGFL zheng 4.15b QL19/9 *jiaxu*.

48 I. Ia. Zlatkin, "Russkie arkhivnye materialy ob Amursane" (關於阿睦爾撒納的俄羅斯檔案史料), in *Filologia I istoriia Mongol'skikh Narodov: Pamiati Akademika Borisa Yakovlevicha Vladimirtsova, ed. Akademiia Nauk SSSR Institut Vostokovedeniia* (Moscow: Izdatelstvo Vostochnoí Literatury, 1958), p. 292.

49 Erich Haenisch, "Der Chinesische Feldzug in Ili im Jahre 1755" (一七五五年中國在伊犁的軍事行動), *Ostasiatische Zeitschrift* 7 (April–September 1918), pp. 57–86

50 Chiba Muneo, "Tenzan ni habataku," chap. 5; I. Ia. Zlatkin, *Istoriia Dzhungarskogo Khanstvo, 1635–1758* (準噶爾汗國史，一六三五至一七五八) (Moscow: Nauka, 1964), chap. 6.

51 C. R. Bawden, *The Modern History of Mongolia* (New York: Praeger, 1968), pp. 101–132; C. R. Bawden, "The Mongol Rebellion of 1756–1757,"*Journal of Asian History* 2 (1968), pp. 1–31; C. R. Bawden,"Some Documents Concerning the Rebellion of 1756 in Outer Mongolia," *Guoli Zhengzhi Daxue Bianzheng Yanjiusuo Nianbao* 1 (1970), pp. 1–23; Morikawa Tetsuo, "Chinggunjabu no ran ni tsuite" (論青滾雜卜的叛亂), *Rekishigaku Chirigaku Nenpō (Kyūshū Daigaku)* 3 (1979), pp. 73–103; Alynn Nathanson, "Ch'ing Policies in Khalkha Mongolia and the Chingünjav Rebellion of 1756" (Ph.D. diss., University of London, 1983).

52 Joseph Fletcher, "Ch'ing Inner Asia c. 1800," in *The Cambridge History of China*, vol. 10, pt. 1, *Late Ch'ing, 1800–1911*, ed. John K. Fairbank (Cambridge: Cambridge University Press, 1978), p. 51; Nathanson, "Ch'ing Policies," p. 25; M. Sanjdorj, *Manchu Chinese Colonial Rule in Northern Mongolia*, trans. Urgunge Onon (New York: St. Martin's Press, 1980), p. 31.

53 Bawden, *Modern History*, p. 101.

54 「貧窮的游牧民才是純淨的游牧民：除去繁榮的游牧生活的裝飾與奢華，他們重新建立起在嚴格大草原環境生存的可能性，哪怕是大草原中最惡劣的地區，從而再次達到自大草原邊緣出發的極端階段……生活在偏遠大草原的『真』游牧民可能只懂得掠奪和進貢，邊境游牧民則知道如何應付不同類型的人。」Owen Lattimore, *Inner Asian Frontiers of China* (Boston: Beacon Press, 1962), pp. 522, 546; cf. Nathanson, "Ch'ing Policies," pp. 85–89.

55 Bawden, "Some Documents," pp. 4, 21.

56 Ibid., p. 10.

57 Bawden, *Modern History*, p. 112.

58 Ibid., p. 115; Morikawa Tetsuo, "Chinggunjabu no ran."

27 Luciano Petech, *China and Tibet in the Early Eighteenth Century: History of the Establishment of Chinese Protectorate in Tibet* (Leiden: E. J. Brill, 1950), p. 134，稱之為一場「僧侶的集體茶派對」。

28 ZGSL 57; Henry H. Howorth, *History of the Mongols from the Ninth to the Nineteenth Century*, 4 vols. (Taibei: Ch'engWen, 1970), 1:517.

29 QSLQL QL4/2 *gengzi* j.87; QSLQL QL5/2 *yimao* j.110.

30 蔡家藝，〈十八世紀中葉準噶爾同中原地區的貿易往來略述〉，頁 245。

31 SLXK 19.364, 20.386, 24.455–456a.

32 蔡家藝，〈十八世紀中葉準噶爾同中原地區的貿易往來略述〉，頁 246; Petech, *China and Tibet*, p. 166.

33 Petech, *China and Tibet*, pp. 169–170.

34 蔡家藝，〈十八世紀中葉準噶爾同中原地區的貿易往來略述〉，頁 248; Petech, *China and Tibet*, p. 183.

35 馬林，〈乾隆初年準噶爾部首次入藏熬茶始末〉，頁 67。

36 同上，頁 68。

37 蔡家藝，〈清代中晚期進藏熬茶概述〉，《民族研究》第 6 期 (1986)，頁 42–47。

38 LSDA 14, 28. 關於朝貢關係的語言，參見 James L. Hevia, *Cherishing Men from Afar: Qing Guest Ritual and the Macartney Embassy of 1793* (Durham: Duke University Press, 1995), 書評見 Joseph W. Esherick in *Modern China* 24, no. 2 (April 1998), pp. 135–161, also in 21 Shiji 44 (December 1997), pp. 105–117. 其他討論，參見 replies by Hevia and Esherick in *Modern China* 24, no. 3 (July 1998), pp. 319–332; rebuttal of Esherick by Benjamin Elman and Theodore Huters in 21 *Shiji* 44 (December 1997), pp. 118–130; 進一步討論見 Zhang Longxi in 21 *Shiji* 45 (February 1998), pp. 56–63; Ge Jianxiong in 21 *Shiji* 46 (April 1998), pp. 135–139; and Luo Zhitian in 21 *Shiji* 49 (October 1998), pp. 138–145.

39 Sechin Jagchid and Van Jay Symons, *Peace, War, and Trade along the Great Wall: Nomadic–Chinese Interaction through Two Millennia* (Bloomington: Indiana University Press, 1989); 葉志如，〈從貿易熬茶看乾隆前期對準噶爾部的民族政策〉，頁 69; Ying-shih Yu, "Han Foreign Relations," in *The Cambridge History of China*, vol. 1, *The Ch'in and Han Empires, 221 b.c.–a.d. 220,* ed. Denis Twitchett and Michael Loewe (New York: Cambridge University Press, 1986), pp. 377–462; Ying-shih Yu, *Trade and Expansion in Han China* (Berkeley: University of California Press, 1967).

40 Susan Naquin, Pamela K. Crossley, and Nicola Di Cosmo, "Rethinking Tribute: Concept and Practice," papers presented at the Association of Asian Studies Annual Meeting, 1995, Boston; John E.Wills, Jr., *Pepper, Guns, and Parleys: The Dutch East India Company and China, 1622–1681* (Cambridge: Harvard University Press, 1974); John E.Wills, Jr., "Maritime Asia, 1500–1800. The Interactive Emergence of European Domination," *American Historical Review* 98, no. 1 (February 1993), pp. 83–105.

41 Nicola Di Cosmo, "Kirghiz Nomads on the Qing Frontier: Tribute, Trade, or Gift-Exchange?" in *Political Frontiers, Ethnic Boundaries, and Human Geographies in Chinese History*, ed. Nicola Di Cosmo and Don J.Wyatt (London: Curzon Press, 2003); James A. Millward, "Qing Silk–Horse Trade with the Qazaqs in Yili and Tarbaghatai, 1758–1853," *Central and Inner Asian Studies* 7 (1992), pp. 1–42.

42 Hamashita Takeshi, "The Intra-regional System in East Asia in Modern Times," in *Network Power: Japan and Asia*, ed. Peter Katzenstein and Takashi Shiraishi (Ithaca: Cornell University Press, 1997), pp. 113–135; Hamashita Takeshi, Kindai chūgoku no kokusaiteki keiki: chōkō bōeki shisutemu to kindai

頁 67–76；第 3 期（1986），頁 24–32；第 4 期（1986），頁 48–54。

第七章

1 蔡家藝，〈十八世紀中葉準噶爾同中原地區的貿易往來略述〉，《清史論叢》第 4 期（1983），頁 242。

2 葉志如，〈從貿易熬茶看乾隆前期對準噶爾部的民族政策〉，《新疆大學學報》第 1 期（1986），頁 63。.

3 張羽新，〈肅州貿易考略〉（上），《新疆大學學報》第 1 期（1986），頁 67–76，註腳 5。

4 同上，第 3 期（1986），頁 25。

5 馬林，〈乾隆初年準噶爾部首次入藏熬茶始末〉，《西藏研究》第 1 期 (1988)，頁 62–69。

6 這部分的主要參考文獻為葉志如，〈從貿易熬茶看乾隆前期對準噶爾部的民族政策〉；張羽新，〈肅州貿易考略〉；中國第一歷史檔案館編，〈乾隆八至十五年準噶爾部在肅州等地貿易〉，《歷史檔案》第 2 期（1984），頁 21–34；第 3 期（1984），頁 12–20（徵引時作 LSDA，加上檔案號碼）；QSLQL；PDZGFL；《史料旬刊》（1930）（徵引時作 SLXK）還有我沒看過的其他檔案史料。

7 LSDA13; QSLQL QL5/2 *yimao* j.110.

8 規定中具體說明的人數有不同說法。馬林，〈乾隆初年準噶爾部首次入藏熬茶始末〉，頁 64 和蔡家藝，〈十八世紀中葉準噶爾同中原地區的貿易往來略述〉說兩百人，參考《東華錄》和 QSLQL j.110; Z 張羽新，〈肅州貿易考略〉說北京有三百人。

9 LSDA 1.

10 LSDA 18.

11 LSDA 2, 12, 13.

12 SLXK 19.364–367, 20.386–390.

13 SLXK 20.387.

14 SLXK 25.481–484.

15 SLXK 26.504–507.

16 SLXK 27.523–524.

17 張羽新，〈肅州貿易考略〉，頁 29。

18 SLXK 25.481.

19 LSDA 13.

20 LSDA 2; SLXK 24.456.

21 LSDA 17.

22 葉志如，〈從貿易熬茶看乾隆前期對準噶爾部的民族政策〉，頁 65; LSDA 1, 11, 13.

23 LSDA 20, 21.

24 蔡家藝，〈十八世紀中葉準噶爾同中原地區的貿易往來略述〉頁 250; QSLQL j.380 QL16/1 *wushen*.

25 LSDA 28.

26 蔡家藝，〈十八世紀中葉準噶爾同中原地區的貿易往來略述〉；馬林，〈乾隆初年準噶爾部首次入藏熬茶始末〉; James A. Millward, *Beyond the Pass: Economy, Ethnicity, and Empire in Qing Central Asia, 1759–1864* (Stanford: Stanford University Press, 1998), p. 29; 葉志如，〈從貿易熬茶看乾隆前期對準噶爾部的民族政策〉；檔案史料見 ZPZZ Minzu Shiwu nos. 147–154, 166–168.

118 Hummel, *Eminent Chinese*, p. 395; Petech, *China and Tibet*, pp. 99–141, 244–251; Wu Shu-hui, "How the Qing Army Entered Tibet in 1728 after the Tibetan Civil War," *Zentralasiatische Studien* 26 (1996), pp. 122–138.

119 Petech, *China and Tibet*, p. 101, 日期誤植為八月六日；Hummel, *Eminent Chinese*, p. 395，才是正確的。

120 PDZGFL qian j.17 YZ6/7 *yichou*.

121 Wu Shu-hui, "Qing Army," p. 137.

122 Petech, *China and Tibet*, p. 132.

123 Ibid., pp. 134–135; 魏源，《聖武記》，頁 213。

124 GZDYZ 10.634, 引自 Wu Shu-hui, "Qing Army," p. 138.

125 引文出自 Fu Lo-shu, *A Documentary Chronicle of Sino-Western Relations (1644–1820)*, 2 vols. (Tucson: University of Arizona Press, 1966), 1:150–152; PDZGFLYZ5/8 *jiachen*; Foust, *Muscovite and Mandarin*, chap. 2; Peter C. Perdue, "Boundaries, Maps, and Movement: The Chinese, Russian, and Mongolian Empires in Early Modern Eurasia," *International History Review* 20, no. 2 (1998), pp. 263–286; Peter C. Perdue, "Military Mobilization in Seventeenth and Eighteenth-Century China, Russia, and Mongolia," *Modern Asian Studies* 30, no. 4 (1996), pp. 757–793.

126 Petech, *China and Tibet*, pp. 135–136, 引用 QSL j.64 YZ5/12 *jiawu*; cf. PDZGFL qian j.17 YZ5/12 *jiawu*.

127 PDZGFL qian j.17 YZ5/8 *dingwei*.

128 PDZGFL qian j.18 YZ7/2 *guisi*, j.22 YZ9/4 *gengzi*.

129 進一步討論，參見 Peter C. Perdue, "Culture, History, and Imperial Chinese Strategy: Legacies of the Qing Conquests," in *Warfare in Chinese History*, ed. Hans van de Ven (Leiden: Brill, 2000), pp. 252–287.

130 Cf. Emmanuel Todd, *Après l'empire: essai sur la décomposition du système américain* (Paris: Gallimard, 2002), p. 9:「〔美國〕要求全世界承認某些特定小國構成『邪惡軸心』，應該加以打擊並消滅。」

131 PDZGFL qian j.17 YZ5/12 *jiawu*; Wu, "The Imbalance," p. 244.

132 PDZGFL qian j.18 YZ7/3 *renzi*.

133 Bartlett, *Monarchs and Ministers*, pp. 64–79; Wu, "The Imbalance," p. 246.

134 PDZGFL qian j.18 YZ8/5 *dingchou*.

135 PDZGFL qian j.21 YZ9/1 *guiyou*, YZ9/2 *guichou*; Wu, "The Imbalance," p. 252.

136 PDZGFL qian j.21 YZ9/2 *guichou*.

137 PDZGFL qian j.22 YZ9/3 *yihai*.

138 PDZGFL qian j.22 YZ9/4 *gengzi*, *bingwu*.

139 PDZGFL qian j.23 YZ9/6 *jiawu*.

140 PDZGFL qian j.23 YZ9/6 *gengwu*.

141 PDZGFL qian j.24 YZ9/7 *yihai*.

142 PDZGFL qian j.24 YZ9/7 *jiashen*.

143 PDZGFL qian j.25 YZ9/8 *guimao*.

144 ZGSL 175, 引用 QSLYZ j.111, p. 27.

145 ZGSL 176; Hummel, *Eminent Chinese*, pp. 265, 756; 清史編委會，《清代人物傳稿》，上編第 8 卷，頁 312；張羽新，〈肅州貿易考略〉（上）、（中）、（下），《新疆大學學報》第 1 期（1986），

92 Pei, *Autocracy at Work*, p. 59.

93 PDZGFL qian j.11 YZ1/1 *bingwu*.

94 Bartlett, *Monarchs and Ministers*; Madeleine Zelin, *The Magistrate's Tael: Rationalizing Fiscal Reform in Eighteenth-Century Ch'ing China* (Berkeley: University of California Press, 1984).

95 PDZGFL qian j.11 YZ1/3 *jiashen*.

96 雍正帝在一七二四年要求所有父親朝廷的高官，歸還含有皇帝朱批的所有官書。不滿的富寧安歸還了他所有的文件，但對史家幸運的是，他仍保留了自己的奏折手稿，其中很多都不曾出版。Kraft, *Zum Dsungarenkrieg*, pp. 94, 165.

97 PDZGFL qian j.15 YZ3/2 *jisi*.

98 Shu-hui Wu, "The Imbalance of Virtue and Power in Qing Frontier Policy: The Turfan Campaign of 1731," Études Mongoles 27 (1996), pp. 241–264.

99 Hummel, *Eminent Chinese*, p. 395; Petech, *China and Tibet*; Luciano Petech, "Notes on Tibetan History of the Eighteenth Century," *T'oung Pao* 52 (1965–66), p. 281.

100 Petech, *China and Tibet*, p. 68; Petech, "Notes," p. 280, 糾正康濟鼐為拉藏汗宰相的錯誤。

101 Katō Naoto, "Lobzang Danjin's Rebellion of 1723: With a Focus on the Eve of the Rebellion," *Acta Asiatica* 64 (1993), p. 60; Petech, *China and Tibet*, p. 74.

102 Katō Naoto, "Lobzang Danjin's Rebellion," p. 65.

103 馬汝珩和馬大正，《厄魯特蒙古史論集》（西寧：青海人民出版社，1984），頁 35–51; Petech, *China and Tibet*, p. 82; Rawski, *The Last Emperors*, pp. 250–251.

104 Katō Naoto, "Lobzang Danjin's Rebellion," p. 72; 年羹堯，《年羹堯奏摺全集》，3 冊（臺北：國立故宮博物院，1971），1:89–94（滿文）。

105 PDZGFL qian j.11 YZ1/7 *jimao*.

106 Ishihama Yumiko, "Gushi Han," p. 157.

107 PDZGFL qian j.12 YZ1/10 *wushen*.

108 Katō Naoto, "Robuzan Danjin no hanran to Shinchō: hanran no keikō o chūshin to shite"（羅卜藏丹津的叛亂與清朝）, *Tōyōshi Kenkyū* 45 (1986), pp. 46–47; PDZGFL qian j.13 YZ2/1 *jiawu*, YZ2/2 *dingmao*.

109 PDZGFL qian j.13 YZ2/3 *dinghai*.

110 PDZGFL qian j.14 YZ2/6 *yiyou*. 中國人傳統上認為貓頭鷹是會食子的邪惡鳥類。

111 PDZGFL qian j.14 YZ2/5 *renxu*; Satō Hisashi, "Lobzan Danjin no hanran nitsuite"（論羅卜藏丹津的叛亂）, *Shirin* 55 (1972), pp. 26–30.

112 清史編委會，《清代人物傳稿》，上編第 9 卷，頁 251–255。

113 Ishihama Yumiko, "Gushi Han"; Katō Naoto, "Lobzang Danjin's Rebellion"; Katō Naoto, "Robuzan Danjin"; Satō Hisashi, "Lobzan Danjin."

114 Hummel, *Eminent Chinese*, pp. 589, 958; 清史編委會，《清代人物傳稿》，上編第 9 卷，頁 50–59；許曾重，〈清世宗胤禛繼承皇位問題新探〉，頁 253–261.

115 PDZGFL qian j.23 YZ9/6 *dingwei*, *wuwu*; Satō Hisashi, *Chūsei Chibetto shi kenkyū* (Kyoto: Dohosha, 1986), pp. 757–768.

116 PDZGFL qian j.24 YZ9/6 *gengxu*.

117 PDZGFL qian j.14 YZ2/9 *guimao*.

十四子胤禵，不要和長子胤禔搞混了。

74 PDZGFL qian j.6 KX58/6 *dingwei*.

75 Petech, *China and Tibet*, p. 59; PDZGFL qian j.7 KX59/1 *renshen*, KX59/2*guichou*.

76 PDZGFL qian j.8 KX60/1 *guiwei*; Hummel, *Eminent Chinese*, pp. 759, 908; 清史編委會，《清代人物傳稿》，上編第 9 卷，頁 36–42。

77 Evelyn S. Rawski, *The Last Emperors: A Social History of Qing Imperial Institutions* (Berkeley: University of California Press, 1998), p. 298.

78 《平定朔漠方略》和《清實錄》中的西藏軍事行動主要官方記載，和其他軍事行動鉅細靡遺的記載相比，明顯被簡化了。《清實錄》的康熙朝，每年僅有四點九卷，相較之下，順治時期為八卷，雍正為十二卷，乾隆為二十五卷。由於胤禵成為雍正繼承皇位的頭號競爭對手，有人懷疑雍正刻意將其貢獻降到最低。幸好其他史料，包括胤禵給皇帝的親筆滿文奏折，更詳細地揭示了西藏作戰的複雜性。Hummel, *Eminent Chinese*, p. 588，許曾重，〈清世宗胤禛繼承皇位問題新探〉收於《康雍乾三帝評議》左步清選編（北京：紫禁城出版社，1986），頁 255; Ishihama Yumiko, "The Attitude of Qing-hai Qoshot toward the Ch'ing Dynasty's Subjugation of Tibet,"*Nihon Chibetto* 34 (1988), pp. 1–7; Ishihama Yumiko, "Gushi Han Ōka no Chibetto Ōken sōshitsu katei ni kansuru ichi kōsatsu: Ropusan Danjin no hanran saikō"(顧實汗家族失去統治西藏權力的過程：羅卜藏丹津「叛亂」再考), Tōyō Gakuhō 69, nos. 3, 4 (March 1988), pp. 151–171.

79 Ishihama Yumiko, "Tōyō Bunko shozō shahon 'Fuyuan Dajiangjun zouzhe' to 'Qingshi Ziliao' Daisanki shoshū 'Fuyuan Dajiangjun zouyi' ni tsuite" (介紹關於一七二〇年中國征服西藏的新發現手稿), *Mongoru Kenkyū* 18 (1987), p. 10; 胤禵，〈撫遠大將軍奏議〉，《清史資料》第 3 期（1982），頁 185–186。

80 胤禵，〈撫遠大將軍奏議〉康熙 59 年 5 月 21 日，引自 Ishihama Yumiko, "Tōyō Bunko shozŌ shahon," p. 14; Kraft, *Zum Dsungarenkrieg*, p. 19.

81 PDZGFL qian j.9 KX60/9 *dingsi*.

82 Kraft, *Zum Dsungarenkrieg*, pp. 49, 63.

83 PDZGFL qian j.7 KX59/3 *bingshen*; Kraft, *Zum Dsungarenkrieg*, p. 45.

84 Kraft, *Zum Dsungarenkrieg*, p. 84, Manchu text p. 159.

85 PDZGFL qian j.10 KX61/2 *renshen*.

86 PDZGFL qian j.10 KX61/5 *guisi*.

87 例如 Beatrice S. Bartlett, *Monarchs and Ministers: The Grand Council in Mid-Ch'ing China, 1723–1820* (Berkeley: University of California Press, 1991), pp. 25–27; 馮爾康，〈康熙朝的儲位之爭和胤禛的勝利〉，收於《康雍乾三帝評議》左步清選編（北京：紫禁城出版社，1986），頁 262–286; Hummel, *Eminent Chinese*, pp. 552, 588, 916, 924, 926, 929–930; Huang Pei, *Autocracy at Work: A Study of the Yung-cheng Period, 1723–1735* (Bloomington: Indiana University Press, 1974), pp. 51–80; Silas Wu, *Passage to Power: K'ang-hsi and His Heir Apparent, 1661–1722* (Cambridge, Mass.: Harvard University Press, 1979); 許曾重，〈清世宗胤禛繼承皇位問題新探〉。

88 Pei, *Autocracy at Work*, p. 69.

89 Hummel, *Eminent Chinese*, p. 927.

90 馮爾康，〈康熙朝的儲位之爭和胤禛的勝利〉，頁 273。

91 許曾重，〈清世宗胤禛繼承皇位問題新探〉，頁 233。

50 PDZGFL qian j.3 KX55/3 *xinchou*.

51 恆慕義（Arthur W. Hummel）將他的滿文名字拼作 Funninggan，但我跟隨伊娃・克拉芙（Eva S. Kraft）依據滿文奏折的拼法 Funninga。Hummel, *Eminent Chinese*, p. 263; Eva S. Kraft, *Zum Dsungarenkrieg im 18 Jahrhundert: Berichte des Generals Funingga* (Leipzig: Harrassowitz, 1953), p. 7; 清史編委會，《清代人物傳稿》，上編第 5 卷，頁 253。

52 PDZGFL qian j.2 KX54/8 *renchen*; Fuller, *Strategy and Power in Russia*, p. 18.

53 PDZGFL qian j.4 KX56/10 *bingwu*, j.7 KX58/10 *bingyin*.

54 PDZGFL qian j.3 KX55/10 *guisi*, j.4 KX56/2 *yiwei*.

55 PDZGFL qian j.3 KX57/1 *renshen*.

56 PDZGFL qian j.3 KX55/12 *bingwu*.

57 PDZGFL qian j.3 KX55/10 *guisi*, j.4 KX56/3 *wuyin*.

58 PDZGFL qian j.4 KX56/5 *gengyin*.

59 PDZGFL qian j.5 KX57/6 renwu.

60 Judy Bonavia, *The Silk Road: From Xi'an to Kashgar* (Hong Kong: Odyssey, 2002), pp. 234–235.

61 James A. Millward, *Beyond the Pass: Economy, Ethnicity, and Empire in Qing Central Asia, 1759–1864* (Stanford: Stanford University Press, 1998), pp. 50–52; Peter C. Perdue, "The Agrarian Basis of Qing Expansion into Central Asia," in Papers from the Third International Conference on Sinology: History Section（中央研究院第三屆漢學會議論文集歷史組）(Taibei: Institute of History and Philology, Academia Sinica, 2002), pp. 181–223; 徐柏夫，〈清代前期新疆地區的兵屯〉，《新疆社會科學研究》第 13 期（1984 年 2 月）頁 1–20; 徐伯夫，〈清代前期新疆地區的民屯〉，《中國史研究》（1985:2），頁 85-95。

62 Joanna Waley-Cohen, *Exile in Mid-Qing China: Banishment to Xinjiang, 1758–1820* (New Haven: Yale University Press, 1991).

63 PDZGFL qian j.5 KX57/8* *yimao*, j.6 KX58/1 *wuxu*.

64 C. R. Bawden, *The Modern History of Mongolia* (New York: Praeger, 1968), pp. 55–56; Paul Hyer, "An Historical Sketch of Koke-Khota City, Capital of Inner Mongolia," *Central Asiatic Journal* 26 (1982), pp. 56–77, 63.

65 PDZGFL qian j.6 KX58/5 *xinmao*.

66 PDZGFL qian j.3 KX55/3* *gengchen*.

67 Desideri, *An Account of Tibet*, p. 151.

68 Petech, *China and Tibet*, p. 28.

69 Desideri, *An Account of Tibet*, p. 153; PDZGFL qian j.4 KX56/8 *dingwei*. 畢達克不那麼欣賞他：「就我們所見，策凌敦多布沒有展現任何身為將軍的傑出特質，但他忠實且成功地執行了被分派到的艱鉅任務。」Petech, *China and Tibet*, p. 42.

70 PDZGFL qian j.4 KX56/11 *jiaxu*, KX57/1 *renshen*, KX57/2 *gengyin*; Kraft, *Zum Dsungarenkrieg*, pp. 34–35, 128.

71 PDZGFL qian j.4 KX56/9 *renzi*, KX56/10 *yisi*.

72 Desideri, *An Account of Tibet*, p. 158; Kraft, *Zum Dsungarenkrieg*, pp. 18, 44–45, 134–135; Petech, *China and Tibet*, p. 56.

73 Hummel, *Eminent Chinese*, p. 930; 清史編委會，《清代人物傳稿》，上編第 9 卷頁 36–42。這是

27 Ibid., p. 88.

28 Ibid., pp. 52–53.

29 和貝爾文本的編輯所寫的注釋不同，該編輯認為那是指康熙在一六九六和一六九七年對噶爾丹發動的戰爭。然而，三十萬人的數字似乎是來自一七一八年的清朝從西寧入侵西藏。

30 Ibid., p. 53.

31 Chiba Muneo,"Tenzan ni habataku"(黑旋風：旗幟飄揚天山), in *Kara būran: Kuroi suna-arashi* (Tokyo: Kokushokankokai, 1986), p. 43; PDZGFL qian j.5 KX57/1 *bingwu*.

32 Bell, *A Journey*, p. 53.

33 William C. Fuller, *Strategy and Power in Russia, 1600–1914* (New York: Free Press, 1992), p. 30.

34 John Baddeley, *Russia, Mongolia, China, being some record of the relations between them from the beginning of the XVIIth century to the death of the Tsar Alexei Mikhailovich, a.d. 1602–1676*, 2 vols. (London: Macmillan and Company, 1919), 1:184; Cahen, *Histoire*, pp. F150, E67–68.

35 N. I. Veselovskii, "Posolstvo k zyungarskomu khun-taichzhi Tsevan Rabtanu kapitana ot artillerii Ivana Unkovskago i putevoy zhurnal ego za 1722–1724 godu: dokumenty, izdannye s predisloviem i primechaniami" (炮兵上尉溫科夫斯基使團致準噶爾汗台吉策妄阿喇布坦，及其一七二二至一七二四年的旅行日記：有前言和註釋的文件), *Zapiski imperatorskago russkago geograficheskago obshchestva* 10 (1887), pp. iii, 53. 宰桑的第二個問題是指切拉多夫的陳述。兩年前，切拉多夫曾帶著相同任務拜訪策妄阿喇布坦。

36 Ibid., pp. 120–124, 56, 113.

37 Ibid., p. 60.

38 Richard White, *The Middle Ground: Indians, Empires, and Republics in the Great Lakes Region, 1650–1815* (Cambridge: Cambridge University Press, 1991), p. 359.

39 清史編委會，清史編委會編，《清代人物傳稿》（北京：中華書局，1992）12 卷，上編第 6 卷，頁 189–194。

40 Giuseppe Tucci, *Tibetan Painted Scrolls,* 2 vols. (Rome: Libreria dello Stato, 1949), 1:65.

41 Ibid., p. 74.

42 Arthur W. Hummel, ed., *Eminent Chinese of the Ch'ing Period* (Washington, D.C.: U.S. Government Printing Office, 1943–44), pp. 759–761.

43 Ippolito Desideri, *An Account of Tibet: The Travels of Ippolito Desideri of Pistoia, S. J., 1712–1727*, ed. Filippo de Filippi (London: Routledge, 1932), p. 150.

44 德西德里的親身紀錄明顯偏向拉藏汗，他被形容為「樂天且和藹可親……本性善良且沒有疑心」，而不利於達賴喇嘛及其攝政。Ibid., pp. 149, 152.

45 PDZGFL qian j.1 KX45/10 *yiji*; Desideri, *An Account of Tibet*, p. 132; Luciano Petech, *China and Tibet in the Early Eighteenth Century: History of the Establishment of Chinese Protectorate in Tibet* (Leiden: E. J. Brill, 1950), p. 13.

46 PDZGFL qian j.1 KX54/4 *jiashen*; Veselovskii, "Posolstvo," pp. 180–193.

47 PDZGFL qian j.1 KX54/4 *yiwei*.

48 清史編委會，《清代人物傳稿》，上編第 5 卷，頁 29–45。

49 PDZGFL qian j.4 KX56/7 *xinwei*; cf. Jonathan D. Spence, *Emperor of China: Self-Portrait of K'ang-hsi* (New York: Knopf, 1974), pp. 143–151.

11 Clifford M. Foust, *Muscovite and Mandarin: Russia's Trade with China and Its Setting, 1727–1805* (Chapel Hill: University of North Carolina Press, 1969).

12 貝爾談圖理琛：「二十四日，一名北京朝廷的官員抵達，他被專程派來探查使團的人數和性質。這位紳士的名字叫圖理琛，滿人血統，是西方事務機構的成員，他對西方事務非常瞭解……他假裝與土許度汗（Tush-du Chan，即土謝圖汗）於烏爾嘎（Urga，即庫倫）處理公務；因聽聞大使到來，前來向他致意。但眾所皆知，他其實是被派去打聽大使此行用意是否友善。他得到和善的接待。他待了三天，完成觀察之後，就非常滿意地打道回府了……這個充滿智慧又小心翼翼的國家，除了傳達友好訊息，不讓任何人進到他們的領土。」圖理琛僅將貝爾稱為陪同伊思邁羅夫使團的「醫生」。John Bell, *A Journey from St. Petersburg to Peking, 1719–1722*, ed. J. L. Stevenson (Edinburgh: Edinburgh University Press, 1965), pp. 15, 97–98.

13 Michael Khodarkovsky, "Russian Peasant and Kalmyk Nomad: A Tragic Encounter in the Mid-Eighteenth Century," *Russian History* 15 (1988), pp. 43–69; Michael Khodarkovsky, "Uneasy Alliance: Peter the Great and Ayuki Khan," *Central Asian Survey* 7 (1988), pp. 1–45; Michael Khodarkovsky, *Where Two Worlds Met: The Russian State and the Kalmyk Nomads, 1600–1771* (Ithaca: Cornell University Press, 1992).

14 Cahen, *Histoire*, pp. F115–133, E51–59.

15 Tulisen, *Lakcaha Jecende takûraha ejehe bithe (Kōchū Iikiroku: Tulisen's I-yulu)*,ed. Imanishi Shunju (Tenri: Tenri Daigaku Oyasato Kenkyujo, 1964), p. 6a (徵引條目作 *Kōchū Iikiroku*); cf. Tulisen (Too-le-Shin), *Narrative of the Chinese Embassy to the Khan of the Tourgouth Tartars in the Years 1712–1715*, trans. Sir George Staunton (London, 1821), pp. 10–11; 我的翻譯出自今西春秋（Imanishi Shunju）的滿文版本。斯當東爵士一八二一年的譯文僅是翻譯自漢文文本：「如果阿玉氣向你表達希望獲得任何與策妄阿喇布坦為敵的行動的援助，你絕不做任何承諾或聽取任何這樣的提議，而是要回答：『策妄阿喇布坦和皇帝陛下非常友好。他經常派使節來朝，而且總是受到接見，而且獲得贈禮和表示受寵的其他標記。至於他的實力和資源，毫無疑問，他既虛弱又困窘，窮途末路，可是吾君並不因此想出剿他，征服他……我們認為，吾君願天下蒼生和睦安康，無意擾亂策妄阿喇布坦。』」

16 Tulisen, *Kōchū Iikiroku*, p. 8a.

17 Ibid., p. 10a, b.

18 Cahen, *Histoire*, p. F131.

19 Tulisen, *Narrative*, p. 94.

20 滿文 "Ceni da banin uttu, ainaha seme halame muterakū. Tsewang Rabdan I weile be fonjibume dailabume unggimbi"; 漢文「蓋其天性使然，眾莫能勸。深罪之討。」

21 Tulisen, *Kōchū Iikiroku*, pp. 180–181, 337; Tulisen, *Narrative*, pp. 216–219.

22 斯當東僅把中文翻譯成「在對邪惡叛亂的策妄阿喇布坦發動戰爭之際」，掩蓋征剿的道德意義。Tulisen, *Narrative*, p. 213.

23 Tulisen, *Kōchū Iikiroku*, pp. 151, 347; Tulisen, *Narrative*, p. 171.

24 Stephen A. Halkovic, *The Mongols of the West* (Bloomington: Indiana University Press, 1985); 張維華，〈土爾扈特西徙與圖理琛之出使〉，《邊政公論》 第 2 卷 3–5 期 (1943)，頁 26–35。

25 Bell, *A Journey*, p. v.

26 Ibid., p. 51.

審問紀錄。

123 Cimeddorji, *Die Briefe*, p. 277. 十九世紀中，占據新疆十三年的突厥「聖戰士」阿古柏（Yakub beg）突然死亡，引發相同的辯論：下毒、自殺，還是腦癲癇發作，參見 Hodong Kim, *Holy War in China: The Muslim Rebellion and State in Chinese Central Asia, 1864–1877* (Stanford: Stanford University Press, 2004), p. 168.

124 Okada Hidehiro, "Galdan's Death: When and How," *Memoirs of the Research Department of the Toyo Bunko* 37 (1979), pp. 91–97; Okada Hidehiro, *Tegami*; Borjigidai Oyunbilig, *Zur Überlieferungsgeschichte des Berichts über den persönlichen Feldzug des Kangxi Kaisers gegen Galdan (1696–1697)* (Wiesbaden: Harrassowitz, 1999).

125 QPSF j.43 KX 36/4 *jiazi*, p. 37b.

126 QSLKX j.183 KX 36/5 *guimao*; QPSF j.45 KX 36/7 *dingyou*.

127 QPSF j.45 KX 36/7 *yisi*, j.45 KX 36/8 *xinmao*, j.46 KX 36/10 *bingchen*, j.46 KX 36/10 *guihai*, j.47 KX 36/11 *jiashen*, j.47 KX 36/12 *jiyou*, j.48 KX 37/3 *jimao*, j.48 KX 37/6 *wuwu*.

128 Thomas Metzger, *The Internal Organization of Ch'ing Bureaucracy* (Cambridge, Mass.: Harvard University Press, 1973).

129 QPSF j.47 KX 36/12 *gengwu*.

130 QPSF j.43 KX 36/4 *gengwu*.

131 QPSF j.46 KX 36/9 *guihai*; Howorth, *History*, 1:642.

132 QPSF j.46 KX 36/9 *guihai*, p. 32b.

133 QPSF j.48 KX 37/09 *guiwei*, p. 32b.

134 Evelyn S. Rawski, *The Last Emperors: A Social History of Qing Imperial Institutions* (Berkeley: University of California Press, 1998), pp. 197–294.

第六章

1 Henry H. Howorth, *History of the Mongols from the Ninth to the Nineteenth Century*, 4 vols. (Taibei: Ch'engWen, 1970), 1:640; ZGSL 91, 121.

2 I. Ia. Zlatkin, *Istoriia Dzhungarskogo Khanstvo, 1635–1758* (History of the Zunghar Khanate, 1635–1758) (Moscow: Nauka, 1964), p. 299.

3 Miyawaki Junko, "Oiratto Han no tanjō" (衛拉特汗的誕生), *Shigaku Zasshi* 100 (1991), p. 63.

4 ZGSL 123.

5 Zlatkin, *Istoriia*, p. 323.

6 PDZGFL qian 4.3a KX54/6 *yiyou*; Howorth, *History*, 1:567.

7 ZGSL 148; Gaston Cahen, *Histoire des relations de la Russie avec la Chine sous Pierre le Grand* (1689–1730) (Paris: F. Alcan, 1912), pp. E63, F135.

8 ZGSL 149; Cahen, *Histoire*, pp. E64, F143; Howorth, *History*, 1:647; Gerard Fridrikh Miller, *Sammlung russischer Geschichte*, 4 vols. (St. Petersburg: Kayserliche academie der wissenschaften, 1760), 4:183–247.

9 Sh. B. Chimitdorzhiev, *Vzaimootnosheniia Mongolii i Rossii v 17–18 vekakh* (十七和十八世紀的蒙古與俄羅斯關係) (Moscow: Nauka, 1978).

10 Zlatkin, *Istoriia*, p. 347.

89 QPSF j.30 KX 35/9 *xinsi*.

90 QPSF j.30 KX 35/9 *renwu*.

91 Cimeddorji, *Die Briefe*, p. 198, letter no. 35 KX 35/11/6; QPSF j.33 KX 35/11 bingchen.

92 QPSF j.32 KX 35/10 *wushen*.

93 QPSF j.33 KX 35/11 *wushen*, p. 20b.

94 Cimeddorji, *Die Briefe*, pp. 218–19; QPSF j.33 KX 35/11 *jiaxu*.

95 QPSF j.33 KX 35/11 *wuyin*.

96 Cimeddorji, *Die Briefe*, p. 230.

97 Ibid., p. 232; QPSF j.33 KX 35/11 *gengchen*.

98 Chiba Muneo,"Jungaru no Chōshō"(黑旋風：準噶爾的喪鐘), in *Kara būran: Kuroi suna-arashi* (Tokyo: Kokushokankokai, 1986), p. 183; QPSF j.36 KX 36/2 *dinghai*.

99 QPSF j.35 KX 36/1 *gengwu*, j.38 KX 36/3 *yimao*.

100 QPSF j.43 KX 36/4 *dingsi*.

101 Okada Hidehiro, *Tegami*, p. 151; QPSF j.38 KX 36/3 *wuwu*, pp. 21b–23a; 關於正德帝，參見 L. C. Goodrich and Chaoying Fang, *Dictionary of Ming Biography, 1368–1644* (New York: Columbia University Press, 1976), p. 307; David Robinson, *Bandits, Eunuchs, and the Son of Heaven* (Honolulu: University of Hawai'i Press, 2001).

102 Du Halde, *Description*, p. 364; QPSF j.38 KX 36/3 *yimao*.

103 QPSF j.40 KX 36/3* *guiwei*.

104 QPSF j.42 KX 36/3* *yisi*.

105 Cimeddorji, *Die Briefe*, p. 256, letter no. 50 KX 36/3*/13.

106 QPSF j.36 KX 36/2 *jichou*.

107 Du Halde, *Description*, p. 372.

108 QPSF j.40 KX 36/3* *yiyou*.

109 Okada Hidehiro, *Tegami*, p. 160.

110 QPSF j.37 KX 36/2 *renyin*.

111 Arthur Waldron, *The Great Wall of China: From History to Myth* (Cambridge: Cambridge University Press, 1990), p. 106.

112 Du Halde, *Description*, p. 364.

113 QPSF j.39 KX 36/3 *wuchen*.

114 Chiba Muneo, "Jungaru no Chōshō," p. 195; Du Halde, *Description*, p. 373; QPSF j.39 KX 36/3 *dingchou*.

115 魏源，《聖武記》，頁 135。

116 Cimeddorji, *Die Briefe*, p. 259, letter no. 51, p. 266, letter no. 53.

117 QPSF j.41 KX 36/3* *jiawu*.

118 QPSF j.41 KX 36/3* *guisi*.

119 Okada Hidehiro, *Tegami*, p. 174.

120 QPSF j.39 KX 36/3 *gengchen*.

121 QPSF j.43 KX 36/4 *jiazi*, KX 36/4 *jiaxu*, Cimeddorji, *Die Briefe*, p. 66.

122 Cimeddorji, *Die Briefe*, p. 274, letter no. 55, KX 36/4/22; QPSF j.43 KX 36/4 *gengwu*. 我沒找到醫生的

53 QPSF j.22 KX 35/4 *jiayin*; Cimeddorji, *Die Briefe*, p. 116, letter no. 15, KX 35/5/10.

54 Du Halde, *Description*, pp. 318–322.

55 殷化行，《西征紀略》，頁 7b。

56 QPSF j.22 KX 35/4 *xinhai*; Cimeddorji, *Die Briefe*, p. 123, letter no. 16, KX 35/5/18.

57 QPSF j.23 KX 35/5 *jiwei*.

58 QPSF j.23 KX 35/5 *renxu*; Cimeddorji, *Die Briefe*, p. 127, letter no. 17, KX 35/5/13.

59 Du Halde, *Description*, p. 324.

60 Cimeddorji, *Die Briefe*, pp. 148–152, letter no. 21, KX 35/5/26.

61 Du Halde, *Description*, p. 330; Ferdinand D. Lessing, *Mongolian-English Dictionary* (Bloomington, Ind.: The Mongolia Society, 1995), p. 1024; 殷化行，《西征紀略》，頁 10a。

62 QPSF j.24 KX 35/5 *renshen*, p. 17; Cimeddorji, *Die Briefe*, pp. 161–165; Du Halde, *Description*, pp. 328–331.

63 Cimeddorji, *Die Briefe*, p. 161, letter no. 25, KX 35/5/22 (written 5/18); QPSF j.24 KX 35/5 *renshen*, *guiyou*.

64 Du Halde, *Description*, p. 334; Cimeddorji, *Die Briefe*, p. 176, letter no. 29, KX 35/5/18.

65 Cimeddorji, *Die Briefe*, pp. 141 143, letter no. 19, KX 35/5/15.

66 QPSF j.25 KX 35/5 *bingzi*.

67 QPSF j.25 KX 35/5 *guiyou*.

68 QPSF j.25 KX 35/5 *guiyou*, p. 18a.

69 QPSF j.25 KX 35/5 *jiashen*。時的概念，參見 François Jullien, *The Propensity of Things: Toward a History of Efficacy in China* (New York: Zone Books, 1995).

70 QPSF j.26 KX 35/6 *guisi*; 魏源，《聖武記》; Hummel, *Eminent Chinese*, p. 851.

71 William McNeill, *Mythistory and Other Essays* (Chicago: University of Chicago Press, 1986).

72 清代用語「回子」並未清楚區分突厥和中國穆斯林。

73 Ahmad, *Sino-Tibetan Relations*, pp. 41–52.

74 QPSF j.28 KX 35/8 *jiawu*, p. 28a.

75 QPSF j.26 KX 35/6 *xinhai*.

76 QPSF j.28 KX 35/8 *jiawu*.

77 QPSF j.28 KX 35/8 *jiawu*, p. 37a.

78 QPSF j.27 KX 35/7 *wuwu*.

79 QPSF j.27 KX 35/7 *xinyou*.

80 QPSF j.27 KX 35/7 *jiaxu*, p. 48a.

81 QPSF j.28 KX 35/8 *renchen*, p. 13b.

82 QPSF j.28 KX 35/8 *renchen*.

83 QPSF j.28 KX 35/8 *jiawu*, p. 38b.

84 QPSF j.28 KX 35/8 *jiawu*.

85 Ahmad, *Sino-Tibetan Relations*, p. 318.

86 QPSF j.33 KX 35/11 *jiaxu*, p. 44b.

87 QPSF j.29 KX 35/9 *bingchen*.

88 Du Halde, *Description*, p. 346.

20 QPSF j.16 KX 34/8 *jiyou*.

21 QPSF j.16 KX 34/8 *jiyou*.

22 QPSF j.17 KX 34/11 *wuchen*, j.16 KX 34/9 *jisi*.

23 QPSF j.17 KX 34/11 *wuzi*.

24 QPSF j.16 KX 34/10/ *gengzi*, *dingwei*.

25 QPSF j.19 KX 35/1 *jiachen*.

26 QPSF j.17 KX 34/11 *renxu*.

27 QPSF j.17 KX 34/11 *bingzi*.

28 〈于成龍年譜〉，收於魏源，《聖武記)（北京：中華書局，1984），頁 134–135; QPSF j.17 KX 34/11 *wuyin*.

29 QPSF j.18 KX 34/12 *jiawu*.

30 QPSF j.18 KX 34/12 *jihai*, *wuxu*.

31 殷化行，《西征紀略》（臺北：廣文書局，1968），頁 5b。

32 QPSF j.15 KX 34/7 *yiyou*, j.18 KX 34/12 *wushen*.

33 QPSF j.19 KX 35/1 *guihai*; Du Halde, *Description*, p. 307.

34 QPSF j.19 KX 35/1 *renshen*.

35 QPSF j.18 KX 34/12 *dingyou*.

36 QPSF j.20 KX 35/2 *jihai*.

37 QPSF j.18 KX 34/12 *jihai*.

38 QPSF j.10 KX 30/5 *wuzi*, j.17 KX 34/11 *gengchen*, j.18 KX 34/12 *jihai*.

39 QPSF j.20 KX 35/2 *gengxu*, *renchen*.

40 QPSF j.20 KX 35/2 *xinchou*, j.22 KX 35/4 *renchen*, *bingxu*.

41 QPSF j.21 KX 35/3 *gengshen*.

42 魏源，《聖武記》，頁 134–135; QPSF j.21 KX 35/3 *jiaxu*, j.22 KX 35/4 *bingwu*, *xinmao*.

43 Du Halde, *Description*, p. 304.

44 滿文原文見 GZDKX, vols 8, 9; 譯文見 Jaqa Cimeddorji, *Die Briefe des Kang-Hsi-Kaisers aus den Jahren 1696–97 an den Kronprinzen Yin-Cheng aus mandschurischen Geheimdokumenten: ein Beitrag zum ersten Dsungarenkrieg der Ching, 1690–1697* (Wiesbaden: Otto Harrassowitz, 1991); Okada Hidehiro, "Outer Mongolia through the Eyes of Emperor Kangxi," *Ajia Afurika Gengo Bunka Kenkyū* 18 (1979), pp. 1–11, and Okada Hidehiro, Kōkitei no Tegami (康熙皇帝的書信) (Tokyo: Chuko Shinsho, 1979).

45 QPSF j.23 KX 35/5 *renxu*.

46 Du Halde, *Description*, p. 315; Okada Hidehiro, "Outer Mongolia," p. 4.

47 Cimeddorji, *Die Briefe*, p. 80, letter no. 6, KX 35/3/18.

48 Arthur W. Hummel, ed., *Eminent Chinese of the Ch'ing Period* (Washington, D.C.: U.S. Government Printing Office, 1943–44), pp. 663, 795; QPSF j.22 KX 35/4 *yiwei*; Cimeddorji, *Die Briefe*, pp. 96–97.

49 QPSF j.24 KX 35/5 *jisi*.

50 QPSF j.21 KX 35/3 *yihai*.

51 QPSF j.22 KX 35/4 *guichou*.

52 Du Halde, *Description*, p. 318.

商立刻回歸拉丁文」，但加恩引用費岳多的報告證明俄羅斯人有能力和滿人溝通，可是被耶穌會士的干預阻止了。Mancall, *Russia and China*, p. 156; Cahen, *Histoire*, pp. E14, F47; RKO, 1969, 2:514, 516, 521, 523, 528, 544.

88 「季辛吉對祕密的愛好，還有他與中國的個人化外交，都是為了強化他的權力……季辛吉勤奮地確保沒有任何人或事會干預他在與北京外交方面的支配權。」James Mann, *About Face: The History of America's Relationship with China* (New York: Vintage, 1998), p. 67.

89 RKO 1969, 2:620–632.

90 Mancall, *Russia and China*, p. 159; Cahen, *Histoire*, pp. E29, F76; Fu Lo-shu, *A Documentary Chronicle of Sino-Western Relations (1644–1820)*, 2 vols. (Tucson: University of Arizona Press, 1966), 1:104.

91 RKO 1969, 2:5–54; Yoshida Kin'ichi, *Roshia*, p. 345.

第五章

1 「致命的個體主義貫穿整個蒙古史，這意謂著對個人的忠誠，優先於對有政治或意識形態基礎的制度的忠誠。」Veronika Veit, *Die Vier Qane von Qalqa: ein Beitrag zur Kenntnis der politischen Bedeutung der nordmongolischen Aristokratie in den Regierungsperioden Kang-hsi bis Chien-lung (1661–1796) anhand des biographischen Handbuches Iledkel sastir aus dem Jahre 1795*, 2 vols. (Wiesbaden: O. Harrassowitz, 1990), 1:10.

2 QPSF j.9 KX 30/3 *gengzi*.

3 QPSF j.9 KX 30/4 *renxu*.

4 QPSF j.10 KX 30/5 *wuzi*.

5 Jean Baptiste Du Halde, *Description géographique, historique, chronologique, politique, et physique de l'empire de la Chine et de la Tartarie chinoise, enrichie des cartes générales et particulières de ces pays, de la carte générale & des cartes particuliéres du Thibet, & de la Corée; & ornée d'un grand nombre de figures et de vignettes gravées en taille-douce*, 4 vols. (Paris: P. G. Lemercier, 1735), 4:252, 266.

6 Veit, *Die Vier Qane*, 2:181; QPSF j.10 KX 30/5 *dinghai*, *wuzi*.

7 QPSF j.10 KX 30/6 *yimao*.

8 QPSF j.9 KX 30/2 *dingmao*.

9 QPSF j.13 KX 32/9 *jiyou*.

10 例如 QPSF j.9 KX 30/3 *gengzi*, j.12 KX 31/9 *gengzi*.

11 QPSF j.14 KX 33/5 *jiayin*.

12 QPSF j.12 KX 31/9 *wushen*.

13 Henry H. Howorth, *History of the Mongols from the Ninth to the Nineteenth Century*, 4 vols. (Taibei: Ch'engWen, 1970), 1:630.

14 QPSF j.12 KX 31/12 *jiachen*.

15 QPSF j.11 KX 30/9 *dingmao*.

16 Zahiruddin Ahmad, *Sino-Tibetan Relations in the Seventeenth Century* (Rome: Istituto italiano per il Medio ed Estremo Oriente, 1970), p. 295.

17 QPSF j.15 KX 34/4 *gengzi*.

18 QPSF j.14 KX 33/11 *guiwei*.

19 QPSF j.16 KX 34/8 *xinchou*.

74 QPSF j.6 KX 29/4 *jiaxu*, KX 29/6, j.7 KX 29/7 *jiachen*.

75 QPSF j.5 KX 28/4 *jiawu*.

76 Chen Feng, *Junfei*, pp. 251–254.

77 這個時期俄羅斯和中國關係的主要英語研究，依然是 Clifford M. Foust, *Muscovite and Mandarin: Russia's Trade with China and Its Setting, 1727–1805* (Chapel Hill: University of North Carolina Press, 1969)，以及 Mark Mancall, *Russia and China: Their Diplomatic Relations to 1728* (Cambridge, Mass.: Harvard University Press, 1971，但這兩本專書的出版時間都早於 N. F. Demidova and V. S. Miasnikov, eds., *Russko-kitaiskie otnosheniia v XVII veke: Materialy i dokumenty*（十七世紀俄中關係）, 2 vols. (Moscow: Nauka, 1969–1972)，書中有很多新的俄羅斯檔案史料；N. F. Demidova, ed., *Materialy po Istorii Russko-Mongol'skikh Otnoshenii: Russko-mongol'skie otnosheniia, 1654–1685 sbornik dokumentov*（俄蒙關係史史料，一六五四至一六八五）(Moscow: Izdatel'skaia Firma Vostochnaia Literatura, 1996); N. F. Demidova, ed., *Materialy po Istorii Russko-Mongol'skikh Otnoshenii: Russko-mongol'skie otnosheniia, 1685–1691: sbornik dokumentov*（俄蒙關係史史料，一六八五至一六九一）(Moscow: Izdatel'skaia Firma Vostochnaia Literatura, 2000), 引用時分別為簡稱為 RKO 1969, RKO 1996，以及 RKO 2000。這系列的評論參見 Wolfgang Seuberlich, "Review of Russko-Kitajskie Otnoshenija v XVII veke," *Oriens Extremus* 19 (1972), pp. 239–255。日文研究，參見 Yoshida Kin'ichi, *Roshia no Tōhō Shinshutsu to Nerchinsk Jōyaku* (Tokyo: Kindai Chūgoku Kenkyū Sentà, 1984). Gaston Cahen, *Histoire des relations de la Russie avec la Chine sous Pierre le Grand (1689–1730)* (Paris: F. Alcan, 1912); Gaston Cahen, *Some Early Russo-Chinese Relations* (Shanghai: National Review Office, 1912); and John Baddeley, *Russia, Mongolia, China, being some record of the relations between them from the beginning of the XVIIth century to the death of the Tsar Alexei Mikhailovich, a.d. 1602–1676*, 2 vols. (London: Macmillan and Company, 1919)，也提供很多俄羅斯文件的翻譯。賈斯頓・加恩（Gaston Cahen）的法文版包括英文譯本省略的注釋和評論（法文版的引用以 F00 頁數為標記，英文版的引用以 E00 為標記）。

78 Baddeley, *Russia, Mongolia, China*, 1:69.

79 Ibid., 2:35.

80 Ibid., p. 66.

81 Mancall, *Russia and China*, pp. 20–29.

82 Ibid., p. 58.

83 Peter C. Perdue, "Boundaries, Maps, and Movement: The Chinese, Russian, and Mongolian Empires in Early Modern Eurasia," *International History Review* 20, no. 2 (1998), pp. 263–286;Wakamatsu Hiroshi, "Ganchimūru no Roshia bōmei jiken o meguru Shin, Roshia Kōshō"（中俄對根忒木爾逃到俄羅斯的談判）, *Kyōto Furitsu Daigaku Gakujutsu Hōkoku: Jimbun* 25 (1973), pp. 25–39; 26 (1974), pp. 1–12; Wakamatsu Hiroshi, "Ganchimūru no Roshia bōmei jiken o megutte"（根忒木爾的俄羅斯逃亡）, Yūboku Shakaishi 46 (1973–74), pp. 8–13.

84 Cahen, *Histoire*, pp. E13–14, F43–47; Hummel, E*minent Chinese*, pp. 442–443, 630, 663–666, 794; Mancall, *Russia and China*, pp. 153–162; Yanagisawa Akira, "Garudan."

85 RKO 1969, 2:514.

86 RKO 1969, 2:516.

87 馬克・蒙科爾（Mark Mancal）相信耶穌會的藉口，亦即「雙方的蒙古語翻譯人員能力極差，協

50 QPSF j.6 KX 29/5 *yiwei*.

51 QPSF j.6 KX 29/6 *renshen*.

52 QSLKX j.146 KX 29/6 *renshen*; Du Halde, *Description*, p. 234; 陳鋒，《清代軍費研究》（武漢：武漢大學出版社，1991），頁 250。

53 QPSF j.6 KX 29/6 *renshen*; I. Cherepanov, "Sibirskii Letopis" (西伯利亞手稿), St. Petersburg, 1795.

54 QPSF j.6 KX 29/6 *jiashen*.

55 QPSF j.6 KX 29/6 *dinghai*.

56 QPSF j.7 KX 29/7 gengyin, p. 16a; *renyin* p. 21a.

57 QPSF j.7 KX 29/7 *guimao*.

58 QPSF j.7 KX 29/7 *wushen*, p. 37b.

59 Du Halde, *Description*, p. 234. 烏蘭布通的位置，參見袁深波，〈烏蘭布通考〉，《歷史研究》（1978），頁 86–91。

60 馬斯喀（馬思哈），《塞北紀程》收於《小方壺齋輿地叢鈔》（上海：著易堂，1877）頁 25–29。

61 Du Halde, *Description*, p. 237; Hummel, *Eminent Chinese*, p. 251; Yoshida Kin'ichi, *Roshia no Tōhō Shinshutsu to Nerchinsk Jōyaku* (俄羅斯東進和涅爾琴斯克合約) (Tokyo: Kindai Chūgoku Kenkyū Sentā, 1984), p. 314; I. Ia. Zlatkin, *Istoriia Dzhungarskogo Khanstvo, 1635–1758* (準噶爾汗國史，一六三五至一七五八) (Moscow: Nauka, 1964), p. 282; Joseph Fletcher, "V. A. Aleksandrov on Russo-Ch'ing Relations in the Seventeenth Century: Critique and Résumé," *Kritika* 7, no. 3 (1971), pp. 138–170; V. A. Aleksandrov, *Rossiia na dal'nevostochnykh rubezhakh* (vtoraia polovina XVII v.) (十七世紀下半葉的遠東俄羅斯) (Moscow: Nauka, 1969), p. 197.

62 QPSF j.8 KX 29/8 *xinyou*.

63 QPSF j.8 KX 29/8 *guiyou*.

64 QPSF j.8 KX 29/8 *bingzi*.

65 Du Halde, *Description*, pp. 242–245.

66 QPSF j.8 KX 29/8/17 *yihai*.

67 QPSF j.8 KX 29/9 *wuzi*.

68 馬斯喀，《塞北紀程》。

69 拉鐵摩爾在一九二〇年代也注意到無葉檉柳的可怕味道：「我們喝那麼多茶是因為水質很差……最糟糕的水在無葉檉柳的區域。無葉檉柳是一種沙漠的樹，一種灌木，它的根部會伸進很深的地底吸取水分。當水源靠近地表的時候，在潮濕土壤裡腐爛的根部把水變黃。水很濃，幾乎是黏的，喝起來又苦又噁心。」Owen Lattimore, *Studies in Frontier History: Collected Papers, 1928–1958* (New York: Oxford University Press, 1962), p. 41。關於蒙古的旱獺消費，參見 John Masson Smith Jr., "Mongol Campaign Rations: Milk, Marmots, and Blood?" in *Turks, Hungarians and Kipchaks: A Festschrift in Honor of Tibor Halasi-Kun,* ed. Pierre Oberling (Washington, D.C.: Institute of Turkish Studies, 1984), pp. 223–228.

70 Du Halde, *Description*, p. 234.

71 QPSF j.7 KX 29/7 *guisi*, j.8 KX 29/8/8 *bingyin*.

72 QPSF j.7 KX 29/7 *gengyin*, j.8 KX 29/8 *xinyou*, j.9 KX 30/1 *guisi*, p. 2a.

73 Du Halde, *Description*, p. 250.

28 以「翼」稱呼不同的蒙古聯盟的用法，源自成吉思汗與忽必烈的軍隊編制，以面朝南為基準。

29 Chiba Muneo, "Jungaru no Chōshō," (黑旋風：準噶爾的喪鐘), in *Kara būran: Kuroi suna-arashi*, 2 vols. (Tokyo: Kokushokankokai, 1986), 1:35; 《清代人物傳稿》，6:174–175; Henry H. Howorth, *History of the Mongols from the Ninth to the Nineteenth Century*, 4 vols. (Taibei: Ch'engWen, 1970), p. 470.; Veronika Veit, *Die Vier Qane von Qalqa: ein Beitrag zur Kenntnis der politischen Bedeutung der nordmongolischen Aristokratie in den Regierungsperioden Kang-hsi bis Chien-lung (1661–1796) anhand des biographischen Handbuches Iledkel sastir aus dem Jahre 1795*, 2 vols. (Wiesbaden: O. Harrassowitz, 1990), 2:180.

30 QPSF j.3 KX 23/2 *gengzi*; KX 25/10 *wuwu*.

31 QPSF j.3 KX 25/10 *wuwu*.

32 Ibid.

33 QPSF j.4 KX 26/10 *jisi*; QSLKX j.131 KX 26/9 *gengzi*, KX 26/10 *jisi*.

34 Chiba Muneo, "Jungaru no Chōshō," 1:44; QSLKX j.136 KX 27/7 *renshen*; QPSF KX 27/6 *guichou*; Svat Soucek, *A History of Inner Asia* (Cambridge: Cambridge University Press, 2000), p. 19.

35 QPSF j.4 KX 27/6 *guichou*; QSLKX j.136 KX 27/7 *renshen*.

36 Yanagisawa Akira, "Garudan no Haruha shinkō (1688) kō no Haruha shokō to Roshia" (一六八八年噶爾丹入侵後的喀爾喀親王和俄羅斯), in *Shinchō to Higashi Ajia: Kanda Nobuo Sensei koki kinen ronshū*, ed. Kanda Nobuo Sensei Koki Kinen Ronshū Hensan Iinkai (Tokyo: Yamakawa Shuppansha, 1992), pp. 179–196; Siberian Governors, *Reports* (Moscow: Rossiskiy Gosudarstvennyi Arkhiv Drevnikh Aktov [俄羅斯國家古代軍事行動檔案] and Arkhiv Vneshney Politiki Rossii [俄羅斯外交檔案], 1680–1800).

37 Jean Baptiste Du Halde, *Description géographique, historique, chronologique, politique, et physique de l'empire de la Chine et de la Tartarie chinoise, enrichie des cartes générales et particulières de ces pays, de la carte générale & des cartes particuliéres du Thibet, & de la Corée; & ornée d'un grand nombre de figures et de vignettes gravées en taille-douce,* vol. 4 (Paris: P. G. Lemercier, 1735), p. 262; 引言出自 Walther Heissig, *Die Familien-und Kirchengeschichtsschreibung der Mongolen*, vol. 116–18 Jhdt. (Wiesbaden: O. Harrassowitz, 1959), pp. 133–134.

38 Howorth, *History*, p. 478.

39 QSLKX j.136 KX 27/7 *jiaxu*.

40 QSLKX j.136 KX 27/7 *jiashen*.

41 QSLKX j.136 KX 27/8 *jiyou*.

42 QPSF j.5 KX 27/10 *yisi*.

43 QPSF j.5 KX 27/11 *jiashen*; QSLKX j.139 KX 28/1 *dinghai*.

44 Du Halde, *Description*, p. 262.

45 QPSF j.5 KX 28/1 *dinghai*, p. 20b.

46 QPSF j.5 KX 28/5 *guihai*, KX 28/11 *bingchen*.

47 QPSF j.6 KX 29/3 *jiayin*.

48 QPSF j.6 KX 29/4 *jisi*.

49 Hummel, *Eminent Chinese*, pp. 759–760; Zahiruddin Ahmad, *Sino-Tibetan Relations in the Seventeenth Century* (Rome: Istituto italiano per il Medio ed Estremo Oriente, 1970), p. 41.

第四章

1 Arthur W. Hummel, ed., *Eminent Chinese of the Ch'ing Period* (Washington D.C.: U.S. Government Printing Office, 1943–44), p. 328.

2 Ibid., p. 898; Lawrence D. Kessler, *K'ang-hsi and the Consolidation of Ch'ing Rule, 1661–1684* (Chicago: University of Chicago Press, 1976), p. 56.

3 Kessler, *K'ang-hsi*, p. 54.

4 歲是中國計算年紀的單位，出生時為一歲，然後每過一農曆年加一歲。

5 Hummel, *Eminent Chinese*, pp. 415, 635–636.

6 Kessler, *K'ang-hsi*, p. 78.

7 Ibid., pp. 167–171.

8 張玉書編纂，《親征平定朔漠方略》（北京：中國書店，1708），juan(卷) 1 KX 16/6 *dingwei*，以下簡稱 QPSF。這個文獻有兩個版本：一個收錄在《四庫全書》，還有一七〇八年的重印本。卷數一樣，但頁數不同，因此徵引條目是根據卷數、年份和農曆月日。指文件某部分的頁數，參考的一七〇八年的版本。《清實錄》的條目也採相同格式。

9 QPSF j.1 KX 16/10 *jiayin*.

10 QPSF j.1 KX 16/10 *jiayin*; QSLKX j.69 KX16/10 *jiayin*.

11 QPSF j.1 KX 17/8 *jisi*; Hummel, *Eminent Chinese*, p. 266; 蔡家藝，〈噶爾丹〉，《清代人物傳稿》清史編委會編 pt. 1, 卷 9（北京：中華書局，1991），6:173; Miyawaki Junko, "jūnana seiki no Oiratto: Jungar Hankoku ni taisuru gimon" (十七世紀的瓦剌：重探「準噶爾汗國」), *Shigaku Zasshi* 90 (1981), pp. 40–63.

12 QPSF j.1 KX 17/8 *jisi*.

13 QSLKX j.85 KX 18/10 *renshen*.

14 QPSF j.1 KX 18/7 *jiachen*.

15 QSLKX j.83 KX 18/8 *jichou*; QPSF j.1 KX 18/8 *jichou*; cf. Jonathan D. Spence, *Emperor of China: Self-Portrait of K'ang-hsi* (New York: Knopf, 1974), p. 20.

16 Ferdinand D. Lessing, *Mongolian-English Dictionary* (Bloomington, Ind.: The Mongolia Society, 1995), p. 123.「天命」（Mandate of Heaven）是指稱上天認可在為統治者的古代中國用語。

17 QPSF j.2 KX 20/9 *xinwei*.

18 QPSF j.2 KX 22/7 *wuxu*; QSLKX j.111 KX 22/7 *wuxu*.

19 Thomas J. Barfield, *The Perilous Frontier: Nomadic Empires and China* (Cambridge, Mass.: Basil Blackwell, 1989).

20 QPSF j.2 KX 22/7 *wuxu*, p. 29.

21 QSLKX j.112 KX 22/9 *guiwei*.

22 QSLKX j.116 KX 23/9 *yihai*.

23 QSLKX j.127 KX 25/9 *guimao*.

24 QPSF j.5 KX 27/9 *jiashen*.

25 QSLKX j.104 KX 21/8 *yiyou*, j.111 KX 22/7 *jiashen*.

26 QPSF j.3 KX 23/11 *jiazi*, j.3 KX 24/5 *guiwei*; QSLKX j.121 KX 24/5 *guiwei*.

27 QPSF j.3 KX 24/11 *guisi*; QSLKX j.124 KX 25/1 *wuchen*, *yihai*.

Documentary History (Leiden: Brill, 2003).

74 John D. Langlois, ed., *China under Mongol Rule* (Princeton: Princeton University Press, 1981), pp. 7, 307.

75 Hummel, *Eminent Chinese*, pp. 213, 225; Linke, *Zur Entwicklung*, pp. 112–123; Wakeman, *Great Enterprise*, pp. 43–44.

76 Wakeman, *Great Enterprise*, p. 57.

77 Linke, *Zur Entwicklung*, p. 220; Wakeman, *Great Enterprise*, p. 71.

78 Langlois, *China under Mongol Rule*, pp. 3–5.

79 Farquhar, "Origins of the Manchus' Mongolian Policy," p. 203.

80 Ibid.；Michael, *Origin of Manchu Rule*, p. 65.

81 Romeyn Taylor, "Yuan Origins of the Wei-suo System," in *Chinese Government in Ming Times: Seven Studies*, ed. Charles O. Hucker (New York: Columbia University Press, 1969), pp. 23–40.

82 Farquhar, "Origins of the Manchus' Mongolian Policy," p. 15.

83 當然，旗的起源可以追溯到更早，像是到女真的金代，而且其他中央歐亞社會也有類似組織。就我的論點而言，連結到蒙古就足夠了。

84 Roberto M. Unger, *Plasticity into Power: Comparative-Historical Studies on the Institutional Conditions of Economic and Military Success* (Cambridge: Cambridge University Press, 1987), p. 59

85 華立，〈清代的滿蒙聯姻〉，《民族研究》，頁 45–54。

86 Cf. Lien-sheng Yang, "Historical Notes on the Chinese World Order," in *The Chinese World Order: Traditional China's Foreign Relations*, ed. John K. Fairbank (Cambridge, Mass.: Harvard University Press, 1968), pp. 20–33; Ying-shih Yu, "Han Foreign Relations," in *The Cambridge History of China, vol. 1, The Ch'in and Han Empires, 221 b.c.–a.d. 220,* ed. Denis Twitchett and Michael Loewe (New York: Cambridge University Press, 1986), pp. 377–462; Ying-shih Yu, *Trade and Expansion in Han China* (Berkeley: University of California Press, 1967). 現代中國民族主義援引和親作為少數民族與漢族關係之模型，參見 Uradyn Erden Bulag, *The Mongols at China's Edge: History and the Politics of National Unity* (Lanham, Md.: Rowman & Littlefield, 2002).

87 QSLKX 143.8, 引自華立，〈清代的滿蒙聯姻〉，頁 54。.

88 Kanda Nobuo et al., *Manbun Rōtō*, 7:1403, 1412; Linke, *Zur Entwicklung*, p. 62; Wakeman, *Great Enterprise*, p. 202.

89 Hummel, *Eminent Chinese*, p. 256.

90 Pamela K. Crossley and Evelyn Rawski, "A Profile of the Manchu Language," *Harvard Journal of Asiatic Studies* 53, no. 1 (June 1993), pp. 63–88.

91 《八旗通志》，236:13755, 引自 Linke, Zur Entwicklung, pp. 121–122.

92 《清太祖武皇帝實錄》（1599/1），收在潘喆、李鴻彬、孫方明編，《清入關前史料選集》3 輯（北京：人民出版社，1984），1u:319.

93 Karen Barkey, *Bandits and Bureaucrats: The Ottoman Route to State Centralization* (Ithaca: Cornell University Press, 1994); Cemal Kafadar, *Between Two Worlds: The Construction of the Ottoman State* (Berkeley: University of California Press, 1995); Rudi Paul Lindner, *Nomads and Ottomans in Medieval Anatolia* (Bloomington: Indiana University Press, 1983).

52 關於理藩院，參見 Nicola Di Cosmo, "Qing Colonial Administration in the Inner Asian Dependencies," *International History Review* 20 (1998), pp. 287–309; Oxnam, *Ruling from Horseback*, pp. 31, 69–70; Chia Ning, "The Lifanyuan and the Inner Asian Rituals in the Early Qing," *Late Imperial China* 14, no. 1 (1991), pp. 60–92.

53 Roth, "The Manchu-Chinese Relationship," p. 32.

54 國立故宮博物院編，《舊滿洲檔》十卷（臺北：國立故宮博物院，1969），1:103; Kanda Nobuo et al., eds., *Manbun Rōtō: Tongki Fuka Sindaha Hergen i Dangse* (滿文老檔), 4 vols. (Tokyo: Toyo Bunko, 1955–1959), 1:48.

55 國立故宮博物院編，《舊滿洲檔》，1:482–483; Kanda Nobuo et al., *Manbun Rōtō*, 1:189–190.

56 Roth, "The Manchu-Chinese Relationship," p. 9.

57 國立故宮博物院編，《舊滿洲檔》，4:1828; Kanda Nobuo et al., *Manbun Rōtō*, 2:906; Roth-Li, "The Rise," p. 56.

58 國立故宮博物院編，《舊滿洲檔》，2:586–587; Kanda Nobuo et al., *Manbun Rōtō*, 1:267.

59 國立故宮博物院編，《舊滿洲檔》，2:680–681, 684–685, 693–694, 1094; Kanda Nobuo et al., *Manbun Rōtō*, 1:333, 335, 340, 2:584.

60 國立故宮博物院編，《舊滿洲檔》，2:856; Kanda Nobuo et al., *Manbun Rōtō*, 1:435.

61 國立故宮博物院編，《舊滿洲檔》，2:597, 4:2164; Kanda Nobuo et al., *Manbun Rōtō*, 2:778, 3:1103.

62 國立故宮博物院編，《舊滿洲檔》，4:1935–38; Kanda Nobuo et al., *Manbun Rōtō*, 3:991–992.

63 國立故宮博物院編，《舊滿洲檔》，3:1439, 1495–97; Kanda Nobuo et al., *Manbun Rōtō*, 2:763–764.

64 Roth-Li, "The Rise," p. 117.

65 國立故宮博物院編，《舊滿洲檔》，7:3227–28; Kanda Nobuo et al., *Manbun Rōtō*, 3:1091;《天聰朝臣工奏議》卷 1（台聯國風出版社，1968），頁 8–9, 22。

66 《天聰朝臣工奏議》1.16 卷；國立故宮博物院編，《舊滿洲檔》，9:4151; Roth, "The Manchu-Chinese Relationship," p. 29.

67 國立故宮博物院編，《舊滿洲檔》，10:5197; Kanda Nobuo et al., *Manbun Rōtō*, 4:1362–63.

68 蕭一山，《清代通史》5 卷（北京：中華書局，1986），1:206.

69 Hummel, *Eminent Chinese*, p. 878; Wakeman, *Great Enterprise*, p. 224; Frederic Wakeman Jr., "The Shun Interregnum of 1644," in Spence and Wills, Jr., *From Ming to Ch'ing*, pp. 39–88.

70 Jack A. Goldstone, "East and West in the Seventeenth Century: Political Crises in Stuart England, Ottoman Turkey, and Ming China," *Comparative Studies in Society and History* (January 1988), pp. 103–142; Jack A. Goldstone, *Revolution and Rebellion in the Early Modern World* (Berkeley: University of California Press, 1991); Charles Tilly, *The Contentious French* (Cambridge, Mass.: Harvard University Press, 1986).

71 Janet Martin, "Muscovy's Northeast Expansion: The Context and a Cause," *Cahiers du Monde Russe et Soviétique* 24 (1983), pp. 459–470.

72 Nicholas Riasanovsky, *A History of Russia* (Oxford: Oxford University Press, 1993), pp. 170–171.

73 David M. Farquhar, "The Origins of the Manchus' Mongolian Policy," in *The Chinese World Order*, ed. John K. Fairbank (Cambridge, Mass.: Harvard University Press, 1968), pp. 198–205; Kanda Nobuo et al., *Manbun Rōtō*, 1:67; Wakeman, *Great Enterprise*, p. 55. 關於這個主題的蒙古文獻翻譯，參見 Nicola Di Cosmo and Dalizhabu Bao, *Manchu-Mongol Relations on the Eve of the Qing Conquest: A*

Seventeenth-Century China, ed. Jonathan D. Spence and John E. Wills, Jr. (New Haven: Yale University Press, 1979), pp. 1–38.

34 滿洲人早期的繼承習俗不明。陸西華（Gertraude Roth-Li）指出長子繼承制是早期滿人「公認的規矩」，但傅禮初認為滿人遵守「選長制的部落習俗」。Joseph Fletcher, "Ch'ing Inner Asia, c. 1800," in *The Cambridge History of China*, vol. 10, pt. 1, *Late Ch'ing*, 1800–1911, ed. John K. Fairbank (Cambridge: Cambridge University Press, 1978), p. 67; Hummel, *Eminent Chinese*, pp. 212, 594–599, 694; Gertraude Roth-Li, "The Rise of the Early Manchu State: A Portrait Drawn from Manchu Sources to 1636" (Ph.D. diss., Harvard University, 1975), p. 19. Frederic Wakeman Jr., *The Great Enterprise: The Manchu Reconstruction of Imperial Order* (Berkeley: University of California Press, 1985), p. 54, 採用陸西華的論點。

35 G. V. Melikhov, "The Process of the Consolidation of the Manzhou Tribes under Nuerhaqi and Abahai (1591–1644)," in *Manzhou Rule in China*, ed. S. L. Tikhvinsky (Moscow: Progress Publishers, 1983), pp. 67–87.

36 Elliott, *The Manchu Way*, p. 58. 把這個策略和一六〇三年德川幕府的統一做比較，德川幕府保留了大名的自治權，同時對全域行幕府統治。

37 Ibid., p. 62; Wakeman, *Great Enterprise*, p. 55.

38 Hummel, *Eminent Chinese*, pp. 213, 225. 傳記見 Linke, *Zur Entwicklung*.

39 Wakeman, *Great Enterprise*, p. 44.

40 Lawrence D. Kessler, *K'ang-hsi and the Consolidation of Ch'ing Rule, 1661–1684* (Chicago: University of Chicago Press, 1976), p. 8.

41 許多著作包括 Hummel, *Eminent Chinese* (p. 1) 誤稱皇太極為「阿巴亥」。關於這個錯誤的起源，參見 Giovanni Stary, "The Manchu Emperor 'Abahai': Analysis of an Historiographic Mistake," *Central Asiatic Journal* 28 (1984), pp. 296–299. Michael, *Origin of Manchu Rule*，遵循《開國方略》的說法，主張皇太極是由大貝勒一致同意選出。陸西華採信檔案史料，指出貝勒之間的不信任極深，以及皇太極的軍事優勢，主張他是篡位上台，或至少是非常有爭議的繼承鬥爭。

42 Roth-Li, "The Rise," p. 118.

43 Robert B. Oxnam, *Ruling from Horseback: Manchu Politics in the Oboi Regency, 1661–69* (Chicago: University of Chicago Press, 1975), pp. 30–31; Wakeman, *Great Enterprise*, pp. 850–851. Elliott, *The Manchu Way*, p. 62, 認為會議的起源在一六一五年。

44 Roth-Li, "The Rise," p. 134.

45 Oxnam, *Ruling from Horseback*, p. 75.

46 Robert B. Oxnam, "Policies and Institutions of the Oboi Regency, 1661–69," *Journal of Asian Studies* 32 (1972), pp. 265–286; Oxnam, *Ruling from Horseback*, p. 13.

47 Hummel, *Eminent Chinese*, pp. 215–219.

48 Kessler, *K'ang-hsi*; Oxnam, *Ruling from Horseback*, p. 64.

49 Oxnam, *Ruling from Horseback*, pp. 76–81.

50 Victor H. Mair, "Language and Ideology in the Written Popularizations of the Sacred Edict," in *Popular Culture in Late Imperial China*, ed. David Johnson, Andrew J. Nathan, and Evelyn S. Rawski (Berkeley: University of California Press, 1985), p. 326.

51 Hummel, *Eminent Chinese*, p. 215.

of Shadows: The Great Game and the Race for Empire in Central Asia (Washington, D.C.: Counterpoint, 1999), p. 230.

19 Miyawaki Junko, "The Qalqa Mongols"; Miyawaki Junko, *Saigo no Yūboku Teikoku: Jungaru bu no kōbō* (Tokyo: Kodansha, 1995), pp. 163–170.

20 Miyawaki Junko, "Galdan izen no Oiratto: Wakamatsu setsu sai hihan" (噶爾丹之前的瓦剌：再評若松寬的理論), *Tōyō Gakuhō* 65 (1984), pp. 91–120; Miyawaki Junko, "Jūnana seiki no Oiratto: Jungar Hankoku ni taisuru gimon" (十七世紀的瓦剌：重探「準噶爾汗國」), *Shigaku Zasshi* 90 (1981), p. 56.

21 Bergholz, *Partition of the Steppe*, p. 55; Zlatkin, Istoriia, p. 183.

22 Chimitdorzhiev, *Vzaimootnosheniia*, p. 52n120.

23 Bergholz, *Partition of the Steppe*, pp. 58–59; Chimitdorzhiev, *Vzaimootnosheniia*, p. 45; Sh. B. Chimitdorzhiev,"Iz istorii Russko-Mongolškikh ekonomicheskikh sviazei"(俄羅斯與蒙古經濟關係史), *Istoriia* SSSR 2 (1964), pp. 151–156.

24 Chimitdorzhiev, *Vzaimootnosheniia*, pp. 53–54.

25 I. Ia. Zlatkin and N. V. Ustiugov, eds., *Materialy po Istorii Russko-Mongol'skikh Otnoshenii: Russko-mongol'skie otnosheniia, 1636–1654: Sbornik Dokumentov* (俄蒙關係史史料，一六三六至一六五四) (Moscow: Izdatel'stvo Vostochnoi Literatury, 1974), pp. 150–151, 176.

26 Chimitdorzhiev, *Vzaimootnosheniia*, p. 42; Chimitdorzhiev, "Iz istorii ekonomicheskikh sviazei."

27 Bergholz, *Partition of the Steppe*, pp. 58–59; Chimitdorzhiev, *Vzaimootnosheniia*, p. 68; Zlatkin, *Istoriia*, pp. 172–178.

28 Golstunskii, *Mongolo-oiratskie zakony*; S. D. Dylykov and Institut vostokovedeniia (Akademiia nauk SSSR), *Ikh tsaaz ="Velikoe ulozhenie": Pamiatnik mongol'skogo feodal'nogo prava XVII v.: Oiratskii tekst* (Moscow, 1981); Tayama Shigeru, *Mōko hōten no kenkyū* (蒙古法律研究) (Tokyo: Nihon Gakujutsu Shinkokai, 1967).

29 我不使用西方人和清朝稱呼藏傳佛教的誤導用語 Lamaism。關於這個用語的批評，參見 Donald S. Lopez Jr., *Prisoners of Shangri-La: Tibetan Buddhism and the West* (Chicago: University of Chicago Press, 1998).

30 Miyawaki Junko, "Galdan izen," p. 106; Miyawaki Junko, "Jūnana seiki no Oiratto"; Miyawaki Junko, "Political Organization in the [sic] Seventeenth-Century North Asia," Ajia Afurika Gengo Bunka Kenkyū 27 (1984), pp. 172–179; Miyawaki Junko, "The Qalqa Mongols," p. 152.

31 引自 Mark C. Elliott, *The Manchu Way: The Eight Banners and Ethnic Identity in Late Imperial China* (Stanford: Stanford University Press, 2001), p. 29; Franz Michael, *The Origin of Manchu Rule in China: Frontier and Bureaucracy as Interacting Forces in the Chinese Empire* (Baltimore: Johns Hopkins University Press, 1942), p. 10.

32 Michael, *Origin of Manchu Rule*, p. 119.

33 Elliott, *The Manchu Way*, p. 31; Arthur W. Hummel, ed., *Eminent Chinese of the Ch'ing Period* (Washington, D.C.: U.S. Government Printing Office, 1943–44), p. 685; Bernd-Michael Linke, *Zur Entwicklung des mandjurischen Khanats zum Beamtenstaat: Sinisierung und Burokratisierung der Mandjuren wahrend der Eroberungszeit* (Wiesbaden: Steiner, 1982); Gertraude Roth, "The Manchu-Chinese Relationship, 1618–36," in *From Ming to Ch'ing: Conquest, Region, and Continuity in*

Dokumentov (俄蒙關係史料，一六〇七至一六三六) (Moscow: Izdatel'stvo Vostochnoi Literatury, 1959), p. 21.

3 Chimitdorzhiev, *Vzaimootnosheniia*, p. 20; Zlatkin and Ustiugov, eds., *Materialy, 1607–1636*, pp. 24–28.

4 Michael Khodarkovsky, "Ignoble Savages and Unfaithful Subjects: Constructing Non-Christian Identities in Early Modern Russia," in *Russia's Orient: Imperial Borderlands and Peoples, 1700–1917*, ed. Daniel R. Brower and Edward Lazzerini (Bloomington: Indiana University Press, 1997), pp. 12–13.

5 Zlatkin and Ustiugov, *Materialy, 1607–1636*, p. 22.

6 Ibid., p. 53.

7 Chimitdorzhiev, *Vzaimootnosheniia*, p. 26; Zlatkin and Ustiugov, *Materialy, 1607–1636*, p. 99.

8 Michael Khodarkovsky, "Russian Peasant and Kalmyk Nomad: A Tragic Encounter in the Mid-Eighteenth Century," *Russian History 15* (1988), pp. 43–69; Michael Khodarkovsky, "Uneasy Alliance: Peter the Great and Ayuki Khan," *Central Asian Survey 7* (1988), pp. 1–45; Michael Khodarkovsky, *Where Two Worlds Met: The Russian State and the Kalmyk Nomads, 1600–1771* (Ithaca: Cornell University Press, 1992).

9 Wakamatsu Hiroshi, "Jungaru ōkoku no keisei katei" (準噶爾帝國的形成), *Tōyōshi Kenkyū* 41, no. 4 (1983), pp. 74–117; Wakamatsu Hiroshi, *Qingdai Menggu di Lishi yu Zongjiao* (清代蒙古的歷史與宗教) (Heilongjiang: Heilongjiang Jiaoyu Chubanshe, 1994), pp. 3–43.

10 戴逸，《簡明清史》（北京：人民出版社，1984），頁 139。

11 I. Ia. Zlatkin, *Istoriia Dzhungarskogo Khanstvo, 1635–1758* (準噶爾汗國史，一六三五至一七五八) (Moscow: Nauka, 1964), p. 109.

12 Zlatkin and Ustiugov, *Materialy, 1607–1636*, p. 22.

13 Fred W. Bergholz, *The Partition of the Steppe: The Struggle of the Russians, Manchus, and the Zunghar Mongols for Empire in Central Asia, 1619–1758: A Study in Power Politics* (New York: Peter Lang, 1993); Zlatkin, *Istoriia*, p. 138; Zlatkin and Ustiugov, *Materialy, 1607–1636,* pp. 79–80, 114–115.

14 Miyawaki Junko, "The Qalqa Mongols and the Oyirad in the Seventeenth Century," *Journal of Asian History* 18 (1984), p. 157.

15 Ibid., pp. 158–159; Zlatkin, *Istoriia*, pp. 144–147.

16 Khodarkovsky, *Where Two Worlds Met*, p. 80.

17 其傳記的摘錄見 K. F. Golstunskii, *Mongolo-oiratskie zakony 1640 goda, dopolnitelnye ukazy Galdan-Khun-Taidzhiia i zakony, sostavlennye dlia volzhskikh kalmykov pri kalmytskom khanie Donduk-Dashi: kalmytskii tekst s russkim perevodom i primiechaniiami* (一六四〇年的蒙古—衛拉特法) (St. Petersburg: Tip. Imperatorskoi akademii nauk, 1880), pp. 121–130；亦可參見 A. V. Badmaev, *Zaia-Pandita: Spiski Kalmytskoy Rukopisi "Biografia Zaia-Pandita"* (卡爾梅克的咱雅班智達傳記手稿描述) (Elista: Kalmytskii nauchno-issledovatel'skii institut iazyka, literatury i istorii pri Sovete Ministrov Kalmytskoi ASSR, 1968); Stephen A. Halkovic, *The Mongols of the West* (Bloomington: Indiana University Press, 1985), p. 37n3; Miyawaki Junko, "Oiratto no Kōsō Zaya Pandita denki," (瓦剌高僧咱雅班智達的一生), in *Chibetto no Bukkyō to Shakai*, ed. Yamaguchi ZuihŌ (Tokyo: Shunjusha, 1986), pp. 603–627; Zlatkin, *Istoriia*, p. 156; ZGSL, p. 56.

18 普熱瓦爾斯基的話引自 Owen Lattimore, *Studies in Frontier History: Collected Papers, 1928–1958* (New York: Oxford University Press, 1962), p. 62; Karl E. Meyer and Shareen Blair Brysac, *Tournament*

(June 1998), pp. 263–286.

73 Martin, "Muscovy's Northeast Expansion."

74 John Baddeley, *Russia, Mongolia, China, being some record of the relations between them from the beginning of the XVIIth century to the death of the Tsar Alexei Mikhailovich, a.d. 1602–1676, 2* vols. (London: Macmillan and Company, 1919), 1:69–73; Joseph L. Wieczynski, ed., *The Modern Encyclopedia of Russian and Soviet History* (Gulf Breeze, Fla.: Academic International Press, 1976–), s.v. "Ermak Timofeevich."

75 George V. Lantzeff and Richard Pierce, *Eastward to Empire: Exploration and Conquest on the Russian Open Frontier to 1750* (Montreal: McGill–Queen's University Press, 1973), quote p. 116；亦可參見 p. 119; Wieczynski, *Encyclopedia*, s.v. "Kuchum."

76 Raymond H. Fisher, "The Russian Fur Trade, 1550–1700," in Russia's Eastward Expansion, ed. George Lensen (Englewood Cliffs, N.J.: Prentice-Hall, 1964), pp. 34–37.

77 巴托爾德（V. V. Barthol'd）指出：「幾乎所有軍事行動都是由哥薩克人自己主動發起，沒有來自莫斯科當局方面的任何命令。直到軍事行動結束，莫斯科人才現身，宣稱這些新領土被併吞到其主權領地。」Wieczynski, *Encyclopedia*, s.v. "Siberian Cossacks."

78 Lantzeff and Pierce, *Eastward to Empire*, p. 127.

79 Ibid., p. 159.

80 Ibid., p. 168.

81 Bassin, "Inventing Siberia"; Galya Diment and Yuri Slezkine, *Between Heaven and Hell: The Myth of Siberia in Russian Culture* (New York: St. Martin's, 1993).

82 Alan Wood, ed., *The History of Siberia: From Russian Conquest to Revolution* (London: Routledge, 1991), p. 3.

83 Charles Tilly, *Coercion, Capital, and European States, 990–1992* (Cambridge, Mass.: Basil Blackwell, 1990), p. 30.

84 Wood, *History of Siberia*, pp. 4, 41.

85 Stephen Greenblatt, *Marvelous Possessions: The Wonder of the New World* (Chicago: University of Chicago Press, 1991).

86 Slezkine, *Arctic Mirrors*, pp. 38, 41.

87 Joanna Waley-Cohen, *Exile in Mid-Qing China: Banishment to Xinjiang, 1758–1820* (New Haven: Yale University Press, 1991).

88 David Collins, "Subjugation and Settlement in Seventeenth and Eighteenth-Century Siberia," in Wood, *History of Siberia*, p. 45.

89 Stevens, *Soldiers on the Steppe*, pp. 122–139.

第三章

1 不要搞混歷任阿勒坦汗（Altyn Khans）和統一土默特部的俺答汗（Altan Khan，一五〇七至一五八二年）。

2 Sh. B. Chimitdorzhiev, *Vzaimootnosheniia Mongolii i Rossii v 17–18 vekakh*（十七和十八世紀的蒙古與俄羅斯關係）(Moscow: Nauka, 1978), p. 18; I. Ia. Zlatkin and N. V. Ustiugov, eds., *Materialy po Istorii Russko-Mongol'skikh Otnoshenii: Russko-mongol'skie otnosheniia, 1607–1636: Sbornik*

57 Charles Halperin, "Russia in the Mongol Empire in Comparative Perspective," *Harvard Journal of Asiatic Studies* 43 (June 1983), pp. 239–262.

58 不同於在中國與伊朗，「蒙古人在俄羅斯選擇了大草原的地理隔絕，而不是移動到森林區。這個基本對比是所有金帳汗國比較分析的關鍵。」Ibid., pp. 247, 250. 亦可參見 Perry Anderson, *Passages from Antiquity to Feudalism* (London: Verso, 1978), p. 227.

59 Edward Keenan, "Muscovy and Kazan', 1445–1552: Some Introductory Remarks on Steppe Diplomacy," *Slavic Review* 26 (1967), pp. 548–558; Edward Keenan, "Muscovy and Kazan', 1445–1552: A Study in Steppe Politics" (Ph.D. diss., Harvard University, 1965); Jaroslaw Pelenski, *Russia and Kazan: Conquest and Imperial Ideology* (Paris: Mouton, 1974).

60 Keenan, "Muscovy and Kazan'" (1967), p. 552.

61 Ibid.

62 Omeljan Pritsak, "Moscow, the Golden Horde, and the Kazan Khanate from a Polycultural Point of View," *Slavic Review* 26 (1967), pp. 576–583.

63 Vernadsky, *The Mongols and Russia*.

64 Keenan, "Muscovy and Kazan'" (1965), p. 178.

65 Ibid., p. 395.

66 *Kazanskaia Istoriia*，引自 Pelenski, *Russia and Kazan*, p. 117.

67 Ibid., p. 65.

68 Keenan, "Muscovy and Kazan'" (1965), pp. 38–43.

69 更多比較討論，參見 Peter C. Perdue, "The Qing Empire in Eurasian Time and Space: Lessons from the Galdan Campaigns," in *The Qing Formation in World-Historical Time*, ed. Lynn Struve (Cambridge, Mass.: Harvard University Asia Center, 2004), pp. 57–91.

70 研究包括 Mark Bassin, "Expansion and Colonialism on the Eastern Frontier: Views of Siberia and the Far East in Pre-Petrine Russia," *Journal of Historical Geography* 14 (1988), pp. 3–21; Mark Bassin, "Inventing Siberia: Visions of the Russian Empire in the Early Nineteenth Century," *American Historical Review* 96 (1991), pp. 763–794; Mark Bassin, "Russia between Europe and Asia: The Ideological Construction of Geographical Space," *Slavic Review* (Spring 1991), pp. 1–17; Fred W. Bergholz, *The Partition of the Steppe: The Struggle of the Russians, Manchus, and the Zunghar Mongols for Empire in Central Asia, 1619–1758: A Study in Power Politics* (New York: Peter Lang, 1993); Yuri Slezkine, *Arctic Mirrors: Russia and the Small Peoples of the North* (Ithaca: Cornell University Press, 1994). 大眾讀物包括 Benson Bobrick, *East of the Sun: The Epic Conquest and Tragic History of Siberia* (New York: Poseidon Press, 1992); W. Bruce Lincoln, *The Conquest of a Continent: Siberia and the Russians* (New York: Random House, 1994). John F. Richards, *The Unending Frontier: An Environmental History of the Early Modern World* (Berkeley: University of California Press, 2003), pp. 242–273，此書把俄羅斯擴張放進世界史的架構中。

71 Janet Martin, *Medieval Russia, 980–1584* (Cambridge: Cambridge University Press, 1995); Janet Martin, "Muscovy's Northeast Expansion: The Context and a Cause," *Cahiers du Monde Russe et Soviétique* 24 (1983), pp. 459–470.

72 Bassin, "Russia between Europe and Asia"; Peter C. Perdue, "Boundaries, Maps, and Movement: The Chinese, Russian, and Mongolian Empires in Early Modern Eurasia," *International History Review* 20

37 Pokotilov, *History*, pp. 127–128.

38 Sechin Jagchid and Van Jay Symons, *Peace, War, and Trade along the Great Wall: Nomadic-Chinese Interaction through Two Millennia* (Bloomington: Indiana University Press, 1989), p. 165; Nicola Di Cosmo, "Ancient Inner Asian Nomads: Their Economic Basis and Its Significance in Chinese History," *Journal of Asian Studies* 53 (November 1994), p. 1093.

39 Morris Rossabi, "The Tea and Horse Trade with Inner Asia during the Ming," *Journal of Asian History* 4 (1970), p. 139.

40 Tani Mitsutaka, "Mindai chaba bōeki no kenkyū" (明代茶馬貿易研究), *Shirin* 49 (September 1966), p. 56.

41 李光壁，〈明代西茶易馬考〉，《中央亞細亞》第 2 期 (1943)，頁 52。

42 其他集市短暫於甘州設立，一四四三年廢止，然後一五六三年又重啟。還有欽州、明州和莊浪，以及位於四川吊門與永寧的兩個較小的市集。

43 Charles O. Hucker, *A Dictionary of Official Titles in Imperial China* (Stanford: Stanford University Press, 1985), p. 274; Terada Takanobu, *Sansei Shōnin no Kenkyū: Mindai ni okeru shōnin oyobi shōgyō shihon* (山西商人研究) (Kyoto: Toyoshi Kenkyukai, 1972), pp. 81–89.

44 Goodrich and Fang, *Dictionary*, pp. 1516–19; Rossabi, "Tea and Horse Trade," p. 156; Tani Mitsutaka, "Chaba bōeki," p. 47; 楊一清，《關中奏議 18 卷》（臺北：臺灣商務印書館，1983），卷 3，頁 1-29。

45 Shimizu Taiji, *Mindai Tochiseidoshi Kenkyū* (明代土地制度研究) (Tokyo: Daian 1968), pp. 385–404; Terada Takanobu, *Sansei Shōnin*, pp. 108–118, 199–209; Wang Ch'ungwu, "The Ming System of Merchant Colonization," in *Chinese Social History: Translations of Selected Studies*, ed. E-tu Zen Sun and John De Francis (New York: Octagon Books, 1966), pp. 299–308.

46 楊一清，《關中奏議 18 卷》，卷 3，頁 14a。

47 Timothy Brook, *The Confusions of Pleasure: Commerce and Culture in Ming China* (Berkeley: University of California Press, 1998).

48 Terada Takanobu, *Sansei Shōnin*, pp. 44–60.

49 Huang, "Military Expenditures."

50 Mark Elvin, "The Supremacy of Logistics under the Ming," in *The Pattern of the Chinese Past* (Stanford: Stanford University Press, 1973), pp. 91–110.

51 George Vernadsky, *The Mongols and Russia* (New Haven: Yale University Press, 1953), p. 326.

52 Ibid., pp. 331–332.

53 Vernadsky, *The Mongols and Russia*, p. 333; Donald Ostrowski, "The Mongol Origins of Muscovite Political Institutions," *Slavic Review* 49 (Winter 1990), pp. 525–542; Donald Ostrowski, *Muscovy and the Mongols: Cross-Cultural Influences on the Steppe Frontier, 1304–1589* (Cambridge: Cambridge University Press, 1998).

54 Ostrowski, "Mongol Origins"; Joseph Fletcher, "Turco-Mongolian Monarchic Tradition in the Ottoman Empire," in *Studies on Chinese and Islamic Inner Asia*, ed. Beatrice Forbes Manz (Brookfield, Vt.: Variorum, 1995), pp. 236–251

55 Carol B. Stevens, *Soldiers on the Steppe: Army Reform and Social Change in Early Modern Russia* (DeKalb: Northern Illinois University Press, 1995).

56 Vernadsky, *The Mongols and Russia*.

"Notes on Esen's Pride and Ming China's Prejudice," *Mongolia Society Bulletin* 17 (1970), pp. 31–39.

16 Goodrich and Fang, *Dictionary*, pp. 854–856 (李實), 1528–31 (楊善).

17 Mote, "The Tu-Mu Incident of 1449"; F. W. Mote, *Imperial China: 900–1800* (Cambridge, Mass.: Harvard University Press, 1999), p. 627.

18 張廷玉，《新校本明史并附編六種》第五版（臺北：鼎文書局，1991），頁 171:4565–68 (楊善傳); translation adapted from Pokotilov, *History*, pp. 54–55. 亦可參見 Goodrich and Fang, *Dictionary*, pp. 1528–31.

19 Arthur Waldron, *The Great Wall of China: From History to Myth* (Cambridge: Cambridge University Press, 1990), pp. 53–164.

20 Goodrich and Fang, *Dictionary*, pp. 887–892 (李英).

21 Pokotilov, *History*, p. 70.

22 Goodrich and Fang, *Dictionary*, pp. 1455–60 (王越); Waldron, *The Great Wall*, pp. 91–164.

23 Goodrich and Fang, *Dictionary*, pp. 1620–24 (余 子 俊); *Mingshilu* (*Changle Liang Hongzhi*, 1940), 108:2120.

24 Goodrich and Fang, *Dictionary*, p. 1344 (王鏊); Pokotilov, *History*, pp. 84–85.

25 Goodrich and Fang, *Dictionary*, pp. 17–20 (巴圖蒙克), 1516–19 (楊一清).

26 Ibid., pp. 1303–5 (曾銑). 關於曾銑戰略思考的進一步討論，參見 Peter C. Perdue, "Culture, History, and Imperial Chinese Strategy: Legacies of the Qing Conquests," in *Warfare in Chinese History*, ed. Hans van de Ven (Leiden: Brill, 2000), pp. 252–287.

27 James Geiss, "The Cheng-te Reign, 1506–1521," in *The Cambridge History of China*, vol. 8, pt. 1, *The Ming Dynasty, 1368–1644*, ed. Denis Twitchett and Frederick Mote (Cambridge: Cambridge University Press, 1988), p. 421.

28 Goodrich and Fang, *Dictionary*, pp. 1516–19 (楊一清).

29 Ibid., pp. 6–9.

30 Waldron, *The Great Wall*, p. 127. 進一步討論，參見 Perdue, "Culture, History, and Imperial Chinese Strategy.

31 Goodrich and Fang, *Dictionary*, pp. 1303–5 (曾銑).

32 Piper Rae Gaubatz, *Beyond the Great Wall: Urban Form and Transformation on China's Frontiers* (Stanford: Stanford University Press, 1996); Paul Hyer, "An Historical Sketch of Koke-Khota City, Capital of Inner Mongolia," *Central Asiatic Journal* 26 (1982), pp. 56–77; Peter C. Perdue, "From Turfan to Taiwan: Trade and War on Two Chinese Frontiers," in *Untaming the Frontier: Interdisciplinary Perspectives on Frontier Studies*, ed. Bradley Parker and Lars Rodseth (Tucson: University of Arizona Press, 2005).

33 Goodrich and Fang, Dictionary, p. 55; Ray Huang, "Military Expenditures in Sixteenth-Century Ming China," Oriens Extremus 17 (1970), pp. 39–62; Ray Huang, 1587: A Year of No Significance (New Haven: Yale University Press, 1981), pp. 108–112, 181, 231–233.

34 Pokotilov, *History*, pp. 130–131.

35 Goodrich and Fang, *Dictionary*, pp. 1129–31 (庫圖克台).

36 Henry Serruys, "Early Lamaism in Mongolia," *Oriens Extremus* 10 (1963), pp. 181, 214; cf. Goodrich and Fang, *Dictionary*, pp. 9, 23.

變成「水牛公地」，在環境與經濟上都是更好的土地使用。事實上，隨著農場被棄置，美洲原住民正在回歸美國西部。Donald Worster, "Climate and History on the Great Plains," paper presented at the Conference on Humanities and the Environment, MIT, January 9, 1992; Donald Worster, *Rivers of Empire: Water, Aridity, and the Growth of the AmericanWest* (New York: Pantheon Books, 1985).

91 Christian, "Inner Eurasia," p. 207

92 Barfield, *Perilous Frontier*, pp. 164–186

第二章

1 Edward L. Farmer, *Early Ming Government: The Evolution of Dual Capitals* (Cambridge, Mass.: Harvard University Press, 1968).

2 「亞洲征服者〔帖木兒〕年過七旬，登上察合台大位已三十又五載。他的鴻圖不再，他的軍隊解散，中國於是得救。他死後十四年，他所有孩子中權力最大的一個，派遣一支友誼和商業的使團到北京的宮廷。」Edward Gibbon, *The History of the Decline and Fall of the Roman Empire*, ed. DavidWomersley, 3 vols. (London: Allen Lane, Penguin Press, 1994), 3:847–850.

3 Okada Hidehiro, "Doruben Oirato no kigen"（杜爾伯特部瓦剌的起源）, *Shigaku Zasshi* 83 (1974), pp. 1–44（英文版見 *Ural-Altaische Jahrbücher* [1987]); ZGSL, p. 2; David Farquhar, "Oirat-Chinese Tribute Relations, 1408–59," in *Studia Altaica (Festschrift für Nikolaus Poppe)* (1957), pp. 60–68.

4 Paul Ratchnevsky, *Genghis Khan: His Life and Legacy* (Cambridge, Mass.: Basil Blackwell, 1993), pp. 5, 96.

5 Paul Kahn, *The Secret History of the Mongols: The Origin of Chinghis Khan: An Adaptation of the Yuan Chao Pi Shih* (San Francisco: North Point Press, 1984), pp. 60–61. Cf. Francis Cleaves, ed., *The Secret History of the Mongols* (Cambridge, Mass.: Harvard University Press, 1982), p. 70; Ratchnevsky, *Genghis Khan*, p. 62.

6 Okada Hidehiro, "Doruben Oirato"; Ratchnevsky, *Genghis Khan*, p. 117.

7 Ratchnevsky, *Genghis Khan*, p. 96.

8 Morris Rossabi, "The Ming and Inner Asia," in *The Cambridge History of China*, vol. 8, pt. 2, *The Ming Dynasty, 1368–1644*, ed. Denis Twitchett and Frederick Mote (Cambridge: Cambridge University Press, 1998), pp. 221–271.

9 L. C. Goodrich and Chaoying Fang, *Dictionary of Ming Biography, 1368–1644* (New York: Columbia University Press, 1976), pp. 1290–93; Okada Hidehiro, "Doruben Oirato," p. 8.

10 Wolfgang Franke, "Addenda and Corrigenda to Pokotilov," in *History of the Eastern Mongols during the Ming Dynasty*, ed. Dmitrii Pokotilov (Philadelphia: Porcupine Press, 1976), pp. 1–95; Wolfgang Franke, "Chinesische Feldzüge durch die Mongolei im frühen 15. Jahrhundert," *Sinologica* 3 (1951–1953), pp. 81–88;Wolfgang Franke, "Yunglo's Mongolei-Feldzüge," *Sinologische Arbeiten* 3 (1945), pp. 1–54.

11 Goodrich and Fang, *Dictionary*, pp. 531–534.

12 Franke, "Yunglo's Mongolei-Feldzüge," p. 15.

13 Farmer, *Early Ming Government*, pp. 122–123.

14 Goodrich and Fang, *Dictionary*, pp. 416–420.

15 Frederick Mote, "The Tu-Mu Incident of 1449," in *Chinese Ways in Warfare*, ed. Frank Kierman and John K. Fairbank (Cambridge, Mass.: Harvard University Press, 1974), pp. 243–272; Morris Rossabi,

337.

69 Richard White, The Middle Ground: Indians, Empires, and Republics in the Great Lakes Region, 1650–1815 (Cambridge: Cambridge University Press, 1991).

70 Owen Lattimore, *Inner Asian Frontiers of China* (Boston: Beacon Press, 1962), chap. 1.

71 Lattimore, Studies, pp. 165–179; Daniel Power and Naomi Standen, eds., Frontiers in Question: Eurasian Borderlands, 700–1700 (New York: St. Martin's Press, 1998).

72 Arthur Waldron, *The Great Wall of China: From History to Myth* (Cambridge: Cambridge University Press, 1990).

73 Lattimore, *Studies*, p. 58.

74 關於俄羅斯的城牆修建，參見 Carol B. Stevens, *Soldiers on the Steppe: Army Reform and Social Change in Early Modern Russia* (DeKalb: Northern Illinois University Press, 1995).

75 Lattimore, *Studies*, pp. 113, 117.

76 Arthur Waldron, "Representing China: The Great Wall and Cultural Nationalism in the Twentieth Century," in *Cultural Nationalism in East Asia: Representation and Identity*, ed. Harumi Befu (Berkeley: Institute of East Asian Studies, University of California, 1993), pp. 36–60; Arthur Waldron, "Scholarship and Patriotic Education: The Great Wall Conference," *China Quarterly* 143 (1995), pp. 844–850.

77 Lattimore, *Studies*, pp. 165–179.

78 Christian, "Inner Eurasia."

79 Peake and Fleure, The Steppe and the Sown.

80 George Curzon, Russia in Central Asia and the Anglo-Russian Question (1889), 引自 Denis Sinor, Inner Asia: History, Civilization, Languages: A Syllabus (Ann Arbor: University of Michigan Press, 1979), p. 217.

81 McNeill, "Of Rats and Men.".

82 Chia-feng Chang, "Disease and Its Impact on Politics, Diplomacy, and the Military: The Case of Smallpox and the Manchus (1613–1795)," *Journal of the History of Medicine and Allied Sciences* 57 (April 2002), pp. 177–197; Henry Serruys, "Smallpox in Mongolia during the Ming and Ch'ing Dynasties," *Zentralasiatische Studien* 14 (1980), pp. 41–63.

83 李心衡，《金川瑣記》2.6b, 引自 Serruys, "Smallpox," p. 57.

84 Peter Simon Pallas, *Sammlungen Historischer Nachrichten über die Mongolischen Völkerschaften* (Graz: Akademische Druck-u. Verlagsanstalt, 1980), p. 158.

85 James Z. Lee and Wang Feng, *One Quarter of Humanity: Malthusian Mythology and Chinese Realities* (Cambridge, Mass.: Harvard University Press, 1999), pp. 45–46.

86 華立，〈清代的滿蒙聯姻〉，《民族研究》（1983 年 2 月），頁 45–54。

87 Chiba Muneo, "Tenzan ni habataku" (Black whirlwind: flags fluttering over the Tianshan Mountains), in Kara būran: Kuroi suna-arashi (Tokyo: Kokushokankokai, 1986), p. 89

88 Okada Hidehiro, Kōkitei no Tegami (康熙皇帝書信) (Tokyo: Chuko Shinsho, 1979), p. 125; QPSF, p. 35, 31b KX36/1 *renshen*.

89 National Research Council, *Grasslands*; Reardon-Anderson, "Reluctant Pioneers." Elvin, *Retreat*, p. xxvi, 從數學上定義後勤曲線，並論稱後勤曲線在描述社會變遷上的重要性。

90 在美國，隨著環境益發惡化，很多人質疑這個區域的農業健康。有些研究者甚至主張把乾燥的田

45 Ibid., pp. 14, 19.

46 Herodotus, *Histories*, 4.127.

47 Denis Sinor, "Horse and Pasture in Inner Asian History," *Oriens Extremus* 19 (1972), pp. 171–183.

48 引自 Sinor, *Cambridge History*, p. 11.

49 Morris Rossabi, "The Tea and Horse Trade with Inner Asia during the Ming," *Journal of Asian History* 4 (1970), pp. 136–168; Henry Serruys, "Sino-Mongol Trade during the Ming," *Journal of Asian History* 9 (1975), pp. 34–56; Paul J. Smith, *Taxing Heaven's Storehouse: Horses, Bureaucrats, and the Destruction of the Sichuan Tea Industry, 1074–1224* (Cambridge, Mass.: Harvard University Press, 1991).

50 參見 Sinor, *Cambridge History*, p. 11, 引用馬賽的薩爾維安（Salvianus of Marseille）。

51 Barfield, The Perilous Frontier.

52 Creel, "The Role of the Horse," p. 163; 劉向編，《戰國策》，收於《二十五別史》卷 22（濟南市：齊魯書社出版社，2000），6:204–211; *Chan-kuo ts'e*, trans. James I. Crump (Ann Arbor: Center for Chinese Studies, University of Michigan, 1996), pp. 288–294; 司馬遷，《史記》卷 43，收於《二十五史》卷 1（上海：上海古籍出版社，1986），頁 215; *Les Mémoires historiques de Se-ma Ts'ien*, trans. Édouard Chavannes, 6 vols. (Paris: Librairie d'Amérique et d'Orient, 1967), 5:72–84.

53 Creel, "The Role of the Horse," p. 170; Burton Watson, *Records of the Grand Historian of China*, 2 vols. (New York: Columbia University Press, 1961), 2:281–287.

54 Christopher I. Beckwith, "The Impact of the Horse and Silk Trade on the Economies of T'ang China and the Uighur Empire," *Journal of the Economic and Social History of the Orient* 34 (1991), pp. 183–198.

55 Owen Lattimore, Pivot of Asia: Sinkiang and the Inner Asian Frontiers of China and Russia (Boston: Little, Brown, 1950), p. 155.

56 Litvinskii, "Ecology," p. 64.

57 Thomas J. Barfield, *The Nomadic Alternative* (Englewood Cliffs, N.J.: Prentice-Hall, 1993), p. 20.

58 ZGSL 63.

59 GZDQL 3.710.

60 National Research Council, *Grasslands and Grassland Sciences in Northern China* (Washington, D.C.: National Academy Press, 1992).

61 Arthur de Carle Sowerby, "The Horse and Other Beasts of Burden in China," *China Journal* 26 (1937), pp. 282–287.

62 Edward Schafer, "The Camel in China down to the Mongol Dynasty," *Sinologica* 2 (1950), p. 166.

63 Owen Lattimore, *The Desert Road to Turkestan* (Boston: Little, Brown, 1929), p. 109; Lattimore, *Studies*, p. 43.

64 Jonathan Lipman, "The Border World of Gansu, 1895–1935" (Ph.D. diss., Stanford University, 1981).

65 Morris Rossabi, "The 'Decline' of the Central Asian Caravan Trade," in *The Rise of Merchant Empires*, ed. James D. Tracy (Cambridge: Cambridge University Press, 1990), pp. 351–370.

66 Lattimore, *Studies*, p. 58; Lipman, "The Border World of Gansu," maps 1 and 2, p. xiv.

67 賴福順，《乾隆重要戰爭之軍需研究》（臺北：國立故宮博物院，1984），頁 219–221。一石約為一〇三公升的穀物。

68 Braudel, *The Mediterranean*, 1:18; David A. Hollinger, "How Wide the Circle of 'We'? American Intellectuals and the Problem of the Ethnos since World War II,"*American Historical Review* 98 (1993), p.

1990), p. 29.

24 K. De B. Codrington, "A Geographical Introduction to the History of Central Asia," *Geographical Journal* 104 (1944), p. 28.

25 Justin Jon Rudelson, *Oasis Identities: Uyghur Nationalism along China's Silk Road* (New York: Columbia University Press, 1997), p. 42.

26 Larry Moses, "A Theoretical Approach to the Process of Inner Asian Confederation," Études Mongoles 5 (1974), pp. 113–122.

27 Frye, *Heritage*, p. 13.

28 Lattimore, *Studies*, p. 68.

29 Fernand Braudel, *The Mediterranean and the Mediterranean World in the Age of Philip II*, trans. Sian Reynolds (New York: Harper & Row, 1972), p. 25.

30 Codrington, "Geographical Introduction," p. 30.

31 Sinor, *Cambridge History*, p. 37.

32 Robert N. Taaffee, "The Geographic Setting," in Sinor, *Cambridge History*, pp. 32–33.

33 東部歐亞氣候變遷的研究，參見 James Reardon-Anderson, "Man and Nature in the West Liao River Basin, during the Past 10,000 Years," unpublished ms. (1994); James Reardon-Anderson, "Reluctant Pioneers: China's Northern Frontier, 1644–1937," unpublished ms. (2002); and Elvin, *Retreat*, pp. 5–8.

34 David Christian, "Inner Eurasia as a Unit of World History," *Journal of World History* 5 (1994), p. 199.

35 Boris A. Litvinskii, "The Ecology of the Ancient Nomads of Soviet Central Asia and Kazakhstan," in *Ecology and Empire: Nomads in the Cultural Evolution of the Old World*, ed. Gary Seaman (Los Angeles: Ethnographics Press, 1989), p. 64.

36 近期在俄羅斯的考古學工作證實第一批亞洲游牧民來自森林。Nicola Di Cosmo, *Ancient China and Its Enemies: The Rise of Nomadic Power in East Asian History* (Cambridge: Cambridge University Press, 2001), pp. 21–43; Nicola Di Cosmo, "Ancient Inner Asian Nomads: Their Economic Basis and Its Significance in Chinese History," *Journal of Asian Studies* 53 (November 1994), pp. 1092–1112. Cf. Lattimore, *Studies*, p. 142.

37 Harold Peake and Herbert Fleure, *The Steppe and the Sown* (New Haven: Yale University Press, 1928).

38 Fletcher, "The Mongols," pp. 15, 40.

39 Thomas J. Barfield, *The Perilous Frontier: Nomadic Empires and China* (Cambridge, Mass.: Basil Blackwell, 1989).

40 可是，狄宇宙指出野蠻游牧民和開化定居者截然二分的差別，不適用於最早期的中國文明：那是漢朝和匈奴聯盟在西元前二世紀多次戰爭的產物。Di Cosmo, *Ancient China and Its Enemies*.

41 Moses, "Theoretical Approach."

42 David Anthony, Dimitri Y. Telegin, and Dorcas Brown, "The Origin of Horseback Riding," *Scientific American* (December 1991), pp. 94–100; David W. Anthony and Nikolai B. Vinogradov, "Birth of the Chariot," *Archaeology* (March–April 1995), pp. 36–41.

43 Herrlee G. Creel, "The Role of the Horse in Chinese History," in *What Is Taoism?: And Other Studies in Chinese Cultural History*, ed. Herrlee G. Creel (Chicago: University of Chicago Press, 1970), pp. 160–186.

44 Rudi Paul Lindner, "Nomadism, Horses, and Huns," *Past and Present* 92 (1981), pp. 3–19.

Transformation," in *The Earth as Transformed by Human Action: Global and Regional Changes in the Biosphere over the Past Three Hundred Years*, ed. B. L. Turner et al. (Cambridge: Cambridge University Press, 1990), pp. 163–178; John F. Richards, *The Unending Frontier: An Environmental History of the Early Modern World* (Berkeley: University of California Press, 2003).

7 William Cronon, *Changes in the Land: Indians, Colonists, and the Ecology of New England* (New York: Hill and Wang, 1983); William Cronon, "Kennecott Journey: The Paths Out of Town," in *Under an Open Sky: Rethinking America's Western Past,* ed. William Cronon, George Miles, and Jay Gitlin (New York: Norton, 1992), pp. 28–51;William Cronon, *Nature's Metropolis* (New York: Norton, 1991).

8 Alfred W. Crosby, *Ecological Imperialism: The Biological Expansion of Europe* (Cambridge: Cambridge University Press, 1986); John R. McNeill, "Of Rats and Men: A Synoptic Environmental History of the Island Pacific," *Journal of World History* 5 (Fall 1994), pp. 299–349

9 John Mack Faragher, "The Frontier Trail: Rethinking Turner and Reimagining the AmericanWest," *American Historical Review* 98 (February 1993), pp. 106–117

10 Patricia Nelson Limerick, The Legacy of Conquest: The Unbroken Past of the AmericanWest (New York: Norton, 1987).

11 Charles Tilly, ed., *The Formation of National States in Western Europe* (Princeton, N.J.: Princeton University Press, 1975).

12 Immanuel Wallerstein, *The Modern World-System: Capitalist Agriculture and the Origins of the European World Economy in the Sixteenth Century* (New York: Academic Press, 1974), pp. 1, 57–63.

13 Tilly, *National States*, p. 34.

14 最近的選集包括 Geoff Eley and Ronald Grigor Suny, eds., *Becoming National* (Oxford: Oxford University Press, 1996); John Hutchinson and Anthony D. Smith, eds., *Nationalism* (Oxford: Oxford University Press, 1994). 最重要的作品無疑是 Benedict Anderson, *Imagined Communities: Reflections on the Origins and Spread of Nationalism* (London: Verso, 1991).

15 Prasenjit Duara, "De-constructing the Chinese Nation," *Australian Journal of Chinese Affairs* 30 (1993), pp. 1–28; Prasenjit Duara, "Historicizing National Identity, or Who Imagines What and When," in Eley and Suny, *Becoming National*, pp. 151–178; Prasenjit Duara, *Rescuing History from the Nation: Questioning Narratives of Modern China* (Chicago: University of Chicago Press, 1995).

16 Eric J. Hobsbawm, "The New Threat to History (Address to the Central European University, Budapest)," *New York Review of Books*, December 16, 1993, pp. 62–64.

17 「地緣體」一詞出自 Thongchai Winichakul, *Siam Mapped: A History Of The Geo-Body of a Nation* (Honolulu: University of Hawai'i Press, 1994). 我要謝謝米華健想到「地緣體建構」這麼貼切的詞。

18 William McNeill, *Mythistory and Other Essays* (Chicago: University of Chicago Press, 1986).

19 Cyril Black et al., *The Modernization of Inner Asia* (Armonk, N.Y.: M. E. Sharpe, 1991), p. 3.

20 Joseph Fletcher, "The Mongols: Ecological and Social Perspectives," *Harvard Journal of Asiatic Studies* 46 (1986), p. 12.

21 Denis Sinor, *Introduction a l'Étude de l'Asie Centrale* (Wiesbaden: O. Harrassowitz, 1963).

22 Richard N. Frye, The Heritage of Central Asia: From Antiquity to the Turkish Expansion (Princeton: MarkusWiener Publishers, 2001).

23 Denis Sinor, ed., *The Cambridge History of Early Inner Asia* (Cambridge: Cambridge University Press,

Outline of the Naitō Hypothesis and Its Effect on Japanese Studies of China," *Far Eastern Quarterly* 14, no. 8 (1955), pp. 533–552.

13 Di Cosmo, "State Formation"; Thomas J. Barfield, *The Perilous Frontier: Nomadic Empires and China* (Cambridge, Mass.: Basil Blackwell, 1989).

14 Cyril Black et al., The Modernization of Inner Asia (Armonk, N.Y.: M. E. Sharpe, 1991).

15 David Christian, "Inner Eurasia as a Unit of World History," *Journal of World History* 5 (1994), pp. 173–213; Andre Gunder Frank, "The Centrality of Central Asia," *Comparative Asian Studies* 8 (1992), pp. 1–57; Owen Lattimore, *Inner Asian Frontiers of China* (Boston: Beacon Press, 1962); Owen Lattimore, *Studies in Frontier History: Collected Papers, 1928–1958* (New York: Oxford University Press, 1962); Halford Mackinder, "The Geographical Pivot of History," *Geographical Journal* 23 (April 1904), pp. 421–444; Halford J. Mackinder, *Democratic Ideals and Reality: A Study in the Politics of Reconstruction* (New York: Henry Holt, 1942). 麥金德的理論被應用到俄羅斯，見 John P. LeDonne, *The Russian Empire and the World, 1700–1917: The Geopolitics of Expansion and Containment* (New York: Oxford University Press, 1997).

16 Victor Lieberman, ed., *Beyond Binary Histories: Re-imagining Eurasia to ca. 1830* (Ann Arbor: University of Michigan Press, 1999).

17 John Mack Faragher, "The Frontier Trail: Rethinking Turner and Reimagining the AmericanWest," *American Historical Review* 98 (February 1993), pp. 106–117.

18 Morris Rossabi, "The 'Decline' of the Central Asian Caravan Trade," in *The Rise of Merchant Empires*, ed. James D. Tracy (Cambridge: Cambridge University Press, 1990), pp. 351–370.

第一章

1 Charles-Louis de Secondat de Montesquieu, "De L'Esprit des Lois, ou du Rapport que les Lois Doivent Avoir avec la Constitution de Chaque Gouvernement, les Moeurs, le Climat, la Religion, le Commerce, etc.," in *Oeuvres complètes*, (Paris: Gallimard, 1951), pp. 227–995; Denis Sinor, "Montesquieu et le monde altaique," Études Mongoles 27 (1996), pp. 51–57; Karl Wittfogel, *Oriental Despotism: A Comparative Study of Total Power* (New Haven: Yale University Press, 1957).

2 Ellsworth Huntington, The Pulse of Asia: A Journey in Central Asia Illustrating the Geographic Basis of History (Boston: Houghton Mifflin, 1919), p. 14.

3 「近幾世紀，中國部分地區變得越來越乾燥而不宜人居，倘若這情況繼續下去，我們將面臨被尋找食物的飢餓中國人淹沒的危險。」Ibid., p. 6.

4 Arnold Toynbee, *A Study of History*, 12 vols. (Oxford: Oxford University Press, 1934), 3:15.

5 Owen Lattimore, *Studies in Frontier History: Collected Papers, 1928–1958* (New York: Oxford University Press, 1962), pp. 62, 116 (quote), 492–500. 伊懋可支持氣候變遷和游牧入侵之間的關聯，但承認「我們這裡談的壓力，整體而言，是在因果關係更加複雜的脈絡下運作。」Mark Elvin, *The Retreat of the Elephants: An Environmental History of China* (New Haven: Yale University Press, 2004), pp. 6–7.

6 Jeremy Adelman and Stephen Aron, "From Borderlands to Borders: Empires, Nation-States, and the Peoples in Between in North American History," *American Historical Review* 104 (1999), pp. 814–844, 1221–39, 由Haefeli, Schmidt-Nowara, Wunder, and Hämäläinen評論; John F. Richards, "Land

Great Game: The Struggle for Empire in Central Asia (New York: Kodansha, 1992); Karl E. Meyer and Shareen Blair Brysac, *Tournament of Shadows: The Great Game and the Race for Empire in Central Asia* (Washington, D.C.: Counterpoint, 1999).

2 萊茵・塔格培拉（Rein Taagepera）將俄羅斯帝國和清帝國列為世界史上第三大和第五大的帝國，能與之匹敵地只有大英帝國、蒙古帝國和法蘭西帝國。Rein Taagepera, "Size and Duration of Empire: Systematics of Size," *Social Science Research* 7 (1978), p. 126.

3 外蒙古在一九一一年宣布獨立，但在一九二一年成為被紅軍佔領的蘇聯衛星國。

4 主要以俄文史料為基礎，對這些事件還算具有參考價值的敘述，參見 Fred W. Bergholz, *The Partition of the Steppe: The Struggle of the Russians, Manchus, and the Zunghar Mongols for Empire in Central Asia, 1619–1758: A Study in Power Politics* (New York: Peter Lang, 1993). 書評 Elizabeth Endicott-West in *Journal of Asian Studies* 53, no. 2 (May 1994), pp. 527–528, and Robert Montgomery in *Mongolian Studies* 17 (1994), pp. 105–118. Morris Rossabi, *China and Inner Asia: From 1368 to the Present Day* (New York: Pica Press, 1975)，有簡短討論，還有 Thomas J. Barfield, *The Perilous Frontier: Nomadic Empires and China* (Cambridge, Mass.: Basil Blackwell, 1989), pp. 266–296.

5 Denis Sinor, *Introduction à l'Étude de l'Asie Centrale* (Wiesbaden: O. Harrassowitz, 1963).

6 Luc Kwanten, *Imperial Nomads* (Philadelphia: University of Pennsylvania Press, 1979).

7 Halil Inalcik, *The Ottoman Empire: The Classical Age, 1300–1600* (New York: Praeger Publishers, 1973); Huri İslamoğlu and Çaglar Keyder, "Agenda for Ottoman History," in *The Ottoman Empire and the World-Economy*, ed. Huri İslamoğlu-İnan (Cambridge: Cambridge University Press, 1987), pp. 42–62; Peter C. Perdue and Huri İslamoğlu, "Introduction to Special Issue on Qing and Ottoman Empires," *Journal of Early Modern History* 5, no. 4 (December 2001), pp. 271–282.

8 本書引用的主要日本學者包括千葉宗雄、石濱裕美子（Ishihama Yumiko）、加藤直人（Katō Naoto）、岡田英弘（Okada Hidehiro）、宮脇淳子（Miyawaki Junko）、佐口透（Saguchi Tōru）和若松寬（Wakamatsu Hiroshi）。主要的中文調查是準噶爾史略編寫組，《準噶爾史略》（北京：人民出版社，1985）（以下縮寫 ZGSL）。中文文章見準噶爾史略編寫組，《準噶爾史論文集》（1981），摘錄史料見準噶爾史略編寫組，《準噶爾史料摘編》（新疆：人民出版社，1986）。

9 Franz Michael, *The Origin of Manchu Rule in China: Frontier and Bureaucracy as Interacting Forces in the Chinese Empire* (Baltimore: Johns Hopkins University Press, 1942).

10 Peter C. Perdue, "Turning Points: Rise, Crisis, and Decline Paradigms in the Historiography of Two Empires," paper presented at the Conference on Shared Histories of Modernity: State Transformations in the Chinese and Ottoman Contexts, Seventeenth through Nineteenth Centuries, New York University, Kevorkian Center for Middle Eastern Studies, 1999.

11 Fernand Braudel, *A History of Civilizations*, trans. Richard Mayne (New York: Penguin, 1994), p. 164:「〔印度和中國〕真正折磨，可與聖經埃及的災難，來自大沙漠和大草原……它們被夏日豔陽烤得熱辣辣，冬天則被紛飛大雪覆蓋……〔畜牧部落〕一出現在歷史上，便以相同的樣子存在直到十七世紀中葉衰敗為止：暴力、殘酷、四處掠奪的馬背上部落，充滿出生入死的勇氣。

12 William T. Rowe, *Saving the World: Chen Hongmou and Elite Consciousness in Eighteenth-Century China* (Stanford: Stanford University Press, 2001), reviewed by Peter C. Perdue in *China Quarterly* 172 (December 2002), pp. 1096–97; Jack A. Goldstone, "The Problem of the Early Modern World," *Journal of the Economic and Social History of the Orient* 41 (1998), pp. 250–283; Hisayuki Miyakawa, "An

註釋

譯者序

1 Peter C. Perdue, *China Marches West: The Qing Conquest of Central Eurasia* (Cambridge, MA: Belknap Press of Harvard University Press, 2005), 18.

2 Edward L. Dreyer, Review of *China Marches West: The Qing Conquest of Central Eurasia*, by Peter C. Perdue, *The Journal of Military History* 69, no. 4 (October 2005): 1203–1204.

3 David Christian, Review of *China Marches West: The Qing Conquest of Central Eurasia*, by Peter C. Perdue, *Kritika: Explorations in Russian and Eurasian History* 8, no. 1 (Winter 2007): 183–189.

4 Christopher P. Atwood, Review of *China Marches West: The Qing Conquest of Central Eurasia*, by Peter C. Perdue, *The American Historical Review* 111, no. 2 (April 2006): 445–446.

5 田宓，〈《中國西征：清朝對歐亞大陸腹地的征服》書評〉，《歷史人類學學刊》第 3 卷，第 2 期（2005 年 10 月）：第 187–191 頁。

6 Perdue, *China Marches West*, xiv.

7 Perdue, *China Marches West*, 509.

8 Perdue, *China Marches West*, 509. 韓錫鐸與孫文良的評語則參見魏源，《聖武記》（北京：中華書局，1984），〈前言〉，第 3 頁。

9 例如「清代中國與中央歐亞的關係」（Qing China's relations with Central Eurasia）或是「中國的西北活動的重要性」（the importance of China's northwest campaigns），參見 Perdue, *China Marches West*, xv.

10 鍾焓，〈去中國化的《中國西征》〉，《澎湃新聞 • 上海書評》2016 年 12 月 19 日。https://www.thepaper.cn/newsDetail_forward_1582699。2020 年 12 月 23 日檢索。

11 鍾焓，《清朝史的基本特徵再探究——以對北美「新清史」的反思為中心》（北京：中央民族大學出版社，2019），第 169–170 頁。

12 劉姍姍，〈歪曲新疆歷史別有所圖〉，《歷史評論》第 3 期（2020 年）：第 75–78 頁。

13 汪榮祖，〈《中國向西邁進：大清征服中亞記》書評〉，《漢學研究》第 23 卷，第 2 期（2005 年 10 月），第 526 頁。

14 吳啟訥，〈清朝的戰略防衛有異於近代帝國的殖民擴張——兼論英文中國史學界中「歐亞大陸相似論」和「阿爾泰學派」〉，收入汪榮祖主編，《清帝國性質的再商榷——回應新清史》（中壢：中央大學出版中心；臺北：遠流出版，2014），第 81–108 頁。

導論

1 「大博弈」一詞通常指英、俄兩帝國在中央歐亞的地緣政治競賽。吉卜林（Rudyard Kipling）一九〇一年出版的小說《基姆》（*Kim*）用了這個詞。相關近期研究，參見 Peter Hopkirk, *The*

世界的啟迪

中國西征：大清征服中央歐亞與蒙古帝國的最後輓歌

China Marches West: The Qing Conquest of Central Eurasia

作者	濮德培（Peter C. Perdue）
譯者	葉品岑、蔡偉傑、林文凱
執行長	陳蕙慧
總編輯	張惠菁
責任編輯	洪仕翰
特約編輯	吳鴻誼
行銷總監	陳雅雯
行銷企劃	尹子麟、余一霞、張宜倩
封面設計	許晉維
內頁排版	宸遠彩藝

國家圖書館出版品預行編目(CIP)資料

中國西征：大清征服中央歐亞與蒙古帝國的最後輓歌
濮德培(Peter C. Perdue)著；葉品岑，蔡偉傑，林文凱譯. -- 初版. -- 新北市：衛城出版，遠足文化事業股份有限公司，2021.01
面；公分. --（Beyond；14）（世界的啟迪）
譯自：China marches West : the Qing conquest of Central Eurasia.

ISBN 978-986-99381-5-0（平裝）

1.清史

627　　109017203

出版	衛城出版 / 遠足文化事業股份有限公司
發行	遠足文化事業股份有限公司（讀書共和國出版集團）
地址	231 新北市新店區民權路 108-2 號 9 樓
電話	02-22181417
傳真	02-22180727
客服專線	0800-221029
法律顧問	華洋法律事務所　蘇文生律師
印刷	呈靖彩藝有限公司
初版	2021年 2 月
初版六刷	2023年 9 月
定價	900 元

衛城出版

Email　acropolismde@gmail.com

Facebook　www.facebook.com/acrolispublish

● 親愛的讀者你好，非常感謝你購買衛城出版品。
我們非常需要你的意見，請於回函中告訴我們你對此書的意見，
我們會針對你的意見加強改進。

若不方便郵寄回函，歡迎傳真回函給我們。傳真電話 —— 02-2218-0727

或上網搜尋「衛城出版FACEBOOK」
http://www.facebook.com/acropolispublish

● 讀者資料

你的性別是 □ 男性 □ 女性 □ 其他

你的職業是 ________________ 你的最高學歷是 ________________

年齡 □ 20 歲以下 □ 21-30 歲 □ 31-40 歲 □ 41-50 歲 □ 51-60 歲 □ 61 歲以上

若你願意留下 e-mail，我們將優先寄送 ________________ 衛城出版相關活動訊息與優惠活動

● 購書資料

● 請問你是從哪裡得知本書出版訊息？（可複選）
□ 實體書店 □ 網路書店 □ 報紙 □ 電視 □ 網路 □ 廣播 □ 雜誌 □ 朋友介紹
□ 參加講座活動 □ 其他 ________

● 是在哪裡購買的呢？（單選）
□ 實體連鎖書店 □ 網路書店 □ 獨立書店 □ 傳統書店 □ 團購 □ 其他 ________

● 讓你燃起購買慾的主要原因是？（可複選）
□ 對此類主題感興趣 □ 參加講座後，覺得好像不賴
□ 覺得書籍設計好美，看起來好有質感！ □ 價格優惠吸引我
□ 議題好熱，好像很多人都在看，我也想知道裡面在寫什麼 □ 其實我沒有買書啦！這是送（借）的
□ 其他 ________

● 如果你覺得這本書還不錯，那它的優點是？（可複選）
□ 內容主題具參考價值 □ 文筆流暢 □ 書籍整體設計優美 □ 價格實在 □ 其他 ________

● 如果你覺得這本書讓你好失望，請務必告訴我們它的缺點（可複選）
□ 內容與想像中不符 □ 文筆不流暢 □ 印刷品質差 □ 版面設計影響閱讀 □ 價格偏高 □ 其他 ________

● 大都經由哪些管道得到書籍出版訊息？（可複選）
□ 實體書店 □ 網路書店 □ 報紙 □ 電視 □ 網路 □ 廣播 □ 親友介紹 □ 圖書館 □ 其他 ______

● 習慣購書的地方是？（可複選）
□ 實體連鎖書店 □ 網路書店 □ 獨立書店 □ 傳統書店 □ 學校團購 □ 其他 ________

● 如果你發現書中錯字或是內文有任何需要改進之處，請不吝給我們指教，我們將於再版時更正錯誤

____
____
____
____
____

請
沿
虛
線
剪
下

廣　告　回　信
臺灣北區郵政管理局登記證
第　1　4　4　3　7　號

請直接投郵•郵資由本公司支付

23141
新北市新店區民權路108-2號9樓

衛城出版 收

● 請沿虛線對折裝訂後寄回，謝謝！

Beyond

世界的啟迪